ZHONGGUO SIXIANG LILUN NIANJIAN

中国思想理论年鉴

2008(总第二卷)

《中国思想理论年鉴》编辑部 编

中共中央党校出版社

中国思想理论年鉴

2008(总第二卷)

主　　办：中共中央党校
编　　辑：《中国思想理论年鉴》编辑部
地　　址：北京市海淀区大有庄100号
邮　　编：100091
电　　话：(010)62805451
收款户名：《党政干部文摘》杂志社
开户银行：北京市建设银行海淀支行
账　　号：6510005022613000507

图书在版编目（CIP）数据

中国思想理论年鉴.2008/陈高桐主编.—北京：
中共中央党校出版社，2009.9
ISBN 978-7-5035-4207-7
Ⅰ.中… Ⅱ.陈… Ⅲ.政治理论—中国—2008—年鉴 Ⅳ.D60-54
中国版本图书馆CIP数据核字（2009）第177214号

中共中央党校出版社出版发行
社址：北京市海淀区大有庄100号
电话：(010) 62805451(办公室)
　　　(010) 62805451(发行部)
邮编：100091
网址：www.dxcbs.net

北京市凯鑫彩色印刷有限公司印刷装订
2009年9月第1版　　2009年10月第1次印刷
889×1194毫米　16开　印张：75.5
字数：1728千字　　　　定价：980元

思想理论建设
是党的根本建设

胡锦涛

编辑委员会

出 版 说 明

建设中国特色社会主义波澜壮阔的历史进程靠科学理论指导，思想理论建设是中国共产党的根本建设。进入改革开放历史新时期，我们党领导全国人民开辟了中国特色社会主义道路，形成了中国特色社会主义理论体系。这是当代中国发展进步的根本保证。

马克思主义与当代中国实际相结合产生了一系列新成果，以胡锦涛同志为总书记的党中央创立了科学发展观等一系列重大战略思想，进一步丰富和发展了中国特色社会主义理论体系。这一理论体系正在指导中国取得新发展和新进步。

当今世界正在发生广泛而深刻的变化，当代中国正在发生广泛而深刻的变革，新的历史实践更加需要正确的思想理论领航。中共中央党校编辑《中国思想理论年鉴》，旨在记录全党全国思想理论发展的历史轨迹，展示其丰厚的内容和浓重的华彩，为党和中国社会的思想理论发展修志存史，为学习型政党和学习型社会提供学习和研究的集成性文献。

《中国思想理论年鉴（2008）》为继去年出版创刊号后总第二卷。为方便阅读，特作如下说明。

1.《中国思想理论年鉴（2008）》的主要内容包括文献、理论和中国思想理论大事记。文献部分收录了2008年的两篇重要文献。理论部分是我国部分著名专家学者2008年度围绕关于党的重大战略思想、中国特色社会主义事业总体布局和党的建设等方面的问题所作的重要论述。中国思想理论大事记的起止时间是2008年1月1日至12月31日，编写大事记的目的主要是为了更加全面地反映思想理论领域的情况，以实现修志存史的目的。

2.《中国思想理论年鉴（2008）》所选文章主要来源于2008年我国主要出版物和主流媒体公开发表的文章。文章基本保持原貌，部分文章作了删节。文章结尾处的括号内标注的作者的职务职称，是作者发表文章时的职务职称，为了尊重历史，我们没有根据作者职务职称的变化作相应调整。同时，文章结尾处的括号内还标注了文章的出处。同类文章排列大体以发表时间的先后为序。

《中国思想理论年鉴》编辑部

目　录

第一部分　文献

第二部分　理论·总论

一、马克思主义中国化

二、中国特色社会主义理论体系

三、学习实践科学发展观

四、纪念改革开放30周年

第三部分 理论·经济建设

一、综论

二、深化改革扩大开放

三、经济发展方式转变

六、建设创新型国家

第四部分　理论·政治建设

一、综论

二、基本政治制度的发展与完善

三、依法治国

四、行政管理体制改革

五、干部人事制度改革

第五部分　理论·文化建设

一、综论

二、社会主义核心价值体系

三、社会主义先进文化

四、弘扬与创新中华文化

第六部分　理论·社会建设

五、住房保障

六、社会稳定与公共安全

第七部分　理论·生态文明建设

一、综论

二、生态观与生态文化

三、中国的资源与环境战略

第八部分　理论·党的建设

一、综论

二、党的先进性与执政能力

三、思想组织作风制度建设

四、党内民主

五、基层党建

六、反腐倡廉建设

七、国外政党执政镜鉴

第九部分　中国思想理论大事记

第一部分

文献

全图一览

[illegible]文

在纪念党的十一届三中全会召开30周年大会上的讲话

（2008年12月18日）

胡锦涛

同志们：

1978年12月18日，也就是30年前的今天，党的十一届三中全会隆重召开。这次会议，实现了新中国成立以来我们党历史上具有深远意义的伟大转折，开启了我国改革开放历史新时期。从此，党领导全国各族人民在新的历史条件下开始了新的伟大革命。

今天，我们在这里集会，纪念党的十一届三中全会召开30周年，就是要充分认识改革开放的重大意义和伟大成就，深刻总结改革开放的伟大历程和宝贵经验，坚持党的十一届三中全会精神，高举中国特色社会主义伟大旗帜，以马克思列宁主义、毛泽东思想、邓小平理论和“三个代表”重要思想为指导，深入贯彻落实科学发展观，在中国特色社会主义道路上，继续把改革开放伟大事业推向前进。

党的十一届三中全会是在党和国家面临向何处去的重大历史关头召开的。1976年10月粉碎“四人帮”之后，广大干部群众强烈要求纠正“文化大革命”的错误，彻底扭转十年内乱造成的严重局势，使党和国家从危难中重新奋起。但是，这一顺应时势的愿望遇到严重阻碍，党和国家工作在前进中出现徘徊局面。与此同时，世界经济快速发展，科技进步日新月异，国家建设百业待兴，真理标准讨论热潮涌起。国内外大势呼唤我们党尽快就关系党和国家前途命运的大政方针作出政治决断和战略抉择。

在邓小平同志领导下和其他老一辈革命家支持下，党的十一届三中全会开始全面认真纠正“文化大革命”中及其以前的“左”倾错误，坚决批判了“两个凡是”的错误方针，充分肯定了必须完整、准确地掌握毛泽东思想的科学体系，高度评价了关于真理标准问题的讨论，确定了解放思想、开动脑筋、实事求是、团结一致向前看的指导方针，果断停止使用"以阶级斗争为纲"的口号，作出了把党和国家工作中心转移到经济建设上来、实行改革开放的历史性决策。

党的十一届三中全会标志着我们党重新确立了马克思主义的思想路线、政治路线、组织路线，标志着中国共产党人在新的时代条件下的伟大觉醒，显示了我们党顺应时代潮流和人民愿望、勇敢开辟建设社会主义新路的坚强决心。在党的十一届三中全会春风吹拂下，神州大地万物复苏、生机勃发，拨乱反正全面展开，解决历史遗留问题有步骤进行，社会主义民主法制建设走上正轨，党和国家领导制度和领导体制得到健全，国家各项事业蓬勃发展。我们伟大的祖国迎来了思想的解放、经济的发展、政治的昌明、教育的勃兴、文艺的繁荣、科学的春天。党和国家又充满希望、充满活力地踏上了实现社会主义现代化的伟大征程。

新时期最鲜明的特点是改革开放。党带领人民进行改革开放，目的就是要解放和发展社会生产力，实现国家现代化，让中国人民富裕起来，振兴伟大的中华民族；就是要推动我国社会主义制度自我完善和发展，赋予社会主义新的生机活力，建设和发展中国特色社会主义；就是要在引领当代中国发展进步中加强和改进党的建设，保持和发展党的先进性，确保党始终走在时代前列。

30年来，以邓小平同志为核心的党的第二代中央领导集体、以江泽民同志为核心的党的第三代中央领导集体和党的十六大以来的中央领导集体，团结带领全党全国各族人民，承前启后，继往开来，接力推进改革开放伟大事业，谱写了中华民族自强不息、顽强奋进新的壮丽史诗。我们党先后召开6次全国代表大会、45次中央全会，及时研究新情况、解决新问题、总结新经验，集中全党全国各族人民智慧，形成了党的基本理论、基本路线、基本纲领、基本经验，制定和作出了指导改革开放和社会主义现代化建设的一整套方针政策和工作部署，成功开辟了中国特色社会主义道路。

今天，13亿中国人民大踏步赶上了时代潮流，稳定走上了奔向富裕安康的广阔道路，中国特色社会主义充满蓬勃生机，为人类文明进步作出重大贡献的中华民族以前所未有的雄姿巍然屹立在世界东方。

30年来，我们始终以改革开放为强大动力，在新中国成立以后取得成就的基础上，推动党和国家各项事业取得举世瞩目的新的伟大成就。

我们锐意推进各方面体制改革，使我国成功实现了从高度集中的计划经济体制到充满活力的社会主义市场经济体制的伟大历史转折。我们建立和完善社会主义市场经济体制，建立以家庭承包经营为基础、统分结合的农村双层经营体制，形成公有制为主体、多种所有制经济共同发展的基本经济制度，形成按劳分配为主体、多种分配方式并存的分配制度，形成在国家宏观调控下市场对资源配置发挥基础性作用的经济管理制度。在不断深化经济体制改革的同时，不断深化政治体制、文化体制、社会体制以及其他各方面体制改革，不断形成和发展符合当代中国国情、充满生机活力的新的体制机制，为我国经济繁荣发展、社会和谐稳定提供了有力制度保障。

我们不断扩大对外开放，使我国成功实现了从封闭半封闭到全方位开放的伟大历史转折。我们坚持对外开放的基本国策，打开国门搞建设，加快发展开放型经济。从建立经济特区到开放沿海、沿江、沿边、内陆地区再到加入世界贸易组织，从大规模"引进来"到大踏步"走出去"，利用国际国内两个市场、两种资源水平显著提高，国际竞争力不断增强。从1978年到2007年，我国进出口总额从206亿美元提高到21737亿美元、跃居世界第三，外汇储备跃居世界第一，对外投资大幅增长，实际使用外资额累计近10000亿美元。广泛深入的国际合作加快了我国经济发展，也为世界经济发展作出了重大贡献。

我们坚持以经济建设为中心，我国综合国力迈上新台阶。从1978年到2007年，我国国内生产总值由3645亿元增长到24.95万亿元，年均实际增长9.8%，是同期世界经济年均增长率的3倍多，我国经济总量上升为世界第四。我们依靠自己力量稳定解决了13亿人口吃饭问题。我国主要农产品和工业品产量已居世界第一，具有世界先进水平的重大科技创新成果不断涌现，高新技术产业蓬勃发展，水利、能源、交通、通信等基础设施建设取得突破性进展，生态文明建设不断推进，城乡面貌焕然一新。

我们着力保障和改善民生，人民生活总体上达到小康水平。这30年是我国城乡居民收入增长最快、得到实惠最多的时期。从1978年到2007年，全国城镇居民人均可支配收入由343元增加到13786元，实际增长6.5倍；农民人均纯收入由134元增加到4140元，实际增长6.3倍；农村贫困人口从2.5亿减少到1400多万。城市人均住宅建筑面积和农村人均住房面积成倍增加。群众家庭财产普遍增多，吃穿住行用水平明显提高。改革开放前长期困扰我们的短缺经济状况已经从根本上得到改变。

我们大力发展社会主义民主政治，人民当家作主权利得到更好保障。政治体制改革不断深化，人民代表大会制度、中国共产党领导的多党合作和政治协商制度、民族区域自治制度以及基层群众自治制度日益完善，中国特色社会主义法律体系基本形成，依法治国基本方略有效实施，社会主义法治国家建设取得重要进展，公民有序政治参与不断扩大，人权事业全面发展。爱国统一战线发展壮大，政党关系、民族关系、宗教关系、阶层关系、海内外同胞关系更加和谐。

我们大力发展社会主义先进文化，人民日益增长的精神文化需求得到更好满足。社会主义核心价值体系建设取得重大进展，马克思主义思想理论建设卓有成效，群众性精神文明创建活动、公民道德建设、青少年思想道德建设全面推进，文化事业生机盎然，文化产业空前繁荣，国家文化软实力不断增强，人们精神世界日益丰富，全民族文明素质明显提高，中华民族的凝聚力和向心力显著增强。

我们大力发展社会事业，社会和谐稳定得到巩固和发展。城乡免费九年义务教育全面实现，高等教育总规模、大中小学在校生数量位居世界第一，办学质量不断提高。就业规模持续扩大，全社会创业活力明显增强。社会保障制度建设加快推进，覆盖城乡居民的社会保障体系初步形成。公共卫生服务体系和基本医疗服务体系不断健全，新型农村合作医疗制度覆盖全国。社会管理不断改进，社会大局保持稳定。

我们坚持党对军队绝对领导，国防和军队建设取得重大成就。军队革命化、现代化、正规化建设全面加强，新时期军事战略方针扎实贯彻，中国特色军事变革加速推进，中国特色精兵之路成功开辟，裁减军队员额任务顺利完成，军队武器装备建设成效显著。军队、武警部队停止一切经商活动。军政军民团结不断巩固。人民军队履行新世纪新阶段历史使命能力全面增强，在保卫祖国、建设祖国特别是抗击各种自然灾害中发挥了重要作用。

我们成功实施"一国两制"基本方针，祖国和平统一大业迈出重大步伐。香港、澳门回归祖国，"一国两制"、"港人治港"、"澳人治澳"、高度自治的方针得到全面贯彻执行，香港特别行政区、澳门特别行政区保持繁荣稳定。祖国大陆同台湾的经济文化交流和人员往来不断加强，两岸政党交流成功开启，两岸全面直接双向"三通"迈出历史性步伐，反对"台独"分裂活动斗争取得重要成果，两岸关系和平发展呈现新的前景。

我们坚持奉行独立自主的和平外交政策，全方位外交取得重大成就。我们恪守维护世界和平、促进共同发展的外交政策宗旨，同发达国家关系全面发展，同周边国家睦邻友好不断深化，同发展中国家传统友谊更加巩固。我国积极参与多边事务，承担相应国际义务。我国国际地位和国际影响显著上升，在国际事务中发挥了重要建设性作用。

我们坚持党要管党、从严治党，党的领导水平和执政水平、拒腐防变和抵御风险能力明显提高。党的建设新的伟大工程全面推进，执政能力建设和先进性建设深入进行，思想理论建设成效显著，党内民主不断扩大，党内生活准则和制度不断健全，党的各级组织不断加强，干部队伍和人才队伍朝气蓬勃，党的作风建设全面加强，党内法规更加完善，反腐倡廉建设深入推进，党领导改革开放和社会主义现代化建设能力显著提高，党在中国特色社会主义事业中的领导核心作用不断增强。

30年来，国际局势风云变幻，改革任务艰巨繁重，党和人民经历和战胜了前所未有的严峻考验和挑战。我们从容应对一系列关系我国主权和安全的国际突发事件，战胜在政治、经济领域和自然界出现的困难和风险。无论是面对东欧剧变、苏联解体和国内严重政治风波，还是面对西化、分化图谋和所谓的"制裁"，无论是面对历史罕见的洪涝、雨雪冰冻、地震等重大自然灾害和非典等重大疫病，还是面对亚洲金融危机和当前这场国际金融危机，党和人民始终同心同德、奋勇向前。特别是在决定党和国家前途命运的重大历史关头，我们党紧紧依靠全国各族人民，坚持党的十一届三中全会以来的路线不动摇，排除各种干扰，坚定不移地捍卫中国特色社会主义伟大事业，保证了改革开放和社会主义现代化建设航船始终沿着正确方向破浪前进。今年以来，抗击南方部分地区严重低温雨雪冰冻灾害和四川汶川特大地震灾害斗争取得重大胜利，北京奥运会、残奥会圆满成功，神舟七号载人航天飞行任务顺利完成，应对国际金融危机取得积极成效，这些都生动展现了在改革开放中不断发展壮大的中国共产党和中国社会主义国家政权的伟大力量，展现了阔步前进的13亿中国人民的伟大力量，展现了改革开放的伟大力量，展现了中国特色社会主义的伟大力量。

经过30年的不懈奋斗，我们胜利实现了我们党提出的现代化建设“三步走”战略的前两步战略目标，正在向第三步战略目标阔步前进。30年的伟大成就，为我们党、我们国家、我们人民继续前进奠定了坚实基础。实践充分证明，党的十一届三中全会以来我们党团结带领人民开辟的中国特色社会主义道路、形成的理论和路线方针政策是完全正确的。党的十一届三中全会的伟大意义和深远影响，已经、正在并将进一步在党和国家事业蓬勃发展的进程中充分显现出来。

改革开放的伟大成就，是全党全国各族人民团结奋斗的结果。一切亲身经历了这30年伟大变革并贡献了自己力量的中华儿女，一切关心祖国命运的华夏子孙，都有理由为我国改革开放的历史性成就感到自豪。在这里，我代表党中央、国务院，向各条战线上为改革开放和社会主义现代化建设贡献了智慧和力量的广大工人、农民、知识分子、干部、解放军指战员、武警部队官兵、公安民警，向各民主党派、各人民团体、各界爱国人士，致以崇高的敬意！向为祖国现代化建设和祖国和平统一大业作出积极努力的香港特别行政区同胞、澳门特别行政区同胞、台湾同胞和海外侨胞，致以诚挚的问候！向一切关心和支持中国现代化建设的外国朋友和世界各国人民，表示衷心的感谢！

此时此刻，我们更加深切地怀念毛泽东同志、邓小平同志等老一辈革命家。没有以毛泽东同志为核心的党的第一代中央领导集体团结带领全党全国各族人民浴血奋斗，就没有新中国，就没有中国社会主义制度。没有以邓小平同志为核心的党的第二代中央领导集体团结带领全党全国各族人民改革创新，就没有改革开放历史新时期，就没有中国特色社会主义。此时此刻，我们要向以江泽民同志为核心的党的第三代中央领导集体致以崇高的敬意，他们团结带领全党全国各族人民高举邓小平理论伟大旗帜，继承和发展了改革开放伟大事业，把这一伟大事业成功推向21世纪。全党全国各族人民要永远铭记党的三代中央领导集体的伟大历史功绩！

同志们！

改革开放以来我们取得一切成绩和进步的根本原因，归结起来就是：开辟了中国特色社会主义道路，形成了中国特色社会主义理论体系。在30年的创造性实践中，我们经过艰辛探索，积累了宝贵经验。概括起来说，就是党的十七大阐明的“十个结合”。

（一）必须把坚持马克思主义基本原理同推进马克思主义中国化结合起来，解放思想、实事求是、与时俱进，以实践基础上的理论创新为改革开放提供理论指导。30年来，我国改革开放取得伟大成功，关键是我们既坚持马克思主义基本原理、又根据当代中国实践和时代发展不断推进马克思主义中国化，形成和发展了包括邓小平理论、“三个代表”重要思想以及科学发展观等重大战略思想在内的中国特色社会主义理论体系，赋予当代中国马克思主义勃勃生机。

马克思主义是我们立党立国的根本指导思想。坚持和巩固马克思主义指导地位，是党和人民团结一致、始终沿着正确方向前进的根本思想保证。同时，马克思主义只有同本国国情和时代特征紧密结合，在实践中不断丰富和发展，才能更好发挥指导实践的作用。党的十一届三中全会重新确立了党的思想路线，这就是：一切从实际出发，理论联系实际，实事求是，在实践中检验真理和发展真理。在改革开放实践中，我们坚持解放思想和实事求是的统一，大力发扬求真务实精神，不断深化对共产党执政规律、社会主义建设规律、人类社会发展规律的认识，自觉把思想认识从那些不合时宜的观念、做法和体制的束缚中解放出来，从对马克思主义的错误的和教条式的理解中解放出来，从主观主义和形而上学的桎梏中解放出来，以实践基础上的理论创新回答了一系列重大理论和实际问题，为改革开放提供了体现时代性、把握规律性、富于创造性的理论指导，开辟了马克思主义新境界。中国特色社会主义理论体系是马克思主义中国化最新成果，是党最可宝贵的政治和精神财富，是全国各族人民团结奋斗的共同思想基础，是扎根于当代中国的科学社会主义。我们要始终坚持用中国特色社会主义理论体系武装全党、教育人民，不断提高全党的马克思主义理论水平，使中国特色社会主义理论体系更加深入人心、更好发挥指导作用。

（二）必须把坚持四项基本原则同坚持改革开放结合起来，牢牢扭住经济建设这个中心，始终保持改革开放的正确方向。30年来，我们毫不动摇地坚持党的基本路线，既以四项基本原则保证改革开放的正确方向，又通过改革开放赋予四项基本原则新的时代内涵，坚持把以经济建设为中心同四项基本原则、改革开放这两个基本点统一于发展中国特色社会主义的伟大实践，使中国特色社会主义在当今世界的深刻变化和当代中国的深刻变革中牢牢站住了、站稳了，成为充满生机活力的社会主义。

我们党作出我国仍处于并将长期处于社会主义初级阶段的科学论断，形成了党在社会主义初级阶段的基本路线，这就是：领导和团结全国各族人民，以经济建设为中心，坚持四项基本原则，坚持改革开放，自力更生，艰苦创业，为把我国建设成为富强民主文明和谐的社会主义现代化国家而奋斗。以经济建设为中心是兴国之要，是我们党、我们国家兴旺发达和长治久安的根本要求。四项基本原则是立国之本，是我们党、我们国家生存发展的政治基石；改革开放是强国之路，是我们党、我们国家发展进步的活力源泉。一个中心、两个基本点，是相互贯通、相互依存、不可分割的统一整体，须臾不可偏离、丝毫不可偏废，必须全面坚持、一以贯之。离开经济建设这个中心，社会主义社会的一切发展和进步就会失去物质基础；离开四项基本原则和改革开放，经济建设就会迷失方向和丧失动力。发展中国特色社会主义，最根本的就是一切都要从社会主义初级阶段这个最大的实际出发。在社会主义初级阶段这个不发达阶段，社会主要矛盾是人民日益增长的物质文化需要同落后的社会生产之间的矛盾。这就决定了社会主义的根本任务是解放和发展社会生产力，不断改善人民生活。中国解决所有问题的关键在于依靠自己的发展。30年来，我们既毫不动摇地坚持发展是硬道理的战略思想，牢牢扭住经济建设这个中心，不断解放和发展社会生产力，不断夯实我国社会主义制度的物质基础，又毫不动摇地坚持四项基本原则、坚持改革开放。党的基本路线是兴国、立国、强国的重大法宝，是实现科学发展的政治保证，是党和国家的生命线、人民群众的幸福线。我们要始终坚持党的基本路线不动摇，做到思想上坚信不疑、行动上坚定不移，决不走封闭僵化的老路，也决不走改旗易帜的邪路，而是坚定不移地走中国特色社会主义道路。

（三）必须把尊重人民首创精神同加强和改善党的领导结合起来，坚持执政为民、紧紧依靠人民、切实造福人民，在充分发挥人民创造历史作用中体现党的领导核心作用。30年来，我们坚持人民创造历史这一马克思主义科学原理，真诚代表中国最广大人民的根本利益，紧紧依靠人民，最广泛地调动人民群众的积极性、主动性、创造性，从人民中汲取智慧，加强和改善党的领导，使党得到人民充分信赖和拥护，始终发挥领导核心作用，为改革开放和社会主义现代化建设凝聚起强大力量、提供根本政治保证。

人民群众是党的力量源泉和胜利之本。改革开放是人民的要求和党的主张的内在统一，是亿万人民自己的事业。我们坚持一切为了群众、一切依靠群众，从群众中来，到群众中去，把党的正确主张变为群众的自觉行动，坚持尊重社会发展规律与尊重人民历史主体地位的一致性，坚持为崇高理想奋斗与为最广大人民谋利益的一致性，坚持完成党的各项工作与实现人民利益的一致性。我们把人民拥护不拥护、赞成不赞成、高兴不高兴、答应不答应作为制定各项方针政策的出发点和落脚点，一切以是否有利于发展社会主义社会生产力、有利于增强社会主义国家综合国力、有利于提高人民生活水平这“三个有利于”为根本判断标准，坚持问政于民、问需于民、问计于民，既通过提出和贯彻正确的理论和路线方针政策带领人民前进，又从人民的实践创造和发展要求中获得前进动力。我们尊重人民主体地位，发挥人民首创精神，贯彻尊重劳动、尊重知识、尊重人才、尊重创造的重大方针，坚持全心全意依靠工人阶级，发挥我国工人阶级和农民阶级、其他劳动群众推动我国生产力发展基本力量的作用，又支持新的社会阶层发挥中国特色社会主义事业建设者的作用，使全体人民都满腔热情地投身改革开放伟大事业。我们坚持全心全意为人民服务的根本宗旨，坚持立党为公、执政为民，通过改革发展为人民群众造福，实现好、维护好、发展好最广大人民的根本利益。我们要始终坚持同广大人民群众心连心、同呼吸、共命运，在人民的实践创造中吸取营养，丰富和完善党的主张，使我们党在世界形势深刻变化的历史进程中始终走在时代前列，在应对国内外各种风险考验的历史进程中始终成为全国各族人民的主心骨，在发展中国特色社会主义的历史进程中始终成为坚强领导核心。

（四）必须把坚持社会主义基本制度同发展市场经济结合起来，发挥社会主义制度的优越性和市场配置资源的有效性，使全社会充满改革发展的创造活力。30年来，我们既在深刻而广泛的变革中坚持社会主义基本制度，又创造性地在社会主义条件下发展市场经济，使经济活动遵循价值规律的要求，不断解放和发展社会生产力，增强综合国力，提高人民生活水平，更好实现经济建设这个中心任务。建立和完善社会主义市场经济体制，是我们党对马克思主义和社会主义的历史性贡献。

我们党带领人民干的是社会主义事业，必须坚持党的领导、保证人民当家作主，必须坚持公有制为主体、按劳分配为主体，同时又必须积极探索能够极大解放和发展社会生产力、充分发挥全社会发展积极性的体制机制，放手让一切劳动、知识、技术、管理、资本的活力竞相迸发，让一切创造社会财富的源泉充分涌流。我们党提出把社会主义市场经济体制确立为我国经济体制改革的目标模式，正确解决了关系整个社会主义现代化建设全局的一个重大问题。我们着力建立和完善社会主义市场经济体制，发挥市场在资源配置中的基础性作用，推动建立现代产权制度和现代企业制度，同时又注重加强和完善国家对经济的宏观调控，克服市场自身存在的某些缺陷，促进国民经济充满活力、富有效率、健康运行。我们毫不动摇地巩固和发展公有制经济、发挥国有经济主导作用，积极推行公有制多种有效实现形式，增强国有经济活力、控制力、影响力，同时又毫不动摇地鼓励、支持、引导非公有制经济发展，形成各种所有制经济平等竞争、相互促进新格局。我们坚持和完善按劳分配为主体、多种分配方式并存的分配制度，既鼓励先进、促进发展，又注重社会公平、防止两极分化。我们要始终坚持社会主义市场经济的改革方向，继续完善社会主义市场经济体制，继续加强和改善宏观调控体系，不断为经济社会又好又快发展提供强大动力。

（五）必须把推动经济基础变革同推动上层建筑改革结合起来，不断推进政治体制改革，为改革开放和社会主义现代化建设提供制度保证和法制保障。30年来，我们既积极推进经济体制改革，又积极推进政治体制改革，发展社会主义民主政治，建设社会主义法治国家，保证人民当家作主，不断推动我国社会主义上层建筑与经济基础相适应，社会主义民主政治展现出更加旺盛的生命力。

我国是工人阶级领导的、以工农联盟为基础的人民民主专政的社会主义国家。人民民主是社会主义的生命，人民当家作主是社会主义民主政治的本质和核心。没有民主就没有社会主义，就没有社会主义现代化。我们顺应经济社会发展变化、适应人民政治参与积极性不断提高，以保证人民当家作主为根本，以增强党和国家活力、调动人民积极性为目标，不断发展社会主义政治文明。我们依法实行民主选举、民主决策、民主管理、民主监督、保障人民的知情权、参与权、表达权、监督权、坚持科学执政、民主执政、依法执政，推进决策科学化、民主化，最广泛地动员和组织人民依法管理国家事务和社会事务、管理经济和文化事业。我们坚持科学立法、民主立法，建立和完善中国特色社会主义法律体系，树立社会主义法治理念，坚持公民在法律面前一律平等，尊重和保障人权，推进依法行政，深化司法体制改革，推进国家各项工作法治化，维护社会公平正义，维护社会主义法制的统一、尊严、权威。我国政治体制改革是社会主义政治制度自我完善和发展，必须坚持中国特色社会主义政治发展道路，坚持党的领导、人民当家作主、依法治国有机统一，坚持社会主义政治制度的特点和优势，坚持从我国国情出发。我们需要借鉴人类政治文明有益成果，但绝不照搬西方政治制度模式。我们要始终坚定不移地发展社会主义政治文明，深化政治体制改革，坚持和完善人民代表大会制度、中国共产党领导的多党合作和政治协商制度、民族区域自治制度以及基层群众自治制度，壮大爱国统一战线，推进社会主义民主政治制度化、规范化、程序化，更好保证人民当家作主，巩固和发展民主团结、生动活泼、安定和谐的政治局面。

（六）必须把发展社会生产力同提高全民族文明素质结合起来，推动物质文明和精神文明协调发展，更加自觉、更加主动地推动文化大发展大繁荣。30年来，我们既重视物的发展即社会生产力的发展，又重视人的发展即全民族文明素质的提高，坚持物质文明和精神文明两手抓，实行依法治国和以德治国相结合，以科学的理论武装人、以正确的舆论引导人、以高尚的情操塑造人、以优秀的作品鼓舞人，着力培育有理想、有道德、有文化、有纪律的公民，不断提高全民族的思想道德素质和科学文化素质，为改革开放和社会主义现代化建设提供强大精神动力和智力支持、营造良好舆论环境。

中国特色社会主义是全面发展、全面进步的事业，是物质文明和精神文明相辅相成、协调发展的事业。物质贫乏不是社会主义，精神空虚也不是社会主义。人的素质是历史的产物，又给历史以巨大影响。任何时候都不能以牺牲精神文明为代价换取经济的一时发展。我们把社会主义核心价值体系建设作为主线，贯穿到国民教育和精神文明建设全过程，坚持不懈地用马克思主义中国化最新成果武装全党、教育人民，用中国特色社会主义共同理想凝聚力量，用以爱国主义为核心的民族精神和以改革创新为核心的时代精神鼓舞斗志，用社会主义荣辱观引领风尚，巩固全党全国各族人民团结奋斗的共同思想基础。我们积极探索用社会主义核心价值体系引领社会思潮的有效途径，既尊重差异、包容多样，又有力抵制各种错误和腐朽思想的影响。我们着力发展面向现代化、面向世界、面向未来的，民族的科学的大众的社会主义文化，贴近实际、贴近生活、贴近群众，深化文化体制改革，大力推进文化创新，激发全民族文化创造活力，提高国家文化软实力，推动文化事业和文化产业不断发展、文化市场更加繁荣，使人民基本文化权益得到更好保障。我们要始终坚持社会主义先进文化前进方向，兴起社会主义文化建设新高潮，在中国特色社会主义的伟大实践中进行文化创造，让人民共享文化发展成果，使社会文化生活更加丰富多彩、人民精神风貌更加昂扬向上。

（七）必须把提高效率同促进社会公平结合起来，实现在经济发展的基础上由广大人民共享改革发展成果，推动社会主义和谐社会建设。30年来，我们既高度重视通过提高效率来增强社会活力、促进经济发展，又高度重视在经济发展的基础上通过实现社会公平来促进社会和谐，坚持以人为本，以解决人民最关心最直接最现实的利益问题为重点，着力发展社会事业，着力完善收入分配制度，保障和改善民生，走共同富裕道路，努力形成全体人民各尽其能、各得其所而又和谐相处的局面，为改革开放和社会主义现代化建设营造良好社会环境。

实现社会公平正义是中国特色社会主义的内在要求，处理好效率和公平的关系是中国特色社会主义的重大课题。讲求效率才能增添活力，注重公平才能促进和谐，坚持效率和公平有机结合才能更好体现社会主义的本质。我们通过深化改革、实行正确方针政策，努力提高全社会推动经济发展和其他各项事业发展的积极性，最大限度激发全社会的创造活力和发展活力。同时，在我国改革发展关键阶段，在经济体制深刻变革、社会结构深刻变动、利益格局深刻调整、思想观念深刻变化的条件下，我们把提高效率同更加注重社会公平结合起来，最大限度增加和谐因素，最大限度减少不和谐因素，不断促进经济效率提高、促进社会和谐。我们把实现好、维护好、发展好最广大人民的根本利益作为党和国家一切工作的出发点和落脚点，坚持发展为了人民、发展依靠人民、发展成果由人民共享，优先发展教育，大力促进就业，不断提高城乡居民收入，加快建立覆盖城乡居民的社会保障体系，加快发展医疗卫生事业，切实加强社会管理，加强生态文明建设，努力使全体人民学有所教、劳有所得、病有所医、老有所养、住有所居。我们要始终按照民主法治、公平正义、诚信友爱、充满活力、安定有序、人与自然和谐相处的总要求，大力发展社会事业，促进社会公平正义，努力形成社会和谐人人有责、和谐社会人人共享的生动局面。

（八）必须把坚持独立自主同参与经济全球化结合起来，统筹好国内国际两个大局，为促进人类和平与发展的崇高事业作出贡献。30年来，我们既高度珍惜并坚定不移地维护中国人民经过长期奋斗得来的独立自主权利，又坚持对外开放的基本国策，始终站在国际大局与国内大局相互联系的高度审视中国和世界的发展问题，思考和制定中国的发展战略，坚持独立自主的和平外交政策，坚持和平发展道路，坚持互利共赢的开放战略，推动建设持久和平、共同繁荣的和谐世界，为我国发展争取良好国际环境，也为世界和平与发展作出重要贡献。

当代中国的前途命运已日益紧密地同世界的前途命运联系在一起。中国的发展离不开世界，世界的发展也需要中国。在当今世界，任何国家关起门来搞建设都是不能成功的。我们全面分析判断世界多极化趋势增强、经济全球化深入发展的外部环境，全面把握当今世界发展变化带来的机遇和挑战，既坚持独立自主，又勇敢参与经济全球化。在我们这样一个人口众多的发展中社会主义大国，任何时候都必须把独立自主、自力更生作为自己发展的根本基点，任何时候都要坚持中国人民自己选择的社会制度和发展道路，始终把国家主权和安全放在第一位，坚决维护国家主权、安全、发展利益，坚持中国的事情按照中国的情况来办、依靠中国人民自己的力量来办，坚决反对外部势力干涉我国内部事务。对于一切国际事务，都要从中国人民的根本利益和各国人民的共同利益出发、根据事情本身的是非曲直确定我们的立场和政策，按照冷静观察、沉着应对的方针和相互尊重、求同存异的精神进行处理，不屈从于任何外来压力。同时，我们在坚持和平共处五项原则的基础上同所有国家开展交流合作，积极促进世界多极化、推进国际关系民主化，尊重世界多样性，反对霸权主义和强权政治。我们不断扩大对外开放，把“引进来”和“走出去”紧密结合起来，认真学习借鉴人类社会创造的一切文明成果，坚持趋利避害，形成经济全球化条件下参与国际经济合作和竞争新优势，推动经济全球化朝着均衡、普惠、共赢方向发展，共同呵护人类赖以生存的地球家园，促进人类文明繁荣进步。我们要始终高举和平、发展、合作旗帜，既利用和平的国际环境发展自己，又通过自己的发展维护世界和平。

（九）必须把促进改革发展同保持社会稳定结合起来，坚持改革力度、发展速度和社会可承受程度的统一，确保社会安定团结、和谐稳定。30年来，我们既大力推进改革发展，又正确处理改革发展稳定关系，坚持改革是动力、发展是目的、稳定是前提，把不断改善人民生活作为处理改革发展稳定关系的重要结合点，在社会稳定中推进改革发展，通过改革发展促进社会稳定，在当今世界发生广泛而深刻的变化、当代中国发生广泛而深刻的变革的大环境下，始终保持社会大局稳定。

实现改革发展稳定的统一，是关系我国社会主义现代化建设全局的重要指导方针。推动社会主义现代化不断前进，必须自觉调整和改革生产关系与生产力、上层建筑与经济基础不相适应的方面和环节。我们既坚定不移地大胆探索、勇于创新，又总揽全局、突出重点，先易后难、循序渐进，在实践中积累经验，不断提高改革决策的科学性、增强改革措施的协调性，推进经济体制、政治体制、文化体制、社会体制以及其他各方面体制改革相协调，使改革获得广泛而深厚的群众基础。我们及时总结改革的实践经验，对的就坚持，不对的赶快改，新问题出来抓紧研究解决。同时，我们深刻认识到，发展是硬道理，稳定是硬任务；没有稳定，什么事情也办不成，已经取得的成果也会失去。我们正确把握和处理经济社会生活中出现的各种矛盾，加强和改进思想政治工作，健全党和政府主导的维护群众权益机制，及时妥善处理人民内部矛盾，依法打击各种违法犯罪活动，警惕和防范国内外敌对势力的渗透破坏活动，坚决维护社会稳定和国家安全。我们要始终从维护我国发展的重要战略机遇期、维护国家安全、维护最广大人民根本利益的高度出发，全面把握我国社会稳定大局，有效应对影响社会稳定的各种问题和挑战，确保人民安居乐业、社会安定有序、国家长治久安。

（十）必须把推进中国特色社会主义伟大事业同推进党的建设新的伟大工程结合起来，加强党的执政能力建设和先进性建设，提高党的领导水平和执政水平、拒腐防变和抵御风险能力。30年来，我们既紧紧围绕推进中国特色社会主义事业来推进党的建设，又通过加强和改进党的建设来推进中国特色社会主义事业，顺应世情、国情、党情的新变化，明确党的历史方位，坚持党要管党、从严治党，坚持以改革创新精神加强党的自身建设，不断提高党的执政能力、保持和发展党的先进性，不断增强党的阶级基础和扩大党的群众基础，不断提高拒腐防变和抵御风险能力，始终保持党同人民群众的血肉联系，使党始终成为中国特色社会主义事业的坚强领导核心。

坚持和改善党的领导，是我们事业胜利前进的根本保证。要把十几亿人的思想和力量统一和凝聚起来，齐心协力发展中国特色社会主义，没有中国共产党的坚强统一领导是不可设想的。我们深刻认识到，党的先进性和党的执政地位都不是一劳永逸、一成不变的，过去先进不等于现在先进，现在先进不等于永远先进；过去拥有不等于现在拥有，现在拥有不等于永远拥有。党要承担起人民和历史赋予的重大使命，必须认真研究自身建设遇到的新情况新问题，在领导改革发展中不断认识自己、加强自己、提高自己。我们坚持不懈地加强党的自身建设，在不断解放思想中统一全党思想，在加强党的执政能力建设和先进性建设中推进高素质干部队伍建设，在增强党的阶级基础的同时扩大党的群众基础，在继承党的优良传统的同时弘扬时代精神，使党始终坚持工人阶级先锋队、中国人民和中华民族先锋队的性质，坚持马克思主义指导地位，坚持全心全意为人民服务的宗旨，发扬优良传统和作风，不断增强创造力、凝聚力、战斗力。我们高度重视提高党员、干部队伍素质特别是思想政治素质，使广大党员、干部坚持把党和人民利益摆在第一位，牢记“两个务必”，做到权为民所用、情为民所系、利为民所谋，坚持讲党性、重品行、作表率，经受住长期执政考验、改革开放考验、发展社会主义市场经济考验。我们要始终坚持以改革创新精神加强党的建设，把党的执政能力建设和先进性建设作为主线，坚持党要管党、从严治党，贯彻为民、务实、清廉的要求，以坚定理想信念为重点加强思想建设，以造就高素质党员、干部队伍为重点加强组织建设，以保持党同人民群众的血肉联系为重点加强作风建设，以健全民主集中制为重点加强制度建设，以完善惩治和预防腐败体系为重点加强反腐倡廉建设，使党始终成为立党为公、执政为民，求真务实、改革创新，艰苦奋斗、清正廉洁，富有活力、团结和谐的马克思主义执政党。

30年来，我们在一个十几亿人口的发展中社会主义大国取得的摆脱贫困、加快现代化进程、巩固和发展社会主义的宝贵经验，闪耀着马克思主义的真理光芒，是辩证唯物主义和历史唯物主义的胜利。我国人口多、底子薄，发展很不平衡。我们在推进改革开放和社会主义现代化建设中所肩负任务的艰巨性和繁重性世所罕见，我们在改革发展稳定中所面临矛盾和问题的规模和复杂性世所罕见，我们在前进中所面对的困难和风险也世所罕见。要妥善解决这些矛盾和问题、战胜这些困难和风险，就必须善于从千头万绪、纷繁复杂的事物和事物的普遍联系中抓住主要矛盾和矛盾的主要方面，同时又必须善于统筹协调、把握平衡，在事物的普遍发展中形成有利于突破主要矛盾和矛盾主要方面的合力，不断提高驾驭复杂局面、解决复杂问题能力，不断推动经济社会向前发展。

30年来，我们党的全部理论和全部实践，归结起来就是创造性地探索和回答了什么是马克思主义、怎样对待马克思主义，什么是社会主义、怎样建设社会主义，建设什么样的党、怎样建设党，实现什么样的发展、怎样发展等重大理论和实际问题。30年的历史经验归结到一点，就是把马克思主义基本原理同中国具体实际相结合，走自己的路，建设中国特色社会主义。30年的经验是极为宝贵的财富，全党同志要倍加珍惜和自觉运用这些宝贵经验。

同志们！

中华民族具有5000多年的悠久历史。在漫长的历史长河中，我国各族人民团结奋斗、自强不息，开发了祖国的锦绣河山，创造了灿烂的中华文明，为人类文明进步作出了不可磨灭的巨大贡献。鸦片战争以后，由于西方列强的侵略和封建统治的腐朽，中国逐步沦为半殖民地半封建社会，国家积贫积弱，社会战乱不已，人民生灵涂炭。为了实现中华民族伟大复兴，无数仁人志士奋起寻求救国救民、振兴中华的道路。近一个世纪以来，我国先后发生三次伟大革命。第一次革命是孙中山先生领导的辛亥革命，推翻了统治中国几千年的君主专制制度，为中国的进步打开了闸门。第二次革命是中国共产党领导的新民主主义革命和社会主义革命，推翻了帝国主义、封建主义、官僚资本主义在中国的统治，建立了新中国，确立了社会主义制度，为当代中国一切发展进步奠定了根本政治前提和制度基础。第三次革命是我们党领导的改革开放这场新的伟大革命，引领中国人民走上了中国特色社会主义广阔道路，迎来中华民族伟大复兴光明前景。

我们的伟大目标是，到我们党成立100年时建成惠及十几亿人口的更高水平的小康社会，到新中国成立100年时基本实现现代化，建成富强民主文明和谐的社会主义现代化国家。只要我们不动摇、不懈怠、不折腾，坚定不移地推进改革开放，坚定不移地走中国特色社会主义道路，就一定能够胜利实现这一宏伟蓝图和奋斗目标。

30年来，我们取得了伟大成就，但同我们的远大目标相比，同人民群众对美好生活的期待相比，我们没有任何理由骄傲自满、固步自封。我们必须清醒地看到，我国仍处于并将长期处于社会主义初级阶段的基本国情没有变，人民日益增长的物质文化需要同落后的社会生产之间的矛盾这一社会主要矛盾没有变，当前我国发展呈现出一系列新的阶段性特征。我国生产力水平总体上还不高，自主创新能力还不强，长期形成的结构性矛盾和粗放型增长方式尚未根本改变，影响发展的体制机制障碍依然存在，城乡贫困人口和低收入人口还有相当数量，农业基础薄弱、农村发展滞后的局面尚未改变，缩小城乡、区域发展差距和促进经济社会协调发展任务艰巨，社会建设和管理面临诸多新课题，党和国家工作中还存在缺点和不足，人民群众还有不少不满意的地方。在前进道路上，我们还会遇到这样那样的困难和风险。改革发展任重道远。全党同志一定要更加兢兢业业地工作，永远不辜负人民的信任和期望。全国各族人民一定要更加同心同德地奋斗，永远保持和发扬自强不息的进取精神。

党的十一届三中全会以来30年的伟大历程和伟大成就深刻昭示我们：改革开放是决定当代中国命运的关键抉择，是发展中国特色社会主义、实现中华民族伟大复兴的必由之路；只有社会主义才能救中国，只有改革开放才能发展中国、发展社会主义、发展马克思主义；改革开放符合党心民心、顺应时代潮流，方向和道路是完全正确的，成效和功绩不容否定，停顿和倒退没有出路。

在新的国际国内形势下和新的历史起点上，我们必须坚定不移地坚持党的十一届三中全会以来开辟的中国特色社会主义道路，坚定不移地坚持党的基本理论、基本路线、基本纲领、基本经验，勇于变革、勇于创新，永不僵化、永不停滞，不为任何风险所惧，不被任何干扰所惑，继续奋勇推进改革开放和社会主义现代化事业。

我们一定要坚持高举中国特色社会主义伟大旗帜，继续推进马克思主义中国化。高举中国特色社会主义伟大旗帜，最根本的就是要坚持中国特色社会主义道路和中国特色社会主义理论体系。经过30年的实践探索和理论创新，我们对中国特色社会主义在认识上更深化、把握上更深刻了。中国特色社会主义道路，就是在中国共产党领导下，立足基本国情，以经济建设为中心，坚持四项基本原则，坚持改革开放，解放和发展社会生产力，巩固和完善社会主义制度，建设社会主义市场经济、社会主义民主政治、社会主义先进文化、社会主义和谐社会，建设富强民主文明和谐的社会主义现代化国家。在当代中国，坚持中国特色社会主义道路，就是真正坚持社会主义；坚持中国特色社会主义理论体系，就是真正坚持马克思主义。《共产党宣言》问世以来160年的实践证明，马克思主义是与时俱进的开放的理论体系。中国特色社会主义理论体系，既展现了当代中国马克思主义的勃勃生机，又为我们继续进行理论创新打开了广阔空间。发展中国特色社会主义是一项长期历史任务，必须坚持不懈地为之奋斗。发展中国特色社会主义理论体系也是一项长期历史任务，必须随着中国特色社会主义实践的发展而发展。我们要坚持解放思想、实事求是、与时俱进，坚持以我国改革开放和现代化建设的实际问题、以我们正在做的事情为中心，着眼于马克思主义理论的运用，着眼于对实际问题的理论思考，着眼于新的实践和新的发展，深入研究和回答重大理论和现实问题，不断把党带领人民创造的成功经验上升为理论，不断赋予当代中国马克思主义鲜明的实践特色、民族特色、时代特色，不断推动当代中国马克思主义大众化，让当代中国马克思主义放射出更加灿烂的真理光芒。

我们一定要坚持改革开放的正确方向，着力构建充满活力、富有效率、更加开放、有利于科学发展的体制机制。这30年来，中国人民的面貌、社会主义中国的面貌、中国共产党的面貌之所以能够发生历史性变化，最根本的就是我们在党的基本路线指引下始终坚持改革开放的正确方向。中国未来的发展也必须靠改革开放。实践永无止境，探索和创新也永无止境。世界上没有放之四海而皆准的发展道路和发展模式，也没有一成不变的发展道路和发展模式。我们既不能把书本上的个别论断当作束缚自己思想和手脚的教条，也不能把实践中已见成效的东西看成完美无缺的模式。我们要适应国内外形势新变化、顺应人民新期待，坚定信心，砥砺勇气，坚持不懈地把改革创新精神贯彻到治国理政各个环节，继续推进经济体制、政治体制、文化体制、社会体制改革创新，加快重要领域和关键环节改革步伐，坚决破除一切妨碍科学发展的思想观念和体制机制弊端，促进现代化建设各个环节、各个方面相协调，促进生产关系与生产力、上层建筑与经济基础相协调，不断完善适合我国国情的发展道路和发展模式。我们要坚持对外开放的基本国策，拓展对外开放广度和深度，提高开放质量，完善内外联动、互利共赢、安全高效的开放型经济体系，加强同世界各国的经济技术交流合作，继续以自己的和平发展促进世界各国共同发展。

我们一定要坚持抓好发展这个党执政兴国的第一要务，更好地做到发展成果由人民共享。在当前国际形势深刻变化特别是国际金融危机不断扩散和蔓延的情况下，我们要更加自觉、更加坚定地牢牢扭住经济建设这个中心，继续聚精会神搞建设、一心一意谋发展，坚持走生产发展、生活富裕、生态良好的文明发展道路。要深入贯彻落实科学发展观，坚持第一要义是发展、核心是以人为本、基本要求是全面协调可持续、根本方法是统筹兼顾，按照统筹城乡发展、统筹区域发展、统筹经济社会发展、统筹人与自然和谐发展、统筹国内发展和对外开放的要求，着力把握发展规律、创新发展理念、转变发展方式、破解发展难题，全面推进社会主义现代化事业，更好实施科教兴国战略、人才强国战略、可持续发展战略，加快推进经济结构战略性调整，加快提高自主创新能力、建设创新型国家，加快建设资源节约型、环境友好型社会，不断增强经济实力、科技实力、综合国力，提高国际竞争力和抗风险能力，为发展中国特色社会主义打下坚实基础。我们要切实实施好进一步扩大内需、促进经济增长的各项措施，妥善应对国际金融危机以及来自国际经济环境的各种风险，全力保持经济平稳较快发展。我们党领导人民全面建设小康社会、进行改革开放和社会主义现代化建设的根本目的，是要通过发展社会生产力，不断提高人民物质文化生活水平，促进人的全面发展。我们要时刻把群众的安危冷暖放在心上，真诚倾听群众呼声，真实反映群众愿望，真情关心群众疾苦，多为群众办好事、办实事，特别是要千方百计帮助困难群众排忧解难，切实抓好地震灾区灾后恢复重建，切实保障人民经济、政治、文化、社会权益，不断促进社会和谐稳定。

我们一定要坚持戒骄戒躁、艰苦奋斗，不断开创改革开放和社会主义现代化事业新局面。我们的事业是面向未来的事业。实现全面建设小康社会的目标还需要继续奋斗十几年，基本实现现代化还需要继续奋斗几十年，巩固和发展社会主义制度则需要几代人、十几代人甚至几十代人坚持不懈地努力奋斗。艰苦奋斗是我们的传家宝。我们党靠艰苦奋斗起家，我们的事业靠艰苦奋斗发展壮大，我们的幸福生活和美好未来也要靠艰苦奋斗去开创、去实现。全党全国各族人民要长期奋斗、顽强奋斗、不懈奋斗。我们要增强忧患意识，始终居安思危，保持清醒头脑，充分估计前进道路上种种可以预料和难以预料的困难和风险，进一步抓住和用好我国发展的重要战略机遇期，不断创造新的业绩。我们要增强学习的紧迫感和自觉性，刻苦学习马克思列宁主义、毛泽东思想特别是邓小平理论、“三个代表”重要思想以及科学发展观等重大战略思想，学习做好工作所需要的一切新知识，坚持求真务实，加强战略思维，树立世界眼光，提高对发展中国特色社会主义的规律性认识，增强工作的原则性、系统性、预见性、创造性，提高推动科学发展、促进社会和谐能力。我们要深入开展党风廉政建设和反腐败斗争，坚持标本兼治、综合治理、惩防并举、注重预防的方针，继续旗帜鲜明地反对腐败，切实改进作风，始终保持共产党人的蓬勃朝气、昂扬锐气、浩然正气。我们要自觉维护全党的团结统一，保持党同人民群众的血肉联系，巩固全国各族人民的大团结，加强海内外中华儿女的大团结，促进中国人民同世界各国人民的大团结，进一步把我们自己的事情办好，在发展中国特色社会主义的历史画卷上描绘出更新更美的图画。

同志们！

我们取得的成就已经载入史册，新的更加艰巨繁重的任务正摆在我们面前。我们的事业崇高而神圣，我们的前景光明而美好，我们的责任重大而光荣。让我们更加紧密地团结起来，坚定不移地沿着党的十一届三中全会以来开辟的中国特色社会主义道路奋勇前进，继续解放思想，坚持改革开放，推动科学发展，促进社会和谐，为夺取全面建设小康社会新胜利、开创中国特色社会主义事业新局面、实现中华民族伟大复兴而团结奋斗，努力为人类作出新的更大的贡献！

（选自《人民日报》2008年12月19日）

中共中央关于推进农村改革发展若干重大问题的决定

（2008年10月12日中国共产党第十七届中央委员会第三次全体会议通过）

中国共产党第十七届中央委员会第三次全体会议全面分析了形势和任务，认为在改革开放三十周年之际，系统回顾总结我国农村改革发展的光辉历程和宝贵经验，进一步统一全党全社会认识，加快推进社会主义新农村建设，大力推动城乡统筹发展，对于全面贯彻党的十七大精神，深入贯彻落实科学发展观，夺取全面建设小康社会新胜利、开创中国特色社会主义事业新局面，具有重大而深远的意义。全会研究了新形势下推进农村改革发展的若干重大问题，作出如下决定。

一、新形势下推进农村改革发展的重大意义

农业、农村、农民问题关系党和国家事业发展全局。在革命、建设、改革各个历史时期，我们党坚持把马克思主义基本原理同我国具体实际相结合，始终高度重视、认真对待、着力解决农业、农村、农民问题，成功开辟了新民主主义革命胜利道路和社会主义事业发展道路。

一九七八年，党的十一届三中全会作出把党和国家工作中心转移到经济建设上来、实行改革开放的历史性决策。我们党全面把握国内外发展大局，尊重农民首创精神，率先在农村发起改革，并以磅礴之势推向全国，领导人民谱写了改革发展的壮丽史诗。在波澜壮阔的改革开放进程中，我们党坚持以马克思列宁主义、毛泽东思想、邓小平理论和“三个代表”重要思想为指导，深入贯彻落实科学发展观，解放思想、实事求是、与时俱进，不断推进农村改革发展，使我国农村发生了翻天覆地的巨大变化。废除人民公社，确立以家庭承包经营为基础、统分结合的双层经营体制，全面放开农产品市场，取消农业税，对农民实行直接补贴，初步形成了适合我国国情和社会生产力发展要求的农

村经济体制；粮食生产不断跃上新台阶，农产品供应日益丰富，农民收入大幅增加，扶贫开发成效显著，依靠自己力量稳定解决了十三亿人口吃饭问题；乡镇企业异军突起，小城镇蓬勃发展，农村市场兴旺繁荣，农村劳动力大规模转移就业，亿万农民工成为产业工人重要组成部分，中国特色工业化、城镇化、农业现代化加快推进，切实巩固了新时期工农联盟；农村社会主义民主政治建设和精神文明建设不断加强，社会事业加速发展，显著提高了广大农民思想道德素质、科学文化素质和健康素质；农村党的建设不断加强，以村党组织为核心的村级组织配套建设全面推进，有效夯实了党在农村的执政基础。农村改革发展的伟大实践，极大调动了亿万农民积极性，极大解放和发展了农村社会生产力，极大改善了广大农民物质文化生活。更为重要的是，农村改革发展的伟大实践，为建立和完善我国社会主义初级阶段基本经济制度和社会主义市场经济体制进行了创造性探索，为实现人民生活从温饱不足到总体小康的历史性跨越、推进社会主义现代化作出了巨大贡献，为战胜各种困难和风险、保持社会大局稳定奠定了坚实基础，为成功开辟中国特色社会主义道路、形成中国特色社会主义理论体系积累了宝贵经验。

实践充分证明，只有坚持把解决好农业、农村、农民问题作为全党工作重中之重，坚持农业基础地位，坚持社会主义市场经济改革方向，坚持走中国特色农业现代化道路，坚持保障农民物质利益和民主权利，才能不断解放和发展农村社会生产力，推动农村经济社会全面发展。

当前，国际形势继续发生深刻变化，我国改革发展进入关键阶段。我们要抓住和用好重要战略机遇期，胜利实现全面建设小康社会的宏伟目标，加快推进社会主义现代化，就要更加自觉地把继续解放思想落实到坚持改革开放、推动科学发展、促进社会和谐上来，毫不动摇地推进农村改革发展。继续解放思想，必须结合农村改革发展这个伟大实践，大胆探索、勇于开拓，以新的理念和思路破解农村发展难题，为推动党的理论创新、实践创新提供不竭源泉。坚持改革开放，必须把握农村改革这个重点，在统筹城乡改革上取得重大突破，给农村发展注入新的动力，为整个经济社会发展增添新的活力。推动科学发展，必须加强农业发展这个基础，确保国家粮食安全和主要农产品有效供给，促进农业增产、农民增收、农村繁荣，为经济社会全面协调可持续发展提供有力支撑。促进社会和谐，必须抓住农村稳定这个大局，完善农村社会管理，促进社会公平正义，保证农民安居乐业，为实现国家长治久安打下坚实基础。

我国农村正在发生新的变革，我国农业参与国际合作和竞争正面临新的局面，推进农村改革发展具备许多有利条件，也面对不少困难和挑战，特别是城乡二元结构造成的深层次矛盾突出。农村经济体制尚不完善，农业生产经营组织化程度低，农产品市场体系、农业社会化服务体系、国家农业支持保护体系不健全，构建城乡经济社会发展一体化体制机制要求紧迫；农业发展方式依然粗放，农业基础设施和技术装备落后，耕地大量减少，人口资源环境约束增强，气候变化影响加剧，自然灾害频发，国际粮食供求矛盾突出，保障国家粮食安全和主要农产品供求平衡压力增大；农村社会事业和公共服务水平较低，区域发展和城乡居民收入差距扩大，改变农村落后面貌任务艰巨；农村社会利益格局深刻变化，一些地方农村基层组织软弱涣散，加强农村民主法制建设、基层组织建设、社会管理任务繁重。总之，农业基础仍然薄弱，最需要加强；农村发展仍然滞后，最需要扶持；农民增收仍然困难，最需要加快。我们必须居安思危、加倍努力，不断巩固和发展农村好形势。

全党必须深刻认识到，农业是安天下、稳民心的战略产业，没有农业现代化就没有国家现代化，没有农村繁荣稳定就没有全国繁荣稳定，没有农民全面小康就没有全国人民全面小康。我国总体上已进入以工促农、以城带乡的发展阶段，进入加快改造传统农业、走中国特色农业现代化道路的关键时刻，进入着力破除城乡二元结构、形成城乡经济社会发展一体化新格局的重要时期。我们要牢牢把握我国社会主义初级阶段的基本国情和当前发展的阶段性特征，适应农村改革发展新形势，顺应亿万农民过上美好生活新期待，抓住时机、乘势而上，努力开辟中国特色农业现代化的广阔道路，奋力开创社会主义新农村建设的崭新局面。

二、推进农村改革发展的指导思想、目标任务、重大原则

新形势下推进农村改革发展，要全面贯彻党的十七大精神，高举中国特色社会主义伟大旗帜，以邓小平理论和“三个代表”重要思想为指导，深入贯彻落实科学发展观，把建设社会主义新农村作为战略任务，把走中国特色农业现代化道路作为基本方向，把加快形成城乡经济社会发展一体化新格局作为根本要求，坚持工业反哺农业、城市支持农村和多予少取放活方针，创新体制机制，加强农业基础，增加农民收入，保障农民权益，促进农村和谐，充分调动广大农民的积极性、主动性、创造性，推动农村经济社会又好又快发展。

根据党的十七大提出的实现全面建设小康社会奋斗目标的新要求和建设生产发展、生活宽裕、乡风文明、村容整洁、管理民主的社会主义新农村要求，到二〇二〇年，农村改革发展基本目标任务是：农村经济体制更加健全，城乡经济社会发展一体化体制机制基本建立；现代农业建设取得显著进展，农业综合生产能力明显提高，国家粮食安全和主要农产品供给得到有效保障；农民人均纯收入比二〇〇八年翻一番，消费水平大幅提升，绝对贫困现象基本消除；农村基层组织建设进一步加强，村民自治制度更加完善，农民民主权利得到切实保障；城乡基本公共服务均等化明显推进，农村文化进一步繁荣，农民基本文化权益得到更好落实，农村人人享有接受良好教育的机会，农村基本生活保障、基本医疗卫生制度更加健全，农村社会管理体系进一步完善；资源节约型、环境友好型农业型体系基本形成，农村人居和生态环境明显改善，可持续发展能力不断增强。

实现上述目标任务，要遵循以下重大原则。

——必须巩固和加强农业基础地位，始终把解决好十几亿人口吃饭问题作为治国安邦的头等大事。坚持立足国内实现粮食基本自给方针，加大国家对农业支持保护力度，深入实施科教兴农战略，加快现代农业建设，实现农业全面稳定发展，为推动经济发展、促进社会和谐、维护国家安全奠定坚实基础。

——必须切实保障农民权益，始终把实现好、维护好、发展好广大农民根本利益作为农村一切工作的出发点和落脚点。坚持以人为本，尊重农民意愿，着力解决农民最关心最直接最现实的利益问题，保障农民政治、经济、文化、社会权益，提高农民综合素质，促进农民全面发展，充分发挥农民主体作用和首创精神，紧紧依靠亿万农民建设社会主义新农村。

——必须不断解放和发展农村社会生产力，始终把改革创新作为农村发展的根本动力。坚持不懈推进农村改革和制度创新，提高改革决策的科学性，增强改革措施的协调性，充分发挥市场在资源配置中的基础性作用，加强和改善国家对农业农村发展的调控和引导，健全符合社会主义市场经济要求的农村经济体制，调整不适应农村社会生产力发展要求的生产关系和上层建筑，使农村经济社会发展充满活力。

——必须统筹城乡经济社会发展，始终把着力构建新型工农、城乡关系作为加快推进现代化的重大战略。统筹工业化、城镇化、农业现代化建设，加快建立健全以工促农、以城带乡长效机制，调整国民收入分配格局，巩固和完善强农惠农政策，把国家基础设施建设和社会事业发展重点放在农村，推进城乡基本公共服务均等化，实现城乡、区域协调发展，使广大农民平等参与现代化进程、共享改革发展成果。

——必须坚持党管农村工作，始终把加强和改善党对农村工作的领导作为推进农村改革发展的政治保证。坚持一切从实际出发，坚持党在农村的基本政策，加强农村基层组织和基层政权建设，完善党管农村工作体制机制和方式方法，保持党同农民群众的血肉联系，巩固党在农村的执政基础，形成推进农村改革发展强大合力。

三、大力推进改革创新，加强农村制度建设

实现农村发展战略目标，推进中国特色农业现代化，必须按照统筹城乡发展要求，抓紧在农村体制改革关键环节上取得突破，进一步放开搞活农村经济，优化农村发展外部环境，强化农村发展制度保障。

（一）稳定和完善农村基本经营制度。以家庭承包经营为基础、统分结合的双层经

营体制，是适应社会主义市场经济体制、符合农业生产特点的农村基本经营制度，是党的农村政策的基石，必须毫不动摇地坚持。赋予农民更加充分而有保障的土地承包经营权，现有土地承包关系要保持稳定并长久不变。推进农业经营体制机制创新，加快农业经营方式转变。家庭经营要向采用先进科技和生产手段的方向转变，增加技术、资本等生产要素投入，着力提高集约化水平；统一经营要向发展农户联合与合作，形成多元化、多层次、多形式经营服务体系的方向转变，发展集体经济、增强集体组织服务功能，培育农民新型合作组织，发展各种农业社会化服务组织，鼓励龙头企业与农民建立紧密型利益联结机制，着力提高组织化程度。按照服务农民、进退自由、权利平等、管理民主的要求，扶持农民专业合作社加快发展，使之成为引领农民参与国内外市场竞争的现代农业经营组织。全面推进集体林权制度改革，扩大国有林场和重点国有林区林权制度改革试点。推进国有农场体制改革。稳定和完善草原承包经营制度。

（二）健全严格规范的农村土地管理制度。土地制度是农村的基础制度。按照产权明晰、用途管制、节约集约、严格管理的原则，进一步完善农村土地管理制度。坚持最严格的耕地保护制度，层层落实责任，坚决守住十八亿亩耕地红线。划定永久基本农田，建立保护补偿机制，确保基本农田总量不减少、用途不改变、质量有提高。继续推进土地整理复垦开发，耕地实行先补后占，不得跨省区市进行占补平衡。搞好农村土地确权、登记、颁证工作。完善土地承包经营权权能，依法保障农民对承包土地的占有、使用、收益等权利。加强土地承包经营权流转管理和服务，建立健全土地承包经营权流转市场，按照依法自愿有偿原则，允许农民以转包、出租、互换、转让、股份合作等形式流转土地承包经营权，发展多种形式的适度规模经营。有条件的地方可以发展专业大户、家庭农场、农民专业合作社等规模经营主体。土地承包经营权流转，不得改变土地集体所有性质，不得改变土地用途，不得损害农民土地承包权益。实行最严格的节约用地制度，从严控制城乡建设用地总规模。完善农村宅基地制度，严格宅基地管理，依法保障农户宅基地用益物权。农村宅基地和村庄整理所节约的土地，首先要复垦为耕地，调剂为建设用地的必须符合土地利用规划、纳入年度建设用地计划，并优先满足集体建设用地。改革征地制度，严格界定公益性和经营性建设用地，逐步缩小征地范围，完善征地补偿机制。依法征收农村集体土地，按照同地同价原则及时足额给农村集体组织和农民合理补偿，解决好被征地农民就业、住房、社会保障。在土地利用规划确定的城镇建设用地范围外，经批准占用农村集体土地建设非公益性项目，允许农民依法通过多种方式参与开发经营并保障农民合法权益。逐步建立城乡统一的建设用地市场，对依法取得的农村集体经营性建设用地，必须通过统一有形的土地市场、以公开规范的方式转让土地使用权，在符合规划的前提下与国有土地享有平等权益。抓紧完善相关法律法规和配套政策，规范推进农村土地管理制度改革。

（三）**完善农业支持保护制度。**健全农业投入保障制度，调整财政支出、固定资产投资、信贷投放结构，保证各级财政对农业投入增长幅度高于经常性收入增长幅度，大幅度增加国家对农村基础设施建设和社会事业发展的投入，大幅度提高政府土地出让收益、耕地占用税新增收入用于农业的比例，大幅度增加对中西部地区农村公益性建设项目的投入。国家在中西部地区安排的病险水库除险加固、生态建设等公益性建设项目，逐步取消县及县以下资金配套。拓宽农业投入来源渠道，整合投资项目，加强投资监管，提高资金使用效益。健全农业补贴制度，扩大范围，提高标准，完善办法，特别要支持增粮增收，逐年较大幅度增加农民种粮补贴。完善与农业生产资料价格上涨挂钩的农资综合补贴动态调整机制。健全农产品价格保护制度，完善农产品市场调控体系，稳步提高粮食最低收购价，改善其他主要农产品价格保护办法，充实主要农产品储备，优化农产品进出口和吞吐调节机制，保持农产品价格合理水平。完善粮食等主要农产品价格形成机制，理顺比价关系，充分发挥市场价格对增产增收的促进作用。健全农业生态环境补偿制度，形成有利于保护耕地、水域、森林、草原、湿地等自然资源和农业物种资源的激励机制。

（四）**建立现代农村金融制度。**农村金融是现代农村经济的核心。创新农村金融体制，放宽农村金融准入政策，加快建立商业性金融、合作性金融、政策性金融相结合，资本充足、功能健全、服务完善、运行安全的农村金融体系。加大对农村金融政策支持力度，拓宽融资渠道，综合运用财税杠杆和货币政策工具，定向实行税收减免和费用补贴，引导更多信贷资金和社会资金投向农村。各类金融机构都要积极支持农村改革发展。坚持农业银行为农服务的方向，强化职能、落实责任，稳定和发展农村服务网络。拓展农业发展银行支农领域，加大政策性金融对农业开发和农村基础设施建设中长期信贷支持。扩大邮政储蓄银行涉农业务范围。县域内银行业金融机构新吸收的存款，主要用于当地发放贷款。改善农村信用社法人治理结构，保持县（市）社法人地位稳定，发挥为农民服务主力军作用。规范发展多种形式的新型农村金融机构和以服务农村为主的地区性中小银行。加强监管，大力发展小额信贷，鼓励发展适合农村特点和需要的各种微型金融服务。允许农村小型金融组织从金融机构融入资金。允许有条件的农民专业合作社开展信用合作。规范和引导民间借贷健康发展。加快农村信用体系建设。建立政府扶持、多方参与、市场运作的农村信贷担保机制。扩大农村有效担保物范围。发展农村保险事业，健全政策性农业保险制度，加快建立农业再保险和巨灾风险分散机制。加强农产品期货市场建设。

（五）**建立促进城乡经济社会发展一体化制度。**尽快在城乡规划、产业布局、基础设施建设、公共服务一体化等方面取得突破，促进公共资源在城乡之间均衡配置、生产要素在城乡之间自由流动，推动城乡经济社会发展融合。统筹土地利用和城乡规划，合理安排市县域城镇建设、农田保护、产业聚集、村落分布、生态涵养等空间布局。统筹城乡产业发展，优化农村产业结构，发展农村服务业和乡镇企业，引导城市资金、技术、人才、管理等生产要素向农村流动。统筹城乡基础设施建设和公共服务，全面提高财政保障农村公共事业水平，逐步建立城乡统一的公共服务制度。统筹城乡劳动就业，加快建立城乡统一的人力资源市场，引导农民有序外出就业，鼓励农民就近转移就业，扶持农民工返乡创业。加强农民工权益保护，逐步实现农民工劳动报酬、子女就学、公共卫生、住房租购等与城镇居民享有同等待遇，改善农民工劳动条件，保障生产安全，扩大农民工工伤、医疗、养老保险覆盖面，尽快制定和实施农民工养老保险关系转移接续办法。统筹城乡社会管理，推进户籍制度改革，放宽中小城市落户条件，使在城镇稳定就业和居住的农民有序转变为城镇居民。推动流动人口服务和管理体制创新。扩大县域发展自主权，增加对县的一般性转移支付、促进财力与事权相匹配，增强县域经济活力和实力。推进省直接管理县（市）财政体制改革，优先将农业大县纳入改革范围。有条件的地方可依法探索省直接管理县（市）的体制。坚持走中国特色城镇化道路，发挥好大中城市对农村的辐射带动作用，依法赋予经济发展快、人口吸纳能力强的小城镇相应行政管理权限，促进大中小城市和小城镇协调发展，形成城镇化和新农村建设互促共进机制。积极推进统筹城乡综合配套改革试验。

（六）健全农村民主管理制度。坚持党的领导、人民当家作主、依法治国有机统一，发展农村基层民主，以扩大有序参与、推进信息公开、健全议事协商、强化权力监督为重点，加强基层政权建设，扩大村民自治范围，保障农民享有更多更切实的民主权利。逐步实行城乡按相同人口比例选举人大代表，扩大农民在县乡人大代表中的比例，密切人大代表同农民的联系。继续推进农村综合改革，二〇一二年基本完成乡镇机构改革任务，着力增强乡镇政府社会管理和公共服务职能。完善与农民政治参与积极性不断提高相适应的乡镇治理机制，实行政务公开，依法保障农民知情权、参与权、表达权、监督权。健全村党组织领导的充满活力的村民自治机制，深入开展以直接选举、公正有序为基本要求的民主选举实践，以村民会议、村民代表会议、村民议事为主要形式的民主决策实践，以自我教育、自我管理、自我服务为主要目的的民主管理实践，以村务公开、财务监督、群众评议为主要内容的民主监督实践，推进村民自治制度化、规范化、程序化。加强农村法制建设，完善涉农法律法规，增强依法行政能力，强化涉农执法监督和司法保护。加强农村法制宣传教育，搞好法律服务，提高农民法律意识，推进农村依法治理。培育农村服务性、公益性、互助性社会组织，完善社会自治功能。采取多种措施增强基层财力，逐步解决一些行政村运转困难问题，积极稳妥化解乡村债务。继续做好农民负担监督管理工作，完善村民一事一议筹资筹劳办法，健全农村公益事业建设机制。

四、积极发展现代农业，提高农业综合生产能力

发展现代农业，必须按照高产、优质、高效、生态、安全的要求，加快转变农业发展方式，推进农业科技进步和创新，加强农业物质技术装备，健全农业产业体系，提高土地产出率、资源利用率、劳动生产率，增强农业抗风险能力、国际竞争能力、可持续发展能力。要明确目标、制定规划、加大投入，集中力量办好关系全局、影响长远的大事。

（一）确保国家粮食安全。粮食安全任何时候都不能放松，必须长抓不懈。加快构建供给稳定、储备充足、调控有力、运转高效的粮食安全保障体系。把发展粮食生产放在现代农业建设的首位，稳定播种面积，优化品种结构，提高单产水平，不断增强综合生产能力。各地区都要明确和落实粮食发展目标，强化扶持政策，落实储备任务，分担国家粮食安全责任。抓紧实施粮食战略工程，推进国家粮食核心产区和后备产区建设，加快落实全国新增千亿斤粮食生产能力建设规划，以县为单位集中投入、整体开发，今年起组织实施。支持粮食生产的政策措施向主产区倾斜，建立主产区利益补偿制度，加大对产粮大县财政奖励和粮食产业建设项目扶持力度，加快实现粮食增产、农民增收、财力增强相协调，充分调动农民种粮、地方抓粮的积极性。完善粮食风险基金政策，逐步取消主产区资金配套。产销平衡区和主销区要加强产粮大县建设，确保区域内粮田面积不减少、粮食自给水平不下降。坚持放开市场，积极搞活流通，完善产销衔接。提高全社会节粮意识，强化从生产到消费全过程节粮措施。加强粮食领域国际交流合作，为改善全球粮食供给作出贡献。

（二）推进农业结构战略性调整。以市场需求为导向、科技创新为手段、质量效益为目标，构建现代农业产业体系。搞好产业布局规划，科学确定区域农业发展重点，形成优势突出和特色鲜明的产业带，引导加工、流通、储运设施建设向优势产区聚集。采取有力措施支持发展油料生产，提高食用植物油自给水平。鼓励和支持优势产区集中发展棉花、糖料、马铃薯等大宗产品，推进蔬菜、水果、茶叶、花卉等园艺产品集约化、设施化生产，因地制宜发展特色产业和乡村旅游业。加快发展畜牧业，支持规模化饲养，加强品种改良和疫病防控。推进水产健康养殖，扶持和壮大远洋渔业。发展林业产业，繁荣山区经济。发展农业产业化经营，促进农产品加工业结构升级，扶持壮大龙头企业，培育知名品牌。强化主要农产品生产大县财政奖励政策，完善农产品加工业发展税收支持政策。加强农业标准化和农产品质量安全工作，严格产地环境、投入品使用、生产过程、产品质量全程监控，切实落实农产品生产、收购、储运、加工、销售各环节的质量安全监管责任，杜绝不合格产品进入市场。支持发展绿色食品和有机食品，加大

农产品注册商标和地理标志保护力度。加强海峡两岸农业合作。

（三）加快农业科技创新。农业发展的根本出路在科技进步。顺应世界科技发展潮流，着眼于建设现代农业，大力推进农业科技自主创新，加强原始创新、集成创新和引进消化吸收再创新，不断促进农业技术集成化、劳动过程机械化、生产经营信息化。加大农业科技投入，建立农业科技创新基金，支持农业基础性、前沿性科学研究，力争在关键领域和核心技术上实现重大突破。加强农业技术研发和集成，重点支持生物技术、良种培育、丰产栽培、农业节水、疫病防控、防灾减灾等领域科技创新，实施转基因生物新品种培育科技重大专项，尽快获得一批具有重要应用价值的优良品种。适应农业规模化、精准化、设施化等要求，加快开发多功能、智能化、经济型农业装备设施，重点在田间作业、设施栽培、健康养殖、精深加工、储运保鲜等环节取得新进展。推进农业信息服务技术发展，重点开发信息采集、精准作业和管理信息、农村远程数字化和可视化、气象预测预报和灾害预警等技术。深化科技体制改革，加快农业科技创新体系和现代农业产业技术体系建设，加强对公益性农业科研机构和农业院校的支持。依托重大农业科研项目、重点学科、科研基地，加强农业科技创新团队建设，培育农业科技高层次人才特别是领军人才。稳定和壮大农业科技人才队伍，加强农业技术推广普及，开展农民技术培训。加快农业科技成果转化，促进产学研、农科教结合，支持高等学校、科研院所同农民专业合作社、龙头企业、农户开展多种形式技术合作。继续办好国家农业高新技术产业示范区。发挥国有农场运用先进技术和建设现代农业的示范作用。

（四）加强农业基础设施建设。以农田水利为重点的农业基础设施是现代农业的重要物质条件。大规模实施土地整治，搞好规划、统筹安排、连片推进，加快中低产田改造，鼓励农民开展土壤改良，推广测土配方施肥和保护性耕作，提高耕地质量，大幅度增加高产稳产农田比重。搞好水利基础设施建设，加强大江大河大湖治理，集中建成一批大中型水利骨干工程，加快大中型灌区、排灌泵站配套改造、水源工程建设，力争二〇二〇年基本完成大型灌区续建配套和节水改造任务。加快病险水库除险加固，确保二〇一〇年底完成大中型和重点小型水库除险加固任务。创新投资机制，采取以奖代补等形式，鼓励和支持农民广泛开展小型农田水利设施、小流域综合治理等项目建设。推广节水灌溉，搞好旱作农业示范工程。支持农用工业发展，加快推进农业机械化。按照现代化水平高、覆盖范围广的要求，加强良种繁育体系和农产品批发市场网络建设，加快建设现代粮食物流体系和鲜活农产品冷链物流系统。

（五）建立新型农业社会化服务体系。建设覆盖全程、综合配套、便捷高效的社会化服务体系，是发展现代农业的必然要求。加快构建以公共服务机构为依托、合作经济组织为基础、龙头企业为骨干、其他社会力量为补充，公益性服务和经营性服务相结合、专项服务和综合服务相协调的新型农业社会化服务体系。加强农业公共服务能力建设，创新管理体制，提高人员素质，力争三年内在全国普遍健全乡镇或区域性农业技术推广、动植物疫病防控、农产品质量监管等公共服务机构，逐步建立村级服务站点。支持供销合作社、农民专业合作社、专业服务公司、专业技术协会、农民经纪人、龙头企业等提供多种形式的生产经营服务。开拓农村市场，推进农村流通现代化。健全农产品市场体系，完善农业信息收集和发布制度，发展农产品现代流通方式，减免运销环节收费，长期实行绿色通道政策，加快形成流通成本低、运行效率高的农产品营销网络。保障农用生产资料供应，整顿和规范农村市场秩序，严厉惩治坑农害农行为。

（六）促进农业可持续发展。按照建设生态文明的要求，发展节约型农业、循环农业、生态农业，加强生态环境保护。继续推进林业重点工程建设，延长天然林保护工程实施期限，完善政策、巩固退耕还林成果，开展植树造林，提高森林覆盖率。实施草原建设和保护工程，推进退牧还草，发展灌溉草场，恢复草原生态植被。强化水资源保护。加强水生生物资源养护，加大增殖放流力度。推进重点流域和区域水土流失综合防治，加快荒漠化石漠化治理，加强自然保护区建设。保护珍稀物种和种质资源，防范外来动植物疫病和有害物种入侵。多渠道筹集森林、草原、水土保持等生态效益补偿资金，逐步提高补偿标准。积极培育以非粮油作物为原料的生物质产业，推进农林副产品和废弃物能源化、资源化利用。推广节能减排技术，加强农村工业、生活污染和农业面源污染防治。

（七）扩大农业对外开放。坚持“引进来”和“走出去”相结合，提高统筹利用国际国内两个市场、两种资源能力，拓展农业对外开放广度和深度。按照鼓励出口劳动密集型和技术密集型产品、适度进口结构性短缺产品的原则，完善农产品进出口战略规划和调控机制，加强国际市场研究和信息服务。强化农产品进出口检验检疫和监管，提高出口优势产品附加值和质量安全水平。引导外商投资发展现代农业。健全符合世界贸易组织规则的外商经营农产品和农业生产资料准入制度，建立外资并购境内涉农企业安全审查机制。统筹开展对外农业合作，培育农业跨国经营企业，逐步建立农产品国际产销加工储运体系。积极参与国际农产品贸易规则和标准制定，促进形成公平合理的贸易秩序。

五、加快发展农村公共事业，促进农村社会全面进步

建设社会主义新农村，形成城乡经济社会发展一体化新格局，必须扩大公共财政覆盖农村范围，发展农村公共事业，使广大农民学有所教、劳有所得、病有所医、老有所养、住有所居。

（一）繁荣发展农村文化。社会主义文化建设是社会主义新农村建设的重要内容和

重要保证。坚持用社会主义先进文化占领农村阵地，满足农民日益增长的精神文化需求，提高农民思想道德素质。扎实开展社会主义核心价值体系建设，坚持用中国特色社会主义理论体系武装农村党员、教育农民群众，引导农民牢固树立爱国主义、集体主义、社会主义思想。推进广播电视村村通、文化信息资源共享、乡镇综合文化站和村文化室建设、农村电影放映、农家书屋等重点文化惠民工程，建立稳定的农村文化投入保障机制，尽快形成完备的农村公共文化服务体系。扶持农村题材文化产品创作生产，开展农民乐于参与、便于参与的文化活动，建立文化科技卫生“三下乡”长效机制，支持农民兴办演出团体和其他文化团体，引导城市文化机构到农村拓展服务。重视丰富农民工文化生活，帮助他们提高素质。广泛开展文明村镇、文明集市、文明户、志愿服务等群众性精神文明创建活动，倡导农民崇尚科学、诚信守法、抵制迷信、移风易俗，遵守公民基本道德规范，养成健康文明生活方式，形成男女平等、尊老爱幼、邻里和睦、勤劳致富、扶贫济困的社会风尚。加强农村文物、非物质文化遗产、历史文化名镇名村保护。发展农村体育事业，开展农民健身活动。

（二）大力办好农村教育事业。发展农村教育，促进教育公平，提高农民科学文化素质，培育有文化、懂技术、会经营的新型农民。巩固农村义务教育普及成果，提高义务教育质量，完善义务教育免费政策和经费保障机制，保障经济困难家庭儿童、留守儿童特别是女童平等就学、完成学业，改善农村学生营养状况，促进城乡义务教育均衡发展。加快普及农村高中阶段教育，重点加快发展农村中等职业教育并逐步实行免费。健全县域职业教育培训网络，加强农民技能培训，广泛培养农村实用人才。大力扶持贫困地区、民族地区农村教育。增强高校为农输送人才和服务能力，办好涉农学科专业，鼓励人才到农村第一线工作，对到农村履行服务期的毕业生代偿学费和助学贷款，在研究生招录和教师选聘时优先。保障和改善农村教师工资待遇和工作条件，健全农村教师培养培训制度，提高教师素质。健全城乡教师交流机制，继续选派城市教师下乡支教。发展农村学前教育、特殊教育、继续教育。加强远程教育，及时把优质教育资源送到农村。

（三）促进农村医疗卫生事业发展。基本医疗卫生服务关系广大农民幸福安康，必须尽快惠及全体农民。巩固和发展新型农村合作医疗制度，提高筹资标准和财政补助水平，坚持大病住院保障为主、兼顾门诊医疗保障。完善农村医疗救助制度。坚持政府主导，整合城乡卫生资源，建立健全农村三级医疗卫生服务网络，重点办好县级医院并在每个乡镇办好一所卫生院，支持村卫生室建设，向农民提供安全价廉的基本医疗服务。加强农村卫生人才队伍建设，定向免费培养培训农村卫生人才，妥善解决乡村医生补贴，完善城市医师支援农村制度。坚持预防为主，扩大农村免费公共卫生服务和免费免疫范围，加大地方病、传染病及人畜共患病防治力度。加强农村药品配送和监管。积极发展中医药和民族医药服务。广泛开展爱国卫生运动，重视健康教育。加强农村妇幼保健，逐步推行住院分娩补助政策。坚持计划生育的基本国策，推进优生优育，稳定农村低生育水平，完善和落实计划生育奖励扶助制度，有效治理出生人口性别比偏高问题。

（四）健全农村社会保障体系。贯彻广覆盖、保基本、多层次、可持续原则，加快健全农村社会保障体系。按照个人缴费、集体补助、政府补贴相结合的要求，建立新型农村社会养老保险制度。创造条件探索城乡养老保险制度有效衔接办法。做好被征地农民社会保障，做到先保后征，使被征地农民基本生活长期有保障。完善农村最低生活保障制度，加大中央和省级财政补助力度，做到应保尽保，不断提高保障标准和补助水平。全面落实农村五保供养政策，确保供养水平达到当地村民平均生活水平。完善农村受灾群众救助制度。落实好军烈属和伤残病退伍军人等优抚政策。发展以扶老、助残、救孤、济困、赈灾为重点的社会福利和慈善事业。发展农村老龄服务。加强农村残疾预防和残疾人康复工作，促进农村残疾人事业发展。

（五）加强农村基础设施和环境建设。把农村建设成为广大农民的美好家园，必须切实改善农民生产生活条件。科学制定乡镇村庄建设规划。加快农村饮水安全工程建设，五年内解决农村饮水安全问题。加强农村公路建设，确保“十一五”期末基本实现乡镇通油（水泥）路，进而普遍实现行政村通油（水泥）路，逐步形成城乡公交资源相互衔接、方便快捷的客运网络。推进农村能源建设，扩大电网供电人口覆盖率，推广沼气、秸秆利用、小水电、风能、太阳能等可再生能源技术，形成清洁、经济的农村能源体系。实施农村清洁工程，加快改水、改厨、改厕、改圈，开展垃圾集中处理，不断改善农村卫生条件和人居环境。推进广电网、电信网、互联网“三网融合”，积极发挥信息化为农服务作用。发展农村邮政服务。健全农村公共设施维护机制，提高综合利用效能。

（六）推进农村扶贫开发。搞好新阶段扶贫开发，对确保全体人民共享改革发展成果具有重大意义，必须作为长期历史任务持之以恒抓紧抓好。完善国家扶贫战略和政策体系，坚持开发式扶贫方针，实现农村最低生活保障制度和扶贫开发政策有效衔接。实行新的扶贫标准，对农村低收入人口全面实施扶贫政策，把尽快稳定解决扶贫对象温饱并实现脱贫致富作为新阶段扶贫开发的首要任务。重点提高农村贫困人口自我发展能力，对没有劳动力或劳动能力丧失的贫困人口实行社会救助。加大对革命老区、民族地区、边疆地区、贫困地区发展扶持力度。继续开展党政机关定点扶贫和东西扶贫协作，充分发挥企业、学校、科研院所、军队和社会各界在扶贫开发中的积极作用。加强反贫困领域国际交流合作。

（七）加强农村防灾减灾能力建设。我国农村自然灾害多、受灾地域广、防灾抗灾力量弱，必须切实加强农村防灾减灾工作。加强灾害性天气、地质灾害、地震监测预警，提高监测水平，完善处置预案，加强专业力量建设，提高应急救援能力，宣传普及防灾减灾知识，提高灾害处置能力和农民避灾自救能力。加强防洪排涝抗旱设施和监测预警能力建设，加快农村危房改造，提高农村道路、供电、供水、通信设施抗灾保障能力，提高农村学校、医院等公共设施建筑质量，落实安全标准和责任。全力做好汶川地震灾区农村恢复重建工作，加大投入，对口支援，发动群众，加快受灾农户住房重建，搞好农业生产设施重建，尽早恢复农业生产和农村经济。采取综合措施，促进灾区生态环境尽快修复并不断改善。

（八）强化农村社会管理。坚持服务农民、依靠农民，完善农村社会管理体制机制，加强农村社区建设，保持农村社会和谐稳定。健全党和政府主导的维护农民权益机制，拓宽农村社情民意表达渠道，做好农村信访工作，加强人民调解，及时排查化解矛盾纠纷。农村广大干部要进村入户做好下访工作，切实把矛盾和问题解决在基层、化解在萌芽状态。深入开展平安创建活动，加强农村政法工作，推进农村警务建设，实行群防群治，搞好社会治安综合治理。建立健全农村应急管理体制，提高危机处置能力。巩固和发展平等团结互助和谐的社会主义民族关系。全面贯彻党的宗教工作基本方针，依法管理宗教事务。反对和制止利用宗教、宗族势力干预农村公共事务，坚决取缔邪教组织，严厉打击黑恶势力。

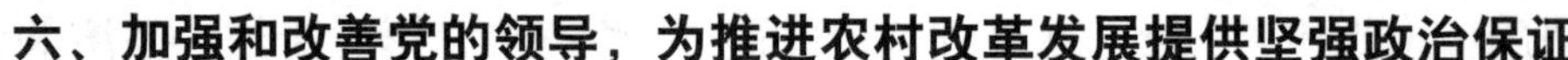

六、加强和改善党的领导，为推进农村改革发展提供坚强政治保证

推进农村改革发展，关键在党。要把党的执政能力建设和先进性建设作为主线，以改革创新精神全面推进农村党的建设，认真开展深入学习实践科学发展观活动，增强各级党组织的创造力、凝聚力、战斗力，不断提高党领导农村工作水平。

（一）完善党领导农村工作体制机制。强化党委统一领导、党政齐抓共管、农村工作综合部门组织协调、有关部门各负其责的农村工作领导体制和工作机制。各级党委和政府要坚持把农村工作摆上重要议事日程，在政策制定、工作部署、财力投放、干部配备上切实体现全党工作重中之重的战略思想，加强对农村改革发展理论和实践问题的调查研究，坚持因地制宜、分类指导，创造性地开展工作。党委和政府主要领导要亲自抓农村工作，省市县党委要有负责同志分管农村工作，县（市）党委要把工作重心和主要精力放在农村工作上。加强党委农村工作综合部门建设，建立职能明确、权责一致、运转协调的农业行政管理体制。注重选好配强县乡党政领导班子特别是主要负责人。坚持和完善“米袋子”省长负责制、“菜篮子”市长负责制。完善体现科学发展观和正确政绩观要求的干部考核评价体系，把粮食生产、农民增收、耕地保护、环境治理、和谐稳定作为考核地方特别是县（市）领导班子绩效的重要内容。支持人大、政协履行职能，发挥民主党派、人民团体和社会组织积极作用，共同推进农村改革发展。

（二）加强农村基层组织建设。党的农村基层组织是党在农村工作的基础。以领导班子建设为重点、健全党组织为保证、三级联创活动为载体，把党组织建设成为推动科学发展、带领农民致富、密切联系群众、维护农村稳定的坚强领导核心。改革和完善农村基层组织领导班子选举办法，抓好以村党组织为核心的村级组织配套建设，领导和支持村委会、集体经济组织、共青团、妇代会、民兵等组织和乡镇企业工会组织依照法律法规和章程开展工作。创新农村党的基层组织设置形式，推广在农村社区、农民专业合作社、专业协会和产业链上建立党组织的做法。加强农民工中党的工作。健全城乡党的基层组织互帮互助机制，构建城乡统筹的基层党建新格局。抓紧村级组织活动场所建设，两年内覆盖全部行政村。

（三）加强农村基层干部队伍建设。建设一支守信念、讲奉献、有本领、重品行的农村基层干部队伍，对做好农村工作至关重要。着力拓宽农村基层干部来源，提高他们的素质，解除他们的后顾之忧，调动他们的工作积极性。注重从农村致富能手、退伍军人、外出务工返乡农民中选拔村干部。引导高校毕业生到村任职，实施一村一名大学生计划。鼓励党政机关和企事业单位优秀年轻干部到村帮助工作。加大从优秀村干部中考录乡镇公务员和选任乡镇领导干部力度。探索村党组织书记跨村任职。通过财政转移支付和党费补助等途径，形成农村基层组织建设、村干部报酬和养老保险、党员干部培训资金保障机制。整合培训资源，广泛培训农村基层干部，增强他们带领农民建设社会主义新农村的本领。扎实推进农村党员干部现代远程教育，两年内实现全国乡村网络基本覆盖。

（四）加强农村党员队伍建设。巩固和发展先进性教育活动成果，做好发展党员工作，改进党员教育管理，增强党员意识，建设高素质农村党员队伍。扩大党内基层民主，尊重党员主体地位，保证党员按照党章规定履行义务、行使权利。组织农村党员学习党的理论和路线方针政策、法律法规、实用技术。广泛开展党员设岗定责、依岗承诺、创先争优等活动。关心爱护党员，建立健全党内激励、关怀、帮扶机制，增强党组织的亲和力。加强和改进流动党员管理，建立健全城乡一体党员动态管理机制。加大在优秀青年农民中发展党员力度。探索发展党员新机制，不断提高发展党员质量。

（五）加强农村党风廉政建设。大力发扬党的优良传统和作风，密切党群干群关系，是做好农村改革发展工作的重要保证。坚持教育、制度、监督、改革、纠风、惩治相结合，推进农村惩治和预防腐败体系建设。以树立理想信念和加强思想道德建设为基础，深入开展反腐倡廉教育，弘扬求真务实、公道正派、艰苦奋斗的作风，筑牢党员、干部服务群众、廉洁自律的思想基础。以规范和制约权力运行为核心，全面推进政务公开、村务公开、党务公开，健全农村集体资金、资产、资源管理制度，做到用制度管权、管事、管人。以维护农民权益为重点，围绕党的农村政策落实情况加强监督检查，切实纠正损害农民利益的突出问题，严肃查处涉农违纪违法案件。广大党员、干部要坚持权为民所用、情为民所系、利为民所谋，关心群众疾苦，倾听群众呼声，集中群众智慧，讲实话、办实事、求实效，坚决反对形式主义、官僚主义，努力创造实实在在的业绩。

实现全面建设小康社会的宏伟目标，最艰巨最繁重的任务在农村，最广泛最深厚的基础也在农村。全党同志要紧密团结在以胡锦涛同志为总书记的党中央周围，锐意改革，加快发展，在推进中国特色社会主义伟大事业进程中努力开创农村工作新局面！

（选自《人民日报》2008年10月20日）

第二部分

理论·总论

马克思主义中国化基本问题理析

田克勤

马克思主义中国化研究一直是学术界关注的焦点，特别是随着马克思主义中国化学科的建设和发展，更是进入了一个新的阶段。学术界对马克思主义中国化的研究主要集中在以下几个问题：一是关于马克思主义中国化提出的研究，主要对马克思主义中国化命题提出的条件以及命题本身提法的变化作了初步论证；二是关于马克思主义中国化科学内涵的研究，这方面的研究比较多且分歧较大，但在分析科学内涵的基础上揭示其实质的不多；三是关于马克思主义中国化历史进程和特点的研究；四是关于中共三代领导集体对马克思主义中国化的贡献研究；五是关于马克思主义中国化基本经验和规律的研究。在肯定上述研究成果的基础上，本文着重论述了马克思主义中国化提出的条件、实质、过程性特征及其与中国化的马克思主义的关系，以期进一步深化马克思主义中国化基本问题的研究。

一、马克思主义中国化提出的条件

马克思主义认为："任何真正的哲学都是自己时代精神的精华。"1938年六届六中全会上，毛泽东提出"马克思主义中国化"的命题不是偶然的，它是经过长期的思考和探索才提出来的。

第一，实践发展的需要。从1921年党的建立到1927年大革命失败，处于幼年时期的中国共产党还不善于将马克思主义与中国实际相结合。大革命失败后，中国共产党在独立领导武装斗争、开展土地革命、建立农村革命根据地的过程中，开始认识到从中国实际出发、创造性地运用马克思主义来解决中国革命问题的必要性。也正是在这时，党内出现了把马克思主义教条化、把共产国际决议和苏联经验神圣化的错误倾向。艾思奇曾指出："由于抗战以前的特殊情形，理论研究与实践斗争的某些脱离的现象，是比较普遍的。这样的脱离现象，使理论的研究基本上始终限制在介绍性质的、书本式的、通俗化性质的活动范围内。"尤其是以王明为代表的、以教条主义为特征的"左"倾错误，严重窒息了马克思主义在中国的发展，几乎葬送了中国革命。抗日民族统一战线建立后，中国共产党从非法走向合法、从封闭半封闭走向公开，成为全国性的政党。中国共产党活跃在国家社会生活的各个领域，越来越为中国大众所关注。他们渴望了解中国共产党的路线、方针、政策及其对时局的看法。随着抗日战争进入相持阶段，中国共产党人要想克服当时弥漫的投降倾向，坚持抗日统一战线中的独立发展，

团结一切可以团结的力量，争取抗战的胜利，也需要明确自己的主张，把人民吸引到自己的旗帜下来。如何高举马克思主义旗帜，解决马克思主义中国化的问题，就成为马克思主义在中国继续发展和把中国革命继续推向前进的内在要求。

第二，理论发展的需要。中国共产党成立之初，尽管没有明确提出“马克思主义中国化”这个概念，但至少应当说已经开始注意到马克思主义应当“中国化”。“三大”后不久，李大钊就指出， 社会主义理想“因各地、各时之情形不同，务求其适合者行之，遂发生共性与特性结合的一种新制度(共性是普遍者，特性是随时随地不同者)，故中国将来发生之时，必与英、德、俄……有异。”1930年，毛泽东在《反对本本主义》一文中，提出了“马克思主义的‘本本’是要学习的，但是必须同我国的实际情况相结合”的论断。其他的早期革命家，比如恽代英、瞿秋白等，也都有过类似的认识。因此，就中国共产党本身来说，马克思主义中国化的提出有一个理论酝酿准备的过程。

第三，主体发展的需要。“理论在一个国家实现的程度，总是决定于理论满足这个国家的需要的程度。”主体是理论向现实转化的中介，因此理论的实现程度不可避免地要受到实践主体认识水平和主观动机的制约。中国共产党人是马克思主义中国化的核心主体，在马克思主义中国化的过程中处于主导地位。1935年遵义会议后，中国共产党的领导集体无论从政治上还是理论上都较以前有很大提高。居于核心地位的毛泽东经过两次胜利和两次失败，也开始更为深入地研究中国革命的理论问题。党越是发展，越是觉得加强自身建设尤其是理论建设的重要性。一个指导伟大革命的政党，如果没有革命理论，没有历史知识，没有对于实际运动的深刻了解，要取得胜利是不可能的。鉴于此，1938年六届六中全会上，毛泽东提出“马克思主义中国化”的命题，可以说是水到渠成的事情。

二、马克思主义中国化的实质

马克思主义中国化的实质就是马克思主义基本原理同中国实际相结合。离开了马克思主义基本原理同中国实际的结合，马克思主义中国化就无从谈起。纵观马克思主义中国化的历史进程，可以把“结合”概括为以下几个方面。

第一，马克思主义基本原理同中国革命的实际相结合。在一个半殖民地半封建的东方大国里进行革命，必然有许多特殊的、复杂的问题是马克思主义发展史上未曾遇到过的，也不可能从经典作家的“本本”中找到解决问题的答案。中国共产党从创建时起，就面临着列宁所指出的“必须以共产主义的一般理论和实践为依据，适应欧洲各国所没有的特殊条件，善于把这种理论和实践运用于主要群众是农民、需要解决的斗争任务不是反对资本而是反对中世纪残余这样的条件”的艰巨任务。要实现这一任务，唯有把马克思主义基本原理同中国革命的实际相结合，才有出路。以毛泽东为代表的中国共产党人，指出了“中国现时的社会是一个殖民地、半殖民地、半封建性质的社会”，“帝国主义和中华民族的矛盾，封建主义和人民大众的矛盾”是近代中国社会的主要矛盾，并进一步明确了中国革命的对象、任务、动力、性质和前途，开辟了农村包围城市、武装夺取政权的革命道路，创立了新民主主义理论。

第二，马克思主义基本原理同中国建设和改革的实际相结合。马克思主义经典作家所设想的社会主义是建立在生产力高度发达的基础之上的，尽管马克思晚年也曾从理论上论证过落后的俄国越过资本主义卡夫丁峡谷直接进行社会主义革命的可能性，但他仍是以主要发达资本主义国家爆发社会主义革命为前提的。中

国的社会主义脱胎于政治经济比较落后的半殖民地半封建社会，既不同于传统的社会主义，也不同于苏联式的社会主义。怎样建设社会主义是中国共产党人亟待解决并需着力解决的大问题。早在1956年，毛泽东就指出，现在是社会主义革命和建设时期，我们要进行马克思主义与中国实际的第二次结合，找到在中国进行社会主义革命和建设的正确道路。1982年，邓小平又提出，把马克思主义的普遍真理同我国的具体实际结合起来，走自己的道路，建设有中国特色的社会主义。此后，江泽民和胡锦涛继续坚持这一思想，不断开拓马克思主义中国化的新境界。在把马克思主义基本原理同中国建设和改革的实际相结合的过程中，中国共产党人对中国特色社会主义发展道路、发展阶段、根本任务、发展动力、外部条件、政治保证、战略步骤、党的领导和依靠力量以及祖国统一等一系列问题作出了新的理论概括，创立了中国特色社会主义理论。

第三，马克思主义基本原理同中国优秀传统文化相结合。马克思主义是由欧洲人以欧洲的思维方式和文字而创立的，其中对中国情况的直接论述并不多。马克思主义要想在中国生根、发芽、结果，就必须使其从原有的欧洲、俄国等形式变为中国形式，使其成为中国老百姓所喜闻乐见的、具有中国作风和气派的马克思主义，就必须同中华民族的优秀历史文化相结合。毛泽东曾指出：“今天的中国是历史的中国的一个发展；我们是马克思主义的历史主义者，我们不应当割断历史。从孔夫子到孙中山，我们应当给予总结，承继这一份珍贵的遗产。”总之，马克思主义中国化内在地包含了对中国优秀历史文化的继承和发展。

第四，马克思主义基本原理同时代特征相结合。自1840年被西方列强用坚船利炮打开国门后，中国的发展便与整个世界紧密地联系在一起了。基于此，十月革命才会在中国产生深刻的影响，马克思主义才会迅速被中国人民所接受。马克思主义在中国革命、建设和改革各个时期的发展，都同该时期的时代特征不可分割。比如，第一次世界大战和十月革命改变了世界历史的方向，划分了整个世界历史的时代。在这以前，中国资产阶级民主主义革命是属于旧的世界资产阶级民主主义革命的范畴之内的，是属于旧的世界资产阶级民主主义革命的一部分。毛泽东思想、邓小平理论、“三个代表”重要思想和科学发展观等理论成果，无不闪耀着马克思主义基本原理同时代特征相结合的光辉。

三、马克思主义中国化的过程性特征

马克思主义中国化是一个不断探索的过程，具有明显的过程性特征。这一特征从根本上说是马克思主义中国化实质的进一步具体展开。

马克思主义中国化是中国共产党人不断认识、掌握和运用马克思主义基本原理的过程。中国共产党自成立之日起，就把马克思列宁主义作为自己的指导思想。但是，党在这时和此后一个较长的时期，对于马克思列宁主义的认识尚未完全树立科学的态度，处于一种盲目的状态。经过第一、第二次国内革命战争，两次胜利和两次失败的反复比较，特别是经过延安整风，全党才真正认识到毛泽东所代表的把马克思主义普遍原理与中国革命实际相结合的方向，是中国马克思主义发展的正确方向。在马列主义、毛泽东思想的指导下，中国革命取得胜利。“文化大革命”结束以后，针对林彪、“四人帮”歪曲、割裂甚至篡改马克思列宁主义、毛泽东思想所造成的严重思想混乱，邓小平明确提出，要用准确的、完整的毛泽东思想来指导我们党的观点。新世纪新阶段，以胡锦涛为总书记的中国共产党人继续坚持马克思主义与时俱进的理论品质，坚持解放思想，不断推进马克思主义基本原理与中国实际的结合。历史表明，什

么时候我们正确的认识并在实践中不断解决了如何对待马克思主义的问题，马克思主义中国化的事业就充满生机和活力；反之，马克思主义中国化的事业就会受到损害，甚至发生挫折。

马克思主义中国化是中国共产党人不断深入认识中国国情、揭示和掌握中国革命、建设和改革规律的过程。党的幼年时期，大批党员、干部还没有足够的革命经验，他们对于中国的历史状况和社会状况、中国革命的特点、中国革命的规律还不懂得或懂得不多。经过长时期的斗争实践，中国共产党才实现了从新民主主义社会到社会主义社会的转变。在探索社会主义建设道路的开始阶段，中国共产党人受"左"的错误影响，制定的政策超越了社会发展的阶段，脱离了中国的国情，使得社会主义建设遭受了重大挫折。痛定思痛，中共十一届三中全会后不久，邓小平就提出，底子薄、人口多、生产力落后，这是中国的现实国情，强调中国的现代化建设必然是长期的。经过不断地探索和总结，党的十三大提出了我国社会处于社会主义初级阶段的论述。此后，中国共产党人立足社会主义初级阶段的基本国情，把对国情、对中国建设改革特点的认识与开辟新的道路紧密联系起来，走出了一条中国特色社会主义的道路。

马克思主义中国化是中国共产党人在实践基础上不断总结经验、推进理论创新的过程。理论产生于实践，实践的发展必然要求理论也随之发展。自近代以来，中华民族面临着两大历史性课题：一是实现民族的独立和人民的解放；二是实现国家的繁荣富强和人民的共同富裕。围绕这两大历史性课题，中国共产党人把马克思主义同中国实际相结合，进行了革命、建设和改革的伟大实践，实现了马克思主义在中国的两次历史性飞跃，产生了两大理论体系。中国特色的民主主义理论——新民主主义理论是党宝贵的政治和精神财富，它回答了在中国无产阶级政党要不要领导和怎样领导资产阶级民主革命并把这个革命引向胜利等一系列问题；中国特色社会主义理论是马克思主义中国化的最新成果，它回答了并将进一步回答什么是社会主义、怎样建设社会主义等重大理论和实际问题。从马克思主义中国化的角度讲，毛泽东思想具有奠基性的地位，邓小平理论具有再创性的地位，"三个代表"重要思想和科学发展观等则是对毛泽东思想和邓小平理论的重要发展。

四、马克思主义中国化和中国化的马克思主义的关系

马克思主义中国化与中国化的马克思主义，是既相区别又相联系的两个概念。分析它们之间的关系，对于深化马克思主义中国化基本问题的研究，无疑是必要的。

两个概念提出的时间不同。"马克思主义中国化"的概念是毛泽东在1938年六届六中全会上明确提出的。针对当时教条主义者脱离中国的实际谈论马克思主义的错误态度，毛泽东指出："离开中国特点来谈马克思主义，只是抽象的空洞的马克思主义。因此，使马克思主义在中国具体化，使之在其每一表现中带着必须有的中国的特性，即是说，按照中国的特点去应用它，成为全党亟待了解并急需解决的问题。"而"中国化的马克思主义"概念的提出则是同民主革命时期中国共产党人对毛泽东思想的认识和评价密切相关的。1942年7月1日，朱德在《纪念党的二十一周年》一文中，首次提出并使用了"中国化的马列主义的理论"这一概念。而明确地提出并使用"中国化的马克思主义"这一概念，是1945年刘少奇在中国共产党第七次全国代表大会上所作的修改党章的报告中。他说，由于中国社会、历史的发展有其极大的特殊性，以及中国的科学还不发达等条件，要使马克思主义中国化"乃是一件特殊的、困难的事业”，而正是毛泽东“出色地成功地进行了这件特殊困难的马克思主义中国化的事业”，毛泽东思想是马克思主义民族化的优秀典范，是“发展着与完善着的中国化的马克思主义”。这表明，中国共产党在致力于马克思主义中国化的伟大事业中，产生了自己的理论成果。

两个概念的内涵和外延不同。厘清马克思主义中国化和中国化的马克思主义的内涵和外延，是科学把握二者关系的前提和基础。关于马克思主义中国化的内涵，目前学术界的看法尽管还不尽一致，但大多数学者都认为，马克思主义中国化就是要使马克思主义同中国实际相结合，使马克思主义具有中国的民族特点和民族形式，成为指导中国人民革命、建设和改革的理论。从这个认识出发，马克思主义中国化的外延包括了马克思主义传播的中国化、运用的中国化和创新的中国化。或者说，既包括理论的建构，又包括实践的推进。而中国化的马克思主义则主要是指在马克思主义中国化过程中产生的理论成果。这些成果是马克思主义中国化的理论形态，是被实践证明了的关于中国革命、建设和改革的正确的理论原则和经验总结，是中国共产党人集体智慧的结晶。既体现了马克思列宁主义的基本原理，又包含了中华民族的优秀思想和中国共产党人的实践经验。

两个概念相互联系。从以上分析可以看出，马克思主义中国化和中国化的马克思主义两个概念都是中国共产党在坚持和发展马克思主义、推进马克思主义的理论创新和实践创新的进程中提出的。马克思主义中国化的过程是中国化马克思主义产生的基础，离开这一过程就不能说明中国化马克思主义产生的理论渊源、历史条件和实践基础；中国化的马克思主义则是马克思主义中国化的必然结果，反过来又会促进和继续推动马克思主义中国化的历史进程。马克思主义中国化与中国化马克思主义是一个统一过程的两个相互联系的方面，在这一过程中贯穿了马克思主义的基本立场、观点和方法，体现了马克思主义的思想路线。

（作者：东北师范大学政法学院教授、博士生导师）

（选自《马克思主义与现实》2008年第3期）

马克思主义基本原理科学体系及其中国化

张雷声

马克思主义基本原理是对自然、社会和思维认识各方面客观规律的阐明，也是对人类社会由低级向高级发展客观规律的阐明。马克思主义基本原理究竟包括哪些内容？马克思主义基本原理的科学体系究竟应该怎么构建？这是当前需要迫切解决的问题。构建马克思主义基本原理科学体系的问题，既和对什么是马克思主义基本原理的理解有关，也和以什么样的原则来构建马克思主义基本原理科学体系有关。只有在对马克思主义基本原理作出正确理解的基础上，才有可能真正构建起符合马克思主义原意的科学体系；只有真正构建起符合马克思主义原意的科学体系，才有可能真正推进马克思主义中国化的研究。

一、按照整体性原则构建马克思主义基本原理科学体系

我认为，马克思主义基本原理不是马克思主义哲学、马克思主义政治经济学和科学社会主义三个部分原理的简单相加或板块结合。但是，我却不否认，马克思主义基本原理与马克思主义理论的三个组成部分之间存在着密切关系，甚至我还认为，马克思主义基本原理就是在马克思主义哲学、马克思主义政治经济学和科学社会主义三个部分原理的基础上形成的。马克思主义基本原理贯穿于三个组成部分中。这种“贯穿”并不是指马克思主义哲学、马克思主义政治经济学和科学社会主义三个部分原理的相加，而是指在这三个组成部分中的“一以贯之”的具有综合性特点的原理。它实际反映的是马克思主义基本原理的内在联系。正是这种内在联系反映出马克思主义基本原理的科学体系。例如，物质与意识、社会存在和社会意识、生产力和生产关系、经济基础和上层建筑辩证关系，认识与实践、真理与价值、人的本质与人的价值、人的发展与社会进步等等，这些都是基本原理。这些基本原理在与人类社会发展的不同阶段如资本主义、社会主义发展实际的结合中得到验证并得以丰富和发展，形成了人类社会再生产的四个环节、生产资料所有制、资本雇佣劳动、资本积累、资本主义基本矛盾、社会主义本质、社会主义主要矛盾、资本主义必然灭亡和社会主义必然胜利、人类从必然王国走向自由王国等基本原理。这些基本原理是贯穿于三个组成部分的具有综合性特点的原理，它们是在马克思主义哲学、马克思主义政治经济学和科学社会主义三个组成部分的基础上形成的，但又不是简单地对应于这三个组成部分，而是对三个组成部分中“一以贯之”

的原理的高度提炼。之所以说这些基本原理是贯穿于三个组成部分的具有综合性特点的原理，就是因为它反映了马克思主义“整体性”的根本特征，表现了马克思主义哲学、马克思主义政治经济学、科学社会主义三个部分的相互联系着的原理对客观世界的整体反映，对人类社会发展的整体反映，强调了对客观世界发展、人的认识发展、人的自身发展、人类社会发展规律性的整体研究。之所以说这些基本原理是贯穿于三个组成部分的具有综合性特点的原理，还因为它不仅是在各个层面上理解客观世界的发展、人的认识发展、人的自身发展、人类社会发展的规律性，更重要的是，它对不同层面之间的逻辑关系作出认识，正是这些逻辑关系构成了马克思主义基本原理的“整体性”，构成了马克思主义基本原理的科学体系。

二、按照实践性原则构建马克思主义基本原理科学体系

马克思主义基本原理是适应时代发展的要求而创立的，它也会随着时代的发展变化不断丰富和发展自身。150年来马克思主义发展的历史和人类社会发展的实践已经充分证明，马克思主义基本原理是在和自己时代的现实世界的接触和结合中，是在关注和研究自己时代提出的最迫切需要解决和回答的重大问题中丰富和发展自身并不断得到创新的。所以，马克思主义基本原理并不是远离现实的抽象的理论。

马克思主义基本原理是发展的，这种发展的规定性首先蕴含在原理本身。马克思在《资本论》中提出资本主义积累一般规律这一基本原理时就明确认为，这一规律像其他一切规律一样，在它的实现过程中会由于各种各样的情况而有所变化。马克思恩格斯为《共产党宣言》1872年德文版所写的“序言”也明确提到：《共产党宣言》所阐述的基本原理的实际运用，“随时随地都要以当时的历史条件为转移”。马克思到了晚年也曾提醒人们注意，不要把他在《资本论》中关于西欧资本主义起源的一般原理，当作世界各国发展道路的“历史哲学理论”；如果这样做的话，那就会在给他“过多的荣誉”的同时，也不可避免地给了他“过多的侮辱”。今天，我们提出创新马克思主义基本原理，我认为，这种创新是根植于马克思主义基本原理与时代、实际的结合之中的，创新的基点就是坚持马克思主义基本原理，离开这一基点，对马克思主义基本原理的创新就会偏离正确轨道，甚至会成为曲解、背弃马克思主义基本原理的代名词。我们是不能离开马克思主义基本原理来谈社会主义、共产主义的。

现在，学术界也提出了要进行马克思主义文本研究，这是正本清源的重要方式，是准确把握马克思主义基本原理的科学内涵、体系和精神实质的重要前提。但是，文本研究必须与时代变化、与新的实际结合起来。马克思主义文本研究与时代变化、与新的实际结合的内容，主要有四个方面：一是运用马克思主义立场、观点和方法来评析现实社会中存在的各种社会思潮；二是运用马克思主义立场、观点和方法来分析当今资本主义社会和社会主义社会存在的各种现实问题；三是在对马克思主义基本原理与时代变化、新的实际的研究中，提炼出新的观点、作出新的理论概括，创新和发展马克思主义基本原理；四是研究马克思主义基本原理教育的内容、方式方法，研究马克思主义基本原理教育的规律，探索在新的历史条件下进行马克思主义基本原理教育的模式，开创新的政治教育局面。这些都说明，马克思主义基本原理是具有实践性的，是在实践中得到发展的。马克思主义文本研究与时代变化、与新的实际的结合，并不意味着可以依据今天的实际需要来重新解读马克思主义文本。

在马克思主义基本原理科学体系的构建中

必须体现实践性原则。马克思主义关于物质与意识、思维与存在、辩证法与形而上学、对立统一规律、认识与实践、真理与价值、人的本质与人的价值、人的发展与社会进步等基本原理，是认识人类社会发展的工具，在这些认识基础上形成的生产力与生产关系的矛盾运动，构成了人类社会基本结构和社会形态的基本矛盾，成为推动人类社会发展的根本力量。以这些理论为分析工具，对商品经济发达的资本主义社会进行分析，对现阶段社会主义进行分析，以及对未来社会进行分析，实际上就是基本原理在人类社会形态发展的现实中所作出的理论展开和实际运用。正因为如此，我认为，马克思主义基本原理的实践性应该体现在马克思主义基本原理科学体系的构建中。我们不能认为，马克思主义基本原理只是马克思主义哲学原理。把马克思主义基本原理等同于马克思主义哲学原理，是不符合马克思主义的本来意义的。

三、按照科学性与意识形态性相统一原则构建马克思主义基本原理科学体系

马克思主义基本原理是一门科学。它是人类思想文化智慧的结晶，它在知识占有的广度和深度上都有着较高的水平。马克思主义在对人类社会发展的一般规律的揭示中，在对科学真理的阐释中，都体现了理论逻辑的力量和学术价值的魅力。与此同时，马克思主义基本原理也是为无产阶级提供改造社会的思想武器，它具有鼓舞无产阶级斗志、引导无产阶级沿着社会发展的趋势去改造社会的巨大作用，所以我们又说，马克思主义基本原理具有为无产阶级劳动人民服务的意识形态功能。可以认为，科学性和意识形态性在马克思主义基本原理中得到了完美的结合。

在构建马克思主义基本原理的科学体系中，贯彻科学性与意识形态性的统一，就是要求我们必须要研究马克思主义基本原理的理论范畴、思想观点、创新思维等，但是，我们也必须意识到这一研究在中国特色社会主义发展中的重要意义：就是要求我们必须要研究马克思主义理论教育的内容、方式方法，但是，我们也必须意识到这一研究的根本目的所在。这样，我们就可以把科学性与意识形态性的统一贯穿于马克思主义基本原理的逻辑体系之中。也就是说，在建设中国特色社会主义中，必须明确确立马克思主义指导思想的地位、必须坚持社会主义的发展方向、保证绝大多数劳动人民的利益、培养中国特色社会主义的建设者和接班人，从而通过研究马克思主义基本原理的理论范畴、思想观点、创新思维，来构建马克思主义基本原理的科学体系，以马克思主义的科学性、学术性带动它的意识形态功能的体现。

四、马克思主义基本原理科学体系的构想

马克思主义基本原理的科学体系可以由“导论”和三个部分组成。导论着重阐述什么是马克思主义基本原理、马克思主义基本原理的特点、马克思主义基本原理的研究范围、马克思主义基本原理的理论品质，以及研究马克思主义基本原理的方法和现阶段学习马克思主义基本原理的意义。

第一部分：客观世界的发展。客观世界有两种存在形式：一种是自在的存在，即自然界；一种是自为的存在，即人类社会。这部分着重对客观世界作出阐释。一方面，阐释马克思主义关于世界的物质性、联系性、发展性，确立思维方式的客观性和辩证性，用联系的观点、发展的观点去认识客观世界；另一方面，阐释马克思主义关于人把握物质世界的基本原理，如物质与意识、思维与存在、辩证法与形而上学、对立统一规律等，因为马克思主义基本原理在实践的基础上产生的同时，也把认识的工具给予了人类，使人类去认识和掌握世界，从而为创造性地改造世界提供了理论基础。

以对上述问题的阐释为基础，阐明物质生产是人类社会生存和发展的基础，它“制约着整个社会生活、政治生活和精神生活的过程”，制约着人类的经济活动过程和再生产过程；人与自然的关系是人类社会生存和发展的根本力量，人类征服自然的能力表现为生产力，生产力是社会发展的“动力的动力”，在现代社会中，科学技术成为生产力发展的巨大动力。

第二部分：人的发展。人从事着物质生产实践，从事着社会实践。人是社会的存在物，是具有社会性的人。人总是在一定的社会关系中从事改造世界的实践活动的。这部分着重阐释马克思主义关于人的认识的发展和人自身的发展的基本原理，如认识与实践、真理与价值、人的本质与人的价值、人的发展与社会进步等。这就使得人类在认识和掌握世界的同时，也能掌握人类认识的本质和发展规律，正确认识自身，实现主观与客观的具体的历史的统一。

以对上述问题的阐释为基础，阐明社会“是活动着和发展着的活的机体”，人是社会有机体的主体，人与人的关系成为社会有机体内部生产活动中的一定的、必然的、不以人的意志为转移的物质关系，它是一切社会关系中最基本的关系，反映了人类社会发展到一定阶段的社会性质。人与人在物质资料生产和再生产中结成的这种相互关系，表现为人们在进行生产、分配、交换、消费的经济活动中所形成的相互关系的总和，它是建立在一定的生产资料所有制基础之上的。生产资料所有制是生产关系的基础，决定着生产关系的性质，成为区别不同生产关系类型的主要标志。

第三部分：人类社会的发展。人类社会是自然界长期发展的产物，是自然界的高级运动形式，它表现为社会运动形式。认识和把握社会运动形式，就是要赋予人类社会历史进程以自然的本来面目。认识和把握社会运动形式，就是要明确人类社会历史进程是不断进步和发展的，其间可能会出现曲折甚至倒退，但总的趋势是向前推进的。

这部分在前两部分基本原理的基础上，首先，强调人与自然的关系和人与人的关系之间所具有的内在联系和矛盾，它构成了人类社会基本结构和社会形态的基本矛盾，成为推动人类社会发展的根本力量；其次，在商品经济发达的资本主义社会中，推动人类社会发展的基本矛盾与商品经济基本矛盾的结合，就表现为资本主义基本矛盾，资本主义基本矛盾在资本主义的现实发展中又得到了进一步的展开，即具体表现为生产与需求、剩余价值生产与剩余价值实现、人口过剩与资本过剩、生产扩大与资本价值增殖目的等矛盾；第三，资本主义基本矛盾及其展开形式的运动反映了资本主义生产方式运动的历史趋势，反映了社会主义取代资本主义的历史趋势，尽管当代资本主义出现了一些新变化，社会主义在发展中遇到了一些新问题，但是，资本主义为社会主义所取代是历史的必然，共产主义是人类从必然王国向自由王国的飞跃。

在马克思主义基本原理科学体系的三个组成部分中，第一部分和第二部分构成了第三部分关于人类社会发展的重要理论基础，而第三部分则是对前两部分基本原理在人类社会形态发展的现实中所作出的理论展开和实际运用。正是这种理论展开和实际运用才使马克思主义基本原理具有了强大的生命力，才使马克思主义基本原理能够不断得到丰富和发展，从而才充分体现了马克思主义基本原理的与时俱进的理论品质。

五、马克思主义基本原理科学体系对马克思主义中国化的推进

马克思主义中国化是马克思主义基本原理同中国具体实际紧密结合形成的中国化的马克

思主义实践过程。毛泽东思想、邓小平理论、“三个代表”重要思想、科学发展观就是马克思主义中国化的理论形态，它们同马克思主义基本原理是一脉相承而又与时俱进的科学体系，既体现了马克思主义基本原理，又包含了中华民族的优秀思想和中国共产党人的实践经验，是马克思主义基本原理在中国发展的最新成果。

马克思主义基本原理科学体系的形成对马克思主义中国化研究的推进首先在于，它表明了马克思主义中国化的内在特征已经蕴涵在马克思主义基本原理科学体系之中。马克思主义基本原理及其科学体系是我们坚持马克思主义的起点和基础，只有坚持马克思主义基本原理及其科学体系，才能坚持和发展马克思主义。马克思主义基本原理及其科学体系与马克思主义中国化之间的关系，表现在科学的原理、体系与科学的原理、体系的运用上，不坚持马克思主义基本原理及其科学体系，也就不可能推进马克思主义中国化的实践过程和理论形态的发展。马克思主义中国化所要阐释的马克思主义在中国发展的道路和马克思主义中国化所反映的马克思主义基本原理与时俱进的理论品质，都已充分体现在马克思主义基本原理及其科学体系中。因为：第一，马克思主义基本原理的最大特征，就在于它是和不同历史条件下的具体实际紧密结合在一起的，在于它具有与时俱进的理论品格。“在分析任何一个社会问题时，马克思主义理论的绝对要求，就是要把问题提到一定的历史范围之内；此外，如果谈到某一国家（例如，谈到这个国家的民族纲领），那就要估计到在同一历史时代这个国家不同于其他各国的具体特点。”第二，马克思主义基本原理及其科学体系不仅是通过对社会众多现象的抽象而产生的对其本质规定的解说，而且也是通过把这种对社会众多现象的本质规定的解说运用于一定现实的还原。马克思主义基本原理及其科学体系的产生是一个思维抽象的过程，马克思主义基本原理及其科学体系的运用是一个思维抽象还原于具体实际的过程。因此，可以认为，马克思主义基本原理及其科学体系为马克思主义的理论创新、为马克思主义中国化研究的推进提供了科学的思维方法，而马克思主义中国化则为坚持和发展马克思主义基本原理及其科学体系作出了思维抽象对具体实际的还原。

（作者：中国人民大学马克思主义学院教授、博士生导师）

（选自《学术界》2008年总第3期）

深化对马克思主义基本原理的认识和创造性运用的思考

梅荣政

对“马克思主义基本原理”这一概念，现在至少可以从三个角度去理解：一是指马克思主义基本原理本身；二是指马克思主义理论学科中的这个二级学科；三是指高校思想政治理论课程中的一门课程。本文侧重从马克思主义基本原理本身谈一点深化研究的认识。

一、要重视突出马克思主义基本原理及其科学体系整体性的研究

马克思主义是科学，马克思主义基本原理是这门科学的核心。研究和说明马克思主义基本原理及其科学体系，是科学论证马克思主义科学性的必要条件。这是因为，任何一门科学之所以能够确立，必须有三个条件，“一是明确的对象，二是一系列正确的原理，三是比较完整严密的科学体系。”正是这样，邓小平在讲到毛泽东思想科学体系时指出：“毛泽东思想是个体系，是发展了的马克思主义。”他强调，“做理论工作的同志，要花相当多的工夫，从各个领域阐明毛泽东思想体系。要用毛泽东思想的体系来教育我们的党，来引导我们前进。”2005年5月11日，中宣部和教育部联合下发的《关于加强和改进高等学校哲学社会科学学科体系和教材体系建设的意见》，也提出要大力开展马克思主义理论体系研究。在这个方面，学界作出了一些努力，取得了一些重要成果，但是，总的看来，目前大多数研究成果还是按照马克思主义三个组成部分来进行的。应该说，从马克思主义的某一组成部分的视角进行研究，对于深化某一个部分、某一个领域具体问题的认识是必要的、有益的，对这种研究成果的价值不可低估。然而，这种分部分研究对人们完整地把握马克思主义基本立场、观点和方法是有缺陷的。按照马克思主义本性的要求，在原有研究的基础上，更应该对它进行整体性研究，以便完整把握它的科学体系。之所以如此，是因为，其一，这是马克思主义作为完整世界观的内在要求。列宁曾说过：“马克思主义的全部精神，它的整个体系，要求人们对每一个原理只是（α）历史地，（β）只是同其他原理联系起来，（γ）只是同具体的历史经验联系起来加以考查。”马克思主义本身历史方面和逻辑方面的严整性要求加强马克思主义整体性研究。其二，只有做这方面的研究，才能够说明马克思主义三个主要组成部分内部各个原理之间的相互联系、相互贯通，说明三个主要组成部分之间的相互联系、相互贯通。目前总体说来，对这个问题的科学研究和理论说明是不够的，特别是从一个主要组成部分怎样转化为另一个组成部

分、从前面的一个比较抽象的具有最大普遍性的范畴、原理出发，怎样一步一步具体地、日趋深入地形成后面一系列的范畴、原理，使这些范畴、原理前后一致而不互相矛盾，尚未得到充分的论证和深刻的说明，这影响了人们对马克思主义理论体系的完整性的认识，也影响了马克思主义功能作用的发挥，不利于人们完整把握马克思主义立场、观点、方法及其运用。其三，是反对肢解马克思主义的根本要求。较长时期以来，各种各样的非马克思主义、反马克思主义思潮惯于用肢解的手法来诋毁马克思主义，它们或者把马克思主义不同的部分、不同的发展阶段割裂开来，或者突出一些部分抛弃一些部分，或者制造不同部分之间的对立，为维护马克思主义科学体系的严整性，必须加强马克思主义的整体性研究。其四，这也是马克思主义理论学科建设的内在要求。整体性是马克思主义理论学科的重要特征和学科规定性。这一规定性既体现在马克思主义原理上，也体现在马克思主义理论一级学科及所属二级学科之间的有机联系上。要加强马克思主义理论学科建设，就应根据其内在要求加强马克思主义原理及其科学体系整体性研究。

怎样理解马思主义基本原理的整体性，多位专家已发表了一些富有启发意义的见解。国务院学位委员会、教育部学位办［2005］64号文件对此有一个明确的表述，它指出，无论从横向上还是从纵向上说，马克思主义都是一个发展着的整体。对马克思主义基本原理进行整体性研究，“与马克思主义哲学、政治经济学和科学社会主义分门别类的研究不同，它要求把马克思主义的这三个组成部分有机结合起来，揭示它们的内在逻辑联系，从总体上研究和掌握马克思主义。”从这段明确的表述中，我们对马克思主义基本原理的整体性可以作出四个方面的解读。第一，在研究对象上，马克思主义的基本原理不是对于客观物质世界某一个发展阶段、某一个部分、某一方面的反映，而是对于包罗万象、充满矛盾和历史发展的物质世界整体的本质和发展规律的科学反映。第二，在逻辑范畴上，它不是马克思主义某一构成部分、领域的范畴，而是从马克思主义哲学、政治经济学、科学社会主义各主要组成部分中抽象出来的，同时又贯通于各主要组成部分之中，涵盖多学科的范畴。这些范畴按照马克思主义作为一个完整世界观的要求，依据一定的逻辑规则形成概念体系，概念之间的逻辑联系是严整的。第三，在根本属性上，它具有科学性与阶级性、理论与实践、绝对与相对、普遍性与特殊性辩证统一的基本性质。这些基本性质贯穿于马克思主义理论各二级学科之中，并且将各二级学科内在地联系起来，形成一个不可分割的整体，这个整体最集中的表达就是马克思主义的立场、观点、方法及其运用。第四，在学科结构上，它们是以马克思主义基本原理为核心和基础，以创造性实践为中介的原本形态、展开形态、发展形态或者运用形态的统一体。这四个方面紧密联系、一以贯之，构成马克思主义基本原理的整体性。

二、要对马克思主义若干重要原理、重要范畴作深入的科学解读

现在出版了一些有关马克思主义理论的优秀著作，概念清晰，原理讲得深透，读后使人感到很有收获。但是，也有一些论述马克思主义理论的著作在对重要原理和重要范畴的使用上存在着这样或那样的一些情况。一是直接使用某个原理和范畴，不做解读。二是有解读，但是不够深透。三是解读不科学、不正确，甚至有错误。四是解读不全面。五是解读的史实有误。这些情况不仅使人们难以全面准确地、深刻地把握马克思主义原理或重要范畴的精髓和实质，影响了对它的创造性运用，而且也难于有针对性地回答对马克思主义基本原理提出的有关挑战。以第一种情况来说，如对生产关系要适合生产力的发展状况这个规律只使用不做科学解读，就很难使读者明辨是非。如有人提出这个规律“纯粹是一种思辨的思维活动”，“在人类历史实际进程中根本就不存在，找不出任何一条历史事实来支持这个规律存在。”这里提出的问题是，通过思维抽象并用逻辑表述出来的规律是不是就不具有客观性，对这样的问题必须做深入的理论说明。应该指出，如果这种责难能够成立，那么一切规律都要被取消、被否定。因为任何规律作为普遍性的东西，作为事物的本质或本质的关系，都不是可以直接感知到的，而是通过思维的抽象揭示出来，并用逻辑的方式凝结和概括起来的。所以，决不能因为规律要通过思维抽象和逻辑表述出来，就否定它的客观实在。生产力决定生产关系的规律也一样，它虽然是通过思维抽象和逻辑表述出来的，但是它是客观存在于人类历史实际进程中的，其中的生产关系是作为人的本质活动的社会物质生产过程的内在要素，或说人与人的关系的基本方面而存在的。正是“生产关系”概念的提出，“社会生产”概念由抽象变得具体了，社会生产的矛盾运动过程被揭示出来，进而揭示出社会形态发展的自然历史过程性质。所以，生产力决定生产关系，实际上是人类认识社会改造社会的实践活动，它绝非“纯粹是一种思辨的思维活动”。人类历史发展的实际进程，人们的物质生产过程处处都证明着这个规律的客观存在。逻辑表述只不过是历史发展规律的理论表现。

还必须指出，对这个规律的客观性，不能凭列举个别的所谓“历史事实”来否定。这是因为，生产力决定生产关系作为普遍规律，总是存在于特殊之中，并在一定历史条件下起作用的。它在不同的地区、国家、民族及其不同的历史发展阶段，其具体表现形式是不同的。要证明或否定这样的普遍规律，需要“事实”，更需要理性思维。离开了理性思维，单靠个别“事实”既不能证明它，也不能否定它。因此，仅仅用列举几件“历史事实”来证明这个规律的存在，这种做法在科学上是站不住脚的。因为这种事实，不是从整体上、从联系中去把握的。而是随意挑出来的，不反映历史发展的主流和本质。

关于第二种情况，比如说“物质”这一概念。我以为，如果只讲物质是个哲学概念，它相对于思维来说，是客观存在的，而不论证社会关系也是物质的，这种解读还是远远不够的。为了增强理论的说服力，还必须对马克思关于社会物质观的科学论证作理论阐述，因为社会的发展归根到底只有物质的力量才是最后的力量，只有物质才能成为历史运动的唯物主义的基础。现在，有些否定历史唯物主义规律及其逻辑表述的观点，正是以我们对社会的物质性及其运动规律实现的机制和特点理论阐述不足为根据的。实际上，我们知道，马克思恩格斯在《德意志意识形态》中开始奠定唯物史观的基础时，就规定了生产方式的范畴。他们认为生产方式是社会发展的决定力量，它的两个方面生产力和生产关系都是物质力量。马克思的《资本论》完成了这一科学论证。它首先论证了生产力的物质性，科学地说明了生产力包括劳动者、劳动资料和劳动对象。而劳动者是“活的有意识的物”，是自然力。劳动资料是物和物的综合体。劳动对象是无机物和有机物，从而说明了生产力是物质的生产力，进而论证了生产关系的物质性。人所共知，生产力的物质性是比较容易说明的。需要说明的是，生产关系作为人与人之间在物质生产过程中的关系，也是物质的。只有说明了生产关系的物质性，才能回答为什么生产关系较之上层建筑对生产力

的直接影响作用，作为生产关系总和的经济基础对上层建筑的决定作用。马克思从对一个特定社会——资本主义社会的分析入手，通过分析资本主义社会的经济细胞——商品切入，说明了商品的物质性。证明商品是一个外界的对象，它作为物质，存在于人之外。他指出，商品是使用价值和价值的统一，是生产力和生产关系统一的体现。要说明商品的物质性，关键在于说明商品价值的物质性，因为使用价值并不反映任何生产关系，而且它是可感觉的物体，人们容易承认它的物质性，而价值则不同，看不见、摸不着，如果能说明它是作为“物的社会存在”，那么社会的物质规定性也就得到了论证。马克思用科学抽象的方法，通过一系列的科学论证，说明了价值是以使用价值为物质载体的，同时形成商品价值的劳动也是物质的，这样就说明了商品价值是作为人类劳动的“物的形式”存在的。它作为一定社会关系的体现，是通过具体劳动表现出来的抽象劳动的产物，是一定量的劳动时间的客体化，即价值的对象性，它所表现的一定社会历史时期的社会关系，是人和人的关系的表现形式，是物，是社会实体，而不是自然实体。价值具有物质的规定性。马克思进而以价值为基础，论证了资本主义一系列经济范畴如资本、剩余价值、利润、利息和地租等，都是价值在资本主义生产关系中发展的不同层次、梯级的形态，或者说发展的形式和转化的形式，所反映的内容也都具有物质性。表明资本、剩余价值、利润、利息和地租等都是“从生产本身的自然必然性产生的，不以意志、政策等等为转移的形式，这是物质的规律”。这样就论证了反映整个资本主义生产关系经济范畴所概括的内容的物质性，从而为唯物史观关于社会存在是社会发展的基础的原理提供了一个完整的体系性的证明。正如恩格斯总结的，“这里所涉及的，不仅是纯粹的逻辑过程。而且

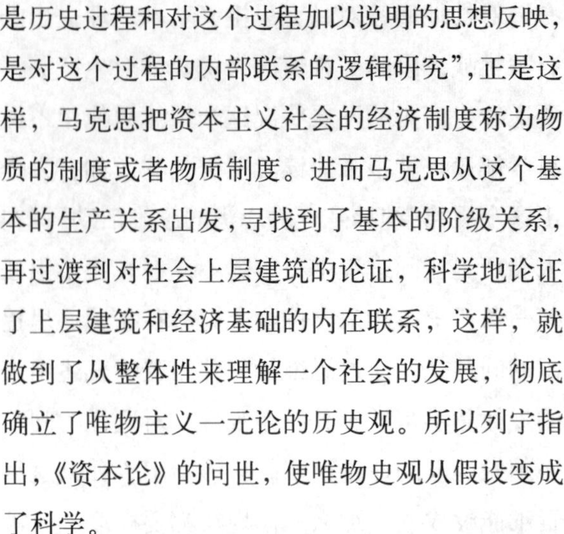

是历史过程和对这个过程加以说明的思想反映，是对这个过程的内部联系的逻辑研究”，正是这样，马克思把资本主义社会的经济制度称为物质的制度或者物质制度。进而马克思从这个基本的生产关系出发，寻找到了基本的阶级关系，再过渡到对社会上层建筑的论证，科学地论证了上层建筑和经济基础的内在联系，这样，就做到了从整体性来理解一个社会的发展，彻底确立了唯物主义一元论的历史观。所以列宁指出，《资本论》的问世，使唯物史观从假设变成了科学。

弄清了马克思关于社会物质性的科学论证，对于马克思主义关于物质概念的把握就比较全面了，从而也才能够更深刻地理解生产关系要适合于生产力的发展状况、上层建筑要适合于经济基础状况的规律，正如列宁所说的，马克思“从社会生活的各个领域中划分出经济领域，从一切社会关系中划分出生产关系，即决定其余一切关系的基本的原始的关系。”“只有把社会关系归结于生产关系，把生产关系归结于生产力的水平，才有可靠的根据，把社会形态的发展看做自然历史过程。不言而喻，没有这种观点也就没有社会科学。”

关于第三种情况，如对马克思关于生产力、生产方式和生产关系三个范畴之间关系思想的解读，从有的著作看，作者对马克思关于生产力、生产方式和生产关系三个范畴之间关系的思想并不清楚，从而也影响了对马克思关于生产方式这个概念的理解。马克思在从19世纪40年代中下叶一直到70年代的著作，包括《资本论》中的有关思想，关于生产力、生产方式、生产关系三个范畴之间的关系的基本内容是，生产方式决定生产关系，生产方式以及同它相适应的生产关系具有特殊的、历史的和暂时的性质。马克思说的资本主义生产方式指的是生产的资本主义的社会形式，即资本主义条件下劳

动者和生产资料相结合以生产人们所需要的物质资料的特殊方式，也就是雇佣劳动和资本相结合以生产人们所需要的物质资料的特殊方式。了解了这个思想，才能够更深刻更全面地把握马克思关于生产方式的概念。

关于第四种情况，比如财产关系和生产关系的问题，有的教材上讲的不够全面，致使读者读后只知道生产关系，弄不清有关产权的问题。其实，马克思的产权概念是明确的，它是与财产有关的多种权利的复合体，马克思深刻揭示了产权的性质，指明了财产关系是生产关系的法律用语，财产权是生产关系的法律表现，所有权是所有制的法律形态，它是产权的基础和核心，这是上层建筑中的问题。所有制是经济基础中的问题，一定的所有制决定着一定的所有权，所有权又反作用于所有制。我国国有企业的改革就是要在不改变社会主义性质的前提下对法律上的财产关系和经济上的生产关系进行有利于发展社会主义生产力的改革和调整。

关于第五种情况，比如，关于马克思主义哲学是不是斗争哲学的问题。有文章根据毛泽东曾讲过的马克思主义哲学是一种斗争哲学，就肯定马克思主义哲学是斗争哲学，并主张现在建设和谐社会要用和谐哲学来代替辩证唯物论，因为辩证唯物论是斗争哲学。这种解释如黄枬森教授所指出的，立论的依据是不可靠的。确实，毛泽东曾经讲过，马克思主义哲学是一种斗争哲学。但他是在回答有人说马克思主义哲学是斗争哲学时说的："是的，马克思主义哲学是斗争哲学。"其用意是肯定马克思主义主张要斗争、要战斗、要奋斗等。但毛泽东在正面讲到马克思主义哲学的时候，从来都是讲它是辩证唯物主义，当然还有历史唯物主义，《毛泽东选集》里有很多地方，都是这样命名的。毛泽东讲对立统一规律的时候，就不赞成斯大林只讲斗争不讲统一，而他在《矛盾论》里讲对立统一的时候，总是不仅讲斗争也讲统一，所以毛泽东正式称呼马克思主义哲学的时候，他还是承认辩证唯物论和历史唯物论。因此，根据他在某种特殊场合使用过斗争哲学的概念，就认为马克思主义哲学是斗争哲学，这是不合适的。和谐实际上就包含在统一里面，和谐就是一种统一，这个统一怎么才能达到？要达到统一有时恐怕也离不开斗争。

以上都说明，对马克思主义基本原理中的一些重要的原理、范畴需要做深刻的解读，才能增强理论的说服力、吸引力和感召力。因为理论越彻底，越能说服人。所谓彻底，就是抓住了事物的根本。

三、坚持从继承与创新的统一中丰富马克思主义基本原理的范畴

马克思主义基本原理是马克思主义科学体系的理论表达。而其基本范畴则是理论体系、逻辑构成的要素。马克思主义的基本范畴及科学体系研究是马克思主义基本原理学科中规定的一门课程。丰富马克思主义基本原理的范畴是该学科建设的基础性工作，也是深化马克思主义基本原理及科学体系研究的基础性工作。

丰富马克思主义基本原理的范畴，要坚持继承与创新的统一。

一是对马克思主义三个主要组成部分——马克思主义哲学、马克思主义政治经济学、科学社会主义等原理及其发展史中的范畴进行系统的梳理和筛选，从中提炼出一些最基本的范畴，将其提升为整个马克思主义理论学科的范畴。如在马克思主义世界观和方法论层次上，提出辩证唯物主义、历史唯物主义的基本范畴；在马克思主义的基本观点和基本结论层次上，选择马克思恩格斯运用马克思主义基本原理分析不同历史时期的历史任务而得出的若干重大结论，比如，马克思恩格斯运用唯物史观分析资本主义社会基本矛盾得出的资本主义必然灭亡、

社会主义必然胜利的重要结论，劳动价值论和剩余价值论，未来社会必须坚持公有制、按劳分配的思想，关于阶级斗争、社会主义革命、无产阶级专政原理，人的自由而全面发展的原理等。这些基本范畴、概念、重要结论、观点经提升之后，按照从总体上揭示马克思主义科学体系的要求，运用历史和逻辑、抽象和具体、简单和复杂等规则将其排列起来，使这些范畴不再限于原有的含义，而是被赋予其新的意义，不再只是对原有研究对象的反映，而是升华为对整个世界的本质和发展过程最普遍规律的科学反映。

二是制定新的范畴。马克思主义基本原理总是在新的科技发展和哲学社会科学成果的基础上，结合时代特征和当时的社会实践不断得到丰富和发展的，与此相应，必须制定新的范畴和概念。关于这个方面，应遵循恩格斯和毛泽东讲的原则。恩格斯说：现代社会主义“同任何新的学说一样，它必须首先从已有的思想材料出发，虽然它的根子深深扎在物质的经济的事实中”。毛泽东说：“马克思主义必须在斗争中才能发展，不但过去是这样，现在是这样，将来也必然还是这样。正确的东西总是在同错误的东西作斗争的过程中发展起来的。真的、善的、美的东西总是在同假的、恶的、丑的东西相比较而存在，相斗争而发展的。”制定马克思主义基本原理的新范畴是否可以考虑按照四种路径来进行，即：其一，对马克思主义的文本、文献做深入的挖掘，马克思主义的文本、文献中含有关于马克思主义的基本原理的丰富思想，对马克思恩格斯的著作及当代马克思主义者的名著中有关基本原理的思想进行深入的研究，进行理论概括和科学说明，承继这一笔丰厚的理论遗产，是深刻把握马克思主义基本原理、科学精神必不可少的；其二，从当今时代、实践和科学发展中抽象、概括出一些反映时代特征和发展规律的概念列入马克思主义基本原理的范畴；其三，从古今中外优秀文化思想中发掘出一些富有生命力的概念，经过改造、提升，形成马克思主义的基本范畴；其四，从国内外非马克思主义思潮中吸取一些积极的营养成分，经过批判、改造、加工、制作，形成一些新的概念来补充、丰富马克思主义基本原理的范畴。这方面的工作有相当的困难，不仅工作量大，而且需要做长期的努力，正如列宁所说，谁怕用功夫谁就无法找到真理。只要坚持不懈地努力就可以逐渐形成和完善马克思主义基本原理的科学范畴体系。

四、要把马克思列宁主义的基本原理和中国特色社会主义的基本原理联系起来加以考量

把马克思列宁主义的基本原理和中国特色社会主义的基本原理联系起来加以考量，是有力证明马克思主义基本原理仍然是我们正确认识和运用人类社会发展规律的锐利武器，证明中国特色社会主义是坚持和发展了马克思主义。中国特色社会主义之所以是正确的，关键在于它既坚持了科学社会主义的基本原则，又根据时代特征和中国实际赋予其鲜明的中国特色。中国特色社会主义理论体系，从中国社会主义初级阶段的实际出发，用中国的话语系统，把科学社会主义创始人关于科学社会主义的基本原则，作了富有中国特色的理论表达，如科学社会主义关于在未来社会要发展社会生产力的原理，马克思恩格斯在《共产党宣言》等著作中强调，无产阶级建立自己的统治，建立新的社会以后，要“尽可能快地增加生产力的总量”。生产力的巨大增长和高度发展是未来社会的重要特征。这一原理在中国特色社会主义理论体系中，表述为“马克思主义最注重发展生产力”，“社会主义原则第一是发展生产”，“社会主义阶段的根本任务是发展生产力”，“以经济建设为中心”。按照马克思主义原理，一个社会的性质取决于生产关系的性质，一种生产关系的性质取决于生产资料所有制的性质。因此，马克思恩格斯把生产资料从私有制转变为公有制视为社会主义最基本的特征。他们在《共产党宣言》中指出，“共产党人可以把自己的理论概括为一句话：消灭私有制。”恩格斯认为，社会主义社会“同现存制度的具有决定意义的差别当然在于，在实行生产资料公有制（先是单个国家实行）的基础上组织生产”。这一科学社会主义的基本原则在中国特色社会主义理论体系中，根据我国社会主义初级阶段生产力呈多层次分布的客观要求，表述为以公有制为主体、多种所有制经济共同发展的基本经济制度；马克思恩格斯认为，根据未来社会生产力的发展状况，在分配制度上，只能实行按劳分配原则。科学社会主义这一基本原则在中国特色社会主义理论体系中，同我国现阶段基本经济制度相适应，被表述为以按劳分配为主体，多种分配方式并存的分配制度，并确立了劳动、资本、技术、管理等生产要素按贡献参与分配的原则；马克思恩格斯认为，未来社会在经济体制和运行机制上，应实行产品经济，商品和货币将从社会上消失。在中国特色社会主义理论体系中，在经济体制和运行机制上，则确立了社会主义市场经济体制，使市场经济体制、运行机制和社会主义的公有制得到了结合，这一重大创新发展了经典马克思主义的经济理论，极大地推动了中国经济的发展；马克思恩格斯认为，未来社会在国家政权上，无产阶级专政只存在于从资本主义进入社会主义的过渡时期，进入共产主义社会第一阶段后，国家将消亡。列宁发展了马克思关于无产阶级专政的学说，认为在共产主义第一阶段国家正在消亡，但还没有完全消亡。在中国特色社会主义理论体系中，则强调无产阶级专政将存在于整个社会主义历史阶段，并且几十代人都不能掉以轻心。结合中国实际，无产阶级专政命名为人民民主专政，更加鲜明地凸现出人民在国家政权中当家作主的地位，表明政权具有民主和专政两个方面的职能和政权的民主性质，强调人民民主是社会主义的生命；马克思恩格斯认为，在社会的意识形态上，“任何一个时代的统治思想始终不过是统治阶级的思想”，未来社会必须实行“两个彻底决裂”，在共产主义社会的第一阶段上，社会的统治思想必然是工人阶级的意识形态和科学世界观——马克思主义。在中国特色社会主义理论体系中，坚持马克思列宁主义、毛泽东思想被确定为四项基本原则之一。党的十七大报告又指出，中国特色社会主义理论体系“坚持和发展了马克思列宁主义、毛泽东思想”。“在当代中国，坚持中国特色社会主义理论体系，就是真正坚持马克思主义”。并且创造了一系列具体体现马克思主义指导地位的原则。此外，马克思主义关于共产主义社会发展阶段，社会主义的本质特征，社会主义的领导力量，党的最低纲领和最高纲领的统一，科学技术是生产力，社会成员的富裕、军事理论、党的学说等重要原理，在中国特色社会主义理论体系中，都被赋予其鲜明的中国特色。这些都显示了马克思主义基本原理的创造性活力和时代精神，同时也反映了中国特色社会主义理论体系具有深厚的马克思主义根基。

五、划清一些重大原则问题的理论是非界限

在改革开放新时期，我们党多次提出在原则问题上要旗帜鲜明，注意分清一些基本界限。比如马克思主义同反马克思主义的界限，社会主义公有制为主体、多种所有制经济共同发展同私有化的界限，社会主义民主同西方议会民主的界限，辩证唯物主义同唯心主义形而上学的界限，社会主义思想同封建主义、资本主义腐朽思想的界限，学习西方先进东西同崇洋媚

外的界限，文明健康生活方式同消极颓废生活方式的界限，等等。我以为，划清基本界限对深化马克思主义的研究是极为重要的，因为正确的东西总是在同错误的东西作斗争的过程中发展起来的。真的、善的东西总是在同假的、恶的东西相比较而存在，相斗争而发展的。这是真理发展的规律，也是马克思主义的发展规律。划清基本界限，就是对马克思主义与非马克思主义、反马克思主义进行比较、对照、批判分析，这样必定会深化对马克思主义基本原理的认识。当前，就有一些重要问题需要深入研究，划清彼此之间的原则界限，比如，我们党提出的科学发展观中的“以人为本”与西方人本主义、与中国传统文化中的民本思想，在提出的背景上、人的具体内涵上、发展的前景上以及历史观上有原则的区别。又如，构建社会主义和谐社会的理论基础与和合思想的界限。现在有一种意见认为，传统文化中的和合思想是我们构建社会主义和谐社会的理论基础。我以为这种看法是不当的。我们要构建的社会主义和谐社会，是在人民根本利益一致的基础上，是在中国特色社会主义道路上，中国共产党领导全体人民共同建设、共同享有的和谐社会。我们在构建社会主义和谐社会中，当然要继承、吸取和合思想中的合理要素，但是，不能把含义模糊的“和合”概念作为中华和谐文化的理论基础，更不能把它作为构建社会主义和谐社会的理论基础，社会主义和谐社会与古代关于社会和谐的思想有某些因素的联系，但是在经济根源、利益基础、科学基础、历史观等多个方面，特别是在本质内容上是根本不同的。又如，要注意党的十七大报告中的关注民生的概念与孙中山的“三民主义”中的“民生”概念的联系和区别。在海外，有学者讲“三民主义”就是社会主义，现在我们讲关注民生是回到了“三民主义”。应该说这是抹杀了二者之间的原则界限，我们讲关注民生是从中国共产党的根本立场上、根本宗旨上，从社会主义本质规定上提出问题的，同“三民主义”中的民生问题有某种联系，但是，在基础和前提、根本立场和历史观、在未来社会的发展目标等方面，是有原则区别的。

这里有一个很重要的问题，就是语言是思维的外壳，是表达思想的工具，一种思想总是要通过一定的话语系统表达出来。理论也是这样，任何一种理论总要通过特定的概念、范畴表达出来，如果表达一种理论的基本概念、主要范畴受到了曲解，或者被置换，这种理论的内涵不改变是不可能的。马克思主义无疑要从中国传统文化中、一切世界进步文化中吸取积极的要素，以不断丰富和完善自己，包括语言系统，这是没有疑问的。但是，马克思主义理论体系中一些最基本的概念、范畴、原理必须坚持，对它的取代、补充必须经过严格的科学论证，采取慎重的态度，如果在这方面有随意性，忽视科学性，必然会损害马克思主义基本原理及其科学精神，这是在当前我国有多种文化相互交锋、碰撞、某种程度的交融中值得注意的问题。

（作者单位：武汉大学政治与公共管理学院）

（选自《思想理论教育导刊》2008年第7期）

关于深化当代国外马克思主义研究的几点意见

梁树发

我国的国外马克思主义研究起步较晚，真正的研究是从改革开放以后开始的。目前，我们已经形成一支稳定的国外马克思主义研究队伍，新一代的国外马克思主义研究者已经成长起来。我国的国外马克思主义研究在我国的马克思主义研究和教学中发挥了突出作用，取得了丰硕研究成果，同国外的学术交流十分活跃。但目前的研究存在主题分散，对国外马克思主义政党和组织的马克思主义、不发达国家的马克思主义、国外马克思主义经验教训等关注不够问题。应该探索进一步推动我国国外马克思主义研究向前发展的问题。

一、最近几年我国的当代国外马克思主义研究

最近，我们从“西方马克思主义”、当代国外马克思主义、西方“马克思学”、后马克思主义、当代国外马克思主义政党和左翼政党的马克思主义研究的角度，对最近几年我国学者关于当代国外马克思主义研究情况作了一个调研，得出的结论是：最近几年我国的当代国外马克思主义研究在广度和深度上比以往都有所前进，表现在当代国外马克思主义人物研究上：一是一些新的人物（如“西方马克思主义”的第三代人物霍耐特、英美马克思主义研究者威廉斯、汤普森、伊格尔顿和左翼学者哈维等）进入了我国学者的研究视野，二是对前些年我国学者已有所研究的人物，如布洛赫、鲍德里亚、柯亨、詹姆逊、拉克劳、墨菲、奥康纳、福斯特等的研究在继续加深。表现在问题研究上，国内学者研究视角更开阔了，如就对当代国外马克思主义个别人物思想的研究来说，提出了一些以往被忽略的问题，如卢卡奇的现代性思想，葛兰西的“有机知识分子”理论等。就当代国外马克思主义思潮整体的研究来说，学者们提出了“西方马克思主义史”、当代国外马克思主义发展阶段等概念，并对此展开研究。学者们还研究了当代国外马克思主义的政治哲学、公共性和市民社会、阶级结构等专题，特别是强化了对生态学马克思主义、女性主义的马克思主义、解放神学的马克思主义、后马克思主义的研究。关于国外共产党和左翼政党的马克思主义、社会主义理论、西方“马克思学”最新动态也进入研究者视野。

但我们的研究也存在一些问题，主要有：

第一，主题散乱，无论是对当代国外马克思主义人物思想的研究，还是关于当代国外马克思主义整体研究，学者们基本上还是从个人兴趣出发，至于这些人物在国外马克思主义者和学者中间有多大影响和有什么代表性，并不是很清楚。这样，在关于当代国外马克思主义一定人物和思想的研究上，就难于形成相对集中的话题。

第二，研究范围还是集中在欧美发达资本主义国家的马克思主义，对亚非拉地区的马克思主义缺乏研究；而关于当代国外马克思主义人物的研究基本上还是集中在学者个人，关于思潮总体，特别是马克思主义政党和左翼政党的马克思主义，研究则显不够。

第三，缺乏不同学科的对话、交流和合作。目前，总的说，比较活跃的当代国外马克思主义研究还是在哲学界，经济学界的研究一方面拘泥于经济学领域，另一方面研究相对不活跃。政治学领域的当代国外马克思主义研究影响就更小些。我们需要努力的是推进整体的而不是某一学科的当代国外马克思主义研究。

第四，关于当代国外马克思主义的经验教训的深入研究、特别是它的方法论的研究应该加强，这应该成为当代国外马克思主义研究的重点题目。

二、关于深入开展当代国外马克思主义研究的几点意见

1．每一位马克思主义理论工作者（研究者、教育者、宣传者）都应对当代国外马克思主义有所了解

这不是不分工作性质地要求大家都成为当代国外马克思主义研究方面的专家，而是要求大家对当代国外马克思主义的一些主要概念、理论、人物、著作有一定的了解。可以说，作为一个马克思主义研究者，没有马克思主义发展史的知识（包括对马克思主义经典著作，特别是马克思恩格斯著作的熟悉），没有当代国外马克思主义的知识，在马克思主义重要理论问题上就没有发言权。在这个意义上，我们说，当代国外马克思主义研究不只是当代国外马克思主义专门研究者的事，它也是广大理论工作者的事。中央政治局的学习专门听取当代国外马克思主义的研究报告，表明了这一研究的意义。

2．把当代国外马克思主义研究的目标提到马克思主义发展上来

我们研究当代国外马克思主义，主要不是为了在马克思主义理论问题上有发言权，也不只是为了对国外马克思主义研究有一定了解，而是为了马克思主义发展，国外马克思主义研究目标服从于一般的马克思主义研究的目标，即研究马克思主义是为了发展马克思主义。我们应该坚持把当代国外马克思主义研究当做发展马克思主义的一个必要环节。关于当代国外马克思主义研究现状的了解、关于当代国外马克思主义发展逻辑的把握、关于其经验与规律的认识，这些都很重要，但其终究不是我们的最终目的。最终目的，从理论方面说，是发展马克思主义。从实践方面讲，是改变世界。

3．把当代国外马克思主义研究与马克思主义中国化研究结合起来

所谓把当代国外马克思主义研究与马克思主义中国化研究结合起来，从当代国外马克思主义研究的角度看，结合的意义在于：

首先，我们的研究如果有一个关于推进马克思主义中国化进程和通过这一进程而实现马克思主义发展的目标要求，就会使我们的当代国外马克思主义研究更加注重当代国外马克思主义者运用马克思主义解决其实际问题的经验，尤其是注重当代国外马克思主义政党、左翼政党和组织从事实际运动的经验、执政的经验、发展马克思主义的经验，并使我们能够对这些经验有比较客观的评价。

其次，马克思主义中国化的自觉意识，就是结合中国实际运用马克思主义和发展马克思

主义的自觉意识，有这样一种自觉意识指导我们的当代国外马克思主义研究，就会比较多地关注国外马克思主义研究的积极成果，而不是把主要精力放在发现其错误上，就会是一种“沙里淘金”的态度。我们的当代国外马克思主义研究的确需要来一个视角转变、态度转变。这一要求今天提出来不是没有意义的，并不是所有的当代国外马克思主义研究者都完成了这种视角、态度的转变。这里的关键是我们是否把当代国外马克思主义同中国马克思主义一样看作马克思主义具体化的理论成果。其实，国外马克思主义者也往往从马克思主义的发展、马克思主义具体化、民族化的角度提出问题和在理论上回答问题，至于这种回答是否正确，则是另一个问题。这样认识和对待当代国外马克思主义，对中国的马克思主义研究者来说，是一种应有的气度和态度。

马克思主义中国化的经验总结和理论成果研究，为我们提供了一个认识和评价当代国外马克思主义流派、思想、观点的坐标，从而对一定当代国外马克思主义思潮、流派的理论、观点的价值能够有一个具体的认识和评价，正如有学者提出，用“马克思主义哲学中国化”的范式研究“西方马克思主义”，只有通过把“西方马克思主义”研究的理论成果服务于中国化马克思主义哲学的建设，才能彰显“西方马克思主义”研究对当代中国的意义。我们提的只是一个“坐标”，一个参照点，而不是判断国外马克思主义是否马克思主义的标准。这个标准应该是我们之外的一定国家、民族的实践。

4．把当代国外马克思主义放在马克思主义发展史中来研究

把当代国外马克思主义放到马克思主义发展史中来研究，是一个马克思主义观和马克思主义史观问题。例如，在对卢卡奇的马克思主义理论的研究中，如果我们不把这种研究与马克思主义发展史联系起来，我们就不会懂得卢卡奇发表《什么是正统的马克思主义？》一文的目的和意义，更不可能理解卢卡奇为什么把马克思主义仅仅归结为方法。这是由他对马克思主义的本质的理解，同当时以考茨基为代表的“第二国际马克思主义者”的对马克思主义本质的认识与态度，以及他们在革命中的表现决定的。宣示一种批判的革命的马克思主义，批判“科学的马克思主义”（即按照科学实证主义精神解释马克思主义，从而把马克思主义庸俗化的倾向）是那一时期卢卡奇、柯尔施、葛兰西等马克思主义理论家的主要理论意向。他们的理论或“倾向”引发了一种马克思主义的特定思潮，代表了那一时期马克思主义发展的一种方向。今天看来，这是一种马克思主义发展中的积极现象。

把当代国外马克思主义研究放到马克思主义发展史中来，不仅表明当代国外马克思主义开始赢得一个马克思主义的“正统”地位，而且是对我们的研究者在知识结构或能力方面提出一种要求，这就是国外马克思主义研究者一定要有马克思主义发展史的知识。研究中会有这样的情况，即对象本身的对马克思主义具有发展意义的理论、观点，我们未曾有所发觉、发现。究其原因，除上述前定的所谓气度、态度因素外，一个学理性的原因，就是我们的研究者缺乏马克思主义发展史的知识。它决定我们对于当代国外马克思主义的一定理论、观点，乃至其整体，对于发展马克思主义是否具有价值和具有何种价值的判断力。

广义地理解，当代国外马克思主义是属于马克思主义发展史范畴的，马克思主义发展史研究的对象，不只是中国的马克思主义，也不只是无产阶级政党和组织的马克思主义、“正统的”马克思主义，不只是马克思主义的过去，它的对象不能排除国外的马克思主义，排除学者

个人的马克思主义研究，排除所谓“异端的”马克思主义（对马克思主义的所谓“异端”，国内学者越来越持一种客观的开放的态度），排除关于马克思主义的今天和明天的研究。所以，过去中国人民大学的马列主义发展史研究所才有当代国外马克思主义研究室和毛泽东思想研究室（实际是当代中国马克思主义研究室，那时候还没有邓小平理论概念，毛泽东思想就代表了中国的马克思主义，并包含当代中国的马克思主义）。现在，我们建立了马克思主义理论一级学科，马克思主义发展史和国外马克思主义成为它的并列的二级学科，表明它们各自有相对确定的研究对象。但是，这也潜在地存在一个问题，即研究者们的知识结构片面化趋势和危险，即可能的研究马克思主义发展史的缺乏当代国外马克思主义的知识，从事国外马克思主义研究的学者缺乏马克思主义发展史的知识。从两支研究者队伍成员的现状看，这种情况实际已经存在了。

5．仍应加强“西方马克思主义”的研究

我同意“西方马克思主义”在20世纪80年代已经终结的意见，它的第二代、第三代人物有的虽然还健在，但已经不是作为“西方马克思主义”者的身份出场了。但是，“西方马克思主义”作为在马克思主义发展史上，特别是对20世纪的马克思主义发展产生了重要影响，在今天同样具有影响的重要社会思潮，不能认为随着其影响的消退，对其研究的意义也随之消退。一方面，“西方马克思主义”代表了20世纪马克思主义发展的一种趋向，在如何认识和对待马克思主义问题上，它提供给我们的经验与教训是非常丰富而深刻的，随着时间的推移，这一点我们会有更强烈的认识。另一方面，关于“西方马克思主义”形成的逻辑，它在马克思主义发展史上的具体影响，它的一些理论、观点的性质与意义值得深入研究和重新认识。例如，对卢卡奇的关于马克思主义正统性的观点的评价。卢卡奇是把马克思主义的正统归结为方法的，认为即使把马克思主义的所有个别的论点丢掉，只要坚持了马克思主义的方法，你就仍然是一个正统的马克思主义者。我把卢卡奇的这个关于正统马克思主义的认识，实际也是它对马克思主义的根本认识，概括为“方法至上的马克思主义观”，而给予了否定性的评价。今天，我们提出究竟应该如何评价卢卡奇的这一关于马克思主义的根本认识的问题。正确回答这一问题的关键，在于如何认识卢卡奇在这里所讲的“方法”。“方法”在这里可以作两种解释：一是结构意义上的，即“方法”就是马克思主义哲学体系中的辩证法，从《历史与阶级意识》一书的副标题“一种关于马克思主义辩证法的研究”和它的基本内容看，完全可以把“方法”理解为以总体性为核心的辩证法；二是指对待马克思主义的应有态度，我们是应该把马克思主义当做指导我们行动的方法呢，还是当做教条？把马克思主义当做方法的理解与马克思和恩格斯的一贯思想一致，也与卢卡奇的理论倾向一致。我以前是从辩证法的意义上来理解的，并批评卢卡奇轻视世界观、理论和观点，把理论与方法对立起来。我就此问题向学生提问，一半的学生仍然认为这里的方法是指辩证法。我现在认为，卢卡奇在这里的意思还是强调对马克思主义应该有的正确的态度，即应该把马克思主义看做解决问题的方法，而不是可以到处套用的教条、公式。

还有就是关于柯尔施的马克思主义观的认识。柯尔施在《马克思主义和哲学》中的那种“哲学的马克思主义”观就不说了，我们看看他在1934年10月10日写的《我为什么是一个马克思主义者？》一文中关于“马克思主义最本质的几点”的见解：①马克思主义的全部原理，包括那些表面上带有普遍性的原理，都带有特

殊性。②马克思主义不是实证的，而是批判的。③马克思主义的主题不是现在处于肯定状态的资本主义社会，而是显得日益分崩离析和腐朽的正在衰亡的资本主义社会。④马克思主义的主要目的不是观赏现存的世界，而是对它进行积极的改造。不管后来柯尔施对马克思主义的态度发生了什么变化，今天来看他关于马克思主义的这种认识，应该承认是正确的。柯尔施能够这样系统地并且是真正抓住了马克思主义的本质的认识，是了不起的。关于他的马克思主义的特殊性的观点，以往人们认为这是与流行的对马克思主义与非马克思主义界限的相对主义、马克思主义“多元论”倾向相联系的。具有马克思主义特殊性主张的考茨基、法国“存在主义的马克思主义”者列菲伏尔关于“各国有各国的马克思主义”的见解，一直被原苏联学者，也一度为我国学者批评为“多元马克思主义”主张。今天看这种认识和评价也是欠妥当的。对于这样一种关于马克思主义本质的认识，如何在理论上可能导致马克思主义“多元论”，要做具体分析，不能一般地说它不可能导致这种错误马克思主义倾向，也不能一般地说它一定会导致这种错误倾向。但马克思主义具有特殊性这一点是不能够否定的。如果否定了这一关于马克思主义的观点、命题，我们就不好理解马克思主义具体化、民族化、中国化。它其实是马克思主义具体化、民族化、中国化的理论、命题的哲学基础。没有关于马克思主义的特殊性本质的认识，哪里会有马克思主义具体化、民族化、中国化的认识和理论命题呢？

最近有学者对葛兰西的“西方马克思主义”者的身份提出质疑，认为葛兰西其实是一位坚定的共产主义者、马克思主义者，即使从葛兰西的思想与列宁主义的关系来看，也不能说葛兰西是“西方马克思主义者”，在政治上、哲学上，葛兰西与列宁是一脉相承的。葛兰西不是“西方马克思主义”者。这对关于“西方马克思主义”研究中的一种传统认识当然是一个挑战。

总之，无论是对“西方马克思主义”的其他具体人物，还是对某一具体流派，乃至对整个“西方马克思主义”，我们都有一个对20世纪80年代以来的传统认识和评价进行重新梳理、重新认识的问题。“西方马克思主义”从正反两个方面说，是我们科学认识和对待马克思主义的理论资源。对于当代国外马克思主义研究人才的培养来说，关于“西方马克思主义”的研究是一个基础训练过程，当代国外马克思主义研究的入门课程。“西方马克思主义”是一个终结了的马克思主义研究流派，但对它的研究却仍然具有重要的理论意义和现实意义。

（作者：中国人民大学马克思主义学院教授、博士生导师）

（选自《北京联合大学学报(人文社会科学版)》2008年第3期）

高举中国特色社会主义伟大旗帜

李景源

中国特色社会主义是我国社会主义初级阶段的最大理论成果，是指引中华民族沿着社会主义道路胜利前进的光辉旗帜。胡锦涛同志在党的十七大报告中深刻阐述了中国特色社会主义理论的历史地位和重大指导意义，明确指出，在当代中国，坚持中国特色社会主义道路，就是真正坚持社会主义；坚持中国特色社会主义理论体系，就是真正坚持马克思主义。我们要深入学习领会这一重要思想，坚持中国特色社会主义道路和理论体系不动摇。

社会主义价值理想是历史的选择

中国特色社会主义理想不是作为观念给予我们的，而是作为社会历史过程给予我们的。要了解中国特色社会主义何以成为中国人民的共同理想，首先要从总体上把握中国的历史走向，弄清近代中国是怎样从亡国灭种的边缘转变成为一个初步繁荣昌盛的国家，深刻领会历史和人民怎样选择了马克思主义、怎样选择了共产党、怎样选择了社会主义道路。这种历史根据是科学社会主义价值理想的深层基础。

第一，社会主义价值理想最初是在资本主义社会内部产生的，是伴随劳动群众不断反抗资本的统治而传播和发展的。马克思创立的唯物史观和剩余价值学说，使这一理想由空想变成科学。马克思用毕生精力阐明了从商品到资本的历史必然性及其内在矛盾，揭示了以资本为本位的社会形态的历史局限性，从根本上解构了资本主义社会，开启了建立社会主义的新时代。

第二，社会主义作为价值理想传入中国并生根结果，是中华民族长期探索并最终选择的结果。一个半世纪的历史表明，封建主义统治，既不能完成内部的根本变革、实现社会转型；也不能坚决抵抗帝国主义侵略、实现民族独立。戊戌维新和辛亥革命的失败，最终证明了以民族资产阶级为主体所追求的资本主义强国之路也无法实现。中国共产党作为工人阶级政党，代表了广大人民翻身求解放的愿望，引导中国走上了社会主义道路，使中华民族实现了解放、独立、富强、民主的百年夙愿。最初，马克思主义的历史观是和科学社会主义学说一起传入中国的，马克思主义的中国化与科学社会主义的中国化就是通过解决中国社会所面临的现实问题而逐步实现的。救亡图存和振兴发展是中国近现代史的主题，新民主主义和中国特色社会主义就是解决这一历史主题的现实选择和社会理想的统一。

第三，在民主革命时期，思想理论界的多

次论战使社会主义价值理想在中国得到广泛传播。1919年7月展开的关于问题与主义的论争，1920年展开的关于社会主义问题的论争，不仅极大地扩大了马克思主义和科学社会主义的影响，而且为我们党的建立准备了思想和干部条件。特别是1928年展开的关于中国社会性质问题的论争，以及随后展开的一系列哲学问题论争，促进了唯物史观在中国的传播，为探索马克思主义中国化、科学社会主义中国化提供了重要的思想资料。

中国特色社会主义是重大的理论创新

中国特色社会主义理论凝聚了中国共产党人长期探索所积累的丰富经验。新中国成立后，以毛泽东同志为核心的党的第一代中央领导集体，探索马克思主义与中国实际的“第二次结合”，为创立中国特色社会主义理论提供了重要的历史经验。20世纪50年代中期，毛泽东同志在《论十大关系》中提出了“以苏为戒”，号召我们独立地探索一条有别于苏联模式的中国工业化道路。毛泽东同志号召全党学习和研究社会主义政治经济学，努力把握社会主义建设的规律，提出要“创造新的理论，写出新的著作”。他还针对非洲的社会主义发展迟缓等重要问题，提醒全党深入地研究传统社会主义模式存在的问题。毛泽东同志对社会主义发展道路的理论和实践探索，为后人提供了宝贵的思想资料和理论财富。

中国特色社会主义发展道路，是以邓小平同志为核心的党的第二代中央领导集体带领全党和全国人民开创的。1980年，邓小平同志在接见阿尔及利亚、坦桑尼亚等非洲国家代表团时说，你们要研究一下，为什么非洲的社会主义越搞越穷？这是继毛泽东同志之后，邓小平同志再一次提出这个问题。1982年，邓小平同志在党的十二大开幕词中第一次明确提出中国特色社会主义的理论命题：“把马克思主义的普遍真理同我国的具体实际结合起来，走自己的道路，建设有中国特色的社会主义，这就是我们总结长期历史经验得出的基本结论。”理性认识源于历史，历史昭示未来。中国特色社会主义道路的开辟，是一个艰辛的历史探索过程。唯物史观不仅是思想路线拨乱反正的哲学依据，也是政治路线拨乱反正的理论依据。邓小平同志在十一届三中全会前后，用极大的精力关心理论工作，在发展唯物史观方面作出了重要贡献。

第一，明确提出历史发展两大动力问题，即经济发展是社会发展的动力以及按劳分配是推动生产发展的动力。1975年，他在主持中央工作期间，明确提出“把国民经济搞上去是根本任务”，现在“批‘唯生产力论’谁还敢抓生产？现在把什么都说成是资产阶级法权，多劳多得是应该的嘛，也叫资产阶级法权吗？搞生产究竟应当用什么东西作动力？”为了进一步批判“四人帮”在生产力问题上的谬论，恢复生产力原理在唯物史观中的核心地位，1977年9月，他批示在《哲学研究》和《经济研究》杂志发表文章，对“四人帮”鼓吹的“批判唯生产力论”的谬论进行拨乱反正。1978年3、4月间，邓小平又发动了关于物质利益和按劳分配问题的大讨论，明确提出按劳分配是社会主义的重要原则。随后，在十一届三中全会的主题报告中专门阐述了物质利益和革命精神的关系：“不讲多劳多得，不重视物质利益，对少数先进分子可以，对广大群众不行，一段时间可以，长期不行。革命精神是非常宝贵的，没有革命精神就没有革命行动。但是，革命是在物质利益的基础上产生的，如果只讲牺牲精神，不讲物质利益，那就是唯心论。”

第二，邓小平依据唯物史观，提出了三种革命的理论以及改革是中国的第二次革命的重要思想。1980年年初，邓小平专门论述了阶级

革命和生产力革命的关系问题。他说:"革命是要搞阶级斗争,但革命不只是搞阶级斗争。生产力方面的革命也是革命,而且是很重要的革命,从历史的发展来讲是最根本的革命。"此后,他多次讲,改革是中国的第二次革命。历史观要回答的是历史发展的动力问题,这个动力又是有结构和层次的,搞清楚阶级革命、改革、发展生产力这三者之间的关系结构,正是邓小平理论创新的关键所在。邓小平同志提出的三种革命的理论,是对唯物史观的重大发展,它们在邓小平理论体系中占有重要的地位,是邓小平同志提出的"一个中心,两个基本点"思想的理论基石,是邓小平同志关于"不断发展社会生产力的社会主义"、"充满生机和活力的社会主义"、"主张和平的社会主义"三位一体发展目标的哲学基础。这一重大理论成果,是我们党思考国际共产主义运动的历史和中国社会主义发展历程所得出的基本结论,是邓小平同志留给我们的最宝贵的精神财富。

"三个代表"重要思想重申了生产力首要地位和人民利益标准,把它作为党的宗旨和执政兴国的总体理念。这是对唯物史观的丰富和发展,是保证我们党永远立于不败之地的根本保证。党的十六大以来,以胡锦涛同志为总书记的党中央提出以人为本的科学发展观,立足于对国内外发展经验和教训的科学总结,面向新世纪新阶段党和国家事业发展的全局,明确要求我们把聚精会神搞建设、一心一意谋发展落实到坚持以人为本,实现全面、协调、可持续发展上来。

30年的改革开放进程表明,中国特色社会主义为中华大地带来了勃勃生机,是民族振兴的康庄大道,只有中国特色社会主义才能发展中国。

全面理解中国特色社会主义理论体系

中国特色社会主义不仅是中国自近代以来发展的合乎逻辑的产物,更获得了改革开放实践和现实的证实。中国特色社会主义的理论体系既体现了历史观和价值观的统一,合规律性与合目的性的统一,又体现了共性和个性的统一、人类发展的普遍规律和民族发展道路的统一。立足于这个理论体系,中国才能走自己的发展道路。

第一,党的思想路线是中国特色社会主义理论体系的灵魂。实事求是在中国化的马克思主义哲学中,是贯通唯物论、辩证法、历史观、认识论和方法论的总体性范畴。善于运用实事求是思想路线来解决革命、建设和改革中的重大问题,是我们党带领人民群众不断走向辉煌的卓越领导艺术。在民主革命时期,为了反对党内的教条主义,毛泽东同志创造性地提出了把马克思主义普遍原理和中国革命的具体实际相结合的原则,创立了新民主主义理论,实现了马克思主义中国化的第一次历史性飞跃。在改革开放新时期,邓小平同志以解放思想、实事求是为武器,破除新的教条主义,批判"两个凡是",实现了思想路线上的拨乱反正,为政治路线的拨乱反正、党的工作重心的转移奠定了思想基础,成功地开辟了在经济文化落后的国家建设社会主义的新道路,提出了中国特色社会主义的新命题。30年的改革开放实践证明,解放思想、实事求是、与时俱进是反对各种"左"的和右的思想倾向,使我们党永远保持蓬勃生机与活力的法宝。

第二,唯物史观是中国特色社会主义理论体系的核心。生产力是社会发展的根本动力,生产力决定生产关系的原理是把握人类社会发展史的钥匙,对一定历史条件下生产力与生产关系矛盾运动的分析,是马克思主义说明该社会经济、政治制度和体制产生、发展和变革的根本依据。唯物史观是无产阶级政党从事革命、建设和改革的根本指导思想。邓小平同志根据唯物史观的生产力原理提出了“三个有利于”标准。从邓小平同志的“三个有利于标准”到江泽民同志提出的“三个代表”重要思想再到以人为本的科学发展观、和谐社会理论，生产力的首要地位和人民群众的主体地位统一的思想一以贯之。唯物史观作为中国特色社会主义理论体系的核心，是我们党执政理念的哲学基础。“三个代表”重要思想是我们党的立党之本、执政之基、力量之源，这里的“本”、“基”、“源”，说到底就是人民群众的支持和拥护。胡锦涛同志多次强调，马克思主义政党必须以最广大人民的根本利益为出发点和落脚点，是否始终站在最广大人民的立场上，是区分唯物史观和唯心史观的分水岭。深入理解唯物史观在党的历史奋斗中的指导作用，对于自觉高举中国特色社会主义伟大旗帜至关重要。

第三，开拓创新是高举中国特色社会主义旗帜的关键。马克思主义的生命力在于它是随实践的发展而发展的。党的思想路线、政治路线都是关于发展的路线，党的“一个中心，两个基本点”的基本路线和“三个代表”重要思想，是适应我国发展的阶段性特征而提出的发展理念。科学发展观继承了改革开放以来的重点发展论和辩证发展论的核心理念，把社会理解为自组织的有机整体，重视整体存在和发展的基础条件。“不谋万世者不足以谋一时，不谋全局者不足以谋一域”。这里的“万世”、“全局”是谋一时、一域的前提。我们要以科学发展观为指导，坚持以人为本，坚持全面协调可持续发展，坚持统筹兼顾，科学认识和妥善处理中国特色社会主义建设中的重大关系，把中国特色社会主义伟大事业不断推向前进。

（作者：中国社会科学院学部委员、哲学研究所所长）

（选自《光明日报》2008年4月1日）

论中国特色社会主义理论体系

北京市邓小平理论和“三个代表”重要思想研究中心

中国特色社会主义理论体系的构建

中国特色社会主义是一个完整科学的理论体系。判断一个理论是否成为科学体系，标准主要有两条：一条是理论是系统的还是没有形成系统；另一条是，它对所研究的领域是回答了一系列基本问题还是没有作出这种回答。属于前者，就构成了理论的科学体系。按照这种标准，邓小平理论、“三个代表”重要思想、科学发展观等重大战略思想都有自己的理论体系。在如何构建中国特色社会主义理论体系问题上，学术理论界有不同见解。有的主张按基本观点构建，有的主张按基本理论构建，有的主张按基本范畴构建，有的主张按理论板块构建，有的主张按理论的不同层次构建。笔者倾向于后者，因为它能够更加客观准确地反映这个理论体系的特点。据此，中国特色社会主义理论的科学体系包括如下四个不同层次的内容：

第一个层次：主题和主线。中国特色社会主义理论有一个鲜明的主题，就是建设中国特色社会主义。这个主题要求我们既要坚持科学社会主义的基本原则，又要将其同中国的具体实践和时代特征相结合，体现鲜明的中国特色。它说明，我们不再一般谈论建设社会主义，而是探索在中国这个经济文化比较落后的大国建设社会主义的客观规律。中国特色社会主义理论还有一条清晰的主线即基本线索贯穿其中。以邓小平为核心的党的第二代中央领导集体，坚持以“什么是社会主义、怎样建设社会主义”为主线，并以社会主义本质论和党在社会主义初级阶段的基本路线，科学地回答了这个问题。以江泽民为核心的党的第三代中央领导集体，在新的实践基础上不断探索，提出“建设什么样的党、怎样建设党”的问题，并以创立“三个代表”重要思想为标志，从始终代表中国先进生产力的发展要求、中国先进文化的前进方向和中国最广大人民的根本利益，创造性地回答了这个问题。以胡锦涛同志为总书记的党中央，在新世纪新阶段，从我国经济社会发展的阶段性特征出发，提出“实现什么样的发展、怎样发展”的问题，并在继承党的三代中央领导集体关于发展的重要思想的基础上提出科学发展观等重大战略思想，深刻地回答了这个问题。以上三个重大问题是在实践中依次提出的。总起来说，中国特色社会主义理论是以“什么是社会主义、怎样建设社会主义”为主线，在发展过程中不断延伸和展开，体现为社会主义、党的建设和发展三大问题的统一。也可以把它称之为中国特色社会主义的三个基本问题。中国特色社会主义的所有理论问题，都是围绕这个主题和贯穿这条主线的。这是中国特色社会主义理论的一个很重要的特点。

第二个层次：理论基础和哲学基础。中国特色社会主义理论有着深厚的理论基础和哲学基础。理论基础是马克思主义，特别是马克思主义中国化的第一个理论成果毛泽东思想。毛泽东的思想理论及工作作风和治党治国方略，在中国共产党和广大人民群众中产生了长期的深远的影响。毛泽东所创立的关于社会主义社会矛盾的理论，是正确认识社会主义社会一切问题的理论基础，是中国特色社会主义理论的理论基石。中国特色社会主义理论和马克思主义的关系是活水与源头的关系，没有源头就不会有活水。老祖宗不能丢，丢了就丧失根本。中国特色社会主义理论的哲学基础是马克思主义的辩证唯物论和历史唯物论，它是支撑理论基础的哲理部分，是更高更深层次的内容，是关于世界观与方法论的问题。毛泽东不仅是伟大的马克思主义理论家，而且是一位卓越的马克思主义哲学家。他用哲学观点总结中国革命的历史经验，在延安时期写出了《实践论》、《矛盾论》这样著名的哲学著作和许多充满哲学思想的政治、军事著作。他精通马克思主义哲学，把它的精髓用“实事求是”四个字加以概括，作为我们党的思想路线。毛泽东说：“‘实事’就是客观存在着的一切事物，‘是’就是客观事物的内部联系，即规律性，‘求’就是我们去研究。”邓小平坚持毛泽东的哲学思想，指出：“实事求是，是无产阶级世界观的基础，是马克思主义的思想基础。过去我们搞革命所取得的一切胜利，是靠实事求是；现在我们要实现四个现代化，同样要靠实事求是。”邓小平在实事求是的前面加上了“解放思想”四个字，作为新时期我们党的思想路线的完整表述。之所以要特别强调解放思想，是因为当代中国和当代世界都发生了巨大的深刻的变化，只有解放思想，才能实现主观认识与客观实际相一致，达到实事求是。解放思想、实事求是是马克思主义的思想路线，是中国特色社会主义理论的精髓。解放思想、实事求是思想路线的确立，为全面纠正“左”的错误，正确总结社会主义的历史经验，开辟中国特色社会主义道路奠定了坚实的思想基础。

第三个层次：核心内容和核心思想。中国特色社会主义理论体系有一个核心内容，就是党在社会主义初级阶段的基本路线。提出和制定党的总路线，毛泽东是首创。党的基本路线（即总路线）是党在每一个历史发展阶段全局性的根本指导方针，它是关系全局、指导全局、决定全局的。党的基本路线正确，我们的事业就发展、前进、胜利；反之，我们的事业就会遭致挫折。在每一个历史发展阶段制定党的基本路线，是我们党在世界社会主义运动中的一个伟大创造。这个创造是和毛泽东关于抓主要矛盾的哲学思想分不开的。我们党在各个不同历史发展时期的基本路线，都是为着解决这一历史时期的主要矛盾推动历史前进的。十一届三中全会以后，邓小平依据社会主义初级阶段的主要矛盾是人民日益增长的物质文化需要同落后的社会生产之间的矛盾的认识，在实践中逐步形成了党在社会主义初级阶段的基本路线：领导和团结全国各族人民，以经济建设为中心，坚持四项基本原则，坚持改革开放，自力更生，艰苦创业，为把我国建设成为富强民主文明和谐的社会主义现代化国家而奋斗。它的核心内容就是“一个中心，两个基本点”。以经济建设为中心，标志着党和国家工作重点的历史性转移。经济是基础，是发展社会主义各项事业的基础性工程，经济发展了，社会主义现代化建设就有了牢固的物质基础。坚持四项基本原则，就是要保证改革开放的社会主义性质和方向；坚持

改革开放，解放和发展生产力，使社会主义的生机活力和优越性能够发挥出来，就它引起社会变革的广度和深度来说是一场新的革命，其实质和目标，是实现社会主义现代化。总起来说，“一个中心、两个基本点”，都是为了实现社会主义现代化。邓小平在南方谈话中强调坚持党的基本路线一百年不动摇。党的基本路线既是中国特色社会主义道路的核心内容，也是中国特色社会主义理论体系的核心内容。基本路线这个核心内容的确立，要求各项工作都要服从和服务于这个核心内容。以胡锦涛同志为总书记的党中央，在新世纪新阶段，针对我国发展中出现的新情况和新问题，在继承党的三代中央领导集体关于发展的重要思想和借鉴国外发展经验的基础上，提出了以人为本的科学发展观。“本”就是事物的本源和根基。以人为本就是把人的发展作为根本。这是科学发展观的核心和灵魂，也是发展的实质。它反映了我国社会主义现代化建设根本指导思想的重大转变。这就是说，发展不只是经济社会的发展，更重要的是人的发展，发展为了人民，发展依靠人民，发展成果由人民共享。以人为本这个核心思想，不仅在发展问题上要贯彻，在各项工作中都要贯彻。总括起来说，在中国特色社会主义理论体系中，“一个中心、两个基本点”的基本路线是核心内容，各项工作都要服从和服务于它；以人为本是核心思想，各项工作都要贯彻它，因此它又是核心的核心。

第四个层次：基本理论和重要观点。在上述三个层次基础之上，形成了中国特色社会主义一整套崭新的基本理论。基本理论之间相互联系、相互贯通，构成一个统一的科学体系。在基本理论中，有的具有全局性指导意义，有的指导意义仅限于某一领域。

(一)社会主义本质理论。社会主义的本质，是解放生产力，发展生产力，消灭剥削，消除两极分化，最终达到共同富裕。这一科学论断，从生产力、生产关系、最终目的三个层面阐述了社会主义的本质，深化了人们对什么是社会主义的认识，对社会主义建设具有全局性的指导意义。

(二)社会主义初级阶段理论。十一届三中全会以后，我们党通过总结历史经验，提出了我国这样经济文化比较落后的国家进入社会主义以后必须经历一个很长的初级阶段的科学论断。这是对我国基本国情和社会主义发展阶段的准确判断。这就把我们党的路线、方针、政策放在了现实的科学的基础之上，从而避免了重蹈过去超越阶段的“左”的错误。这个理论，同样具有全局性的指导意义。

(三)社会主义改革开放理论。十一届三中全会以后，中国进行了一场革命性改革。中国的改革是在坚持社会主义基本制度的前提下对具体制度的改革，是社会主义制度的自我完善。就我国改革引起社会变革的广度和深度来说，可以说是开始了一场新的革命。与改革相互联系和并行的是对外开放。任何一个国家关起门来搞建设都不能成功，中国的发展离不开世界。社会主义对外开放的实质，是吸收人类文明的一切成果，坚持和发展社会主义。改革是解放和发展生产力的必由之路，对外开放是实现社会主义现代化的必要条件。改革开放是决定当代中国命运的关键抉择。

(四)社会主义市场经济理论。中国共产党通过长期探索，打破了把市场经济视为社会主义异己物的偏见。邓小平提出，计划和市场不具有社会制度的属性，二者都是发展经济的手段，资本主义有计划，社会主义也有市场，社会主义和市场经济不存在根本矛盾。江泽民进一步提出建立社会主义市场经济体制。搞社会主义市场经济，这在人类历史上是首次和创举，它在理论上丰富和发展了社会主义经济理论，在实践上极大地推动了社会主义经济的发展。

（五）社会主义民主政治建设理论。民主是社会主义的题中应有之义。没有民主就没有社会主义，就没有社会主义现代化。人民民主是社会主义的生命。发展社会主义民主，最重要的是使民主制度化、法律化，坚持依法治国，建设社会主义法治国家。坚持党的领导、人民当家作主、依法治国的统一，走中国特色社会主义政治发展道路。建设社会主义民主政治，必须不断推进政治体制改革，但绝不能照搬西方民主模式。

（六）社会主义文化建设理论。当今时代，文化越来越成为民族凝聚力和创造力的重要源泉，成为综合国力竞争的重要因素。要大力推进社会主义核心价值体系建设，把依法治国与以德治国结合起来，坚持社会主义先进文化的前进方向，推动社会主义文化的大发展大繁荣，提高国家文化软实力。中国特色社会主义不但要建设物质文明、政治文明、精神文明，还要建设生态文明，要坚持走文明发展道路。

（七）社会主义和谐社会理论。社会和谐是中国特色社会主义的本质属性。要按照民主法治、公平正义、诚信友爱、充满活力、安定有序、人与自然和谐相处的总要求，努力形成全体人民各尽所能、各得其所而又和谐相处的局面。社会建设是中国特色社会主义的一个重要方面，也是一个崭新的课题。

（八）社会主义对外关系理论。和平与发展仍然是时代的主题。中国将始终不渝地走和平发展道路，既争取和平的国际环境来发展自己，又通过自己的发展来促进世界的和平与发展。中国坚持在和平共处五项原则的基础上同所有国家发展友好合作：继续同发达国家加强战略对话，增进互信，妥善处理分歧；继续加强同发展中国家的团结合作，深化传统友谊，提供力所能及的援助；继续贯彻与邻为善以邻为伴的周边外交方针，搞好周边环境。中国反对一切形式的恐怖主义，也反对各种形式的霸权主义和强权政治。

（九）国防和军队建设理论。加强以现代化为中心的国防建设，坚持把我军建设成为革命化现代化正规化的人民军队。始终坚持党对军队绝对领导的根本原则，按照政治合格、军事过硬、作风优良、纪律严明、保障有力的总要求，在全面建设小康社会进程中实现富国和强军的统一。努力完成机械化和信息化建设的双重历史任务，加快中国特色的新军事变革。

（十）“一国两制”和祖国和平统一的理论。这一科学构想，已在香港、澳门顺利实现。香港、澳门回归祖国以来，保持了繁荣与稳定。解决台湾问题、实现祖国完全统一，将遵循“和平统一、一国两制”的方针和现阶段发展两岸关系、推进祖国和平统一进程的八项主张，坚持一个中国原则决不动摇，争取和平统一的努力决不放弃，寄希望于台湾人民，反对“台独”分裂活动。

（十一）社会主义的领导力量和依靠力量理论。中国共产党是中国社会主义事业的领导核心。中国的社会主义事业必须由共产党领导。中国坚持共产党领导的多党合作和政治协商制度。坚持党的领导必须改善党的领导，不断改善党的领导制度、领导作风和领导方法。随着中国特色社会主义事业的发展，它的依靠力量越来越广泛：依靠工人、农民、知识分子和改革开放以后形成的新的社会阶层，充分发挥他们的历史主动精神；依靠各族人民的团结，各民族同呼吸，共命运，谁也离不开谁；依靠社会主义劳动者，拥护社会主义的爱国者和拥护祖国统一的爱国者的最广泛的统一战线，团结一切可以团结的力量。

（十二）马克思主义执政党建设理论。我们党面临着长期执政、市场经济、改革开放的严

峻考验。中国问题的关键是把共产党建设好。坚持把执政能力建设和先进性建设作为主线，以改革创新精神全面推进党的建设新的伟大工程，做到科学执政、民主执政、依法执政。

上述十二个方面，是中国特色社会主义的基本理论，它系统地科学地回答了在中国这个经济文化比较落后的国家建立社会主义制度以后，怎样建设、巩固和发展社会主义的一系列重大课题。

中国特色社会主义理论体系的历史地位

首先，它是马克思主义中国化的最新理论成果。民主革命时期，毛泽东在反对党内教条主义的斗争中，创造性地提出了把马克思主义普遍真理同中国革命的具体实践相结合的原则，实现马克思主义中国化。中国共产党在80多年的奋斗历程中，坚持把马克思主义的基本原理同中国的具体实践相结合，在两次革命中，实现了两次历史性飞跃，产生了两大理论成果。以毛泽东为主要代表的中国共产党人，在新民主主义革命中，实现了第一次历史性飞跃，形成了毛泽东思想、毛泽东关于新民主主义的理论。以邓小平、江泽民、胡锦涛同志为主要代表的中国共产党人，在领导改革开放和现代化建设中，实现了马克思主义中国化的第二次飞跃，先后形成了邓小平理论、“三个代表”重要思想和科学发展观等重大战略思想，即中国特色社会主义理论体系。这是马克思主义中国化的最新理论成果。这个理论成果在马克思主义发展史上具有重要的地位。恩格斯说：“我们的理论是发展着的理论，而不是必须背得烂熟并机械地加以重复的教条。”一个半多世纪以来，随着无产阶级革命和社会主义运动的发展，马克思主义在世界得到广泛的传播和发展。随着世界革命、社会主义运动中心从西往东移，在这条主线上形成的列宁主义、毛泽东思想、中国特色社会主义理论体系是马克思主义发展中的重要成果，对马克思主义的发展作出了卓越的贡献。

其次，它是社会主义建设理论的一个重大突破。列宁在十月革命以后多次指出：“我们的革命是开始容易，继续比较困难，而西欧的革命是开始困难，继续比较容易。”这里所说的“开始”指的是夺取政权，“继续”指的是建设社会主义。后来历史的发展充分证明了列宁这个预见的正确性。20世纪，社会主义出现了两大历史难题。一个是发达资本主义国家无产阶级夺取政权的问题。在这个世纪，无论是通过暴力革命，还是试图和平过渡，没有一个国家获得成功。另一个是经济文化落后的国家建设社会主义的问题。中国特色社会主义理论体系的重大意义就在于，它首次比较系统地初步回答了像中国这样经济文化比较落后的国家在建立社会主义制度以后，怎样建设、巩固和发展社会主义的一系列重大问题，从而在这个难题上取得了历史性的突破。这个理论体系，在中国指导实践获得了成功，对其他社会主义国家具有重要借鉴意义。这是我们党对世界社会主义运动的一大贡献。

再次，它是21世纪中华民族实现伟大复兴的指针。在中国特色社会主义理论体系的指引下，20世纪最后20年中国社会主义事业大发展，21世纪必将在中国特色社会主义道路上实现中华民族的伟大复兴。邓小平曾说，按照“三步走”的发展战略，解决温饱只是“小变化”；实现小康是“中变化”；基本上实现社会主义现代化才是“大变化”。他指出：到21世纪中叶，中国基本实现社会主义现代化，“这不但是给占世界总人口四分之三的第三世界走出了一条路，更重要的是向人类表明，社会主义是必由之路，社会主义优于资本主义。”中国特色社会主义的大发展，必将促进世界社会主义的复兴。社会主义必将重振雄风，再造辉煌！

（选自《光明日报》2008年5月6日）

中国特色社会主义是党的最低纲领与最高纲领相统一的伟大事业

许志功

一

共产党人是最低纲领与最高纲领的统一论者。

马克思、恩格斯设想的社会主义和共产主义，是建立在发达资本主义社会的基础上的。在这种设想中，最低纲领与最高纲领的关系问题并不十分突出。而俄国、中国革命都是在政治、经济、文化比较落后的条件下进行的，在这种情况下，党的最终奋斗目标和当前的历史任务之间就存在着比较大的落差。正确处理好最高纲领和最低纲领之间的关系，就成为党领导社会主义建设面临的一个重大问题。

在这个问题上，可以说，各国共产党都不同程度地犯过急性病，犯过超越历史阶段的错误。比较清醒的是列宁。1903年，他在为俄国社会民主工党起草的党纲中明确提出了最低纲领与最高纲领的概念，这是非常英明的。由此出发，共产党人在为共产主义事业而不懈奋斗的各个历史阶段，既有每个阶段的基本纲领即最低纲领，也有确定长远奋斗目标的最高纲领。无论过去、现在和将来，共产党人都应当是最低纲领与最高纲领的统一论者。

最低纲领是最高纲领的基础和前提，最高纲领是最低纲领的目标和方向。党的最高纲领和最低纲领的统一，是理想与现实的统一，目标与手段的统一，革命精神与科学态度的统一。这种统一体现在一代又一代中国共产党人把对远大理想的追求落实在为实现现实目标而奋斗的实践中。

共产党人是最大的理想主义者，又是最大的现实主义者。共产党人是最大的理想主义者，他以共产主义为理想、为方向；共产党人又是最大的现实主义者，他承认现实、尊重现实，强调从事任何工作都必须从现实的实际情况出发。共产党是为实现共产主义而奋斗的党，共产主义是一个需要几代人、十几代人乃至几十代人不懈奋斗才能实现的伟大目标。在实现这个伟大目标的历史过程中，又必然呈现出不同的发展阶段，共产党人既是不断革命论者，又是革命的发展阶段论者。

把最低纲领与最高纲领有机地统一起来，是我们党在深刻总结革命和建设的经验教训中实现的。新民主主义革命时期，我们党的一些人曾提出过“一次革命论”，幻想革命可以“毕其功于一役”。毛泽东在深刻分析中国革命的性质和形势的基础上提出了革命分两步走的正确论断，引导我们党取得了新民主主义革命的胜利。在社会主义建设时期，我们党又犯了“大跃进”的错误，幻想跑步进入共产主义，结果吃了不少苦头。党的十一届三中全会以后，我们党总结以往的经验教训，深刻认识到中国尚处于社会主义初级阶段，因此不能搞“一大二公三纯”的社会主义，必须从中国的实际出发，坚持走中国特色社会主义的道路。

中国特色社会主义，既包含了立足中国国情的社会主义初级阶段的最低纲领，又包含了追求共产主义远大理想、逐步实现共产主义的最高纲领，它集中体现了最低纲领和最高纲领的有机统一。如果离开“中国特色”去建设社会主义，我们的社会主义就是盲目的，就有可能陷入空想；如果离开了“社会主义”去搞中国特色，我们的中国特色就会迷失方向、走偏道路。一个是中国特色，一个是社会主义，二者必须水乳交融地结合在一起。

党的最高纲领代表着共产党人的崇高理想和价值追求，它为最低纲领的制定和实施指明前进的方向；党的最低纲领立足于中国的基本国情，反映了广大人民群众的迫切愿望，为最高纲领的实现准备着现实条件。党的最高纲领并不是虚无缥缈的，它所反映的崇高理想是通过落实最低纲领的实践一步步实现的；而党的最低纲领之所以能够成功，不仅在于它反映了当前的现实与时代要求，更由于它与党的最高纲领相联系，始终激励着共产党人带领广大人民群众为之奋斗。最高纲领与最低纲领的关系，就是党的长远目标与近期目标的关系，是追求共产主义远大理想与实现理想的具体行动步骤的关系。离开最高纲领引导的最低纲领，就会偏离共产党人为之奋斗的社会主义方向；离开最低纲领去追求最高纲领的实现，则会脱离实际而陷于空想。坚持党的最高纲领与最低纲领相统一，是坚持发展中国特色社会主义的必然要求。

二

坚持最低纲领和最高纲领的统一，就要脚踏实地地为完成党在现阶段的基本纲领而努力奋斗。

党的最高纲领与最低纲领的制定和实行，都要坚持以马克思主义理论为指导，都要做到马克思主义基本原理和中国实际相结合。马克思主义是社会主义运动实践的指南。正因为有了马克思主义，社会主义才从空想到科学、从理论到实践不断发展成熟。中国特色社会主义道路之所以能够引领中国发展进步，关键就在于我们坚持了马克思主义基本原理和中国实际的有机结合。中国特色社会主义理论体系贯穿着马克思主义基本原理，体现了科学社会主义的基本方向。它坚持生产力是人类社会发展的最终决定力量，将发展生产力作为社会主义社会的根本任务；它坚持生产资料公有制是社会主义制度的基础，将消灭私有制、实现社会公平正义作为社会主义的最终目标；它坚持共同富裕道路，不搞两极分化，将共同富裕看作社会主义优越性的根本体现；它坚持工人阶级政党的领导，将其作为实现自身历史使命的政治保证。党的十七大报告指出：“在当代中国，坚持中国特色社会主义道路，就是真正坚持社会主义”，“坚持中国特色社会主义理论体系，就是真正坚持马克思主义”。这个结论是十分科学而深刻的。中国特色社会主义坚持从中国国情出发，体现了现阶段中国发展的实际要求。坚持从中国国情出发，就必须坚持通过改革进一步解放和发展生产力；必须在巩固发展公有制为主体的前提下，支持和引导非公有制经济发展；必须将实现共同富裕看作一个长期的过程，既不能急于求成，又要防止两级分化；必须坚持中国共产党的领导，坚持党的全心全意为人民服务的根本宗旨。党的十七大报告指出："强调认清社会主义初级阶段基本国情，不是要妄自菲薄、自甘落后，也不是要脱离实际、急于求成，而是要坚持把它作为推进改革、谋划发展的根本依据。"

着眼于实现党的最高纲领，必须适应国内外形势的新变化，顺应各族人民过上更好生活的新期待，把握经济社会发展趋势和规律，坚持由中国特色社会主义经济建设、政治建设、文化建设、社会建设的基本目标和基本政策构成的基本纲领。必须增强发展协调性，努力实现经济又好又快发展；扩大社会主义民主，更好保障人民权益和社会公平正义；加强文化建设，明显提高全民族文明程度；加快发展社会事业，全面改善人民生活；建设生态文明，基本形成节约能源资源和保护生态环境的产业结构、增长方式、消费模式。离开这些，随意搬用社会主义的原理，奢谈共产主义的目标，那只能是不切实际的空谈。

脚踏实地地为实现党在现阶段的基本纲领而奋斗，必须解放思想、深化改革开放、促进社会和谐。解放思想，是党的思想路线的本质要求，是我们应对前进道路上各种新情况新问题、不断开创事业新局面的一大法宝，必须坚定不移地加以坚持；改革开放，是解放和发展社会生产力、不断创新充满活力的体制机制的必然要求，是发展中国特色社会主义的强大动力，必须坚定不移地加以推进；科学发展、社会和谐，是发展中国特色社会主义的基本要求，是实现经济社会又好又快发展的内在需要，必须坚定不移地加以落实。落实好党的十七大提出的这些要求，对保持党和国家事业顺利发展、实现党在现阶段的基本纲领至关重要。

脚踏实地地为实现党在现阶段的基本纲领而奋斗，必须牢记社会主义初级阶段的基本国情。我国正处于并将长期处于社会主义初级阶段。改革开放以来，虽然我们有了很大发展，但这一基本国情没有变，我国社会的主要矛盾依然是人民日益增长的物质文化需要同落后的社会生产之间的矛盾。我们必须清醒地认识全面建设小康社会、实现我国基本现代化、巩固和发展社会主义制度的重要性、长期性和艰巨性，增强聚精会神搞建设、一心一意谋发展的坚定性，提高想问题、办事情决不可脱离实际的自觉性，树立求真务实、扎实奋斗、不懈奋斗的思想。从社会主义初级阶段的基本国情出发，最重要的是坚持党的"一个中心、两个基本点"的基本路线。要以经济建设为中心，坚持四项基本原则和改革开放，努力把"一个中心、两个基本点"统一于发展中国特色社会主义事业的伟大实践。

三

为党在现阶段的基本纲领而努力奋斗，一定不能忘了党的最高纲领，一定要牢固树立共产主义的理想信念。共产主义是我们的远大理想和最终目标，也是我们的精神支柱和力量源泉。我们坚信人类社会必然走向共产主义这一基本原理，因为它是科学，而不是幻想。马克思主义从科学的辩证发展观出发，揭示了人类社会发展的客观规律，认为人类社会是在生产力与生产关系、经济基础与上层建筑的矛盾运动中不断向前发展的，人类历史上依次更替的一切社会制度都只是人类社会由低级到高级的无穷发展进程中的一些中间环节。人类社会经过原始社会、奴隶社会、封建社会、资本主义社会后，必然要进入社会主义社会和共产主义社会。这个客观历史过程是不以人的意志为转移的，不管人们赞成还是反对，也不管要经历多少艰难和曲折，共产主义一定会到来。共产

党人应当理直气壮地信仰她、坚持她，并为实现这一远大理想而奋斗。

我们现在正在建设的小康社会，是和中国特色社会主义联系在一起的；我们要建设的中国特色社会主义，是和共产主义联系在一起的。如果我们在建设中国特色社会主义、为实现小康社会而奋斗的过程中忘记了共产主义的大目标，丢失了共产主义的理想，那就是一个不清醒的革命者。我们现在处在社会主义初级阶段，从这个阶段的实际出发，我们制定了一系列方针政策。要正确理解和执行这些政策，必须要有共产主义远大理想的指引。

离开了共产主义远大理想，对社会主义初级阶段政策的理解和执行，就势必会走偏方向。现实中就有这样一些人，他们是改革开放的实践者，却只考虑改革开放的眼前利益；他们是党的现行政策的执行者，却没有看到党的现行政策连接着共产主义远大理想的实现；他们是小康社会目标的拥护者，却将小康社会目标混同于共产主义远大目标，在小康社会的目标上止步不前。还有这样一些人，他们将社会主义的实践与共产主义的理想相割裂，把中国特色社会主义同形形色色的“社会主义”相混淆，一些人所鼓吹的民主社会主义就是如此。将民主社会主义同中国特色社会主义相混同，甚至将民主社会主义当做奋斗目标，从认识根源上说，就是忘掉了社会主义坚持的基本原则和共产主义的远大理想。还有这样一些人，他们身居领导岗位，本应代表和维护广大人民群众的利益，带领广大人民群众为实现党的最高纲领与现行任务而扎实工作，然而他们却忘掉了共产党员的身份和理想，做官当老爷，甚至将人民交给的权力当做谋取私利的工具。

坚持用共产主义远大理想作指引，就要努力建设社会主义核心价值体系，努力改善当前在一定范围和一定程度上存在的不健康的社会环境和氛围，进一步建设好社会主义的精神家园。这些年来，由于各种原因，一些腐朽的封建主义、资本主义糟粕又沉渣泛起。在现实生活中，崇拜金钱、追逐权力、媚上欺下、拉帮结派、权钱交易、骄奢淫逸、贪恋女色、徇私枉法等现象在一些人中间大行其道，不以为耻，反以为荣。这些庸俗的社会风气严重腐蚀了人们的心灵，败坏了马克思主义的声誉，损害了社会主义的道德，淡化了崇高的理想追求，弱化了优秀的民族精神，消解了共产主义的信念，搞得不好有可能动摇社会主义大厦的根基，这必须引起我们的足够重视。

党的十七大明确提出要建设社会主义核心价值体系，这是很有针对性、极其重要的。我们作为发展中的社会主义大国，如果没有马克思主义的指导，没有社会主义的理想，没有民族精神和时代精神，缺失了社会主义道德是不行的，甚至是危险的。建设社会主义核心价值体系的提出，紧紧抓住了我国社会主义意识形态建设中存在的主要问题，适应了现阶段思想观念变化的新特点。社会主义核心价值体系集中体现了社会主义的理想信念、价值追求和道德规范，是社会主义制度的精神内核，具有凝聚人心和引领社会前进的功能。必须坚持用社会主义核心价值体系引领整合社会思潮，维护社会主义核心价值体系的主导地位，牢牢把握意识形态领域的主导权。正确的思想舆论导向是建设社会主义核心价值体系的重要条件，要充分发挥新闻媒体的舆论引导作用，宣传党的主张，弘扬社会正气，不断扩大主流舆论的覆盖面和影响力，努力建设好我们的精神家园。

(作者：国防大学副校长、教授)

(选自《毛泽东邓小平理论研究》2008年第1期)

深化对中国特色社会主义道路的理论认识

陈文通

一、中国特色社会主义的理论、道路、事业、形态和旗帜

关于"中国特色社会主义"，在我们党的文献上有几种不同的提法和表述：

1．有中国特色的社会主义。邓小平说，"马克思主义必须是同中国实际相结合的马克思主义，社会主义必须是切合中国实际的有中国特色的社会主义"。

2．建设（和发展）（有）中国特色的社会主义。邓小平说，"把马克思主义的普遍真理同我国的具体实际结合起来，走自己的路，建设有中国特色的社会主义，这就是我们总结长期历史经验得出的基本结论"；党的十六大报告指出："以上十条，是党领导人民建设中国特色社会主义必须坚持的基本经验"。

3．（建设）（有）中国特色社会主义事业。党的十四大报告指出，"进一步解放思想，把握有利时机，加快改革开放和现代化建设步伐，夺取有中国特色社会主义事业的更大胜利"。党的十五大报告指出，"大会的主题是：高举邓小平理论伟大旗帜，把建设有中国特色社会主义事业全面推向二十一世纪"。党的十六大报告指出，"大会的主题是：高举邓小平理论伟大旗帜……为开创中国特色社会主义事业新局面而奋斗"。

4．（有）中国特色的社会主义道路。党的十三大报告指出，"这次大会的中心任务是加快和深化改革。……正确解决这个任务，将有力地促进全党团结和党与各族人民的团结，保证我们沿着有中国特色的社会主义道路继续前进"。党的十七大报告指出，"改革开放以来我们取得一切成绩和进步的根本原因，归结起来就是：开辟了中国特色社会主义道路，形成了中国特色社会主义理论体系"。

5．中国特色社会主义伟大旗帜。党的十七大报告指出，"改革开放以来我们取得一切成绩和进步的根本原因，归结起来就是：开辟了中国特色社会主义道路，形成了中国特色社会主义理论体系。高举中国特色社会主义伟大旗帜，最根本的就是要坚持这条道路和这个理论体系"。

6．邓小平同志建设有中国特色社会主义理论。党的十四大报告指出，"十一届三中全会以来，在邓小平同志建设有中国特色社会主义理论的指导下，我们党和人民锐意改革，努力奋斗，整个国家焕发出了勃勃生机，中华大地发生了历史性的伟大变化"。党的十五大报告指出，"邓小平理论形成了新的建设有中国特色社会主义理论的科学体系"。

7. 中国特色社会主义理论体系。党的十七大报告指出,“改革开放以来我们取得一切成绩和进步的根本原因,归结起来就是：开辟了中国特色社会主义道路，形成了中国特色社会主义理论体系”。

在以上不同提法和表述中，除了纯粹文字上的差别外，所涉及的主要是中国特色社会主义的理论（体系）、道路、事业和旗帜等几个不同但又相互联系的概念，并在实际上涉及到经济的社会形态，其中：

“中国特色社会主义理论”属于理论思想范畴，主要是对现实经济社会关系及其规律的抽象。但“中国特色社会主义理论”有两种意义：第一种，它和邓小平有中国特色社会主义理论（简称邓小平理论）是同义语；第二种，它作为包含邓小平理论的理论体系而存在。

“中国特色社会主义道路”所表达的，是经济社会发展的体制模式、前进路径和发展过程，体现了同其他发展道路（例如：资本主义道路、以苏联为代表的传统社会主义道路等等）的质的区别。

“中国特色社会主义事业”所表达的，是在中国特色社会主义道路上经济社会建设的实践和主要内容。

“中国特色社会主义”表达了两种含义：一种是对“理论”、“道路”、“事业”总的概括或总称；另一种是指具有阶段性的经济社会形态或经济社会制度。在现阶段，就是“中国特色社会主义初级阶段社会形态”。

“中国特色社会主义旗帜”所表现的，是中国特色社会主义的理论思想和社会实践所具有的标志性、指引性和号召力。

在上述中国特色社会主义的诸概念中，最有意义的是三个：一是“中国特色社会主义道路”；二是“中国特色社会主义初级阶段社会形态”；三是“中国特色社会主义理论（体系)”。但“中国特色社会主义理论（体系）”主要是对前两者的理论描述。所谓“中国特色”，主要是由这三个概念所包含的内容体现的。

二、中国特色社会主义道路的起点和标志

我国是从什么时候开始走上中国特色社会主义道路的？理论界有两种主要的观点：一种认为是从建立新中国开始的，或者说，是从以毛泽东为代表的第一代领导人开始的；另一种认为是从改革开放开始的，或者说，是从以邓小平为代表的第二代领导人开始的。判断从什么时候开始走上中国特色社会主义道路，不能过分简单化，而应当进行深入的分析。

中国走上社会主义道路和走上中国特色社会主义道路，既有联系和共同点，又有不同。如前所说，中国特色社会主义首先在于它是后发展国家社会主义。就这个意义来说，中国特色社会主义的起点是新中国的建立，也就是说，是从以毛泽东为代表的第一代领导人开始的。但这只是对问题判断的一个方面。我们必须注意到，中国作为后发展国家社会主义，经历了具有质的区别的两个阶段：第一阶段是改革开放以前的传统社会主义阶段；第二阶段是改革开放以后的新型社会主义阶段。在毛泽东领导的传统社会主义时代，虽然同样是后发展国家社会主义，但在理论上和实践上，并没有真正把两种不同历史形态的社会主义区别开来，并没有从根本上改变以苏联为代表的传统社会主义模式。本来，基于不同历史条件所产生的，必然是不同性质不同历史形态的社会主义，但是，由于受到俄国民粹派社会主义和西欧国家社会主义的影响，由于苏联社会主义模式的确立和榜样性质，人们对社会主义产生了很大的误解：一方面认为，既然社会主义就是消灭资本主义生产方式和资产阶级，那么，越是资本主义生产方式不发展的贫穷落后国家，越是资产阶级弱小的国家，搞社会主义越容易；另一方面认为，既

然社会主义就是要把生产资料集中在组织成为国家的无产阶级手里，那么，国家所有制就是社会主义公有制，只要把生产资料控制在国家手里就是社会主义。由于这种误解，形式和内容出现了显著的不一致。传统的社会主义固然取得了社会主义的形式和外观——公有制、计划经济、按劳分配，但在内涵的方面，所谓公有制不过是国家和政府机构对生产的物质条件的垄断和对全部社会生产的控制，计划经济不过是以行政手段配置物质资源和劳动力；按劳分配不过是实际上的平均主义“大锅饭”。显然，这不是真正的前进，而是倒退，在人民公社时期，实际上倒退到了原始共同体类型的社会。可见，从生产的社会形式来看，传统的社会主义并没有体现出后发展国家社会主义的本来性质和特征。在毛泽东时代，我们党虽然对社会主义革命和社会主义建设的规律进行了探索，取得了宝贵的历史经验，虽然我国的社会主义具有中国的某些具体特点，但在质的方面，中国的社会主义和以苏联为代表的传统社会主义是属于同一种类型的。因此，就中国属于后发展国家社会主义来说，我国走上非资本主义发展道路——社会主义道路——的起点自然是新中国的建立，但是，从不同社会主义道路的区别来看，我国走上中国特色社会主义道路的起点就滞后了。就时间来说不是从建立新中国开始的，就领导人来说不是从第一代中央领导集体开始的，就理论指导来说不是从毛泽东思想开始的。

十七大报告明确指出，改革开放以来我们取得一切成绩和进步的根本原因，完全在于开辟了中国特色社会主义道路，形成了中国特色社会主义理论体系。这就是说，中国走上中国特色社会主义道路，是从党的第二代中央领导集体彻底否定“以阶级斗争为纲”的错误理论和实践、把党和国家工作中心转移到经济建设上来、实行改革开放、确立社会主义初级阶段基本路线开始的。只是在这个时候，才吹响了“走自己的路、建设中国特色社会主义”的时代号角。因此，简单地说，我国走上中国特色社会主义道路的起点是改革开放。改革开放是从党的十一届三中全会开始的，因此，走上中国特色社会主义道路的时间起点是党的十一届三中全会。这个起点，同时就是形成中国特色社会主义理论体系的起点。改革开放的总设计师是邓小平，改革开放理论的首创者是邓小平，因此，中国特色社会主义理论体系形成的起点是邓小平理论。

我国走上中国特色社会主义道路的主要标志是什么？一般地说，作为标志的，一定是具有特征性的，一定是在质的方面区别于以前所走的道路。主要的标志可以概括为“两个转变”和“一个定位”。所谓“两个转变”就是：一是从以阶级斗争为纲转向以经济建设为中心，集中力量进行社会主义现代化建设；二是从计划经济体制转向市场经济体制，实行改革开放。两个转变包含两层意思：一层是修正过去的失误；另一层是开始“走自己的路”。所谓走自己的路，就是实行改革开放。就是说，既不再是教条主义地同马克思主义创始人的社会主义对号入座，也不再和“苏联老大哥”的经济体制保持一致。所谓“一个定位”，就是把我国现阶段的社会形态定位于社会主义初级阶段（确切地说应当是中国特色社会主义初级阶段）。

（作者：中共中央党校经济学教研部教授）

（选自《中国特色社会主义研究》2008年第1期）

中国特色社会主义理论体系的新概括

杨春贵

胡锦涛同志在党的十七大报告中对中国特色社会主义理论体系作了新的科学概括，表明我们党对中国特色社会主义的认识达到一个新的境界。深刻理解这一科学概括，对于我们高举中国特色社会主义伟大旗帜，坚持和发展中国特色社会主义，不断开创中国特色社会主义事业的新局面，具有十分重大的意义。

一、中国特色社会主义理论体系的科学内涵

党的十七大报告完整地揭示了中国特色社会主义理论体系的科学内涵，指出："中国特色社会主义理论体系，就是包括邓小平理论、'三个代表'重要思想以及科学发展观等重大战略思想在内的科学理论体系。"这一概括表明中国特色社会主义理论科学体系是一个一脉相承而又与时俱进的科学体系。

一脉相承是说，自1978年十一届三中全会以来，29年间我们所形成的各个重大理论成果，包括邓小平理论、"三个代表"重要思想、科学发展观等重大战略思想，都属于中国特色社会主义理论这个大范畴。它们在基本理论观点上是一以贯之的；它们所回答的首要的基本问题，都是"什么是社会主义、怎样建设社会主义"；它们产生的时代背景，都是"和平与发展"的时代；它们立论的基本国情，都是中国社会主义初级阶段；它们坚持的基本路线，都是"一个中心、两个基本点"的基本路线；它们坚持的基本经济制度，都是"公有制为主体、多种所有制共同发展"的制度；它们所要实现的奋斗目标，都是中国的社会主义现代化和中华民族的伟大复兴。一句话，它们的理论主题都是中国特色社会主义。正因为如此，我们可以得出一个结论：中国29年的奋斗之所以取得令世人瞩目的重大历史性成就，就是因为我们始终不渝地高举中国特色社会主义伟大旗帜，坚定不移地走中国特色社会主义道路，形成和发展了中国特色社会主义理论的科学体系；从而也就证明在当代中国，只有中国特色社会主义理论而没有其他什么理论能够解决中国的前途命运问题。中国特色社会主义理论是我们党最可宝贵的政治和精神财富，是全国各族人民团结奋斗的共同思想基础，是我们实现社会主义现代化和中华民族伟大复兴的光辉旗帜。

与时俱进是说，中国特色社会主义理论的科学体系是一个开放的、不断丰富和发展的科学体系。以邓小平同志为核心的党中央面对十年"文革"造成的危难局面，重新确立解放思想、实事求是的思想路线，科学评价毛泽东同

志和毛泽东思想，彻底否定“以阶级斗争为纲”的错误理论与实践，作出把党和国家工作中心转移到经济建设上来、实行改革开放的历史性决策，确立中国特色社会主义初级阶段党的基本路线，提出“建设有中国特色的社会主义”的理论和实践主题，围绕这个主题，第一次比较系统地初步回答了在中国这样经济文化比较落后的国家如何建设、巩固和发展社会主义的一系列基本问题，从而创立了中国特色社会主义理论的新体系，指引全党和全国人民沿着中国特色社会主义道路阔步前进。以江泽民同志为核心的党中央高举邓小平建设中国特色社会主义理论旗帜，坚持改革开放、与时俱进，在国内外政治风波、经济风险等严峻考验面前，依靠党和人民，捍卫中国特色社会主义，创建社会主义市场经济新体制，开创全面开放新局面，推进党的建设新的伟大工程，创立“三个代表”重要思想，继续引领中国特色社会主义航船沿着正确方向破浪前进，丰富和发展了中国特色社会主义理论的科学体系。十六大以来，以胡锦涛同志为总书记的党中央以邓小平理论和“三个代表”重要思想为指导，顺应国内外形势发展变化，抓住重要战略机遇期，发扬求真务实、开拓进取精神，着力推进科学发展、促进社会和谐，完善社会主义市场经济体制和社会主义现代化建设总体布局，在全面建设小康社会实践中坚定不移地把中国特色社会主义伟大事业继续推向前进，进一步丰富和发展了中国特色社会主义理论的科学体系。29年来中国特色社会主义理论与时俱进的历史证明，实践永无止境，创新永无止境，坚持中国特色社会主义道路和理论体系，必须坚定不移地不断解放思想，勇于变革、勇于创新，永不僵化、永不停滞。在中国，实现全面建设小康社会的奋斗目标还需要继续奋斗十几年，基本实现现代化还需要继续奋斗几十年，巩固和发展社会主义制度还需要几代人、甚至几十代人坚持不懈地努力奋斗。在这个过程中，有无数难题需要我们破解，有无数困难需要我们克服。中国特色社会主义在实践中发展，中国特色社会主义理论的科学体系也必然在实践中发展。只有与时俱进，才能使中国特色社会主义理论越来越丰富，才能使中国特色社会主义道路越走越宽广，使中国特色社会主义伟大事业永放光芒。

二、中国特色社会主义理论体系的历史地位

十七大报告准确揭示了中国特色社会主义理论科学体系的历史地位，指出中国特色社会主义理论体系“坚持和发展了马克思列宁主义、毛泽东思想”，是“马克思主义中国化最新成果”。

马克思主义中国化，是一个不断发展的历史过程。在中国共产党八十多年的奋斗中，马克思主义同中国实践相结合，经历了两大历史阶段，实现了两次历史性飞跃。第一次飞跃，发生在民主革命时期，以毛泽东为核心的党中央经过反复探索，在总结多次成功和失败经验的基础上，找到了有中国特色的民主革命道路，把中国民主革命引向胜利，继而在中国建立起社会主义制度。这次伟大实践的理论成果，就是形成和发展了毛泽东思想。毛泽东思想是马克思主义中国化的第一个伟大理论成果。第二次飞跃，发生在党的十一届三中全会之后，中国共产党人在总结中国社会主义建设最初二十年经验教训的基础上，在研究国际经验和世界形势的基础上，在总结改革开放以来新鲜经验的基础上，形成和发展了中国特色社会主义理论，引导中国的社会主义现代化建设取得了历史性伟大成就。中国特色社会主义理论是继毛泽东思想之后，马克思主义中国化的又一伟大理论成果，是马克思主义中国化的最新成果。第一个理论成果回答了“什么是中国革命、在中国

怎样进行革命”的问题；第二个理论成果回答了“什么是社会主义、在中国怎样建设社会主义”的问题。

中国特色社会主义理论与毛泽东思想之间的关系，是承前启后、继往开来的关系。从实践上说，在毛泽东思想的指引下，“新民主主义革命的胜利、社会主义基本制度的建立，为当代中国一切发展进步奠定了根本政治前提和制度基础。”没有毛泽东思想，就没有中国革命的胜利，从而也就谈不到中国社会主义建设的实践与理论。从理论上说，毛泽东思想关于实事求是、群众路线、独立自主的马克思主义立场、观点、方法，毛泽东思想在经济、政治、文化、军事、外交等各个领域具有普遍意义的基本原理和基本原则，为我们探索中国特色社会主义道路和理论提供了科学的思想指导；毛泽东思想关于社会主义建设的正确思想，如关于十大关系的思想，关于正确处理人民内部矛盾的思想等等，作为最早探索中国特色社会主义道路所取得的重要成果而成为后来形成体系的中国特色社会主义理论的有机组成部分。从这个意义上说，中国特色社会主义理论科学体系是对毛泽东思想的继承；而就中国特色社会主义理论科学体系的科学内涵来说，它又是对毛泽东思想的创造性发展，是马克思主义中国化的最新成果。这里讲的“最新”，不是一个简单的“时序”概念（从时序概念来说，今天的每一新观点对于昨天来说都是最新成果），而是一个历史性的“时代”概念，也就是说，中国特色社会主义理论是在新的历史条件下，回答时代所提出的新的历史任务的过程中，把马克思主义中国化所取得的最新成果。正因为这个最新成果具有划时代的意义，因此也可以称之为当代中国马克思主义。在中国革命时期，坚持毛泽东思想，就是真正坚持马克思主义。同样，在当代中国，坚持中国特色社会主义理论，就是真正坚持马克思主义，就是对毛泽东思想最好的继承和发展。因此，深入学习贯彻中国特色社会主义理论体系，用马克思主义中国化最新成果武装全党，教育干部和群众，是现阶段理论武装的根本任务，是我们推进中国特色社会主义伟大事业的根本政治保证。

三、中国特色社会主义理论体系的精神实质

十七大报告深刻揭示了中国特色社会主义理论体系的精神实质，指出它的科学性就在于“我们既坚持了科学社会主义的基本原则，又根据我国实际和时代特征赋予其鲜明的中国特色。”其精神实质就在“结合”二字。邓小平说：“我们多次重申，要坚持马克思主义，坚持走社会主义道路。但是，马克思主义必须是同中国实际相结合的马克思主义，社会主义必须是切合中国实际的有中国特色的社会主义。”他对外国人说，我是一个马克思主义者，我们的理论和信念就是共产主义，我们一辈子都在为共产主义而奋斗，在改革开放中，马克思没有丢，列宁没有丢，毛泽东没有丢。他多次批评否定马克思主义、否定社会主义的错误思潮，说，不能把纠“左”变成纠社会主义，纠马克思主义，我们的现代化前面有四个字，叫“社会主义”。有的人不讲社会主义，只讲现代化，这就忘掉了社会主义的本质，离开了中国发展的正确道路。这是一个方面。另一方面，科学社会主义的一般原理的应用，“具体地说，在英国不同于法国，在法国不同于德国，在德国又不同于俄国。”同样，在中国又不同于西欧和俄国。在中国建设社会主义这样的事情，马克思的本本上找不到，列宁的本本上也找不到，我们只能在实践中探索和创造，努力寻求科学社会主义基本原则同中国实际相结合的最佳结合点。

29年来，我们在“结合”上创造了一系列既符合科学社会主义基本原则，又符合中国国

情实际、带有中国特色的理论观点。例如：发展生产力，是科学社会主义的基本原则，我们坚持这一原则，同时从中国实际出发，提出以经济建设为中心、分三步走实现现代化的发展战略；生产关系一定要适合生产力、上层建筑一定要适合经济基础，是科学社会主义的基本原则，我们坚持这一原则，同时从中国实际出发，作出全面改革的战略决策；社会主义公有制，是科学社会主义的基本原则，我们坚持这一原则，同时从中国实际出发，实行公有制为主体、多种所有制共同发展的基本经济制度；按劳分配，是科学社会主义的基本原则，我们坚持这一原则，同时从中国实际出发，实行按劳分配为主体、多种分配方式同时并存的分配制度；共同富裕，是科学社会主义的基本原则，我们坚持这一原则，同时从中国实际出发，实行让一部分地区、一部分人先富起来、最终达到共同富裕的大政策；民主是科学社会主义的基本原则，我们坚持这一原则，同时从中国实际出发，实行人民代表大会制度、多党合作和政治协商制度、民族区域自治制度，实行党的领导、人民当家作主、依法治国三者统一的治国方略；以马克思主义为指导，是科学社会主义的基本原则，我们坚持这一原则，同时从中国实际出发，把马克思主义中国化，坚持以毛泽东思想、邓小平理论、“三个代表”重要思想为指导，全面落实科学发展观；共产党的领导，是科学社会主义的基本原则，我们坚持这一原则，同时从中国实际出发，实行共产党领导的多党合作的政党制度；如此等等。我们的实践证明，在当代中国，坚持中国特色的社会主义道路，就是真正坚持社会主义。否定社会主义的基本原则，是错误的；离开中国实际和时代发展，空谈社会主义，是没有意义的。以教条主义态度对待科学社会主义，无视时代发展，不顾中国国情，指责中国特色社会主义是什么“中国特色资本主义”，同样是错误的。在这个问题上，我们必须旗帜鲜明地反对两种错误倾向。

总之，党的十七大报告从三个方面对中国特色社会主义理论的科学体系作了新的概括，即：科学地阐明了邓小平理论、“三个代表”重要思想、科学发展观等战略思想之间的关系，指明它们共同属于中国特色社会主义理论的科学体系；科学地阐明了中国特色社会主义理论同毛泽东思想之间的关系，指明它是马克思主义中国化的最新成果；科学地阐明了科学社会主义基本原则与中国实际之间的关系，指明在当代中国坚持中国特色社会主义就是真正坚持社会主义。

（作者：中共中央党校原副校长）

（选自《中国社会科学》2008年第1期）

关于中国特色社会主义理论体系的起点

徐崇温

党的十七大报告指出，中国特色社会主义理论体系是包括邓小平理论、“三个代表”重要思想以及科学发展观等重大战略思想在内的科学理论体系；同时又指出，这个理论体系凝结了几代中国共产党人带领人民不懈探索实践的智慧和心血，并充分肯定了以毛泽东为核心的党的第一代领导集体艰辛探索社会主义建设规律取得的宝贵经验。但在学习党的十七大文件的过程中，有些同志却认为中国特色社会主义理论体系应当把毛泽东思想，特别是把毛泽东从1956年开始对社会主义建设规律的探索包括在内，甚至认为这个理论体系是由毛泽东的探索所开创的。十分明显，这里存在着一个迫切需要根据党的十七大精神，用历史真实来解疑释惑，以便统一思想、形成共识的重大理论问题。

一、中央文件对中国特色社会主义道路和理论所作的多次概括，都是以十一届三中全会为起点，从来没有把毛泽东思想包括在内

虽然把邓小平理论、“三个代表”重要思想、科学发展观等马克思主义中国化的最新成果整合成为一个中国特色社会主义理论体系，并明确界定这个理论体系的范围包括邓小平理论、“三个代表”重要思想、科学发展观，在党的文献中还是第一次，是首创，但是从党的十一届三中全会、从邓小平理论开始，而不是从毛泽东在1956年以后对社会主义建设规律的探索开始，来概括中国特色社会主义道路和理论，却是和我们党对中国特色社会主义的多次概括完全一致的。

1981年6月27日，党的十一届六中全会通过的《关于建国以来党的若干历史问题的决议》第35条，概括了“三中全会以来，我们党已逐步确立了一条适合我国情况的社会主义现代化的正确道路”的十个“主要点”。这十个“主要点”都是从总结“文化大革命”的教训中得出的结论。

1987年11月25日，党的十三大报告概括了构成“建设有中国特色社会主义理论”的轮廓的12个观点，则是从十一届三中全会以来我们党在对社会主义再认识的过程中，在哲学、政治经济学和科学社会主义等方面发挥和发展了的一系列科学理论观点。

1990年12月30日，《中共中央关于制定国民经济和社会发展十年规划和“八五”计划建议》中所概括的12条，是从十一届三中全会开始，全党对建设有中国特色社会主义的基本理论和基本实践的共同认识。

1992年10月12日，党的十四大报告概括了建设中国特色社会主义理论的九项主要内容，并明确指出：建设有中国特色社会主义理论，是在和平与发展成为时代主题的历史条件下，在我国改革开放和社会主义现代化建设的实践过程中，在总结我国社会主义胜利和挫折的历史经验并借鉴其他国家社会主义兴衰成败历史经验的基础上，逐步形成和发展起来的。

1997年9月12日，党的十五大报告指出，马克思列宁主义同中国实际相结合有两次历史性飞跃，产生了两大理论成果。第一次飞跃的理论成果是被实践证明了的关于中国革命和建设的正确的理论原则和经验总结，它的主要创立者是毛泽东，我们党把它称为毛泽东思想。第二次飞跃的理论成果是建设中国特色社会主义理论，它的主要创立者是邓小平，我们党把它称为邓小平理论。

2002年12月8日，党的十六大报告指出，十三届四中全会以来13年的实践，加深了我们对什么是社会主义、怎样建设社会主义，建设什么样的党、怎样建设党的认识，并概括了党领导人民建设中国特色社会主义必须坚持的十条基本经验。

从我们党对中国社会主义道路和理论所作的以上几次概括中，可以清楚地看出，我们党对中国特色社会主义理论起点的界定，是和党的十七大报告中提出的科学论断完全一致的、一以贯之的，即都是从党的十一届三中全会、从邓小平理论开始来立论，而从来也没有把毛泽东思想、把毛泽东从1956年开始对社会主义建设规律的探索包括在内。

二、开始探索中国特色社会主义建设规律和开创中国特色社会主义理论体系，不是一回事

既然我们党的文件对中国特色社会主义理论的起源一直说得十分清楚明确，那为什么有些同志会认为中国特色社会主义理论体系应该包括毛泽东思想、包括毛泽东从1956年开始对社会主义建设规律的探索，甚至认为这个理论体系是由毛泽东的探索所开创的呢？从认识论上的原因来说，显然是因为把开始探索中国社会主义建设规律和开创中国特色社会主义理论体系这样两件不同的事情混为一谈了。

早在20世纪50年代中期，我国社会主义改造基本完成、开始建设社会主义的时候，毛泽东就提出，现在是社会主义革命和建设时期，我们要进行马克思主义与中国实际的第二次结合，找到在中国进行社会主义革命和建设的正确道路。毛泽东对社会主义建设规律的这种探索，虽然进行得艰难曲折，但却取得了一些积极的思想成果，其中尤以《论十大关系》、《关于正确处理人民内部矛盾的问题》等论著中提出的一些重要思想最为突出。

在1956年4月发表的《论十大关系》中，毛泽东“以苏为鉴”，以探索自己的道路为指针，在对比的基础上，论述了正确处理社会主义经济建设和社会发展中的十个重大关系，并在重工业、轻工业和农业以及中央和地方等一系列问题上，明确指出了苏联模式的弊端和缺陷。后来，毛泽东在谈到这个讲话时曾多次指出，“十大关系”的基本观点，就是同苏联比较。除了苏联的办法以外，是否可以找到别的办法能比苏联和欧洲各国搞得更快更好；指出在社会主义建设一系列对立双方的关系中，斯大林只强调一面，强调工业而忽视农业，强调集中而忽视分散，强调大型的而忽视中小型的。他认为，从提出十大关系时起，我们从建国后的前八年照抄外国的经验发展为开始找到自己的一条适合中国的路线。

在1957年发表的《关于正确处理人民内部矛盾的问题》一文中，毛泽东坚持用对立统一规律去观察社会主义社会的发展进程，提出了社会主义社会基本矛盾理论。他指出，在社会

主义社会，在生产力和生产关系、经济基础和上层建筑之间基本适应的情况下，仍然存在着需要不断解决的矛盾，正是这些矛盾及其解决在推动着社会向前发展；他还提出了严格区分两类不同性质的矛盾、正确处理人民内部矛盾的理论和政策。

但在1957年下半年以后，毛泽东对国内阶级斗争形势作出了与客观实际日益相悖的错误估计，在指导思想上发生了对科学社会主义基本原则的“左”的偏离，这就使他对社会主义建设规律的探索离开了正确的方向而走到歧路上去：在1957年9月的八届三中全会上，违反了八大一次会议的决议，认为我国社会的主要矛盾还是无产阶级和资产阶级、社会主义道路和资本主义道路的矛盾，以后更提出“以阶级斗争为纲”的方针，把阶级斗争置于一切工作之上；在1958年发动大跃进和人民公社运动；在1966年发动“文化大革命”。应予以肯定的是，即使在1957年以后，毛泽东也没有停止对社会主义建设规律的继续探索，并提出一些正确的和有益的见解，如：关于社会主义社会的发展阶段，关于四个现代化的目标和实现步骤，关于社会主义社会中商品生产、商品交换和价值规律等等问题的论述，以及在社会主义改造完成以后还可以开设私营工厂、投资公司、使地下工厂合法化，可以消灭了资本主义又搞资本主义等“新经济政策”的论述。但在同时又必须看到，在毛泽东探索社会主义建设规律的这个正确与错误相交织的混合体中，“以阶级斗争为纲”是影响乃至决定其他一切因素的地位、作用、特点和比重的“普照的光”和“特殊的以太”，这就使他在这种探索中产生出的那些积极的思想成果，或者失去效力，或者扭曲变形，或者仅仅停留在口头宣示层面而根本无法实施，从而也就使毛泽东从1956年开始的对社会主义建设规律的探索没有升华为中国特色社会主义理论；毛泽东所开始的，是对中国社会主义建设规律的探索，而并不是中国特色社会主义理论体系的创立。

中国特色社会主义理论体系，虽然在许多问题上继承了毛泽东从1956年开始探索社会主义建设规律的过程中提出的积极思想成果，例如，关于毛泽东的《论十大关系》，邓小平说过“这篇东西太重要了，对当前和今后都有很大的针对性和理论指导意义”。而对于《关于正确处理人民内部矛盾的问题》，邓小平认为“关于基本矛盾，我想现在还是按照毛泽东同志在《关于正确处理人民内部矛盾的问题》一文中的提法比较好……当然，指出这些基本矛盾，并不就完全解决了问题，还需要就此作深入的具体研究，但从二十多年的实践看来，这个提法比其他一些提法妥当”，如此等等。但是，中国特色社会主义理论形成的契机，又毕竟是纠正“文化大革命”在理论和实践上的错误，正是“文化大革命”所造成的灾难迫使我们不能不认真考虑走一条新路。所以，中国特色社会主义理论体系的形成，无论在时间上还是在内容上，都有别于毛泽东从1956年开始的对中国社会主义建设规律的探索。

三、中国特色社会主义理论体系的历史起点是十一届三中全会，逻辑起点是“什么是社会主义，怎样建设社会主义”问题的提出和解决

在粉碎江青反革命集团、结束“文化大革命”之后，我们党面临的直接任务，是在纠正毛泽东晚年错误的同时维护毛泽东同志的历史地位和毛泽东思想，在彻底否定“文化大革命”的基础上寻找社会主义建设的新路，1978年12月召开的党的十一届三中全会担负起了这个拨乱反正的历史重任。这次全会重新确立了解放思想、实事求是的思想路线，果断地停止使用“以阶级斗争为纲”的口号，作出了把工作重点转移到社会主义现代化建设上来的战略决策，提出了在党和国家工作的各个方面进行改革的任务。在十一届三中全会这个新的历史起点上，以邓小平为代表的党的第二代领导集体，在总结建国以来正反两个方面的历史经验，特别是总结“文化大革命”的教训的基础上，在研究国际经验和世界形势的基础上，在改革开放的崭新实践中，开始找到自己的建设道路，创立了建设中国特色社会主义理论。当时，邓小平就指出:“从许多方面来说，现在我们还是把毛泽东同志已经提出但是没有做的事情做起来，把他反对错了的改正过来，把他没有做好的事情做好，今后相当长的时间还是做这件事。当然，我们也有发展，而且还要继续发展。”做毛泽东已经提出而没有做的事情，改正毛泽东反对错了的事情，做好毛泽东所没有做好的事，这些就是中国特色社会主义道路和理论体系形成过程，不同于毛泽东从1956年开始探索社会主义建设规律过程的部分内容，也是中国特色社会主义道路和理论体系继承和发展毛泽东从1956年开始探索社会主义建设规律过程的部分内容。

毛泽东从1956年开始探索中国社会主义建设规律的过程，同中国特色社会主义理论体系形成，这两者在时代背景、历史和现实根据以及理论基础方面，在社会主义观的具体内容方面，都是有所不同的。

在时代背景、历史和现实根据以及理论基础方面，首先，如果说毛泽东从1956年开始探索社会主义建设规律的历史和现实根据，是在苏共20大揭开了斯大林个人迷信的盖子以后，在总结我国社会主义建设初期经验教训的基础上，在同苏联模式的对比中去寻找道路的话，那么在1978年以后，中国特色社会主义理论体系借以形成的历史和现实根据，则是1949年以来我国社会主义建设正反两个方面的经验教训，特别是1966年到1976年“文化大革命”的经验教训，以及我国改革开放和社会主义现代化建设的生动实践。邓小平指出，“文化大革命”“那件事看起来是坏事，但归根到底也是好事，促使人们思考，促使认识我们的弊端在哪里”，“现在的方针政策，就是对‘文化大革命’进行总结的结果”。其次，这两者在时代背景方面的区别，就是时代的主题由战争与革命转换为和平与发展，就是说，它们是在不同的时代主题的背景下发生的。再次，在理论基础方面，虽然这两者都是对马克思列宁主义、毛泽东思想的科学继承，但中国特色社会主义理论体系的形成，它对毛泽东从1956年开始探索社会主义建设规律的积极成果的科学继承，又是通过对毛泽东晚年错误进行纠正而又维护毛泽东的历史地位和毛泽东思想来实现的。所以，中国特色社会主义理论体系形成的历史起点是1978年的党的十一届三中全会，而不是毛泽东从1956年开始对社会主义建设规律的探索。

而就社会主义观的具体内容来说，毛泽东从1956年开始对社会主义建设规律的探索和中国特色社会主义理论体系的区别，主要是围绕着“什么是社会主义，怎样建设社会主义”的问题来展开的。邓小平曾经指出，“我们总结了几十年搞社会主义的经验，社会主义是什么，马克思主义是什么，过去我们并没有完全搞清楚”，我们的经验教训有许多条，最重要的一条，就是要搞清楚这个问题。过去对社会主义是什么没有完全搞清楚的一个突出表现，就是对社会主义的根本任务到底是发展社会生产力，还是要以阶级斗争为纲的问题没有完全搞清楚。党的八大一次会议明确指出了在社会主义改造基本完成以后，我国所要解决的主要矛盾，是人民日益增长的物质文化需要同落后的社会生产之间的矛盾。在八大一次会议期间，在1956年9月22日会见意大利共产党代表团的两位来

宾，在谈到斯大林肃反扩大化的经验教训时，毛泽东也曾明确指出："客观形势已经发展了，社会已从这一个阶段过渡到另一个阶段，这时阶级斗争已经完结，人民已经用和平的方法来保护生产力，而不是通过阶级斗争来解放生产力的时候，但是在思想上却没有认识这一点，还继续进行阶级斗争，这就是错误的根源。"可是，在遇到了国际上发生波匈事件，国内发生反右斗争的冲击时，毛泽东在1957年八届三中全会上就违反了党的八大一次会议关于当前我国社会主要矛盾的正确分析，转而认为无产阶级和资产阶级的矛盾、社会主义和资本主义道路的矛盾，毫无疑问是当前我国社会的主要矛盾，以后又提出"以阶级斗争为纲"一直发展到"文化大革命"，这就说明，对社会主义是什么的问题，毛泽东在当时并没有完全搞清楚。反之，邓小平则坚定不移地认为社会主义的根本任务是发展社会生产力，党和国家的工作重心是经济建设，而且还创造性地提出了社会主义的本质是"解放生产力，发展生产力，消灭剥削，消除两极分化，最终达到共同富裕"。

在怎样建设社会主义问题上，毛泽东认为斯大林不搞群众路线，由上而下地搞社会主义建设，而不是动员一切积极力量，因此毛泽东在提出要另找一条动员一切积极力量建设社会主义的新路时，企图依据在民主革命时期解决军事政治任务的群众性阶级斗争的办法去完成经济任务，用自下而上的"拔白旗，插红旗"、"揭盖子"、"破除迷信"等方法去发动群众搞"大跃进"，结果事与愿违；毛泽东发展社会生产力的另一举措，就是把生产力发展和生产关系变革的先后程序倒过来，片面追求社会主义生产关系的一大二公三纯，以为这会带来生产力的大发展。反之，邓小平则指出，"社会主义基本制度确立以后，还要从根本上改变束缚生产力发展的经济体制，建立起充满生机和活力的社会主义经济体制，促进生产力的发展，这是改革，所以改革也是解放生产力"，并由此引出把计划经济体制改变为社会主义市场经济体制的改革任务等等。

这就说明，中国特色社会主义理论体系的逻辑起点是"什么是社会主义，怎样建设社会主义"问题的提出和解决。

（作者单位：中国社会科学院）

（选自《中国特色社会主义研究》2008年第2期）

试论中国特色社会主义理论体系的理论特质

徐晨光

党的十七大报告指出："中国特色社会主义理论体系，就是包括邓小平理论、'三个代表'重要思想以及科学发展观等重大战略思想在内的科学理论体系。这个理论体系，坚持和发展了马克思列宁主义、毛泽东思想，凝结了几代中国共产党人带领人民不懈探索实践的智慧和心血，是马克思主义中国化最新成果，是党最可宝贵的政治和精神财富，是全国各族人民团结奋斗的共同思想基础。中国特色社会主义理论体系是不断发展的开放的理论体系。"这一论述集中概括了中国特色社会主义理论体系的继承性、开放性和兼容性等理论特质。深刻认识和理解中国特色社会主义理论体系的理论特质，对于促进全党全国各族人民正确认识和把握中国特色社会主义理论体系，始终坚持以中国特色社会主义理论体系指导我国经济社会发展，具有十分重要的理论和现实意义。

一、中国特色社会主义理论体系的继承性

马克思主义是一脉相承的理论。中国特色社会主义理论体系作为马克思主义中国化的理论成果，不仅继承发展了马克思列宁主义、毛泽东思想，而且其本身是"一脉相承"的，并与时俱进地推进了马克思主义中国化。

第一，中国特色社会主义理论体系的继承性体现在对马克思列宁主义、毛泽东思想的继承上。中国特色社会主义理论体系与马列主义、毛泽东思想同根同源、一脉相承，是发展着的马克思主义。首先，唯物史观是一脉相承的理论基础。邓小平理论坚持唯物史观与中国建设实践相结合，创造性地提出社会主义本质论、社会主义初级阶段论、社会主义市场经济论、改革开放论、时代主题论以及"一国两制"论等。"三个代表"重要思想从理论与实践的内在结合与高度统一上，阐明了中国共产党与发展先进生产力、发展先进文化、实现最广大人民的根本利益的辩证关系，使我们党对共产党执政规律、社会主义建设规律和人类社会发展规律有了新的认识。以胡锦涛同志为总书记的党中央提出的以人为本、全面协调可持续的科学发展观，充分体现了唯物史观的基本观点。以人为本，充分体现了唯物史观关于社会历史主体的观点；全面协调发展，充分体现了唯物史观关于社会结构理论、经济社会形态理论以及社会基本矛盾理论；可持续发展，充分体现了唯物史观关于人与自然的关系理论。其次，实事求是是一脉相承的理论精髓。实事求是是马列主义、毛

泽东思想的精髓。从邓小平同志提出“解放思想、实事求是”，到江泽民同志进一步提出“解放思想、实事求是、与时俱进”，实事求是的原则始终像接力棒一样在中国共产党人的手中传递不止。以胡锦涛同志为总书记的党中央提出“求真务实”，得出事关党和国家事业发展全局之“是”——科学发展观。深刻表明这些理论精髓一脉相承，都是实事求是。再次，发展意蕴是一脉相承的理论品质。马列主义、毛泽东思想反复强调：“我们的理论是发展的理论，而不是必须背得烂熟并机械地加以重复的教条。”邓小平理论、“三个代表”重要思想是与时俱进的马克思主义中国化的理论成果。科学发展观的提出，进一步彰显了马克思主义与时俱进的理论品质。

第二，中国特色社会主义理论体系的继承性体现在其本身是“一脉相承”的。一是有着同样的理论主题，即中国特色社会主义事业。这是中国共产党带领亿万中国人民为之奋斗的事业，是关系到中华民族前途和命运的事业，这个理论体系的形成在理论主题上完全是为了中国特色社会主义事业。从“发展是硬道理”，到“发展是执政兴国的第一要务”，再到“发展是第一要义”，充分体现了我们党富民强国的发展思想和为中国特色社会主义事业奋斗的决心。正是这个理论体系围绕这个事业，才有了今天的发展，“我国经济从一度濒于崩溃的边缘发展到总量跃至世界第四、进出口总额位居世界第三，人民生活从温饱不足发展到总体小康，农村贫困人口从两亿五千多万减少到两千多万，政治建设、文化建设、社会建设取得举世瞩目的成就。”二是有着同样的理论品格，即解放思想、实事求是、与时俱进。始终坚持一切从实际出发，运用马克思主义的基本原理，根据变化了的实际情况，敢于纠正自身的失误，敢于超越自身的局限，永不停息地进行理论创新，这是中国特色社会主义理论体系的理论品格的具体表现。江泽民同志指出：“实践没有止境，解放思想也没有止境。我们要突破前人，后人也必然要突破我们。这是社会前进的基本规律。用发展的观点对待马克思主义，在坚持中发展、在发展中坚持，这就是按规律办事，也是对待马克思主义唯一正确的态度。”胡锦涛同志指出：我们要“坚持解放思想、实事求是、与时俱进，勇于变革、勇于创新，永不僵化、永不停滞，不为任何风险所惧，不被任何干扰所惑，使中国特色社会主义道路越走越宽广，让当代中国马克思主义放射出更加灿烂的真理光芒。”三是有着同样的理论基点，即立足于社会主义初级阶段这一基本国情。想问题、办事情，从这个基点出发，得出的结论才能符合实际情况。“我国仍处于并将长期处于社会主义初级阶段的基本国情没有变，人民日益增长的物质文化需要同落后的社会生产之间的矛盾这一社会主要矛盾没有变。”中国特色社会主义理论体系就是建立在这样一个现实的基础之上，不喊大口号，不说过头话，不做过头事，本着自己的实践，本着自己的实际，一步一步扎实推进。四是有着同样的理论目标，即为了亿万中国人民的长远利益和根本利益而奋斗。尽管时代不同了，但中国共产党的根本宗旨没有变，发展依靠人民、发展为了人民、发展成果让全体人民共享依然是中国共产党人的庄重承诺。党的执政理念是立党为公、执政为民，根本宗旨是全心全意为人民服务，这个理论体系紧紧围绕这个理论目标展开。邓小平理论围绕“什么是社会主义、怎样建设社会主义”这个首要问题展开，提出解放和发展生产力，消灭剥削，消除两极分化，最终达到共同富裕。“三个代表”重要思想强调始终代表最广大中国人民的根本利益。科学发展观的核心是以人为本。这个理论体系都是为了最广大中国人民的根本利益。

第三，中国特色社会主义理论体系的继承性体现在“与时俱进”上。中国特色社会主义理论体系在改革和建设的不同阶段，侧重探索不同的重大问题，作出独特的理论贡献。邓小平理论全面丰富了马列主义、毛泽东思想，但是它形成的背景是在文化大革命造成经济处在崩溃边缘的基础之上，是处于对社会主义的认识极端模糊、对社会主义发展规律把握不准的背景下，它侧重解决了“什么是社会主义、怎样建设社会主义”的问题。“三个代表”重要思想全面丰富了马列主义、毛泽东思想、邓小平理论，但“三个代表”重要思想形成的重要背景是国际上一些曾经执政多年的老党大党失去执政地位、国内的“89政治风波”。这样一个背景对党提出了新的考验，因而“三个代表”重要思想在继续探索了“什么是社会主义、怎样建设社会主义”的基础上，侧重解决了“建设什么样的党、怎样建设党”的问题。科学发展观等重大战略思想全面丰富了马列主义、毛泽东思想、邓小平理论、“三个代表”重要思想，但是它形成的背景是我国总体进入小康、人均GDP达到2000美元，各方面的矛盾开始凸显，解决这些问题必须实现科学发展、促进社会和谐。所以，科学发展观等重大战略思想侧重于解决“实现什么样的发展、怎样发展”的问题。

二、中国特色社会主义理论体系的开放性

中国特色社会主义理论体系近30年来的发展历史表明，中国特色社会主义理论体系不是一个自我封闭的理论体系，而是在实践中不断创新和发展的理论体系。中国特色社会主义理论体系的开放性，决定了中国特色社会主义理论体系总是关注时代提出的最迫切需要解决的重大课题，总是和现实世界相互作用，随时倾听时代的声音、关注新的变化、吸收新的成果。从而，也决定了中国特色社会主义理论体系不断发展、与时俱进的必然性和可能性。中国特色社会主义理论体系的开放性主要体现在三个方面：

一是这个理论体系是在已往的实践过程中不断发展起来的，继承了前人的成果，同时又是在前人成果的基础上发展起来的。正如党的十七大总结指出：“新民主主义革命的胜利，社会主义基本制度的建立，为当代中国一切发展进步奠定了根本政治前提和制度基础。”“面对十年‘文化大革命’造成的危难局面，党的第二代中央领导集体坚持解放思想、实事求是，以巨大的政治勇气和理论勇气，科学评价毛泽东同志和毛泽东思想，彻底否定‘以阶级斗争为纲’的错误理论和实践，作出把党和国家工作中心转移到经济建设上来、实行改革开放的历史性决策，确立社会主义初级阶段基本路线，吹响走自己的路、建设中国特色社会主义的时代号角，创立邓小平理论，指引全党全国各族人民在改革开放的伟大征程上阔步前进。”“从十三届四中全会到十六大，受命于重大历史关头的党的第三代中央领导集体，高举邓小平理论伟大旗帜，坚持改革开放、与时俱进，在国内外政治风波、经济风险等严峻考验面前，依靠党和人民，捍卫中国特色社会主义，创建社会主义市场经济新体制，开创全面开放新局面，推进党的建设新的伟大工程，创立‘三个代表’重要思想，继续引领改革开放的航船沿着正确方向破浪前进。”“十六大以来，我们以邓小平理论和‘三个代表’重要思想为指导，顺应国内外形势发展变化，抓住重要战略机遇期，发扬求真务实、开拓进取精神，坚持理论创新和实践创新，着力推动科学发展、促进社会和谐，完善社会主义市场经济体制，在全面建设小康社会实践中坚定不移地把改革开放伟大事业继续推向前进。”从邓小平理论的创立到“三个代表”重要思想的形成，到党的十六大以来科学发展观等一系列重大战略思想的提出，体现这一理

论体系是在实践中、继承中不断发展起来的，表明中国特色社会主义理论已经形成一个科学体系。

二是中国特色社会主义理论体系不仅不拒绝，而且还要吸收、借鉴人类社会所创造的一切文明成果。社会主义发展到今天，大致经历了三个阶段：第一个阶段是从空想社会主义到科学社会主义。马克思恩格斯在设计科学社会主义时，当时没有实践，也没有社会主义作为参照物，当时唯一的参照物就是资本主义，是从资本主义的基础上反推出来的，有很多不完善的地方。第二个阶段是从科学社会主义的理论变为社会主义的实践。这个实践就是苏联成立后开创了社会主义道路。但由于是最早最大的社会主义国家，所以，必然形成一种模式即苏联模式的社会主义。社会主义发展到今天，由于中国共产党坚韧不拔地探索，把马克思主义同中国的具体实践相结合，借鉴社会主义发展的经验与教训，形成了中国特色社会主义。它的标志是开辟了一条道路，即“中国特色社会主义道路，就是在中国共产党领导下，立足基本国情，以经济建设为中心，坚持四项基本原则，坚持改革开放，解放和发展社会生产力，巩固和完善社会主义制度，建设社会主义市场经济、社会主义民主政治、社会主义先进文化、社会主义和谐社会，建设富强民主文明和谐的社会主义现代化国家”；形成了一个理论体系，即“中国特色社会主义理论体系，就是包括邓小平理论、‘三个代表’重要思想以及科学发展观等重大战略思想在内的科学理论体系。”当代中国，真正坚持马克思主义，高举中国特色社会主义伟大旗帜，最根本的就是要坚持这条道路和这个理论体系。

三是随着今后改革开放和现代化建设实践和发展，中国特色社会主义理论体系还将得到进一步完善和发展。实践永无止境，创新永无止境。坚持和不断发展党历经艰辛开创的中国特色社会主义理论体系，使中国特色社会主义道路越走越宽广，让当代中国马克思主义放射出更加灿烂的真理光芒，是当代共产党人的历史使命。

三、中国特色社会主义理论体系的兼容性

依据马克思主义关于人类社会发展的一般规律，社会主义社会是从资本主义社会发展而来。但传统的社会主义观却把计划经济、公有制看做社会主义的两个基本特征，人为地造成传统社会主义与传统资本主义对立。尤其是我国不经过资本主义的充分发展，直接由半殖民地半封建社会过渡到社会主义社会，对吸取资本主义社会的优秀文明成果更加缺乏意识和准备。虽然我们逾越了生产关系（上层建筑）的发展，但我们无法逾越生产力（经济基础）的发展。正是在这种矛盾的冲突中，中国特色社会主义理论体系产生、形成和发展起来，体现出很好的兼容性。

1978年，我们党召开了具有重大历史意义的十一届三中全会，开启了改革开放历史新时期，使我国成功实现了从高度集中的计划经济体制到充满活力的社会主义市场经济体制、从封闭半封闭到全方位开放的伟大历史转折，对马克思主义作出了巨大的理论创新与发展。邓小平同志在1992年南方谈话中指出：“计划多一点还是少一点，不是社会主义与资本主义的本质区别，计划经济不等于社会主义，资本主义也有计划，市场经济不等于资本主义，社会主义也有市场，计划和市场都是经济手段。”邓小平同志在对人类已形成的关于市场经济等于资本主义的传统观念的反思中，得出市场经济不是资本主义一家独有，而是有很强的兼容性，能为社会主义所用，提出计划经济和市场经济“两者都是手段”，从而把市场经济从资本主义社会制度中剥离出来，进而提出社会主义也可以搞市场经济，解决了市场经济能否与公有制兼容的问题。这也表明“社会主义”和“资本主义”两种制度不仅可以和平共处，也可以优势互补。

随着时代的发展，我们党不断深化对中国特色社会主义的认识。党的十五大明确指出：“公有制为主体，多种所有制共同发展是社会主义初级阶段的一项基本经济制度”、“非公有制经济是社会主义经济的重要组成部分”。党的十六大也明确指出：“必须毫不动摇地鼓励、支持和引导非公有制经济发展。”“各种所有制经济完全可以在市场竞争中发挥各自优势，相互促进，共同发展。”党的十七大进一步明确指出：“坚持和完善公有制为主体、多种所有制经济共同发展的基本经济制度，毫不动摇地巩固和发展公有制经济，毫不动摇地鼓励、支持、引导非公有制经济发展，坚持平等保护物权，形成各种所有制经济平等竞争、相互促进新格局。”

总之，“在改革开放的历史进程中，我们党把坚持马克思主义基本原理同推进马克思主义中国化结合起来，把坚持四项基本原则同坚持改革开放结合起来，把尊重人民首创精神同加强和改善党的领导结合起来，把坚持社会主义基本制度同发展市场经济结合起来，把推动经济基础变革同推动上层建筑改革结合起来，把发展社会生产力同提高全民族文明素质结合起来，把提高效率同促进社会公平结合起来，把坚持独立自主同参与经济全球化结合起来，把促进改革发展同保持社会稳定结合起来，把推进中国特色社会主义伟大事业同推进党的建设新的伟大工程结合起来，取得了我们这样一个十几亿人口的发展中大国摆脱贫困、加快实现现代化、巩固和发展社会主义的宝贵经验。”这一总结深刻表明了中国特色社会主义理论体系的兼容性。进一步增强中国特色社会主义理论体系的兼容性，全面推进中国特色社会主义事业，必须继续发扬这“十个结合”的宝贵经验。

（作者：中共湖南省委党校、湖南行政学院常务副校（院）长、教授、博士生导师）

（选自《湖湘论坛》2008年第3期）

关于毛泽东思想与中国特色社会主义理论关系的思考

杨凤城

一

中国共产党领导中国革命和建设事业的最重要经验之一，就是把马克思主义基本原理同中国具体实际结合起来，把马克思主义中国化，形成中国化的马克思主义。毛泽东思想与中国特色社会主义理论都属于马克思主义中国化历程中的重大成果。毛泽东思想作为马克思主义中国化的开端，既包括中国革命理论，也包括社会主义建设理论。那么，为什么中国特色社会主义理论，既没有将毛泽东思想从总体上纳入其中，也没有具体指明毛泽东思想中关于社会主义建设的理论属于中国特色社会主义理论体系？

我们知道，毛泽东思想的主体是关于中国革命准确地说是新民主主义革命的理论，它是毛泽东思想当中逻辑最清晰、最完整，内容最系统、最成熟的部分。与之相比，社会主义建设思想则没有那样系统、完整，有些只是确立了大原则，并没有展开论述，有些仅是思想火花，并非经过深思熟虑。1981年中共十一届六中全会通过的《关于建国以来党的若干历史问题的决议》(以下简称《决议》)，在界定毛泽东思想的关键性表述中讲“是被实践证明了的关于中国革命的正确的理论原则和经验总结”。这表明，革命理论构成毛泽东思想的主体是共识。当然，也不否认毛泽东思想中有社会主义建设理论。《决议》在概括毛泽东思想的主要内容时，第二个部分讲的就是关于社会主义革命和社会主义建设。不过，该部分内容明显薄弱（不是指文字数量而是指理论内涵)。在列举集中体现毛泽东关于社会主义建设重要思想的著作时，仅举出《论十大关系》、《关于正确处理人民内部矛盾的问题》和《在扩大的中央工作会议上的讲话》。这和阐述新民主主义革命理论的经典著述不胜枚举形成鲜明对照。

实践是检验真理的标准。新民主主义革命理论指导下的民族独立和人民解放事业的成功，充分验证了这一理论。而毛泽东思想中社会主义建设的理论虽然其意义不能低估，但毋庸讳言，其在实践上并没有发挥应有的作用。例如，毛泽东关于正确处理人民内部矛盾的思想，是对马克思主义的贡献和丰富。可是在毛泽东时代，大部分时间这一思想没有发挥实际作用。正是在严重混淆敌我的反右派斗争中，

《关于正确处理人民内部矛盾的问题》正式发表。即使在"文化大革命"中，对正确处理人民内部矛盾的宣传也没有停止过。再如，毛泽东在《论十大关系》中提出的在优先发展重工业的原则下，在农业、轻工业和重工业的协调发展中实现中国工业化的思想，也没有得到完全贯彻。在毛泽东时代结束的时候，中国的产业结构是畸形的，重工业特别是与军事工业相关的重工业一马当先，飞速发展，而农业、轻工业长期跟不上，发展十分缓慢，人民生活长期得不到明显改善，继续下去中国社会主义前途堪忧。所以，十七大报告中讲我国经济"一度濒于崩溃的边缘"。又如，毛泽东提出著名的"百花齐放，百家争鸣"方针，可是毛泽东时代中国思想文化的单一和沉闷恐怕是不争的事实。毛泽东吸收苏联理论界的探讨成果，提出社会主义分为不发达的和比较发达的两个阶段的战略思想，然而毛泽东时代超越历史发展阶段的举措可谓尽人皆知。如果我们愿意，类似的例子可以继续举下去，但我想这已经能够说明问题了。当然，毛泽东思想中社会主义建设理论没有得到充分贯彻，主要是因为当年对什么是社会主义和怎样建设社会主义这个根本问题没搞清楚。阶级斗争的惯性思维、对战争危险估计过于严重等也是制约因素。问题是，毛泽东关于社会主义建设的正确理论，同自1957年开始持续20年之久的"左"倾错误理论相比，显然不占主导地位，否则，中国社会主义建设就不会有那么多的弯路。此外，这些理论不可能完全脱离当年整个的思维和理论框架，很多情况下它们是纠结在一起的，把它们作出一种过分机械的划分，正确的一切正确，错误的一无是处，或者换句话说进行简单、抽象的肯定或否定均没有充分的说服力。这就需要一种客观、严谨的分析，这正是下面要做的。

二

对于毛泽东思想中社会主义建设理论，要历史地加以分析和评价，而不能认为可以直接应用到当今中国特色社会主义建设中来。就拿新中国建立后毛泽东最系统最富理论性的正确处理人民内部矛盾的理论来说，一方面，应肯定其对马克思主义的贡献和发展，它所反映的毛泽东那代共产党人力图尽快完成由革命者向执政者角色转变的努力；但另一方面，也必须看到该理论的提出，并不意味着毛泽东放弃了阶级分析和阶级斗争的思维与思想。实际上，阶级分析特别是阶级斗争理论依然根深蒂固于思想深处，同正确处理人民内部矛盾的思想共处一体。这就能够解释为什么毛泽东在正确处理人民内部矛盾的思想提出后不久，便很快回到以阶级斗争观点审视社会关系、社会矛盾、社会问题的旧思维轨道上来。事实上，人民内部矛盾的理论前提是两类矛盾，两类矛盾的依托概念是"人民"和"敌人"的二分法。而"人民"和"敌人"是阶级斗争和革命思维下的政治概念。这一概念对于革命党是十分必要和重要的。所谓谁是我们的敌人，谁是我们的朋友，这是革命的首要问题。无产阶级（通过共产党）执掌政权后，与"人民"和"敌人"的二分法相联系的最重要概念之一是无产阶级专政或人民民主专政，即对人民实行民主、对敌人实行专政。按照习惯的解读，专政是与镇压、暴力密切联系在一起的。不能否认，专政与法治存在内在紧张关系。从某种意义上说，专政有一种冲破法制或制度约束的本能要求。新中国建立后，在一个较长的时期内，每当强调专政作用的时候，往往是法制遭到破坏起码是不起作用的时候，是阶级斗争扩大化的时候。这一历史事实值得我们深思。也就说，只有改变阶级斗

争和革命思维，树立"依法治国"的执政理念，正确处理人民内部矛盾的思想才可能发挥其能够发挥的作用。否则，以为有了这一思想就可以带来正常的国家政治生活，是不可能的。而"依法治国"更需要"公民"这一概念（当然，这里不是否定"人民"概念的正当性和必要性），如此才能做到"法律面前人人平等"；更需要认识到国家政权的公共权力特征（当然，这里也不是要否定国家政权是阶级统治的工具这一马克思主义原理，而是说与此同时要看到国家政权的公共权力的一面）。上述分析旨在说明问题，而不是一味苛求前人。任何个人和政党都不可能阻断历史经验的延续，都摆脱不了习惯思维和做法。而阶级斗争和革命思维构成的"路径依赖"是一个复杂的历史和社会现象，对此，需要客观、缜密的分析。

毛泽东思想中有关社会主义建设的理论类似情况并不少见，如"百花齐放，百家争鸣"的方针，毛泽东当年的阐释和我们今天从字面上的理解还是有很大区别的。如果仔细研究就会发现，一方面，对于"百花齐放，百家争鸣"作为繁荣社会主义文化事业的总方针，中共中央和毛泽东是明确的；但另一方面，却又未能从文化自身的特点和规律出发来深入地论证之，例如，从文化的源泉——社会生活的多样性、文化创作的主体——知识分子的独创性劳动、文化服务的对象——人民群众需求的丰富性等角度来论证。考查毛泽东的有关论述，可以看到，他的一个重要理论出发点是认为社会主义社会存在各种各样的矛盾，"百花齐放，百家争鸣"是暴露矛盾和解决矛盾的有力工具，特别是在思想领域。由此出发，他特别强调"双百"方针所具有的思想教育功能、斗争功能和除"毒草"的功能，偏重于从对立统一规律出发，阐述"百花齐放，百家争鸣"过程中，真理、香花、真善美总是在同谬误、毒草、假恶丑作斗争的过程中发展起来并最终战胜后者的；强调在"双百"方针实施过程中，马克思主义要敢于并善于同各种非马克思主义思想作斗争；强调实行"双百"方针，就是用说服的方法、自由辩论的方法，而非粗暴的方法，向人民群众尤其是知识分子进行长期的、耐心的、细致的马克思主义的宣传，以克服他们当中程度不同地存在着的唯心主义思想及其他非无产阶级思想。从真理论的角度看，从思想政治教育和道德建设上看，这些论述是有价值的。但问题是，这种认识对于处理复杂的文化问题又显然过于简单、机械了。它表明毛泽东等人的思维在很大程度上仍然囿于是与非、正确与错误、真理与谬误的两极对立中，追求谁胜谁负的结果，其哲学基础是一元真理观。

我们再举一个经常被人们提起并给予高度评价的例子，即《论十大关系》中阐述的关于中国经济建设和工业化道路的思想。毛泽东提出的充分利用沿海工业已有优势支援内地工业，通过发展经济带动国防建设，统筹兼顾国家、生产单位与生产个人的利益，发挥中央和地方两个积极性等思想，作为大原则有长远的指导意义。但是，不能忽略毛泽东谈这些问题的特定时代背景和具体指向，那就是抗美援朝战争发生后，出于中国东南沿海容易遭受攻击的考虑，"一五"计划的投资重点在东北和内地；同时国防工业发展速度过快，与国民经济实力不符；单一公有制确立后，忽视生产单位和生产个人利益的现象比较普遍；高度集权的经济管理体制束缚着地方因地制宜搞建设，等等。毛泽东关于优先发展重工业，并在农业、轻工业和重工业的协调发展中实现工业化的思想，其意义也主要是历史的，面对的主要是当年中国贫穷落后的状况、较为单一的产业结构、尽快建立强大国防的目标追求等。而中共十六大明确概括的新兴工业化道路，则主要是在经济全球化背景

下，在复杂的产业结构中，在日趋严峻的资源、环境压力下力图走出一条科学发展之路。前后两种关于工业化道路的思考，没有理论上的直接关联。

其他，如毛泽东提出的发展社会主义商品生产，尊重价值法则等思想，其实都是有严格前提和特定背景的，它们在社会主义思想史上的理论意义不能否定，但是绝不能简单地抽象地谈论和肯定。

对于思想遗产必须采取历史主义的态度。我们不是历史虚无主义者，我们需要理解前人的思想与行为，并在此基础上给予实事求是的评价。但我个人认为，在解读中国特色社会主义理论与毛泽东思想的关系上，目前存在的一个主要问题是脱离特定思想背景、历史背景抽象地加以关联，把毛泽东思想中关于社会主义建设理论当代化或当今化，赋予其并不具有的意义。例如，报纸杂志上时常出现这样一些诸如以毛泽东改革开放思想、毛泽东建设社会主义和谐社会思想为题目的论文。对此，我深不以为然。一种理论、一个概念或范畴，均有其特定的思想体系支撑，有特定的时代背景和问题意识，有标志性的内容，绝不能泛化。例如，构建社会主义和谐社会理论是在中国改革开放将近30年之际，在与改革开放相伴而来的社会问题如经济社会发展的不平衡、收入分配差距过大、就业问题、腐败问题等等，已经不是暂时性的而是必须长期面对的问题之际提出的，它是要在改革开放形成的新的社会结构、社会关系、社会利益格局的基础上，在阶级分析与阶级斗争理论之外另辟蹊径来认识和处理社会问题，在承认差别承认矛盾、在妥协与共识的基础上，实现社会公正、安定有序同时又充满活力，达到一种新的不同于计划经济体制下的统一、平等、平均的新的良好的社会状态。不能因为该理论吸收了正确处理人民内部矛盾等思想，就去毛泽东那里解读构建社会主义和谐社会思想，这就把一个富有时代感的特定概念泛化了，是一种非历史主义的态度。当然，一个新理论不可能凭空产生，它总要吸收以往理论中的思想因子，特别是中国特色社会主义理论与毛泽东思想同属于中国化的马克思主义，那么后者从前者吸收思想营养更是顺理成章。割断历史联系，无限拔高某一理论的创新或独创性，固然不对，但绝不能因为某一理论吸收了以往理论中的一些思想因素、提法、论点，就拿当今的概念硬往前人思想上套，努力去挖掘其中的微言大义，硬拼硬凑，这种过度阐释很难产生说服力。

三

对于理解毛泽东思想与中国特色社会主义理论之间关系的关键，恐怕是对毛泽东那代共产党人探索中国社会主义建设道路的理论与实践的总体评价。这里首先需要辨析一个概念，即“中国特色”。“中国特色”是一种总体评价，也就说要在整体上形成富有特点的社会主义模式。“中国特色”需要参照物，否则无从谈起。那么，这个参照物无疑主要是以前苏联为代表的传统社会主义模式。中共十一届三中全会以来的中国特色社会主义事业，摆脱了苏联模式，形成举世公认的中国模式，这一点应该没有疑问。而毛泽东时代的中国社会主义建设无论从理论上还是从实践上均没有冲破苏联模式，当年所做的只不过是在苏联模式内避免或克服已经暴露出来的弊端而已。下面我们将展开论述这一点。

新中国成立之初，由于时代和历史的局限，一度有过大体上说来是照搬苏联经验和做法的时期。自1955年冬天开始，毛泽东对此有所批评。1956年春天，他又明确提出“以苏为鉴”的口号，也就是说要避免或克服苏联模式已经暴露出的问题。他还提出在新民主主义革命胜利后，要实现马克思主义同中国实际的“第二次结合”，“找出在中国怎样建设社会主义的道路”。此后，在历经20年的探索中，毛泽东提出和阐述了社会主义社会矛盾特别是正确处理人民内部矛盾的理论，关于中国工业化道路的理论，以及发展社会主义商品生产、尊重价值规律等思想。这些思想在一定程度上为日后中国特色社会主义理论提供了起点。从实践上说，经过20多年努力中国建立了一个独立的工业体系和国民经济体系，特别是打下了国民经济发展的重工业基础。当然，20年探索也有曲折和失误，这主要表现在经济建设上急于求成，其极端是“大跃进”，要“跑步进入共产主义”；政治上“以阶级斗争为纲”，其极端是“文化大革命”，带来十年动乱。这些失误为日后中国特色社会主义提供了历史的教训和借鉴。从某种意义上讲，正是20年探索累积的经验教训为中国特色社会主义的全面启动作了历史铺垫、提供了重要性与紧迫性的历史证明。

毛泽东那代共产党人对社会主义建设的探索应该得到尊重，问题是它是否具备冲破苏联模式的意义。这里首先要搞清苏联模式的内涵。在国际共产主义运动史上，究竟什么是社会主义或者更准确地说什么是科学的社会主义，长期以来困扰着各国共产党和工人党。无疑，马克思和恩格斯对未来社会主义的描绘或设想，构成了科学社会主义的基本原则。然而，他们的设想主要是在经济方面，这和他们的唯物史观是一致的。例如，提出由社会占有生产资料；在生产资料公有制的基础上有计划地组织生产；要尽可能快地增加生产力总量，“保证一切社会成员有富足的和一天比一天充裕的物质生活”，“保证他们的体力和智力获得充分的自由的发展和运用”；实行按劳分配等等。需要指出的是，马克思主义创始人对未来社会主义的原则设想，是作为对他们所生活的那个时代也就是19世纪资本主义的制度缺陷的校正物提出的。换句话说，19世纪资本主义已经充分暴露出的矛盾和弊端，是马克思主义创始人设想未来社会主义的依据之一，否则难免坠入空想。自19世纪以来，整个世界包括资本主义世界已经发生了巨大变化，如果马克思恩格斯仍然在世，他们也会根据时代和实践的变化而调整他们的某些设想和结论的。实际上，马克思和恩格斯在世时就一再强调，他们的理论是活的行动理论而不是一成不变的教条，不是先验的一劳永逸的有关未来社会的详细蓝图。正如邓小平所言：“绝不能要求马克思为解决他去世之后上百年、几百年所产生的问题提供现成答案。……真正的马克思列宁主义者必须根据现在的情况，认识、继承和发展马克思列宁主义。”

列宁领导建立了第一个社会主义国家，但由于列宁去世较早，所以没有形成社会主义建设的系统理论，只提出过一些原则设想，如“苏维埃政权＋普鲁士的铁路秩序＋美国的技术和托拉斯组织＋美国的国民教育＋……＝总和＝社会主义”；“共产主义就是苏维埃政权加全国电气化”等。我们日常所讲的苏联社会主义模式当然是斯大林时期形成并在斯大林身后延续了数十年的“斯大林模式”。如果我们对这个模式加以高度概括，其主要内容和突出特征是：单一公有制；指令性计划经济体制；高度集权的无产阶级专政；一元化的意识形态和追求政治正确的单一文化。以这个模式为参照，看一看毛泽东时代社会主义理论与实践有没有冲破苏联模式便一目了然了：单一公有制；高度指令性计划经济体制；高度集权的政治体制——从社会向国家集权，从地方向中央集权，从政府向党集权；一元化的意识形态和追求政治正确、“灵魂深处闹革命”的文化与道德建设。这些无法否认的特征和苏联模式并无二致，甚至在某些方面某些时候比苏联模式还要极端，如党的一元化领导、一元化的文化建构等，如此便很难称为“中国特色”。

而中国特色社会主义理论及其指导下的实践，已经冲破苏联模式、形成新的社会主义模式。以公有制为主体的多种经济形式共同发展；以按劳分配为主体的多种分配方式共存；社会主义市场经济体制；在坚持党的领导、人民当家作主和依法治国三者有机统一思想指导下的社会主义政治文明建设的稳步推进；在坚持马克思主义主导意识形态地位、大力倡导社会主义核心价值观的同时，承认大众价值取向的多元存在，认可弘扬主旋律下的多元文化发展；以及社会自主空间的逐渐生成等等，所有这一切均是对苏联模式的突破，同时是新模式的生成。由此不难看出，中国特色社会主义理论体系和毛泽东思想的分立是合乎实际的界定。

此外，从中国特色社会主义理论的构成部分看，邓小平理论、“三个代表”重要思想和科学发展观等重大战略思想，无论从所处时代(及对“和平与发展”的时代特征认识)的连续性上看，还是从理论主题上来看，确属于一个体系，一脉相承，这个“脉”就是中国特色社会主义。其次，中国特色社会主义理论体系中的基干内容继承性和连续性很强，如社会主义初级阶段理论，社会主义本质和根本任务理论，市场经济理论，改革开放理论，社会主义基本经济制度和分配制度理论，“一国两制”与和平统一祖国理论，和平发展理论等等，它们基本上是在邓小平理论中成形或奠基，在“三个代表”重要思想和科学发展观中进一步丰富和发展。当然，也有许多内容阶段性和创新性较强，换句话说，邓小平理论、“三个代表”重要思想和科学发展观等重大战略思想有各自的侧重和创新，否则就没有必要分列了。如执政党建设理论特别是执政能力与执政经验问题，主要是从“三个代表”重要思想开始特别突出的。再如，以人为本的科学发展观、构建社会主义和谐社会、加强党的先进性建设等重大战略思想，则主要是胡锦涛为总书记的中央领导集体着重阐发的。当然，不管是连续性、继承性的内容，还是反映时代和实践发展的阶段性内容，都既坚持了科学社会主义的基本原则，同时又富有中国特色。

而毛泽东思想就其所处时代（及对时代特征的认识）和理论内容而言，与中国特色社会主义的直接联系很弱。毛泽东时代的中国正是东西方冷战的高潮期，战争与革命是当年中国共产党人对世界局势的主要认识，反对霸权主义、帝国主义和殖民主义是中国的主要对外方略。而且毛泽东思想中关于中国社会主义建设的理论和思路，与我们上述中国特色社会主义的思考和回答，很少有共鸣或者思考对象的一致或重叠。所以，中国特色社会主义可以包括邓小平理论、“三个代表”重要思想和科学发展观等重大战略思想，而很难将毛泽东思想纳入其中。自然，中国特色社会主义“始于毛，成于邓”的说法，就需要修正或加以限定、重新解释才能成立。

任何一种思想或理论都要受到时代和实践的制约，要求毛泽东思想中有反映20世纪80年代以后时代的内容是苛求；同样，千方百计地力图从其中解说当代才有的思想也是荒唐的。同理，邓小平理论、“三个代表”重要思想和科学发展观，也不可能一劳永逸地解决日后中国特色社会主义建设中遇到的所有问题。所以，十七大报告讲中国特色社会主义理论是一个开放的不断发展的体系，将随着时代和实践的演进而不断调整、不断丰富。

（作者：中国人民大学教授）

（选自《教学与研究》2008年第4期）

中国特色社会主义理论体系的内涵

秦　刚

中国特色社会主义理论体系的提出，实现了我们党思想理论上的一次统一与整合。邓小平理论、“三个代表”重要思想和科学发展观等重大战略思想，被整合在中国特色社会主义理论体系命题下，成为一个完整统一的科学体系。这种统一与整合，意义重大和深远，在思想理论界也引起了极大的关注和反响。

这种整合，进一步强化了我们用发展着的马克思主义指导和认识我们实践的意识，有助于克服那种用一些不合适宜的观念来看待现实的倾向。我们党是以马克思主义为指导思想的政党。无论过去、现在还是未来，以马克思主义为指导，这是我们党要始终坚持的一个根本原则，同时也是我们党认识世界和改造世界的一大优势。但马克思主义是发展的理论，我们既要始终不渝地坚持马克思主义，又要坚定不移地根据新的实践把马克思主义推向前进。邓小平理论、“三个代表”重要思想和科学发展观等重大战略思想，都是马克思主义在当代中国的不断发展和创新的体现。我们党把这三大理论成果整合在一起，并称为中国特色社会主义理论体系，称为马克思主义中国化的最新成果，其中一个很重要的意义，就是强调我们要用这种发展着的马克思主义指导我们的实践，也要用这种发展着的马克思主义认识我们的现实。照搬书本上的东西，指导不了实践，也解释不了现实。对党的十七大作出的在当代中国坚持中国特色社会主义理论体系，就是真正坚持马克思主义这个判断，我们要从理论上去认识，也要从政治上去把握。

这种整合，使我们对中国特色社会主义理论可以有一个更加科学完整的理解和把握，有助于避免有意无意地将一些相互联系的观点割裂开来、甚至对立起来的做法。邓小平理论、“三个代表”重要思想和科学发展观等重大战略思想的相继形成，是中国特色社会主义理论发展的三个重要阶段，也是中国特色社会主义理论相互联系的三大重要成果。这三大成果，体现了中国特色社会主义道路逐步深化的历史进程，也体现了思想理论上继往与开来的结合、坚持与发展的统一。把这三大成果进行有机的整合，一方面，可以更加清楚地表明我们党高举中国特色社会主义伟大旗帜、坚定不移地走中国特色社会主义道路的决心；另一方面，也可以使我们更好地全面理解和把握中国特色社会主义理论，避免在坚持和贯彻过程中产生片面性。

这种整合，从思想理论上提升了科学发展观等重大战略思想的地位，有助于我们进一步增强深入贯彻落实科学发展观等重大战略思想的自觉性和坚定性。在新世纪新阶段，我们党以邓小平理论和“三个代表”重要思想为指导，在推进中国特色社会主义事业过程中，着眼于实践的新要求，体现人民的新期盼，提出了科学发展观等一系列新的理论命题和战略思想。这一系列新的理论命题和战略思想，深化了对中国特色社会主义的认识，丰富和发展了中国特色社会主义理论。我们党把科学发展观等重大战略思想纳入中国特色社会主义理论体系，把它看作是中国特色社会主义理论体系的最新成果，进一步明确和提升科学发展观等重大战略思想的理论地位。在现阶段，我们坚持中国特色社会主义理论体系，最重要的就是要深入贯彻落实科学发展观。深入贯彻落实科学发展观，实际上也就是对邓小平理论和“三个代表”重要思想最好的坚持和最好的实践。

中国特色社会主义理论体系，是由邓小平理论、“三个代表”重要思想和科学发展观等重大战略思想构成的。但它的内涵，并不是这三个理论成果的简单叠加。内涵应该怎样理解和把握，这是思想理论界目前正在研究和探讨的一个问题。现在看，仁者见仁，智者见智，还没有形成共识。我理解，中国特色社会主义理论体系的内涵，实际上就是中国特色社会主义理论体系的基本内容。理解和把握中国特色社会主义理论体系内涵，也可以首先从把握和理解中国特色社会主义理论体系的基本要义入手。

说到中国特色社会主义理论体系的要义，我体会主要有这样几个方面：

一是理论体系的精髓。中国特色社会主义理论体系的精髓是解放思想、实事求是。解放思想、实事求是，是马克思主义最本质的内容，是中国共产党人全部科学理论和实践活动的思想基础，也是探索中国特色社会主义始终坚持的思想原则和科学精神。

在中国特色社会主义理论体系的形成和发展过程中，邓小平理论、“三个代表”重要思想和科学发展观等战略思想相继形成，都贯穿了解放思想、实事求是这个精髓。邓小平理论、“三个代表”重要思想和科学发展观等战略思想，对科学社会主义的坚持和发展，对社会主义历史经验的总结，对中国特色社会主义道路的拓展，都是以此为基础的。正是依靠和运用这个精髓，中国特色社会主义理论才能在继承前人的同时又能突破陈规，在排除各种错误倾向干扰的同时又能吸取各种失误的教训，不断解决新课题、开拓新境界，使中国特色社会主义在实践中不断获得新的发展。把握了这个精髓，才能把握好科学社会主义与中国特色社会主义的历史联系，把握好邓小平理论、“三个代表”重要思想、科学发展观等战略思想一脉相承的内在联系。

二是理论体系的主题。我认为，中国特色社会主义理论体系，实际上是解决中国发展问题的理论。发展是中国特色社会主义理论体系的主题。从历史的角度来说，中国近代以来有两大历史性课题：一个就是民族独立、人民解放；还有一个就是国家强盛、人民富裕。前一个问题要靠革命来解决，后一个问题自然要靠发展来解决。我们执政党的一切理论建构、观念创新，都要围绕这个问题展开。我们已经清楚地看到，邓小平理论、“三个代表”重要思想都是围绕发展这个主题展开的，科学发展观等一系列战略思想也是围绕发展这个主题展开的。从现实的角度来说，我们现在正处在并长期处在社会主义初级阶段，我们面临主要矛盾依然是人民日益增长的物质文化需要同落后社会生产之间的矛盾。对当代中国来说，发展具有格外重要的意义，是解决中国一切问题的关键所在。同时，我们也认识到，我们在发展中所遇到的各种问题、各种矛盾，都要必须加以关注，都要认真解决，但是解决所有的矛盾和所有的

问题都要靠发展。从社会主义的角度来说，在经济文化落后国家建设、巩固和发展社会主义，要通过发展来体现优势，增强生命力。社会主义不是抽象的，长期与落后、贫困挂在一起的社会制度是不得人心的，是注定要垮台的。正是通过发展这个主题，中国特色社会主义把社会主义发展与现代化的实现、民族的复兴紧密联系在一起，把中国的进步与世界的发展紧密联系在一起。

三是理论体系的核心。中国特色社会主义理论体系的核心是以人为本。以人为本，是科学社会主义的本质要求。在整个社会消除阶级剥削、阶级压迫和阶级对立的前提下，在新的社会发展基础上，实现人的解放，促进人的自由全面发展，这是科学社会主义的核心思想，也是科学社会主义的出发点和落脚点。从这个意义上说，社会主义必然是一个以人为本的社会，必须着眼于满足人的需要，为人的自由全面发展创造条件。在中国特色社会主义形成和发展过程中，以人为本已成为中国特色社会主义理论体系的核心思想。坚持以人为本，就是首先确认我们每一个社会成员都是中国特色社会主义的劳动者，每一个群体都是中国特色社会主义建设者。人，不能再以阶级来定性；群体，也不宜再通过阶级划分来界定亲疏远近。利益矛盾，用制度和机制去调节；社会问题，用民主法治去解决。我体会，把人从阶级的认识中剥离出来，把矛盾从斗争的思维中提升出来，这是以人为本的深刻意义所在。坚持以人为本，要维护好和实现好人民的整体利益，使人民共享发展的成果；要反映和兼顾不同群体利益，协调好各方面利益关系；要关心每一个人的利益要求，关心人的价值、权益和自由，满足人的发展愿望和多样性的需求。以人为本所体现的，是整体、群体和个体利益的统一。以人为本的理念和要求，已贯穿在经济社会发展的各个方面，体现在经济社会发展的各个领域和各个环节。经济建设要着眼于改善人民生活，提高人民生活水平；政治建设要着眼于保障人民当家作主的权利和合法权益；文化建设要着眼于满足人民精神文化需求，丰富人们的精神世界；社会建设要着眼于协调好各方面利益关系，促进社会和谐。

四是立论基础。社会主义初级阶段，还有和平与发展成为时代的主题，是中国特色社会主义理论体系的立论基础。社会主义初级阶段，是我国在经济文化比较落后的历史条件下建设社会主义必然要经历的特定阶段，是中国特色社会主义建设和发展的初始阶段。这是我们建设和发展中国特色社会主义的国情依据。而和平与发展成为时代主题，则是我们建设和发展中国特色社会主义的世情依据。近30年来，国际形势在动荡中发生着重大变化。尽管世界很不安宁，但争取和平，谋求合作，促进发展，成为世界各国人民的共同愿望；对外思和，对内图变，成为越来越多的国家内外战略和政策的中心内容。和平与发展已成为时代的潮流。邓小平理论、“三个代表”重要思想和科学发展观等重大战略思想，对什么是社会主义建设问题的认识、对执政党建设问题的认识、对发展问题的认识，都是以社会主义初级阶段为基础的，也是以和平与发展成为时代主题为基础的。正是在这样的立论基础上，中国特色社会主义理论在推进中国特色社会主义事业过程中，既没有割断历史，又不迷失方向；既没有落后于时代，又不超越阶段。

抓住了这样几个基本要义，我们对中国特色社会主义理论体系内涵的认识和把握，就有了一个比较清晰的逻辑线索。我们从发展这个基点出发，就可以认识到和体会到，中国特色社会主义理论体系应该包括这样一些内容：

一是发展阶段论。社会主义是人类社会发展的必然趋势，社会主义本身也是一个渐进发

展的过程，产生在经济文化比较落后国家的社会主义更需要一个从不成熟到成熟、从不完善到完善的发展过程。社会主义初级阶段，是我国社会主义必然经历的特定阶段，是中国特色社会主义发展长过程的初始阶段。社会主义初级阶段的主要任务，就是进一步解放和发展生产力，促进和实现社会公平正义。我们制定一切方针政策都必须以这个基本国情为依据，不能脱离实际，也不能超越阶段。

二是发展道路论。坚持中国特色社会主义道路，要遵循“一个中心、两个基本点”的发展路线。以经济建设为中心是兴国之要，四项基本原则是立国之本，改革开放是强国之路。经济建设、政治建设、文化建设和社会建设，是中国特色社会主义事业的全面展开。这四个方面是共同发展、相互促进的。富强、民主、文明、和谐，构成了中国特色社会主义建设和发展的整体目标。坚持“四位一体”的总体布局，要体现科学发展、社会和谐的要求。

三是发展战略论。发展是党执政兴国的第一要务，是强国富民的根本。社会主义是靠发展不断巩固和推进的，用发展的办法解决前进中的问题，是我们党建设和发展中国特色社会主义的一条重要经验。发展要坚持全面协调可持续，要走新型工业化道路，要建设社会主义新农村，要实行科教兴国、人才强国战略，建设创新型国家。在新世纪新阶段，中国特色社会主义的发展，面临着前所未有的机遇，也面临着前所未有的挑战。抓住形势变化带来的发展机遇，加快发展，中国特色社会主义是赢得主动和优势的关键所在。

四是发展动力论。中国要发展，必须要进行改革开放。改革开放是决定当代中国命运的关键抉择，是党带领人民进行的新的伟大变革，是发展中国特色社会主义的必由之路。社会主义制度建立以后，仍然有一个不断解决社会基本矛盾的问题。如果用革命的方式来解决，必然会导致社会的混乱。改革是解决社会主义社会基本矛盾的正确途径。解决体制上的问题，更不能用革命的方式。用改革取代革命，是必然的选择。社会主义不能在封闭中发展，封闭肯定导致落后。中国的发展离不开世界，世界的发展也需要中国。在开放中扩大中国与世界的联系，全面参与经济全球化和世界市场的平等互利竞争，积极吸收和借鉴人类文明成果，这是建设和发展中国特色社会主义的必然要求。

五是市场经济论。实现社会主义与市场经济的有机结合，发展社会主义市场经济，是中国特色社会主义的一个伟大创举。建立和完善社会主义市场经济体制是一个长期探索过程，要逐步形成各种所有制经济平等竞争、相互促进的新格局，要坚持和完善公有制为主体、多种所有制经济共同发展的基本经济制度，既要毫不动摇地巩固和发展公有制经济，又要毫不动摇地鼓励、支持和引导非公有制经济发展。要形成公平合理的分配制度，坚持和完善按劳分配为主体、多种分配方式并存的分配制度，健全生产要素按贡献参与分配的制度，初次分配和再次分配都要处理好效率和公平的关系。

六是民主政治论。要坚持走中国特色社会主义政治发展道路。没有民主就没有社会主义，发展社会主义民主政治是我们党始终不渝的奋斗目标。发展中国特色社会主义民主政治，必须坚持党的领导、人民当家作主、依法治国的统一。坚持党的领导，是实现人民当家作主和依法治国的根本保证；人民当家作主，是社会主义民主政治的本质和核心；依法治国，是党领导人民治国家的基本方略。要以坚持和完善中国特色社会主义根本政治制度为根本，积极稳妥推进政治体制改革。

七是先进文化论。要牢牢把握社会主义先进文化前进方向。先进文化是中国特色社会主

义的重要特征，是引导社会进步的重要力量，也是综合国力的重要标志。建设社会主义核心价值体系，是建设和发展社会主义文化的重要内容。要用马克思主义中国化最新成果武装全党、教育人民，用中国特色社会主义共同理想凝聚力量，用以爱国主义为核心的民族精神和以改革创新为核心的时代精神鼓舞斗志，用社会主义荣辱观引领风尚。要不断推进文化创新，大力发展文化事业和文化产业，建设中华民族共有精神家园，促进社会主义文化大发展大繁荣。

八是和谐社会论。要以改善民生为重点，加强社会建设。关注民生，是全心全意为人民服务宗旨的体现。要从解决人民切身利益问题着手，逐步实现人人享有基本生活保障，实现人人有基本医疗卫生服务，让人民共享发展成果。要加强和完善社会管理，维护社会安定团结，创新社会管理体制，健全社会管理新格局。

九是依靠力量论。发展要依靠人民，人民群众是中国特色社会主义的力量源泉。要尊重人民群众的首创精神，努力形成各尽所能、各得其所的建设局面。要通过发展和壮大爱国统一战线，为发展中国特色社会主义争取人心、凝聚力量。要巩固和发展平等、团结、互助的民族关系，加快民族地区的经济发展和社会进步，加强民族地区干部队伍建设，反对民族分裂，维护国家的统一。要引导宗教与社会主义社会相适应，发挥宗教界人士和信教群众在社会发展中的积极作用。

十是国防和军队论。国防和军队建设，是中国特色社会主义事业的重要组成部分。加强国防和军队建设，是国家安全和现代化建设的保证，要在全面建设小康社会进程中实现富国与强军的统一。要全面加强军队革命化、现代化、正规化建设，坚持人民军队的根本宗旨，坚持科技强军，坚持依法治军、从严治军。

十一是和平统一论。维护祖国统一、反对分裂，是中华民族的光荣传统，也是全中国人民的坚定意志。要按照“一国两制”方针和推进祖国和平统一进程的新主张、新思路，实现祖国和平统一。

十二是国际战略论。和平与发展是时代的主题。维护世界和平，促进共同发展，是中国外交政策的宗旨。中国一贯主张和奉行独立自主的和平外交政策，在和平共处五项原则的基础上同所有国家发展友好合作。中国特色社会主义是主张和平的社会主义，走和平发展道路，推动建设持久和平、共同繁荣的和谐世界，是中国特色社会主义的内在要求。

十三是领导力量论。中国共产党是中国特色社会主义事业的领导核心。建设中国特色社会主义，实现强国富民，实现民族复兴，这是中国共产党必须承担的历史重任，也是义不容辞的责任。要把党的执政能力建设和先进性建设作为主线，以改革创新精神全面推进党的建设新的伟大工程。要以理想信念为重点，加强党的思想建设；以密切与群众的联系为重点，加强作风建设；以完善民主集中制为重点，加强制度建设；以提高党员和党员领导干部素质为重点，加强组织建设；以建立预防和惩治腐败为重点，加强廉政建设。

实践是无止境的，理论也要与时俱进，不断创新和发展。随着中国特色社会主义道路的进一步拓展，中国特色社会主义理论体系也要得到进一步的丰富和发展。在推进中国特色社会主义伟大事业的过程中，我们既要不断开创中国特色社会主义道路的新境界，也要不断谱写中国特色社会主义理论体系的新篇章。

（作者：中共中央党校科学社会主义教研部教授、博士生导师）

（选自《中共石家庄市委党校学报》2008年第5期）

不断深化对中国特色社会主义理论体系的研究和探索

中国社会科学院邓小平理论和“三个代表”重要思想研究中心

党的十七大报告指出，改革开放以来我们取得一切成绩和进步的根本原因，归结起来就是：开辟了中国特色社会主义道路，形成了中国特色社会主义理论体系。高举中国特色社会主义伟大旗帜，最根本的就是要坚持这条道路和这个理论体系。中国特色社会主义理论体系，是包括邓小平理论、“三个代表”重要思想以及科学发展观等重大战略思想在内的科学理论体系，它凝结了几代中国共产党人带领人民不懈探索的智慧和心血。

一

对适合中国国情的社会主义道路的探索，始于以毛泽东为核心的党的第一代中央领导集体。早在20世纪50年代中期，我国社会主义改造基本完成、开始全面建设社会主义的时候，毛泽东就提出，现在是社会主义革命和建设时期，我们要进行马克思主义与中国实际的第二次结合，找到在中国进行社会主义革命和建设的正确道路。毛泽东的这种探索进行得艰难曲折，但也取得了一些积极的思想成果，其中以《论十大关系》、《关于正确处理人民内部矛盾的问题》等论著中提出的一些重要思想最为突出。

在1956年4月发表的《论十大关系》讲话中，毛泽东提出“以苏为鉴”，论述了正确处理社会主义经济建设和社会发展中的十个重大关系，并在重、轻、农以及中央和地方等一系列问题上明确指出了苏联模式的弊端和缺陷。后来，毛泽东在谈到这个讲话时曾多次指出，十大关系是基本观点，就是同苏联比较。除了苏联的办法以外，是否可以找到别的办法能比苏联、欧洲各国搞得更快更好。他还指出，在社会主义建设的一系列关系中，斯大林只强调一面：强调搞工业，忽视搞农业；强调集中，忽视分散；强调大型的，忽视中小型的。我们从提出十大关系起，开始找到自己的一条适合中国的路线。这里所说的“适合中国的路线”，它的一个基本方针，就是要把国内外一切积极因素调动起来，为社会主义事业服务。

然而，由于1957年下半年在国际国内出现的一些复杂形势和重大事件的冲击，再加上对新生的社会主义社会的发展规律缺乏充分的认识和把握，毛泽东对国内阶级斗争形势作出了与客观实际日益相悖的错误估计，在指导思想上发生了“左”的偏离，使他对中国社会主义道路的探索离开了正确的方向。尽管如此，毛泽东对适合中国国情的社会主义道路的艰辛探索，毕竟为我们党实现马克思主义同中国实际相结合的第二次飞跃创造了前提和基础。

二

面对“文化大革命”造成的危难局面，以邓小平为核心的党的第二代中央领导集体首先重新确立了解放思想、实事求是的思想路线，冲破“两个凡是”的思想禁锢，科学评价毛泽东和毛泽东思想，彻底否定“以阶级斗争为纲”的错误理论和实践，把党和国家的工作重心转移到经济建设上来，实行改革开放，在领导党和人民进行社会主义建设的伟大实践中，创立了邓小平理论，开辟了建设中国特色社会主义的新道路。

邓小平理论包含一系列具有开创性的思想，其中最首要的就是在深刻总结历史经验的基础上，第一次比较系统地初步回答了“什么是社会主义、怎样建设社会主义”的问题，揭示了社会主义的本质是解放生产力，发展生产力，消灭剥削，消除两极分化，最终达到共同富裕，从而把对社会主义的认识提高到新的科学水平。邓小平理论强调只有社会主义才能救中国和发展中国，但社会主义必须是切合中国实际的有中国特色的社会主义。而当代中国最大的实际就是中国现在正处于并将长期处于社会主义初级阶段。在这个阶段，人民日益增长的物质文化需要同落后的社会生产之间的矛盾才是社会的主要矛盾。一切都要从这个实际出发，根据这个实际去制定规划。邓小平把社会主义社会改变生产关系和上层建筑中不适应生产力发展和经济基础需要的部分叫改革，并看做是一场社会主义制度自我完善和发展的革命，提出了判断改革得失成败的“三个有利于”标准。与此同时，邓小平又以马克思主义的宽广眼界观察世界，作出了实行对外开放的科学决策。他指出：搞社会主义，中心任务是发展社会生产力，一切有利于发展社会生产力的办法，包括利用外资和引进先进技术，我们都要采用。在思考用什么方法才能更有效地发展生产力的时候，邓小平还提出了社会主义也可以搞市场经济的思想，从根本上破除了把计划和市场看做是社会基本制度的思想束缚，为社会主义市场经济理论的形成奠定了坚实基础。正是因为有了这些历史性的理论贡献，邓小平理论开创了中国特色社会主义理论体系，实现了马克思主义同中国实际相结合的第二次飞跃。

三

20世纪80年代末90年代初，国际国内发生严重的政治风波，世界社会主义运动遭遇严重挫折，我国社会主义事业面临新的巨大困难和压力。在这个重大历史关头，以江泽民为核心的党的第三代中央领导集体，高举马克思列宁主义、毛泽东思想、邓小平理论伟大旗帜，坚持改革开放，与时俱进，提出了“三个代表”重要思想，带领全党全国人民捍卫和发展了中国特色社会主义事业，并成功地把它推向21世纪。

“三个代表”重要思想紧密结合时代发展的新形势、我国广大人民群众的新要求、中国改革开放和社会主义现代化建设的新实践，在邓小平理论的基础上，从改革发展稳定、内政外交国防、治党治国治军等各个方面，在建设中国特色社会主义的发展道路、发展阶段、发展战略、根本目的、根本任务、发展动力、依靠力量、国际战略以及新时期党的建设等问题上，用一系列联系紧密、相互贯通的新思想、新观点、新论断，进一步回答了什么是社会主义、怎样建设社会主义的问题，创造性地回答了在新的历史条件下建设什么样的党、怎样建设党的问题。

之所以说“三个代表”重要思想继承发展了中国特色社会主义，并成功地把它推向21世纪，首先是因为它反映了世纪之交世情、国情、党情方面的新的发展变化及其对党和国家工作提出的新要求。就世情来说，进入新世纪，和平与发展作为时代主题并没有改变，但在总体趋向和平、缓和、稳定的同时，局部出现战争、紧张、动荡。经济全球化进程加快，但随着它的负面影响的日益扩散，许多发展中国家被进一步边缘化。科学技术进步日新月异，越来越成为经济社会发展的重要决定性因素。世界各大国之间的关系，集中表现为包括经济实力、科技实力、国防实力和民族凝聚力在内的综合国力的较量和竞争。西方敌对势力加紧对我实施西化、分化的战略图谋不会改变，我们同它们之间的渗透和反渗透、颠覆和反颠覆的斗争将是长期的、复杂的，有时甚至是十分尖锐的。在这场国际斗争中，我们既要坚持原则立场，又要讲究斗争艺术，然而最根本的是要坚定不移地抓住机遇，加快发展，增强忧患意识，迎接挑战，特别是要集中力量把国内的事情办好。就国情来说，随着改革开放的深化和社会主义市场经济的发展，我国社会生活中出现了社会经济成分的多样化、利益主体的多样化、社会组织方式和社会生活方式的多样化、就业岗位和就业形式的多样化，这种变化向我们党提出了新的更高的要求：既要代表广大人民群众的根本利益，又要正确处理和调整不同利益群体之间的矛盾。就党情方面来说，我们党从一个在建国前为夺取政权而奋斗的党，变成建国以后掌握全国政权并长期执政的党，在对外开放和发展社会主义市场经济条件下领导国家建设的党。这种地位和环境的变化，要求我们党必须坚持党要管党、从严治党的方针，进一步解决提高党的领导水平和执政水平、提高拒腐防变和抵御风险的能力这两大历史性课题。

之所以说“三个代表”重要思想继承发展了中国特色社会主义，并成功地把它推向21世纪，更重要的是因为它的科学内涵和精神实质随着时代和形势的变化而不断得到丰富和发展。实践证明，贯彻“三个代表”重要思想，关键在坚持与时俱进，核心在坚持党的先进性，本质在坚持执政为民。

四

在新世纪新阶段，我国的社会主义现代化建设在取得了举世瞩目巨大成就的新的历史起点上，既面临着可以大有作为的战略机遇期，又面对着由于以高投入、高消耗、高排放、低效率、低产出为特征的粗放经济增长方式，与能源、资源、环境的矛盾日益突出以及在发展过程中贫富差距不断拉大等严峻挑战。以胡锦涛同志为总书记的党中央从党和国家事业发展的全局出发，总结我国发展实践，借鉴国外发展经验，适应新的发展要求，提出了科学发展观等重大战略思想，进一步回答了实现什么样的发展和怎样发展等重大问题，赋予马克思主义关于发展的理论以新的时代内涵和时代特色，进一步丰富和发展了中国特色社会主义理论体系。

科学发展观的第一要义是发展。它是用来指导发展的，不能离开发展这个主题，所以要牢牢抓住发展这个党执政兴国第一要务，聚精会神搞建设，一心一意谋发展，着力把握发展规律， 创新发展理念，转变发展方式，破解发展难题，提高发展质量和效益。科学发展观的核心是以人为本。要以实现人的全面发展为目标，始终把实现好、维护好、发展好最广大人民群众的根本利益作为党和国家一切工作的出

发点和落脚点，尊重人民主体地位，发挥人民首创精神，切实保障人民群众的经济、政治和文化权益，走共同富裕的道路，让发展的成果惠及全体人民、由人民共享。科学发展观的基本要求是全面协调可持续。要以经济建设为中心，全面推进经济建设、政治建设、文化建设、社会建设，实现经济发展和社会全面进步。科学发展观的根本方法是统筹兼顾，要正确认识和处理中国特色社会主义事业中的一系列重大关系，统筹城乡发展、区域发展、经济社会发展、人与自然和谐发展、国内发展和对外开放，统筹中央和地方的关系，统筹个人和集体、局部和整体、当前和长远利益，充分调动各方面的积极性。统筹国内国际两个大局。既要总揽全局、统筹规划，又要抓好牵动全局的重要工作、事关群众利益的突出问题，着力推动、重点突破。在国内推进保障和改善民生、促进社会公平正义的和谐社会建设，在国际上和各国人民携手努力推动持久和平、共同繁荣的和谐世界建设。

胡锦涛同志指出：“中国特色社会主义理论体系是不断发展的开放的理论体系。”对中国特色社会主义理论体系形成和发展的历史回顾，清楚地说明，推动着这个理论体系得以形成和不断发展的不竭动力，是一代又一代的中国共产党人为在社会主义建设问题上把马克思主义和中国实际结合起来而进行的坚持不懈、与时俱进的探索；而这个理论体系之所以能够引领中国社会发展进步，关键在于它坚持了科学社会主义的基本原则，又根据我国实际和时代特征赋予其鲜明的中国特色。在当代中国，中国特色社会主义理论体系是全党全国各族人民团结奋斗的共同思想基础，坚持这个理论体系，就是真正坚持马克思主义。

（选自《求是》2008年第6期）

科学发展观的时代特征和重大意义

苏 荣

党的十六大以来，以胡锦涛同志为总书记的党中央坚持以邓小平理论和“三个代表”重要思想为指导，在准确把握世界发展趋势、认真总结我国发展经验的基础上，着眼于回答我国改革发展关键阶段面临的时代课题，提出了科学发展观这一重大战略思想。党的十七大全面系统地阐述了科学发展观的科学内涵、精神实质和根本要求，并将科学发展观写入党章，这标志着我们党对于共产党执政规律、社会主义建设规律、人类社会发展规律的认识达到了新的高度。在开展深入学习实践科学发展观活动的过程中，我们应当从理论和实践、历史和现实的结合上进一步深化对科学发展观的理解和把握。

科学发展观是具有鲜明中国特色和时代特征的科学理论

科学发展观坚持和发展了马克思列宁主义、毛泽东思想、邓小平理论和“三个代表”重要思想，凝结了几代中国共产党人带领人民艰辛探索社会主义建设道路的智慧和心血，是我们党最可宝贵的政治和精神财富，是全国各族人民共同奋斗的思想基础，具有鲜明的中国特色和时代特征。

科学发展观是在准确判断世界和中国发展大势的基础上形成和发展起来的理论。实践是认识的基础，认识来源于实践又指导实践。我们党对社会主义现代化建设规律的认识，是随着实践的发展而不断深化的。科学发展观顺应了当今世界的发展潮流，是对人类社会发展经验的深刻总结和高度概括。第二次世界大战结束后，人类创造了前所未有的经济增长奇迹，但由于过分重视追求经济增长、忽视环境保护和能源资源节约，一些国家出现了经济结构失衡、生态环境恶化、社会发展滞后等一系列问题。实践表明，发展绝不仅仅是经济的增长，而应该是包括经济、政治、文化、社会的全面发展、协调发展，应该是人与自然相和谐的可持续发展。科学发展观也是对中国特色社会主义建设经验的深刻总结和高度概括。新世纪新阶段，我国发展呈现一系列新的阶段性特征，遇到了一系列新的矛盾和问题。以胡锦涛同志为总书记的党中央在深刻认识和准确把握世情、国情、党情发展变化的基础上，着眼于党和人民事业发展的全局，适应全面建设小康社会、加快推进社会主义现代化的新要求，不断总结实践经验，不断拓展理论视野，不断作出理论概括，提出了科学发展观这一具有重大而深远指导意义的科学理论。

科学发展观是同马克思列宁主义、毛泽东思想、邓小平理论和“三个代表”重要思想既一脉相承又与时俱进的理论。“一脉相承”的“脉”，从理论主题上看，就是中国特色社会主义事业，这是亿万人民群众为之奋斗的事业，是关系到中华民族前途和命运的伟大事业；从理论品格上看，就是解放思想、实事求是、与时俱进，一切从实际出发，在坚持马克思主义基本原理的同时，根据变化了的实际情况，永不停歇地进行理论创新；从理论基点上看，就是立足于社会主义初级阶段这一基本国情，想问题、办事情都从这一基点出发；从价值取向上看，就是为了实现好、维护好、发展好最广大人民的根本利益。“与时俱进”的“进”主要体现在随着时代发展和社会进步，在不懈探索实践的基础上，不断丰富和发展马克思主义，开辟了马克思主义发展的新境界，彰显出马克思主义的强大生命力和创造力。

科学发展观是不断发展的开放的理论。科学发展观作为马克思主义中国化最新成果的重要组成部分，与马克思主义中国化在各个阶段形成的理论成果一样，也是不断发展的开放的科学理论。之所以说这一理论是开放的，是指它在坚持科学社会主义基本原则的基础上，最大限度地吸纳了当代人类创造的一切文明成果。比如，吸收借鉴了一此国家在发展过程中逐渐形成的关于增长不等于发展、经济发展不等于社会进步、实现从以物为中心的发展到以人为中心的发展的转变、社会与自然必须协调等诸多认识成果，以及许多发展中国家和地区发展的经验教训。之所以说这一理论是发展的，是指它没有凝固自己，没有给理论创新打上“休止符”，而是随着实践的发展不断发展和完善。

科学发展观是继续全面建设小康社会、发展中国特色社会主义的思想武器和行动指南

科学发展观集中体现了当今世界和当代中国的发展变化对党和国家工作的新要求，集中体现了全党全国各族人民的意志，是我们在新的历史起点上夺取全面建设小康社会新胜利、发展中国特色社会主义、推进党的建设新的伟大工程的强大思想武器。

科学发展观为我们观察、分析、解决现阶段中国发展问题提供了科学的世界观和方法论。当前，我国改革发展正处在关键阶段，经济社会发展呈现一系列阶段性特征，面临的机遇和挑战都前所未有。在这样一个阶段，如果举措得当，就能促进经济快速发展和社会平稳进步；如果应对失误，就有可能导致经济徘徊不前和社会长期动荡。推动发展，不仅有模式、途径等问题，更有世界观、方法论问题。科学发展观是马克思主义关于发展的世界观和方法论的集中体现。它坚持和运用辩证唯物主义和历史唯物主义的基本原理，深刻揭示了我国经济社会发展的客观规律，进一步深化了对经济社会发展一般规律的认识；坚持把发展作为党执政兴国的第一要务，把经济发展作为一切发展的前提，充分体现了历史唯物主义关于生产力是人类社会发展基础的基本观点；强调人民群众是发展的主体力量，必须尊重人民主体地位、发挥人民首创精神、保障人民各项权益，充分体现了历史唯物主义关于人民群众是历史发展的主体和促进人的全而发展的基本观点；强调全面、协调、可持续发展，既要按照经济社会发展规律全面推进经济建设、政治建设、文化建设、社会建设，又要遵循自然规律推动人与自然和谐发展，实现经济发展与人口资源环境相协调，充分体现了唯物辩证法关于事物之间普遍联系、辩证统一的基本原理。总之，科学发展观从世界观和方法论的高度，为我们正确认识和处理当前经济社会发展中的突出矛盾和问题、协调好各种利益关系提供了必须遵循的基本原则、重要思路和现实途径。我们只有深刻把握并自党运用科学发展观所蕴含的世界观和方法论指导当今改革发展的实践，才能更好地把握发展规律、创新发展理念、转变发展方式、破解发展难题，推动经济社会又好又快发展。

科学发展观为我们在新世纪新阶段继续全面建设小康社会、发展中国特色社会主义指明了前进方向。有什么样的发展观，就会有什么样的发展道路、发展模式和发展战略，就会对发展的实践产生根本性、全局性的重大影响。党的十七大提出了实现全面建设小康社会奋斗目标的新要求，主要包括：增强发展协调性，努力实现经济又好又快发展；扩大社会主义民主，更好保障人民权益和社会公平正义；加强文化建设，明显提高全民族文明素质；加快发展社会事业，全面改善人民生活；建设生态文明，基本形成节约能源资源和保护生态环境的产业结构、增长方式、消费模式等等。这些新要求，突出强调实现以人为本、全面协调可持续发展，涵盖经济、政治、文化、社会以及生态等各个方面。落实这些要求，实现全面建设小康社会的奋斗目标，不断开创中国特色社会主义事业新局面，要求我们必须坚持以邓小平理论和“三个代表”重要思想为指导，深入贯彻落实科学发展观，正确处理以经济建设为中心与全面发展、加快发展与协调发展、当前发展与可持续发展的关系，正确处理经济发展与社会发展、城市发展与农村发展以及地区与地区之间发展的关系，正确处理人与自然的关系，推动经济社会发展切实转入科学发展的轨道。

科学发展观为我们以改革创新精神全面推进党的建设新的伟大工程提供了科学指导。办好中国的事情，关键在党。在新世纪新阶段继续全面建设小康社会、发展中国特色社会主义，必须以改革创新精神全面推进党的建设新的伟大工程。科学发展观丰富了党的基本理论、基本路线、基本纲领、基本经验，为新形势下加强党的建设提供了重要遵循。深入贯彻落实科学发展观，内在地要求提高党的领导水平、执政水平，提高广大党员干部特别是各级领导干部的素质能力。以改革创新精神全面推进党的建设新的伟大工程，必须按照科学发展观对党的建设提出的新要求，进一步加强党的执政能力建设，牢牢把握发展这个党执政兴国的第一要务，不断提高领导科学发展的能力；进一步加强党的先进性建设，始终坚持以人为本，把实现好、维护好、发展好最广大人民的根本利益作为一切工作的出发点和落脚点；进一步加强党的思想建设，继续解放思想，着力转变不适应不符合科学发展观的思想观念；进一步加强党的组织建设，牢固树立正确的政绩观，建立健全科学的干部考核评价体系；进一步加强党的作风建设，努力使全党同志特别是各级领导干部成为坚持科学发展、推动科学发展的带头人；进一步加强党的制度建设，为贯彻落实科学发展观提供有力的体制机制保证；进一步加强反腐倡廉建设，以良好的形象凝聚起科学发展的强大力量。

（作者：中共江西省委书记）

（选自：《人民日报》2008年10月31日）

科学发展观是中国特色社会主义理论体系的创新成果

王伟光

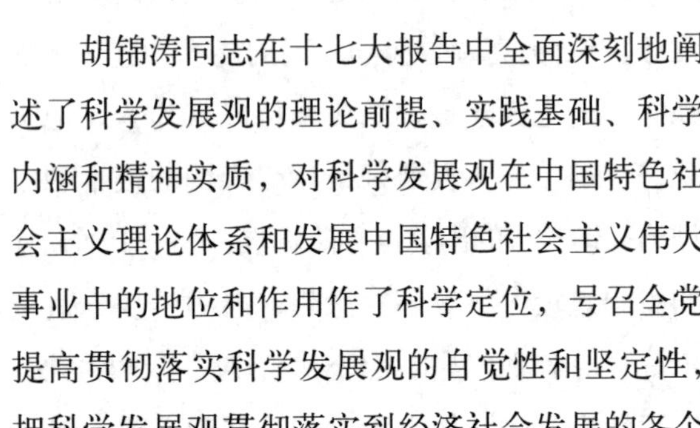

胡锦涛同志在十七大报告中全面深刻地阐述了科学发展观的理论前提、实践基础、科学内涵和精神实质，对科学发展观在中国特色社会主义理论体系和发展中国特色社会主义伟大事业中的地位和作用作了科学定位，号召全党提高贯彻落实科学发展观的自觉性和坚定性，把科学发展观贯彻落实到经济社会发展的各个方面。

一、马克思主义关于发展的世界观和方法论的集中体现

一定的发展观受一定的世界观和方法论的指导。科学发展观是我们党创造性地运用马克思主义世界观方法论，说明和解决中国发展问题的马克思主义中国化的最新成果，科学地回答了实现什么样的发展、怎样发展这一基本问题。也就是说，搞清楚了中国特色社会主义的发展规律、发展理念、发展动力、发展主体、发展战略、发展思路、发展道路、发展模式、发展目标、发展规划、发展措施等一系列重大问题。科学发展观是马克思主义关于发展问题的世界观和方法论的集中体现。

科学发展观首先是辩证的发展观。科学发展观是建立在辩证唯物主义世界观方法论基础上的。发展就是事物辩证运动的过程。在原有基础上的重复，甚至倒退的运动都不是发展。当然，发展作为事物运动的状态，有慢、有快；有单一、有全面；有不均衡、有均衡；有不协调、有协调；有一时、有持续。科学发展观追求的是正常的、健康的、协调的、全面的、合理的发展。从马克思主义哲学世界观和方法论来看，发展应该是辩证的发展，辩证的发展是不断解决矛盾的发展，是各个要素、各个方面系统全面推进的发展，是兼顾各方的整合协调的发展，是有后劲的可持续的发展。科学发展观是对立统一的发展观，是全面的发展观，是协调的发展观，是可持续的发展观。

科学发展观又是唯物史观的发展观。科学发展观是建立在历史唯物主义基础上的。马克思主义哲学历史观的一个方面，是强调历史决定论，认为社会存在决定社会意识，社会历史发展，归根结底是生产力的发展所决定的，社会发展首先要解决好生产力的发展问题。

马克思主义历史观的另一个方面，是强调历史辩证法。首先，强调在社会发展过程中，不能仅仅把经济、生产力归结为发展的唯一因素，还要看到政治、文化、思想各方面因素在整体社会发展中的作用。其次，既重视人和社会发展的特殊性，又重视自然因素对社会与人发展的制约性。人是社会发展的积极的能动的主体，而人的发展、社会的发展又依赖于自然的发展，自然的发展制约人的发展和社会的发展，人类社会发展的过程一定要做到人与自然和谐发展。最后，强调人是发展的目的、发展的主体，而不仅仅是发展的手段。必须以人为本，把推进人的全面发展作为社会主义发展的根本目的，把满足人民群众的物质文化需要，作为推动经济社会发展的根本出发点和最终归宿。

从马克思主义历史观的高度认识发展问题，一是要认识到科学发展观是有重点的发展观。重点就是抓住最主要的东西、决定性的东西，就是生产力、经济、物质的东西。二是要认识到科学发展观是关于社会辩证法的发展观。就是讲发展重点的时候，还要讲其他因素的作用，讲人的作用和满足人的需要的目的。社会发展不等于单纯的经济增长，它内在地包括稳定、和谐、公正、公平、民主、价值等社会和人全面发展的目标。社会发展中的政治、经济、文化三大部分缺一不可，物质文明建设、政治文明建设、精神文明建设、和谐社会建设和生态文明建设缺一不可，社会发展是一个全面系统协调可持续的过程。

科学发展观还是尊重客观规律的发展观。正确处理好人的主观能动性和客观规律之间的关系，是全面落实科学发展观，解决以人为本，全面协调可持续发展的关键。我国是一个人口众多、资源相对不足的大国。随着向工业文明的迈进，人口、环境、资源等矛盾日益突出，成为制约发展的瓶颈。一定要把控制人口、保护生态环境、节约资源放到更加重要的位置，使人口增长与社会生产力相适应，使经济建设与人口、资源、环境相协调，积极倡导和推行循环经济，努力建设资源节约型和环境友好型社会，实现发展的良性循环，实现经济社会的持续健康发展与人和自然的和谐发展，推进整个社会走上生产发展、生活富裕、生态良好的科学文明发展之路。

二、中国特色社会主义理论体系的创新成果

邓小平理论、“三个代表”重要思想、科学发展观共同构成了既一脉相承、又与时俱进的马克思主义中国化的科学的理论体系。该理论体系依次回答了三大问题：什么是社会主义、怎样建设社会主义；建设什么样的党，怎样建设党；实现什么样的发展，怎样发展。以邓小平同志为核心的党的第二代中央领导集体创造性地回答了“什么是社会主义、怎样建设社会主义”，创立了邓小平理论，这是中国特色社会主义理论体系的开篇。以江泽民同志为核心的党的第三代中央领导集体在进一步回答“什么是社会主义、怎样建设社会主义”的同时，创造性地回答了“建设什么样的党、怎样建设党”的问题，创立了“三个代表”重要思想，这是中国特色社会主义理论体系与时俱进的新成就。十六大以来，以胡锦涛同志为总书记的党中央在继续深入回答前两个问题的基础上，创造性地回答了“实现什么样的发展、怎样发展”，提出了科学发展观等重大战略思想，这是中国特色社会主义理论体系的最新成果。

中国特色社会主义理论体系核心问题是回答发展问题。以胡锦涛同志为总书记的党中央，明确提出“以人为本，全面协调可持续发展”的科学发展观，提出“科学发展、和谐发展、和平发展”的新理念。科学发展观，是我们党坚持以邓小平理论和“三个代表”重要思想为指导，解放思想、实事求是、与时俱进，探索中国特色社会主义发展道路的创新成果。科学发展观同我党几代领导集体关于社会主义建设和发展的思想既一脉相承，又有新的创造，赋予

了我们党关于发展中国特色社会主义的指导思想以新的时代内涵。

三、必须坚持和贯彻的重大战略思想和重要指导方针

科学发展观是推进我国经济社会发展的正确的指导方针，是发展中国特色社会主义必须坚持的重大战略思想。科学发展观是立足于我国社会主义初级阶段的基本国情，总结借鉴国外发展经验，适应新世纪新阶段的发展要求，全面分析我国改革开放发展的关键阶段的阶段性特征而提出来的。

我国建国58年了，可以分为两个29年。第一个29年是在毛泽东同志领导下社会主义建设道路的探索阶段，一方面取得了伟大成就，另一方面走了曲折道路，有成功经验也有沉痛教训。毛泽东同志关于中国特色社会主义建设道路的探索是中国特色社会主义的实践和理论前提。第二个29年就是改革开放的29年，即以邓小平同志为核心的党的第二代中央领导集体开创的，以江泽民同志为核心的党的第三代中央领导集体成功推向21世纪的，十六大以来以胡锦涛同志为总书记的党中央继续推进的社会主义改革开放新阶段。正如胡锦涛同志在十七大报告中所说，新时期最鲜明的特点是改革开放，最显著的成就是快速发展，最突出的标志是与时俱进。从成就来说，经过改革开放，找到了中国特色社会主义的正确道路，开创了中国特色社会主义建设新局面，形成了中国特色社会主义理论体系，经济持续快速发展。生产力发展了，国力增强了，人民生活水平提高了。一方面，为全面建设小康社会、全面推进社会主义经济建设、政治建设、文化建设和社会建设提供了强大雄厚的经济基础和财力支持；另一方面，改革开放发展到今天，又遇到一系列新的矛盾和问题，我们党面临新形势、新任务、新要求，迫切需要科学地分析所面临的世情、国情、党情、民情，提出前瞻性的发展思路，破解进一步发展的难题。科学发展观正是适应这样的阶段性特征和基于这样的现实国情而提出来的，有相当强的政治性、前瞻性、战略性、现实性和针对性。面对纷繁复杂的矛盾，只有用科学发展观统领经济社会发展全局，我们的工作才能高屋建瓴，势如破竹，排除险难，不断走向新的胜利。

必须把科学发展观作为解决当前诸多矛盾和问题、推进经济社会发展必须遵循的基本原则和指导思想。党的十七大报告号召全党同志增强落实科学发展观的自觉性和坚定性，着力解决影响科学发展的突出问题，这就要求各级领导干部消除对科学发展观的片面理解，全面理解和深刻把握科学发展观的科学内涵和精神实质，把科学发展观落实到发展中国特色社会主义的各个方面。一定要从政治高度认识科学发展观。科学发展观实际上要解决四个可持续发展问题：一是实现经济发展的可持续，通过新型的经济发展模式，走出一条中国特色社会主义的低成本、低代价的经济发展道路；二是实现政治发展的可持续，通过建设社会主义政治文明，走出一条中国特色社会主义的民主政治发展道路；三是实现人文社会发展的可持续，通过社会主义精神文明建设，走出一条中国特色社会主义的文化繁荣道路；四是实现生态环境、人口、资源的可持续发展，通过生态文明建设，走出一条中国特色社会主义的资源节约型和环境友好型的建设道路。要在经济、政治、文化、社会、人的全面发展和党的建设的各个方面，全面落实科学发展观。

一定要从全局高度认识科学发展观。有一种观点认为，科学发展观好是好，但“在我这个地方不适合”，甚至在个别领导干部看来，与其加大财政投入搞环保，搞公共设施和文化设施建设，不如集中财力搞见效快的经济项目，这才算有政绩。在这种误导下，一些地方仍然违规上高污染、高耗能项目，违规使用土地，对环境问题、资源问题、社会和人的全面发展问题重视不够。推进经济社会和人的全面发展是全局性的问题，不注意治理局部发展带来的诸多矛盾和问题，势必影响全局发展，有害于全局。一定要克服片面性，以大局为重，全面落实科学发展观。

一定要从意识形态高度认识科学发展观。科学发展观不仅解决的是硬的、物质的、经济的发展，而且还要全面解决软的、精神的、政治的、人文的发展。一定要在意识形态的建设和领导方面，全面体现和落实科学发展观。因此，要全面理解和贯彻落实科学发展观，以科学发展观统领软实力、文化力、精神力、道德力、政治力的建设，强化党在意识形态领域的领导和控制能力。

一定要从改革高度认识科学发展观。在改革中出现的某些问题和偏颇，恰恰需要按照科学发展观的要求，积极推进改革才能解决。问题不是改革造成的，而是偏离科学发展轨道、工作中的偏差造成的。科学发展观要求我们必须坚定不移地坚持改革开放，坚持社会主义市场经济的改革取向。只有按照科学发展观的要求，继续推进和深化改革，才能解决发展中的问题。

一定要从战略高度认识科学发展观。科学发展观既立足于解决当前发展中存在的诸多矛盾和问题，更着眼于长远发展，着眼于解决长远发展中有可能产生的矛盾和问题。这就要求领导干部在落实科学发展观的实践中不搞短期行为，不搞“形象工程”、“面子工程”，不仅讲眼前，更要讲长远，一定要把科学发展观作为一项前瞻性的、长远性的、根本性的战略思想加以落实。

（作者：中国社会科学院常务副院长）

（选自《求是》2008年第2期）

探究“以人为本”最实质的诉求

李慎明

胡锦涛指出，科学发展观的“核心是以人为本”。全面准确地认识“以人为本”的科学内涵和精神实质，对于全面把握科学发展观的科学内涵和精神实质，对于增强贯彻落实科学发展观的自觉性和坚定性，具有核心的理论意义与实践价值。

一、何谓“人”，何谓“本”

科学理解“以人为本”中“人”和“本”的基本内涵，是完整准确地把握以“以人为本”为核心的科学发展观的前提。

（一）人是由全部社会成员组成的集合体中的“每一个”个人

从一定意义上讲，没有一个个有生命的个体，也就没有整个人类和人类历史。但人的普遍性存在方式，则是现实的个人以及他们的活动和物质生活条件。在《共产党宣言》中，马克思恩格斯这样描述未来理想社会：“代替那存在着阶级和阶级对立的资产阶级旧社会的，将是这样一个联合体，在那里，每个人的自由发展是一切人的自由发展的条件。”马克思恩格斯为我们阐明了“每个人”与“一切人”的历史规定性及其实现条件。

只有每个人都能自由发展，才可能有一切人的自由发展。马克思恩格斯正是从人的自由而全面的发展的角度来界定共产主义的本质特征的。在这里，马克思恩格斯强调的是作为个体的“每个人的自由发展”。社会中作为个体的每一个人，不能仅把“自己”当做具体、现实的人，而把“别人”当做抽象、虚幻的人。否则，就会出现“个人至上至尊”的个人英雄主义或自私自利的极端个人主义。

现在党中央提出，更多地关注困难群体，把广大人民群众的切身利益摆在更加突出的位置，使经济发展成果更多体现到改善民生上，这也就进一步体现了党在我国经济社会发展的新阶段更多地关注社会公平和共同富裕的新思路，无疑是以“以人为本”为核心的科学发展观的具体体现。

尤其需要指出的是，我们党将以“以人为本”为核心的科学发展观作为具体工作的指导思想，正是出于对全体人民幸福生活的高度关注，是以所有人的自由发展为最终目标的。在社会主义初级阶段，由于马克思恩格斯所设想的作为“一切人自由发展”条件的“每个人的自由发展”远未具备，理想的社会即“自由人联合体”尚不存在，社会成员中的每一个个体还不都是真正意义上的“自由人”。不仅失去人身自由被残酷奴役的儿童、“黑窑工”不是“自由人”,黑砖窑主及其打手也不是真正意义上的“自由人”;基本权益被滥用职权者所践踏、维权无路的人不是“自由人”,凭借权力任意践踏权益缺失者或利用权力贪污受贿、整日惴惴不安者也不是“自由人”。要真正使每一个人都得到自由全面发展,只有到共产主义社会才能实现。我们党提出的“以人为本”这一命题,蕴含了党在各个不同阶段的最低纲领与党的最高纲领的内在有机的统一。

(二)在阶级社会或有阶级的社会中,“以人为本”实质上是以最广大人民群众和他们的根本利益为本

马克思明确指出:“人的本质不是单个人所固有的抽象物,在其现实性上,它是一切社会关系的总和。”在阶级社会或有阶级的社会里,个人总是隶属于一定的阶级或阶层。从本质上说,在阶级或有阶级的社会里,不能以社会上的一切人及其根本利益为本,否则,无产阶级就始终摆脱不了被剥削、被压迫的命运,遑论最终解放全人类。在阶级或有阶级的社会里,绝大部分人民群众的根本利益是完全一致的,而极少数人的根本利益则是与绝大多数人民群众的根本利益相对立的。如果以这极少数人的根本利益为本,就必然会以牺牲绝大多数人民群众的根本利益为代价。只有到了大同世界,就是我们所说的共产主义,我们所说的“以人为本”,才能是以一切人为本。

在当代中国,“以人为本”,就是要坚持人民在中国特色社会主义事业中的主体地位,就是以工人、农民、知识分子等劳动者为主体、包括其他中国特色社会主义建设者在内的最广大人民群众为本。人民是国家的主人,一切权力属于人民;人民是推动各项事业发展的根本动力,发展的成果也应该由全体人民共享。我们党现在所讲的“以人为本”,本质上就是我们党的全心全意为人民服务的宗旨和这一宗旨的具体体现。

二、“以人为本”的理论基础与时代价值

(一)马克思主义关于人民群众是历史的创造者这一历史唯物主义的根本立场和基本原理,是坚持以人为本的理论基础

在人类历史发展的进程中,人本身是其物质生产和其他各种生产的基础。在人与物的关系上,在能动地认识世界与改造世界的关系上,人是根本性的因素。现实的社会生产力是劳动者与生产的物质条件的结合和统一。无论生产力的发展还是生产关系的变革,其主体都是人民群众。“以人为本”这个哲学命题实际上蕴含着以下重要思想:(1)发展的主体是人民群众;(2)发展的动力是人民群众的需要;(3)发展的尺度是人民需要满足的程度;(4)发展的目的是最大限度地满足人民群众的物质文化需要;(5)发展的终极目的是实现人的全面发展。这集中体现了我们党的根本宗旨和执政理念,体现了我们党坚持以最广大人民群众的根本利益为基本出发点和归宿点的鲜明政治立场,也体现了我们党既一脉相承又与时俱进的思想主张。

历史唯物主义是科学社会主义的哲学基础,当然也是中国特色社会主义的哲学基础。如果说当年因为有了历史唯物主义等基本原理,才使社会主义由空想发展为科学,那么,今天中国特色社会主义事业的每一步发展,都离不开历史唯物主义的导向和指引。按照历史唯物主义的观点,任何社会形态存在的根据,就在于它最终能够发展生产力,否则它就将失去存在的根据,终将退出历史舞台。在人类历史进程中,社会主义作为一种比资本主义更高的社会形态,其存在的根据就在于它能够解放被资本主义生产关系束缚的生产力,进而取代资本主义。处于初级阶段的中国特色社会主义是一种不成熟的社会主义,但在其不停顿地发展过程

中，一定能够通过坚持解放和发展生产力，坚持逐步消灭剥削、消除两极分化，最终达到共同富裕，从而实现其本质。

（二）坚持以人为本，是实现全面协调可持续发展的根本的理论前提

科学发展观的核心是“以人为本”，即以最广大人民群众的根本利益为本。这与“以物为本”、“以GDP为本”、“以少数人利益为本”等观点是鲜明对立的。所谓“以物为本”，就是见物不见人，忽视“以人为本”这个社会发展的根本目标。“以物为本”的片面性在于，只知道发挥物(即机器、设备和资本等“死劳动”)的有限效用，不知道人是生产力中最活跃、最革命的因素，人是第一可贵的，因而不能充分调动最广大人民群众的积极性、主动性、创造性，充分发挥人这一“活劳动”的最大效用，也就不可能产生最大的经济效益和社会效益。“以GDP为本”即以眼前利益为本，主要表现为单纯追求眼前的经济指标，采用近乎杀鸡取卵、竭泽而渔的发展方式，不惜严重破坏生态环境和子孙后代的根本利益，以牺牲最广大人民群众的长远和整体利益为代价。“以GDP为本”从一定意义上讲，是以个人升迁荣辱为本的不正确的政绩观的反映。“以少数人利益为本”，就是为极少数人或特殊利益集团说话做事，惟资本的马首是瞻。新自由主义的实质就是“以资本为本”、“以少数人利益为本”。上述种种发展观都是片面的、不可持续的发展观，归根到底都会损害最广大人民的根本利益。因此，坚持“以人为本”，就要反对“重物轻人”、“GDP崇拜”、“以资本为本”等不正常现象。只有真正坚持了“以人为本”，全面协调可持续发展才有最可靠的保障。

坚持“以人为本”的科学发展观，还需要良好的周边安全环境和国际环境，从而促进世界的和平与发展。国际垄断资本与霸权主义国家推行的强权政治和新自由主义，就其本质和实质来说，都是为其国际垄断资本服务的。因此，以“以人为本”为本质与核心的科学发展观的提出，对于推动经济全球化、政治多极化和国际关系民主化的深入发展，也有着十分重要的积极促进作用。

三、坚持“以人为本”需要澄清的若干理论认识问题

（一）正确认识“以人为本”在马克思主义理论体系中的应有地位，不能把马克思主义全部简单地归结为“以人为本”

有人认为，“整个马克思主义可以归结为以人为本”。这种看法值得商榷。“以人为本”作为马克思主义的重要观点和重要原则之一，必须以辩证唯物主义和历史唯物主义作为其理论基础与前提，准确地把握其思想内涵，作出恰当的理论定位。相反，如果把“以人为本”视为比辩证唯物主义和历史唯物主义还要根本的东西，用所谓的人学来取代辩证唯物主义和历史唯物主义，势必会陷入西方“人本主义”的历史唯心主义窠臼，使它从根本上失去科学的内涵和本质的规定。

（二）正确认识“以人为本”与我国古代民本思想的区别

我们党提出的“以人为本”与历史上的民本思想既有一定的继承关系，同时也存在本质区别。我国古代的民本思想反映出一些进步思想家、政治家在一定程度上对民众疾苦的体察和对民众力量的一种认知，包含着我国传统文化中的思想精华，有一定的历史进步性，但“民本”思想从来不是也不可能是中国古代思想的主流，更何况封建帝王只是把所谓“民本”主张当作一种“驭民”、“治民”之术，是作为维护君主专制统治的手段而提出的，从来没有也不可能真正做到“民本”。这种民本思想与我们党把人民的利益看得高于一切、坚持全心全意

为人民服务的宗旨，有着本质的不同。

（三）正确认识“以人为本”与西方人本主义特别是资产阶级个人主义的原则界限

人文主义是早期资产阶级在反封建、反教会斗争中形成的思想体系，它反对一切以神为本的旧观念，宣传人是宇宙的主宰，所以人文主义又被称作人道主义或人本主义。但需要指出的是，西方资产阶级的人道主义及其各种学说和流派，从唯心主义的历史观出发，从所谓不变的、普遍的、抽象的人性出发，实质是从资产阶级自身的根本利益出发，把本阶级的根本利益诉求，通过个人自由、个人价值、个人幸福等所谓人性或理性的基本要求表现出来。说到底，这一价值观是与私有制的经济基础相联系的，是维护剥削阶级生产关系的思想工具。与西方人本主义的唯心史观相对立，“以人为本”的思想坚持历史唯物主义的基本立场，肯定人民群众在社会活动中的主体地位，坚持人民是推动人类历史发展的根本动力。在价值观上，西方人本主义往往主张以“个人本位”、以“自我中心”为主要的价值追求。这与我们党所坚持的以人为本思想同样有着本质区别，不能混为一谈。

有论者认为，我们包括经济体制和政治体制改革在内的全部改革的思想理论基础，就是资产阶级经济学的老祖宗亚当·斯密的“看不见的手”。把这只“看不见的手”意译过来，就是人的本质是自私的。这种说法认为，每个人的天性或本质就是追逐、聚敛财富的贪婪欲望；既然“以人为本”是科学发展观的核心，那么，追逐、聚敛财富的贪婪欲望就是“以人为本”的核心，是社会发展的原动力；“以人为本”，就是要以这种“贪婪欲望”为本，最大限度地调动这种“贪婪欲望”的积极性、主动性、创造性，这样，贯彻落实科学发展观就有了根本前提和可靠保障。这一观点值得商榷。

人之初，性本善还是性本恶？此类问题已争论了几千年。持性恶论者认为，由于人的自然本性是自利的，人为了获取私利必然危害他人，因此国家需要设计严格的制度加以防范；既然人的本质是自利的，那么，作为特定阶级和集团代言人的国家的本质也是自利的。因此，人剥削人、人压迫人的社会制度天然合理、万古长存。而持性善论者认为，人的自然本性是善的或向善的，因此无须建立一个健全的制度包括人民民主专政，只要唤醒所有人的良知，依靠人的善的本性和善良意志，就可以建立一个理想的社会。

在人类社会相当长的时段内，自私观念的产生具有一定的历史进步性，但随着历史的发展和进步，其局限性和腐朽性便逐渐充分显现出来。自私不是人类历史上从来就有的，因而也不会是永恒的。随着人类社会的演进，随着公有制最终全面的确立，人们的自私心理最终必然会被消除。这就是在更高层次上的否定之否定。

我们正在建设的社会主义仅仅是共产主义的第一阶段或低级阶段，且现在仍处在其初级阶段。这个社会主义初级阶段是从半殖民地半封建的旧中国脱胎而来，在经济、政治、文化诸方面难免会带有旧社会的痕迹。正因为如此，我们党现阶段的经济政策充分考虑并照顾到了人民群众的觉悟。这是问题的一个方面。另一方面，我们也应充分看到，我们已经建立了公有制为主体、多种所有制经济共同发展的经济制度，以及为之服务的社会主义上层建筑及其相应的思想道德观念。这也是一种客观存在。立足于这一客观存在，逐步解放生产力、发展生产力，消灭剥削，消除两极分化，最终达到共同富裕，就可以逐步地消除人们在物质利益方面的自私心理。我们在制定路线、方针、政策时，必须从生产力与生产关系、经济基础与上

层建筑的辩证关系出发加以考虑安排。

我们不赞成人的本质都是自私的观点。我们提倡公私兼顾，尤其是在国家、民族的根本利益和个人利益发生冲突的时候，优先服从国家和民族的利益。否则，就根本无法解释千万革命先烈为我们革命事业所作出的牺牲。人的本质是自私的观点实质是私有制观念的产物，同时也是维护私有制的理论根基。在计划经济时代，我们在强调集体和国家的利益时，有严重忽略个人利益的现象。但在建立社会主义市场经济的过程中，我们决不能重蹈西方极端个人主义和拜金主义的覆辙，而要切实加强政治文明和精神文明建设，在尊重个人利益和个人选择的基础上，使个人利益与集体利益、国家利益有机地协调起来。学习贯彻科学发展观，关键是身体力行。党员领导干部应该率先垂范。

四、在贯彻科学发展观和构建和谐社会中坚持“以人为本”

（一）把“以人为本”的理念置于贯彻落实科学发展观的中心地位和全过程

政治路线确定之后，干部就是决定的因素。能否真正做到以人为本，关键在党的各级领导干部。从一定意义上讲，关键在于党的各级领导干部的思想理论水平。科学发展观是马克思主义中国化的最新理论成果，要把以人为本作为我们党在新时期的执政理念和要求，置于贯彻落实科学发展观的中心地位和全过程，就必须高度重视并采取得力举措，不断提高全党的马克思主义的理论水平。全党各级领导干部马克思主义的基本理论水平得到进一步提高，贯彻落实以“以人为本”为核心的科学发展观也就有了可靠的思想基础。从一定意义上讲，我们党、国家、民族有无光辉灿烂的希望，根本上取决于全党的马克思主义理论水平，取决于党的各级领导干部特别是高级领导干部的马克思主义理论水平。

（二）必须把“以人为本”作为构建社会主义和谐社会的重要指导原则

“以人为本”是社会主义和谐社会基本特征的集中体现，坚持“以人为本”对构建社会主义和谐社会具有重要的指导意义。胡锦涛同志提出了社会主义和谐社会的六大特征，其内容也都充分体现了“以人为本”的本质要求。构建社会主义和谐社会，最根本的是必须始终在坚持和完善社会主义基本制度的前提下，着眼“以人为本”，把发展作为第一要务，为构建社会主义和谐社会创造雄厚的物质基础：必须在构建社会主义和谐社会的实践中，着眼“以人为本”，重视人民群众的切身利益，并把眼前利益与长远利益有机、有效地统一起来，正确处理公平与效率的关系，以不断满足人民群众的物质文化需求。

（三）必须毫不动摇地坚持“一个中心，两个基本点”的党的基本路线，为坚持“以人为本”创造根本的政治保证

党中央一直强调，只要不发生大规模的战争，就必须毫不动摇地坚持以经济建设为中心。因此，对于发展这一党执政兴国的第一要务，我们必须“咬定青山”不动摇，否则就要犯历史性错误。四项基本原则是我们党、国家生存发展的立国之本和政治基石，必须毫不动摇地坚持下去。改革开放是强国之路，是我们党和国家发展进步的活力源泉，是决定当代中国命运的关键抉择。总之，一个中心和两个基本点是“成套设备”。胡锦涛同志在十七大报告中指出：“贯彻落实科学发展观，要求我们始终坚持‘一个中心、两个基本点’的基本路线。”只有坚持把以经济建设为中心同四项基本原则、改革开放这两个基本点统一于建设中国特色社会主义的伟大实践，全面贯彻落实以“以人为本”为核心的科学发展观才有可靠的政治保证。

（作者：中国社会科学院副院长）

（选自《社会科学报》2008年1月3日）

文化大发展大繁荣体现科学发展战略

王能宪

胡锦涛总书记在十七大报告中号召，“兴起社会主义文化建设新高潮”，“更加自觉、更加主动地推动文化大发展大繁荣”，这是从全面建设小康社会、实现中华民族伟大复兴的高度提出的重要论断，充分体现了我们党科学发展的战略思想。

第一，文化建设与经济建设、政治建设、社会建设协调发展，相互促进。现在人们经常用“硬实力”和“软实力”来形容一个国家在经济、军事与文化、外交方面的实力。任何一个国家，如果只是经济和武力强盛，而文化、外交方面的影响力不够，就算不上世界强国。我们国家今天还处在发展中国家的地位，但中华民族走向富强则是十几亿炎黄子孙的不懈追求和梦想。党的十五大提出“综合国力”，强调“社会主义现代化应该有繁荣的经济，也应该有繁荣的文化。”“只有经济、政治、文化协调发展，只有两个文明都搞好，才是有中国特色社会主义。”党的十六大提出全面建设小康社会，认为“当今世界，文化与经济和政治相互交融，在综合国力竞争中的地位和作用越来越突出。”“全党同志要深刻认识文化建设的战略意义，推动社会主义文化的发展繁荣。”十六大以后，以胡锦涛同志为总书记的党中央，提出科学发展观和构建社会主义和谐社会，坚持协调发展和全面发展，加强文化、教育、医疗等社会事业建设，由中国特色社会主义经济建设、政治建设、文化建设“三位一体”，发展为经济建设、政治建设、文化建设、社会建设“四位一体”，中国特色社会主义现代化建设的发展战略和总体布局越来越清晰，越来越明确。我们要建设富强、民主、文明、和谐的社会主义现代化国家，没有文化的充分发展和繁荣是不可想象的，因此，必须“更加自觉、更加主动地推动文化大发展大繁荣”。

第二，创造属于我们这个时代的伟大文化成果。文化创新，主要包括思想理论的创新、文学艺术的创新和科学技术的创新。无论是思想、艺术还是科技的创新；无论是原始创新、集成创新还是引进消化再创新，镌刻着“中国制造”的自主创新，对于民族进步和社会发展的重大意义是不言而喻的。党的十六大提出“尊重劳动、尊重知识、尊重人才、尊重创造，这要作为党和国家的一项重大方针在全社会认真贯彻。”“放手让一切劳动、知识、技术、管理和资本的活力竞相迸发，让一切创造社会财富的源泉充分涌流，以造福于人民。”这一诗意的表述，又被胡锦涛同志再一次在十七大报告中予以重申：“进一步营造鼓励创新的环境，努力造就世界一流科学家和科技领军人才，注重培养一线的创新人才，使全社会创新智慧竞相迸发，各方面创新人才大量不断涌现。”在这样开明的方针政策感召下，每一位有志于报效祖国的专家、学者、作家、艺术家、科学家，乃至于每一位普通劳动者，都应当“人尽其才、才尽其用”，“各尽所能、各显神通”，竭尽自己的聪明才智，张开想象的翅膀，奋力飞向自由创造的理想王国——真正形成“百花齐放、百家争鸣”的大发展、大繁荣局面，创造属于我们这个时代的思想理论高峰、科学技术高峰和文学艺术高峰。

第三，人民群众的文化权益必须得到切实保障和有效实现。我国宪法规定，公民具有从事文化创造、参与文化活动、享受文化生活的权利。人民群众的文化权益，不仅受到法律的保护，也是党和政府关注民生、改善民生的重要方面。胡锦涛同志在十七大报告中反复强调，加强社会主义文化建设，是为了不断满足人民群众日益增长的精神文化需求，要更好地保障人民群众的文化权益。不久前，中央政治局召开会议，专门研究加强公共文化服务体系建设，会议指出，加强公共文化服务体系建设的目标任务是，按照结构合理、发展平衡、网络健全、运行有效、惠及全民的原则，以政府为主导、以公益性文化单位为骨干、鼓励全社会积极参与，努力建设公共文化产品生产供给、设施网络、资金人才技术保障、组织支撑和运行评估为基本框架的覆盖全社会的公共文化服务体系，切实保障人民群众看电视、听广播、读书看报、进行公共文化鉴赏、参加大众文化活动等基本文化权益。这里，特别强调了政府的责任和惠及全民的原则，可见党中央以务实的态度，着力解决好人民群众最关心、最直接、最现实的利益问题。广大文化工作者，更应当坚持为人民服务、为社会主义服务的方向，为文化的大发展大繁荣，为满足群众日益增长的精神文化需求，提高群众的文化生活质量，实现群众的文化权益，作出应有的贡献。这是文化工作者和文化部门贯彻落实科学发展观的题中应有之义，是其责任和使命之所在。

第四，中华民族的伟大复兴必然伴随中华文化繁荣兴盛。一个国家、一个民族要自立于世界民族之林，必须有强盛的经济、昌明的政治和繁荣的文化。中华民族要实现伟大复兴，也必将是经济、政治、文化的全面复兴。甚至从一定意义上说，文化的复兴及其所达到的高度和成就，较之于经济和政治更具有持久的竞争力和永恒的生命力，因而其地位和作用显得尤为重要。可以说，一部人类文明发展史，就是各民族、各地域文化创造的历史。当一个时代一旦成为历史，它留给后人的就只有两个字：文化。因为，一切物质的东西都会随着时间的推移化为尘土，唯有精神文化的创造在历史长河的淘洗中显示出永恒的光辉。这正如大诗人李白所言：“屈平词赋悬日月，楚王台榭空山丘。”中华民族具有辉煌灿烂、博大精深的古代文化，对人类文明作出过重大贡献，是世界上最伟大的民族之一。如何实现中华文化的传承、整合、重建与创新，是摆在每一个炎黄子孙面前的严肃而重大的课题。胡锦涛总书记在报告中强调：“弘扬中华文化，建设中华民族共有精神家园。”并指出：“中华文化是中华民族生生不息、团结奋进的不竭动力。要全面认识祖国传统文化，取其精华，去其糟粕，使之与当代社会相适应、与现代文明相协调，保持民族性，体现时代性。”这些应当成为我们继承弘扬传统文化，实现中华文化伟大复兴的行动指南。

（作者：中国艺术研究院副院长）

（选自《光明日报》2008年1月18日）

从科学发展的政治价值看科学发展观的政治意蕴

方世南

推进当代中国的科学发展具有十分丰富而深刻的政治价值，科学发展观作为揭示发展的本质和规律并指导发展的科学世界观和方法论，有着深刻的政治意蕴。邓小平认为，当代中国的发展问题，“这不只是经济问题，实际上是个政治问题”。要求我们对发展问题，经济问题首先应当从政治角度去看，不能把经济问题只看成是纯粹的经济问题。他说：“经济工作是当前最大的政治，经济问题是压倒一切的政治问题。”这为我们深刻领会科学发展的政治价值以及科学发展观的政治意蕴，提供了一个崭新的视角。科学发展观作为马克思主义中国化的重大理论创新成果，作为中国特色社会主义理论体系的重要组成部分，是我党出于政治考虑，从政治稳定和政治发展大局的高度提出来的，反映了中国共产党对于促进世界普遍繁荣和持久和平稳定的国际政治思想。

一、科学发展观体现了我党执政为民与执政兴国的政治理念，贯彻落实科学发展观是协调好党与人民的关系，提高党的执政能力的关键

坚持科学发展并在总结发展的经验教训基础上，对于发展的目的、发展的动力、发展的价值、发展的内涵和要求等形成正确的总体看法与根本观点，形成推动中国经济社会又好又快地发展的科学发展观，反映了我党坚定的政治信念和高超的执政能力。中国共产党作为世界上最大的执政党提出科学发展观，既是当代中国政治发展中的一次重大理论创新，也是推进当代中国政治发展的重大实践举措。只有从政治的角度理解科学发展观，才能从理论的本质和从理论的深度上正确把握科学发展观的精髓与价值。

要从政治的高度看待科学发展观的内涵、实质、地位和价值，将科学发展观视为科学的政治观。笔者认为，对于科学发展观的理解，不能仅仅停留在一个浅表的认识水平上，如将科学发展观仅仅看做是一个用来宏观调控、治理整顿、解决当前经济发展中的一些矛盾问题的观点。科学发展观之所以是科学的政治观，是因为科学发展观是显示着强烈的政治色彩，体现着我党的执政理念、执政宗旨、政治路线和政治发展等多样性丰富内容的政治价值观体系。

科学发展观的提出表明我党执政能力的提高。我党的执政能力是由多种能力所构成的能力系统。其中，协调好党与人民群众的关系，推

进社会主义民主政治发展的能力，是在执政能力系统中起着主导性和全局性作用的最为根本的能力。党与人民的关系是当代中国政治最重要、最关键和最核心的关系。社会和谐的根本是党与人民关系的和谐。按照唯物史观，人民群众是社会历史活动的主体，党是代表人民群众意志和利益的先锋队。党与人民存在着天然的血肉联系，离开了人民，党的事业就一无所成，党的执政就失去根基。社会主义民主政治的本质是让人民成为政治生活的主体。任何将党与人民分割开来或对立起来的做法都是错误的。中国共产党成立伊始，就把实现中国人民的根本利益作为根本宗旨、价值取向和奋斗目标，党除了最广大人民群众的利益，没有自己的任何特殊私利。科学发展观的第一要义是发展，发展是我党执政兴国的根本，也是搞好党与人民关系的根本。发展并不是目的，发展的根本目的是为了实现好、维护好最广大人民的根本利益，是为了提高人的素质，保障人的权益，促进人的自由而全面的发展。只有在科学发展观指导下又好又快地发展，才能充分显示出社会主义制度的优越性，充分显示出我党是一个始终代表人民群众利益，为人民群众谋福祉的先进性政党。

要做到执政为民，必须通过科学发展达到执政兴国和执政富民。执政为民与执政兴国和执政富民是紧密联系的，它们之间存在着互为前提和相互作用的辩证关系。如果不能科学发展，就不可能增强中国的综合国力，不可能让人民群众真正地富裕起来，在人民群众处于物质和精神文化的贫困状态下，执政为民和以人为本等说法都是毫无实际意义的空话。邓小平指出："社会主义要消灭贫穷。贫穷不是社会主义，更不是共产主义。"人民所奋斗的一切都同利益有关。人民群众的利益表现为一个内容丰富的利益系统，既有经济利益，又有政治利益和文化利益，还有涉及人与自然关系的生态利益。其中经济利益是基础，它对政治利益、文化利益和生态利益起着直接的决定作用。要满足人民群众的各种利益，推动发展并让发展的成果惠及全体人民，就成了党执政兴国的第一要务。在新时期，提高党的执政能力，就必须提高党领导发展的能力。只有通过大力发展生产力，向人民群众提供丰富的物质财富和精神财富，促进人民生活水平不断改善和提高，并在此同时保证人民群众的政治利益、文化利益和生态利益，坚持走生产发展、生活富裕和生态良好的文明发展道路，为子孙后代的永续发展营造更好的发展空间，党才能得到人民群众的支持和拥护，才能促进当代中国的政治稳定，推进中国民主政治的发展。

二、科学发展观注重了中国社会文明的整体进步，贯彻落实科学发展观是促进中国的政治稳定和政治发展，构建社会主义和谐社会的保障

社会是一个由各种要素所构成的有机系统，科学发展观注重的是社会系统的整体协调和可持续发展，追求的是社会文明的整体进步。而非科学的发展观则是一种无视社会系统整体性存在的形而上学的观点，实行的是片面发展、单一发展和不可持续的发展。从政治后果上看，用科学发展观指导实践，必然有利于社会文明系统的全面进步，有利于当代中国的政治稳定和政治发展，从而建设好以人为本与各种文明协调发展的社会主义和谐社会。而坚持非科学的发展观，必然导致文明系统的紊乱，使社会各种矛盾激化，不利于社会的政治稳定和政治发展。

按照马克思的社会有机体理论，社会是一个类似于生物机体的各种器官，按照一定的系统规律进行活动的有机体。在《哲学的贫困》中，马克思提出了"社会有机体"的概念，他在批判蒲鲁东时指出："谁用政治经济学的范畴构筑某种思想体系的大厦，谁就是把社会体系的各个环节割裂开来，就是把社会的各个环节变成同等数量的依次出现的单个社会。其实，单凭运动、顺序和时间的唯一逻辑公式怎能向我们说明一切关系在其中同时存在而又互相依存的社会机体呢？"在马克思看来，社会有机体就是指由人和全部社会生活条件、要素构成并相互依存和相互作用，具有内在联系而且不断地运动、变化和发展着的有机整体。社会有机体理论则是一个从总体性的高度观察社会，将全部社会生活领域的各种事物和各种现象，看做是在实践基础上生成和发展的有机系统，从而阐明人类社会是一个有机联系着的系统性、总括性和整体性的学说。作为社会发展积极成果积淀的社会文明表现为多样性的文明系统，即表现为社会物质文明系统、政治文明系统、精神文明系统、生态文明系统以及社会文明系统等构成的整体文明系统，包容在这一整体文明系统中的各个领域、各种要素，彼此处于相互影响、相互制约、相互作用、互为前提和互为中介的关系之中。社会和谐是社会文明的表现形式和进步状态，是社会整体文明交互作用和力量整合的结果。科学发展观的全部内容都显示出要在中国社会文明的整体进步中促进社会和谐的价值诉求。贯彻落实科学发展观，就是要促进中国社会的整体文明进步。即以生产力的不断发展和人民群众达到共同富裕为标志的物质文明的进步，以社会主义民主和法制更加健全为目标的政治文明的进步；以先进文化不断发展、社会主义核心价值体系深入人心、全民族的文明素质不断提高为特征的精神文明的进步；以人与自然不断和谐，社会能够达到永续发展为内涵的生态文明的进步，以切实维护和实现社会公平和正义，增强社会建设与管理，促进社会稳定和发展为宗旨的社会文明的进步；物质文明、政治文明、精神文明、生态文明以及社会文明组成了当代中国的整体文明系统。建设好社会整体文明，就能实现社会建设与经济建设、政治建设、文化建设以及生态建设之间的良性互动，全面推进，使中国的政治稳定和政治发展迈进更高的阶段。

在科学发展观视野内，由物质文明、政治文明、精神文明、生态文明和社会文明所构成的文明系统是紧密联系、不可分割的关系。物质文明建设是社会文明整体系统工程中具有奠基石性质的固本强基工程。物质文明为改善民生和推动政治发展奠定雄厚的物质基础。物质文明建设不仅决定着政治文明建设的方方面面，而且制约着教育、科学、文化发展水平以及人们的思想道德水平，还对生态环境建设以及生态文明的发展起着决定性的影响作用。政治文明是社会文明整体系统工程中的重要支柱。发展社会主义民主政治、建设社会主义政治文明，是中国特色社会主义事业的重要组成部分，也是构建社会主义和谐社会的重要政治保障。精神文明是推动社会进步的思想保证、精神动力和智力支持。建设和谐文化与社会主义核心价值体系，是加强精神文明建设的重要内容。任何社会形态不可能没有经济，不可能没有政治，也不可能没有文化。经济、政治和文化三者相互影响、相互制约和相互作用，构成了不可分割的有机整体。在这个统一的有机整体中，经济是政治和文化的物质基础，政治是经济的集中表现和根本保证，文化则是经济和政治的必然产物和精神动力。社会进步还需要通过社会文明表现出来。社会文明是涉及社会公平与正义、社会公共事务与管理、体现社会稳定和文明程度的文明。切实维护和实现社会公平和正义，是推进社会文明的重要内容。社会建设与管理水平也是体现社会文明的重要方面。社会文明建设还必须通过切实处理好新形势下的人

民内部矛盾，维护好社会稳定表现出来。生态文明为社会和谐提供牢固的自然基础。生态文明主要通过人对待自然界的友好文明的态度表现出来，如具有文明的生态文化价值观、文明的环境保护意识以及有利于生态环境发展的科学的生活方式、生产方式以及行为方式等。促进人与自然的和谐，在此基础上达到生产发展、生活富裕和生态良好的目的，是构建社会主义和谐社会的重要任务。科学发展观体现了社会整体文明协调发展的理念。科学发展观的第一要义是发展，发展主要表现为经济的发展，并由此推动物质文明的进步，但是，发展又不是单一的经济发展，发展理所当然地包括了政治文明的发展、精神文明的发展、社会文明的发展和生态文明的发展，是社会文明的全面整体的发展。科学发展观的核心是以人为本，要做到以人为本，首先需要物质文明的发展来满足人民的物质生活需要，需要政治文明的发展来满足人民的政治需要，需要精神文明的发展来满足人民的精神需要，需要生态文明的发展达到人与自然的和谐，需要社会文明的发展，来促进人与人、人与社会关系的协调和谐。科学发展观的五个统筹协调，实质上针对的是社会整体文明中不协调而凸显出来的五大问题，涉及到社会整体文明系统中的物质文明、政治文明、精神文明、生态文明以及社会文明等诸多方面不协调的问题，统筹协调好这些矛盾和关系，就能促进中国社会整体文明的全面进步。

三、科学发展观显示了中国共产党对于全球发展的政治责任，贯彻落实科学发展观是构建和谐世界的实际举措，具有广泛而深远的国际政治意义

当今世界是一个高度开放的世界，国内政治与国际政治是紧密联系、不可分割的。科学发展观的政治价值不仅体现在国内政治上，还体现在国际政治上。科学发展观是一种始终坚持和平发展的发展观，显示了中国共产党对于推动全球发展和全球政治稳定的重大政治责任。贯彻落实科学发展观是构建和谐世界的实际举措，具有广泛而深远的国际政治意义。

科学发展观的重要特征是坚持和平发展，着眼于全球发展与国内发展的互动性和双赢性。社会有机体是开放的系统，国内社会是国际社会的一个组成部分，国际社会则是国内社会不可分割的大环境。科学发展的视阈是世界性的。科学发展观强调中国作为世界上最大的发展中国家，奉行独立自主的和平外交政策，主要依靠自己的力量实现发展目标，同时与世界上坚持和平发展的国家展开广泛的合作。坚定不移地高举和平、发展、合作的旗帜，坚定不移地走和平发展的道路，坚定不移地维护国家的主权和安全，在国内努力建设和谐社会，并同世界各国一道努力建设持久和平、共同繁荣的和谐世界。这充分体现了我党对于人类社会发展规律的认识、对于中国特色社会主义建设规律的认识以及对于中国共产党执政规律的认识达到了一个新的境界。

科学发展观建立在对当今时代以及时代主题的正确判断的基础上，体现了我党高瞻远瞩的国际政治战略眼光。时代问题是重大问题和根本问题。对于马克思主义执政党来说，科学地认识时代和时代的主要特征，正确地把握时代的主题并据此提出科学的应对策略，有着重要的国际政治意义。科学发展观视野内的发展，既指国内发展，又包括全球发展。和平与发展是当今时代的主题。发展问题又是核心问题。和平与发展是相辅相成的。世界和平是促进各国共同发展的前提条件。没有世界的长期而持久的和平，就没有发展的环境氛围以及发展的条件和发展的可能性。不仅新的建设无法进行，而且以往的发展成果也会因战乱而毁灭。无论对于小国弱国还是大国强国，战争和冲突都是灾难。只有和平发展，才能推动人类社会朝着普遍繁荣和持久和平稳定的和谐世界迈进。科学发展观反映了世界人民的普遍愿望和共同心声。科学发展观体现出的和平发展文化，是人类新时期具有普适性价值的政治文化中的重要内容。

科学发展观作为揭示发展的本质和规律的世界观和方法论，对于世界的发展，特别是对于发展中国家的发展也具有重要的借鉴价值。现在的世界是高度开放的世界，发展具有明显的全球关联性和互动性的特征。发展不仅是发展中国家最为紧迫的任务，也是解决全球各种问题的根本之策和基础条件。各国的共同发展是保持世界和平的重要基础。没有世界的普遍繁荣和共同发展，世界和平不可能到来。中国的发展离不开世界的发展，世界的发展需要中国的发展。在世界各国处于紧密联系和相互影响、相互作用的今天，发展必须强调全面性、系统性和普遍性。只有促进全球协调、平衡、普遍和共同发展，才能实现世界的持久和平与稳定。一个国家或一个地区经济上长期处于落后与贫困状态，不但容易受到霸权主义、强权政治的凌辱和欺负，在国内也往往因为不能满足人民群众的生存和发展的需要以及不能实现公平与正义而成为诱发社会动荡和矛盾冲突的一个重要因素。当前国际社会中的许多不安定的因素，大都起因于发展的不平衡和不充分。全球出现的贫者愈贫、富者愈富现象，不利于世界整体的和平发展。达到全世界的普遍发展和共同繁荣，而不是贫富差距悬殊，是世界各国共同的价值诉求和普遍的愿望。坚持科学发展观，走和平发展道路，中国将会对世界的和平发展作出更加重要的贡献。

科学发展观所确立的和平发展思想是对中华民族古老的和平思想、和谐文化传统的继承与发展，返本与开新。正在和平发展道路上快速前进的中国，将会对整个世界的和平与发展事业作出越来越重要的贡献。饱受外国列强侵略和伤害的中国倡导科学发展观，显示出中国比世界上任何国家都深知和平环境之弥足珍贵，发展价值之弥足崇高，会始终不渝地把自身的发展与人类共同进步联系在一起。中国的和平与发展，是世界和平与发展事业的重要组成部分，是对世界和平与发展事业的重大贡献。政治稳定与经济与社会又好又快发展的中国有助于世界的和平与发展。中国的和平发展，并在和平发展中提升自己的国际地位，已受到全世界的关注。中国的和平发展道路表明，中国人民始终同世界上一切爱好和平与发展的人民一起，共同致力于促进世界和平与发展的崇高事业，推进世界朝着丰富多彩的多极化方向发展。

科学发展观高举和平发展的旗帜，坚持和平发展的道路，内在地蕴含着在发展过程中要积极地对待中华文明的历史传统，整合中华文明的积极成果，为社会主义现代化建设服务。要积极地向全世界推介中华文明，特别是推介中国特色的社会主义文明，又积极地在多样性文明交流中吸纳别的民族的文明，达到中国古人很早就强调的“兼取众长、以为己善”的目的。为此，科学发展观是承认世界文明多样性和积极倡导跨文明对话的发展观，主张全球发展模式的多样性，倡导多样性发展模式的平等性和互补性，要以交流代替封闭，以沟通代替隔阂，以对话代替对抗，推进全世界的和平与发展事业，科学发展观的国际政治意义必将在全球今后的发展实践中越来越充分地显示出来。

（作者：苏州大学马克思主义学院副院长）

（选自《中共云南省委党校学报》2008年第2期）

科学发展观对社会主义的新认识和新视角

周治滨

科学发展观是我们党坚持以邓小平理论和“三个代表”重要思想为指导，在准确把握世界发展趋势、认真总结国内外发展经验、深入分析我国发展的阶段性特征的基础上提出来的。它在发展的本质、目的、内涵和要求等一系列重大问题上突破了传统社会主义发展理论，用一系列新思想、新观点、新论断丰富和深化了我们对社会主义发展规律的认识，同时也给我们在新世纪新阶段如何进一步深化对社会主义的认识，以方法和视角上的新启迪。

一、科学发展观对社会主义发展理论的新认识和新突破

首先，科学发展观坚持将“又好又快”作为发展的第一要义，创新和发展了马克思主义关于生产力在社会发展中的决定性作用的观点。马克思主义发展理论认为，生产力是推动社会发展、人类进步的决定性力量。马克思恩格斯创立的唯物史观的革命性变革，就在于充分肯定了物质资料的生产方式在社会发展中的决定作用，揭示了生产力是人类社会发展的最终决定力量。他们指出，人类社会发展的历史，是各种生产方式在许多世纪过程中依次更迭的历史。物质资料的生产不仅是人类社会存在和发展的前提和基础，而且是形成人类一切社会关系的基础，决定着社会生活、政治生活和精神生活的过程。科学发展观坚持了马克思主义这一基本观点，强调发展首先是发展经济。但同时，科学发展观又指出，经济增长不等于经济发展，经济发展不等于社会发展和社会进步，因此，必须在坚持以经济建设为中心、聚精会神搞建设、一心一意谋发展的同时，把经济发展的重点转到推进经济结构调整和转变经济增长方式上来，坚持走一条经济效益好、发展成本低、发展质量高的又好又快的发展路子。从而克服和纠正了传统社会主义片面追求发展速度，忽视发展效益和质量的粗放式发展观念的弊端。

其次，科学发展观坚持将“以人为本”作为发展的核心内容，凸显了社会主义的核心价值和根本目的，克服了传统社会主义“重物轻人”的发展观念的弊端。所谓以人为本，就是以人民的利益为本，就是要关心人、尊重人、爱护人、理解人，把满足人的全面需求和促进人的全面发展作为经济社会发展的根本出发点和落脚点，围绕人们的生存、享受和需求，提供充足的物质文化产品和服务，围绕促进人的全面发展，推动经济和社会的全面发展。这也正是社会主义本质理论所坚持的“共同富裕”和“人的全面发展”这一社会主义的核心价值和根本目的。传统社会主义虽然也强调社会主义是人民当家作主的社会，但由于在理论上没有把人的需要上升为发展的首要目的，因而在实践中往往重经济发展速度，轻人民生活水平提高；重国家和集体利益，轻公民个人的权利和利益；重制度和生产关系的变革，轻人的发展要求。从而偏离了社会主义的核心价值和根本目的，也在一定程度上扭曲了社会主义社会的性质，动摇了人民群众对社会主义的信念，其教训不可谓不深刻。

第三，科学发展观坚持将“全面发展”作为发展的中心内容，揭示了人类社会发展和社会主义社会发展的基本规律，克服了传统社会主义“单一”发展观念的局限。人类社会是由经济、政治、文化组成的统一体，社会主义本质要求社会主义社会必须是物质文明、政治文明、精神文明、社会文明全面发展、全面进步的社会。物质文明为政治文明、精神文明、社会文明的发展提供必要的物质条件，政治文明为物质文明、精神文明、社会文明的发展提供政治保证和法律保证，精神文明为物质文明、政治文明、社会文明的发展提供理论指导、精神动力和智力支持，社会文明为物质文明、政治文明、精神文明的发展提供良好的社会环境。只有四个文明互相协调、互相配合、互相促进，社会才能顺利发展，人类才能不断进步。传统社会主义虽然也讲发展，但是却只关心经济的发展速度和人们思想觉悟的提高，而忽视了人们对丰富多彩的精神文化生活的需要和对政治发展、政治文明的追求，政治体制长期僵化，民主法制状况长期得不到改善，思想观念越来越保守，社会问题越来越严重，从而不仅造成了人民群众的普遍不满，而且也造成了四个文明建设之间的互不协调，加剧了体制内的冲突，成为导致传统社会主义走向失败的一个重要原因。

第四，科学发展观坚持将“协调发展”作为发展的基本原则，体现了经济建设的内在规律，克服了传统社会主义片面追求速度和重工业优先发展的弊端。所谓协调发展，就是要在发展中实现速度与结构、质量与效益的有机统一，促进发展的良性循环。世界各国的发展经验表明，保持一定的经济增长速度，是推动经济发展的基础，是实现结构、质量、效益目标的重要前提。没有经济的数量增长，没有物质财富的积累，就谈不上发展。但是，增长并不能简单的等于发展。如果单纯扩大数量，单纯追求增长速度，而不重视质量和效益，不重视结构的比例和经济、政治、文化的协调发展，就会出现增长失调，最终制约发展。传统社会主义在经济发展上的一个重大错误，就是片面追求重工业优先发展，造成了农轻重发展比例失调；片面追求速度，忽视效益，形成了一种粗放的发展模式。从而造成后继乏力，社会关系全面紧张，最后不得不在与资本主义的竞争中败下阵来。

第五，科学发展观坚持将“可持续发展”作为发展的重要理念，反映了随着时代进步人类对自身发展与环境和自然关系的深刻反思的最新共识，是对传统社会主义单纯经济增长观的突破和超越。人类对发展的认识经历了一个漫长的过程。最先，人们把发展仅仅理解为走向工业化社会或技术社会的过程，因此，在发展目标上追求单纯的经济增长，在发展方法上向自然界进行无穷的索取。结果，经济上去了，但是却出现了严重的分配不公、社会腐败和政治动荡；生活水平提高了，但是却出现了严重的环境污染、生态失衡和资源短缺，开始危及到了人的生存。正是在经济增长、城市化、人口、生态、资源等所形成的环境压力下，迫使人们对“增长＝发展”的模式产生怀疑并展开争论，从而产生了可持续发展理论，并在1992年联合国环境与发展大会上得到大家的认同而形成为全世界的共识。所谓可持续发展，就是要在经济

发展的同时，充分考虑环境、资源和生态的承受能力，用尽可能少的代价来获得经济的发展，在不牺牲未来需要的情况下，满足当代人的需求，以保持人与自然的和谐发展，实现自然资源的永续利用，实现社会的永续发展。传统社会主义的发展观，本质上也是单纯的经济增长观。我国人多地少，多数人类生存和发展必须的自然资源的人均占有量均大大低于世界平均水平。因此，坚持可持续发展的新发展观，不仅对于超越传统社会主义单纯的经济增长观，完善科学社会主义的发展理论意义重大，对于我国的社会主义现代化建设更具有切实的现实意义。

第六，科学发展观坚持将"统筹兼顾"作为发展的根本方法，是全面落实社会主义发展本质、发展目的的根本措施，同时也是对传统社会主义发展方式和发展方法的创新。由于社会主义强调把"人"作为社会主义的核心价值和根本目的，因而，社会主义社会本质上是一个人的全面发展与经济和社会全面发展的社会，是这两个历史过程的有机统一。这就要求我们必须坚持统筹兼顾的原则，正确认识和妥善处理中国特色社会主义事业中的重大关系，统筹城乡发展、区域发展、经济社会发展、人与自然和谐发展、国内发展和对外开放，统筹中央和地方关系，统筹个人利益和集体利益、局部利益和整体利益、当前利益和长远利益，充分调动各方面积极性。统筹国内国际两个大局，树立世界眼光，加强战略思维，善于从国际形势发展变化中把握发展机遇、应对风险挑战，营造良好国际环境。既要总揽全局、统筹规划，又要抓住牵动全局的主要工作、事关群众利益的突出问题，着力推进、重点突破。只有坚持统筹协调发展，才能实现社会系统的有序协调和平衡，才能在发展中保持社会的协调和稳定，从而体现出发展的阶段性和连续性的统一。

二、科学发展观认识社会主义的新视角和新特点

科学发展观不仅以一系列新思想、新观点、新论断丰富和深化了我们对社会主义发展规律的认识，同时也给我们在新世纪新阶段如何进一步深化对社会主义的认识，以方法和视角上的新启迪。

1. 更加注重人类社会的普适性价值，坚持用人类文明的共同成果去充实和发展社会主义。传统社会主义对社会主义理解的又一个错误，是总是戴着有色眼镜去看待资本主义和其他社会主义流派，凡事总是先要问一个姓"社"还是姓"资"，甚至发展到"凡是敌人拥护的，我们就要反对；凡是敌人反对的，我们就要拥护"。这种阶级斗争的思维结果，是把我们关在了人类社会普适性文明的大门之外，使得我们的思想越来越狭隘，社会主义发展道路越走越狭窄。

十六大以来，胡锦涛十分注重吸纳人类文明的共同成果来发展社会主义。在他的主政下，公平、正义、人权、人道、人性、自由、诚信、友爱、共赢、和谐、以人为本、分权制衡等过去在阶级斗争思维模式下，多多少少带有资本主义颜色的词汇，越来越多、越来越频繁地出现在国内主流媒体乃至党的重要文献上，成为当代中国共产党人的价值追求。2004 年 3 月 14 日，全国人大通过《中华人民共和国宪法修正案》，"国家尊重和保障人权"被庄重地写进了宪法，以国家根本大法的形式，向全世界鲜明地表达了中国共产党和中国政府对人权这一人类社会普适性价值的郑重承诺。2006年10月11日，党的十六届六中全会通过了《中共中央关于构建社会主义和谐社会若干重大问题的决定》，将构建"民主法治、公平正义、诚信友爱、充满活力、安定有序、人与自然和谐相处"的社会主义和谐社会确定为新世纪我们党的一个重大任务和奋斗目标。之后，我们党又提出了建设持久和平、共同繁荣的和谐世界的目标任务，将“民主、和睦、协作、共赢”作为发展对外关系的重要准则。建设和谐社会和和谐世界目标任务的提出，不仅使我们党在更广更大的范围内表达了对人类社会普适性价值的认同，更重要的是使我们更彻底地摆脱了过去那种阶级斗争思维模式，为我们党和国家更加主动地融入世界文明的发展潮流拓宽了更大空间。

2．更加注重人类社会发展规律，坚持用科学的态度和方法去认识和发展社会主义。在今年年初召开的全国组织工作会议上，胡锦涛引用了孙中山先生的一句话：“世界潮流，浩浩荡荡，顺之则昌，逆之则亡。”世界潮流是什么？就是人类社会共同发展规律。十六大以来，面对我国经济体制深刻变革、社会结构深刻变动、利益格局深刻调整、思想观念深刻变化以及社会经济成分、组织形式、就业方式、利益关系的多样化带来的新情况和新挑战，胡锦涛尤其强调尊重规律，坚持用科学态度对待新情况，用科学方法解决新问题。如针对收入分配、地区发展、城乡建设的不平衡，提出了五个统筹、协调发展的思想；针对社会结构异质化过程中社会矛盾的变化、不稳定因素的增多，提出了建设社会主义和谐社会的思想；针对资源约束和环境约束，提出了大力发展循环经济，走可持续发展道路，建设资源节约型和环境友好型社会的思想；针对世界各国工业化中期发展的经验和特点，提出了走自主创新道路，建设创新型国家的思想；针对政治发展难题，提出了以扩大党内民主带动人民民主，以增进党内和谐促进社会和谐的思想；等等。正是在这一系列思想认识的基础上，最后汇聚、形成了胡锦涛科学发展观重大理论成果。科学发展观之所以科学，就在于它科学地揭示了发展的内在规律，谋划了发展的布局、方式、进程、机制和重点，从世界观和方法论的结合上全面系统地回答了社会主义的发展是什么样的发展、为什么发展、为谁发展和怎样发展等基本问题，将我们党对发展问题的认识提升到了一个新的高度，宣示了我们建设的社会主义是全面发展、共同富裕的社会主义，我们追求的发展是惠及全体人民和子孙后代的发展，我们要走的发展道路是不同于资本主义的又好又快的发展道路。科学发展观的提出，标志着我国的改革发展将更加自觉，更加主动，更加具有原则性、系统性、预见性和创造性，经济社会发展将更好地纳入科学发展的轨道。

3．更加注重民生，坚持“以人为本”去认识和发展社会主义。2002年12月5日，十六大闭幕刚21天，胡锦涛就率领新当选的中央领导班子成员来到西柏坡，在重温毛泽东关于“两个务必”重要思想论述，号召全党同志特别是领导干部大力发扬艰苦奋斗作风的同时，响亮地提出了“权为民所用，情为民所系，利为民所谋”这一被海外媒体称为“新三民主义”的执政宣言。从那一时刻起，新一届领导班子便以广受赞扬的务实、亲民的形象，领导全国人民开始了新一轮长征。在胡锦涛的领导和关注下，民生问题被置于各级党委和政府工作的首位，从调整分配政策到提出以人为本的科学发展观，从温总理为民工讨工资到限定最低工资和全面解决低保，从解决嘉禾事件到通过物权法，老百姓的民生问题得到空前重视，权利得到空前保证和落实。

（作者：四川行政学院副院长、教授）

（选自《四川行政学院学报》2008年第5期）

贯彻落实科学发展观和加强党的建设

郑科扬

以人为本、全面协调可持续发展的科学发展观，是马克思主义中国化的最新理论成果。胡锦涛同志说："科学发展观，是对党的三代领导集体关于发展的重要思想的继承和发展，是马克思主义关于发展的世界观和方法论的集中体现，是同马克思列宁主义、毛泽东思想、邓小平理论和'三个代表'重要思想既一脉相承又与时俱进的科学理论，是我国经济社会发展的重要指导方针，是发展中国特色社会主义必须坚持和贯彻的重大战略思想。"我们党是中国特色社会主义建设事业的领导核心，要高举中国特色社会主义伟大旗帜、完成好所肩负的历史使命，就必须在履行执政职能的全部活动中，同时在加强自身建设的全部活动中，坚持以科学发展观为指导，认真贯彻落实科学发展观这个战略思想、战略方针。

一、科学发展观是新时期加强党的建设的重要指导思想和行动方针

（一）我们党要高举中国特色社会主义伟大旗帜不断前进，就要在党的建设中高举科学发展观的旗帜

一个政党举什么旗帜，表明这个党要实行什么政治主张、遵循什么理论、走什么道路、为什么人服务、朝着什么目标前进。所以，旗帜既展示党的形象，更体现党的本质。人民群众看一个党好不好，首先就看这个党举什么旗，是不是真正代表人民的利益和意志，能不能推动社会历史不断进步。中国特色社会主义伟大旗帜，是当代中国发展进步的旗帜，是全党全国人民团结奋斗的旗帜，是代表时代进步潮流和人民根本利益的旗帜。它来之不易，极其珍贵，我们要倍加珍惜，视同生命。高举中国特色社会主义伟大旗帜，最根本的就是要坚持走中国特色社会主义道路，实现科学发展，毫不动摇；坚持以包括科学发展观在内的中国特色社会主义理论体系指导思想和行动，毫不动摇。党领导伟大事业顺利发展，必须坚持这两个毫不动摇；党加强自身建设也必须坚持这两个毫不动摇。确保全党团结一致高举中国特色社会主义旗帜，坚持这两个毫不动摇，是党在新时期最根本、最重要的思想政治建设。

科学发展观同邓小平理论、"三个代表"重要思想既一脉相承又与时俱进，在深入回答什么是社会主义和怎样建设社会主义，中国要实现什么样的发展和怎样发展，我们要建设一个什么样的党和怎样建设党等基本问题上，把中国化的马克思主义推向了一个新的境界、新的高度。科学发展观这个马克思主义中国化的最

新理论成果，更全面而切实地反映了人民群众对社会主义现代化建设的殷切期望，更富有符合经济社会发展规律的时代气息和创新活力，更具有理论与实际相结合、改造主观世界与改造客观世界相统一的理论特质。我们高举中国特色社会主义旗帜，自然应当包括高举中国特色社会主义科学发展的旗帜。贯彻落实好科学发展观，使党的建设不断改进和加强同我国经济社会的科学发展更好地相互促进。这样，我们的工作就会更加符合人民群众的愿望，更加富有时代气息、更加富有实际成效。

（二）我们党要在新时期保持和发展先进性，就必须按照科学发展观的要求来建设自己、加强自己

判断一个政党是不是先进，最根本的是看这个党能不能自觉遵循社会发展的客观规律，始终坚定站在时代潮流的前列，代表广大人民群众的根本利益，集中党内外的智慧和力量，推动历史不断进步。马克思主义政党所以先进，是因为党建立的阶级基础先进，党的指导思想先进，党的队伍先进，党的组织制度先进。但是，党固有的先进性并非是永远先进的保险箱，而是要经受历史的长期检验和人民的不断裁判。在世界社会主义发展史上，有的党曾经辉煌一时，但不能与时俱进，逐步丧失了固有的先进性，结果丧失执政地位，甚至党亡政息！中国共产党所以 80 多年来保持并发展自己的先进性，从根本上看，就在于它能够准确抓住中国发展不同历史阶段的社会主要矛盾，顺应时代进步潮流和广大人民群众的愿望，制定和执行相应的奋斗纲领、政治路线，正确解决党领导的事业和党自身建设面临的问题，不断促进了社会发展进步和人民幸福安康。新中国诞生前，党的先进性建设紧紧围绕领导人民成功地进行新民主主义革命来推进，推翻了压在人民头上的“三座大山”，摧毁了阻碍生产力发展、造成国弱民贫的旧制度，建立了人民当家作主的新中国。党成为全国范围的执政党后，自觉尊重人民和历史的选择，在顺利完成向社会主义社会过渡的基础上，为建立、巩固和发展社会主义而顽强探索，不断开拓创新，并在这个进程中坚持和发展自己的先进性，终于在以改革开放为时代特征的条件下领导人民创造了经济社会发展的世界奇迹。

当今世界经济、政治格局正面临大变化、大调整，我们国内正处于社会大变革、大发展时期。党的先进性建设遇到了许多新课题、新考验，集中到一点，就是党能不能领导中国特色社会主义事业实现科学发展，更好地造福于全国人民。建立在对“三大规律”深化认识基础上的科学发展观，不仅坚持社会主义的根本任务是解放和发展生产力，而且要求做到经济、政治、文化和社会全面协调发展；不仅坚持把发展作为党执政兴国的第一要务，而且要求解决好为谁发展、靠谁发展、走什么样的发展道路、发展成果为谁享用等重大问题；不仅坚持改革、发展的正确方向，而且要求处理好改革、发展、稳定中的矛盾，根本转变发展方式，提高发展质量，增进社会和谐；不仅坚持在经济社会发展中促进人的全面发展，而且要同时促进人与自然协调，走一条社会生产发展、人民生活富裕、自然生态良好的发展之路。科学发展观为我们党适应新要求、解决新问题、应对新挑战、迎接新考验，提供了强有力的理论支持和行动指南。坚持以科学发展观为指导来加强党的先进性建设和执政能力建设，我们党就能始终站在时代前列，立于不败之地。

（三）我们党要领导人民实现全面建设小康社会的目标，就必须在党的建设中学习和用好科学发展观

高举中国特色社会主义伟大旗帜，坚定地沿着中国特色社会主义道路前进，要求我们党

以更加坚实的步伐为实现全面建设小康社会的目标努力奋斗。党的十七大规划的我国小康社会建设到 2020年的目标十分宏伟，令人鼓舞。我国已经进入发展的关键期、改革的攻坚期、矛盾的凸显期，前进道路并不平坦。党要带领人民群众如期实现目标，为全面建成惠及十几亿人民的更高水平的小康社会打下更加坚实的基础，不论是贯彻落实中央关于发展的总体布局，执行好各项发展战略，还是坚持正确的改革方向、推进体制机制创新，转变发展方式，提高发展实效，增进社会和谐，都离不开科学发展观的指导。党领导的改革开放，给党的肌体注入了新的巨大活力，而站在新的历史起点上推进小康社会建设科学发展，又使我们看到党的先进性建设和执政能力建设还存在若干不适应形势、任务要求的问题，有些同志的发展思路、工作方式和工作作风还存在不符合科学发展要求的缺陷。比如，有的口头讲要以人为本，实际工作却“见物不见人 ”，尚未从根本上确立社会主义现代化事业是一切为了人民、一切依靠人民、一切成果供人民共享的发展理念，没有把推动经济社会全面发展同促进人的全面发展统一起来。有的满足现状、不求进取，或面对困难畏首畏尾，或者主观上谋求发展，但未摆脱重发展、轻科学和“先发展、后科学”的陈旧思维,仍在留恋单纯追求 GDP增长速度的做法，不重视或不善于处理城乡统筹、工农互动、区域协调、当前发展与长远发展、先富与后富群体之间等矛盾统一关系。有的对改革、发展、稳定中反映出的一些党内矛盾问题，缺少深入系统的调查研究，官僚主义、形式主义严重，少数人以权谋私的消极腐败现象突出。有些对本地党的建设究竟存在哪些不符合、不适应促进科学发展要求的问题，还处于若明若暗状态，工作缺少科学统筹谋划，解决问题就事论事，同促进科学发展脱节，以改革精神推动党的工作运行机制创新行动迟缓。我们必须站在完成党执政使命的高度，把以党的执政能力建设和先进性建设为主线全面推进党的各方面建设体现到领导科学发展、建设高水平小康的实践上来，用科学发展观进一步统一全党思想，勇于正视和积极解决党内存在的不符合、不适应领导科学发展的问题，抛弃一切违背时代进步新要求和人民群众新期望的发展思路、组织形式、体制机制、思想作风和工作方法。科学发展观作为中国特色社会主义理论体系中的创新成果，它无疑既是党领导人民建设小康社会实现科学发展的指导思想和行动方针，同时也是党加强和改进自身建设实现科学发展的指导思想和行动方针。那种以为科学发展观只能用于党领导的事业，不能用于党的自身建设的认识，是不可取的，是有害的。

二、贯彻落实科学发展观对改进和加强党的建设提出了新的更高的要求

党的建设历来是同党的政治任务、政治路线密切联系在一起的。以邓小平同志为核心的中央领导集体，以江泽民同志为核心的中央领导集体和以胡锦涛同志为总书记的中央领导集体，在开辟中国特色社会主义新道路、开创中国特色社会主义新局面、开拓马克思主义中国化的新境界的进程中，都把回答党如何领导好社会主义现代化事业和党怎样相应全面地建设好自己，有机地联系在一起来思考、来探索和解决问题。党领导的新的伟大事业和党的建设新的伟大工程紧密联系、相互促进，已经成为我国改革开放30年波澜壮阔历史进程的一个突出特点。正是这个突出的特点，保证了我们党坚定地站在时代前列，使社会生产力不断得到解放和发展，社会主义制度在自我完善中不断展示出新的生机与活力，人民群众的生活水平、生活质量和整体素质得以不断提升，整个国家的综合实力、中华民族的凝聚力和中国在世界

上的影响力得以不断增强。

同时，我们也清醒地看到，在一个新的历史起点上推动中国特色社会主义事业科学发展，对党的建设提出了新的更高的要求。特别重要的是：

（一）深入贯彻落实科学发展观，要求把我们党建设成为推进中国特色社会主义事业科学发展的更加坚强的领导核心

中国共产党创造了支撑和指导中国特色社会主义建设科学发展的理论，贯彻落实这个创新理论以保证社会主义现代化建设又好又快地发展，自然要求党充分发挥领导人民实现科学发展的核心作用。这样的领导核心，必须用马克思主义特别是马克思主义中国化的创新理论武装自己，坚持立党为公、执政为民，坚持求真务实、改革创新，确保思想上政治上组织上完全巩固，能够始终走在时代前列、经受住各种风险，具有很强的群众吸引力的马克思主义政党。否则，党就难以履行领导社会主义事业科学发展的职能，甚至可能影响党的先进性和执政地位。这就要求我们党加强自身建设，必须牢记新时期党的建设总目标、总要求，在坚持党的建设总目标、总要求的时候，把提高领导科学发展的能力，放在保持发展先进性和提高执政能力的突出位置上；在推进党的建设的全部工作和整个过程中，使党的先进性建设和执政能力建设符合领导经济社会科学发展的要求。加强党的执政能力建设是新时期党的建设的重点，而把科学发展观转化为领导干部的共同思想和自觉行动、转化为党委的科学决策力和执行力，则是执政能力建设的重点。完成这个转化，十分重要，十分紧迫。党的各方面建设紧扣这个转化，推动尽快顺利转化，我们才能够跟上形势、任务发展的要求。这个转化过程，本质上是一个学习和掌握蕴涵在科学发展观中的辩证唯物主义、历史唯物主义的立场、世界观和方法论，提高党建工作水平，推动党的建设科学发展的过程。全面、协调、统筹推进遍布全国城乡、各个领域的党建工作需要这样，解决思想政治建设、组织建设、作风建设和制度建设中的问题也需要这样。

（二）深入贯彻落实科学发展观，要求党把促进经济社会又好又快地发展，作为加强执政能力建设的首要课题

发展是硬道理。任何一个国家的执政党，都必须推动经济社会向前发展，兑现自己为人民造福的承诺，否则必然被人民所抛弃。值得我们注意的是，尽管世界上许多执政党都在谋求本国的发展，但有些发展较快、有些缓慢，有些在发展时大起大落，有些自己快不起来却千方百计阻止别国快速发展。还有些谋求在和平与合作中发展，努力造福于本国和世界人民，有些则靠战争和霸权掠夺别国财富求发展，得到的财富却大部分落到少数人手里。社会主义的根本任务是发展生产力，在这个基础上不断提高人民生活水平。社会主义发展的根本目标，是要通过不断解放和发展社会生产力，逐步缩小以至最终消灭“三大差别 ”，使社会物质财富极大丰富，人民的精神境界极大提高。社会主义发展所走的道路，是遵循人类社会和社会主义自身运动的客观规律去促进发展。我们党为了探索社会主义在中国的发展，凭借新制度的优越性取得了光耀史册的成绩和进步，同时也有过这样那样的挫折。我们过去的教训中确有忽视发展生产力的问题，但更主要的并不是因为不想发展得又好又快，而在于指导思想发生偏差，决策脱离国情实际，超越了发展阶段，未能正确处理好生产力与生产关系、经济基础与上层建筑之间的复杂矛盾，违背了发展的客观规律。党的十一届三中全会以来，我们总结经验教训，创造了举世瞩目的发展奇迹，并在此基础上获得了关于科学发展的创新理论成果。

科学发展观的第一要义是发展，是坚持以经济建设为中心推动经济社会全面协调和持续发展，是好字优先、好中求快、又好又快的发展。这样的科学发展，是基于对我国仍然处于社会主义初级阶段以及这个阶段社会主义现代化事业发展的固有规律的深刻认识，基于对人民群众历史地位的充分尊重和对人民群众要求过上美好生活的新期待的深刻了解，是基于对社会主义制度优越性的充分发挥及其自身巩固、发展规律的深刻把握，也是基于对巩固党的执政基础、完成党的执政使命的深刻思考。科学发展观正是为我们用科学的世界观和方法论，牢牢把握我国社会主义初级阶段社会发展的主要矛盾，遵循社会基本矛盾运动的客观规律，切实化解发展进程中的诸多矛盾和难题，提供了有力的思想武器。抓住加强执政能力建设这个重点，把提高各级党组织和领导干部领导科学发展的能力作为核心要务，增强创新发展理念、转变发展方式的自觉性和实际能力，党的建设必将获得新的大进步、大提高。

(三)深入贯彻落实科学发展观，要求党加强自身建设更加重视围绕坚持党的基本路线来开展

党的基本路线是党和国家的生命线，是建设中国特色社会主义、实现科学发展的政治保证。中国特色社会主义建设，不是在真空中进行的。我们的科学发展是要沿着中国特色社会主义道路、奔向建设中国特色社会主义目标的开创性事业，又是在复杂多变的国际、国内环境中谋求又好又快地发展，不可能没有困难、干扰和风险。历史告诉我们，在我们党领导人民探索和开辟国家富强、人民幸福、民族振兴新道路的征途上，总是有人企图改变我们的前进方向，希望用别的什么“主义”来取代中国特色社会主义，为此不惜利用我们前进中出现的某些困难和问题设置障碍、制造混乱，希望转移经济建设这个中心，歪曲、攻击改革开放和四项基本原则，甚至同国外反共反华势力呼应勾结，挑起事端。越是面对这种情况，就越证明全面坚持党的基本路线的重要，我们越要提高联系政治路线建设党的自觉性和坚定性。按照贯彻落实科学发展观的要求建设党，就一定要联系执行基本路线的实践来开展党建工作。全党一致坚持执行好党的基本路线，我们国家长治久安、社会团结和谐，社会主义现代化事业科学发展，就会因为有了坚实的政治保证而更富有生机活力，我们就更有把握排除前进道路上的各种干扰和阻力。党的基本路线中的“一个中心、两个基本点”是内在统一、彼此紧密相连的，必须全面贯彻，绝不允许任何分割，也不能有丝毫动摇。随着实践的发展，基本路线中“一个中心、两个基本点”的内容也在不断丰富、发展和深化。科学发展观中的战略思想，就在一系列重大问题上丰富和发展了基本路线的内涵，使“一个中心，两个基本点”更具有时代特征。自觉把用科学发展观统一全党的思想和行动，同增强全党贯彻党的基本路线的坚定性结合起来，正是深入贯彻落实科学发展观、实现中国特色社会主义又好又快发展的必然要求。

(四)深入贯彻落实科学发展观，要求党加强自身建设必须适应全面领导“四位一体”建设社会主义的需要

从提出建设社会主义物质文明和精神文明“两手抓”，到建设社会主义物质文明、政治文明、精神文明全面推进，再到科学发展观要求建设社会主义市场经济、社会主义民主政治、社会主义先进文化和社会主义和谐社会“四位一体”地协调发展，这反映了我们党对社会主义建设目标和发展规律在认识上的深化和提升。我们党正在建设的社会主义，是科学发展的社会主义。这是以人为本，为了人民、依靠人民、

发展成果为人民所共享的社会主义；是经济、政治、文化、社会全面协调和可持续发展的社会主义；是促进社会成员全面发展和人与自然生态良性互动、和谐发展的社会主义。领导这样的社会主义现代化建设，涉及经济、政治、思想文化和社会建设各个领域，涵盖广大城乡不同地区，执政党特别是党的各级各方面领导干部要肩负起执政使命，不努力学习各种新知识不行，不懂得运用生产力与生产关系、经济基础与上层建筑之间必须相互适应的规律不行，缺少驾驭全局统筹各方、善于处理诸多复杂矛盾的能力也不行。所以，我们党加强自身建设，无论是思想、政治建设，还是组织、作风建设，都必须适应领导中国特色社会主义建设科学发展的要求。在着重抓好党政系统党组织自身建设的同时，必须统筹推进经济、政治、文化、社会等各领域党组织的建设，不可顾此失彼；按照党的建设总体布局进行工作时，必须牢牢把握执政能力建设和先进性建设这条主线，突出提高促进科学发展的能力，不应轻重不分；在推进执政能力建设和先进性建设中，必须时刻注意同时解决好“两大历史性课题”，不能只顾其一不顾其二。

尤其要进一步解放思想、更新观念，创新体制机制和工作方式，周密安排党的各方面建设，提高党建工作的整体性、系统性、科学性水平，充分整合好、利用好、发挥好分布在各级、各方面、各条战线、各社会阶层中的党建资源和执政资源。这样，才能使党的建设更加符合科学发展的要求，保证党建工作的成效更好地体现到促进科学发展上来。

三、以改革创新精神，把落实科学发展观的要求贯穿于党建工作各方面和全过程

党的十七大对党的建设作出总体部署时，强调要高举中国特色社会主义伟大旗帜，以加强党的执政能力建设和先进性建设为主线抓好六项重点任务，以改革创新精神全面推进党的建设新的伟大工程。实践证明，党建工作的水平和质量，决定着党的建设的水平和质量。按照党的十七大精神开展党建工作、必将使党建工作水平得到新的提高，推进党的建设新的伟大工程也必能更有质量保证。

提高领导科学发展的水平和能力，是新时期加强党的先进性建设和执政能力建设的重中之重。以县处级以上领导班子和党员领导干部为重点，在全党开展深入学习实践科学发展观活动，是党的十七大关于加强和改进党的建设的一项重大决策，是关系推进党的建设新的伟大工程和中国特色社会主义伟大事业全局的一项战略举措。这个主题活动的试点工作即将全面完成。在总结经验的基础上，在全党有计划地切实展开，必将全面带动党的思想、政治、组织、作风建设和制度建设迈上一个新台阶，为中国特色社会主义事业科学发展提供坚实可靠的政治和组织保证。

这项学习实践活动的过程，是一个深入学习掌握党的理论创新成果，用以总结历史经验和新鲜经验，分析研究新起点、新发展、新要求、新挑战的过程；是一个推动解决党的建设中不适应或不符合深化改革开放、实现领导科学发展、增进社会和谐要求，解决制约经济社会又好又快发展和群众反映强烈的突出问题的过程；是一个弘扬理论联系实际的好学风，提高运用科学理论体系指导我们改造主客观世界能力的过程。只要认真按照中央的部署，做好每一阶段的工作，不走过场，强化科学发展观的思想指导，把发扬党内民主和人民民主、激发内在动力和借助外部助力结合起来，勇于揭露和善于解决思想、工作、作风和制度上存在的问题，就会收到明显的实效。这里，我主要从坚持以科学发展观为指导进一步提高党建工作水平的角度，就几个问题谈点自己的认识。

(一)提高用马克思主义中国化最新理论成果武装全党的质量和实效

思想理论建设是马克思主义政党建设的灵魂。在现阶段，党要保持和发展先进性，从根本上提高执政能力、增强创新活力，打牢全党共同奋斗的思想政治基础，最重要的是必须把勇于理论创新同善于用创新理论武装全党结合起来。中国特色社会主义理论体系，是马克思主义中国化第二次飞跃的最新成果。这个理论体系中的邓小平理论、“三个代表”重要思想和科学发展观等重大战略思想，彼此之间是既坚持继承、又与时俱进、开拓创新的关系，都在新的时代条件下集中回答建设中国特色社会主义的基本问题。拥有这个理论体系，是全党、全国人民和整个中华民族之幸。

在全党深入学习和实践这个理论体系，特别是科学发展观时，把握其中的科学内涵和精神实质，党就能更加团结坚强，富有创新活力。在学习中，要着重解决增强贯彻落实党的基本路线、基本纲领、基本经验的自觉性和坚定性，增强继续沿着中国特色社会主义道路前进的自觉性和坚定性，增强立足以人为本、促进经济社会全面协调可持续发展的自觉性和坚定性，真正做到在任何情况下都不停滞、不倒退，不为任何风险所惧、不为任何干扰所惑。这是我们学习好贯彻落实好包括科学发展观在内的中国特色社会主义理论体系的根本要求。实现这个要求，是一个学习——实践——再学习——再实践的过程，也是我们保持和发展先进性、克服消极落后因素的过程。关键在于要真学真信真用，认真锤炼自己的立场，掌握科学的世界观和方法论，把马克思主义理论转化为高举中国特色社会主义伟大旗帜的坚定意志，转化为为共产主义崇高理想奋斗终生的坚定信念，转化为用科学发展的思想解决现实问题的实际能力，转化为推动科学发展、促进和谐社会建设的过硬本领。不重视科学理论的学习不行；学习了但不掌握理论体系和精神实质不行；把科学理论当成教条，不用于改造客观世界和主观世界同样不行；对科学真理采取断章取义、取己所需的态度更不行。一定要把用科学理论武装全党，坚持理论联系实际的原则，反对和克服不良学风，作为党的建设的根本任务和最重要的思想政治建设。

(二) 以提高领导科学发展的能力为重点，建设胜任中国特色社会主义事业要求的领导班子和骨干队伍

站在新的历史起点上推动经济社会科学发展，是高举中国特色社会主义伟大旗帜、坚持中国特色社会主义道路的头等大事。办好中国的事情关键在党，党的建设的关键在于按照执政能力建设和先进性建设要求提高各级领导班子、领导干部高举伟大旗帜、领导科学发展的素质和能力。经过改革开放30年的磨砺，我们党有了一支能够在党的基本理论、基本路线、基本纲领、基本经验指引下团结全国人民共同创造世界奇迹的骨干队伍。但是，在既有难得的机遇又面临严峻挑战的形势下，我们要把中国特色社会主义建设顺利转入科学发展的轨道，对各级领导班子、领导干部科学执政、民主执政、依法执政的能力，是一场十分严肃的考验。不少同志反映，现在“官不好当了 ”，面临的矛盾多、困难多、压力大。这应该说是发自内心的感受。我们共产党人只能主动适应时代的新要求、人民的新期望，把矛盾当考题，视困难为机遇，以压力为动力，而绝不能希望时代放慢前进步伐来适应自己。

建设高素质领导班子和骨干队伍以适应领导科学发展的要求，必须创新工作思路，明确工作重点，加大工作力度，对知人、育人、选人、用人等各个关键环节进行科学谋划，为造就更多适应领导科学发展要求的领导骨干创造

良好的环境和条件。当前，解决好以下三个问题特别重要。首先，必须坚持正确的干部政策导向。好的干部政策，都是具有科学内涵、有利于调动广大干部积极向上、施展才能的政策。我们党的干部队伍“革命化、年轻化、知识化、专业化”方针，德才兼备的选人用人原则，在科学考核德、能、勤、绩的基础上选贤任能，等等，都是好的政策原则。现在重要的是，在政策原则问题上绝不能搞片面性、绝对化。看干部不重才不行，轻视思想政治品德更不行；领导班子，领导干部队伍不形成合理的年龄结构不行，对年龄要求搞“一刀切”、层层递减也不行；不重视文凭学历不行，把文凭学历等同于能力同样不行。尤其要把落实科学发展战略思想，贯穿到选人用人的政策原则当中，体现在培养教育、选拔任免、管理监督的各个环节，推动全党首先各级领导机关、领导干部深刻领会科学发展观的精髓，自觉把科学发展观的要求转化为谋划科学发展的正确思路、促进科学发展的政策措施、领导科学发展的实际能力。再就是，必须坚定不移地通过改革建立一套有中国特色的干部管理制度。这样的制度，必须着力体现干部工作的民主精神，把党管干部、发扬民主和依法办事结合起来；必须形成真正富有生机活力的制度体系，能激励广大干部求真务实、奋发进取，有利于德才优秀者上、德才平庸者让、腐败堕落者淘汰；必须从体制、机制上保证干部工作权力运行的科学和便捷，充分体现公平、公正原则，扩大民主参与和监督，有效防治干部选拔任用中的不正之风和腐败现象。还有一条，就是必须公道正派、实事求是地看待每个干部的是非功过。现在，从自己的好恶出发选人用人，以是否对自己有利为标准选人用人，甚至违法贿选、买官卖官等现象，在有些地方、单位时有发生，既干扰党的干部政策的贯彻，又阻挠干部制度改革的深入发展和干部制度的有效实施。必须扫除这些障碍，从思想、组织、作风、制度和法纪等方面综合采取措施，积极营造有利优秀人才健康成长、脱颖而出的大环境。同时，要主动保护那些坚持求真务实、勇于改革创新，工作上虽有某些失误但能认识和改正的同志。能否做到绝不能让心术不正、投机钻营者得逞，绝不能让一心为党和人民老老实实工作的人吃亏，这是对党组织和干部人事部门的重要考验。

（三）扩大党内民主、健全民主集中制，为凝聚全党智慧和力量促进科学发展提供组织制度保证

党内民主是党的生命，是增强党的创新活力、巩固党的团结统一的重要保证，也是党领导社会主义现代化事业科学发展的重要保证。民主与科学是密不可分的，尊重科学就要尊重民主，没有民主的发扬，就不可能有科学的发展。中国特色社会主义又好又快地发展，不仅要求执政党做到科学执政、民主执政、依法执政，掌握运用好社会主义发展规律，勇于和善于改革创新，努力破解发展难题，而且需要扩大党内民主，激发和凝聚广大党员、干部的主动性、积极性、创造性。党要履行好执政职能，领导经济社会沿着科学发展的轨道不断开拓前进，避免出现大的失误，就必须把自己的活动和工作建立在充分发扬民主的基础上。

党内民主建设的进程和质量，直接影响和决定着整个党的建设的进程和质量，事关党的兴衰和社会主义现代化事业的成败。为推进党内民主建设，党的十七大提出了一系列改革党的组织制度、扩大党内民主的新思路、新要求、新举措，非常重要。保证党内民主建设继续沿着正确的方向和轨道健康发展，必须坚持以马克思主义民主观和党内民主理论为指导，敏锐识别和排除非马克思主义思潮的干扰，防止陷入认识和实践误区，我们要研究借鉴国外政党

党内民主建设某些有益形式，但必须毫不动摇地走自己的党内民主建设之路。我们要十分重视自己的理论创新、实践，但更要重视把这些创新成果及时转化为制度成果，转化为全党实实在在的行动。我们要积极推进党内民主制度的建设，但这绝不应是简单地构建体制、机制模式，制定规范操作行为和监督的条文，而是要将体现马克思主义辩证唯物历史观的党内民主原则，贯穿到民主制度建设各方面和全过程；把从群众中来到群众中去的工作路线，渗透到发扬党内民主的一切方面。无论是改革完善党内领导制度、选举制度、干部选拔任免制度、基层党建制度，还是建设反腐倡廉制度，都必须尊重党员在党内生活中的主体地位，保障党员平等享有党章规定的民主权利，充分发挥党员对党内事务的参与、管理和监督作用，善于集中群众智慧和力量。

党内民主建设，必须在坚持民主集中制这个根本组织制度、领导制度的前提下推进。我们党的民主基础上的集中与集中指导下的民主相结合的，是迄今最先进、最科学、最管用的政党组织制度和领导制度。民主是这个根本制度的基础，但不是为民主而民主，不是可以离开党章为所欲为；我们的集中，是建立在民主基础之上的集中，是尊重大多数意见的集中，与专制、独裁毫不相容。总之，发扬民主，坚持和健全民主集中制，目的在于切实尊重广大党员的民主权利，充分发挥全党的积极性、主动性、创造性，凝聚全党意志、智慧和力量，同心同德为实现共同目标而奋斗。

绝不能把民主与集中对立起来，不能把民主集中制改为民主制。苏共的解体覆亡，就是在戈尔巴乔夫为了推行其政治主张，把民主集中制改为民主制以后加速实现的，我们不可不引以为戒。执政党的党内民主发展，还必须带动人民民主的发展，使党内民主建设与社会主义民主政治建设互动共进，不可彼此分割。总之，我们要主动适应党内外推进社会主义民主政治建设的要求和发展趋势，始终保持政治上的清醒和步伐上的坚定，努力使党内生活更加体现同志信任、平等合作、相互支持、和谐共进的关系，使党的团结统一和创新活力达到一个新的高度。

（四）加强党同人民群众的血肉联系，为党执好政和领导好科学发展增强社会基础、拓展力量源泉

以人为本，一切为了人民、坚决相信和紧紧依靠人民、发展成果为人民群众所共享，是科学发展观的核心。这也是以科学发展观指导党的建设、保证贯彻落实科学发展观的核心和根本出发点、落脚点。只有坚持全心全意为人民服务，相信人民群众的智慧和力量，坚决执行党的群众路线，把情为民系、权为民用、利为民谋落实到党的自身建设和领导科学发展的各方面及全过程，我们党密切联系群众这个最大政治优势才能在新的历史条件下得到充分发挥。这样，就不仅可以保证党避免执政后脱离群众这个最大危险，而且可以为实现经济社会又好又快、持续和谐发展提供最可靠的社会基础和力量源泉。

政策和策略是党的生命。一项造福于人民的好政策，一个在改革、发展中及时化解人民内部矛盾的好决策，必定大得党心、民心，反之，就可能挫伤党心、民心。在社会阶层结构迅速变化、利益主体日益多样的今天，我们要谋求经济社会科学发展，就必须在制定和执行政策时注意城乡、工农和地区发展的全面协调，对全社会共同利益、不同社会群体利益的统筹兼顾，把以改革促发展的进程作为实现和发展人民群众利益、化解人民内部矛盾、密切党群关系的过程。领导作风如何，对党群关系影响很大。现在，人民群众对党内消极现象批评较

多的，主要是一些领导机关工作中的官僚主义、形式主义严重；一些领导干部弄虚作假，甚至以权谋私、贪赃枉法不时发生。执政党是执掌政权的党，党员干部手里大都握有一定权力，同人民群众的关系如何往往同干部为谁用权、靠谁用好权的情况直接相关。因此，执政党的作风建设，必须着重围绕建立健全科学合理的权力配置结构，形成权力运行既相互协调又有效监督的机制来开展，加大制度执行的力度和制度执行问责制的力度，维护制度的权威，确保权力在阳光下运行，最大程度地堵塞以权谋私的漏洞，防止失职渎职、权力缺位等弊端。还有一条很重要，就是要通过党性教育、政策引导、群众监督、法纪惩戒等方式，帮助党员干部特别是领导干部保持共产党人的政治本色。每个党员特别是领导干部，务必牢固树立马克思主义的世界观、人生观、价值观，经常自尊、自励、自警、自鞭，从思想到行动筑起抵御腐朽没落观念侵蚀和私利、色情、虚名等诱惑的坚固长城，真正做到勤勤恳恳为民、干干净净办事、堂堂正正做人。同时，还要在全党大力推行深入基层、深入群众和调查研究、求真务实的风气，把解放思想、开拓创新切实建立在促进经济社会科学发展、惠及广大人民群众的基础上，坚决扫除官僚主义、形式主义和弄虚作假等坏作风。坚定不移、坚持不懈地开展反腐败斗争，紧紧依靠人民，加强综合治理，贯彻惩防并重方针，严惩贪赃枉法的腐败分子，切实有效地保护揭发检举腐败行为的干部和群众。我们坚信，只要领导带头、全党协力，把贯彻落实科学发展观与加强党群之间血肉联系结合起来，我们就能够经受住执政、改革开放和发展社会主义市场经济的考验，不断谱写促进国家富强、人民幸福、民族振兴的新篇章。

（作者单位：中央政策研究室）

（选自《政治学研究》2008年第5期）

落实科学发展观要深刻认识社会主义初级阶段的理论

程恩富

社会主义初级阶段理论是邓小平理论体系的基石。不断深化对初级阶段理论和实践的认识，对于深入贯彻落实科学发展观和全面建设小康社会是十分有益的。

一、社会主义初级阶段的思想渊源和概念确立

马克思在19世纪70年代明确提出，未来的共产主义社会将分为第一阶段(或低级阶段)和高级阶段两个阶段。后来，列宁把共产主义第一阶段叫做社会主义社会。然而，无论是马克思称为的"第一阶段"，还是列宁称为的社会主义，都应该具备高度发达的生产力水平以及较完善的社会主义生产关系。马克思设想"第一阶段"不仅已经完全消灭了阶级和阶级的差别，消灭了商品货币关系，实现了很高水平的、统一的全社会公有制，甚至国家也变成了非阶级性国家，从而达到向共产主义过渡的条件。列宁也是如此，他强调社会主义社会是实现了生产资料公有和按劳分配、实行没有商品货币关系的计划经济、消灭了阶级（包括工农阶级差别)、国家正在消亡的社会。

按照斯大林和毛泽东关于社会主义的思想，我国在1956年社会主义改造结束后宣布基本上建立了社会主义经济制度，其依据在于我国基本建立了生产资料公有制、按劳分配和以计划经济为主导的生产关系，尽管当时社会生产力还相对落后。事实上，中国1956年以后进入的社会主义社会，与马恩列关于社会主义社会确立的标准相差还很远。关于这个问题，1957年1月毛泽东在一次讨论知识分子问题的座谈会上指出：说我们已进入了社会主义，进入是进入了，但尚未完成，不要说已经完成；我国的社会主义制度还刚刚建立，还没有完全建成，还不是完全巩固。

那么，对于已经进入社会主义，但不够格、不完备的社会主义在理论上应给予一个什么称谓呢？马克思对共产主义第一阶段未曾再作过什么阶段的划分。列宁在《关于星期六义务劳动》一文中强调说：我们在剥夺了地主资本家之后，只获得了建设初级形式的社会主义的可能性，但是这里还丝毫没有共产主义的东西。毛泽东在1958年11月郑州会议上曾经指出过：我们只是进入了不完全、不发达的社会主义，或者叫做社会主义初期阶段。很明显，列宁的"初级形式"社会主义和毛泽东的"初期阶段"，不是我们现在所提的"初级阶段"，因为还没有包

含公有制为主体和市场经济体制的内容，但这些论断对初级阶段理论具有一定的思想启示，可以视做理论源头。

遗憾的是，关于社会主义社会从“进入”到“建成期间”必须历经很长一个建设时期的理论构想，没有得到很好坚持并付诸实践。在苏联，列宁的实践过于短促，列宁逝世后苏联于1936年就宣布基本上实现了社会主义。在我国，毛泽东关于“初期阶段”的认识也没有得到很好贯彻。

前人的理论启示，特别是历史的教训，越来越清楚地告诉人们，搞好社会主义建设的出发点，在于必须给社会主义进行科学的历史定位。传统理论与实践的弊端在于超越了历史阶段。“文革”之后，邓小平一再强调要注重对社会主义发展阶段进行再认识。1980年他在谈到新中国成立30年经验时强调指出：不要离开现实和超越阶段采取一些“左”的办法，这样是搞不成社会主义的。1987年8月在党的十三大召开前，他在会见意大利共产党领导人时指出：我们党的十三大要阐述中国社会主义是处在一个什么阶段，就是处在初级阶段，是初级阶段的社会主义。社会主义本身是共产主义的初级阶段，而我们中国又处在社会主义的初级阶段，就是不发达的阶段。至此，“社会主义初级阶段”这一概念正式被确立，并被党的十四大、十五大、十六大和十七大报告所不断强调和阐发。胡锦涛同志在党的十七大报告中深刻地指出：“强调认清社会主义初级阶段基本国情，不是要妄自菲薄、自甘落后，也不是要脱离实际、急于求成，而是要坚持把它作为推进改革、谋划发展的根本依据。我们必须始终保持清醒头脑，立足社会主义初级阶段这个最大的实际，科学分析我国全面参与经济全球化的新机遇新挑战，全面认识工业化、信息化、城镇化、市场化、国际化深入发展的新形势新任务，深刻把握我国发展面临的新课题新矛盾，更加自觉地走科学发展道路，奋力开拓中国特色社会主义更为广阔的发展前景。”这就又深化了对社会主义初级阶段的认识。

二、初级社会主义的特定社会性质和发展程度

如何看待初级阶段的社会性质？党的十三大报告界定社会主义初级阶段有两层含义：一是表明我国社会已经是社会主义社会，我们必须坚持而不能离开社会主义。二是表明我国社会主义社会还处在初级阶段，我们必须从这个实际出发，而不能超越这个阶段。一是表明性质，二是表明程度。这里的“一”，实际是从生产关系角度界定初级阶段的社会主义特定性质；“二”，实际上是从生产力角度强调这个社会主义初级阶段还很不发达。在把握这个问题时，对“一”和“二”的关注不能偏废。现实中人们对“二”的注重往往超过了“一”，这出于对以往历史的总结和纠偏无可非议，但不能因此疏忽了“一”，因为直接对社会性质的界定，除了生产力方面的基础状况，还仍然要以生产关系的状况作为特征和标准。

社会主义初级阶段同当代资本主义社会的本质差别，在于占主体的所有制性质不同，前者是公有制占主体，后者是私有制占主体；社会主义初级阶段同社会主义非初级阶段（或称后初级阶段），如中级阶段或高级阶段的部分质的区别，应该主要在于生产力水平不同以及由此所引起的所有制结构和生产关系不同。至于有的学者认为，目前实践中搞的社会主义初级阶段经济同新民主主义经济没有实质区别，应当恢复新民民主主义的提法，这种观点还有待于继续讨论，中央没有确认这一点。

目前，我国的生产关系还很不完善，离马列主义阐述的社会主义所要求的生产关系还有很大距离。然而，这个逐步升华和较高程度的

生产关系必须是和现实生产力相适应，是具有丰厚生产力基础的先进的生产关系，而不是人为拔高的社会主义生产关系。回顾历史，因为我们不顾生产力的状况，建立同生产力不相适应的“先进”的生产关系，加快了新民主主义向社会主义过渡，甚至企图过渡到共产主义，其结果，是使我国社会主义建设事业曲折坎坷，社会主义制度优越性不能得到充分体现。同理，如果我们现在一味不顾生产关系方面的要求，不坚持、发展和完善社会主义生产关系和基本经济制度，疏忽对此作深刻理解和正确把握，也会犯右的错误，从而有悖于坚持社会主义的方向，以致最终影响社会主义的建成。当然，就目前看，坚持社会主义方向，坚持公有制为主体的原则，必须深化对社会主义初级阶段“公有制为主体，多种所有制共同发展”这一社会所有制结构的理论研究和实践探索。如同党的十七大报告所说，“必须毫不动摇地巩固和发展公有制经济”，“必须毫不动摇地鼓励、支持和引导非公有制经济发展”，做到认识上有深化，实践上有创新。

这里特别要指出，决定初级社会主义的根本因素，在于无论从生产关系角度看，还是从生产力要求看，离完全建成社会主义，或说是结束社会主义初级阶段，尚有很长远的距离。具体地说，不仅是第二层含义中的生产力方面，程度还很低，就是第一层含义的生产关系方面，也有个程度很低的问题。要把两个方面的程度提高，则需要很长时间。因此，社会主义初级阶段是相当长期的历史阶段。党的十三大、十五大、十六大和十七大的报告再次确认这一点，并多次作了充分阐述。

党的十三大报告对初级阶段社会主义作了五个方面的集中阐述，这就是：（1）逐步摆脱贫穷落后；（2）逐步转变为现代化的工业国；（3）逐步转变为商品经济高度发达；（4）建立和发展充满活力的各种体制；（5）艰苦创业以实现中华民族的伟大复兴。党的十五大报告进一步对初级阶段社会主义的基本特征作了九个方面的系统概括：（1）是逐步摆脱不发达状态，基本实现社会主义现代化的历史阶段；（2）是由农业人口占很大比重，主要依靠手工劳动的农业国，逐步转变为非农业人口占多数、包含现代农业和现代服务的工业化国家的历史阶段；（3）是由自然经济半自然经济占很大比重，逐步转变为经济市场化程度较高的历史阶段；（4）是由文盲半文盲人口占很大比重、科技教育文化落后，逐步转变为科技教育文化比较发达的历史阶段；（5）是由贫困人口占很大比重、人民生活水平比较低，逐步转变为全体人民比较富裕的历史阶段；（6）是由地区经济文化很不平衡，通过有先有后的发展，逐步缩小差距的历史阶段；（7）是通过改革和探索，建立和完善比较成熟的充满活力的社会主义市场经济体制、社会主义民主政治体制和其他方面体制的历史阶段；（8）是广大人民牢固树立建设中国特色社会主义共同理想，自强不息，锐意进取，艰苦奋斗，勤俭建国，在建设物质文明的同时努力建设精神文明的历史阶段；（9）是逐步缩小同世界先进水平的差距，在社会主义基础上实现中华民族伟大复兴的历史阶段。党的十六大报告在阐述社会主义初级阶段的状况时又指出七点：“我国生产力和科技、教育还比较落后，实现工业化和现代化还有很长的路要走；城乡二元经济结构还没有改变，地区差距扩大的趋势尚未扭转，贫困人口还为数不少；人口总量继续增加，老龄人口比重上升，就业和社会保障压力增大；生态环境、自然资源和经济社会发展的矛盾日益突出；我们仍然面临发达国家在经济科技等方面占优势的压力；经济体制和其他方面的管理体制还不完善；民主法制建设和思想道德建设等方面还存在一些不容忽视的问题。”

因此，党的十六大通过的新党章再次确认："我国正处于并将长期处于社会主义初级阶段。这是在经济文化落后的中国建设社会主义现代化不可逾越的历史阶段，需要上百年的时间。"

党的十七大报告对初级社会主义社会进入新世纪新阶段后呈现一系列新的阶段性特征作了实事求是的阐述，主要是："经济实力显著增强，同时生产力水平总体上还不高，自主创新能力还不强，长期形成的结构性矛盾和粗放型增长方式尚未根本改变；社会主义市场经济体制初步建立，同时影响发展的体制机制障碍依然存在，改革攻坚面临深层次矛盾和问题；人民生活总体上达到小康水平，同时收入分配差距拉大趋势还未根本扭转，城乡贫困人口和低收入人口还有相当数量，统筹兼顾各方面利益难度加大；协调发展取得显著成绩，同时农业基础薄弱、农村发展滞后的局面尚未改变，缩小城乡、区域发展差距和促进经济社会协调发展任务艰巨；社会主义民主政治不断发展、依法治国基本方略扎实贯彻，同时民主法制建设与扩大人民民主和经济社会发展的要求还不完全适应，政治体制改革需要继续深化；社会主义文化更加繁荣，同时人民精神文化需求日趋旺盛，人们思想活动的独立性、选择性、多变性、差异性明显增强，对发展社会主义先进文化提出了更高要求；社会活力显著增强，同时社会结构、社会组织形式、社会利益格局发生深刻变化，社会建设和管理面临诸多新课题；对外开放日益扩大，同时面临的国际竞争日趋激烈，发达国家在经济科技上占优势的压力长期存在，可以预见和难以预见的风险增多，统筹国内发展和对外开放要求更高。这些情况表明，经过新中国成立以来特别是改革开放以来的不懈努力，我国取得了举世瞩目的发展成就，从生产力到生产关系、从经济基础到上层建筑都发生了意义深远的重大变化，但我国仍处于并将长期处于社会主义初级阶段的基本国情没有变，人民日益增长的物质文化需要同落后的社会生产之间的矛盾这一社会主要矛盾没有变。当前我国发展的阶段性特征，是社会主义初级阶段基本国情在新世纪新阶段的具体表现。"

这都深刻表明了完成初级阶段历史使命的长期性，需要几代人共同为之努力奋斗。

三、立足初级阶段和基本路线，全面建设中国特色社会主义

建设中国特色的社会主义，这个命题表明要有特色地建设社会主义。"特色"的基本含义，便是把马克思主义基本原理与"世情"，特别是"国情"和"党情"相结合，建设社会主义走出自己的独特道路，既不是步苏东国家后尘而倒退到资本主义经济政治文化制度去，也不是固守中国传统社会主义模式。为此，必须坚定不移地立足初级阶段来建设社会主义，以实现十七大所强调的2020年实现全面建成小康社会的奋斗目标。这就是："到二〇二〇年全面建设小康社会目标实现之时，我们这个历史悠久的文明古国和发展中社会主义大国，将成为工业化基本实现、综合国力显著增强、国内市场总体规模位居世界前列的国家，成为人民富裕程度普遍提高、生活质量明显改善、生态环境良好的国家，成为人民享有更加充分民主权利、具有更高文明素质和精神追求的国家，成为各方面制度更加完善、社会更加充满活力而又安定团结的国家，成为对外更加开放、更加具有亲和力、为人类文明作出更大贡献的国家。"

立足初级阶段来全面进行中国特色社会主义经济、政治、文化和社会"四位一体"的建设，就必须坚持党在社会主义初级阶段的基本路线和基本纲领。党的基本路线是党在一定历史时期为解决社会主要矛盾而制定的行动纲领，是总揽全局的根本指导方针，是党制定各项具体方针、政策的依据，是全党统一思想统一行

动的基础。

在我党历史上，曾经提出过五次基本路线或总路线。一是在民主革命时期，我们党提出了新民主主义革命时期的总路线，取得了新民主主义革命的伟大胜利。二是新中国成立以后，1952年下半年开始提出，1953年作了完整表述的，从新民主主义到社会主义过渡时期的总路线，取得了社会主义改造的成功，建立了社会主义基本制度。三是1956年9月提出的党的八大“路线”，可惜，这条正确路线不久就被放弃了。四是1958年党的八大二次会议通过的“鼓足干劲、力争上游、多快好省地建设社会主义”的总路线。这条路线虽然反映了人民群众迫切要求改变我国经济文化落后面貌的愿望，但带有急于求成的“左”的指导思想色彩，结果导致了“大跃进”等失误。五是1962年党的八届十中全会上，毛泽东强调社会主义社会还存在着阶级、阶级矛盾和阶级斗争，存在着社会主义同资本主义两条道路的斗争，存在着资本主义复辟的危险性，并提出了“以阶级斗争为纲”的基本路线。这条基本路线导致了“文化大革命”这一全局性、长时间的“左”倾严重错误，给国家和人民带来了深重的灾难。可见，我党制定的基本路线的正确与否，均会给党、祖国和人民的命运和前途形成重大的影响。

党的十一届三中全会以后，我党不断深化对初级阶段和初级阶段主要矛盾等的认识，1987年10月党的十三大系统地阐述了社会主义初级阶段理论，并在总结历史经验教训的基础上，明确完整地概括了党在社会主义初级阶段的基本路线，即“领导和团结全国各族人民，以经济建设为中心，坚持四项基本原则，坚持改革开放，自力更生，艰苦创业，为把我国建设成为富强、民主、文明的社会主义现代化国家而奋斗”。

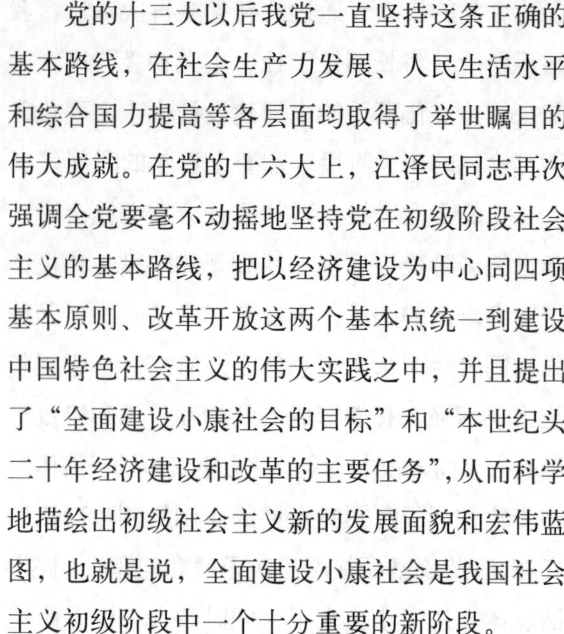

党的十三大以后我党一直坚持这条正确的基本路线，在社会生产力发展、人民生活水平和综合国力提高等各层面均取得了举世瞩目的伟大成就。在党的十六大上，江泽民同志再次强调全党要毫不动摇地坚持党在初级阶段社会主义的基本路线，把以经济建设为中心同四项基本原则、改革开放这两个基本点统一到建设中国特色社会主义的伟大实践之中，并且提出了“全面建设小康社会的目标”和“本世纪头二十年经济建设和改革的主要任务”，从而科学地描绘出初级社会主义新的发展面貌和宏伟蓝图，也就是说，全面建设小康社会是我国社会主义初级阶段中一个十分重要的新阶段。

面对新世纪新阶段，党的十七大报告正确地指出：“科学发展观，是立足社会主义初级阶段基本国情，总结我国发展实践，借鉴国外发展经验，适应新的发展要求提出来的。”又强调：“深入贯彻落实科学发展观，要求我们始终坚持‘一个中心、两个基本点’的基本路线。党的基本路线是党和国家的生命线，是实现科学发展的政治保证。以经济建设为中心是兴国之要，是我们党、我们国家兴旺发达和长治久安的根本要求；四项基本原则是立国之本，是我们党、我们国家生存发展的政治基石；改革开放是强国之路，是我们党、我们国家发展进步的活力源泉。要坚持把以经济建设为中心同四项基本原则、改革开放这两个基本点统一于发展中国特色社会主义的伟大实践，任何时候都决不能动摇。”

我们坚信，在中国共产党领导下，立足基本国情，以经济建设为中心，坚持四项基本原则，坚持改革开放，解放和发展社会生产力，巩固和完善社会主义制度，建设社会主义市场经济、社会主义民主政治、社会主义先进文化、社会主义和谐社会，建设富强民主文明和谐的社会主义现代化国家的宏伟目标一定能够早日实现。

四、结语：中国特色社会主义关于初级阶段经济观的独创性

在近现代政治经济学和科学社会主义发展史上，邓小平创立的中国特色社会主义理论关于初级社会主义的经济观具有独创性和新颖性。其初级社会主义经济观及其制度公式＝公有制主体＋按劳分配主体＋调控型市场经济。具体说来，就是在所有制结构层面，实行市场化的多种公有制并占主体，保持在质上和量上的优势，同时发展各类非公有制经济，成为所有制结构中的辅体。在分配结构层面，实行市场型的多种按劳分配并占主体，同时发展各类按资分配，成为分配结构中的辅体。在资源配置或调节机制层面，实行以市场调节为基础的市场经济制度，同时保持较强的国家调节。

中国特色社会主义关于初级社会主义的经济制度观具有重要的理论和实践意义，打破了西方学界和政界至今仍占主流的近现代经济学和政治学的陈腐教条，把作为主体的公有制度与市场经济制度相结合。若操作得当，社会主义或公有制可以比资本主义或私有制更适合市场经济制度，产生更高的整体绩效和社会公平。

难解的问题在于：中国特色社会主义的这一独创性理论同以前的马克思主义经典理论是什么关系呢？马克思、恩格斯和列宁的社会主义经济制度观及其公式＝完全社会所有制＋完全社会按劳分配＋完全计划经济。那种认为列宁主张社会主义有商品生产和商品交换的看法是不精确的，因为列宁与马克思和恩格斯一样，强调在从资本主义社会向社会主义社会过渡的时期，才存在商品货币关系。而斯大林和毛泽东降低了社会主义的经济制度标准，其社会主义经济制度观及其公式＝两种公有制＋货币型按劳分配＋商品型计划经济。

笔者的独特研究看法是：上述马克思主义经典作家关于进入社会主义起点标志的不同观点，属于三种科学社会主义及其经济制度观。由于划分标准的独特性，因而狭义的三种科学社会主义观都是可以成立的，各个社会主义国家可以自由选择(越南实行“定向社会主义的市场经济”，就选择了马、恩、列这种社会主义观)，并不妨碍广义社会主义的建设和改革。不过，我们没有必要用其中的一种理论去有意贬低或否定另外两种理论，因为它们属于划分标准的分歧，而非社会发展本质和最终方向的区别。中国特色社会主义关于初级社会主义经济观的真正贡献，在于共产党执政后不是急于消灭市场经济和私有制，而是有效地利用它们去为社会主义服务。

应当指出，邓小平创立的关于初级社会主义经济制度和社会主义本质的理论，同当代社会党国际的民主社会主义或社会民主主义理论倒有本质上的区别。后者认为，社会主义的制度特征和本质是“自由、公正、互助”。自由是指每个人都可以发展自己的个性，参与政治、经济和文化活动；公正是指每个人所享有的各种机会均等，其中包括社会保障、财产和收入以及权利的平等分配；互助是指个人之间相互乐于彼此承担责任，使别人获得与自己同等的平等和自由权利。国内个别学者与此相似的新表述为：社会主义＝社会公正＋市场经济。实际上，此类貌似新颖的表述背离了中国特色社会主义的经济观，抛弃了公有制和按劳分配占主体，其结果，不可能较充分地实现“自由、公正、互助”，也不可能建设好社会主义类型和性质的市场经济，并影响社会主义民主政治、先进文化和和谐社会的全面建设。

（作者：中国社会科学院学部委员、中国社会科学院马克思主义研究院院长、教授、博士生导师）

（选自《河南社会科学》2008年第3期）

马克思价值论视野中的科学发展观

吴　倬　刘新刚

对社会发展本质的理解经历了一个曲折的过程。很长一段时间，社会发展一直被理解为经济增长，理解为商品世界本身的丰富，循此信念所进行的发展，引发了一系列的社会问题：能源危机、环境污染、贫富分化等。原有的发展观念缺乏对人的关照，发展实践急需新的发展理论。正是在这一背景下，社会发展研究完成了转向：由重视“经济增长”（商品本身）到重视“人的价值”（人与商品的关系）的转向。发展的价值转向在中国的表现就是科学发展观的提出。科学发展观蕴涵着丰富的价值论思想，对其进行马克思价值论式的解读和反思是正确理解和执行科学发展观的必要路径。

一、社会发展研究的价值论转向及其马克思主义审视

“社会发展”与“经济增长”的辨析，是一个直到当代才凸显出来的问题。长期以来，人们一直坚信“经济增长”就是“社会发展”。然而，“二战”后各国经济的高速增长，却并没有带来各国社会的相应发展，反而引发了一系列的社会问题，如环境恶化、生态危机、贫富两极分化、传统文化价值崩溃、战乱频繁等，以致危及整个国家的生存与发展。这使得人们逐渐认识到，“社会发展”和“经济增长”之间不能划等号。经济增长描述的是商品世界，其各项指标表现的只是物质财富的增长，丝毫没有对人的关照，反而造成了人的价值的极度缺失。很多学者开始从人的价值的视角，从人与商品的关系的视角来研究发展问题。发展研究实现了从发展的“经济增长研究”到“价值研究”的转向。

这一发展研究的转向是一种范式的转换，其间向旧范式挑战的杰出的社会科学家居功至伟。他们的代表是弗朗索瓦·佩鲁、阿马蒂亚·森，他们两位提出了相似的发展理论，其核心的思想都是从人的价值的视角来言说发展，其主要观点归纳如下：

第一，发展研究的核心问题是人与商品的关系，而不是研究商品世界本身。

传统的社会发展理论关注的是商品世界的丰富，发展的各种指标只能反映商品世界本身。面对这一“经济增长发展观”，佩鲁反思道：“增长的目的是什么？当前目标是什么？在什么条件下增长是有益的？增长是为什么人的？”佩鲁认为，没有人的在场，对发展的研究就是空的。如何考查发展呢？研究发展的另一位学者森提出了建设性的理论。森在考查“贫困与饥荒”时，认为“饥饿是指一些人未能得到足够的食物，而非现实世界中不存在足够的食物”。现实世界存不存在食物是一个经济增长的问题，而人能不能够得到食物反映的是经济增长对人的意义问题。森继续论述道：“关于食物供给的陈述（statement about food supply）是指有关一种商品（或一组商品）自身的事情，关于饥饿的陈述（statement about starvation）则是指人与这种商品（或一组商品）之间的关系。除非一个人自愿挨饿，我们可以说，饥饿现象基本上是人类关于食物所有权的反映。”所以，森的理论更关注人与商品的关系，而不是商品本身。从人与商品的关系的角度所进行的发展的考查，就会将人的价值的实现放到发展的首位。

第二，人的价值的实现程度是发展的评价性因素和实效性因素。

佩鲁认为，“各种文化价值‘在经济增长中起着根本性的作用’，经济增长不过是手段而已。各种文化价值是抑制和加速增长的动机的基础，并且决定着增长作为一种目标的合理性”。在佩鲁看来，经济增长与文化价值是分不开的。一方面，文化价值发展状况是经济增长的评价标准，另一方面它还是经济增长的内在动力。阿马蒂亚·森更是直接亮出了这一观点，认为：“发展可以看做是扩展人们享有的真实自由的一个过程。”“由于两个不同的原因，自由在发展过程中居于中心地位：1. 评价性原因：对进步的评判必须以人们拥有的自由是否得到增进为首要标准；2. 实效性原因：发展的实现全面地取决于人们的自由的主体地位”。

西方学者对发展的价值论考查的确适应了当前的发展实践，对世界各国构建新的发展理论的确有普遍的借鉴意义。但是，由于西方学者对于人的价值的抽象和直观的理解，从而限制了其关于发展的价值研究的视野。马克思的实践论转向构建了科学的价值哲学，必须从马克思的价值哲学视角对当前理论家提出的发展的价值论转向进行全面的审视，才能构建全面合理的新发展观。

首先，内容方面的审视与构建：新发展观关照的是人的价值的实现。佩鲁和森都认识到了社会发展应该从研究经济增长转向研究人的价值的实现，由研究商品世界本身到研究人与商品的关系。因为文化价值的进步是发展的根本，表现为二：第一，人的价值的实现程度是发展的评价标准；第二，人的价值的实现也是发展的动力。马克思的价值论包含着这两个层面的意蕴。价值言说的是客体对主体的需要的满足，而马克思理论认为，人的需要具有社会性，是社会创造的，是被历史地决定了的，是不依任何人的意志为转移的。所以人的价值的实现不是乌托邦，这与西方学者建立在抽象人性论基础上的价值学说是完全不同的。马克思之前的哲学家，对人的理解要么是唯心的要么是唯物直观的，把人看成是抽象的或个体独立的。而马克思认为人“不是处在某种虚幻的离群索居和固定不变状态中的人，而是处在现实的、可以通过经验观察到的、在一定条件下进行的发展过程中的人。只要描绘出这个能动的生活过程，历史就不再像那些本身还是抽象的经验论者所认为的那样，是一些僵死的事实的汇集，也不再像唯心主义者所认为的那样，是想象的主体的想象活动”。具体的人是历史生成的，而不是预成的，而“历史的每一阶段都遇到一定的物质结果，一定的生产力总和，人对自然以及个人之间历史地形成的关系，都遇到前一代传给后一代的大量生产力、资金和环境，尽管一方面这些生产力、资金和环境为新的一代所改变，但另一方面，它们也预先规定新的一代本身的生活条件，使它得到一定的发展和具有特殊的性质。由此可见，这种观点表明：人创造环境，同样，环境也创造人”。人正是在具体的社

会现实的基础上追求着自己的价值的实现。所以，价值的实现是一个实践的生成的过程。

第二，方法论方面的审视与构建：佩鲁和森都抓住了社会发展由重视经济增长范式到重视文化—价值—人的进步的范式转换这一当前社会发展的核心问题。但是在方法论上，他们没有上升到实践论的高度，没有把握这一发展范式转换的科学的方法论，从而容易将社会发展研究的价值转向进行机械化的理解。其实经济增长和文化—价值—人的进步是社会发展的两翼，这两者辩证统一于具体的社会发展实践。“环境的改变和人的活动或自我改变的一致，只能被看做是并合理地理解为革命的实践。”经济增长是社会发展的理性维度，而文化—价值—人的进步是社会发展的价值维度。发展的理性维度和价值维度一直存在于人类社会发展的整个过程之中，并受到具体社会发展实践的制约，交替成为社会发展的主题。但同时这两者之间要保持必要的张力。当投资不旺，人们的物质需求极大，资源丰富时，发展的理性维度就凸显出来。二战结束后，物质财富遭到极大的破坏，经济增长、物质的丰裕便成为社会发展的主题。社会发展的理性维度成为发展的中心，各个国家开始谋求经济的增长和科技的发展。但是，当物质产品丰富、贫富差距加大、资源开始枯竭，发展的价值维度就会凸显出来。人们便开始反思经济增长对人的意义，当前世界各国就处于这一发展现实，佩鲁、森和谢弗都是顺应了这一发展实践，提出了新的发展观。

笔者对社会发展的价值转向进行了论述，并对其进行了马克思价值论的审视，构建了全新的发展价值论研究视角，从这一视角对科学发展观进行审视，既能对科学发展观的价值意蕴进行深刻的解读，也能对科学发展观进行全面反思，使我们对科学发展观的理论解释和实践操作有一个全面而深刻的视角。

二、科学发展观的价值论特质

科学发展观的价值论特质，体现在“以人为本”的价值论内容和“实践论”的价值实现方法论上。

(一)“以人为本”：科学发展观的价值论内容

本文提到过，价值在发展中凸显有两个原因——评价性原因和实效性原因。即人的价值的实现程度是发展的评价标准；人的价值的实现是发展的动力。佩鲁、森和马克思都有过这方面的论述。科学发展观也内含着这两层意思。“坚持以人为本，要把解决人民群众切身利益问题放在首位，在治国理政的过程中充分体现和代表人民的意愿，坚持发展为了人民、发展依靠人民、发展成果由人民共享，不断让人民群众得到实实在在的利益，使全体人民朝着共同富裕的方向稳步前进”。在关于“以人为本”的表述中内含着两个方面的意思：“发展为了人民”和“发展依靠人民”。“发展为了人民”言说的是发展的评价性因素，“发展依靠人民”言说的是发展的实效性因素。中央提出的科学发展观所内含的这两个层面的意思，保障了我国的发展由重经济增长到重视人—文化—价值的进步的范式转换的全面展开。

“发展为了人民”言说的是发展的评价性因素，用人民的价值实现的程度来评价发展的结果。“坚持发展为了人民，就是要把实现好、维护好、发展好最广大人民的根本利益，作为党和政府一切方针政策和各项工作的根本出发点和落脚点，坚持用人民拥护不拥护、赞成不赞成、高兴不高兴、答应不答应来衡量一切决策，把发展的目的真正落实到满足人民需要、实现人民利益、提高人民生活水平上。”政府的表述中，其价值评价性是一目了然的。

“以人为本”的提出不是一蹴而就的，只有在社会主义国家提出才具有了制度上的可能性。

"以人为本"不是哲学本体论的概念，而是哲学价值论的概念，其关注的是在我们的实践活动中，什么最重要，什么最根本，什么是我们追求的目标。在哲学史上，"人本"是和"物本"、"神本"相对的。文艺复兴时期，提出人本思想是相对于神本思想而言的，将人的尊严还给人，但这种对人的尊重主要体现在对人的理性的尊重。文艺复兴后，推翻了神的僭越，人们开始痴迷于自己的能力，在科技的支撑下，人类觉得自己无所不能。大量的物质财富的创造，遮迷了人们的视线，工具理性趁机泛滥开来。但是"工人生产的财富越多，他的产品的力量和数量越大，他就越贫穷。工人创造的商品越多，他就越变成廉价的商品。物的世界的增值同人的世界的贬值成正比"。私有制为基础的发展，物质世界越是发展，人越是贬值，资本自身的发展逻辑是见物不见人的，人被物所役。在私有制出现以来的阶级社会，发展的理性尺度和价值尺度一直不能真正地融合，主要体现在历史的发展是以广大劳动人民利益的牺牲为代价的。资本的逻辑必然限制人的逻辑展开。只有公有制为主体的社会主义制度才使得以人为本的发展变得具有了现实性。

"发展依靠人民"言说的是发展的实效性因素，即发展的动力。"坚持发展依靠人民，就是要尊重人民的主体地位和首创精神，密切联系群众，始终相信群众，紧紧依靠群众，最充分地调动人民群众的积极性、主动性、创造性，最大限度地集中全社会全民族的智慧和力量，最广泛地动员和组织亿万群众投身中国特色社会主义伟大事业"。这一表述清晰地表达了发展的实效性来自于人民群众的积极性、主动性、创造性，发展的动力来自于人民群众。马克思认为进行物质生产的现实的人既是价值主体，同时也是物质生产实践的主体。在生产实践中人既是目的又是手段，人是实现自身目的的手段。"'历史'并不是把人当做达到自己目的的工具来利用的某种特殊的人格。历史不过是追求着自己目的的人的活动而已。"所以，历史是人民群众自身的发展史，随着物质生产实践的发展，群众队伍必将逐步扩大。

科学发展观的理论力量在于其不仅揭示出了发展的目的（评价性因素），而且揭示出了发展的主体，也就是发展的动力（实效性因素）。在资本主义社会，人作为发展的目的和手段是互相分离的，只有在社会主义制度下，人作为发展的目的和手段才是统一的，价值主体和实践主体才是重合为一的。

"以人为本"是科学发展观的核心价值理念。发展的终极价值诉求是人的全面而自由的发展。为了实现这一价值诉求必须构建和谐社会，因为和谐社会是保证"每个人的自由发展是一切人的自由发展的条件"。所以说，以人为本、和谐社会、人的解放与全面自由发展都是科学发展观的题中应有之意。

（二）"实践论"：科学发展观价值实现方法论

科学发展观的提出标志着我国社会发展范式的价值转向。为了实现"以人为本"这一科学发展观的核心价值理念，党和政府提出了大量的举措，比如"科学发展观是用来指导发展的，全面协调可持续发展是科学发展观的基本要求。要坚持以经济建设为中心，按照'五个统筹'的要求，促进经济社会发展和人的全面发展相统一，实现经济发展与人口、资源、环境相协调"。再如"统筹城乡发展、统筹区域发展、统筹经济社会发展、统筹人与自然和谐发展、统筹国内发展和对外开放，使各方面的发展相适应，各个发展环节相协调"。

这些表述可以概括为：全面协调可持续。它是马克思实践论在发展现实中的外在反映。从根本上说，发展问题解决的是人的发展，而人的发展又依赖于经济和社会的发展。人在发

展中的价值实现是通过实践逐步生成的。实践有主体向度和客体向度，发展的价值论转向就是实践的主体向度转向，对于这一转向必须站在实践的高度才能把握住。实践论是科学发展观价值实现的方法论。在本文的前面提到过实践体现了主体和客体之间的辩证关系，人按照规律改造环境（自然），当然这种改造也体现了人的目的，同时创造出来的物质文化成果又增强了人的创造力，使人在新的起点上来完成对自然社会的改造。在这个过程中，主体是有能动性的。主体的能动性就表现在改造客体的方法的选择上，其在当前的具体表现就是对发展的“全面协调”式展开。

“全面”就是要坚持以经济建设为中心，全面推进经济、政治、文化建设，实现经济发展和社会的全面进步，促进经济社会的发展与促进人的发展统一起来。“协调”，就是统筹城乡发展、统筹区域发展、统筹经济社会发展、统筹人与自然和谐发展、统筹国内发展和对外开放，推进生产力和生产关系、经济基础和上层建筑相协调，推进经济、政治、文化建设的各个环节、各个方面相协调。“全面协调”式展开使主体改造客体和客体满足主体能够有机地结合在一起，对立统一于“革命的实践”。这是发展在现实中的最佳展开方式，正是这一方式保证了发展的物质增长的尺度（理性维度）和人—文化—价值进步的尺度（价值维度），从长期的分离状态统一了起来，从而保证发展的成果真正地为全体人民所享有，保证了发展中人的价值的实现。

三、科学发展观的价值论反思

上文的分析中能够得出结论：科学发展观的内容及其实现方法全面体现了马克思的价值论要求，但同时我们要重视一个问题：对科学发展观的价值实现必须注意其实践生成性，才能避免乌托邦式的断想，从而走上一条真正的可持续发展之路。

（一）“和谐社会”反思：经济社会发展价值目标的现实性

前面分析过，实现人的发展需要社会的和谐，社会和谐是科学发展观的题中应有之意。但和谐社会的构建必须建立在马克思价值论式的理解之上，否则容易进入乌托邦式的迷梦。

“全部社会生活在本质上是实践的。”社会是人与人之间关系的总和，“在任何情况下，个人总是‘从自己出发的’……由于他们的需要即他们的本性，以及他们求得满足的方式，把他们联系起来（两性关系、交换、分工），所以他们必然要发生相互关系。但由于他们相互间不是作为纯粹的我，而是作为处在生产力和需要的一定发展阶段上的个人而发生交往的，同时由于这种交往又决定着生产和需要，所以正是个人相互间的这种私人的个人的关系、他们作为个人的相互关系，创立了——并且每天都在重新创新着——现存的关系。”正是个人的需要，使他们相互间结合成了各种各样的关系，并随着需要的改变而创新着这种关系，而这种需要都是由特定的生产力状况决定的。所以社会发展是一个具体的问题，是由具体的人，进而由具体的生产力发展状况决定的。马克思清晰地论述道：“历史的每一阶段都遇到一定的物质结果，一定的生产力总和，人对自然以及个人之间历史地形成的关系，都遇到前一代传给后一代的大量生产力、资金和环境。”

正是一定的生产交往方式生成着一定的人，建立在特定的生产交往方式之上的人结合成一定的社会关系。所以，社会发展的价值目标的实现是受当时具体的生产状况决定的。绝对的和谐社会的建立需要人与人之间的利益差别的绝对消灭，其建立必须有两个条件：一个是生产力的高度发展，另一个是私有制的消除。

满足这两个条件，共产主义也就实现了。但

是如果不满足这两个条件，并不是说提出和谐社会建设是没有意义的，恰恰相反，意义是非常重大的。马克思认为：“共产主义对我们来说不是应当确立的状况，不是现实应当与之相适应的理想。我们所称为共产主义的是那种消灭现存状况的现实的运动。这个运动的条件是由现有的前提产生的。”

所以和谐社会的构建对我们来说是一种消灭现实状况的现实的运动。我国社会当前存在不少影响社会和谐的矛盾和问题，主要是：“城乡、区域、经济社会发展很不平衡，人口资源环境压力加大；就业、社会保障、收入分配、教育、医疗、住房、安全生产、社会治安等方面关系群众切身利益的问题比较突出；体制机制尚不完善，民主法制还不健全；一些社会成员诚信缺失、道德失范，一些领导干部的素质、能力和作风与新形势新任务的要求还不适应；一些领域的腐败现象仍然比较严重；敌对势力的渗透破坏活动危及国家安全和社会稳定等。”所以追求和谐社会建设这一价值理想，就是在现实中以和谐社会的六条价值判断标准——民主法治、公平正义、诚信友爱、充满活力、安定有序、人与自然和谐相处，消除上述不和谐现象的现实的运动的过程。如此，关于和谐社会的理解才是建立在现实的基础上的。从而使我们远离乌托邦式的价值迷梦，开辟出一条可持续的社会发展之路。

(二)“人的全面发展”反思：社会发展价值诉求的现实性

“人的全面发展”是一个实践中的逐渐生成的过程，不是一个空洞的价值诉求。这是马克思一生致力于追求的目标，马克思在其中学作文中就论述道：为人类谋幸福是自己将来的职业选择。围绕着这一主题，马克思开始了自己一生的理论探索。在其理论探索的前期，马克思一直诉诸于“异化”理论来寻求人的解放。马克思试图将人从宗教异化、政治异化和经济异化中解放出来。但是随着马克思对理论探索和实践活动的参与，他逐渐认识到，从抽象的人的本质出发，无法找到人的解放的途径。人是现实中的人，是从事生产实践的经验中的人，在社会实践发展的过程中，人的规定性是发展的。马克思将其探索人的解放的目标诉诸于实践，从而找到了科学的人的解放的路径。人是实践、是生产交往的产物。而私有制存在的生产实践中，人们在生产中的地位是不平等的。人们会在已有的生产力发展的基础上寻求自己的解放，这种解放会带来生产力的进一步的发展，历史发展的理性和价值尺度在这种辩证的统一中不断地进行下去，最终在共产主义社会实现了人的全面而自由的发展。

所以，人的全面发展是马克思社会发展理论的核心价值诉求，而人的现实发展状况是马克思考察社会发展状况的视角。马克思从人本身的发展状况来观察社会的发展进程，提出了著名的“社会发展三形态”理论。他指出：“人的依赖关系（起初完全是自然发生的），是最初的社会形式，在这种形式下，人的生产能力只是在狭小的范围内和孤立的地点上发展着。以物的依赖性为基础的人的独立性，是第二大形式，在这种形式下，才形成普遍的社会物质变换、全面的关系、多方面的需要以及全面的能力的体系。建立在个人全面发展和他们共同的、社会的生产能力成为从属于他们的社会财富这一基础上的自由个性，是第三个阶段。第二个阶段为第三个阶段创造条件。”

在第二个阶段，绝大部分人民群众是没有发展权的。马克思曾经论述道：“实际上，事情是这样的：人们每次都不是在他们关于人的理想所决定和所容许的范围之内，而是在现有的生产力所决定和所容许的范围之内取得自由的。而到现在为止取得的一切自由的基础是有限的

生产力；靠这种生产力进行的不能满足整个社会的生产，使得发展只在下述情况下成为可能，即：一些人靠另一些人来满足自己的需要，因而一些人(少数)得到了发展的垄断权；而另一些人（多数）为满足最必不可少的需要而不断拼搏，因而暂时（即在新的革命的生产力产生以前）被排斥在一切发展之外。”

所以如果生产力有限，大部分人就失去了发展的可能性，发展是有产者的特权。我国现在是社会主义初级阶段，在这个阶段人的发展是处于由第二个阶段向第三个阶段过渡时期。一方面剥夺剥夺者，建立了公有制经济，这就有了绝大部分人能够得到发展的经济社会基础；另一方面由于当前生产力发展有限，私有制还有存在的必要，这样就决定了有些人的发展是要受到限制的。

为了使更多的人得到发展，这就对我们的社会主义政权提出了要求。而我们党提出的科学发展观，则表达了政府在诉求人的发展方面的执政自觉。我党在关于科学发展观的理论中论述到：坚持以人为本，就是把促进人的全面发展作为经济社会发展的最终目的，既着眼于人民现实的物质文化生活需要，又着眼于促进人民素质的提高，把促进人的全面发展落实到经济社会发展的全过程，贯穿到各项工作中去。这种执政自觉对于人的发展由第二阶段向第三阶段的过渡具有重大的意义。但是根据本文的研究，关于人的全面发展价值的实现必须要建立在具体实践的基础之上。

(三)发展的范式转换反思：理性维度和价值维度之间必须保持必要的张力

科学发展观标志着我国社会发展价值转向的全面启动，但按照本文的分析，在发展的理性维度和价值维度之间应该保持一个合理的张力。当然我们将发展理性维度和价值维度保持一个必要的张力，并不是说对发展的理性维度和价值维度同等重视。而是要根据具体的社会发展实践进行具体的发展范式选择。当社会财富极端匮乏，发展的理性问题就是发展的主要问题，此时的一系列发展政策就应该凸显发展的理性色彩，比如强调“效率优先，兼顾公平”；强调“科学技术是第一生产力”；强调“发展是硬道理”等。与此相关经济社会发展的评价指标就是GDP等。而当社会财富开始充盈，贫富差距问题和能源枯竭问题开始显现时，发展的价值问题就成为发展的主要问题。此时的一系列发展政策就应该凸显发展的价值色彩，比如强调“以人为本”、“科学发展”、“构建和谐社会”；强调“公平优先，兼顾效率”；强调“发展的成果要落实到人民生活水平的提高”；强调社会保障制度的重要性；强调弱势群体的利益保护等。与此相关的经济社会发展的评价指标就是绿色GDP和社会和谐GDP等。

所以，发展的价值转向，并不是只重视发展的价值问题，而不重视发展的理性问题。根据本文前面对马克思实践两个维度，特别是发展实践两个维度的分析，我们从学理上能够认清：发展中的两个维度之间必须保持一定的合理张力。我们在理解发展范式的转换这一问题的时候，一定要辩证地理解，因为发展的理性维度和价值维度是对立统一的。

（作者：清华大学高校德育研究中心教授）

（选自《清华大学学报（哲学社会科学版）》2008年第6期）

对科学发展的九点思考

樊 纲

究竟怎样的发展才是科学的发展？我想在九个方面谈谈自己的看法。

第一，我非常赞同“不发展最不科学”的说法。从发展经济学的角度来讲，发展意味着缩小和发达国家的差距。我们是一个落后的国家，所以要以发达国家的水平作为标杆。他们人均GDP达4万美元，将来会达到5万美元。在这种情况下，我们不能跟他们一样的速度，要发展得快一点。

第二，科学发展怎样以人为本？这不仅仅是创造GDP的问题、产权的问题、完成工业化进程的问题。工业化的真正的、最后的、以人为本的衡量标志，是就业有多少。怎么能够缩小工农的差距，怎么使农民更多地转移出来，这是全国性的问题，不是区域性的问题。很多工业发展的问题，新型工业化的问题，产业结构的问题，要发展什么不要发展什么的问题，最终都是解决就业的问题。我们可以搞高新产业，但同时也应想到，我们有几亿人还要就业。

第三，符合经济规律的发展。作为发展中国家，一个非常重要的问题就是发挥后发优势，怎么能够减少学习的成本，怎么能够走捷径，在吸取发达国家经验教训的基础上，缩短我们发展的差距。我们要大力学习、集成现代先进技术和先进做法，包括管理、政策，通过学习尽快走到前沿。走到前沿才能够创新，如果一直跟在后面，我们仍然是在啃人家已经啃过的馒头。后发优势在我们这里体现得比较清楚，我们一开始就要利用世界上的先进技术（当然在合理的成本范围之内），我们不再回过头来搞那些傻、大、黑、粗的东西，我们尽可能一上来就朝绿色的方向上靠。现代发展经济学，这些年的主要成就，就是强调后发优势，如资本的外溢效应、知识的扩散效应，这些方面应该给予高度重视。这就是为什么我们一定要开放，一定要吸取发达国家的经验和教训。

第四，关于后发优势和创新的关系。创新不仅仅是要搞一些高新技术产业，各行各业都应该创新。我们讲创新，不是说这个产业不创新，那个产业创新。如果我们需要搞各种产业的话，我们就应该去搞，但是都要在努力创新的基础上。新型工业化的道路是创新的发展的道路，不要把它局限为发展了哪个产业就叫新型工业化了，而不发展哪个产业就不叫新型工业化。新型工业化意味着我们学习先进经验，意味着我们要创新。其背后的含义是环保、提高效率等等。

第五，科学发展意味着提高资源效率，但

这并不等于我们作为一个发展中国家就不要发展资源密集型产业。如果我们的社会、我们人民的消费还需要盖房子，我们就不可避免还需要钢、水泥，还需要用资源密集型产品。在资源问题上，能源问题上，最核心的是怎么提高资源利用的效率，而不是不用这个资源。能不能提高效率，能不能环保，这是科学发展的要求。

第六，资源约束问题。经济学的根基就是资源的稀缺性，这是一切问题的出发点。但是我们也不应该只根据我们自己有什么资源才发展什么产业，世界上没有一个国家是不利用其他国家的资源就可以发展起来，我们更应该从全球的角度来思考资源。老听见有人说，我们怎么能搞这个、搞那个呢，我们没这个没那个。我们建大港的意义就在于用全世界的资源来发展自己。我们中国13亿人口，占世界人口的1/5，我们要发展就一定要从全球的角度来思考资源问题。资源的约束、资源的稀缺性更要求我们提高资源的效率。没有效率，怎样的经济结构都不是科学发展，都不是新型增长方式，哪怕你搞的全是高新科技，你仍然可能不符合科学发展观。

第七，科学发展意味着社会和谐、人民幸福。我非常赞同用幸福指标来衡量我们的发展。科学发展需要关注社会和谐，关注社会问题，关注社会成本，这在我们这个发展阶段特别重要。人均GDP到了两三千美元以上的阶段，大量的农民还没有转移出来，需要我们政府更多地关注社会平等、和谐的问题，给予弱势群体更多的关注。

第八，科学发展意味着环保。环保问题，从广义上讲，还有一个全球变暖的问题。这不仅仅是地方的环保，也是全球的问题；这不仅仅是个绿色的含义，还是一个更大范围的生态和谐的问题；这不是100年前、200年前一些国家的问题，而是必须纳入现在发展战略的政策思考。环保本身也可以提高效率，循环经济本身是提高效率。反过来说，循环经济如果在经济上无效率的话也很难持久。

第九，用制度保证科学发展。发展经济学本身也包含着一些制度的创新和制度的改革。我们国家是体制转轨国家，又是发展中国家，一种双重身份，改革的问题就特别重要。一个大的发展时期，特别需要在经济体制、社会体制、政治体制、政府体制方方面面加大改革的力度，用改革来促发展。以下几点特别重要：一是如何使多种经济主体发挥创造力。现在我们大的国有企业在起主导作用，还要考虑怎么能够通过各种政策和制度鼓励各种经济形式的企业、尤其是中小企业发挥更大的作用。二是如何通过制度来促进创新。我们过去的制度理念是，我没有规定你可以做的，你都不可以做，你做了我可以说你是不对的。而市场经济的法治精神是，只要没明文规定不许做，就都是可以做，如果发现对社会有危害可以再规定不可以做。怎样把这样一种理念融合到我们的管理和各种制度当中去？我觉得这是鼓励大家创新的一个重要的制度保障，如此才能使人们的各种新的点子涌现出来。三是政府如何改革。在大发展的过程当中，政府要提供很多公共服务和公共基础设施建设，如何加强民众的参与、加强制衡监督、加强政治体制方面的改革，这些都是保障长期稳定发展必须解决的问题。

（作者：中国经济改革研究基金会秘书长）

（选自《理论导报》2008年第7期）

三十年改革开放的回顾与思考

李景田

我们在这里召开全国党校系统纪念改革开放30周年理论研讨会，就是要认真回顾和思考30年改革开放的历程，深刻总结改革开放的历史经验，继承和发扬党的十一届三中全会精神，认清新形势，迎接新挑战，在新的历史起点上，以改革创新精神开创党校工作新局面。下面，我围绕改革开放30年这个主题，谈几点认识和思考，同大家一起研究讨论。

一、改革开放的历史必然性

1978年12月，我们党召开了具有重大历史意义的十一届三中全会。以此为标志，开启了改革开放历史新时期。改革开放政策的制定与实践不是偶然的。胡锦涛总书记曾经指出："我们党在20世纪70年代末作出实行改革开放的重大决策，主要有两方面的背景。一方面，从我国自身的情况看，'文化大革命'十年内乱，使党、国家和人民遭到严重挫折和损失。……我们必须通过改革开放，增强我国社会主义的生机活力，解放和发展社会生产力，改善人民生活。另一方面，从外部环境看，20世纪70年代世界范围内蓬勃兴起的新科技革命推动世界经济以更快的速度向前发展，我国经济实力、科技实力与国际先进水平的差距明显拉大，面临着巨大的国际竞争压力。我们必须通过改革开放，带领人民追赶时代前进潮流。"胡锦涛总书记的这一论述，从历史和全局的高度科学概括了改革开放的历史背景和时代背景，精辟地点明了改革开放的历史必然性。

（一）改革开放是我国探索社会主义发展道路的必然结果

应该说，建国后到党的十一届三中全会这29年，我们的社会主义建设确实取得了不少成绩，这是谁也抹杀不了的。但也不得不承认，我们在如何选择适合中国国情的发展道路这个问题上，虽然进行了艰辛的努力，却没有取得理想的效果，因而使得社会主义的优越性长期未能充分体现。1956年，中国基本完成了对农业、手工业和资本主义工商业的社会主义改造。党的八大宣布，中国从此进入社会主义建设时期。在此前后，毛泽东同志发表了《论十大关系》、《关于正确处理人民内部矛盾的问题》等重要讲话，提出要"以苏为鉴"，寻找适合中国国情的社会主义建设道路。但由于种种原因，中国逐渐偏离正确方向，形成了一条"以阶级斗争为纲"为中心内容的基本路线和所谓"无产阶级专政下继续革命"的理论，最终导致"文化大革命"的全局性错误，我国社会主义建设事业遭受了严重挫折。

"文化大革命"结束后，我们面临的一个重大问题，就是社会主义中国向何处去？是按照"两个凡是"的思路，沿着"左"的老路走下去；是放弃社会主义理想，走向右的邪路；还是从中国实际出发，开辟一条中国特色社会主义新路？结论是要坚持社会主义，就一定要闯新路，进行改革。正如邓小平同志指出的："不改革就没有出路，旧的那一套经过几十年的实践证明是不成功的。过去我们搬用别国的模式，结果阻碍了生产力的发展，在思想上导致僵化，妨碍人民和基层积极性的发挥。……中国社会从1958年到1978年20年时间，实际上处于停滞和徘徊的状态，国家的经济和人民的生活没有得到多大的发展和提高。""如果现在再不实行改革，我们的现代化事业和社会主义事业就会被葬送。"事实证明，改革开放使我们走上了中国特色社会主义发展道路，我国社会主义制度得到不断巩固、完善和发展，社会主义焕发出蓬勃的生机与活力。

（二）改革开放是时代发展的大势所趋

在我们沉醉于"阶级斗争年年讲、月月讲、天天讲"的时候，西方资本主义国家以及我国相邻的一些国家和地区却迅速发展起来。特别是，我国香港、台湾地区与韩国、新加坡等被称为"亚洲四小龙"的腾飞，使我们不得不正视现实。正如邓小平同志所说的，"过去我们比上不足、比下有余，现在比下也有问题了。"我国社会主义的巩固和发展面临着巨大的压力。

与此同时，邓小平同志注意到，当时新科技革命正在兴起，这是我国提速发展的极好时机。在1978年3月召开的全国科学大会上，他向全党提出了这一重大问题。1978年前后，党和国家领导人相继出国考察，使我们对外部世界有了新的了解和认识。根据出访收集到的情况，国务院召开务虚会议，介绍"亚洲四小龙"、欧美等国家和地区现代化以及东欧各国改革的经验，引起很大震动。大家没想到世界现代化发展程度如此之高，没想到中国与发达国家以及周边新兴工业化地区之间的发展差距如此之大，没想到西方发达国家老百姓的生活水平和中国相比高出如此之多。这一切使大家意识到发展的紧迫性。邓小平同志表达了当时党内一部分同志的心声，他说："中国在历史上对世界有过贡献，但是长期停滞，发展很慢。现在是我们向世界先进国家学习的时候了。"来自国际竞争的压力，是促使我们改革开放的又一重要原因。

由此可见，20世纪70年代末，中国共产党之所以毅然决然地带领中国人民走上改革开放的道路，这不仅是中国发展的要求，也是时代发展的大势使然，同时还是国内诸多问题和国际发展压力形成的结果。内外两个背景，使我国走上了改革开放的强国之路。

党的十七大报告在回顾改革开放伟大历史进程的时候，用了相当重的笔墨写了"三个永远铭记"，就是要永远铭记以毛泽东、邓小平、江泽民为核心的党的三代中央领导集体为改革开放建立的历史功绩，得到了全党和全国人民的高度认同。对于改革开放的伟大事业，毛泽东同志那一代是奠定前提和基础。江泽民同志这一代是继续推进，开创新局面。而以巨大的理论勇气和政治勇气，开启改革开放历史新时期的是以邓小平同志为核心的党的第二代中央领导集体。那么，邓小平同志决策的依据是什么？就是他准确地把握了世界发展的潮流，科学地分析了人类社会基本矛盾运动的态势，从而才作出了顺应时势的睿智选择。改革开放，是历史的必然。中国走到这一步，不改革开放，只能是死路一条。领袖人物之所以伟大，就是因为他们顺应历史潮流，从而推动了历史前进。正如十七大报告所指出的："改革开放是决定当代中国命运的关键抉择，是发展中国特色社会主义、实现中华民族伟大复兴的必由之路；只有社会主义才能救中国，只有改革开放才能发展中国、发展社会主义、发展马克思主义。”

二、改革开放的历史进程和辉煌成就

30年来，改革开放经历了波澜壮阔、与时俱进的伟大历程。

从1978年党的十一届三中全会开始，到1982年党的十二大这四年，改革开放开始起步。

十一届三中全会重新确立了解放思想、实事求是的思想路线，作出了把全党工作重点转移到社会主义现代化建设上来的战略决策，标志着我国从此进入了社会主义事业发展的新时期。1981年党的十一届六中全会通过了《关于建国以来党的若干历史问题的决议》，彻底否定了“文化大革命”，完成了指导思想上的拨乱反正。

这一阶段，改革开放开始起步。从改革来说，首先是在农村创造并推行了以家庭联产承包责任制为主要内容的改革，使广大农民迸发出巨大的生产积极性，极大地解放了生产力。从开放来说，这一阶段首先是设立了深圳、珠海、汕头、厦门四个经济特区，从而打破了过去的封闭和半封闭状态，以一种前所未有的开放姿态融入世界经济发展的大潮中去。

从1982年党的十二大开始，到1992年邓小平南方谈话和党的十四大这十年，改革开放全面展开。

在党的十二大上，邓小平同志提出“走自己的道路，建设有中国特色的社会主义”，向全世界宣告了新时期中国的根本走向。党的十二届三中全会突破了把计划经济与商品经济对立起来的传统观念，提出我国的社会主义经济是在公有制基础上的有计划的商品经济，为经济体制改革提供了新的理论指导。党的十三大对社会主义初级阶段理论作出了比较系统的阐述，确定了“一个中心、两个基本点”的基本路线，提出了“三步走”的社会主义现代化发展战略。

以这一系列理论创新为契机，改革开放进入了一个全面展开的阶段，由农村转向城市，从局部转向全面。以公有制为主体、多种经济成分并存的格局开始初步形成，政治体制改革也逐渐展开。从对外开放来看，这一阶段又开放了14个沿海城市，开放局面继续扩大，进一步加强了与外部世界的联系。

从1992年党的十四大开始，到2002年党的十六大这十年，改革开放取得新的历史性突破。

1992年邓小平南方谈话和党的十四大明确回答了困扰和束缚我们思想的许多重大认识问题，强调基本路线要管一百年、动摇不得，明确提出了建立社会主义市场经济体制的目标，将改革开放推进到一个全新的阶段。党的十五大确立了邓小平理论的指导地位，提出了党在社会主义初级阶段的基本纲领和我国跨世纪发展的奋斗目标，进一步统一了全党和全国各族人民坚定不移地推进改革开放的思想认识。以江泽民同志为核心的党的第三代中央领导集体在邓小平理论指导下，创立了“三个代表”重要思想，在党的指导思想与时俱进过程中将改革开放沿着正确的方向推进到了21世纪。

这个阶段改革开放的一个显著特点是整体推进、配套完善。按照建立社会主义市场经济体制的要求，不断推进财政、税收、金融、外贸、外汇、投资、价格、流通、住房和社会保障等一系列体制的改革，初步形成了社会主义市场经济体制的基本框架。政治体制改革也取得重要进展，进行了力度较大的政府机构改革，逐步加快了基层民主建设的步伐。对外经济、技术合作与交流的规模也继续扩大，并抓住经济全球化的发展机遇，完成了加入WTO的过程，由此建立起一个全方位、多层次的对外开放格局。

从2002年党的十六大到现在这六年，改革开放进入全面建设小康社会阶段。

十六大以来，以胡锦涛同志为总书记的党中央以邓小平理论和“三个代表”重要思想为指导，针对经济社会发展中呈现出来的新的阶段性特征，顺应国内外形势的发展变化，站在新的历史起点，提出要树立和落实科学发展观等一系列重大战略思想，着力推动科学发展、促进社会和谐，为夺取全面建设小康社会新胜利而奋斗。

六年来，我国的改革开放取得了重大突破。农村综合改革逐步深化，强农惠农政策不断加强；国有资产管理体制、国有企业和金融、财税、投资、价格、科技等领域的改革也取得了丰硕成果；非公有制经济进一步发展；市场体系不断健全，宏观调控继续改善，政府职能加快转变；开放型经济进入了一个新的阶段。

经过30年的改革开放，我国的社会主义现代化建设取得了举世瞩目的辉煌成就，其中最显著的成就是国民经济的持续快速增长和人民生活水平的显著提高。30年来，我国经济以年均9.7%的速度增长，不仅明显高于1952—1978年年均增长5.9%的速度，也远远高于同期世界经济年均增长3.6%的速度。经济总量已经由原来的世界第十跃居世界第四，进出口贸易总额也大幅增长，成为世界第三大贸易国，外汇储备高居世界首位，并对世界经济产生越来越重要的影响。改革开放的30年，同时也是人民群众得到实惠最多、生活水平提高最快的30年。扣除价格因素，2007年城镇居民人均可支配收入比1978年实际增长了6.5倍，农村居民人均纯收入实际增长了6.3倍，2亿3千多万人摆脱了绝对贫困，人民生活从温饱不足发展到总体小康，实现了历史性跨越。与此同时，政治建设、文化建设、社会建设也取得很大成就，各项事业全面发展，综合国力显著增强。特别是十六大以来，我们还经受住了“非典”和汶川特大震灾的严峻考验，并成功举办了奥运会和残奥会。可以说，中国的改革开放，创造了人类文明史上的一个奇迹，不仅使中国人民从此走上了富裕安康的广阔道路，也为世界经济发展和人类文明进步作出了巨大的贡献。

三、改革开放的历史经验和重要启示

对于改革开放的历史经验，由于看问题的角度不同，侧重点不同，可以有多种不同的表述。十七大报告把这一历史经验概括为“十个结合”。全面、准确、深刻、权威。学习这“十个结合”，我有这样几点认识。

（一）必须始终立足于社会主义初级阶段这个基本国情

中国国情问题历来是中国革命和建设的首要问题。深刻认识我国国情和所处的历史阶段，是我们党制定路线方针政策的基本依据，是中国特色社会主义事业不断发展的重要前提。

建国后的前29年，我们在建设社会主义的理论和实践中所发生的一系列严重失误，归根到底都是由于脱离了中国的国情；改革开放以来的30年，我们在建设社会主义的理论上和实践中取得的巨大成功，归根到底都是由于符合了中国的国情。党的十一届三中全会以来，我们党提出了我国现在处于并将长期处于社会主义初级阶段的论断。正是立足于社会主义初级阶段的基本国情，改革开放30年来我们不断进行实践创新和理论创新，社会生产力明显提高，综合国力大幅增强，人民生活显著改善，社会主义现代化建设取得了举世瞩目的成就。

站在新的历史起点上，我们必须清醒地认识到，我国现在仍处于并将长期处于社会主义初级阶段的基本国情没有变。这是我们推进改革、扩大开放、谋划发展的根本依据。只有立足于此，我们才能避免“左”、右两方面错误倾向对改革开放的干扰，毫不动摇地坚持党在社

会主义初级阶段的基本路线，把以经济建设为中心、坚持四项基本原则、坚持改革开放统一于建设中国特色社会主义的全过程，在改革开放新的征程中既不迷失方向、丧失信心、偏离中国特色社会主义道路，也不脱离实际、急于求成、重犯过去那种超越历史阶段的错误。

（二）必须始终坚持解放思想，解放生产力

解放思想是党的思想路线的本质要求，解放思想的根本目的是为了解放生产力。30年改革开放的历程，就是以思想大解放促进生产力大发展的历程。改革开放的思想启动，是关于“实践是检验真理的唯一标准”的大讨论。这场思想解放运动，把实践这个检验真理的唯一标准，鲜明地集中到全党工作重点由阶级斗争到经济建设的战略转移上来，鲜明地集中到生产力的进一步解放和发展要求上来，把是否有利于解放和发展生产力作为判断党的一切工作的根本标准。正是通过解放思想，我们在改革开放中不断破除制约生产力发展的思想观念和体制机制障碍，使社会生产力得到了巨大的释放，社会主义现代化建设取得了举世瞩目的成就。因此，解放思想就是解放生产力。

在新的历史起点上开创中国特色社会主义事业新局面，必须坚定不移地坚持解放思想。这是我们应对前进道路上各种新情况新问题的一大法宝。坚持解放思想，要立足于我国的国情，把我们的思想从不合时宜的观念、做法和制度的束缚中解放出来，从对马克思主义的错误和教条式的理解中解放出来，从主观主义和形而上学的桎梏中解放出来。坚持解放思想，要落实和体现到解放生产力上，必须围绕党的中心任务来展开，以我们正在做的事情为中心来进行。当前，最根本的就是要把思想和行动统一到贯彻落实科学发展观上来，破除一切不适应、不符合科学发展的观念、体制和做法，创新发展理念、创新发展思路、创新发展举措、创新领导方法，把我国经济社会的发展转变到科学发展的轨道上来。

（三）必须始终坚持以经济建设为中心，促进经济、政治、文化和社会建设全面发展

社会主义社会作为人类历史上崭新的社会形态，是以经济建设为重点的全面发展、全面进步的社会。在社会主义建设时期，我们党出现过“以阶级斗争为纲”的失误，偏离了经济建设的中心，使社会生产力的发展受到严重影响。党的十一届三中全会以后，我们党实现了工作重点由阶级斗争到经济建设的转移，制定了以经济建设为中心、解放和发展生产力的总政策。改革开放的历史表明，坚持以经济建设为中心，我们的事业就兴旺发达；偏离经济建设这个中心，我们的事业就会遭到坎坷和曲折。30年来，在不断推进经济发展和经济体制改革的同时，我们还稳步推进政治体制、文化体制和社会体制改革，努力促进经济、政治、文化和社会建设全面发展。

在新的历史起点上推进中国特色社会主义事业，仍然必须坚持以经济建设为中心，促进经济建设、政治建设、文化建设和社会建设全面协调可持续发展，这是科学发展观的基本要求。目前，虽然我国已跻身于世界经济大国行列，但还不能说是经济强国。仅就经济总量来说，虽然连续三年位居世界第四，但如果考虑到我国国土面积、人口和自然资源等因素与其占世界经济总量比重之间的对应关系，我国同发达国家还有着很大的差距。美国、日本、德国、英国、法国和意大利六个发达国家的人口大约为6亿多，占世界人口的10%左右，但这六个国家的经济总量占全球经济总量的比重为55%左右；中国13亿人口占全球人口比重是20%，然而占全球经济总量的比重2007年还不到6%。在新世纪发展的相当长的历史时期中，我们必然面临来自于发达国家、尤其是发达国

家大国在经济上科技上占优势的压力。要缩小差距，缓解压力，必须继续坚持以经济建设为中心，保持国民经济适度的持续快速增长，对此不能有丝毫动摇和犹豫。以经济建设为中心，也决不意味着可以忽视政治、文化和社会的发展。经过30年的改革开放，经济、政治、文化、社会协调发展的要求尤其突出，必须根据中国特色社会主义事业的总体布局，进一步推进政治、文化、社会以及生态建设，推动整个社会走上生产发展、生活富裕、生态良好的文明发展道路。

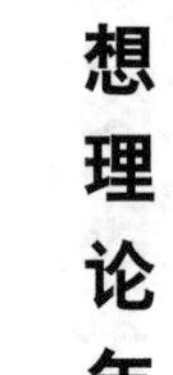

（四）必须始终坚持党的领导，加强党的建设，依靠最广大人民群众

改革开放是一项庞大的系统工程，推进这个工程，没有一个强有力的领导核心是根本不可能的。在当代中国，这个领导核心只能是中国共产党，只有共产党才能把13亿人的思想和力量统一和凝聚起来。为了加强党的领导，必须改善党的领导，并且从新的实际出发推进党的自身建设。在30年改革开放过程中，中国共产党认识到，只有始终代表中国先进生产力的发展要求、代表中国先进文化的前进方向、代表中国最广大人民的根本利益，才能始终保持党的先进性，提高党的执政能力。

30年改革开放的实践还告诉我们，人民群众是改革开放的主体。人民群众既是改革开放的受益者，也是改革开放的实践者和推动者，更是中国30年改革开放奇迹的创造者，广大群众赞成不赞成、拥护不拥护、高兴不高兴、支持不支持，决定了改革开放事业的前途命运。在改革开放过程中，我们坚持紧紧依靠人民，从人民群众中凝聚力量、吸取智慧，不断加强和改善党的领导；在人民群众的充分信赖和拥护下，带领人民群众取得了一个又一个胜利。在改革开放新的征程中，加强党的建设，不断提高党的执政能力，最重要的，还是要始终坚持以人为本，把实现好、维护好、发展好最广大人民的根本利益作为推进改革开放的出发点和落脚点，切实做到改革开放为了人民、依靠人民、改革开放成果由人民共享，继续充分发挥广大人民群众参与改革开放的积极性、主动性、创造性，尊重人民群众推动改革开放的首创精神，最广泛地动员和组织亿万群众投身改革开放的实践，依靠人民群众的巨大力量和集中起来的无穷智慧，夺取深化改革、扩大开放、持续发展的新成就。

（五）必须始终坚持中国特色社会主义理论体系不动摇

改革开放30年，是在实践与理论的互动中不断前进的30年，实践创新推动理论创新，理论创新指导实践创新。中国特色社会主义理论体系是我们党进行理论创新的最新成果，它是在改革开放的伟大实践中逐渐形成和发展起来的，又促进改革开放不断深入发展。

改革开放是一项前无古人的崭新实践，必然会遇到新情况和新问题，难免会碰上阻碍和干扰。回顾30年的历程，在改革开放的每个重要历史关头，我们党都始终坚持解放思想、实事求是的思想路线，把马克思主义的基本原理与我国的具体实际相结合，提出新理论，指导新实践，既有效地推动了全党全国人民进一步解放思想，又保证了改革开放的正确方向，推动改革开放事业不断前进。这是我们党领导改革开放的一个重要经验。党的十七大对此作了科学总结，指出："改革开放以来我们取得一切成绩和进步的根本原因，归结起来就是：开辟了中国特色社会主义道路，形成了中国特色社会主义理论体系。"在当代中国，坚持中国特色社会主义理论体系，就是坚持马克思主义。只有坚持中国特色社会主义理论体系不动摇，才能坚持中国特色社会主义道路不动摇，才能真正做到高举中国特色社会主义伟大旗帜不动摇。

30年改革开放的伟大实践证明，我们中国共产党坚持的最基本的东西是正确的。这最基本的东西是什么呢？我认为，起码有这样三条：第一，30年的改革开放证明了马克思主义的强大生命力。30年的成绩，正是我们把马克思主义同中国实际相结合的进程中取得的。抛弃马克思主义或者教条式地理解和运用马克思主义都不会有今天的成绩。马克思主义具有与时俱进的理论品质，只有正确运用于实践并在实践中不断丰富和发展，才能使马克思主义永葆强大的生命力。中国的改革开放实践证明了邓小平同志的话："不要认为马克思主义就消失了，没用了，失败了。哪有这回事！"第二，30年的改革开放证明了社会主义制度的巨大活力。当今中国的盎然生机，就是社会主义优越性的集中体现。当然，这样的社会主义必须符合本国国情，也需要不断改革。唯有如此，社会主义制度的优势和活力才能不断得以体现。第三，30年的改革开放证明了中国共产党人卓越超凡的执政能力。放眼当今世界的执政党，有哪一个执政党有我们这样的执政能力和执政成果？！我们真的应当引以为自豪。这种执政能力，就在于能把握时代潮流和世界大势，把握世情、国情、民情、党情，使党的理论、路线、方针和政策及时反映时代发展的新要求，顺应人民群众过上更好生活的新期待。而马克思主义的强大生命力、社会主义制度的巨大活力、中国共产党人卓越超凡的执政能力，正是通过改革开放才得到了集中的充分的体现。

在新的历史起点上把党的事业继续推向前进，归根结底，要进一步坚定对马克思主义的信仰，坚定对中国特色社会主义的信念，坚定对我们党的信任。同时，我们也要坚定改革开放的信心。这就是我们回顾30年改革开放得出的基本结论。

四、在新的历史起点上中国共产党人的历史使命

30年改革开放已成为辉煌的历史，30年之后的改革开放任重道远。在新的历史起点上全面建设小康社会、加快社会主义现代化建设、实现中华民族的伟大复兴，必须继续解放思想、坚持改革开放、推动科学发展、促进社会和谐，这是历史赋予中国共产党人的崇高使命。

今天，我们进一步推进改革开放，机遇与挑战并存。一方面，经济社会多元化不断深化，国内外交流日益频繁，我们党已经积累了丰富的领导和推进改革开放的经验，广大人民群众希望通过更进一步的改革开放使国家更加富强、人民更加富裕、社会更加和谐、环境更加优美，这些都为深化改革开放提供了有利条件；另一方面，我国经济、政治、文化、社会建设和各方面体制改革已经进入到一个关键的攻坚阶段，一些深层次的矛盾和问题逐渐涌现出来，改革的难度越来越大，开放的形势也更为复杂。社会上还出现了从"左"面和右面否定改革开放的思潮。对此，必须要有清醒的认识。我们要认识到，改变改革开放方向，就会混乱，中国特色社会主义事业就会被葬送；停止改革开放，只能倒退，中国特色社会主义事业也会被葬送。只有深化改革开放，才能突破经济社会发展的体制性障碍，才能化解前进道路上的复杂矛盾。因此，我们一定要坚持解放思想、实事求是、与时俱进，勇于变革、勇于创新，永不僵化、永不停滞，不为任何风险所惧、不被任何干扰所惑，把改革开放的伟大实践继续推向前进。

在新的历史起点上继续推进改革开放必须坚持以邓小平理论和"三个代表"重要思想为指导，把科学发展观贯彻落实到改革开放的各个方面。从改革方面看，要进一步提高改革决策的科学性，增强改革措施的协调性，既着力在重点领域和关键环节取得突破，又努力使经

济、政治、文化、社会各方面改革有机衔接、协调推进，逐步构建充满活力、富有效率、更加开放、有利于科学发展的体制机制；要更好地体现以人为本，把实现好、维护好、发展好最广大人民的根本利益作为改革的出发点和落脚点，真正体现改革为了人民、依靠人民，改革成果由全体人民共享。从开放方面看，要统筹好国际国内两个大局，利用好国际国内两个市场、两种资源，在日益激烈的国际竞争中加快转变经济发展方式，转变外贸发展方式，优化进出口结构，推动加工贸易转型升级，全面提升利用外资水平，增强在扩大开放条件下促进发展的能力，维护好我国的根本利益。从当前来讲，要着力应对由美国次贷危机引发的国际金融危机，深化改革开放，扩大内需，促进发展，努力实现经济社会又好又快发展。

党校作为党的干部教育主渠道和党的哲学社会科学研究机构，作为推动党的理论创新的生力军，30年来，始终紧紧围绕改革开放这个主旋律，充分发挥在用发展着的马克思主义教育学员、武装干部头脑等方面的优势，积极适应党和国家工作大局的要求，努力促进党的中心任务的落实；积极适应党的干部教育的要求，努力促进领导干部素质和能力的提高；积极适应党的理论建设的要求，努力促进党的理论创新和实践创新，为改革开放的推进作出了应有的贡献。在改革开放新阶段，我们将坚定地与以胡锦涛同志为总书记的党中央保持思想上政治上行动上的高度一致，牢固树立党的观念，严格遵循党性原则，按照中央的部署，把深入学习实践科学发展观活动作为当前党校工作的中心内容，使党校在服务整个经济社会科学发展的过程中促进自身科学发展，为党的干部教育事业和推进党的理论创新作出新的贡献，为深化改革开放、推动科学发展、促进社会和谐作出新的贡献。任重而道远，让我们大家一起努力奋斗，以改革创新精神不断开创党校工作新局面，坚定不移地把改革开放伟大事业继续推向前进。

（作者：中共中央党校常务副校长）

（选自《学习时报》2008年12月1日）

当代中国价值观变革的四大趋势

宋惠昌

近代以来，伴随着中国社会经济、政治的深刻变革，作为文化的核心内容的价值观也相应地发生着深刻的变革。特别是改革开放30年来，伴随着社会经济、政治的深刻变革，我国开始了价值观变革的新时期，当代中国价值观变革出现了新的趋势。

变革趋势之一：由封闭走向开放

在封建专制主义的政治、经济关系制约下，中国传统价值观表现出严重的封闭性弊病。文明发展的自我中心论、自我封闭成为中国传统价值观的一个致命弱点。中国传统价值观这种自我封闭的性质，一个突出的表现是许多中国人那种盲目自大的心理特征。经过民主主义革命，特别是经过社会主义革命和社会主义建设，我们从根本上改变了由封建社会所造成的那种闭关锁国状态，价值观才开始由严重的封闭性质逐渐走向开放。但是，那种带有封建特点的封闭、僵化的价值观，在一部分人的思想上还有深刻的影响。其主要表现就是把自己的理论、政策、发展模式，甚至某些具体做法，都加以绝对化，自封为最高的、最完美的东西。关于这一点，邓小平这样说：我们建国以来长期处于同世界隔绝的状态。这在相当长的一个时期不是我们自己的原因，国际上反对中国的势力，反对中国社会主义的势力，迫使我们处于隔绝、孤立状态。六十年代我们有了同国际上加强交往合作的条件，但是我们自己孤立自己。

改革开放的实践告诉我们，封闭是没有出路的，中国的发展必须把自己更快地融入到世界文明发展的共同道路中。随着改革开放的深入，中国人民更加重视向世界各国、各地区、各民族的人民学习，进行广泛的文化交流，发展各种有益的国际合作，签署人权和人道主义性质的国际公约，参加国际文化组织，等等。这些举措，使中国人民的视野更加开阔，这必然会积极促进改革开放的进程，同时又有利于提高整个民族的现代文明水平。

变革趋势之二：由一元走向多元

所谓一元的价值观，就是“一统”的、“单一”的、“纯粹”的、“绝对”的等类观念，而这种一元的价值观又总是与各种各样的封闭观念联系在一起的。由于漫长的封建专制主义统治，一元价值观对人们的思想，特别是对思想界的影响是很深的。这方面的表现就是所谓“正统观念”、“经典意识”、“思想定于一尊”等等，在有些人的意识中仍然根深蒂固。要进行真正的改革，就必须破除一元的价值观，形成多元的价值观。在现代中国社会，随着改革开放的推进，社会主义市场经济和民主法治的发展，从一元价值观走向多元价值观的这种转变，是一种不可逆转的历史趋势。这里所说的多元价值观，它所反映的是独立权利主体之间的平等竞争关系。而多元价值观又是与开放的价值观互为条件的，因为它的实质是人们适应时代的发展，打开地区和国界的狭隘眼界，把自己的发展纳入到现代社会共同的发展道路中去，使自己的发展成为整个社会和时代发展的有机组成部分。作为一种独立、平等的主体意识，它实质上是一种民主意识，同时也是一种现代市场意识。事实证明，在社会主义主导价值观的引导下，法治保障的多元权利主体和全方位的开放体制，这是社会主义市场经济发展和完善的客观要求，也是当代中国价值观变革的必然趋势。

变革趋势之三：由单纯的“国家本位”走向“公民本位”

在改革开放以前，单纯的国家本位意识在我国社会成员意识中占据主导。作为一种文化价值观，国家本位意识的实质就是在处理国家与公民之间的关系问题时，把国家（以及政府、集体等）的利益摆在至高无上的地位，而对公民的个人利益则很少被考虑。在这种单纯的国家本位意识的主导下，也出现了一些极端倾向，如借口维护国家利益、集体利益而任意侵犯公民个人的利益。

这种极端片面的价值观颠倒了国家和公民之间的关系，曾对我国社会发展造成过严重的危害。经过对历史教训的反思，人们越来越深切地感到，必须把国家和公民之间的关系建立在民主和法治的基础上，确立公民本位价值观，这也应该成为当代中国价值观变革的一个大趋势，也是我国人民民主法治意识不断增强的一个重要标志。我国社会主义政治体制改革的目标之一，就是要在社会主义民主和法治的基础上，真正解决被颠倒了的国家机关与公民社会之间的关系问题，防止国家和国家机关由社会公仆变为社会主人的现象发生。

变革趋势之四：由“拜物教意识”走向“以人为本”

随着改革开放的逐步深化，我们在社会的经济、政治、文化生活中，越来越多地克服了长期以来的政治幻想，自觉地走上政治现实主义的道路。这就形成了我国当代社会价值观变革的一个基本趋势，是由拜物教意识——对异化物之崇拜到以人为本的观念变革。实践正在证明，由拜物教意识到以人为本的观念变革，对中国的现代化发展将会产生重大而积极的影响。

通过改革开放，中国共产党和整个社会的大多数人正在走出“意识形态幻想”的束缚中，抛弃各种各样的拜物教意识，使我们在意识形态上更加现实，在政治活动中更加务实。以人为本理念的提出和广泛传播，则是一个鲜明的反映。“以人为本”的理念，就是把人从各种“意识形态幻想”的束缚中剥离出来，从拜物教意识中解放出来，科学地认识人的本质，强调人本身价值的至高无上性。“以人为本”理念中尊重人的尊严的要求，这是作为人类文明基本要求的人道主义的一个重要内容。这说明，从拜物教意识到“以人为本”的这一价值观转变，是我们走向人类共同文明的必经途径之一。

（作者：中共中央党校哲学部教授）

（选自《北京日报》2008年5月12日）

社会主义市场经济理论的探索和确立

卫兴华

确立社会主义市场经济理论，是改革开放30年来我国经济理论研究取得的最重要成果。回顾和总结社会主义市场经济理论的探索和确立过程，对于我们深化相关理论问题的认识，在新的历史起点上继续解放思想，进一步发展社会主义经济理论，具有重要意义。

关于社会主义经济与商品经济内在关系的理论创新

马克思主义创始人曾认为，未来社会主义制度将消除商品经济。斯大林在《苏联社会主义经济问题》一书中，虽然肯定商品生产存在的必然性和价值规律的作用，却认为商品的活动范围“只限于个人消费品”，价值规律“不能起生产调节者的作用”。改革开放以前，我国理论界对商品经济在社会主义制度下的地位和作用问题存在不同见解，有社会主义非商品经济论、生产资料非商品论、生产资料商品外壳论、商品逐渐褪色论等，也有个别学者持社会主义和共产主义商品经济论。

社会主义国家在发展中遇到了传统经济体制对生产力发展的束缚问题，提出了改革的要求。而进行改革，就需要重视商品经济和市场机制在社会主义经济发展中的作用，需要突破传统理论观点。党的十一届三中全会吹响了改革的号角，提出“坚决实行按经济规律办事，重视价值规律的作用”。而价值规律是商品经济的基本规律，重视价值规律的作用必然要重视商品经济和市场机制的作用。

在传统计划经济条件下，虽然也存在商品经济，但那不是完全意义上的商品经济；虽然也存在市场，但市场机制和市场体系不健全，发挥不了对经济的调节作用。而且长期以来，无论是在西方国家还是在社会主义国家，都认为市场调节是资本主义经济的调节手段，社会主义经济只实行计划调节。我国在改革的前期阶段，虽然强调发展商品经济、发挥价值规律的作用，但还是在计划经济的框架内构建社会主义商品经济体制的。传统理论认为，计划经济是社会主义经济制度的本质属性。所以，当时经济理论要实现发展与创新，首先要突破将计划经济与商品经济对立起来的传统观念，从而突破社会主义非商品经济论、生产资料非商品论等观点。

1979年，中央工作会议提出，国家计划的编制“要自觉运用价值规律来调节生产”，要在国家计划指导下“按照市场供求关系”进行生

产，并提出国有企业之间“可以进行竞争”。传统理论认为，社会主义只开展竞赛，没有竞争，竞争是资本主义弱肉强食的斗争。中央提出社会主义经济也可以进行竞争，是一种理论上的突破。同时，提倡国有企业之间进行竞争，就要以国有企业成为独立的商品生产者和经营者、具有自己相对独立的经济利益为前提。因此，这是从开展竞争的角度提出了发展社会主义商品经济问题。随后，关于我国社会主义必须大力发展商品经济、自觉运用价值规律的问题，理论界基本上统一了认识。

1984年，党的十二届三中全会通过的《中共中央关于经济体制改革的决定》指出：“要突破把计划经济同商品经济对立起来的传统观念，明确认识社会主义计划经济必须自觉依据和运用价值规律，是在公有制基础上的有计划的商品经济。商品经济的充分发展，是社会经济发展的不可逾越的阶段，是实现我国经济现代化的必要条件。”提出社会主义经济是公有制基础上的有计划的商品经济，这是对社会主义经济理论的创新与发展，为全面推进经济体制改革提供了新的理论指导。

社会主义商品经济理论，既否定了社会主义经济非商品经济论、生产资料非商品论、商品经济与计划调节对立论、商品逐渐褪色论等观点，也否定了商品经济是旧社会制度遗留下来的经济形式，是外加于社会主义经济而非社会主义经济内生的东西的观点。商品经济是社会主义经济的内在属性。大力发展商品经济，是推进改革、搞活社会主义经济、发展生产力、繁荣经济生活、实现现代化的必然要求和有效途径。提出社会主义经济是公有制基础上的有计划的商品经济，就把社会主义的根本制度性特征与经济体制性特征统一起来，使我国改革走上市场取向的道路，从而为后来确立社会主义市场经济理论作了重要的阶段性的理论铺垫。

从提出市场调节为辅到全面实行社会主义市场经济的理论发展

在一个很长的历史时期，无论是马克思主义者还是西方学者，都把计划经济与市场经济作为两种对立的社会经济制度范畴，即社会主义实行计划经济，资本主义实行市场经济。在西方文献中，曾把“市场经济国家”作为资本主义国家的同义词使用。正因为这样，我国在改革开放的前期阶段，只强调发展商品经济，自觉运用价值规律，并提出发挥市场调节作用，而避免使用“市场经济”概念。在发达资本主义国家，商品经济与市场经济的确没有什么区别，甚至不讲商品经济，只讲市场经济。而在我国，商品经济与市场经济是不能画等号的。第一，我国在计划经济体制下也存在商品经济与市场，但那时的市场不能对社会经济起调节作用，既不能调节价格，更不能调节企业的生产经营活动，也不能调节供求关系，起调节作用的是国家指令性计划。可以说，市场不起调节作用的商品经济不是市场经济。第二，如果把商品经济等同于市场经济，那我国在传统计划经济时期就存在商品经济和市场，就等于有市场经济了。以此推论，我国早就实行社会主义市场经济了。这显然是不正确的。第三，我国确立社会主义市场经济体制，是要使市场在资源配置中起基础性作用，而计划经济时期的商品经济并不起配置资源的作用，配置资源的是指令性计划。

大力发展商品经济，就必然要发挥市场机制的作用。但在传统体制和观念中，市场调节被作为资本主义经济的调节机制。在我国改革进程中，需要突破这一传统观念。

怎样处理好计划与市场的关系，始终是我国经济体制改革过程中不断探索的问题。在马克思恩格斯的著作中，没有计划经济概念，只讲过计划调节。列宁在1906年的著作中提出

“计划经济”与“市场经济”概念，作为两种对立的社会经济制度。苏联在斯大林时期建立起全国统一的排斥市场调节的计划经济体制。我国在建立起社会主义制度以后，也参照苏联模式建立起计划经济体制。我国在改革中引入市场调节机制，突破了传统体制的框架，并在改革的前期阶段提出“计划经济为主，市场调节为辅”的改革模式。以现在的眼光来看，这一提法具有局限性，但应肯定市场取向的改革正是从这里起步的，它为社会主义市场经济理论的确立作了准备。当时关于计划与市场怎样相结合的讨论，既有板块式，又有内在结合式，或称作渗透式。邓小平同志多次指出，计划和市场都是方法。党的十三大报告对计划与市场的关系作了全新的论述：新的经济体制“应该是计划与市场内在统一的体制”，“计划和市场的作用范围都是覆盖全社会的”。新的经济运行机制总体上来说应当是“国家调节市场，市场引导企业”的机制。显然，这离提出建立社会主义市场经济体制已很近了。

邓小平同志在1992年的南方谈话中指出，计划经济不等于社会主义，市场经济不等于资本主义。这就超越了把计划经济和市场经济看做是社会基本制度范畴的传统观念。党的十四大正式提出建立社会主义市场经济体制。十四大报告指出：“我们要建立的社会主义市场经济体制，就是要使市场在社会主义国家宏观调控下对资源配置起基础性作用”，同时强调“社会主义市场经济体制是同社会主义基本制度结合在一起的”。提出建立社会主义市场经济体制，突破了将市场经济与资本主义相联系的传统观念，表明社会主义也可以搞市场经济；同时表明，我们实行的市场经济要坚持社会主义方向。这样，经过长期的艰辛探索，社会主义市场经济理论最终确立起来了。

（选自《人民日报》2008年9月23日）

中国的改革

李铁映

30年改革开放的宝贵经验，概括起来，就是从基本国情出发，不断地解放思想，坚持市场经济方向，坚持对外开放，走中国特色社会主义道路。

一、坚持解放思想、实事求是

解放思想是发展中国特色社会主义的一大法宝。只有解放思想，才能做到实事求是；要解放思想，就必须实事求是。解放思想和实事求是是同义语。改革开放要迈开步子，必须冲破与完成现实任务不相符合的传统观念和传统理论的框框。党的十一届三中全会打破了个人迷信和教条主义的束缚，从根本上恢复了马克思主义的思想路线，为我们在改革开放实践中发展马克思主义开辟了广阔天地。解放思想是我们党在历次重大历史关头和重大历史抉择中能够不断与时俱进、开拓创新的根本原因。回顾我国改革开放的实践，最大的思想解放，就是坚持从中国国情出发，把坚持马克思主义基本原理同推进马克思主义中国化结合起来，赋予当代中国马克思主义勃勃生机。过去的成绩归功于解放思想，未来的改革发展还得依靠解放思想。改革发展无止境，解放思想无止境。理论的真理性价值在于回答和解决问题。任何历史的重大变化、重大发展都伴随着理论的重大发展和思想的重大解放。中国的未来，始终伴随着思想解放的历史过程，前途就在于坚持解放思想、实事求是。

二、坚持生产力标准

历史是由发展写出来的，历史就是发展史。发展生产力，是我们坚持历史唯物主义的出发点和落脚点。中国的前途在于社会主义，社会主义的前途在于经济持续快速健康发展，在于创造出比资本主义更高的生产力。这是社会主义存在的历史必然要求。做不到这一点，就谈不上社会主义。要发展生产力，一个重要的任务就是探寻能够解放和发展生产力的经济体制，就是探索、建立适应和服务于生产力发展要求的制度和上层建筑。制度是人造的政治设施，不是天上掉下来的。它的存在，唯一的前提条件就是服从和服务于生产力发展的要求。判断经济体制是否具有优越性和生命力，关键是看能否解放和发展生产力。必须从生产力决定生产关系、生产关系反作用于生产力这一历史唯物论出发来思考改革的方向和动力。

三、坚持市场经济方向

长期以来，无论是西方经济学，还是马克

思主义经济学，都把市场经济看成是与社会主义不相容的。邓小平同志依据经济发展的实践，揭示了“计划”和“市场”作为资源配置方式，在性质上都属于“手段”和“方法”，与社会制度并没有必然联系，从根本上破除了传统观念，为在社会主义条件下搞市场取向的改革指明了出路。计划和市场都是发展经济的方法，好比是餐桌上的筷子和刀叉，什么工具和方法有利，就用什么。无论采用计划体制还是市场体制，目的只有一个，就是发展社会生产力。哪一种体制更有利于发展社会主义生产力，就用哪一种体制。中国建立社会主义市场经济体制，不是迫于外来压力或出于书本教条，而是出于对计划和市场两种体制的再认识，出于解放和发展生产力的内在需要。社会主义市场经济理论把社会主义制度的优越性和市场对资源配置的有效性有机地结合起来，开拓了人类社会发展的新道路、新认识。这是我们宝贵的思想财富。

四、坚持适应生产力发展的“渐进式”改革

任何改革都是为了使上层建筑和生产关系不断适应生产力发展的历史过程。生产力发展是永恒的，生产关系的变革也是永恒的。“渐进式”改革不是我们的主观愿望，而是由生产力发展和中国国情决定的，是生产力发展历史过程的必然体现。中国的改革深深地扎根于群众之中，改革前进的每一步，都是人民群众的实践探索和制度创新。生产力发展的渐进性，决定了中国采取“摸着石头过河”的渐进改革方式。中国的改革立足于社会主义初级阶段这一基本国情，借鉴世界各国发展市场经济的经验，先农村后城市，先局部探索再全面推开，先引入市场机制、计划与市场机制并存再到探索和发展社会主义市场经济体制，不断地摸索实践，渐进地推进改革。制度的进步、发展、变革，不是自身决定的。没有所谓超越生产力发展的先进制度，制度可以解放生产力而不是替代生产力的发展。制度的发展速度、改革的快慢是由生产力决定的，并服务于生产力发展的要求。一句话，渐进式改革的方法是由发展决定的。我们对涉及面广、触及利益层次较深的改革事项，先选择一些具有代表性的地方、行业、企业进行相关改革试验，抓住一些关键环节进行重点突破，取得经验后再逐步推开，循序渐进地推进整体改革，开创了一条具有中国特色的渐进式改革道路。实践证明，这是一条震动小、成本低、成效大的改革之路。

五、坚持对外开放

一切开放都是以我为主，要依据自身的能力和承受力。改革开放以来，我们坚持打开国门、全面开放，认真研究和吸取其他国家正反两方面的经验，充分利用国际国内两个市场、两种资源，在互利共赢的基础上同世界各国开展经济技术合作，既认真遵守又积极参与完善国际经济秩序，在发展自己的同时，也为维护世界和平与促进共同发展作出了贡献。中国的发展离不开世界，只有在对外开放中才有机会吸收和借鉴人类社会创造的一切优秀文明成果，使中国的现代化站在世界文明的肩上。中华民族的复兴，也离不开与西方文明的碰撞与交融、竞争与合作。对外开放在改革初期对国内改革产生过巨大的也是正面的推动力；在完善社会主义市场经济体制的过程中，对外开放仍将是推动我们跟上时代潮流、不断改革的重要动力。

六、坚持走中国特色社会主义道路

没有一种道路、模式和方法可供我们照搬照抄，中国的改革只能靠自己，走自己的路。改革开放以来，我们立足于坚持社会主义基本制度，坚持市场化改革取向，自觉调整生产关系和上层建筑中不适应生产力发展的环节和方面，

创新体制和机制，强调发挥市场在资源配置中的基础性作用，创造性地探索出了一条全新的中国式的改革道路，推动社会主义制度在除弊立新中自我完善和发展。中国特色社会主义理论特别是邓小平同志首创的社会主义市场经济理论，是对马克思主义的重大贡献，是当代政治经济学的最新成果。中国改革开放走的是一条符合自己国情的道路，这条路将来要永远走下去。

（选自《人民日报》2008年11月7日）

改革开放三十年的根本历史经验是解放思想、解放生产力

郑必坚

一

一九七八年党的十一届三中全会以来这30年，我国最鲜明的特点是改革开放。在这个伟大历史进程中，我们党领导人民开拓进取，创造和积累了多方面的宝贵经验。党的十七大报告概括的“十个结合”，是这些经验的完整综合和总结。而所有这些经验，从根本上说，就是解放思想、解放生产力。解放思想，是党的实事求是思想路线的本质要求；解放生产力，是党的“一个中心、两个基本点”的基本路线的中心任务。正因为我们党一以贯之、旗帜鲜明地坚持解放思想、解放生产力，才推动我们国家在改革开放和社会主义现代化建设历史新时期，经济社会持续发展和进步。

一九九二年邓小平同志在南方谈话中，开宗明义，有一个极关重要的概括：“革命是解放生产力，改革也是解放生产力。”在同一篇谈话中，他还把“解放生产力，发展生产力”引人注目地放到关于“社会主义本质”的极重要概括的起首地位。这真可谓是一语中的、一言兴邦！

围绕解放思想、解放生产力来聚焦思考中国改革开放30年的根本历史经验，来深化对于中国特色社会主义伟大事业和党的建设新的伟大工程的认识和理解——这就是本文的主旨。

二

让我们先从改革开放30年引发的历史巨变说起吧。

30年历史巨变，当然可以从多方面，用多视角来观察。而其中最突出的一条，或者说最使十几亿中国人受惠的一条，就是中国在新时期，从根本上改变了封闭僵化的颓势和万马齐暗的沉闷，真正充满希望地活跃起来了。

邓小平同志在一九八七年五月这样说过：“‘文化大革命’期间，那时‘四人帮’当权横行，人民心情沉闷，甚至可以说是在忧虑之中，整个社会处于停滞状态。‘文化大革命’结束以后，还有两年徘徊。中国真正活跃起来，真正集中力量做人民所希望的事情，还是在一九七八年党的十一届三中全会以后。”

邓小平同志在这里，从总结历史教训的高度，把中国共产党十一届三中全会之前和之后

党和国家的状况、人民群众精神面貌的状况，作了尖锐鲜明的对照，而把问题集中到究竟是要“沉闷停滞”，还是要“中国真正活跃起来，真正集中力量做人民所希望的事情”。

这样具有思想穿透力的体察和眼光，实在发人深省！

实际上，从新时期一开始，到二十一世纪头八年，中国共产党三十年贯穿始终、最为重视的就是这个“活跃起来”的问题，就是中国经济和社会发展之有无活力的问题，就是人民群众精神状态是沉闷还是活跃的问题！

事情就是这样。到今天，中国经济社会发展的强大活力，已成为举世瞩目的重大现象。

请看吧，我们这样一个十三亿人口的发展中大国，一个社会主义的后发现代化国家，在改革开放推动下，实现了世界近代以来大国发展历史上从未有过的持续三十年年均增长速度接近百分之十的高速发展。国内生产总值由一九七八年的三千六百四十五亿元，增长到二〇〇七年的二十四万六千六百多亿元。经济总量由世界第十位，跃升到世界第四位。粮食、棉花、肉类、钢铁、煤炭、化肥、水泥等主要农产品和工业产品产量，居于世界首位。数以亿计的长期束缚在有限土地上的农村劳动人口，总体有序地转入非农产业。数以百万计的摆脱了指令性计划束缚并拥有自主权的工商企业，蓬勃发展和活跃起来。城镇居民人均可支配收入由三百四十三元增长到一万三千七百多元，农民人均纯收入由一百三十三元增长到四千一百多元。两亿几千万人摆脱绝对贫困，全社会总体进入小康。进出口贸易总额从二百亿美元提高到二万一千七百亿美元，成为世界第三大贸易国，外汇储备也高居世界首位，并从而对世界经济发生愈益强劲的“引擎”作用。还有累计一百二十万人的出国留学生，每年三、四千万人次的出国旅游大军，数以亿计的网民、手机用户和居于世界前列的报业市场。再加上中国社会本身和谐发展和文明复兴正日益成为新的亮点，如此等等。显然，这样一种世所罕见的“井喷式”发展势头还将长时期持续下去。

要问这样的活力究竟从何而来？当然是由改革开放所开启的实践基础上的理论创新、制度创新、科技创新和文化创新而来。

归根到底，是由解放思想、解放生产力而来，是由中国共产党始终一贯地把解放思想同解放生产力紧紧联在一起而来，是由中国共产党始终一贯地把解放生产力作为解放思想、改革开放和我们全部工作的根本出发点和落脚点而来。

三

请再来看一看三十年波澜壮阔的历史进程吧。

中国改革开放30年历史进程的思想启动，是关于“实践是检验真理的唯一标准”的大讨论。这一点大家已耳熟能详。这里应当要特别强调的是，在改革开放30年中，中国共产党坚持实事求是思想路线的一个最大特色，就是把实践这个检验真理的唯一标准，坚决、彻底、鲜明地集中到生产力的进一步解放和发展要求上来，集中到生产力标准上来。

大家知道，马克思主义的历史唯物主义从来认为，人们的社会实践，包括生产活动、阶级斗争和科学实验这三项，而生产活动是最基本的实践活动，是决定其他一切活动的东西。因此，作为人们生产实践能力的结果即生产力，就成为一切社会发展的最终决定力量。在社会主义现代化建设历史新时期，这一点尤其具有特殊重大的直接决定意义。

正因为这样，我们党从新时期一开始，在重新确立实践标准的同时，又坚决、彻底、鲜明地把经济建设确定为党在新时期“根本政治路线”的中心任务，并且把对社会主义现代化建设是有利还是有害作为“衡量一切工作的最根本的是非标准”。

也正因为这样，邓小平同志还把问题提到究竟什么才是社会主义和马克思主义的高度。他这样说；“什么叫社会主义，什么叫马克思主义？我们过去对这个问题的认识不是完全清醒的。马克思主义最注重发展生产力。……社会主义初级阶段的最根本任务就是发展生产力，社会主义的优越性归根到底要体现在它的生产力比资本主义发展得更快一些、更高一些……如果说我们建国以后有缺点，那就是对发展生产力有某种忽略。社会主义要消灭贫穷。贫穷不是社会主义，更不是共产主义。”

这就是中国共产党在改革开放和社会主义现代化建设历史新时期，坚持实事求是思想路线的聚焦点。

这就是中国共产党以巨大政治勇气和理论勇气对社会主义再认识的突破口。

实际上，这也就是中国改革开放30年的思想起点、逻辑起点和历史起点。由这样的起点，中国共产党在新时期的开创性实践中，一步一步地推进和展开了波澜壮阔的改革开放伟大历史进程。

对于如此丰富生动和复杂深刻的历史进程，我在这里不可能也不需要作编年史式的详细描述，而只打算围绕解放思想、解放生产力这条主线，把这段历史粗略概括为头四年、中间两个十年和最近六年，这样四个大段落：

第一大段落，新时期头四年。一九七八年党的十一届三中全会之后，为了实现全党工作重心由阶级斗争到社会主义现代化建设的战略转移，在真理标准讨论推动下，大刀阔斧的拨乱反正、平反冤假错案，首先在思想领域、政治领域和中国共产党的党内生活获得突破。由此带动全社会，特别是农村改革和对外开放的特区试点，加上这之前不久召开的全国科学大会和随后的恢复高考、开放留学。实质上，这就是以党的思想路线和政治路线的根本性转变，来启动各方面人们思想的活跃性和积极性，启动政治、经济和教育、科技等方面改革，从而开始解放农村生产力，解放科技生产力，同时开始调动国外境外资本、技术、人才的积极因素和生产要素。直到一九八一年十一届六中全会总结建国以来党的历史，彻底否定“文化大革命”。

概括言之，这第一大段落，从一九七八年到一九八二年，乃是“拨乱反正和改革起步的四年”。

其在“解放生产力”上的显著成效，就是农村经济活跃起来，短短三到四年就初步解决了中国人的温饱问题！

第二大段落，新时期中间头一个十年。一九八二年党的十二大，邓小平同志在开幕词中第一次郑重提出“走自己的道路，建设有中国特色的社会主义”，从而向全世界昭告了新时期社会主义中国的根本走向。改革开放的实践，则由广大农村的率先突破向着城市推进，由几个特区试点向着沿海沿江和内地推进。改革目标的探索，又经历了由“计划经济为主，市场调节为辅”（十二大），到“有计划的商品经济”（十二届三中全会），再到“计划与市场内在统一的体制”（十三大），又到“计划经济与市场调节相结合的经济体制和运行机制”（十三届四中全会）。一九八七年党的十三大，在总结拨乱反正、全面改革的成功实践并系统论述中国社会主义初级阶段理论的基础上，确定了党在社会主义初级阶段“一个中心、两个基本点”的基本路线，提出了“三步走”的社会主义现代化发展战略。

概括言之，这第二大段落，从一九八二年

到20世纪九十年代初，乃是“开始全面改革，确立中国特色社会主义根本道路、基本路线并大胆探索改革目标的十年”。

其在“解放生产力”上的显著成效，就是出现了“隔几年上一个台阶”式的加速发展时期，城市经济活跃起来，对外开放由点到线再到面，乡镇企业异军突起。

第三大段落，新时期中间又一个十年。一九九二年，在我们党领导人民反对资产阶级自由化，保持稳定，成功地经受住八十年代末、九十年代初国际国内政治风波严峻考验的新形势下，按照“三步走”发展战略有力地推动了“奔小康”的发展势头。特别是邓小平同志南方谈话和党的十四大，科学总结了十一届三中全会以来党的基本实践和基本经验，明确回答了困扰和束缚我们思想的许多重大认识问题，强调基本路线要管一百年、动摇不得，并且第一次明确提出了“我国经济体制改革的目标是建立社会主义市场经济体制，以利于进一步解放和发展生产力”，从而使改革开放进入一个着力构建社会主义市场经济体制基本框架的新阶段。到一九九七年党的十五大，在十四大关于“建设有中国特色社会主义的理论”的论述基础上，进一步确立“邓小平理论”是我们党的指导理论，同时提出了党在社会主义初级阶段的基本纲领和我国跨世纪发展的奋斗目标。

概括言之，这第三大段落，从一九九二年到二〇〇二年党的十六大之前，乃是“经受住政治和金融风波考验而更加坚定奋进，有系统地确立指导理论、基本纲领和社会主义市场经济的改革目标，实现改革开放新的历史性突破的十年”。

其在“解放生产力”上的显著成效，就是在一九九二年到一九九六年年均增长百分之十二点一的基础上进一步扩大内需，克服亚洲金融危机的不利影响，同时使国家计划管理由指令性计划向指导性计划转变，公有制为主体、多种所有制经济共同发展的新格局逐步形成。集中到一点，就是经过这一段落的持续改革和发展，中国总体上进入小康社会。

第四大段落，最近这六年。二〇〇二年党的十六大，提出并系统论述了“三个代表”重要思想，指出这也是党必须长期坚持的指导思想。同时提出了直到二〇二〇年全面建设小康社会的奋斗纲领，推动实现国有经济战略性改组，推动实现包括中国特色社会主义建设者新社会阶层在内的更广大团结。党的十六大以后，经过十六届三中全会到二〇〇七年党的十七大，又针对经济社会发展中呈现的新的阶段性特征，统筹协调发展，提出“科学发展观”、“构建社会主义和谐社会”、“走和平发展道路”等一系列重大战略思想。与此同时，还针对某些社会思潮，旗帜鲜明地坚持改革开放不动摇。并且系统地总结了改革开放29年基本实践和基本理论的发展，郑重提出了中国特色社会主义“一面旗帜、一条道路、一个理论体系”。

概括言之，这第四大段落，从二〇〇二年到二〇〇八年（以至今后），乃是“在新的历史起点上，进一步明确界定当代中国和中国共产党的历史方位，更高地举起中国特色社会主义伟大旗帜，开始全面建设小康社会的六年”。

其在“解放生产力”上的显著成效，就是二十一世纪头七年经济总量保持两位数稳定增长，国民经济基础设施和国有经济重大项目上了新的大台阶，人民生活也上了新的大台阶，并且在加快发展的同时更加关注公平正义，进入了一个以更高自觉致力于科学发展、和谐发展、和平发展，同时全面完善社会主义市场经济体制，并使经济体制、政治体制、文化体制、社会体制改革更加协调推进的崭新阶段。

事非经过不知难。我们这样一个几千万党员的大党，十多亿人口的大国，在改革开放30

年中能够一以贯之和旗帜鲜明地坚持解放思想、解放生产力，谈何容易？这实在是一个伟大而又复杂的超大规模系统工程啊！在这个过程中，全党全国范围的解放思想，不可避免地涉及现实的和历史上的意识形态领域，特别是思想理论领域众多错误和过时观念。而解放生产力，则又涉及众多方面生产力要素的不断放开，以及众多方面束缚生产力发展的体制、机制、政策、法规的逐步改变。这里包括：一要搞活资本，二要统筹土地，三要发展科技，四要改善生态，五要扩大就业，六要更好地尊重劳动、尊重知识、尊重人才，使各类建设者都能各尽其能、各得其所，从而使中国经济社会发展既能更广大地开源，又能坚持以人为本，全面、协调、可持续发展。与此同时，还要通过对外开放，更充分地调动境外国外资本、技术、人才、资源的积极因素。你看，国内六项，国外四项，共为十项。也就是说，只有通过新时期一个又一个大段落上的不断解放思想和深化改革，这十项“生产力要素”才能持续地得到解放，并从而隔几年就上一个台阶，一直走到今天，中国实现了历史性的大飞跃。

三十年历史发展还表明：解放思想、解放生产力，尽管涉及众多因素，但归根到底应是人的因素愈益深广的解放，是人作为生产力主体和社会历史活动主体的愈益深广的解放。强调生产力，是不是见物不见人？当然不是！生产力是劳动者和劳动手段、劳动对象的统一，是人的因素和物的因素的统一，而且人是其中最重要和最活跃的因素。所谓“中国真正活跃起来”，要点就在这里。请回想一下吧：我们党以巨大政治勇气和理论勇气，坚定地廓清长期个人迷信和“两个凡是”的错误思想，廓清长期“以阶级斗争为纲”的“左”倾错误和平反冤假错案，廓清离开生产力来抽象谈论社会主义的种种空想的历史唯心主义观念，直到“三个代表”重要思想和“以人为本”等一系列深刻理念的提出，难道不就是这样的吗？请再回想一下吧：我们党同样以巨大政治勇气和理论勇气，坚定地推进改革开放，从农村家庭联产承包、废除农村人民公社到全面改革和对外开放，包括在社会主义市场经济基础上各类所有权、财产权、自主权和正当竞争关系的发展，还有在民主和法制基础上公民在经济、政治、文化和社会生活中的民主权利和各项基本人权的愈益强化的保障，难道不也是这样的吗？

在这里，解放思想同实事求是、一切从实际出发相一致，而不是相背离。

在这里，改革开放同坚持四项基本原则相结合，而不是相悖反。

在这里，经济体制改革同政治体制及其他方面体制的改革相联系，而不是相割裂。

在这里，实践标准、生产力标准、人民最大利益标准和以人为本相统一，而不是相对立。

就是这样，中国终于摆脱封闭落后、停滞僵化，一步一步地真正活跃起来了。积三十年之努力，中国人民的面貌、社会主义中国的面貌、中国共产党的面貌发生了历史性变化。

当然，在这个过程中，中国不是没有曲折、起伏以至于失误，也不是没有种种失衡、失范、腐败、阴暗面以至于“乱象”，更不是没有困难、风险甚至很大困难和很大风险。但是三十年历史进程之主流，之主导方面，则是在改革开放进程中，解放思想、解放生产力相结合之始终一贯，党领导的伟大事业和党自身建设伟大工程相结合之愈益深化发展，而势不可当。

四

再进一步思考：改革开放30年，我们党和国家究竟是怎样达到这样一种境界的呢？

我认为，这里一个至关重要的因素，就是

中国共产党在改革开放30年中所获得的马克思主义伟大新觉醒。

历史的经验告诉我们：只有始终一贯地从中国这个世界最大发展中国家和世界第一人口大国的实际出发，尤其是从中国要解决十几亿人口的贫困问题和发展问题这个最大的“硬道理”出发，而不是从过时和僵化的观念、做法和体制出发；同时又始终一贯地勇于面对困扰我们思想、束缚我们手脚的一系列重大实践问题和认识问题来展开来深化，大胆地试大胆地闯，不断开创新境界而又不搞强迫、不搞运动、不搞无谓争论并且允许看。只有这样，在坚定而又有耐心的清醒方针指引下一步一步做起来，方能真正击中要害、统领全局，方能有力排除干扰、凝聚人心，方能使我们党在实践基础上不断获得新的觉醒，并从而在改革开放30年的各个阶段上一以贯之和旗帜鲜明地坚持解放思想、解放生产力，保证改革开放和经济社会发展的正确轨道。

三十年中实践课题、理论课题无疑是众多的，但是归结起来，我们面临的基本问题和我们党在解决这些基本问题中获得的马克思主义新觉醒，我以为主要体现在三大方面。

第一大方面，是不断探索和回答“什么是社会主义、怎样建设社会主义”。新时期的思想解放，关键就是在这个问题上的解放。拨乱反正，全面改革，从以阶级斗争为纲到以经济建设为中心，从封闭半封闭到对内对外开放，从计划经济到社会主义市场经济，直到提出构建社会主义和谐社会，等等，都是属于逐渐搞清楚这个根本问题并随实践发展而不断深化的伟大觉醒过程。这个过程中首先创立的，具有从根本上奠定基础性质的邓小平理论，特别是其所包含的社会主义社会根本任务论、社会主义初级阶段论、社会主义市场经济论、社会主义精神文明论、社会主义本质论和党在社会主义初级阶段“一个中心、两个基本点”的基本路线，以及后来的社会主义政治文明论、社会主义和谐社会论和中国和平发展道路论等，正确界定了我国现实社会的历史方位和主要矛盾。在这个过程中，明确提出了党在社会主义初级阶段的兴国之要、立国之本、强国之路这一系列带根本性的问题。

第二大方面，是不断探索和回答“建设什么样的党、怎样建设党”。同样从新时期一开始，我们党就启动了这一方面的探索和回答，确立了新时期党的思想路线、政治路线、组织路线，进一步明确了要把党建设成为领导社会主义物质文明和精神文明建设的马克思主义执政党。以江泽民同志为核心的党中央领导集体集中全党智慧创立“三个代表”重要思想为标志，世纪之交的中国共产党人深刻认识和把握新的历史条件下变化了的世情、国情和党情，在进一步回答“什么是社会主义、怎样建设社会主义”问题的同时，创造性地回答了“建设什么样的党、怎样建设党”的问题，从而进一步明确界定了我们党的历史方位，并且提出了坚持和发展党的先进性、提高党的执政能力的时代课题，从新的历史高度来认识自己、完善自己、全面加强自己。在这个过程中，明确提出了立党之本、执政之基、力量之源这一系列带根本性的问题。

第三大方面，是不断探索和回答“实现什么样的发展、怎样发展”。从党的十一届三中全会后不久即明确提出的“中国式的现代化”，到“三步走”战略部署，到区域发展战略的“两个大局”，到“科教兴国”、“依法治国”、“可持续发展”及“西部大开发”等一系列重大战略方针，再到新世纪新阶段的全面建设小康社会，统筹城乡经济社会发展，坚持新型工业化道路和以“生产发展、生活富裕、生态良好”为特征的文明发展道路，也是一个不断探索和深化的

实践和认识过程。党的十六大以后，以胡锦涛同志为总书记的党中央在继承党的三代中央领导集体关于发展的重要思想的基础上提出“科学发展观”等重大战略思想，进一步明确了我国仍处于并将长期处于社会主义初级阶段而又进到新的历史起点的发展方位，并把发展问题提到体现以人为本，体现社会公平正义，体现人的全面发展和社会的全面发展以及资源环境的可持续发展的高度。既着眼于把握发展规律、创新发展理念、转变发展方式、破解发展难题，又着力于推进党的执政方式和社会管理方式的转变。在这个过程中，明确提出了发展之本、发展方式、发展规律等一系列带根本性的问题。

我认为，这三大方面基本问题之每一方面，都是从新时期一开始即明确提出，并在实践中不断展开和深化。与此同时，这三大方面又总是在三十年各个具体阶段上党的总体战略布局中相互联系，构成统一的整体。而贯穿这个统一整体的，则是对社会主义初级阶段基本国情的科学认识和自觉把握，是对社会主义初级阶段“一个中心、两个基本点”基本路线的全面认识和坚定贯彻。

应当说，这三大新觉醒，正是中国共产党在改革开放三十年中踏踏实实地“摸着石头过河”，而实实在在地摸到并牢牢把握住的具有理论基石分量的三块“大石头”，是我们解放思想、解放生产力的精神、政治和科学成果，也是当代世界进步潮流和时代特征的集中反映。中国共产党在改革开放30年中从实践到理论、再从理论到实践的一系列卓有成效的创新和创造，归根到底，都是同这三大新觉醒分不开的。

在这样的进程中，中国共产党排除“左”、右干扰，思想解放不断上台阶，有力带动了改革开放和生产力解放不断上台阶；反过来，改革开放和生产力解放又有力促进了思想再解放。

在这样的进程中，理论创新与实践创新二者结合如此之紧密，党的理论如此之管用、之直接见效于解放思想、解放生产力，实为建国以来所未有。

也正是在这样的进程中，中国共产党获得新觉醒而与时俱进，中国特色社会主义伟大事业和党的建设新的伟大工程进到新的境界。直到党的十七大，达到中国特色社会主义的“三个一”的统一认识：一面旗帜——中国特色社会主义伟大旗帜，一条道路——中国特色社会主义道路，一个理论体系——中国特色社会主义理论体系。这又是中国共产党对中国特色社会主义伟大事业和党的建设新的伟大工程的规律性认识进一步深化和系统化的鲜明体现和最新成果，并从而为我们开辟了更加广阔的实践和认识道路。

今天，当着我们以胜利的喜悦和攻坚克难的执著来纪念改革开放30周年的时候，我以为，继续一以贯之和旗帜鲜明地坚持改革开放，坚持解放思想、解放生产力，坚持和发展我们党在新时期的马克思主义伟大新觉醒，这就是对改革开放30周年最好的纪念。

（作者：中共中央党校原常务副校长）

（选自《学习时报》2008年10月27日）

党的军事指导理论的创新与发展

刘　源

改革开放30年来，我们党在领导国防和军队现代化建设以及军事斗争准备的伟大实践中，把马克思主义基本原理同中国的具体实际相结合，在不断推动国防和军队现代化建设的同时，推动理论创新和发展，形成了系统、全面的党的军事指导理论，成为新时期国防、军队建设的科学指南和中国特色社会主义理论体系的重要组成部分。

一、 改革开放30年党的军事指导理论是一个一脉相承而又与时俱进的科学体系

改革开放30年党的军事指导理论，包括邓小平新时期军队建设思想、江泽民国防和军队建设思想、胡锦涛关于国防和军队建设科学发展的重要论述，是一个一脉相承而又与时俱进的科学体系。

一脉相承，体现为它们都坚持以马克思主义军事理论、毛泽东军事思想为指导，在理论渊源上一脉相承；都坚持解放思想、实事求是、与时俱进，在理论品质上一脉相承；都坚持党对军队的绝对领导，始终把军队的思想政治建设摆在各项建设的首位，在理论的根本上一脉相承；都坚持积极防御的战略方针，立足遏制战争和打赢高技术特别是信息化条件下的局部战争，在理论的主要特征上一脉相承；都坚持从严治军、依法治军和科技强军的方针，积极推进中国特色军事变革，走中国特色的精兵之路，在理论的主题上一脉相承；都坚持为建设现代化正规化的革命军队、为维护国家主权和领土完整、为维护国家根本利益而奋斗，在理论的目标上一脉相承。

与时俱进，体现为邓小平新时期军队建设思想、江泽民国防和军队建设思想、胡锦涛关于国防和军队建设科学发展的重要论述都坚持从实际出发，注重总结改革开放不同时期、不同阶段的新鲜经验，注重探索和回答不同时期、不同阶段遇到的新矛盾、新问题，在军事理论创新和发展上都作出了各自的独特贡献，都发挥了指导军事实践、引领军事变革的重要作用。它们既相互贯通又层层递进，充分体现了改革开放以来我们党军事理论创新成果的科学性体系、阶段性成果和发展性要求的内在统一。

二、改革开放30年党的军事指导理论的基本特征

改革开放30年党的军事指导理论是一个博大精深的思想体系，涵盖军事领域的各个方面，具有马克思主义军事理论、毛泽东军事思想的基本特征和理论品格，同时还具有以下特性：

鲜明的时代性。适应时代的特点，反映时

代的要求，解决时代所提出的问题，是党的军事指导理论不断发展的基本前提。时代和形势的发展变化，孕育和催生了改革开放30年党的军事指导理论；改革开放30年党的军事指导理论的产生和发展，也充分体现了鲜明的时代精神。

显著的实践性。军事思想来源于军事实践。一切反映军事规律的军事思想，都是军事实践经验的正确总结和升华。实践是理论产生的重要源泉，也是检验理论真理性的惟一标准，改革开放30年的伟大实践，是推动党的军事指导理论不断向前发展的强大动力。实践不会停止，理论也不会僵化停滞，党的军事指导理论将随着中国特色社会主义事业的前进而不断发展。

突出的创新性。改革开放30年党的军事指导理论是在解放思想中逐步确立和发展的。解放思想是理论创新的前提条件，创新是理论得以不断发展的基本动力，也是改革开放30年党的军事指导理论的内在品格。

强烈的开放性。开放性是科学理论所具有的共同特征。邓小平、江泽民、胡锦涛同志面向世界、面向未来、面向现代化，顺应世界军事发展和军事变革的潮流，积极借鉴各国军队特别是发达国家军队现代化建设的经验，运用现代科技知识和理论，提出科学发展、科学管理、科技强军等一系列重要论断，使党的军事指导理论更加系统全面、更加丰富多彩、更具时代性。

深邃的历史性。从理论渊源上讲，改革开放30年党的军事指导理论主要来源于马列主义军事理论和毛泽东军事思想，同时从中国传统文化和传统军事思想中汲取养分，充满了历史的厚重和时代的积淀。党的军事指导理论正是在这种历史的继承和未来的开拓中，实现了可持续发展。

三、改革开放30年党的军事指导理论的创新和发展

毛泽东军事思想是党的军事指导理论的核心和基石，改革开放30年党的军事指导理论是毛泽东军事思想的继承和发展，其创新主要体现在以下方面：坚持马克思主义战争观,开创遏制战争、维护和平的新思路。马克思主义研究战争的根本目的在于消灭战争。无产阶级夺取政权之后，如何遏制战争、维护和平、争取发展，成为当代马克思主义者十分关心和需要着手解决的重大现实问题。新中国成立后，面对帝国主义可能发动的战争威胁，毛泽东同志提出了做好战争准备、“以战止战”等重大战略思想。20世纪80年代，邓小平同志通过对战争与和平这两种力量矛盾运动的辩证考查和对国际形势的科学判断，创造性地提出，当前世界和平力量的增长超过了战争力量的增长，科学技术和经济发展成为制约战争、防止战争以至消除战争的重要因素。江泽民同志继承邓小平同志这一重要思想，进一步提出，要以和平方式来解决国家间的分歧，以和平、平等和协商的方式来解决争端，使“遏制战争、维护和平”的战略思想更具有现实可操作意义。进入新世纪新阶段，胡锦涛同志正确把握时代主题，结合时代新特点，鲜明地提出“和平、发展、合作”，构建和谐世界的新理念。在“和平、发展”的基础上，进一步提出“合作”思想。这种“合作”的思想，是摒弃西方殖民道路、反对霸权主义和强权政治的新思想，是遏制战争、维护世界和平的新思想，是建设和谐社会与和谐世界的新思想，是对马克思主义战争观的重大创新。

适应党的历史任务调整，赋予人民军队历史使命新内涵。军队的历史使命，是军队在一定历史阶段基本任务的总概括，规定着军队的发展方向、奋斗目标和指导原则，是马克思主

义军事理论必须关注和回答的重要问题。革命战争时期，以毛泽东同志为代表的中国共产党人根据革命斗争需要，规定了我军战斗队、工作队和生产队的三大任务。十一届三中全会以后，围绕经济建设这一党的中心任务，邓小平同志强调，“我军是人民民主专政的坚强柱石，肩负着保卫社会主义祖国、保卫四化建设的光荣使命”；同时，军队要服从国家经济建设大局。

江泽民同志把我军的历史使命概括为，“我们党领导的人民解放军是人民民主专政的坚强柱石，是捍卫社会主义祖国的钢铁长城，是建设中国特色社会主义的重要力量。”胡锦涛同志根据党的“实现继续推进现代化建设、完成祖国统一、维护世界和平与促进共同发展”的三大历史任务，提出了新世纪新阶段我军的历史使命，即：为党巩固执政地位提供重要的力量保证，为维护国家发展的战略机遇期提供坚强的安全保障，为维护国家利益提供有力的战略支撑，为维护世界和平与促进共同发展发挥重要作用。这一重要论述，是对马克思主义关于军队使命重要思想的继承和发展，是面向信息化时代的党的军事指导理论的重大创新。

应对形势环境的发展变化，拓展国家安全战略的新内容。国家安全是无产阶级建立政权之后面临的最重要的现实问题，也是马克思主义军事理论重点关注的问题。新中国成立后，毛泽东同志把加强人民民主专政作为反对内外敌人的有力武器，提出一系列治国安邦、富国强兵之道，努力维护国家安全与稳定。邓小平同志在改革开放的大背景下，强调稳定是压倒一切的问题，提出了一系列保障和平与发展的战略思想，创立了新时期我国安全战略的基本理论框架。江泽民同志进一步发展了邓小平同志国家安全战略思想，提出了一整套谋求国家综合安全的战略、策略原则，使国家安全战略的内容进一步拓宽，理论体系更加丰富完善。胡锦涛同志继承毛泽东、邓小平、江泽民同志国家安全战略思想，进一步指出，要清醒地认识到我国不仅面临着传统安全威胁，而且面临着众多的非传统安全威胁；不仅要关注国家生存利益，还要关注和维护国家发展利益；不仅要关注和维护领土安全、领海安全、领空安全，还要关注和维护海洋安全、太空安全、电磁空间安全及其他方面的国家安全；要建立一支“以增强打赢信息化条件下局部战争的能力为核心，不断提高应对多种安全威胁、完成多样化军事任务的能力，确保能够在各种复杂形势下有效应对危机、维护和平，遏制战争、打赢战争”的军事力量。胡锦涛同志的国家安全战略思想极大丰富和发展了我国国家安全战略理论，是新世纪新阶段维护国家安全的重要指导方针。

着眼新的历史时期特点，提出国防和军队建设科学发展的新理念。军队是国家机器的重要组成部分，也是无产阶级武装夺取和巩固政权的最重要工具。毛泽东同志在领导中国革命武装斗争的实践中，创立了一整套具有中国特色的人民军队建设理论。邓小平同志依据国际形势变化，提出了新时期我军建设的总目标，要以现代化建设为中心大力加强军队的质量建设，走有中国特色的精兵之路。江泽民同志针对现代战争呈现出的新特点，提出了科技强军战略，努力实现国防和军队建设“从数量规模型向质量效能型、人力密集型向科技密集型”两个根本性转变，提出“政治合格、军事过硬、作风优良、纪律严明、保障有力”总要求，从理论上回答了信息时代国防和军队建设的发展方向、发展动力和发展途径等重大问题。胡锦涛同志坚持毛泽东思想、邓小平理论和“三个代表”重要思想，提出要把科学发展观作为加强国防和军队建设的重要指导方针，统筹好中国特色军事变革与军事斗争、机械化建设与信息化建设、诸军兵种作战力量建设、当前建设与长远发展、主要战略方向建设与其他战略方向建设，着力推动军事理论创新、军事技术创新、军事组织体制创新和军事管理创新，加快转变战斗力生成模式，实现国防和军队建设又好又快发展。最近，胡锦涛同志提出，要大力培育“忠诚于党，热爱人民，报效国家，献身使命，崇尚荣誉”的当代革命军人核心价值观，为新形势下军队建设特别是思想政治建设赋予了新的重大战略任务。胡锦涛同志关于国防和军队建设的重要论述，敏锐抓住时代给国防和军队建设提出的新课题，运用科学发展观指导国防和军队建设，进一步回答了建设什么样的军队、怎样建设军队这一根本问题，极大地丰富和发展了中国特色马克思主义军队建设理论。

立足打赢战争，探索加强军事斗争准备、提高军队战斗力的新举措。要想赢得未来战争，必须做好军事斗争准备。毛泽东同志历来重视做好战争准备。新中国成立后，他采取一系列措施加强战备，形成了举国上下的战备热潮，为遏制战争爆发起到了重要作用。十一届三中全会后，邓小平同志坚持和贯彻积极防御的战略方针，坚持人民战争的基本思想，着力建设强大的国防后备力量和有效的国防动员体制。江泽民同志领导制定新时期军事战略方针，提出要把军事斗争准备的基点放在打赢现代技术特别是高技术条件下的局部战争上来，使军事斗争准备有了更明确的目的和方向。新世纪新阶段，面对复杂多变的国际局势和国家安全形势，胡锦涛同志提出了一系列维护国家安全的新思想新论断，形成了以文攻武备为核心，威慑与实战并举，政治、经济、文化和外交手段相配合的军事斗争准备总方略，奠定了当前军事斗争准备的思想理论基础，丰富和发展了党的三代中央领导核心关于做好军事斗争准备的重要思想，对有效履行我军新世纪新阶段的历史使命，对加强军事斗争准备的各项工作具有极其重要的指导意义。

（作者：军事科学院政委）

（选自《求是》2008年第3期）

改革开放与社会主义历史命运

严书翰

一，20世纪五六十年代社会主义国家改革潮流涌动的深层原因

站在今天的历史高度考查已经过去的20世纪，可以清楚地看出，20世纪五六十年代多数社会主义国家都掀起了改革潮流。虽然当时这些国家改革的背景，原因和过程等不尽相同，但是大致可分为4种类型。

（一）南斯拉夫被苏联逼出来的改革。第二次世界大战（简称“二战”）结束后，南斯拉夫起初也和其他东欧国家一样都以苏联的模式和经验为榜样。由于南共领导人铁托对国际共运等有不同于苏共和斯大林的看法，而苏共总是以老子党自居，从而引起两党两国关系紧张，受苏共控制的共产党情报局于1948年错误地把南共开除出了这个机构。以铁托为首的南共承受了极大的压力，在孤力无援的困境中被迫另辟蹊径。南共在寻找适合本国国情的发展道路中深感苏联体制的弊端，认为必须彻底摆脱苏联的体制和思维方式，这就需要改革。南共在这一时期改革中提出的某些主张和做法今天看来仍然可圈可点。比如，南共提出社会所有制是社会主义国家理想的公有制，要防止社会主义国家体制“官僚化”等等。

（二）东欧一些国家“静悄悄”的改革。东欧多数国家是在苏联帮助下走上社会主义道路的。所以几乎完全照搬苏联模式，他们在实践中也深感这种体制弊端很多，需要改革，但是必须看苏联的眼色行事。这些国家在两者之间寻求平衡的改革，被西方学者称之为“静悄悄”的改革。如保加利亚、民主德国等。然而要改革就不可能平静。尤其是苏共二十大冲破了对斯大林的“个人崇拜”，披露了苏联的体制问题，引发了东欧一些国家的老百姓对苏联的不满，有些国家的改革做法超出苏联的容忍程度，结果遭到苏联的干预，有的酿成悲剧。比如，波兰、匈牙利和捷克等。所以东欧这些国家改革的主要原因是苏联模式不适合它们的国情和人民对苏联的不满。

（三）苏联自身的改革。以1956年2月苏共二十大召开为标志，苏联也开始了自身改革。我们要像当年毛泽东同志用一分为二的观点评价苏共二十大那样，来看待赫鲁晓夫搞的改革。从总体上看，这一时期的苏联改革是既有成绩，又有错误。赫鲁晓夫对苏联的政治体制和经济体制进行了改革以及调整了对外政策等。苏联这一时期改革的原因是要冲破对斯大林的个人崇拜，解决历史遗留的问题和体制带来的弊端。但是由于赫鲁晓夫采取了全盘否定斯大林的错误做法，而且并没有真正深刻认识苏联模式的弊端，因而赫鲁晓夫的改革从总体上看是不成功的。所以，人们把他称之为“敝脚的改革家”也就不足为奇了。

（四）中国高起点的改革。以毛泽东同志为核心的党的第一代中央领导集体在20世纪50年代中期对我国社会主义进行了高起点的改革。之所以称为“高起点”，是因为我国这一时期的改革已经涉及对苏联模式弊端的认识和走适合我国情况的社会主义建设道路这个深层次问题。代表作是毛泽东同志的两篇光辉著作：《论十大关系》和《关于正确处理人民内部矛盾的问题》。毛泽东同志在这一时期的著作和有关讲话中，深刻地指出了苏联和某些东欧国家在处理农轻重关系，农民问题，民主问题和民族关系等方面的错误。毛泽东同志还指出，我国“前八年照抄外国的经验。但从一九五六年提出十大关系起，开始找到自己的一条适合中国的路线”、“开始反映中国客观经济规律”。由此开始，我们逐步形成了不同于苏联的体制和做法。后来由于受“左”的思想影响，改革未能持续下去并由于“文化大革命”发生而中断。

回顾这一时期社会主义国家的改革状况，虽然它们改革的背景，直接原因和具体做法等并不一样，但是我们完全可以得出两点结论。一是社会主义国家在自己建设实践中认识到苏联体制的弊端并竭力克服这些弊端，这是20世纪五六十年代掀起改革潮流的深层次原因。正如邓小平同志20世纪80年代中期深刻指出的，“我们过去照搬苏联搞社会主义的模式，带来很多问题。我们很早就发现了但是没有解决好。我们现在要解决好这个问题，我们要建设的是具有中国自己特色的社会主义。”二是苏联模式是对苏联体制和做法的一种概括，而不是泛指苏联社会主义基本制度。当年东欧这些国家（包括南斯拉夫）改革的指向并没彻底否定苏联社会主义基本制度，主要涉及改革苏联体制，改变照搬苏联的那些具体做法和对斯大林专制作风的不满等。邓小平同志在1981年就指出，“社会主义制度并不等于建设社会主义的具体做法。苏联搞社会主义从一九一七年十月革命算起，已经六十三年了，但怎么搞社会主义，它也吹不起牛皮。”后来邓小平又一次深刻指出，“社会主义究竟是个什么样子，苏联搞了很多年，也并没有完全搞清楚。可能列宁的思路比较好，搞了个新经济政策，但是后来苏联的模式僵化了。”

二，社会主义国家改革开放成效的反差及其经验教训

站在今天的历史高度，从宏观上看20世纪社会主义国家改革的成效或结局无非有两种。一是成功的，二是失败的。只要我们坚持用辩证的历史的唯物主义分析这两种结局就可以看出：成功的结局中也有需要总结的教训，失败的结局中也有值得吸收和借鉴的做法。

（一）要重视研究东欧国家改革曾经取得成效的经验。不能因为东欧国家改革最终失败了和我国改革开放今天取得了巨大的成功，而忽视东欧国家尤其是20世纪七八十年代改革曾经取得成效的经验。应该看到，当我国还处在十年动乱的时期，东欧国家正进行着改革。1978年底召开的十一届三中全会，拉开了我国改革开放的帷幕。而这时候东欧一些国家的改革已积累了不少好的经验并且先于我国遇到了改革中的矛盾和问题。英国有位哲人说过，“历史是用例子来教育人的哲学。”研究这段东欧改革历史和改革经验，对于我们深入研究改革开放与社会主义历史命运的关系，对于我国在新的历史起点上进一步深化改革扩大开放都是有益的借鉴。因为当年东欧国家在改革开放中遇到的问题尤其是没能解决好的难题，如政府与市场的边界、经济体制改革与政治体制改革的关系、

如何应对西化和分化等等，今天我们都遇到了，而且也要下大气力才能解决。

在《邓小平文选》第三卷中有9篇是邓小平同志在20世纪80年代接见东欧一些国家领导人的谈话。从这些谈话中可以看出，邓小平同志或是以东欧改革为背景，或是以它们的经验为借鉴来阐述中国的改革开放，充分体现出他宽广的眼光。更为可贵的是，邓小平同志有不少关于建设中国特色社会主义不少高屋建瓴的重大判断，是在同东欧领导人的谈话中提出来的。

1986年9月，邓小平同志在同波兰统一工人党中央第一书记雅鲁泽尔斯基的谈话中指出，“我们两国原来的政治体制都是从苏联搬来的。看来这个模式在苏联也不是很成功的。即使在苏联是百分之百的成功，但是它能够符合中国的实际情况吗？能符合波兰的实际情况吗？”后来雅鲁泽尔斯基在回忆这次同邓小平的谈话时感慨地说，“1986年访华时，有幸同邓小平同志见面。他的远见卓识给了我很深的印象。”1987年4月，邓小平同志在同捷克总理什特劳加尔的谈话中介绍说，中国实行改革开放政策是对“文化大革命”进行总结的结果。中国胜利地完成现代化三步走的发展战略，“这不但是给占世界总人口四分之三的第三世界走出了一条路，更重要的是向人类表明，社会主义是必由之路，社会主义优于资本主义。”1987年10月，邓小平同志在会见匈牙利社会主义工人党总书记卡达尔时指出，我们现在干的中国特色社会主义事业是全新的事业。我们现在对社会主义有新的理解，这就是要在大力发展生产力基础上实现全体人民的共同富裕。“在对社会主义作这样的理解下面，我们寻找自己应该走的道路。这涉及政治领域、经济领域、文化领域等所有方面的问题。”重温邓小平同志当年对东欧国家领导人的上述谈话精神，对我们今天进一步推进改革开放和现代化建设仍然具有重要的指导意义。

（二）苏联东欧改革失败的根本原因。总结苏东改革失败的经验教训是一个重大的课题。随着时间的推移，历史档案资料的公布和研究的深入等，人们的认识渐趋一致。大家公认，研究这一重大课题必须坚持辩证的历史的唯物主义观点，尤其是要坚持恩格斯的“历史结果合力论”。恩格斯深刻指出的“历史是这样创造的：最终的结果总是从许多单个的意志的相互冲突中产生出来的，而其中每一个意志，又是由于许多特殊的生活条件，才成为它所成为的那样。这样就有无数互相交错的力量，有无数个力的平行四边形，由此就产生出一个合力，即历史结果。”当然也要看到，苏联与东欧改革失败的具体原因也是不尽相同的。本文力图从深层次上分析其共性原因即根本原因。

1．改革开放最终背离了社会主义方向。社会主义发展的历史经验证明，社会主义与改革开放不可分离。社会主义需要进行改革，但改革必须坚持社会主义方向。虽然不能说苏东改革从一开始就背离了社会主义方向，但是从20世纪80年代中后期开始，苏东改革彻底脱离社会主义轨道，这在前苏联表现得尤其充分。1985年，戈尔巴乔夫上台后先后提出“新思维”，“公开性”、“思想多元化”等口号。公开鼓吹要对苏联从经济基础到上层建筑的整个大厦进行“根本改造”等，从而搞乱了人们思想，客观上为西化和分化提供了便利。1988年的苏共第十九次代表会议，尤其是1990年的苏共二十八大正式提出“走向人道的民主的社会主义”的纲领为其指导思想。此后，戈尔巴乔夫宣布在苏联实行议会制、总统制和多党制（简称“三制”）。这表明苏联这时期的改革已经彻底背离科学社会主义基本原则。

20世纪80年代中后期由于国内外种种因素

的作用，东欧一些国家改革开始迅速滑向资本主义。前波兰统一工人党领导人雅鲁泽尔斯基在下台前几个月对我驻波兰大使说，这几年波兰“在上层建筑领域，由于进行了一系列的制度变革，波兰已经不是社会主义国家了。”、“西方将继续支持波兰的变革，推动波兰向资本主义的方向走下去，这是影响波兰的外部因素”。

2．经济发展滞后，人民生活水平提高缓慢。解放和发展生产力是社会主义制度优越性充分发挥的物质基础。苏联东欧国家在经济建设上都曾经取得辉煌成就。但是由于苏联模式的僵化体制和经济发展战略失误等，经济发展开始缓慢并逐步下降，从而影响了人民生活水平的提高。以苏联最为典型。根据统计资料，从1975年开始苏联经济发展出现迟缓，经济增长率明显下降。1951—1960年国民收入的年增速为10.25%，1961—1970年为6.45%，1971—1980年下降到4.95%。到了80年代后期甚至出现负增长。国民收入的下降，自然要影响到人民生活水平的提高。“二战”结束后的初期，匈牙利与奥地利经济发展水平相同，但是到了1988年匈牙利的人均GDP为2460元，而奥地利是15470元。民主德国（东德）与联邦德国（西德）原来同为一个国家。1988年东德人均GDP 7080元，而西德是18480元（后者是前者的2.6倍）。这一时期苏东国家的日常生活必需品和食品极其匮乏，消费品严重不足，人民群众生活水平明显不如西方国家。（所以当时有“东西南北”一说，即东德不如西德，北朝鲜不如南朝鲜）这就严重影响社会主义制度优越性的发挥。因此，经济发展滞后，人民生活水平提高缓慢甚至于下降，这是苏东改革失败的带有根本性的原因之一。

3．执政的共产党内部出了问题。这是苏东改革失败的又一个带有共性的原因。冰冻三尺，非一日之寒。考查执政的苏共演变轨迹，可以看出它经历了从僵化到西化，从改革到改向的过程。苏联模式确实造成了僵化的体制和苏共领导人教条主义的思维方式。赫鲁晓夫也想冲破它，但是采取的是全盘否定斯大林的错误方法，结果搞乱了人们的思想。赫鲁晓夫修修补补的改革根本无法撼动原有体制，总的看，还是继续沿袭苏联模式。勃列日涅夫时期也是基本上不对原有体制进行改革。在党内也是大权独揽，严重违背民主集中制。对外关系上搞大国主义、大党主义，比起前任有过之而无不及。

戈尔巴乔夫时期的改革可分为三个阶段。第一阶段是1985年3月—1988年6月。是他提出的加速发展和实施经济体制改革阶段。第二阶段是1988年6月—1990年2月。这一阶段苏联改革方向开始发生了实质性变化。戈尔巴乔夫提出了“公开性”、“多元化”和“人道的民主的社会主义”纲领。这意味着苏联改革开始转向。第三阶段是1990年2月—1991年12月。这时戈尔巴乔夫宣布，放弃苏共在苏联的领导地位，放弃意识形态以马克思主义为指导，实行“三制”，完全搞西方国家那一套体制的做法。这标志着苏共已经从僵化跳到西化，苏联已经从改革走到改向，从而最终导致苏联解体。

由于苏共在党的建设尤其是党风上存在着严重问题，导致苏共党内逐渐形成特殊利益集团。而且腐败现象严重，裙带关系盛行等，从而导致执政党严重脱离群众。一个不为人民群众所拥戴的党是不可能领导改革取得成功的。苏联解体前的一项社会调查结果发人深省：1990年苏联《西伯利亚报》曾以“苏共代表谁”为题在部分群众中进行调查。统计结果，认为苏共代表劳动人民的只占7%，认为代表工人的只占4%，代表全体党员的只占11%，而认为代表官僚等的却占85%。在苏联解体后，原苏共党内高官摇身一变，便成为当时那个时代的“精英”。美国学者大卫·科兹提供了这份资料：

1991年苏联解体前，美国有一社会调查机构对苏共政治局成员和苏联精英阶层做了一次关于政治和意识形态的问卷调查，结果有77%的人完全支持搞资本主义。他在研究苏联解体过程后得出结论：苏联解体的原因来自苏联领导层。

4．西方对苏联东欧推行和平演变战略得逞。“二战”结束后不久，西方一些政治势力提出了冷战时期对社会主义国家实行和平演变战略（邓小平曾把西方和平演变战略称之为“没有硝烟的世界大战”）。西方和平演变战略不但有明确的战略意图，而且有一整套具体做法。一般说来有3种：一是采取经济手段，迫使社会主义国家做出符合西方国家意图的让步。如果不让步就采取停止援助或经济制裁。二是以“人权”，“民主”、“自由”为借口，干涉社会主义国家内政。通过各种方式扶植社会主义国家的反对派，甚至支持或策划动乱。三是进行意识形态渗透。以西方价值观作为“普世价值”，以各种媒体为宣传载体，对社会主义国家的意识形态进行全面渗透。

前车之覆，后车之鉴。全面分析苏联东欧失败的教训，既是研究改革开放与社会主义关系的题中应有之义，又是留给今人和后人的一笔宝贵财富。

（三）中国改革开放成功的根本原因。中国的改革开放取得了巨大成功，既是客观事实又是举世公认。现在世界上有不少人研究中国发展模式，琢磨中国改革开放成功的“奥秘”。他们所说的“奥秘”就是我们讲的改革开放取得成功的根本原因。党的十七大全面大跨度地论述了我国改革开放历史进程，尤其是总结了“十个结合”的宝贵经验。这个总结是很有理论和政治分量的，可以说是管全局、管方向、管长远。这“十个结合”涉及到改革开放取得成功的原因，我们要着重把握其中3条根本原因。

1．始终坚持把马克思主义基本原理与中国改革开放的实际结合起来。经济文化比较落后的国家革命胜利后，如何建设、巩固和发展社会主义，如何搞改革开放，这在马克思主义和社会主义发展史上是没有先例的。因此，既要坚持马克思主义基本原理和科学社会主义基本原则，又不能从书本、概念或别国的模式出发，只能从我国具体实际出发。我国改革开放取得成功的根本原因是既没有丢老祖宗，又发展了老祖宗，既坚持马克思主义基本原理，并根据当代中国实际和时代发展不断推进马克思主义中国化，使马克思主义更好地发挥对改革开放的指导作用，从而赋予当代中国马克思主义以勃勃生机。

2．始终坚持四项基本原则与改革开放这两个基本点的统一。我们坚持把四项基本原则作为立国之本，作为我国改革开放朝着正确方向推进的根本保证。同时又通过改革开放赋予四项基本原则新的时代内涵。教育和引导全党全国各族人民深刻认识坚持这两个基本点的辩证关系及其重大意义，坚持把以经济建设为中心同四项基本原则、改革开放统一于建设中国特色社会主义的伟大实践，使中国特色社会主义在当今世界的深刻变动中牢牢地站住了、站稳了，从而使社会主义制度在当代中国的深刻变革中充满了生机与活力。

3．始终坚持把尊重人民首创精神同加强和改善党的领导结合起来。我们在改革开放实践中始终坚持人民群众创造历史这一马克思主义的基本原理，忠实代表最广大人民的根本利益，紧紧地依靠人民群众，最广泛地调动人民群众的积极性、主动性和创造性，从人民群众中凝聚力量，汲取智慧，不断加强和改善党的领导，使党得到人民群众的充分信赖和衷心拥护，从而始终发挥党的“统揽全局，协调各方”的领导的核心作用。

当然，我国改革开放取得巨大成功还有其

它重要原因，都需要加以认真总结，这些原因和上述的三个“始终坚持”一样，都是我们宝贵的思想财富，我们要在今后进一步改革和全方位开放中发扬光大。

三，改革开放与中国特色社会主义共命运

中国特色社会主义理论体系是在改革开放中形成和发展起来的。中国特色社会主义道路是在改革开放中开辟、拓展并且越走越宽广的。改革开放与中国特色社会主义就是这样密不可分，共兴共荣。

（一）中国特色社会主义理论体系是在改革开放中形成和发展起来的。中国共产党人在改革开放的伟大实践中，既坚持科学社会主义的基本原则，又根据我国实际和时代特征赋予其鲜明的中国特色，在不断探索和回答什么是社会主义、怎样建设社会主义，建设什么样的党、怎样建设党，实现什么样的发展、怎样发展的过程中，实现了马克思主义中国化的第二次历史性飞跃，形成了中国特色社会主义理论体系。

1．邓小平理论是中国特色社会主义理论体系的奠基之作。认真总结过去的经验尤其是“文化大革命”教训，是开辟新道路形成新理论的思想前提。邓小平同志在总结经验教训时说：“我们建立的社会主义制度是个好制度，必须坚持。……但问题是什么是社会主义，如何建设社会主义。我们的经验教训有许多条，最重要的一条，就是要搞清楚这个问题。”而要搞清楚这个问题，首先必须解放思想，破除对马克思主义的教条式的理解和错误的认识。邓小平同志指出：“不解放思想不行，甚至于包括什么叫社会主义这个问题上也要解放思想。”十一届三中全会重新确立了党的实事求是思想路线，作出了改革开放等重大决策，实现了党和国家的工作重点的转变。中国改革开放是从十一届三中全会开始的，中国特色社会主义理论体系是以改革开放为历史起点的。思想解放推动了我们党对社会主义再认识的进程，波澜壮阔的改革开放实践为中国特色社会主义理论体系的形成提供了坚实的实践基础。

在改革开放进程中，以邓小平同志为核心的党的第二代中央领导集体，对“什么是社会主义，怎样建设社会主义”进行了深入的思考与探索，有针对性地回答了一系列重大问题。提出并形成了一系列重要思想观点。比如：搞社会主义不能照搬别国的模式，要“走自己的路，建设有中国特色社会主义”。不能超越阶段搞“左”的那一套，我国正处于并将长期处于社会主义初级阶段。贫穷不是社会主义，社会主义要消灭贫穷。发展是硬道理，不发展只有死路一条。社会主义最大的优越性就是共同富裕。社会主义也可以搞市场经济。物质文明建设与精神文明建设要“两手抓，两手都要硬”。没有民主就没有社会主义，就没有社会主义现代化。判断我们各项工作得失的标准是“三个有利于”。中国要警惕右，但主要是防止“左”。和平与发展是世界的两大问题，等。邓小平同志概括了“社会主义的本质，是解放生产力，发展生产力，消灭剥削，消除两极分化，最终达到共同富裕。”

十五大指出邓小平理论是当代中国的马克思主义，它第一次比较系统地初步回答了中国社会主义的发展道路、发展阶段、根本任务、发展动力、外部条件、政治保证、战略步骤、党的领导和依靠力量以及祖国统一等一系列基本问题。在改革开放中形成的邓小平理论是中国特色社会主义理论体系的奠基之作。

2．“三个代表”重要思想，是对中国特色社会主义理论体系的丰富和发展。20世纪八九十年代到世纪之交，国际局势风云变幻，国内外发生了政治风波、经济风险和自然灾害等，对建设中国特色社会主义提出了严峻的考验。十三届四中全会以来，以江泽民同志为核心的党的第三代中央领导集体高举邓小平理论伟大旗

帜，强调对党的基本路线要“毫不动摇，坚定不移，全面执行，一以贯之”。强调要聚精会神地抓好党的自身建设。在领导党和人民继续推进中国特色社会主义伟大事业和党的建设新的伟大工程中，形成了“三个代表”重要思想。

“三个代表”重要思想进一步回答了“什么是社会主义、怎样建设社会主义”，创造性地回答了“建设什么样的党、怎样建设党”。反映了当代世界和中国的发展变化对党和国家工作的新要求，是加强和改进党的建设，推进我国社会主义自我完善和发展的强大理论武器，是党必须长期坚持的指导思想。在我国改革开放的关键时期形成的“三个代表”重要思想是对中国特色社会主义理论体系的丰富和发展。

3. 科学发展观是中国特色社会主义理论体系的最新成果。进入新世纪新阶段，我国发展呈现一系列新的阶段性特征。重要战略机遇期和矛盾凸显期并存。中国发展面临的机遇前所未有，挑战也前所未有，机遇大于挑战，我国处在一个新的历史起点上。“实现什么样的发展，怎样发展”成为我们面临的重大理论和实际问题。十六大以来，以胡锦涛同志为总书记的党中央根据国内外形势的发展变化，在研究新情况解决新问题过程中提出并形成了科学发展观等重大战略思想。

胡锦涛同志在总结2003年我国战胜非典疫情的经验后指出：“我们讲发展是党执政兴国的第一要务，绝不只是指经济增长，而是要坚持以经济建设为中心，在经济发展的基础上实现社会全面发展。”十六届三中全会提出“坚持以人为本，全面、协调、可持续的发展观”。十六届四中全会提出构建社会主义和谐社会的战略任务。2005年，胡锦涛主席在联合国成立60周年首脑会议上的讲话中，阐述了努力建设持久和平、共同繁荣的和谐世界的思想。此后，他在十六届五中全会上，提出了“两个趋势”的思想和建设社会主义新农村的重大战略决策。2006年，他在全国科学技术大会上的讲话中论述了建设创新型国家的重大战略。十六届六中全会通过的《决议》提出了一系列重大观点。如，社会和谐是中国特色社会主义的本质属性。我国发展已处在新的历史起点上，必须把构建社会主义和谐社会摆在更加突出的地位，建设社会主义核心价值体系等。十七大对科学发展观的历史地位、时代背景、实践基础和科学内涵、精神实质和根本要求等做了全面的论述，并把十六大以来我们党的理论创新的成果概括为“科学发展观等重大战略思想”。十七大第一次提出了“中国特色社会主义理论体系”这个重要概念，明确指出它是包括了三大理论成果在内的科学理论体系。

总起来说，十一届三中全会以来的历史，既是一部改革开放和现代化建设的实践史，又是一部中国特色社会主义理论体系的形成发展史。在改革开放中形成的中国特色社会主义理论体系是马克思主义中国化的最新成果。

（二）中国特色社会主义道路是在改革开放过程中开辟、形成和不断扩展的。我们党对中国特色社会主义道路的探索是从20世纪50年代中期开始的。十七大指出，我国改革开放伟大事业，是在以毛泽东同志为核心的党的第一代中央领导集体创立毛泽东思想，带领全党全国各族人民建立新中国，取得社会主义革命和建设伟大成就以及艰辛探索社会主义建设规律取得宝贵经验的基础上进行的，如前所述的“高起点改革”，就是这一时期我们党探索中国特色社会主义道路赢得了良好开端的有力佐证。

但是从20世纪50年代后期开始，这个探索开始发生失误直至发生了像“文化大革命”那样的严重挫折。以党的十一届三中全会为转折点，标志着我们党带领全国各族人民开创中国特色社会主义道路。从那时开始至今，这条道路的开辟，形成和发展经历了三个阶段。第一，转折与奠基阶段。（从1978年—1988年）十一届三中全会解放思想拨乱反正，重新确立实事求是的思想路线，使我国社会主义回到了正确的轨道。邓小平同志指出，搞社会主义一定要遵循马克思主义的辩证唯物主义和历史唯物主义。在总结历史经验教训基础上，他在十二大上提出，“把马克思主义的普遍真理同我国的具体实际结合起来，走自己的道路，建设有中国特色社会主义”这个重大命题。这是我们党领导人民开创中国特色社会主义道路的行动指南。十三大指出，我们“开始找到一条建设有中国特色的社会主义的道路”。第二，基本形成和不断完善阶段。（1989年—2002年）这一阶段中国特色社会主义道路克服了国内外政治风波，经济风险和自然灾害的冲击，继续朝着正确的方向发展。这一阶段有几个主要点需要加以把握。一是形成“三个代表”重要思想并且和邓小平理论一起作为建设中国特色社会主义的指导思想。二是改革开放和现代化建设取得巨大成绩。三步走的发展战略已经胜利完成了前两步，我国综合国力明显增强。三是党对中国特色社会主义基本理论和实践经验的认识和总结不断完善。十四大从九个方面论述了中国特色社会主义的基本内容。十五大从十个基本问题上概括了这个理论。十六大总结了建设中国特色社会主义必须坚持的十条基本经验。第三，深化和拓展阶段（2003年至今）。中国特色社会主义道路的基本形成不等于已经定型，只有在经历不断深化和拓展之后，才能达到定型目标。进入新世纪新阶段，这条道路正朝着定型目标发展。

以上我们从三大方面论述改革开放与社会主义历史命运的关系。从中可以得出令人信服的结论：只有改革开放才能发展中国特色社会主义，只有改革开放才能复兴世界社会主义。

（作者：中共中央党校科学社会主义教研部主任、教授、博士生导师）

（选自《科学社会主义》2008年第5期）

真理标准问题讨论及其启示

邢贲思

今年是改革开放30周年，也是真理标准问题讨论30周年。30年前这场席卷全国的大讨论，为具有重大历史意义的十一届三中全会的召开扫清了思想障碍，为改革开放铺平了道路。

一

真理标准问题讨论的发生不是偶然的。“四人帮”被粉碎，广大群众欢欣鼓舞。他们对未来充满期待，希望我国社会主义事业从此峰回路转，迎来一个重大转机。但群众的热情很快受到了沉重打击，当时主持中央工作的同志不顾党内外群众要求改变现状的强烈呼声，抛出了“两个凡是”的口号，强调凡是毛主席作出的决策，凡是毛主席的指示，都要“坚决维护”，“始终不渝地遵循”。这就意味着我们党过去所犯的错误，包括“文化大革命”这样的严重错误，都不可能得到纠正。现实情况也令人十分担忧：“文化大革命”虽结束，但各项工作却持续徘徊，“文化大革命”的错误理论和实践继续被肯定，“天安门事件”得不到平反，邓小平不能够复出，连清查“四人帮”时也不忘提出继续批邓。这一切引起了广大党员和人民群众的极大不满。经过一段时期的冷静思索后，人们终于从“两个凡是”中找到了问题的答案。“两个凡是”是套在人民头上的紧箍咒，是妨碍中国社会进步的绊脚石。不破除“两个凡是”，党没有希望，社会主义没有希望，中国没有希望。于是一场针对“两个凡是”的大论战就成为不可避免。

这场论战之所以选择“真理标准”这个哲学命题作为切入点和突破口，是因为“两个凡是”本身就是对马克思主义哲学的严重挑战。按照马克思主义观点，任何一种认识，包括无产阶级革命领袖的决策和指示，只有通过实践才能证明其是否正确。“实践是检验真理的唯一标准”，是马克思主义认识论的基石，也是马克思主义哲学的常识，而现在又被重新提出，是因为“两个凡是”恰恰违背了这个常识。“两个凡是”实际上把毛泽东同志的决策和指示当做了真理标准，它无须接受实践的检验，相反，实践倒要受到它的裁定。这就完全把思维和存在的关系、理论和实践的关系弄颠倒了。“两个凡是”的唯心主义本质昭然若揭。坚持“两个凡是”观点的人，企图把“砍旗”的帽子、“反毛泽东思想”的帽子扣在论战对方的头上，但在理论上站不住脚。毛泽东思想是科学真理，但真理和真理标准不是一回事，真理是正确的认识，真理标准则是检验认识是否正确的依据，两者不能混为一谈。说毛泽东思想不是真理标准，丝毫也没有否定它对实践所起的伟大指导作用。把毛泽东思想当做真理标准，表面上是对它的尊重，实际上却是对它的伤害，这和“文化大革命”中所提的“大树特树毛泽东思想的绝对权威”，没有本质上的不同。

真理标准虽是一个哲学问题，但真理标准讨论决不只是一场理论是非之争。它涉及到了我们党应当执行一条什么样的思想路线，是一切从实际出发，还是一切从本本出发；它也涉及到了我国的社会主义今后将怎样发展，是沿着以往的错误道路继续走下去，还是弃旧图新，走出一条符合中国实际的建设社会主义新路。真理标准讨论的意义远远超出理论本身的范围。

在讨论中，《光明日报》特约评论员文章率先发难，胡耀邦同志主持下的中央党校发挥了重要作用，而社会各界人士和党内外群众的热情参与，把讨论推向了全国。引导这场讨论始终朝着正确方向发展的是老一辈无产阶级革命家，特别是邓小平同志。是邓小平首先提出要“准确、完整地”理解毛泽东思想体系；是他最早在党内批评“两个凡是”不符合马克思主义；是他明确提出，真理标准讨论“是个思想路线问题，是个政治问题，是个关系党和国家的前途命运问题”；也是他指引这场讨论既批评了“两个凡是”，又维护了毛泽东思想，解决了在新的历史条件下怎样高举毛泽东思想旗帜的问题。

真理标准讨论是一次思想大解放，它使人们从迷信盛行、思想僵化的状态下解脱了出来，使党恢复了实事求是的优良传统，并重新焕发了生机和活力。十一届三中全会确立的“解放思想，实事求是”思想路线，是真理标准讨论的重大成果。在这条思想路线指引下，我们党作出了工作重点转移和实行改革开放这两大决定当代中国命运的战略决策，从此，我国社会主义的历史翻开了新的一页。

二

真理标准讨论虽已过去了30年，但它在当时所引起的思想震撼，使人至今记忆犹新，这说明一次大的思想解放确实能起到振聋发聩的作用。胡锦涛同志在十七大报告中指出：“解放思想是发展中国特色社会主义的一大法宝。”在新时期，我们一定要用好这个法宝，而要用好它，就必须正确认识它。

首先要认识，解放思想不能和实事求是相脱离，二者是统一的整体。邓小平同志说得很清楚：“解放思想，就是使思想和实际相符合，使主观和客观相符合，就是实事求是。”后来江泽民同志作了补充和发挥，他说：“解放思想和实事求是是统一的，应一以贯之。不解放思想，教条主义盛行，不可能做到实事求是；离开实事求是，脱离实际，脱离亿万群众的创造性实践，不是真正的解放思想。”可见，解放思想决不是脱离实际的空想。解放思想的重要性和必要性谁都不否认，但对解放思想的理解却并不那么一致。其中有一种理解相当流行，却并不正确，这就是把解放思想归结为一个“破”字。按照这种说法，只有破是解放思想，立就不是。其实，破和立是对立的统一，没有破就不可能有立，而只破不立，就不能产生积极的效果。真理标准讨论之所以是一次大的思想解放，就因为它不仅有破，而且有立。它的破主要表现在破除了“两个凡是”这种僵化的思维方式，它的立主要表现在确立了“解放思想，实事求是”的思想路线。只要符合客观实际的要求，无论是破还是立，都是思想解放的表现。我们既要有摧毁旧事物的勇气，也要有创造、维护和发展新事物的勇气，两者都是解放思想所必需的。

回顾改革开放30年的历史，既有大破，也有大立。我们破除了高度集中的计划经济体制，建立并逐渐完善了社会主义市场经济体制；我们正在扬弃结构不合理、效益低下、资源消耗严重、容易造成环境污染的粗放型经济增长方式，逐步向优化结构、提高效益、降低消耗、保护环境的经济发展方式转变；我们纠正了片面强调发展速度的不正确观点，确立了以人为本、全面协调可持续发展的科学发展观。整个改革开放过程，就是一个破旧和立新相统一的过程。改革开放不能没有破，更不能没有立。改革开放中最重要的立，就是几代中央领导集体从中国实际出发的理论创新，就是中国特色社会主义理论体系的创立。正如党的十七大报告所指出的，包括邓小平理论、"三个代表"重要思想以及科学发展观等重大战略思想在内的中国特色社会主义理论体系，"坚持和发展了马克思列宁主义、毛泽东思想，凝结了几代中国共产党人带领人民不懈探索实践的智慧和心血，是马克思主义中国化的最新成果，是党最可宝贵的政治和精神财富，是全国各族人民团结奋斗的共同思想基础"。当前，解放思想的首要任务，就是高举中国特色社会主义旗帜，认真总结实践经验，破其所该破，立其所该立，把改革开放和现代化建设的伟大事业推进到一个新的发展阶段。

其次要认识，解放思想不能和解决问题相脱离，二者也是统一的整体。邓小平同志说："解放思想必须真正解决问题。"他指出，思想解放不能停留在讲现成话、讲空话上，而是要仔细地研究新情况，解决新问题，切实地想办法使我们的步伐快一些，使生产力发展快一些，使国民收入增加快一些，把领导工作做得更好一些。邓小平同志的这些论述，对我们理解解放思想同样十分重要。它说明，解放思想本身不是目的，解放思想的目的是通过破除各种障碍，更好地贯彻党的路线、方针、政策，以推动经济社会的发展。现在，解放思想是一个热门话题，各行各业的人都在谈论，有的人还试图探索新思路，寻求新突破。但真正把功夫用在研究新情况、解决新问题上的人并不很多。因为口头上谈论解放思想易，而扎扎实实地解决实际问题难。但是，不解决实际问题的解放思想，又怎能算得上是真正的解放思想呢？毛泽东同志多年前就曾说过："实践出真知"。因为只有深入实际，调查研究，才能了解事情的真相，知道问题的所在，才能有针对性地提出解决问题的办法。

深入实际，调查研究，获得真知，是马克思主义认识论的本质体现，是党的思想路线的必然要求，也是解放思想的必由之路。因此，提倡思想解放，就必须同时提倡调查研究，就必须大兴调查研究之风。与其关在书斋和办公室里冥思苦想地探寻解放思想之路，不如到实际中去，听一听群众的呼声，也许打开解放思想之锁的钥匙就在其中。

我们党立党为公，执政为民，一切工作以最广大人民的根本利益为出发点和归结点。解放思想对于我们党之所以特别重要，因为通过解放思想，能够切实推进工作，真正解决问题，更好地为人民服务。离开这个基点，所谓的解放思想，就成了一句毫无意义的空话。

把解放思想和实事求是结合起来，把解放思想和解决问题结合起来，开创出中国特色社会主义的新局面，就是对真理标准讨论最好的纪念。

（作者：《求是》杂志社原总编辑）

（选自《求是》2008年第11期）

30 年中国政治发展回顾与展望

房　宁

谈到30年来的中国政治体制改革，有很多说法：有的说政治体制改革滞后，与经济体制改革不协调；有的说政治体制改革还没破题：有的说中国根本没有政治体制改革，只有经济体制改革。在我看来，30年的改革开放是全方位的，我们有并正经历着政治体制改革。1978年前后到1982年，政治体制改革实际上是先行，它是整个经济体制改革启动的一个必要逻辑前提；1982年以后，政治体制改革配合经济体制改革的发展，是经济体制改革中出现新的问题、产生新的需要，政治体制随之不断地调整。

一、中国政治体制改革是社会主义制度的自我完善和发展

改革开放30年，中国的政治体制改革呈现出哪些特点？首先要明确的一个概念是，它和经济体制改革的性质是有区别的。我们称经济体制改革为“转型”，因为是从计划经济体制转向了社会主义市场化；而政治体制改革不是从一种体制转向另一种体制，而是社会主义制度的自我完善和发展。现在我们说要坚持走有中国特色的社会主义政治发展道路，从宏观上说，它指国体、政体；具体地说，包括人民代表大会制度、共产党领导的多党合作和政治协商制度、民族区域自治制度和基层群众自治制度等。基层群众自治制度主要是改革开放以后实行的。

第二个要明确的概念是，中国政治体制改革的重要经验跟经济体制改革一样，也是摸着石头过河。和经济体制改革相比，政治体制改革的复杂性和重要性更为突出。改革开放30年，虽然说我们已经找到了一条有中国特色的社会主义发展道路，但我们毕竟在民主政治发展上缺乏经验，很多问题不是说不想解决，而是因为它们非常复杂，难以预见及综合考量。政治体制改革的重要性体现在：经济体制改革允许“试错”，在一定程度上出现了问题还可以调整；但政治体制改革是一条单行道，开弓没有回头箭，一旦失误很难挽回，所以政治体制改革风险极大。

在明确了上述两个概念后，我们再来看看这30年中国政治体制改革有什么特点。最大的特点，就是以问题推动制度。纵观整个人类社会的发展，制度的变迁往往和重大的历史事件有关，政治制度本身就是在实践当中不断地通过解决一些重大的社会经济问题、政治问题等等，逐渐地规范化，成为一种制度或者法律的。一种矛盾、一个事件、一个问题的解决，第一次是先例，第二次是惯例，第三次是制度——这是人类社会发展的规律。针对问题进行政治

体制改革，相对来讲我认为更稳妥。为实现社会主义制度的自我完善和发展，增强民主与科学，我们做了很多具体的事，包括发展基层民主等。而且20多年来我们一直在搞试点研究，经过试点成功后再逐步推广。例如现在在四川的雅安、浙江的台州等地，就在试行党代会常任制。通过试点，用实践来检验制度是否有生命力，这对人民、对国家是负责任的做法。那么是不是说我们的政治体制改革全是实验的，而完全没有了一个总体的构想？当然不是。我们的总体思路，是发展有中国特色的社会主义民主政治，坚持党的领导、人民当家作主和依法治国的有机结合和辩证统一。

二、中国的政治体制改革应该走自己的路

中国政治体制改革的方向：第一，有一个总的原则，就是我们不能走极端，必须走中庸的路，这一点应该说现在也逐渐成为了社会的共识。第二，中国应该走自己的路。中国为什么要走自己的路？并非因为我们是中国人，我们就非得要走自己的路；而是说要根据中国的实际情况，找到切实可行的政治发展道路。中国政治发展道路的核心就是“三统一”的民主模式：坚持党的领导、人民当家作主和依法治国的有机统一。

美国政治学者亨廷顿有一个很重要的政治学概念——“制度化水平”，是说政治制度和社会发展的适应性怎样，适应得越好，制度化水平就越高。那么我们可以作一下对比：美国和西方的政治制度要解决的问题是什么？我认为主要是解决一个“power and right”（权力和权利）的关系问题。因为当代西方社会的主要特点在于，它是发达、富裕、成熟、共识者多的社会，人们的社会关系、经济结构都相对稳定。这种情况下，政治制度的主要问题在于权力限制与权利保护。简单地说，西方的政治制度就是围绕这个问题而存在、进行的，这也可以称为“民主化”。但是中国的情况不同。当然，中国首先也有一个要保障人民权利的问题，这是我们政治体制改革的重要目标之一。但仅仅这样又是不够的，因为我们还要追赶世界，还要在已经形成的固有世界经济格局中参与全球化。除了在制度上去想办法以外，我们没有别的良方，因为我们的资金、技术、劳动力的受教育水平、科学文化素质都和发达国家有差距。所以我们的政治制度其实有双重目标；一方面要保障人民的权利；一方面要集中社会的力量。双重目标难免有时会矛盾，重在平衡。

那么我们再来看“三统一”的中国特色社会主义政治制度。首先对之进行机制分析；所谓人民当家作主，就是要给人民以自由，保障人民的民主权利，这当然要通过法律来实现。所以党的领导要维持一个平衡，让社会通过一个核心来运转，而不是通过各个社会阶层、利益群体的博弈来实现。

对这种制度进行西方经济学的解释，叫作交易成本的最小化。中国的改革开放为什么取得这么大成绩？有人说，是因为中国有丰富的、年轻的、物美价廉的劳动力。但世界上有大量廉价劳动力，资源跟我们差不多或比我们多的国家和地区很多，为什么只有中国取得了这么大的成绩？最重要的原因有两个方面：一方面是改革开放过程中，我们充分利用了人力资源、人力空间。保障人民权利实际上成为了一种预期，调动了社会积极性，进而形成了市场优势。而一方面，中国实行了集中制。我们现在的民主参与式、协商式、监督式的，围绕着一个政治核心。这样，它可以比较好地集中国家的利益、发展的利益，而且更重要的是，它形成了国家发展过程中一以贯之的惯例，形成了长期的发展战略。所以中国社会相对来讲比较稳定。改革开放30年，中国其实并不是所有的东西都在求变，我们的国家目标、现代化目标、工业化目标是一直坚持的，即使在文化大革命时期也在不遗余力地进行。因此，总体来讲，这种制度容易形成整体的格局，形成可以长期坚持的、稳定的战略，保持了政策的延续性和继承性。

就我们目前的发展阶段来说，我认为实行扩大参与、推进协商、加强监督的民主政治模式是比较合理的。为什么中国不能搞西方式的民主呢？西方式的民主抽象地来讲是要解决权力跟权利的关系问题；具体来说，它的制度安排是竞争性的民主。竞争性的民主在中国社会里实行会有问题，“淮南为橘，淮北为枳”，中国跟西方不一样，西方社会发达、富裕、共识较多，运行比较良好、稳定；中国作为发展中国家，所面临的既是“发展黄金期”又是“矛盾凸显期”，社会关系变动不一，矛盾多。而上层建筑里面的竞争性选举确实有扩大矛盾的趋势，因为竞争性选举要强调代表性，而代表性要强调区域性，有时纯粹是由于政治立场和政治需要而加大了社会利益的分歧，强化了权利意识和利益观念。当然，肯定权利是好的、必须的，但当它过了头就会带来负面作用，尤其在社会极其动荡的时候，权利意识特别强的话会加剧社会的混乱。

中国政治体制改革要坚决实行，坚持走自己的路，保障民主权利，使社会各阶层各得其所，使我们的政治稳定、社会发展。稳定很重要，它是发展的前提。怎么改？应该多听听老百姓的话，多听听基层干部的话。第一，让弱势群体有机会说话；第二，当官的要更好地为人民服务，权为民所用、情为民所系、利为民所谋。

中国的发展现在面临一个社会分化（贫富分化）的问题。社会分化是经济学和社会学的概念，它本身是客观的，但会引起主观的、带有权利意识和集团意识的社会矛盾。社会矛盾现在在中国还没那么明显，但也正在发展。社会分化进入政治领域，就形成了所谓强势群体和弱势群体。经济的分化是怎样演变成政治上的强弱势群体的呢？主要是选举造成的。因为选举具有把经济资源转化为政治资源的权力，政治资源反过来扩展经济利益，这样就形成了强势群体的复制、扩大再生产，达到了强势群体的“良性循环”；相对应地，就是弱势群体的复制、扩大再生产、循环。如果放任社会分化继续下去，一旦这种分化被固定下来，两个群体就会沿着两个方向加速发展，最后导致社会的混乱。

现在中国社会收入分配差距越拉越大，贫富分化的趋势已经比较明显，政府也做了一些调剂，但是在看得见的将来，这种情况很难改变，不说弥合与缩小，就是稳定都难，因为我们还得跟随全球化的步伐，这会削减我们对于社会平等的努力。所以现在来看，政治体制改革在一定程度上就是让分配制度进行人民协商，浙江温岭首创的民主恳谈是很有生命力的。让掌握国家政权的党和属于弱势群体的普通老百姓结合起来，通过一种政治平台来进行公共事务的协商，这对于消除我们选举政治的弊端、解决基层的社会分化和强弱势群体对立的问题、促进社会和谐稳定，是非常重要的。

三、科学发展观也要落实到科学政治观

党的十七大重点研究了“吏治”问题。过去说共产党员是特殊材料制成的，意思是共产党员没有个人私欲，用句古话来说叫作“无欲则刚”。在计划经济时代，应该说我们的多数党员干部在多数情况下还是能够比较好地做到这一点的，因为那时社会比较均等，个人没有太大的特殊利益，干部一切服从党的安排，所谓“革命战士一块砖，党往哪儿搬就哪儿搬”。但现在我们是市场经济，并实行长期执政的方针，而任何一种好的制度本身都存在着矛盾，时间一长，问题和矛盾就会渐渐显现出来。对一个党员干部来讲，党务工作既是事业，又是职业。既

然是职业，就要有职业预期、职业保障、职业生涯。现在为什么出现这么多的腐败现象？最根本的原因就是社会差距大。干部是社会精英，在收入方面，他们是在和市场比，其心理预期是当地的市场精英、商业精英，当工资收入不能让其得到心理平衡，有人就另寻他途。不能说我们党反腐败是不真诚的、是有什么顾忌的，但即便有严刑峻法，腐败还是不能杜绝。那么，我们现在就应该对党、对政权的性质、任务、定位有新的认识，找到更为行之有效的方法。

对于干部的权力，一方面要保障，另一方面也要限制，因为现在跟计划经济时代不一样了，干部的权力很大。有人说计划经济时代干部权力大，其实不是。计划经济时代利益均匀，没有太大利害，所以权力一般不会滥用。为什么现在的腐败现象难以有效遏制？因为现在已不是冷兵器时代，而是核武器时代——干部权力大，即使有制约，但相对于强大的利益动力，制约就会被千方百计地绕开，所以我们的干部很容易被打垮。腐败还造成了我们的行政成本、公共消费增加，这些问题发展下去危害也非常大，所以相关制度的改革肯定是要进行下去的。而中国的反腐败要深入发展，不仅仅是一个“罚”的问题，反过来还有一个保障的问题，就是说我们的体制不能让干部长期心态不平衡，而也要尊重、了解他们的职业生涯。相应地，我们还要完善检查、评价机制。

科学发展观也要落实到科学政治观，而科学政治观要求必须有好的科学评价机制。具体到干部人事制度，要改变只能上不能下、只能进不能出的现状，让干部能进能出。如果我们能够更合理、更合法地推行干部人事制度的改革，把党的制度和我们的体制在我们手里落实，经过二三十年的发展，我们就极可能把一个富强、繁荣、自由的中国交给后来人。

（作者：中国社会科学院政治学研究所副所长、研究员）

（选自《绿叶》2008年第11期）

改革开放30年党的宗教工作理论创新

叶小文

改革开放30年来，我们党从总结建国以来正反两方面的经验、阐明社会主义时期党对宗教问题的基本观点和基本政策起步，以解放思想、实事求是的理论勇气，把马克思主义宗教观与社会主义初级阶段宗教问题的特点与规律、与改革开放的实践紧密结合，形成了一套“社会主义的宗教论”，并在此基础上继续与时俱进，按照推动科学发展、促进社会和谐的新要求和新实践，向着创建“和谐社会的宗教论”（即“社会主义和谐社会的宗教论”）迈进。

理论基点：把握问题根本，抓住认识关键

对于马克思主义执政党来说，正确认识和处理社会主义社会的宗教问题，必须正确认识宗教问题的长期性和群众性。“社会主义的宗教论”正是在这两个方面取得理论突破，“和谐社会的宗教论”则在这两个方面继续深化。

马克思主义政党是坚持唯物论、主张无神论的政党，在世界观上与一切有神论对立，但特别注意防止在领导群众革命和建设的实践中忽略宗教问题的群众性；在看待宗教问题时防止短视症，忽视宗教问题的长期性。社会主义运动产生之初，剧烈阶级斗争的特殊时代条件，使这种“忽略”和“忽视”有其合理性。因为当时的欧洲特别是德国，宗教被统治阶级作为维护旧秩序的工具。马克思、恩格斯提出，日耳曼的革命要从反对宗教开始，“对宗教的批判是其他一切批判的前提”。但是，马克思主义宗教观与马克思主义群众观是一致的。马克思讲“宗教是人民的鸦片”，立意的着重点并非是麻醉人民的鸦片，而是受鸦片麻醉的人民，是哀其不幸，怒其不争，促其奋斗。

20世纪初，世界上第一个社会主义国家诞生前夜，列宁提出了“宗教与社会主义”这个政治难题：坚持唯物主义和无神论的工人阶级政党如何对待宗教？如何处理社会主义和宗教的关系？

在新民主主义革命时期，以毛泽东同志为核心的中国共产党人，在血与火的斗争中，同爱国宗教界人士结成了“统一战线”。社会主义新中国建立后，正如周恩来同志指出的：“列宁在1909年曾说过宗教就是鸦片，这是革命时期的口号。现在我们有了政权，可以不必强调宗教就是鸦片，而要尊重其民族的信仰。”1954年颁布的新中国第一部宪法，明确规定

公民有宗教信仰自由。但由于对宗教问题的群众性和长期性仍然缺乏透彻深刻的理论认识，党内很多人难免把宗教完全等同于“愚昧落后”，看做是“侵略工具”，处理宗教问题就往往过急、过粗、过头。而建国以来的历史教训一再表明，不仅是宗教问题，我们在其他方面出问题、犯错误，很多也是由于急于求成，盲目行动：过急必然导致工作过粗，草率决策，操切从事；过粗又会导致措施过头，调门升高，上纲上线；终于搞得局面难以收拾，左右摇摆，反复折腾。这一顽症，在经济工作中使我们吃过不少苦头，我们已高度警惕并切实纠正。宗教工作同样不可过急、过粗、过头，反复折腾，留下隐患。而敌人也有意让我们发急，使我们用自己的手把矛盾闹大。

改革开放初期的拨乱反正，恢复了党的宗教信仰自由政策。邓小平同志把“宗教与社会主义”这个问题再次提出来了。他说：“对于宗教，不能用行政命令的办法，但宗教方面也不能搞狂热，否则同社会主义，同人民利益相违背。”但社会主义究竟怎样对待宗教？邓小平同志没有说，把解决难题的任务留给了后人。

江泽民同志2001年在全国宗教工作会议上发表的重要讲话，针对马克思主义政党在宗教问题上容易“过急、过粗、过头”的毛病，着手从根子上解决对宗教问题长期性和群众性的认识问题。

一是强调宗教的长期性。按照唯物辩证法，一切事物都有它发生、发展、消亡的过程，宗教也不例外。但当前不是要去看宗教何时消亡，而是要承认宗教存在的长期性，找出宗教问题的规律性。江泽民同志指出：“宗教的最终消亡可能比阶级和国家的消亡还要久远”。既然如此，我们处理宗教问题就急不得，只能承认和正视这一客观存在，遵循规律、因势利导去做工作。

二是强调宗教的群众性。宗教构成强大的社会力量，宗教问题也是个群众问题，宗教既有消极因素也有积极因素，关键看我们怎么引导其发挥积极作用。肯定宗教中的积极因素，目的不是为了发展宗教，而是要努力使已经存在的宗教多为祖国统一、民族团结、经济发展、社会稳定服务。

这两个理论观点，一是把握了问题的根本。对反复出现、长期存在的东西，要特别注意把握其规律。深刻认识宗教的长期性，分析宗教问题才能把握规律性和复杂性。对大量出现、普遍存在的东西，要特别注意掌握好政策。深刻认识宗教的群众性，从事宗教工作才能找准立足点和出发点。二是抓住了认识的关键。针对忽视宗教问题的长期性和群众性的问题，作了明确透彻的说明。

于是，建立科学的“社会主义的宗教论”就有了立论的基础。即：我们看宗教问题，“根本是长期性”，“关键是群众性”，还有“特殊的复杂性”。强调这“三性”，有助于纠正认识不清晰，工作中左右摇摆的毛病。把握好这“三性”，对错综复杂的宗教问题，对特殊的“社会主义与宗教”的问题，“怎么看”就清楚了，“怎么办”也就好办了。

——“根本是长期性”，所以要“积极引导宗教与社会主义社会相适应”；

——“关键是群众性”，所以要“全面贯彻党的宗教信仰自由政策”；

——“特殊的复杂性”，所以要“依法管理宗教事务”，“坚持我国宗教独立自主自办的原则”。

“全面贯彻党的宗教信仰自由政策，依法

管理宗教事务，坚持我国宗教独立自主自办的原则，积极引导宗教与社会主义社会相适应”。这“四句话”，党的十七大明确地作为“宗教工作基本方针”，列入党章总纲。

真理总是朴素的，但真理又总是具体、丰富的。基本方针的“四句话”，是在我们党关于社会主义社会宗教问题的一整套基本观点和基本政策基础上提炼的（参见李瑞环同志概括的八个要点，《求是》1995年第7期），在贯彻的实践中又形成了若干基本的规定和具体政策（参见贾庆林同志2007年在全国宗教工作座谈会上的讲话中对“四句话”丰富内涵的阐述）。

核心内容：注重“宗教关系”，发挥积极作用

宗教自身追求真善美、追求和谐的一面获得发挥，就会产生一定的积极作用；而自身负面因素的发热膨胀，就会释放或放大消极作用。历来黑暗势力都要利用宗教的消极面，使群众信仰的宗教反过来成为群众的枷锁。因此，我们对宗教问题处理得好，可以对社会发展和稳定产生积极作用；处理得不好，就会产生消极作用，甚至产生很大的破坏作用。

在当今纷繁复杂的国际形势中，宗教到底是和谐因素还是冲突因素？令人困惑。一方面，宗教大都主张仁爱、慈善、和平，为维护世界和平做出了积极的努力；另一方面，宗教问题成为热点，实际的经济、政治利益的冲突便常常从宗教“借光”、“借力”，披上宗教的神圣外衣，甚至被某些极端势力和恐怖主义利用。

敌对势力把利用宗教渗透作为西化、分化社会主义国家的突破口。社会邪恶势力也打着宗教的旗号，图财害命，危害社会。我国已进入经济社会快速发展和改革攻坚的关键时期，经济体制深刻变革，社会结构深刻变动，利益格局深刻调整，思想观念深刻变化，人们思想活动的独立性、选择性、多变性、差异性明显增强。空前的社会变革给我国发展进步带来强大动力和巨大活力，又难免引发种种矛盾和问题。人民群众精神文化需求日趋旺盛，宗教作为人们精神文化生活的一种传统方式，也随之活跃。一些利益群体的诉求，如果缺乏合理机制和渠道表达，以宗教的形式集中或爆发，有可能给社会和谐带来潜在的不确定。宗教方面的群体性事件，虽然多属人民内部矛盾，但随着其不断地累积、突发、扩展、变异、沉淀，其性质容易转化，矛盾形式容易激化，也容易被敌对势力和邪恶势力所利用。

在当今这个不安宁的世界里，在我国的发展机遇期和矛盾凸现期，面对宗教方面可能释放出的消极因素和突如其来的问题，我们如果受制于长期形成的思维惯性，把宗教问题的长期性、群众性、复杂性的认识抛到脑后，就容易再度急躁和简单化。

构建和谐社会，必须使已经存在的宗教发挥积极作用，为发展“帮忙”；而不是释放消极作用，在矛盾中“添乱”。有两种选择：或者对宗教的消极作用消极防范，但可能防不胜防；或者通过主动工作，注重放大宗教的积极因素，发挥宗教的积极作用，引导、化解和抑制宗教可能释放的消极因素。科学发展观指导我们转换思路，以更多地发挥宗教的积极作用来更好抑制其消极作用。崇尚和谐的思维取向，要求我们正确认识无神论与有神论的关系，改变过去你死我活的两极思维模式，告别以“斗争哲学”为主导的思维方式。以人为本的价值导向，要求我们在观察宗教问题时眼中有

"人"——信教群众和宗教界人士；在宗教工作实践中围绕着"人"——把做好信教群众工作作为宗教工作的根本任务。协调关系的基本要求，促使我们善于化解宗教方面的人民内部矛盾；善于学会运用统筹协调与社会管理、公共服务的手段来处理宗教方面的关系；善于发挥宗教团体作为社会组织在"提供服务、反映诉求、规范行为"方面的积极作用。统筹兼顾的科学方法，要求我们总揽全局，统筹规划，把宗教工作放到全局中去谋划；立足当前，着眼长远，把当务之急与长远工作结合起来；全面推进，重点突破，善于在纷繁复杂的矛盾中抓住根本，把握方向；兼顾各方，综合统筹，把握宗教工作的协调与平衡。按照这种新的思路，就要进一步深化对宗教"根本是长期性"和"关键是群众性"的认识。

深化对"根本是长期性"的认识，提出正确处理宗教关系，是我国社会政治生活领域要处理好的五大基础关系之一。胡锦涛同志指出，要全面认识宗教产生和存在的深刻的自然根源、社会根源、认识根源和心理根源，全面认识宗教在社会主义社会将长期存在的客观现实。既然宗教的产生和存在有着广泛深刻的根源，这些根源又不能在短期内消失，既然宗教在社会主义社会将长期存在是客观的现实，那么，就必须正确认识和妥善处理宗教与社会主义社会的关系。一方面，我们任何时候都不应把意识形态领域让给宗教去主导；另一方面，我们无论如何不能把"促退宗教"甚至"消灭宗教"作为社会主义阶段的目标或者任务。胡锦涛同志在2006年7月召开的全国统战工作会议上，首次提出了正确认识和处理社会主义社会宗教关系这一重大的理论和实践课题，明确指出，在我国政治领域和社会领域，要正确认识和处理政党关系、民族关系、宗教关系、阶层关系、海内外同胞关系。正确认识和处理这五大关系，并且把"宗教关系"列为五大关系之一，对于我们团结各种社会力量，解决各种社会矛盾，保证在重要战略机遇期顺利发展，具有重要意义。这样，我们对"根本是长期性"的认识，就从基础性的"五大关系"的高度，得到了进一步落实与深化。

深化对"关键是群众性"的认识，提出"发挥宗教界人士和信教群众在促进经济社会发展中的积极作用"。胡锦涛同志指出：要"全面认识宗教问题同政治、经济、文化、民族等方面因素相交织的复杂状况，全面认识宗教因素在人民内部矛盾中的特殊地位"。把宗教问题放到改革开放的全局中来把握，"着力激发信教群众的爱国热情和建设中国特色社会主义伟大事业的积极性，把他们同不信教群众团结在一起，共同为经济社会发展作贡献"。这表明，我们既冷静、清醒地看到了宗教方面可能存在的消极因素，又以更大的热情、更广阔的胸怀，接纳并激发宗教界人士和信教群众的爱国热情，和建设中国特色社会主义伟大事业的积极性。2006年11月通过的《中共中央关于构建社会主义和谐社会若干重大问题的决定》明确提出："发挥宗教在促进社会和谐方面的积极作用"。胡锦涛同志在十七大报告中强调：要"全面贯彻党的宗教工作基本方针，发挥宗教界人士和信教群众在促进经济社会发展中的积极作用"。这样，对"宗教问题群众性"的认识，就从发挥宗教积极作用的高度得到了进一步落实与深化。

有了这两个深化，并在此基础上，把做好信教群众工作作为宗教工作的根本任务，把促进社会和谐作为现阶段"引导宗教与社会主义

社会相适应”的明确目标，创建新的“和谐社会的宗教论”就有了立论的基础。

新的实践：建设和谐宗教，促进社会和谐

“和谐社会的宗教论”，是坚持和发展马克思主义宗教观的中国共产党人在执政兴国的实践中，与时俱进的新探索；是正确认识和处理社会主义社会宗教问题、妥善解决“社会主义与宗教”政治难题的新尝试；是在宗教工作中深入贯彻落实科学发展观的新要求；是建设和谐宗教，促进社会和谐的新实践。

坚持党的宗教工作基本方针。胡锦涛同志指出：发挥宗教的积极作用，“关键是要把党的宗教工作基本方针贯彻好、落实好。”党的宗教工作基本方针的“四句话”，经过了改革开放30年来的宗教工作实践的检验，反映了全党的共识，写入了党章总纲，是全党必须遵循的党规党法。要进一步深入贯彻落实宗教事务条例，运用法律法规保护宗教信仰自由和正常的宗教活动，防范宗教方面可能发生的消极作用。要善于化解矛盾，善于运用社会管理和公共服务的手段来协调宗教关系。

加强信教群众工作。胡锦涛同志强调，“做好信教群众工作是宗教工作的根本任务。”要坚持政治上团结合作、信仰上互相尊重，努力使宗教界人士和信教群众在拥护中国共产党的领导和社会主义制度、热爱祖国、维护祖国统一、促进社会和谐等重大问题上增进共识。要坚持以人为本，真心实意关心信教群众特别是生活困难的信教群众，帮助他们解决实际困难，使他们切实感受到党和政府的关怀和温暖。要加大培养、选拔、使用力度，努力造就一支政治上靠得住、学识上有造诣、品德上能服众的合格宗教教职人员队伍。要发挥爱国宗教团体的积极作用，帮助他们增强自养能力，搞好自我管理，反映信教群众意愿，切实维护宗教界合法权益。

促进宗教和谐。按照“信仰上互相尊重，政治上团结合作”的要求，鼓励信教群众和不信教群众之间互相尊重，和睦相处，营造和谐共处的良好社会氛围。鼓励各宗教之间开展对话交流，形成沟通机制，增进理解，防范因信仰差异发生矛盾和冲突。认真解决各宗教内部存在的新老矛盾，促进团结和谐。重视解决涉及宗教的利益矛盾，抓紧落实宗教房产政策遗留问题，依法妥善处理城市建设中拆迁宗教房产问题，协调解决风景名胜区寺观教堂管理体制和合法权益问题。对侵犯宗教界合法权益的行为，要坚决予以纠正。

创建和谐寺观教堂。人、活动、场所这三个要素中，场所是实施依法管理的着力点。改革开放以来，我们始终围绕宗教活动场所，制定法规，实施管理。现在按照“发挥积极作用”的思路，要把宗教活动场所被动地“接受管理”变为积极地主动地“创建和谐寺观教堂”，引导宗教界营造积极健康、崇尚和谐的氛围，增强其自我教育、自我管理、自我服务、自我完善的能力和机制。

探索和开辟更多发挥作用的载体和渠道。胡锦涛同志指出：要“鼓励我国宗教界发扬爱国爱教、团结进步、服务社会的优良传统”，支持宗教界对宗教教义做出符合时代发展和社会进步要求的阐释，积极弘扬宗教教义、宗教道德和宗教文化中积极向上、健康文明的内容。努力发掘“和谐思想资源”，积极参与和谐文化的建设。鼓励有条件的宗教团体和宗教活动场所充分发挥自身特点和优势，积极参与社会救助、社会公益慈善事业，在扶贫、济困、救灾、助残、支教、养老、义诊等方面发挥有益

作用。

近年来，党和政府帮助和支持宗教界不断探索和开辟了发挥积极作用的各种渠道和平台。中国宗教界共同致力于“建设和谐宗教”，成为发挥积极作用的重要载体。基督教界的“神学思想建设”，天主教的“民主办教”，伊斯兰教的“解经”，佛教提倡“人间佛教”，道教主张“道法自然、修身致和”等，都是建设和谐宗教的积极尝试，既反映了我国宗教界适应时代的深度自觉，也体现了他们关怀社会的高度责任。2006年，中国佛教界举办了以“和谐世界，从心开始”为主题的首届世界佛教论坛。同年中国基督教界和伊斯兰教界召开交流对话会，加强不同信仰对话。2007年，中国道教界举办了以“和谐世界，以道相通”为主题的国际道德经论坛。2009年春天，以“和谐世界，众缘和合”为主题的第二届世界佛教论坛，将由两岸三地佛教界合办，在无锡开幕、台北闭幕。这些都已成为宗教界发挥积极作用的重要平台和渠道。中国宗教界将以持续的实际行动，为构建和谐社会、共建和谐世界发挥积极作用。

（作者：国家宗教事务局局长）

（选自《红旗文稿》2008年第24期）

第三部分

理论·经济建设

当代世界经济趋势与中国经济发展

张伯里

中国的发展离不开世界，世界的繁荣稳定也离不开中国。21世纪初期的世界经济所呈现的多重发展趋势，不仅构成当代世界经济的总的图景，而且深刻影响我国全面建设小康社会的背景和前景。准确把握世界经济发展的趋势和国际市场变化的走势，对于促进我国的经济发展，具有十分重要的意义。

世界经济信息化条件下的中国经济

20世纪后期以来，电子计算机技术的发展，推动信息技术、信息产业和信息网络在社会生活的各个领域发挥日益突出的作用，并且逐渐主导国民经济和社会发展的基本过程。信息化成为当今世界经济发展的大趋势。

首先，信息技术的发展成为科技革命的先导。以计算机的运算速度为例，1946年2月，诞生于美国的第一台电子计算机，其运算速度只有每秒5000次；到2007年，美国IBM公司发明的超级电子计算机——“蓝色基因/L”，其运算速度已经达到每秒280.6万亿次。而发达国家还在研制每秒上千万亿次甚至上万万亿次的电子——光子计算机。

其次，信息产业的发展成为经济进步的动力。近年来，世界经济的年均增长率为3%左右，而信息技术及其相关产业的增长速度是经济增长速度的2—3倍。对于整个经济而言，信息产业的发展，既加重了自身的分量，同时也优化了产业结构。

最后，信息网络的发展成为经济活动的载体。1982年，互联网开始出现。到1999年底，全球互联网用户已经达到2.6亿户。到2007年底，全球互联网用户更是达到11.7亿户，即世界人口近1/5已经融入互联网。目前，以信息网络为依托、以信息技术为中心的网络经济、信息经济等“新经济”的发展，正在不断提高整个经济的素质。

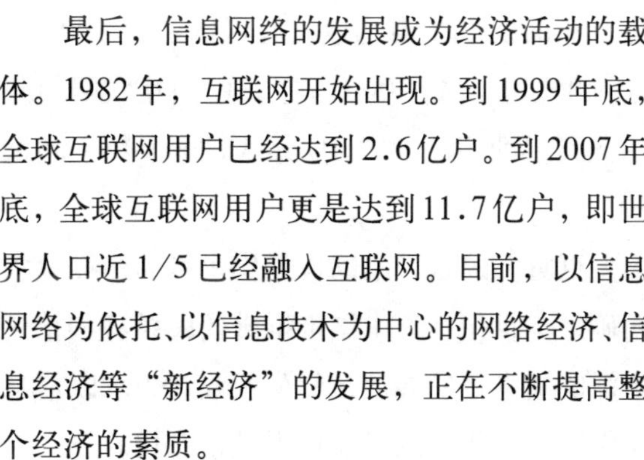

应对信息时代的挑战和机遇，各国基于本国国情，适应世界潮流，积极推进社会生活信息化进程，以便在新的国际竞争中立于不败之地。在这方面，发达国家先行一步。西欧小国爱尔兰仅有几百万人口，自20世纪80年代开始，该国推行信息化及新经济发展战略，其人均收入很快上升到2006年的3.5万美元，30年间增长了30多倍。

然而，世界经济的发展是不平衡的。特别是在信息时代，“技术差距”、“数字鸿沟”愈益成为南北“收入差距”不断扩大、贫富分化继续加剧的基础和突出表现。联合国秘书处公布的资料显示，富国和穷国的互联网用户数量比起国民收入数量，相差还要悬殊。人均收入最高的国家，其人口仅占全球总人口的1/5，却拥有全球国内生产总值的86%和互联网用户数量的93%；人均收入最低的国家，其人口也占全球总人口的1/5，却只拥有全球国内生产总值的1%和互联网用户数量的0.2%。

发展中国家只有努力发展以信息技术为核心的高新技术及其相关产业，以信息化带动工业化，才能实现社会生产力的跨越式发展，缩小同发达国家的差距。目前，中国、印度、巴西、墨西哥等具有一定的工业基础和科技实力的发展中大国和韩国、新加坡等新兴工业化国家，都在规划本国未来的信息化发展，力争尽早建成世界信息技术大国。

最近10多年来，中国的信息化技术和信息化产业的发展相当迅速。互联网是在1994年进入中国的。到2000年底，中国互联网用户就达到2250万。到2007年底，这个数字超过2亿。

更重要的是，中国信息化发展的路径愈加明确。本世纪初，中国把推进国民经济和社会生活的信息化发展放在优先位置，力求以信息化带动工业化，以工业化促进信息化。十六大报告提出，“优先发展信息产业，在经济和社会领域广泛应用信息技术”。十六届五中全会指出，“推进国民经济和社会信息化”，就要“大力发展集成电路、软件等核心产业”，普及和应用信息技术。十七大报告立足社会主义初级阶段这个最大的实际，提出“全面认识工业化、信息化、城镇化、市场化、国际化深入发展的新形势新任务”，加快转变经济发展方式，推动产业结构优化升级，特别是“大力推进信息化与工业化融合”。这意味着，在今后5年、甚至更长一个时期，我国加快信息产业发展的同时，还必须着力加强信息化与工业化相结合、信息技术应用与传统产业改造相结合。

世界经济全球化条件下的中国经济

经济全球化，是指这样一种状况和进程：经济资源在全球范围内全面自由大量结合式的流动与配置，使各国经济越来越开放和相互依存，使各国经济发展与世界经济变动越来越紧密和相互制约。

经济全球化的第一个基本内涵是经济资源跨国流动。其特点，一是经济资源在全球范围的流动愈益自由，即弱化国家界限，实行贸易投资自由化；二是经济资源在全球范围的流动愈益全面，即包括商品、劳务、资本、技术等各种资源在内；三是经济资源在全球范围的流动愈益大量，即流动速度加快，借以流动的国际市场容量增大。四是经济资源在全球范围的流动愈益结合，即各国经济更加紧密地联结成一体，而非各自互不相干的发展。

经济全球化的第二个基本内涵是各国经济相互影响。随着世界贸易增长超过世界经济增长，世界经济的贸易依存度迅速上升：全球的货物与服务的出口占全球总产出的比重，1950年为5%，1990年为18%，2007年达30%。美国、日本等经济大国的货物与服务的出口占全球总产出的比重也突破了20%。一方面，一国国内经济的发展受制于外部世界经济的发展变化；另一方面，一国国内经济的发展也制约着世界经济的发展变化。

经济全球化的客观基础是国际分工。国际分工既反映国际范围内的生产力发展水平，也反映国际范围内的生产关系状况。国际分工的二重性决定着经济全球化的二重性。

在历史上，正是由于科技革命、产业革命推动社会生产力的巨大进步，分工才超出民族国家的界限，形成国际分工，并且通过世界市场把各个民族国家的经济联结起来，促成生产、交换、分配和消费的国际化（那时还不叫“全球化”）发展。各国经济因而越来越具有世界性。

在当代，也是由于以信息技术为先导的新科技革命推动社会生产力的巨大进步，国际分工的广度、深度才得到新的突破。在此基础上，各国经济的联系、交融愈益广泛和深入，经济国际化因而表现为强势发展的经济全球化。20世纪90年代初，联合国时任秘书长加利宣布，“世界进入了全球化时代”。

可见，国际分工、从而经济全球化，代表了人类走向文明和进步的社会历史潮流；国际分工、从而经济全球化，作为社会生产力发展的客观历史进程，并非人为造成的。参与国际分工和经济全球化，对于世界各国来说，都是必然的和必需的。

国际分工所体现的生产关系国际化的性质，取决于参与国际分工的各国（主要是占据支配地位的国家）生产关系的性质。且不说最初的国际分工是资本主义的国际分工，就是在当代世界，发达资本主义国家仍然是国际分工体系中占据支配地位的参加者。尽管这些国家仅占全世界国家总数的一成，这些国家的人口仅占全世界人口总数的近两成，但体现经济实力的主要指标——国内生产总值、进出口贸易额、对外投资额、国际信贷额，以及国际技术专利申请额等，均占世界相应总额的七成、八成，甚至九成。因此，当代国际分工体系的性质，主要由资本主义生产关系所决定。国际分工、从而经济全球化，也就具有不平等的性质。

经济全球化可以使世界经济获得总体发展，并且给所有国家提供发展机会；也可以使一些发展中国家抓住机遇、发挥“后发优势”，迅速缩小同发达国家的发展差距。但是，在不公正、不合理的国际经济旧秩序没有根本改变的情况下，经济全球化并非是通向各国共同富裕的必由之路。它不仅不会改变世界经济的南北两极分化，甚至会导致发展中国家继续走向更大的落后：或者被卷入全球化进程之内，失去经济自主性，得益不多，受害不小；或者被排除全球化进程之外，成为世界经济的边缘化国家。

其实，上述危险正在变为现实。早在20世纪90年代，当经济全球化进程处于快速发展时期，在市场经济规律的作用下，在不平等的国际生产关系的支配下，南北贫富差距非但没有缩小，反而持续拉大。随着不平衡的全球化继续发展，世界经济还将继续分化。可以预见，未来一个时期，世界上将只有20多个富国和20来个不断缩小同富国之间差距的新兴国家。而其余的大多数国家依然是穷国，其中最穷的50个国家会更加落后。

面对全球化和两极分化的挑战，以更加积极的姿态走向世界，是包括中国在内的广大发展中国家的唯一战略选择。其一，切实拓展对外开放的深度和广度。进一步扩大开放、充分参与国际分工和全球化进程，才能更广泛、更深刻地融入世界经济，更好地运用比较优势和禀赋资源，更快地提高劳动生产率，更多地实现价值、积累财富，有效地发展本国经济。其二，正确处理国际经济合作与国家经济利益、经济安全的关系。一个重要的方面就是，在扩大开放、实行贸易投资自由化的同时，必须采取适合本国实际情况、又符合国际经济规则和惯例的保护手段，以保护本国的产业、市场和国家经济利益。特别是注意运用当前各国普遍通行的“技术壁垒”做法(技术性贸易保护措施)和反倾销、反补贴措施。

世界经济区域化条件下的中国经济

21世纪之初的国际经济一体化表现为两大趋势——发生在全球范围内的经济一体化，就是经济全球化趋势；发生在区域范围内的经济一体化，就是经济区域化趋势。相应于这样的世界经济发展趋势，各国要在不同层次上发展对外经济合作关系。

第一个层次是积极参与全球化——发展世

界贸易组织框架下的全球多边经济关系。

积极参与全球范围内的资源流动，在广阔的国际空间中合理地配置资源，有效地运用比较优势，有利于本国经济的发展。与此相应，全球性的经济组织和经济协调机制，如世界贸易组织，国际货币基金组织，世界银行等，逐步发展和完善起来。

我国的对外经济关系首先是根据本国经济发展需求和经济全球化要求，全面发展同各类国家、各个地区的经济关系。事实上，我国的对外经济活动，已经波及世界的各个地方，并且还要继续扩大、不断完善。而加入全球性经济组织，是参与经济全球化、进一步开展国家对外经济活动必须具备的国际体制保障。目前，包括我国在内的世界上绝大多数国家和地区都加入了世界贸易组织、世界银行和国际货币基金组织。它们在全球性经济框架之下，积极发展本国与他国的多边经济关系。

第二个层次是积极参与区域化——发展自由贸易区框架下的区域多边经济关系。

区域化与全球化是世界经济同根共生的并存发展趋势。全球化比区域化的范围更广，区域化比全球化的一体化程度更高。经济一体化的规律在于，它的范围与内部差异成正比，与整体程度成反比。全球化由于其范围广泛，参与者众多，差异巨大，利益协调比较困难，一体化程度就不易提高。在这种情况下，地缘经济关系密切，相对经济差异较小，从而一体化程度较高的区域一体化及其相应的区域合作组织、区域合作机制，便蓬勃发展起来。

我国参与经济全球化，同时必须足够重视区域一体化。因为，我国的对外经济关系既是全球多边的，也应该是有区域重点的。我国参与经济区域化，既要继续参与现有的亚太经济合作组织这种地区经济论坛性质的组织框架，也要构建新的、范围更小而一体化程度更高的、有实质性内部优惠安排的区域多边组织框架，特别是自由贸易区这种合作机制。2001年11月，几乎是在加入WTO的同时，我国提出要在10年之内建立中国—东盟自由贸易区。而我国签署协议的自由贸易区已有5个，正在谈判的自由贸易区还有7个。可以预期，发展各种类型的自由贸易区，必将进一步推动我国的对外开放和建立起更加紧密的对外经济合作关系。

世界经济多极化条件下的中国经济

世界经济全球化不排斥、甚至加强多极化。

全球化增强大国的利益倾向，为多极化注入新的动因。由大国主导的国际分工、生产国际化、经济全球化所带来的国际利益关系，不是“零和”关系。全球化促进世界经济的增长。在这一过程中，既有全球共同利益，更有各自国家利益。由于相互利益寓于共同利益之中，所以全球共同利益最终要分解到、归属为、化解成各个国家利益。经济全球化不仅不排斥各国的国家利益，反而加剧富国与穷国之间的利益分野和大国之间的利益争夺。近年来发生的国家之间的“贸易战”，具体体现了国家利益的矛盾与斗争。在利益分配、利益争夺之中，世界经济体系中的大国，不仅能够更多地分享到经济全球化制造的好处，而且会主动引导经济全球化朝着有利于自己的方向发展。

全球化加剧大国的实力消长，为多极化提供新的条件。大国之间的动态经济发展速度，从来都是不平衡的。由大国需求所支配的经济资源在全球范围内的流动，同时孕育着、放大着各国经济发展的机会和风险。各国之间原本就存在的不平衡将进一步加剧。一国的经济发展，或者更容易受到国外不利因素和不测事件的冲击，造成该国经济实力的急剧下滑；或者更合理地配置本国资源、更方便地运用国际资源，推动该国经济实力的迅速增长。现有大国之间的经济实力对比，不断变化；已有经济实力基础的准大国乘势而上，跃升为新的大国。

总体上说，自20世纪90年代以来，多极化世界的经济格局表现为美、欧、日三极并存，同时还有新的经济力量中心正在崛起。

（一）美欧日经济三极的发展与变化

在20世纪最后一个10年里，当今世界经济三极出现的一大变化就是，美国与日本发生了动态增长速度的位置互换。在20世纪90年代之前，日本经济增长最快，经济实力呈上升态势；欧洲经济增长居中；美国经济增长最慢，经济实力呈相对衰落态势。在20世纪90年代期间，美国经济增长速度变成最快，日本经济增长速度却变成最慢。在这10年里，就年均GDP增长率而言，美国为3.5%，欧盟为2.2%，日本仅为1.3%。

美国经济为期10年的动态增速优势，使其到1999年前后，国内生产总值占世界生产总值的比重，上升了4个多百分点。然而，自2000年第三季度开始，美国经济的增幅陡然下滑。2001年第一、二季度的增长率分别只有1.3%和0.3%。第三季度遇到9·11事件的冲击，更是给增长乏力的经济雪上加霜，出现了1.3%的负增长。从2002年初开始，美国经济从衰退走向复苏，经济增长率从2001年的0.3%到2002年的2.4%，再到2003年的3.1%、2004年的4.4%，之后由高点下降为2005年的3.5%、2006年的3.4%和2007年的2.2%。与实体经济相应，美国虚拟经济——如纳斯达克股指在同期也经历了类似的过程。当然，美国经济中的高财政赤字、高外贸赤字、低储蓄率，特别是次贷危机，也是不能忽视的大问题。预计美国经济在21世纪第一个10年的年均增长率，比20世纪90年代的年均增长率，呈增幅回落的态势。

欧盟经济年均2.2%的增长率持续了10年。然而，在2001年，欧盟经济也同美国经济、日本经济一样陷入不振。2002年、2003年，欧盟经济只有1%的低增长。2004年、2005年，欧盟经济有所恢复，但欧元区经济的增长率仍未达到2%。2006年、2007年， 欧元区经济发展大大加快，增长率分别达到2.8%、2.7%。预计欧盟经济在21世纪第一个10年的年均增长率与过去10年的年均增长率相比，大致持平。

日本经济的不振状态持续到20世纪90年代的最后一年。受到美国9·11事件和美国经济疲软、衰退的影响，2001年，日本经济陷入10年来的第4次衰退。2002年下半年，日本经济开始走出谷底，全年经济增长率达到1.6%。2003年、2004年和2005年，年均增长分别回升到2%、2%和2.4%；2006年、2007年，年均增长率又分别回落到2.2%和2%。

日本经济出现这种情况，除了经济周期的原因和外围经济的影响，也有严重的内在结构问题。而解决这些问题，则需要花费较长时间。所以，日本经济在21世纪第一个10年里，只会是中低速增长。显然，日本经济的增长速度稍慢，但后一个10年比起前一个10年，年均增长率则呈上升的态势。

（二）正在崛起的其他经济力量中心

随着世界经济多极化的发展，除了现有的美欧日经济三极之外，目前还有实力规模较大和发展势头强劲的中国、印度、俄罗斯、巴西。如果在经济全球化的发展趋势中继续抓住机会、有所作为，这几个国家也可能不用多久的时间，就会分别在多极世界的经济格局中占据一席之地。

毋庸置疑，现时的中国、印度、俄罗斯、巴西尚不具备分别作为多极世界中的一极经济大国的条件。因为如此，至少需要具备两个方面的条件：一是要有巨大的国民经济总量，即国内生产总值占世界生产总值的5%以上。二是要有密切的国际经济联系，即对外贸易总额占世界贸易总额的5%以上，本国货币是国际储备货币，并且占世界外汇储备总额的5%以上。这“三个5%”，是世界经济大国的经验数字。而现时的美国、欧盟、日本同时具备了上述两个方面的条件，可谓当今世界经济中当之无愧的三极。其他国家则还不具备上述两个方面的条件。

（三）中国在多极世界经济格局中的地位

到20世纪的最后一年——2000年，我国国内生产总值和外贸进出口总额各约占世界相应经济指标的3%，而人民币还不是国际储备货币。可见，在迈进新世纪门槛之时，我国还不具备作为多极世界中的一极经济大国所必需的“三个5%”的条件。

然而，经过改革开放30年的大发展，我国的生产、贸易、金融的实际水平，正在使我国愈益接近成为多极世界中的一极经济大国所必须具备的“三个5%”的衡量标准。

从生产发展看，2001—2007年，我国经济年均增长率逾10%。2007年，我国的GDP总量达到24万多亿人民币，按照当年年末的汇率折算，约为3.4万亿美元，占世界生产总值的逾6%。可以预见，再经过十几年不低于年均增长率7%的发展，到2020年，我国的GDP总量将达到6.5万亿美元左右（人均4500—5000美元）。这样，从国内来说，将实现党的十七大提出的目标——人均国内生产总值，2020年比2000年翻两番；从国际来说，中国的国内生产总值将占世界生产总值的近10%。

从外贸发展看，2001—2007年，我国外贸年均增长率为24%。2004年，我国的外贸进出口总额达到11548亿美元，首次突破1万亿美元，首次占到世界贸易总额的5%以上；2007年，我国的外贸进出口总额进一步达到21738亿美元，占世界贸易总额逾8%。可以预见，再经过十几年年均增长率10%的发展，到2020年，我国的外贸进出口总额将达到近6万亿美元，占世界贸易总额逾10%。

从货币金融发展看，1996年，我国的人民币就已经实现了经常项目下的可兑换，但远不像美元、欧元、日元等货币那样，是完全可兑换的国际储备货币。可以预见，今后十几年，随着外汇市场的发展、外汇管理的改进、外汇储备的充实、汇率形成机制的完善，人民币将逐步实现资本项目下的可兑换，朝着完全可兑换的国际储备货币的方向发展。

21世纪头20年，对于我国来说，是必须紧紧抓住并且可以大有作为的重要战略机遇期。“抓住和用好重要战略机遇期”，就要坚定不移地高举中国特色社会主义伟大旗帜，从新的历史起点出发，按照科学发展观的要求又好又快地全面建设小康社会，以更加强大的经济实力和综合国力，推动我国进入世界经济大国的行列，力争在多极世界的经济格局中占有一席之地。

（作者：中共中央党校校委委员、科研部主任、教授、博士生导师）

（选自《中共中央党校学报》2008年第3期）

中国的规模效应与“绿色崛起”

胡鞍钢

从全球视角来看，中国不仅需要“自主的崛起”、“开放的崛起”、“快速的崛起”，更需要“绿色崛起”——

中国崛起是世界的机遇

改革开放以来，中国经济每年以平均9%以上增长率持续快速发展，中国崛起已是一个不争的事实。那么，怎样看待中国崛起对全球的影响呢？我认为，从全球视角来看，中国崛起对世界的影响可以概括为以下几个方面的规模效应。

一是人口规模的效应。我们可以看一下，美国经济起飞在1870年时为4200万人，占全世界的人口比重也只有3.16%，1950年日本经济起飞的时候是8300万人，占世界人口比重也只有3.3%，但中国从1978年经济起飞的时候其实人口总量已经达到9.6亿人的规模，当时占世界总人口比重超过了22%。从今后来看，由于不仅是中国也包括印度，这种超大规模的人口的崛起，本身也会创造世界新的发展黄金时期。从世界范围来看，1870年到1913年是世界第一次黄金发展时期的话，当时世界的经济增长率大体是2.12%；1950年到1973年是世界第二次黄金发展时期，当时世界的经济增长率大体是4.2%；从1990年以后，如果算上印度和中国崛起的话，全球的经济增长率达到3%，这是按照世界银行数据计算的，今后有可能出现世界第三次黄金发展时期，即从1990年以后到2020年30年的时间，会创造类似于第一次、第二次黄金发展时期。这样的发展期与人口规模效应有很大关系。

二是创造就业的规模效应。我们来看一些数据，1960年，OECD（经济合作与发展组织）高收入国家的劳动力总量大体占了全世界的20%，到了2002年，已经降到15%，从中国的数据来看，一直保持占世界总量的1/4。但是如果我们扣掉农业劳动力，仅算非农业劳动力，那么，我们可以发现，1980年中国非农业就业劳动力占世界劳动力总量只有6.5%，但是到2002年就增加了将近一倍，超过了12%。按照目前的发展趋势，如果OECD的国家劳动力比重继续在下降，中国的非农业劳动力比重继续上升的话，那么我们估计在2010年到2015年期间中国的非农业劳动力总量就会相当于OECD高收入国家的全部劳动力了。这表明，如果我们仍然可以保持比较高的人力资本投资，保持相对低的劳动力价格，那么，全世界的工作岗位走向中国是不可避免的。

三是超大经济规模的效应。根据麦迪逊所

做的最新预测：中国在2015年前后经济总量就可以超过美国，并认为中国占世界经济总量比重可以达到23.1%。当然不只是中国，还包括印度，都会迅速在全球经济总量比重扩大，这种超大经济规模会对全球产生极大的机遇。

四是开放市场、扩大贸易的规模效应。美国在其经济起飞的时候，贸易占全世界的贸易总量是迅速提高的。我们可以看一下这样的数据：中国的出口贸易总量占世界总量从1978年的只有0.8%，2006年已经达到了7.2%，到2010年，应该有可能接近10%。当然这种出口对全球的影响是多方面的，既有正面的也有负面的，但总体上来看，由于我们出口的增加也带动了我们整个进口的增加。可以说，中国贸易从长远来看还是相当有增长潜力的。

以上四个方面说明，中国给全世界创造了很多贡献，可以说，中国崛起是世界的机遇。

中国不仅需要快速的崛起，更需要“绿色崛起”

但是，事物总是有两个方面，还应该看到中国经济增长中的负面，这就是资源消耗和环境污染的规模效应。

随着世界经济总量的地区和国家布局发生变化，也包括产业布局大转移，包括出口比重的变化，我们可以看到，美国和欧盟一次能源的消耗占世界的总量比重是迅速下降的。最近IEA（国际能源署）的一个最新报告显示，很可能不用到2015年，中国的能源消耗将会取代美国。当然，到了2030年以后，彼此之间可能会换一个顺序。这是从一次能源消耗方面看的。

再来看一下中国崛起所产生的边际的资源消耗影响。根据BP（英国石油公司）的数据，1994年到2004年，中国的能源、煤炭、石油、钢铁对世界市场影响极大，不仅是资源本身的消耗，而且对世界的资源价格也产生了重要影响。我们也计算过，根据世界银行的数据库来计算一下中美自然资产的经济损失，我们看到美国占它的GDP是下降的，我们是上升的。

从以上分析可以看出，中国已经成为世界各国包括欧美日三大经济体的最大的利益相关者，所以，中国不仅需要自主的崛起，还需要开放的崛起；不仅需要快速的崛起，更需要“绿色崛起”。

（作者：清华大学教授）

（选自《北京日报》2008年6月2日）

发展与转型：思潮、战略和自生能力

林毅夫

中国、越南的转型比较成功，得益于它们推行了一种渐进式、双轨制、“摸着石头过河”的转型方式。总结起来，这种转型方式有如下特征：(1) 并没有推翻社会主义制度，没有所谓的“资本主义胜利论”。(2) 在转型开始的时候，微观主体效率低，缺乏积极性，为提高积极性，在城市实行利润留成，让干得好的企业和个人获得更高收入；在农村打破平均主义，实行家庭联产承包责任制，让干得好的农户获得更高收入。(3) 要体现干好干坏的差异，就必须给微观主体以一定自主权，提高其积极性，使其生产靠近生产可能性边界，创造新的物质资料。同时，在计划轨之外允许市场轨出现，即推行双轨制：一方面，在价格上保持计划价格的同时，允许一部分市场价格的存在；另一方面，允许集体企业、私营企业、合资企业进入原来受抑制的轻工业部门（投资来源于国有企业、农民的剩余，他们在对剩余进行投资时自然会追求利润，因而自然会投资到产品短缺、技术符合比较优势的轻工业部门）。不过，国企和农民只有在完成政府统购统销任务配额之后，才能在市场上出售产品。在这种情况下，微观主体积极性提高，微观主体控制的资源能够投资于符合比较优势的部门，因而资源配置效率逐渐提高，计划轨的比重也逐渐减小。当一个部门的绝大多数产品由市场配置时，政府可以放开价格，使之完全由市场配置。

上述渐进式改革的结果体现在以下两个方面：一是没有自生能力的企业在转型过程中继续得到保护，所以不会崩溃；二是微观主体的积极性提高后，资源越来越多地流动到符合比较优势的部门，经济实现动态发展。这正是中国、越南转型较为成功的原因。除中国、越南外，智利、毛里求斯等一些曾经推行赶超战略的非社会主义国家在20世纪70年代后的改革也很有效率，它们原先也有计划部门，在转型时同样推行双轨制，在很大程度上限制竞争部门的进口，但通过设立出口加工区等方式鼓励出口，取得了很好的成效（智利是拉丁美洲表现最好的国家，而毛里求斯是非洲表现最好的国家）。据智利央行行长称，智利转型的成功依靠的是尝试（亦即中国所讲的“摸着石头过河”），在存在机会的地方推动改革。

我用数学模型对这一整套理论构架给出了证明：产业结构由要素禀赋结构内生决定；若制度安排中的发展目标、产业结构相互违背，则必然会同时存在一系列扭曲；在扭曲存在的情况下，经济增长较慢，不能实现收敛，收入分配

不平等；政策性负担是预算软约束背后的原因，如果不消除政策性负担，私有化情况下政府需要给予不具备自生能力的企业更多的补贴；双轨制转型是相对更为有效的转型方式。

下面，我从经验验证的角度来探讨这一理论。我使用TCI（技术选择指数）来衡量一国的赶超程度。违背比较优势的生产模式的基本特征是：制造业实际的资本劳动投入比例，远远高于其他部门。据此，可以根据数据的可得性，构造两种度量生产模式的指标：（1）第一种指标，是制造业部门的人均资本密集度与整个国家的人均资本密集度的比值。一国的赶超程度越高，制造业部门的人均资本密集度越大，此TCI指标的值也越大。（2）第二种指标，是制造业部门的人均产出与整个国家人均产出的比值。赶超程度越高，制造业部门工人越少，价格相对越高，因而制造业的人均产出相对整个经济的人均产出而言更高，此TCI指标的值也越大。

一国的政府干预程度反映在如下方面：（1）黑市状况。从20世纪60年代到90年代的数据可以看出，赶超程度越高，黑市价格与官方价格的差价越高。（2）经济自由度。赶超程度越高，政府批准微观主体进入一个产业所需的程序越多、时间越长，政府对经济的干预度越高，经济越不自由。（3）赶超程度越高的国家，经济发展绩效越差。接下来探讨转型方式的影响。如果按照比较优势发展，可以预期劳动密集部门有较快的发展，而若推行"休克疗法"，则大量资源被用于补贴没有自生能力的企业，导致劳动密集型产业发展较慢。用这两个赶超指标的差，来衡量改革方式同双轨制改革的接近程度，结果表明，越接近双轨制改革，转型后的经济发展速度越慢，基本同理论预期相符。

需要指出的是，每个人都会受到社会思潮的影响，而东亚经济的领导人在二十世纪五六十年代之所以没有推行赶超战略，中国、越南的领导人在20世纪八九十年代之所以选择了渐进式改革，有较大的运气成分。

在二十世纪五六十年代，所有国家领导人都具有同样的目标——在自己的领导下将国家领向现代化；而发展先进产业就是实现国家现代化的必经之路。东亚新兴工业化经济的领导人也不例外。但是，赶超战略效率低，需要有很大的可动员的资源来支持，其可维持的时间长短和程度深浅取决于人均自然资源的丰富程度和人口规模的大小，人均自然资源越丰富、人口规模越大，能够动员的时间就越长，资源的动员也越容易。然而，东亚经济的人均资源短缺，人口规模相对小，这是其推行赶超战略的不利条件。例如，台湾地区在50年代曾经试图推行重工业优先发展战略，但第二年就出现了由补贴造成的政府财政赤字以及随之而来的恶性通货膨胀，因而难以维系。此后，尽管政府提倡重工业优先发展战略，但由于政府不提供保护补贴，企业只能进入到符合比较优势、有自生能力的部门，并因此一步步按照比较优势发展经济。韩国、新加坡、中国香港地区也是如此。东亚新兴经济按照比较优势发展，在很大程度上是因为其资源所限。

资源约束的影响在中国文化思想中也有所体现。在中国历史上很长的时期内，人均资源都非常有限。前现代社会的中国相对西方而言发展程度固然更高，但事实上每个人都接近饥饿的边缘。因而，中国文化长期强调实事求是。从儒家讲的"中庸"到毛泽东的"实事求是"、邓小平的"解放思想"，再到现在的"与时俱进"，都体现了不追求简单完美的意识形态、不受教条主义影响、根据现实调整政策的文化传统。而中国、越南从20世纪70年代末开始转型，之所以采取双轨制、渐进式的转型方式，还受

到政治因素的限制。中国和越南的转型多为第一代领导人所推动，而在东方权威主义的社会中，领导人的权威来自于其所能够给老百姓带来的好处，来自于其所推行的政策的正确性。由于第一代领导人同时也是计划经济的推动者，其不能、也很难完全否定计划经济，只能对计划经济进行“摸着石头过河”式的修修补补。

现在，按照比较优势发展已成为共识。但是，中国的改革经验是否可以为其他转型中国家、发展中国家借鉴？需要注意的是，苏联、东欧在20世纪80年代也曾经推行渐进式改革，但没有成功。渐进式改革成功与否也同实施方法和方式有关。苏联、东欧的改革与中国、越南的改革存在以下几方面的根本差异：第一，苏联、东欧在改革的时候，没有给予企业定价权，国家完全控制价格。而在中国，计划内的价格由国家制定，计划外的价格由企业根据市场制定，其间存在很大的差异。微观主体会对边际价格做出反应，苏联、东欧企业面临的产品边际价格低，因而对边际价格做出反应的积极性低；而中国和越南的企业对边际价格做出反应的积极性高。第二，在苏联和东欧，原来受抑制的轻工业部门准入障碍很多，资源配置效率难以得到改善。而中国则鼓励乡镇企业、民营经济、三资经济等进入轻工业部门，从而提高了微观主体的积极性和资源配置效率。第三，苏联、东欧给予企业的自主权是制定工资的权利，这样，厂长、经理自然倾向于制定很高的工资率，从而引发工资膨胀。而在中国和越南，虽然推行了利润留成制，但企业的工资总额受到限制，因而没有工资带来的通货膨胀。第四，在苏联和东欧，工资上涨引发了市场需求增加，因而增加了短缺，这些国家都通过大量借外债、大量进口来满足消费者需求，国家负债大大提高，难以持续。与之相比，在中国和越南，工资增长不多，而资源配置得到改善，生产效率提高，市场丰富程度大大提高，出口持续增加，外贸盈余增加，国家宏观稳定性越来越好。

可见，中国、越南和东亚的改革对于其他转型国家具有以下借鉴意义：第一，政府应该采取措施，实施多劳多得制，提高微观主体的积极性。第二，因为有一大批没有自生能力的企业需要获得保护和补贴，在条件没有改变前不能减少补贴，但要放开原先受抑制的部门，因而要在资源配置上实施双轨制，并进而在价格上实施双轨制。第三，微观主体效率提高后，如果原先双轨中政府配置的比重越来越低，则双轨向市场单轨的转变时机已成熟，在这个过程中，政府的法律制度等方面需要不断完善。这样，就可以分几步“跳过”由计划经济向市场经济转变的“鸿沟”。

（作者：北京大学中国经济研究中心主任、教授、博士生导师）

（选自《财经界》2008年第1期）

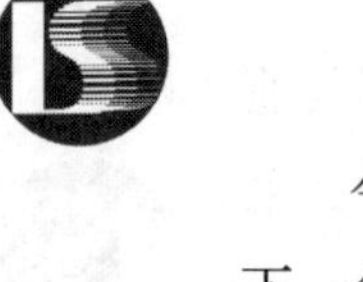

如何正确判断我国的经济发展形势

马建堂

今年以来，在党中央、国务院的正确领导下，各地区各部门同舟共济，努力克服世界金融危机和国内连续发生特大自然灾害的不利影响，国民经济继续保持了平稳较快发展，总体形势是好的。针对近期世界金融危机影响的进一步加深、蔓延和对我国经济所产生的深刻影响，我们要增强信心，充分认识我国经济发展仍有牢固的基础、强劲的活力和巨大的潜力。只要积极应对，认真贯彻积极的财政政策和适度宽松的货币政策，切实落实好扩大内需和促进经济增长的各项政策措施，就能够促进经济平稳较快发展，实现结构调整与产业升级。

一、经济发展的基本态势没有改变

按照国际标准，通常是用经济增长速度、物价变化幅度、就业人数增减和国际收支平衡状况，来评判一个国家的经济运行情况的，这四大经济指标决定了经济发展的基本面。统计数据表明，今年以来，我国四大经济指标都处于良好的运行状态。

经济仍然保持平稳较快增长。虽然经济增速呈回落态势，但前三季度国内生产总值增速仍达9.9%，这个速度高于改革开放以来9.8%的年均增速，而且与世界经济特别是美国、欧盟、日本等主要经济体的普遍低迷形成鲜明对比。受世界金融危机的影响，美国、欧盟、日本等世界主要经济体已步入衰退或处在衰退的边缘；金砖四国（巴西、俄罗斯、印度、中国）除我国以外的其他三个国家今年以来虽实现了7%左右的增长，但仍明显低于我国9.9%的增长速度。

控制通货膨胀取得明显成效。尽管前10个月居民消费价格同比涨幅为6.7%，但从动态看，居民消费价格涨幅自5月份以来已经连续6个月回落，其中8、9、10三个月同比涨幅分别为4.9%、4.6%、4.0%，呈现明显的逐步回落趋势。与以往比较，1985—1986年，居民消费价格涨幅从8%以上回落到5%以内，用了12个月时间；1987—1990年，从8%以上回落到5%以内，用了29个月；1992—1997年，从8%回落到5%，用了52个月。而今年从2月份8.7%的高峰值回落到5%以下，只用了半年时间，表明控制通货膨胀确实取得了明显成效。

新增就业状况比预期的要好。今年以来，面对经济的减速，党和政府十分重视扩大就业。1—10月，城镇新增就业人员1020万人，完成全年目标任务的102%；下岗失业人员再就业达450万人，完成全年目标任务的90%；就业困难人员再就业129万人，完成全年目标任务的129%。即便在东南沿海地区由于受国外需求下降的影响，待业、半待业人员有所增多，但当地党委和政府通过督促企业结清欠发工资、发放待岗金、加大转岗培训力度、提供新就业岗位等措施，将负面影响降到了最低。

国际收支平衡状况良好。尽管出口增幅出现了明显回落，但1—10月出口额达到12023亿美元，增长21.9%，依然保持了较快增长；贸易顺差2160亿美元，同比增长1.7%。9月末，我国外汇储备已达1.9万亿美元，是世界上支付能力最强的国家。

以上情况充分说明，今年以来我国经济发展的基本态势未发生改变，我国仍处在持续较快发展的战略机遇期，总体形势是好的。特别是这一成绩，是在面临百年不遇的世界金融危机且影响不断加大的形势下取得的，是在遭遇多年少见的特大自然灾害且频繁发生的情况下取得的，确实很不寻常、很不平凡、很不容易。当前面对困难和挑战，党中央、国务院高瞻远瞩，审时度势，从容应对，采取了一系列行之有效的宏观调控措施。从当前走势看，这些政策有的已经见效，有的即将见效。我们相信，只要万众一心，抓紧落实，突如其来的"严寒"一定会度过。

二、对国民经济持续平稳较快发展充满信心

在看到今年国民经济总体上继续保持平稳较快发展的同时，也要看到国际金融危机的影响还在蔓延，对我国实体经济的影响还在加深。从国内看，10月份规模以上工业增加值同比增长8.2%；财政收入下降0.3%；发电量下降4.0%，粗钢产量下降17.0%；铁路货物周转量下降0.3%，我国经济减速势头超出预料。从国外看，世界金融危机的影响仍在加剧和蔓延，主要发达国家已步入衰退，新兴经济体普遍减速。最近国际货币基金组织又下调了10月初的预测数据，调整后的今年世界经济增长为3.7%，下调了0.2个百分点；明年增长2.2%，下调了0.8个百分点。面对国内外的严峻形势，社会上对我国经济能否保持平稳较快发展存在担忧也在情理之中。但我们要清醒地认识到，越是在形势严峻的时候，越要看到我们的优势；越是在困难的时候，越要增强我们的信心。这一信心来自于改革开放30年经济快速发展积累的较牢固的物质基础，这一信心来自于改革开放30年体制机制改革带来的较强活力，这一信心来自于国内仍有着较为巨大的需求潜力，这一信心来自于党中央和国务院高瞻远瞩、见微知著的宏观调控能力。

国民经济平稳较快发展有着较为牢固的物质基础。改革开放以来，特别是新世纪以来，经过不间断的大规模投资，我国基础产业和基础设施得到明显加强，物质基础对经济和社会发展的支撑能力大大提高。一是农业特别是粮食生产能力大大增强。30年间，包括去年在内，粮食生产量已经有4年超过5亿吨，可以经受国际粮食市场和价格风云变幻的考验。二是工业供给能力提高明显，制造水平位居世界前列。根据国际标准产业分类，在22个工业大类中，我国已经有7个大类名列世界第一，15个大类名列前三。特别是能源工业生产能力极大提高，对国民经济发展的基础保障作用显著增强。2007年，原煤产量达到25.26亿吨，是1978年的4.1倍；原油产量1.86亿吨，是1978年的1.8倍；天然气产量为692亿立方米，是1978年的5倍。到2007年底，发电装机容量达71822万千瓦，是1978年的12.6倍。三是铁路、公路、民用航空、水运和管道运输综合网络已经基本形成。铁路营业里程由1978年的5.2万公里增至2007年的7.8万公里，增加了2.6万公里。公路通车里程由1978年的89万公里增至358万公里。沿海主要港口货物吞吐量由1985年的3.1亿吨发展到2007年的38.8亿吨。民用航空、水运和管道

运输能力也成倍增长。此外，邮电通信已经成为发展最快的基础产业，信息通信和邮政基础网络发展迅速，信息网络规模和用户数均居全球之首。

国民经济平稳较快发展有着较强的内在动力和活力。30年改革开放奠定了中国经济长期快速发展、永葆生机的体制基础。胡锦涛总书记在党的十七大坚定地指出，要毫不动摇地坚持改革开放的方向；十七届三中全会又对农村改革作了全面部署。正在实施落实的产权制度、行政管理体制、国有企业、社会保障体系等的改革和完善，以及近期即将推出的增值税转型、成品油价格形成机制、医疗卫生等的改革，都将为经济发展注入新的动力。改革开放30年来，我国企业的运行体制已经发生了根本性的变化，企业在危机中的机遇意识，困境中的创新意识非常强。面对国际经济下滑，沿海地区一些出口导向型企业已经开始进行结构调整和产业升级。这主要体现在四个方面。一是调整产业结构。表现在一些传统产业增速在下降，高新技术产业发展加快。二是调整区域内部结构，即在中心区域或黄金地带发展高新技术产业，而将附加值低、不利于环境改善的传统产业调整出去。三是利用经济下行周期，实现优胜劣汰。一些产业层次低、缺乏市场竞争力的企业停产半停产甚至倒闭，是"积极的痛苦"。四是在危机中抓机遇。一些企业利用当前国际人力资本价格下降的机遇，引进企业亟须的人才；有的企业在探询购买销售网络以及收购知名品牌的可能；有的企业在着手收购研发中心，推动企业创新迈上新台阶。成千上万个企业都这样做，就会推动中国经济整体的转型，就会使经济增长有了不竭的动力与活力。

国民经济平稳较快发展存在着较大的需求潜力。30年来，尽管我国基础设施、居民生活水平都有了显著改善，但从人均水平看，仍处于较低水平，投资和消费都蕴藏着巨大的潜力。从投资需求看，我国仍处在工业化、城市化进程中，交通、住房等领域仍需要大量投资。2007年我国城镇化水平为44.9%，世界平均水平2006年为49%，高收入国家为78%，表明我国的城镇化水平和工业化水平仍然有较大差距。与此同时，结构调整、产业升级、产品更新换代等也都需要大量投入。从消费需求看，我国是一个13亿人口的大国，其中一多半是农民，城镇也有一定数量的低收入群众，这表明居民在耐用消费品和服务消费方面仍有较大潜力。2007年我国每千人机动车拥有量为33辆，美国2005年为814辆，日本2004年为586辆；我国每百人因特网用户数16个，美国为73个，日本为74个；我国每百人拥有电话数69个，美国为139个，日本为115个。特别是在我国广大的农村和城镇低收入群众中，耐用消费品拥有量更低。缩小差距的过程就是消费扩大的过程。对于我们这样一个有着13亿人口的大国，一个正经历加速工业化和城镇化的大国，其市场潜力是巨大的。正是这个巨大的且不断扩大的市场，不仅成就了我国过去30年的快速增长，而且正在并将继续拉动未来较长一段时期的持续增长。

三、科学的宏观调控、积极的应对措施将会促进国民经济继续保持平稳较快发展

面对世界金融危机日趋严峻、世界经济增速进一步放缓的变化，针对国民经济增长减缓趋势明显、下行压力进一步加大的形势，党中央、国务院审时度势，果断地实施积极的财政政策和适度宽松的货币政策，及时出台了扩大内需、促进经济平稳较快增长的十项政策措施。这些政策措施将会有效地扩大国内需求，将会积极推动结构调整，将会促进经济平稳较快发展。

一是投资需求对经济增长的拉动力将会进一步增强。中央决定，进一步加大廉租住房建设、游牧民定居、棚户区改造等民生工程建设力度，进一步加快铁路、公路、机场、电网、水利等基础设施建设，进一步加大节能减排、生态保护建设力度，进一步加大灾区重建工作力度。所有这些不仅会极大改善我国的民生水平、增强经济发展的后劲，而且会对冶金、建材、电子、机械、化工等行业产生巨大的直接的投资需求，为国民经济注入新的动力。

二是消费需求对经济增长的拉动作用将会有所提高。中央决定，提高明年粮食最低收购价格，提高农资综合直补、良种补贴、农机具补贴等标准，以增加农民收入；提高低收入群众等社保对象待遇水平，增加城市和农村低保补助，继续提高企业退休人员基本养老金水平和优抚对象生活补助标准，以增加中低收入阶层的收入。同时消除消费瓶颈，拓宽消费领域，稳定车市、房市和股市。所有这些措施，连同投资转化来的消费，不仅会提高中低收入群众的消费能力，提高中高收入阶层的消费意愿，进而能够扩大对轻工、纺织、房地产、汽车等消费品的需求，间接带动投资品行业的需求，为国民经济注入新的活力。

三是经济结构调整将会成为经济增长的新亮点。中央决定，实施增值税转型，鼓励企业技术改造，各地也纷纷出台鼓励企业改造升级的措施。各金融机构也正在加大对经济增长的支持力度，取消对商业银行的信贷规模限制，合理扩大信贷规模，加大对重点工程、“三农”、中小企业和技术改造、兼并重组的信贷支持。所有这些正在与市场压力下的企业自主调整结合起来，成为推动我国结构调整和产业升级的真正动力，结构调整不仅提升着经济的质量，本身也创造着经济增长的机会和动力。

任务已经明确，政策业已出台。只要增强信心，积极应对，狠抓落实，我们一定能够攻克各种困难和矛盾，实现经济平稳较快的发展，并在发展中推动结构调整、产业升级和发展方式的转变。

（作者：国家统计局局长）

（选自《求是》2008年第23期）

深化财政税收体制改革的总体思路、主要任务与战略步骤

宋　立

一、1994年以来财政税收体制改革成就与存在的主要问题

1994年以来的财政税收体制改革，在税收体系和财政收入分配体制、财政支出管理以及预算管理体制等改革方面取得了一定的成绩。一是建立增值税和所得税并重的“双主体”复合税制和比较规范的分税制体制，初步理顺了政府与企业以及中央与地方财政之间的收入分配关系，形成了财政收入稳定增长机制。二是改革完善转移支付制度，逐步加大中央财政对地方尤其是不发达地区的财力补助，促进了纵向和横向财政均衡。三是推进政府采购、国库集中支付，强化财政绩效管理，调整优化支出结构，加大公共财政对农村投入。四是改革预算管理体制，试行国有资本经营预算，扩大预算管理范围。

1994年以来的财政税收体制改革不可避免地带有体制转轨过渡时期特征。一是1994年以来的改革致力于提高“两个比重”、增强国家在经济体制急剧变化时期的宏观调控能力等短期目标，主要聚焦于财政收入体制改革，支出体制尤其是各级政府的支出责任和预算体制等关系长期制度建设的重大体制改革不够深入。二是1994年以来的改革主要考虑提高中央财政收入比例和中央政府的宏观调控能力，对市场经济体制下财政功能定位、各级财政的职能分工以及财政税收体制改革的目标模式等重大问题认识不够深入，从而对各级财政的健全性、国家财政整体健全性和可持续性缺乏全盘考虑和统筹协调，改革缺乏系统性和前瞻性。三是1994年以来的财政税收体制改革，基本上按照先易后难顺序，在不触及行政体制的情况下推进了税收体系和财政收入分配体制、支出管理体制改革，基本上在财政税收系统内部完成，改革难度相对比较小；与行政体制等密切相关、难度较大的各级政府事权与支出责任划分以及预算监督管理体制等改革相对滞后。

现阶段财政税收体制存在的主要问题，一是税收体系和财政收入分配体制存在明显局限性。政府收入体系改革不到位，税收体系结构存在一定的缺陷，资源和国有资产收入等非税收入没有纳入规范管理。各级政府收入分配呈现向上集中倾向，中央与地方收入划分存在缺陷，既不利于宏观调控，也不利于地方财政收入稳定增长。省以下分税制改革不彻底，有待进一步改革完善。二是各级政府事权及支出责任划分改革相对滞后，转移支付制度不规范。各级政府的财权、财力与事权及支出责任不适应，地方政府收支缺口比较大、财政困难问题突出，区域间财力不均衡状态明显。三是预算体制覆盖范围狭窄，缺乏有效的监督制衡机制。相对于收入体制和支出管理体制改革，尤其是税收体系和财政收入分配体制改革，预算管理体制

改革明显滞后，许多问题尤其是预算体制方面的根本性、实质性问题尚未涉及。

总之，现行财税体制尤其是以增值税为主的税收体系及分税制体制，不利于经济发展方式转变，不利于科学发展观的落实。落实科学发展观，必须深化财政税收体制改革。

二、进一步深化财政税收体制改革的总体思路与主要任务

（一）进一步深化财政税收体制改革的总体思路

要按照“收入体制完善、支出体制攻坚、预算体制突破”的基本要求和“先收支体制配套改革、后预算体制改革”顺序，以支出责任与财力匹配、财权适应改革和预算管理体制改革为重点，推动新一轮（第二轮）财政税收体制的综合改革与战略调整。收入体制完善和支出体制攻坚，要以各级政府的事权及支出责任划分为突破口，以事权及支出责任与财力匹配、财权适应调整为主线，支出责任调整与分税制体制完善联动，进行系统集成性的综合配套改革。预算体制改革要按照“扩面、监督、展期”的顺序，先进行扩大预算覆盖范围改革，再进行预算编制与执行分离、健全预算监督机制改革，最后进行扩展预算期限，理顺预算与宏观经济景气周期和中长期发展规划的关系。

（二）进一步深化财政税收体制改革的基本目标与主要任务

1．深化财政税收体制改革的基本目标。按照完善社会主义市场经济体制的总体要求，以科学发展观为统领，按照以人为本、全面协调可持续和统筹协调的要求，以实现基本公共服务均等化为目标，在科学界定政府职能范围和财政层级设置的基础上，合理确定国家财政体系的功能定位和各级财政的职能分工，调整并规范中央与地方及地方各级政府之间的财政关系，明确划分各级政府的支出责任、财政收入能力和相应的财政权力，提高各级财政的健全性和国家财政体系的整体健全性和系统可持续性。

2．进一步深化财政税收体制改革的主要任务。（1）深化预算体制改革，扩大预算覆盖范围、扩展预算期限，预算编制与执行相对分离，强化预算管理和监督。预算体制改革是1994年以来财政体制改革进展最缓慢的环节，是新一轮财政税收体制改革的重点和难点，应该作为财政税收体制改革攻坚的主要任务。（2）优化支出结构、加大公共服务支出比重，明确划分各级政府的支出责任，健全事权及支出责任与财力相匹配、与财权相适应的体制。财政支出结构不合理是我国财政体制长期以来存在的突出问题。各级政府事权与财政的支出责任是财政分级分权体制的基础安排，事权和支出责任划分不科学、不明确，分税制就缺乏科学可靠的基础。1994年改革没有对事权和支出责任进行明确划分，致使各级政府事权与财力不匹配，已到了非改革不可的地步。（3）改革完善税收体系、调整完善分税制体制，形成有利于经济发展方式转变、创新型国家和资源节约型、环境友好型社会建设的税收体系，以及有利于统筹中央与地方及地方各级政府间财政收入分配体制。（4）加快形成统一、规范、透明的转移支付制度，提高一般性转移支付的比重。（5）调整财政层级，完善省以下财政体制，解决县乡财政困难，增强基层政府提供基本公共服务的能力。县乡财政困难是现阶段财政体制不合理的突出表现，县乡财政困难既与中央与地方分税制安排及各级政府支出责任划分有关，也与省以下财政管理体制不合理有关。

（三）进一步深化财政税收体制改革的战略步骤

1．第一步：以事权与支出责任划分改革为切入点，推动支出体制与收入体制联动改革。以事权与支出责任划分改革为切入点，推动支出

体制与收入体制联动改革，健全各级政府事权及支出责任与财力相匹配、与财权相适应的体制。一方面，推进财政税收体制的适应性调整，重点解决财政税收体制本身的突出问题；另一方面，要在理顺各级政府间事权与支出责任划分基础上，完善税收体系和支出管理体制，改革调整分税制财政收入分配体制。

2. 第二步：以预算管理和监督体制改革为重点，全面推动财政税收体制健全与功能完善。以预算体制改革为重点，同时着力健全财政税收体制以及功能，形成比较完善的新型公共财政体制。

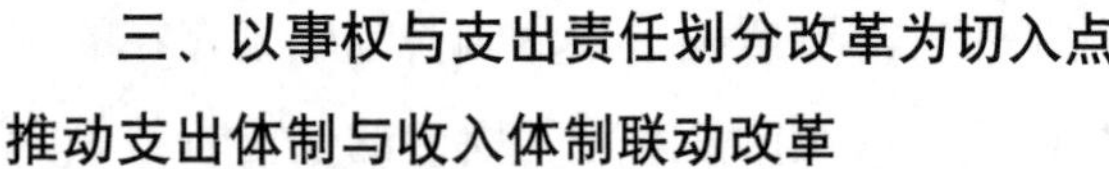

三、以事权与支出责任划分改革为切入点推动支出体制与收入体制联动改革

（一）合理确定财政体系功能定位、明确划分各级政府支出责任

1. 合理确定现阶段我国财政体系功能定位。（1）我国现阶段的财政体系的主要职能应该是维护政权、公共服务、经济发展和社会协调四个方面。其中，维护政权是最基本、也是最优先的职能。（2）经济发展职能是能力比较强的政府提供积极或高级公共服务的应有之义。从理论上来说，经济发展与公共服务二者并不矛盾，而是内在统一的。经济发展的主体应该是市场，但并不意味着财政无所作为。相反，在市场失灵的非竞争性领域进行直接投入，在市场可以发挥作用的竞争性领域的研究开发环节提供直接投资支持、在基本建设环节提供资金引导、在基本建设和生产销售环节提供税收优惠等，均具有公共物品或准公共物品属性，是财政体系公共服务职能的应有之义。我国的公共财政体系应该是既有别于能力比较高的发达国家、也有别于能力比较低的一般发展中国家，应把促进经济发展作为国家财政体系的重要职能。

2. 合理划分各级政府事权与支出责任，加大公共服务支出。各级政府的事权尤其是支出责任划分是财政分权体制的基础，也是支出体制改革的关键。（1）率先对现阶段存在问题比较多的事权与支出责任进行改革。应该将义务教育支出责任划分作为近期改革的突破口和首要任务。适当上收县乡政府现阶段承担的部分支出甚至管理责任，让省级政府在义务教育中发挥更大的支出责任，同时进一步加大中央对义务教育的专项转移支付。同时，要加大中央和省级政府在公共卫生和基本医疗服务领域的支出责任。要逐步提高养老保险、失业保险和医疗保险的统筹层次，加大中央政府和高层级地方政府的支出责任。（2）进一步调整优化财政支出结构，加大基本公共服务领域支出。进一步增强政府支出调节收入分配的能力，强化转移性支出，适度压缩消耗性支出；进一步增强政府支出的法制化程度，强化不可控制性支出，适度压缩可控制性支出；进一步处理好发展与稳定的关系，切实做好创造性支出与预防性支出、特殊利益支出与一般利益支出之间的协调与配套。要进一步调整财政支出结构，扩大改革财政覆盖范围，让公共财政阳光普照城乡各地。要加大对三农财政投入，加大中央财政对农村教育、医疗、社会保障和基础设施的补助力度，切实改变城乡基本公共服务差距。

（二）改革完善税收体系与分税制，形成有利于科学发展的财政收入体系及其分配体制

按照“善税、规费、明租、缴利”的基本原则，进一步推进财政收入改革，健全完善税收体系，改革规范非税收入体系。在此基础上要进一步调整改革中央与地方的分税制，形成有利于科学发展的财政收入体系及以分税制为主体的财政收入分配体制。

1. 改革完善税制体系结构、形成有利于科学发展的税收制度。（1）以增值税转型为重点，改革完善流转税制，形成有利于经济发展方式转变、产业结构升级的税收体系。增值税是当

前影响落实科学发展观最明显的税种。要在总结已有试点经验基础上，进一步完善改革方案，尽快完成在全国范围、在全部现行增值税纳税行业推进增值税转型。除个别行业继续保留营业税（如金融业等）外，应逐步将现行营业税并入增值税纳税范围，进一步消除营业税“重复征税”问题，以促进服务业发展，加快产业结构升级。(2) 加快推进资源、环境税收改革，形成有利于资源节约型、环境友好型社会建设的税收体系。改革现有资源相关税费，在资源开采环节统一征收“资源开采和补偿税”，将环境治理和生态恢复的责任由企业自担转变为政府与企业共担，并将其范围扩大到整个具有商品属性的自然资源开采中，以提高资源开采者的环境保护意识。在资源使用环节，要清理整合现行排污费、污水处理费，统一征收“环境保护税”，以增强污染制造者的环境保护意识。(3) 以房产税为重点，推动财产税制改革，形成有利于地方政府行为规范化的新主体税种。财产税作为拟议中的基层财政的主体税种，深化财产税改革既是地方税体系完善的客观需要，也是促进社会公平、建设和谐社会的必然要求。一要改革房产税，消除累退效应。要加速完善房产税纳税范围、税率结构、减免优惠等诸项规定，突出对社会财富的调节功能，增强地方政府提供公共服务的能力。二要改革车船税，突出收入调节功能。要进一步明确车船税的财富税特点，将其计征对象调整为“基于财产”征税。对于保护环境、节约能源、改善交通的职能则主要赋予车辆购置税或者由立法开征燃油税来承担。三要立法开征遗产税和赠与税，抑制收入分配继续扩大。要从速立法开征遗产税和赠与税，辅助调节社会分配，服务于和谐社会建设。(4) 以个人所得税为重点，改革完善所得税制，形成以人为本的个人税收体系。要按照建立综合申报与分类扣除相结合的混合个人所得税制深化个人所得税改革，扩大类别扣除范围，并进一步降低税率。

2. 以国有资源性和资本性收入改革为重点，改革完善非税收入体系。(1) 及时改革规范国家资源性收入。在进一步统一、规范现行探矿权、采矿权价款的“招拍挂”制度的同时，全面征收资源租。(2) 结合试行国有资本经营预算，改革国家资本红利收入管理。在未来一段时间要全面推行国有资本经营预算，进一步健全和规范国有企业经营利润上交制度，保护国家作为国有资本出资人的权益，并为促进产业结构调整和提升产业竞争力提供财政资金支持。

(三)调整完善分税制，形成有利于科学发展的财政收入分配体制

进一步调整完善中央与地方的分税制体制，一方面要适当增加地方政府的可支配财力，减轻财政收支压力对地方政府的不当刺激，另一方面要调整并减少共享税范围，弱化共享税种的不当设置对地方政府的负面激励。要按照“减少共享税税种、规范税种划分”的总体思路，根据税种属性进行划分中央和地方固定收入，改变现行增值税、所得税中央和地方共享安排下主体税种与地方财政收入之间的直接联系，从体制、机制上为规范地方政府行为、转变经济发展方式创造必要的制度条件。

1. 减少共享税，合理划分中央与地方的固定收入。将企业所得税作为中央财政固定收入，同时将增值税作为中央对地方转移支付固定来源。即将地方财政所属的企业所得税的40%上缴中央，同时将目前归中央财政的增值税的75%再分配给地方财政。(1) 所得税等作为中央财政固定税种。(2) 将增值税作为中央对地方转移支付的固定资金来源。(3) 营业税、城市维护建设税作为地方财政固定税种。

2. 增值税共享改革应与新型房产税改革同步配套推进。总体来看，增值税和企业所得税

共享调整，有利于增加地方财政可支配收入。但由于增值税收入主要来自发达地区，而转移支付则主要面向不发达地区，实际上，增值税上收国家税务局征收，并作为中央对地方的转移支付固定来源，短期内对发达地区地方财政必将造成一定的影响。长期来看，随着新型房产税等新税种的开征，发达地区地方财政收入将呈现稳步增长态势。因此，增值税共享改革应该与新型房产税（物业税）改革同步进行。

（四）以主体功能区转移支付为重点，改革完善转移支付体系

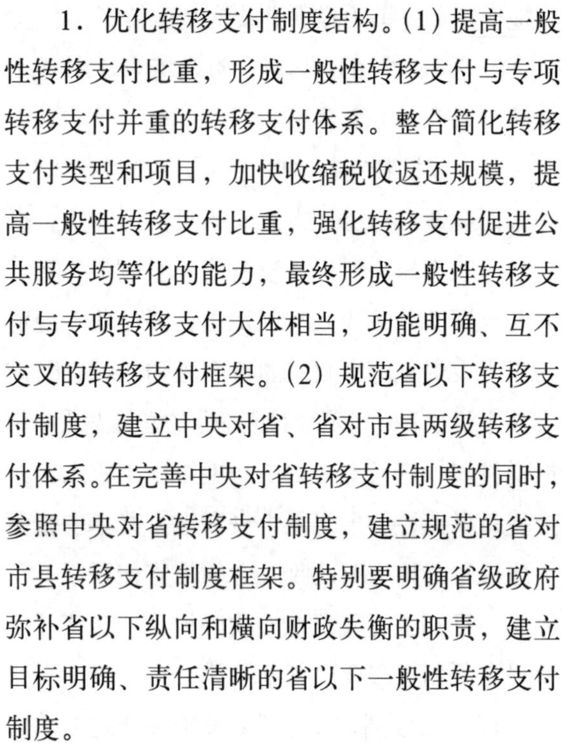

1．优化转移支付制度结构。(1) 提高一般性转移支付比重，形成一般性转移支付与专项转移支付并重的转移支付体系。整合简化转移支付类型和项目，加快收缩税收返还规模，提高一般性转移支付比重，强化转移支付促进公共服务均等化的能力，最终形成一般性转移支付与专项转移支付大体相当，功能明确、互不交叉的转移支付框架。(2) 规范省以下转移支付制度，建立中央对省、省对市县两级转移支付体系。在完善中央对省转移支付制度的同时，参照中央对省转移支付制度，建立规范的省对市县转移支付制度框架。特别要明确省级政府弥补省以下纵向和横向财政失衡的职责，建立目标明确、责任清晰的省以下一般性转移支付制度。

2．将主体功能区作为深化转移支付制度改革的重点。(1) 建立以转移支付为主的主体功能区财税体制及政策体系。对于优化和重点开发区这类以开发为主的主体功能区，要实行促进自主创新、优化调整经济结构、促进经济增长、转变增长方式、实现又好又快的可持续发展的引导性、鼓励性财政税收体制与政策，主要政策手段是税收领域的调整。对于限制和禁止开发区这类以保护为主的主体功能区，要实行突出支持生态环境建设，实现生态环境可持续发展，保障基本公共服务均等化的财政税收体制与政策，转移支付是主要的政策手段。(2) 充分发挥两级两类转移支付的作用，加大对限制和禁止开发区转移支付力度。中央和省级分工负责，一般性转移支付和专项转移支付共同作用，满足限制和禁止开发区基本公共服务均等化和生态保护的双重需要。

3．改革转移支付资金筹集与分配方法。(1) 稳定转移支付的资金来源。明确全部增值税收入作为中央对地方转移支付的资金来源，在中央征收取得这部分收入后，一定比例用于一般性转移支付，其余部分与其他可用资金共同作为专项转移支付资金来源。(2) 形成科学分配、规范管理、有效监督、公开透明的转移支付体系。

（五）改革省以下财政管理体制，增加基层政府公共服务能力

在适当减少财政层级基础上，通过改革省、市对县以及县对乡镇财政管理体制，深化省以下财政收支划分和转移支付体制改革，加强地方公共债务管理制度建设，努力提高基层政府公共服务供给能力。

1．合理确定财政层级、建立新型省、市对县财政管理体制。省以下财政管理体制是现阶段整个财政管理体制的薄弱环节，是影响科学发展观落实的主要问题，深化财政税收体制改革，必须在省以下财政管理体制方面有所突破。省以下财政管理体制的重点是市县财政关系。经济比较发达、县级数量比较少的省份，可以实行市县财政平级、省直管县体制。省域幅员比较大、人口众多、经济发展一般的省份，可以部分保留市管县体制，要在精简合并省辖市的基础上，实行市管理、省监督的对县财政管理体制。

2．深化省以下财政收支划分体制改革。目前省以下财政收支划分多种多样，由于各省情

况差别比较大，没有也不可能进行统一安排。可以在实现省管县或类似制度安排的基础上，深化省以下财政收入分配体制。由于各省情况千差万别，省以下财政收支划分改革不宜简单划一，需要各省根据具体情况，因地制宜。经济比较发达的地区，可以在省县财政之间实行比较规范的分税制安排，经济不发达地区则可以实行分成制或其他体制安排，但无论推进分税制还是实行分成制，都应均衡分配财力，避免财力向省级集中，赋予县级适当财力，以便解决县乡财政困难，增强基层政府的公共服务能力。

3．因地制宜、建立多样化的乡镇财政管理体制。乡镇级财政是最基层的地方财政单位，改革乡镇财政管理体制，要因地制宜，区分经济发达程度实行不同的对策，经济比较发达地区的乡镇财政可以继续存在，县乡财政之间可以实行相对规范的分税制体制或分成制体制；经济不发达地区的乡镇财政实行“乡财县管乡用体制”，或取消乡镇预算，将乡镇财政部门化，作为一个部门纳入县级部门预算进行管理。

四、以预算管理和监督体制改革为重点，全面推动财政税收体制健全与功能完善

（一）全面优化调整各级政府支出责任与财政能力、财政权力

长期来看，要以明显不合理的事权与支出责任调整为突破口，对各级政府支出责任与财政能力、财政权力进行全面系统优化调整。

1．全面系统地调整优化各级政府事权与支出责任划分。（1）以明显不合理事权与支出责任调整为突破口，对各级政府支出责任与财政能力、财政权力进行全面系统优化调整。尽可能对各级政府的支出责任加以明确划分。在难以明确划分需要不同层级政府共同承担支出责任领域，也要尽量细化各级政府的具体责任，尽量减少交叉和重叠，以便明确责任，提高服务效率。（2）以法规或法律形式对各级政府的支出责任划分加以明确规范。近期可以考虑以国务院行政法规形式对各级政府的职责进行具体而详细的划分，长远来看，可以制定专门的法律或对宪法的条款加以必要的细化，以明确界定各级政府的事权和职能分工。

2．实行以中央集权为主、适度分权的财权分配模式。财政收入分配体制改革的近期目标是形成财力与事权和支出责任相匹配的体制安排，远期来看，则需要赋予地方政府必要和适当的财政权力（包括税收权力），形成事权及支出责任与财力相匹配、与财权相适应的体制安排，最终形成中央集权为主、地方适度分权的分级分权财政体制。（1）严格规范地方政府收费权。（2）适当下放部分地方税税权。（3）赋予地方一定限度的举债权。

（二）深化预算管理体制、强化预算管理与监督

预算体制是现阶段财政税收体制改革相对滞后的领域，进一步深化财政税收体制改革，必须重点推进预算体制改革。短期内主要围绕国有资本经营预算，扩大预算覆盖范围。同时，推进预算内外并轨，逐步将预算外资金纳入预算。长期来看，需要重点推进预算制衡与监督机制改革和预算期限扩展改革。

1．构建预算决策(编制)、执行、监督分离制衡机制。（1）建立预算编制、执行和监督分离的新预算管理制衡机制。（2）健全预算审查机构。

2．完善与宏观经济景气周期相适应、与国家中长期规划相协调的中长期预算框架。(1)实施与宏观经济景气周期相适应的长期国家预算。（2）建立与国家中长期规划相衔接的中期预算制度。

（作者单位：中国人民大学中国发展和改革研究院）

（选自《经济学动态》2008年第10期）

关于当前改革几个热点问题的看法

王东京

今年是改革开放30年，站在这个新的历史起点上，总结以往改革的经验无疑是必要的，但我认为，对未来改革作深入思考和谋划，则显得更为紧迫，也是对改革开放30年的最好纪念。本文拟就当前改革中的几个热点问题说点看法。

一、大部委制改革：重点不在“大”而在转换职能

学界讨论大部委制改革已有一段时间，早就想写文章，但每次都欲言又止。倒不是我不赞成大部委制，而是认为大部委制改革并非始于今日，没有必要过多地予以渲染。远的不说，2003年新组建商务部和国资委，敢问不是大部委是什么？我体会，所谓大部委制，就是国务院启动新一轮机构改革。

改革开放30年，大的机构精简至少有五次，其间部委合并也屡见不鲜。此次中央高层决定再对政府机构动刀，原因是政府部门的职能重叠、机构臃肿问题至今未解决好。积重难返，若不将相近部门合并，釜底抽薪，不仅政府瘦身难，而且由于政出多门，相互掣肘，决策效率则无从提高。从这方面看，推行大部委制有必要，并非多此一举。

综观天下，由于国情有别，各国政府机构设置虽无划一模式，但有一点可肯定，市场经济国家施行的皆是“小政府、大社会”。美国目前的部级机构仅15个、英国18个、加拿大19个、澳大利亚16个、法国18个、德国14个、西班牙15个、日本12个、韩国18个、新加坡15个。而当下我们国务院下属的部委就有28个，特设机构1个、直属机构18个、办事机构4个。

机构改革势在必行。问题是，改革应如何安排？我的观点，重点还是在改行政审批。审批制不破，机构改革将事倍功半。有前车之鉴，以往的机构改革，哪次不是改一回膨胀一回？个中原因，大家都说是官本位作祟，而官本位背后，其实就是行政审批权。设想一下，假若政府没有审批权，那么人们怎么会千方百计要进机关？

机构改革的难处正在于此。现在看，推行大部委制最大的困难，恐怕是官员分流。推算一下，仅组建一个“大交通部”，就可能多出10个副部级官员，那么局、处以下的官员呢？怕是数以千计吧。不要说让这些人辞官回家，就是降级安排，人家也未必会乐意。不是吗？当初国家体委改体育局，降为副部级，可不久又改为体育总局，恢复正部级。为何？具体背景我不知，但将心比心，谁愿意自己官越做越小呢？

推行大部委制，另一困难是功能整合。以大交通部为例。思路可能是将民航总局、交通部、铁道部合并。当然，合并机构不难，可是，机构合并是一回事；功能整合却是另一回事。前几年，国内大学合并一阵风，结果如何呢?很多是貌合神离！现在有的大学正副校长达20人之多，人多嘴杂，大小事情都议而难决。大学尚如此，何况是有职有权的部委官员！

退一步讲，即便政府的官员高风亮节，能以大局为重，功能整合也非易事。想得到的困难首先在体制，民航总局和交通部的企业，现已归属国资委，而铁道部既是政府机构又拥有数千亿资产。体制不同，怎可简单拼装？而从管理角度看，目前铁道部、交通部和民航总局都有自己的调度中心，受技术限制，这三个中心近期还无法合并，若水陆空交通各自为政，不能协同调度，整合功能就是一句空话。

大交通部如此，而大能源、大农业、大文化等部委组建，其情形亦会差不多。于是这就带出了一个问题：大部委究竟应该多大合适？是越大越好吗？非也。经济学讲适度规模，一定是从交易成本看。科斯当年研究企业，曾明确指出企业规模决定于交易成本。企业如此，政府也如此，毫无疑问，国务院推行大部委制，是希望提高行政效率，节省协调成本。如果规模过大，导致协调成本更高，那么这样的改革就是得不偿失了。

行文至此，我想对大部委制改革说三点建议。第一，以改革行政审批为突破口。中央推行大部委制，旨在完善政府服务，而不是行政权的简单集中。因此政府机构不管怎么改，归根结底就一条，即转换角色，建设服务型政府。这几年，中央一直三令五申，要规范和减少行政审批，并最终将审批制过渡到备案制。若能令此项改革走先一步，将行政审批改为备案，那么迷恋政府机关的人必大大减少，于是机构改革则可顺水推舟。

第二，切忌刮风。其实，大部委制改革的重点不在“大”，而在功能整合。“大”不是改革的目的，机构设置大小，必须充分考虑交易成本，宜大则大，宜小则小，不可一味地求全追大。即便是功能相近的机构，合并也可分步到位。总的说有两个原则，一是先动人后动机构，二是先试验后推广。分流人员若不先作安置，动机构必有阻力；若不试点就推广，全线出击难免会打乱仗。

第三，完善制衡。大部委一旦组建，毫无疑问，它所掌握的资源会更多。经验表明，权力失去制衡会滋生腐败，因此，如何对大部委施以制衡，是大问题，很紧迫。我以为，中纪委的纪律检查重要，国家审计署的财务审计也重要，但更积极的制衡应是行政权分立，即决策、执行、监督分开，裁判不得打球。

二、事业单位改革：分类推进而不能一刀切

中国的事业单位，外国少见。顾名知义，事业单位既不同于政府，也不同于企业。政府负责提供公共管理与服务，经费由财政全额拨；而企业为经济主体，则自主经营，自负盈亏。事业单位介于两者之间，由于承担了部分公共职能，财政要给一定资助；由于不是全额拨款，自己还得创收。当然，它不会像企业那样，无须自负盈亏。

据统计，中国现有事业单位120多万个，涉及近3000万人，汇集了中国近1/3的专业人才，拥有国有资产数万亿，横跨教育、卫生、科技、文化等多个领域。平心而论，事业单位曾提供了大量的就业岗位，不仅替政府分忧，也为企业解难，历史地看，事业单位对社会的贡献，有目共睹，功不可没。

但是，随着体制转轨，事业单位作为计划经济产物，其弊端也日渐显现。最突出的，则

是机构臃肿、效率低下。也难怪，目下的事业单位，不仅享有财政拨款，而且和政府机构一样，还有行政职级，掌握某些行政权力，所以有人说事业单位是“二衙门”，并非信口开河，自有一定的道理。

事业单位虽非政府机构，但待遇却几乎与政府无异，单凭此，就自然会对很多人有吸引力。何以见得？我观察的事实，是前几次政府机构精简后干部转岗，首选则大多是事业单位。另一个现象，就是现在的大学生，若考不上公务员，也有不少会选择事业单位。这么多人对事业单位情有独钟，争先恐后往里挤，怎么能不机构臃肿、不人浮于事呢？

另一弊端，是产权不清。事业单位或由政府出资，或挂靠政府部门，这样往往会导致公共资源的过度使用。哈丁在《公地的悲剧》讲述了这样一个故事：一群牧民在一块公共草场放牧，由于草场退化的代价是共同负担，所以人人从私利出发，都选择多养羊。可这样做的后果，却是草场加速退化，最终谁也无法养羊。现在某些事业单位，一手拿着财政的钱胡花乱造，同时又为牟取小团体利益，打着政府的旗号四处拉赞助、发证书，闹得民怨沸腾。

是的，事业单位必须改革，而且国人早有共识。现在的焦点，不是改或不改，而是究竟怎么改。对此学界议论了多年，众说纷纭。最近中央指出，要对事业单位进行分类改革。改革不搞一刀切是对的，而我们面临的难题，是对事业单位如何分类。从提供服务的性质看，大的方面，无非是私人品和公共品。若再细分，公共品又分纯公共品与准公共品。由此看，事业单位可分三类：

第一类，提供私人品的事业单位。此类单位主要包括报刊社、出版社、艺术院团和各类认证中心等，它们提供的产品或服务虽有公益性，但主要还是私人品。经济学对私人品的定义，即消费有排他性且能通过市场收费。显然，无论报刊出版物、文艺演出还是产品认证，不仅消费排他，而且都是有偿提供，故此类单位应率先改革。当务之急，是让其与政府彻底脱钩，迫使它们作为独立企业走向市场，自负盈亏。

第二类，提供准公共品的事业单位。目前的中小学校与公立医院等，当属此类。虽然它们提供的服务也是私人品，但具有公共品的特性。也正因如此，所以长期以来人们认为这些单位要由政府出资办。对上学与看病，我当然不反对政府资助，但资助方式必须改。按现行做法，政府直接拨款给学校与医院，但它们服务如何，由于没竞争，政府无从考察。与其如此，还不如减少拨款，而改发教育券给学生，让学生自主择校，同时补充医保，让病人自主就医。只要同行间引入竞争，服务必将大大改善。

第三类，提供纯公共品的事业单位。最典型的是从事基础理论研究的科研院所、公共图书馆以及提供公用设施的部门等。这些单位提供的产品与服务，不仅消费不排他，而且无法收费，是完全的公共品。经济学说，公共品领域市场会失灵，所以政府应全力支持这些提供公共品的部门。但要指出的是，此类单位虽不必大改，但内部应实行企业管理，要有成本核算，不能再吃大锅饭。

以上三类，只是大致划分。篇幅所限，这里不可能包罗万象，将所有事业单位一一归类。其实，若读者同意我的分类，那么按你所在行业特点，自己便可对号入座。即使具体归类有不同，但改革的目标不应有分歧：这就是提供私人品的事业单位，要完全走向市场；提供准公共品的事业单位要减少拨款、引入竞争；只有提供纯公共品的事业单位会保持原体制而强化内部管理。

再多说一句，鉴于过去政府改革滞后，这

些年，事业单位改革也总是雷大雨小。但凭直觉，新一轮改革将会不同以往，据说，有关部门正在紧锣密鼓地制定方案，一旦推出，改革定将势如破竹。开弓没有回头箭。中央下了决心，又得天时地利，愿此番改革能马到成功。

三、国有企业改革：重点在改组股东会以完善治理结构

国企改革已历经20余年。在这20多年里，围绕国企改革的“攻坚”，就有不下三次。而且每一次攻坚，都是媒体热炒、捷报频传。而今天人们面对的现实却是：改革的成本越来越高，政府的调子越来越低。

1983年，政府着手国企改革，当时的口号很明确：“搞活国营企业”。可对如何搞活国企，政府却并不完全有数。农村改革得益于“承包”，于是人们相信，工业企业也可仿效农村经验，“包”字进城，一包就灵。或许正是这种照搬，后来的局面，让人大跌眼镜。由于承包人急功近利，负盈不负亏，致使国有资产大量流失。

到20世纪90年代初，政府不得不再度攻坚，废止承包制，转行股份制，并提出了“抓大放小”的口号。此次改革虽然重点突出，目标明确。而改革的结果，还是出人意料。企业不仅没“股”出效益，而且内部管理也是新瓶老酒，依然如故。

第三次攻坚，是1997年国务院提出“国企三年脱困”。起初，是想让3000家大中企业扭亏为盈，其后调整为1000家，而最终敲定为512家。对这512家企业，从不良资产剥离到资产重组，从债转股到减员增效，政府可谓煞费苦心，招数用尽，但至1999年末，到底还是事悖人愿，企业经营仍不见起色。鉴于这种情况，于是中央又提出，国有大企业也要“有进有退、有所为有所不为。”

国企久治无效，难道就真的是无药可医？有一种说法，国企搞不好，是因为所有者缺位。可是我们有谁见过，国外有哪家上市公司所有者是完全到位的呢？事实上，所有者到不到位不是关键，关键在企业内部是否有制衡机制。如果有制衡，即便所有者不到场，企业照样高效运转。这一点，中央其实早就看到了，党的十五大强调：法人治理结构，才是公司制的核心。对国企改革，笔者思考多年。我的看法，国企改革要成功，必须建立一种闭环的制衡机制。

一般地说，企业有三个权力主体：股东会，董事会，经理班子。在这三个机构之中，股东会作为出资人，拥有最高监督权，但不能直接决策；董事会拥有最高决策权，但不可经营；经理具有最高执行权，但必须秉承董事会决策。企业权力这样分置后，为使三方用权而不越权，一种有效治理的安排是由股东会推选董事，董事会聘任经理。一句话，就是让每个人的饭碗，都不端在自己手里。经理的饭碗，在董事会手里；董事的饭碗，在股东的手里；股东的饭碗，在经理的手里（经营亏损最终得由股东兜底）。这样一来，只要有人玩忽职守，不管是谁，饭碗都可能被砸。

这种砸饭碗的机制，就是现代公司治理的内核。假若以此为镜反观国企，其治理缺陷一目了然：首先，国企的董事长与总经理，同受政府委任，而且同一级别，董事长砸不了总经理的饭碗，总经理也不受董事长的节制。其次，由于国企大多由政府独资，或是一股独大，表面上看，政府作为出资人向企业派董事长，似也无可厚非。但想深一层，政府在这里其实只是个名号，实际操作中行使权力的并不是政府，而是政府的少数官员。只要董事长把这少数人搞掂，他的饭碗就确保无虞。可是，在一个企业里，如果董事长、总经理都高枕无忧，那么企业的治理结构，必定是好看不中用，形同虚设。

还有，按目前的国资管理体制，国资委作为出资人代表，不仅管着资产，而且还管人管

事。这样，就出现了两个问题：第一，中央一直强调要政企分开，可国资委原本是政府部门，那么它对企业管人管事，岂不是典型的政企不分？第二，国资委作为出资人代表，但毕竟只是代表，不是真正的出资人。而且政府出资与自然人出资也不同，自然人出资，企业亏损由自然人负赔；而政府出资的企业亏损，则由全体国民分摊。于是笔者要问：国资委大权在握，管人管事管资产，万一管坏了怎么办？国资委的官员能否负赔？假若不能，那么我们凭啥要把权力交给他们？

由此可见，国企治理失灵，要害在政府。一是政府股权过大，致使投资主体单一；二是政府权力过大，又不负连带责任。所以今天国企的问题，是痛在企业，病在政府。若要规范企业治理，最好的办法是对政府加以管束。说得更明确些，就是要借助一种制度设计，约束国资委，实行连带责任追究。近几年，中央一直强调，要鼓励国有资本与非公有资本联合，实行混合所有制经济。我体会，中央的用意，就是想通过股权多元化，改组股东会，在企业内部建立制衡机制。

应该说，中央的这个思路，不仅是对症下药，而且也务实可行。可惜的是，股权多元化改革却一直举步维艰，尤其是经过2004年关于管理层收购（MBO）的那场争论后，人们更是瞻前顾后，顾虑重重。不错，国有大企业搞MBO，目前法规还不健全，过早施行，容易监守自盗、国资流失。但是，搞股权多元化，绝非只有MBO一种途径。企业间的资产购并、股权互换等，也是国际上通行的做法。事实上，只要我们开动脑筋，大胆试验，还会有更好的办法可以摸索出来。总之，国企改革走到今天，股权多元化，已是最后的关隘，要是能闯过这一关，后面的路将是一马平川。

（作者：中共中央党校经济学部主任）

（选自《理论动态》2008年总1771期）

深化政府投资项目管理体制改革的思考

吴秋艳　周国栋

推进政府投资项目管理体制改革的思路是：

1．理顺政府和市场的关系。按照精简机构、提高效率的要求转换政府职能，打破行业垄断和区域市场分割，促进生产要素自由流动的原则，才能使政府从生产性事务工作中解脱出来，充分发挥政府调节、引导、监督、管理职能，实现政府投资项目“投、建、管、用”分离。加强政府部门内部的集权与分权和政府部门与市场的集权与分权问题研究，完善市场运行机制和优胜劣汰竞争机制，实现由专业机构、专业人士来实施政府投资项目管理的新机制。在政府投资项目的决策和建设中贯彻市场优先原则。经营性基础设施项目一律按市场经营的方式进行操作，凡能由企业自主决定、由中介机构提供服务的，政府投资坚决退出。只要市场能干的就让市场去干，只有在市场干不了和干不好的情况下，政府才去弥补。制定符合市场经济发展要求的法律、法规、政策来引导市场，配合市场，呵护市场，培育市场，完善市场，从而逐步让市场在资源配置中唱“主角”。

2．按照市场经济要求创新基础设施的投资和建设管理体制。在政府投资项目投资、建设、运营领域引入市场竞争机制，加快项目建设、运营的市场化、社会化、职业化改革步伐。在不影响国家生产力布局和生产生活安全前提下，通过公开招标等手段委托企业生产、经营公共产品，提高政府投资的运行效率。建立公平的市场运行环境和合理的投资回报机制，明确界定公益性、基础性和经营性设施的范围，允许民间投资参股建设和经营。探索以拍卖、租赁、托管、特许经营、资产证券化等多种方式吸纳各类社会资金投资建设基础设施项目。政府投资项目要切实改变重审批、轻管理的状况，加强建设过程的监督和管理，加强质量、价格、信息等方面的监督和指导，合理利用税收、价格、利率、证券发行、金融和货币政策等经济手段来调控投资主体的投资行为。

3．建立权责分明、制约有效、科学规范的工程项目管理体制和运行机制。按照投资、建设、管理、使用分开以及专业化管理的原则，借鉴发达国家通行的做法，结合我国国情和多年来建设项目管理的经验与实践，加快推进经营性项目法人招标选择制、非经营性项目代建制，使政府不再直接插手工程建设实施过程的微观管理。发展专业化、多功能的工程公司和项目管理公司，实现政府投资项目的市场化、社会化、职业化管理。完善政府投资项目的招标采购体制，限制政府公务个体拥有与使用公共资源的权利，使政治权力从项目建设的具体经济活动中退位。减少政府公共产品的自行生产方式，防止部分公务人员以权谋私或对公共财产进行侵犯，从而提高市场对资源的配置效率，抑制腐败滋生蔓延。

4． 完善政府投资项目管理的基本制度。(1) 适应市场经济发展需要合理界定政府行政审批的范围，严格规范项目可行性研究工作。(2) 完善政府投资项目中介服务管理制度，提高咨询评估、招标代理等中介服务质量。制定各类投资中介服务机构与政府部门脱钩的政策措施，将可行性论证费用由建设单位直接支付的办法改为由政府投资主管部门专项支付，为各类中介机构按照专业分工为项目提供投资决策所需专业化服务创造条件。(3) 规范政府投资项目建设标准，根据情况变化及时修订，并在此基础上建立一套符合我国国情的建设项目管理量化指标体系。(4) 推进项目管理职业化，建立健全政府投资项目管理主体（公司）的资质管理制度和考评机制。(5) 规范建设项目信息报告制度，及时收集、整理、分析各类数据，优化市场信号传递渠道，真正让市场信号引导项目的投资决策。(6) 完善政府投资项目竣工验收和后评价体制，加强项目竣工验收和后评价的组织实施工作。并据此对比项目可行性论证的预测结果与实际运营的差距，评定可行性论证的质量，作为评定可行性论证单位业绩的主要依据。(7) 加快建立政府投资项目责任追究制度，完善政府投资项目制衡机制。严格考核授权主体或项目法人的业绩，对项目决策和实施不当、失职失误渎职以权谋私而给政府投资项目造成严重后果的领导与责任人员进行责任追究。

5．加强政府投资项目实施过程的管理。(1) 确立不同类型政府投资项目合适的工程管理模式，建立一个高效负责的政府投资项目管理组织体系和规范的项目管理流程。(2) 建立政府投资项目的动态控制目标。根据施工合同、招投标书及相关的文件建立政府投资项目目标管理体系和目标责任体系，定出目标主要责任人、次要责任人、关联责任人，并定出考核标准和实现目标的具体措施、手段和保证条件，建立目标完成情况的跟踪及信息反馈制度，及时有效地进行目标控制和调整。(3) 优化设计方案，严格政府投资项目概算评审工作，强化执行概算编制，减少设计变更，从源头控制工程造价。(4) 加强招投标管理，研究使设计变更发生的费用变化直接进入招标合同报价的政策措施，减少施工过程中人为干扰造成工程计量变化引起的费用变化，减少索赔事件发生。(5) 规范工程价款结算。约束政府投资项目，严格按国家基建会计制度建账核算。严格控制工程概算外费用，对合同条款明确包含、属于风险费包含，以及未按合同条款履行的违约、未按图纸要求完成的工程量、未按规定执行的施工签证等一律核减相应费用。(6) 建立健全有效的激励、约束机制，建立与市场经济相适应的分配机制。对项目决策者和执行负责人给予事先规定的奖励和处罚。

6．健全监管机制，完善监管制度。积极引进、学习和借鉴国外先进的项目监管经验，认真总结我国项目监管的经验教训，制定规范的项目监管政策和措施，完善政府投资项目全过程、多层次、内外有机结合的监管体系。鼓励人民代表大会、新闻媒体和广大人民群众对政府投资项目的决策和实施情况与效果进行监督。加大对监管机构的投入，提高监管人员的素质，努力提高监管工作的效能和效果。正确界定计划、财政、建设、审计、稽察和监察等政府部门的职能定位，明确监管的具体机构、环节、目标和监管的责任，避免部门职责错位导致监管功能失效。

（作者单位：国家信息中心国家发展改革委重大项目稽察办）

（选自《宏观经济管理》2008年第2期）

中国债券市场的发展与开放

吴晓灵

长期以来，中国金融体系存在发展不平衡、直接融资比例过低的问题。在直接融资中，债券融资，特别是以公司作为发债主体的公司债券融资规模过小，滞后于其他金融市场的发展。2006年年末，中国贷款总额、股票总市值和债券存量分别为22.5万亿元、10.6万亿元和8.8万亿元，与2006年GDP的比值分别为1.08、0.50和0.42；在债券市场中，公司信用债券托管总量为5498.6亿元，表明中国融资结构仍然以间接融资为主，直接融资中公司债券占比较低。直接融资不发达的局面一方面造成银行风险的逐步积累，影响金融体系的稳定，另一方面也影响了金融市场在广度和深度上的拓展与延伸，限制了市场功能的发挥和市场效率的进一步提高。这在客观上就要求中国大力发展债券市场，特别是大力发展公司债券。

近年来，中国政府高度重视债券市场发展。中国人民银行作为银行间债券市场监管部门，按照国务院的统一安排，结合国际经验和中国金融市场的发展实际，已经并还将采取多种措施推动中国债券市场的发展。

中国债券市场的最新发展

按照交易场所划分，中国债券市场主要分为两部分，一个是银行间债券市场，一个是交易所债券市场。银行间债券市场是机构投资者进行债券大宗批发交易的场外市场，投资者主要为银行、信用社、保险机构、证券公司、基金等金融机构和一些企事业单位，交易方式以询价方式进行，交易双方自主谈判，逐笔成交。交易所债券市场则面对大量个人投资者，以债券零售为主，单笔成交量小，投资者以集中撮合的方式达成交易。经过多年发展，中国已经形成场外市场为主、场内市场为辅的债券市场格局。

1. 银行间债券市场广度和深度不断拓展

一般而言，债券较适宜在以机构投资者为主体的场外市场进行交易。一是债券是一种固定收益工具，未来现金流比较稳定，但投资收益率相对较低，因而对资金量较小的个人投资者吸引力不大。二是债券品种繁多，结构复杂多样，信用等级差异很大，对投资者的专业知识、技能以及风险的识别、承担能力要求较高，这也部分限制了个人投资者对债券的投资需求。因此，债券的本质属性决定了其交易主要是机构投资者之间的大宗交易，债券市场发展实践也证明了这一点，发达国家绝大多数债券交易均在场外市场进行，美国目前99%以上的债券交易都是在场外债券市场进行的。

银行间债券市场成立之初，就从国际经验和中国金融市场实际出发，按照场外模式设计了债券发行、交易流通、登记托管等制度。近年来银行间债券市场快速健康发展，也印证了场外市场发展道路的正确性。近10年来，已经形成具有相当广度和深度的债券场外市场。首先，银行间债券市场广度和深度不断拓展，截至2007年6月末，银行间债券市场债券总托管量达10.1万亿元，占全部可交易债券存量的96.9%；2006年银行间市场债券累计成交36.6万亿元，同比增加68.5%。其次，银行间债券市场已经成为中国债券融资的主要渠道，2006年银行间债券市场共发行各种债券5.6万亿元，占当年债券发行总量的94.35%，其中，国债6519.3亿元，金融债券9543.7亿元，企业短期融资券2919.5亿元。第三，银行间债券市场已经成为公司信用债券融资的重要场所，2006年，企业债券、商业银行金融债券、次级债券、证券公司可转换债券、短期融资券共发行4518亿元，在银行间债券市场发行4478亿元，占全部发行额的99%。第四，银行间债券市场参与主体种类丰富多样，除商业银行、保险公司、证券公司等各类金融机构之外，还包括大量的非金融机构法人，截至2007年6月末，银行间债券市场机构投资者达6644家，其中金融机构2051家，非金融机构法人4593家。

2. 不断推动金融产品创新，提升市场功能

一是不断丰富债券品种，丰富投资者选择。近年来，银行间债券市场先后推出商业银行次级债券、一般性金融债券、混合资本债券等金融创新品种，截至2007年8月末，金融债券共发行3026.2亿元。为改善商业银行存贷期限不匹配问题，提高商业银行资产流动性，推动信贷资产证券化，截至2007年8月末，银行间债券市场共发行资产支持证券157.57亿元。推动企业发行短期融资券，扩大了公司直接融资渠道，丰富了公司信用债券品种，截至2007年8月末，短期融资券共发行6423.8亿元。根据市场发展需要，将其他管理部门审批的公司债券引入银行间债券市场交易流通，推动银行间债券市场与交易所债券市场的互通互联，截至2007年8月末，在银行间债券市场交易流通的企业债券达到了2932亿元，占企业债券存量的87.8%，交易量占比约为98%。

二是加强交易工具创新，提高市场功能。随着债券市场发展，投资人资产管理水平不断提高，对套期保值工具需求也日益增加。为满足投资人对套期保值工具的需要，近年来银行间债券市场相继引入国际通行的债券买断式回购、债券远期交易、利率互换等衍生性交易工具，为投资人进行套期保值提供了必要的条件。交易工具的创新，有利于提高市场的流动性，不断拓展债券市场广度和深度，进一步完善市场价格形成机制的作用。

3. 按照市场化方向，不断完善市场运行机制

在不断推出新产品的同时，银行间债券市场一直注重培育和完善市场机制，从根本上完善直接融资环境，并采取多项措施，提高市场流动性，有效提升市场功能。一是依托规章制度基本完备、机构投资者众多的场外市场，逐步完善债券管理方式，将金融债券发行由审批制改为核准制，提高审核透明度，提高审核效率。二是引入短期融资券发行备案制，逐步放松发行管制。坚持市场化运作，政府部门管程序、管信息披露、管投资者保护、管公平交易秩序，机构投资者自主投资、自主定价、自担风险，从而实现自主投资、风险自担的市场秩序。三是着重建立市场约束机制，兼顾承销商、投资者、中介机构等各方利益，形成推动市场发展的合力，充分发挥信息披露与信用评级等市场约束激励机制作用，培养和倡导投资人的

风险意识。四是做市商制度是场外市场提高流动性以及债券利率体系形成的基础制度，近年来银行间债券市场引入并不断完善债券市场做市商制度，有效提高了市场流动性，为市场利率体系形成提供了基础，目前银行间债券市场共有做市商16家。

4．不断加强市场基础设施建设，夯实市场发展基础

近年来，银行间债券市场不断加强基础设施建设，积极组织外汇交易中心和中央国债登记结算有限责任公司等市场中介机构，对银行间债券市场基础设施进行升级改造，完善系统功能。目前，银行间债券市场交易结算系统机制灵活，借助现代化的信息技术，实现了债券交易直通式处理（STP），提高了交易效率。资金清算系统高效安全，借助人民银行现代化支付系统，能够满足大规模且频繁的金融市场交易所产生的资金清算需要。在债券结算方面，借助人民银行大额支付系统，银行间债券市场近年实现了国际上通行的券款对付的结算方式，避免了债券结算风险，提高了市场功能。目前，银行间债券市场基础设施中的各个系统有效联结和协调运转，降低了交易成本，增强了各个市场之间的连通与互动，为债券市场的进一步发展提供了一个有力的技术支持和坚实的运行平台。

中国债卷市场对外开放步伐不断加快，国际影响力逐步增强

近年来，中国债券市场产品创新不断推进，市场功能不断提升，债券市场的发展层次和水平也进一步得到提升，在这样的背景下，中国债券市场的对外开放也迈出坚实的步伐。

1．国际开发机构寻求人民币债券

从2002年开始，国际金融公司、亚洲开发银行等国际开发机构就寻求在中国境内发行人民币债券筹资，满足其贷款需求。按照国务院的要求，中国人民银行会同有关部门对国际开发机构发行人民币债券进行了研究。2005年2月，经国务院同意，中国人民银行、财政部、发改委和证监会联合发布了《国际开发机构人民币债券发行管理暂行办法》，为国际开发机构在中国境内发行人民币债券制定了政策框架。

2005年，国际金融公司和亚洲开发银行获准在全国银行间债券市场各发行人民币债券20亿元，截至目前国际金融公司已经完成全部20亿元债券发行，亚洲开发银行已经完成10亿元人民币债券发行。

国际开发机构在中国境内发行人民币债券是中国债券市场首次引入外资机构发行主体，是中国债券市场对外开放的重要举措和有益尝试，有利于引进国际债券市场先进经验和管理技术，推动金融工具创新和专门人才的培养，对中国金融市场的发展以及对外开放都具有重要意义。同时，在中国境内发行人民币债券，也使国际开发机构进一步实现资金来源的多元化，更重要的是，国际开发机构因此获得一个更深入地参与中国的经济发展的机会，有利于提升其在全球金融市场的影响力。

在总结经验的基础上，人民银行将会同有关部门采取积极措施，不断完善相关管理制度，在国际开发机构境内人民币债券基础上，进一步推动境外机构在境内发行人民币债券的有关工作。

2．境内金融机构赴香港发行人民币债券

2003年11月，国务院批准香港人民币业务开办以来，各项业务平稳发展，资金清算渠道畅通，基本达到政策设计的目标，随着香港人民币业务的深入开展，发展香港人民币债券市场逐渐受到各方的关注。2005年，人民银行在推动香港人民币业务试点的框架下，深入研究了在港建立人民币债券发行机制的可行性和有关的政策问题。2007年6月，经国务院同意，中

国人民银行和国家发展和改革委员会正式发布了《境内金融机构赴香港特别行政区发行人民币债券管理暂行办法》，为境内金融机构赴香港发行人民币债券制定了一个政策框架。

《暂行办法》发布后，国家开发银行、中国进出口银行和中国银行相继获准赴香港发行人民币债券，总额100亿元。从债券发行情况来看，市场反应积极，投资者认购踊跃，投资者认购数量均远高于债券发行规模。其中国家开发银行人民币债券认购总量为148.3亿元，为发行规模的2.97倍；中国进出口银行债券认购总量53.6亿元，为发行规模的2.68倍；中国银行债券认购总量83.3亿元，为发行规模的2.78倍。

内地金融机构经批准可在香港发行人民币债券，进一步扩大了香港居民及企业所持有人民币回流内地的渠道，促进了内地和香港的经济金融往来，同时也将为香港金融市场增加新的市场主体和债券币种。人民币债券的推出，无疑将进一步巩固和加强香港的国际金融中心地位。

展望未来，随着香港与内地经济的发展，两地金融合作也将得到进一步发展。由于香港金融市场的独特地位以及内地金融业改革开放的需要，两地的金融联系必将日益紧密：一方面，香港金融市场将为内地金融市场发展起到积极借鉴作用，同时也为内地市场开放发挥桥梁和纽带的作用；另一方面，香港金融市场的发展也从内地经济发展得到强劲支持。有鉴于此，在内地与香港的金融合作将不断加强的背景下，可以相信包括债券业务在内的香港人民币业务也将得到更大的发展。

发展金融衍生产品，推动债券市场进一步发展

近年来，在推动中国债券市场快速发展的同时，我们也注意到中国金融市场的发展中，逐渐暴露出缺乏避险工具的问题，尤其是缺乏规避信用风险的工具。目前，中国金融市场已达到相当规模，市场的参与者日益广泛，在直接融资比例不断上升的情况下，投资者对金融风险敏感度日益上升，缺乏有效的风险规避工具，不利于稳定投资者信心，这将制约金融市场功能的进一步提升。因此，进一步推动金融产品创新，推出信用衍生产品等工具，对于中国债券市场乃至整个金融市场来说就显得尤为重要。

信用衍生产品的基本产品包括信用违约互换、总收益互换和信用连接票据等，其实质特征就是把信用风险从基础金融产品中剥离出来进行交易，实现信用风险的转移，使信用风险由风险承受能力弱的市场参与者转移至风险承受能力强的参与者。市场化风险交易与转移机制的建立，将有助于促进金融产品价格的形成，提高市场功能。

在下一个阶段的工作中，要积极研究发展信用衍生产品的问题，研究如何根据中国金融市场的实际特点，发挥好信用衍生产品在丰富投资品种和提高信用风险管理水平等方面的作用，从而促进中国金融市场的全面协调可持续发展。

（作者：中国人民银行副行长）

（选自《中国金融》2008年第2期）

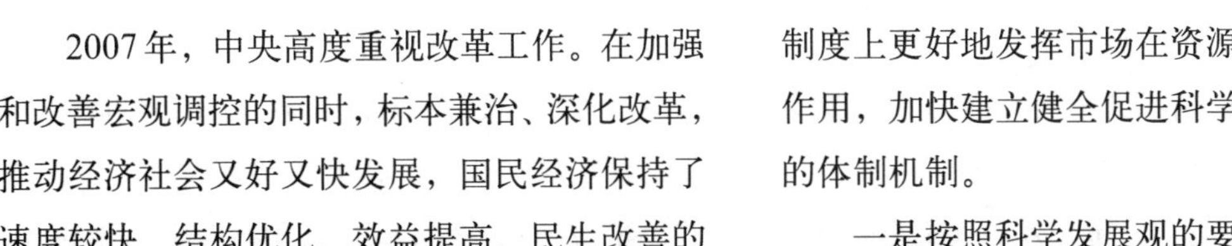

继续深化经济体制改革 建立健全科学发展与社会和谐的体制机制

孔泾源

2007年，中央高度重视改革工作。在加强和改善宏观调控的同时，标本兼治、深化改革，推动经济社会又好又快发展，国民经济保持了速度较快、结构优化、效益提高、民生改善的良好态势。

一年以来，全国各地各部门加大改革力度，社会主义市场经济体制继续完善。国有经济战略性调整和国有企业改革步伐加快，基本经济制度进一步巩固；生产要素市场化程度稳步提高，现代市场体系继续完善；财税、金融、投资体制改革深入展开，宏观调控体系进一步健全；着眼于促进资源节约、环境保护，建立健全了相关体制机制；社会、文化体制改革向纵深推进，统筹经济社会协调发展迈出坚实步伐；农村体制改革继续深化，统筹城乡发展的体制机制不断完善；行政管理体制改革取得新进展，政府职能进一步转变；综合配套改革试点取得新进展，促进了社会主义市场经济体制的完善。

同时，外贸、外资和“走出去”管理体制继续完善，我国开放型经济水平进一步提高。

今后一个时期深化改革的主要任务

当前和今后一个时期，深化体制改革，就是要全面落实党的十七大部署的改革任务，从制度上更好地发挥市场在资源配置中的基础性作用，加快建立健全促进科学发展与社会和谐的体制机制。

一是按照科学发展观的要求，建立促进经济发展方式转变的体制机制。发展方式粗放和转变进程缓慢，同发展阶段有关，更有深刻的体制原因。资源浪费与土地、水和能源、重要矿产资源的价格形成机制不合理有直接关系。政府职能转变滞后、财税体制不合理，一定程度上助长了盲目扩张投资规模、片面追求增长速度而忽视质量、效益的倾向。要落实科学发展观，从根本上实现经济发展由主要依靠投资、出口拉动向依靠消费、投资、出口协调拉动转变；由主要依靠第二产业带动向依靠第一、第二、第三产业协同带动转变；由主要依靠增加物质资源消耗向主要依靠科技进步、劳动者素质提高、管理创新转变等。要加快政府管理体制、财税体制、资源要素价格体制等方面的改革。这是一项复杂的系统工程，每一项改革都面临诸多困难，必须统筹规划、突破难点、协调推进。

二是按照构建社会主义和谐社会的要求，建立保障社会公平正义的体制机制。社会公平正义是社会和谐的基本条件，制度是社会公平正义的根本保证。要深化社会体制改革及相关改革，完善民主权利保障制度、法律制度、司法体制机制、公共财政制度、收入分配制度、社会保障制度等对保障社会公平正义具有重大作用的制度。一些涉及权力利益格局调整的领域，普遍存在着改革滞后问题。久拖不决，将会带来很大的社会风险。如何正确把握最广大人民的根本利益、现阶段群众的共同利益和不同群体的特殊利益关系，有重点、分步骤地建立保障社会公平正义的体制机制，是全社会面临的严峻挑战。

三是按照统筹城乡发展的要求，建立有利于逐步改变城乡二元结构的体制。城乡分割的二元结构已成为影响我国全面、协调、和谐发展的突出矛盾。虽然经过多年的发展，我国总体上已具备了破解城乡二元结构的基础和条件，但要最终解决这一难题，仍需要以体制创新为突破口，真正改变现行公共资源和公共服务主要面向城市配置的一系列制度安排，这涉及户籍、就业、土地、财政、金融、义务教育、公共卫生、社会保障、社会管理等多方面的改革。如何通过改革，促进城乡要素自由流动和资源共享，健全有利于以城带乡、以工促农、城乡互动的政策体系和运行机制，营造城乡协调发展的体制环境和法律环境，是政府及相关部门面临的艰巨任务。

四是按照完善基本经济制度和保障公平竞争的要求，进一步加快垄断行业的改革。垄断行业是国有经济最集中的领域。垄断行业改革关系到国有经济战略性调整、国民经济运行成本、人民群众生活成本、收入分配关系、市场竞争环境乃至人们的社会价值判断等方面。如何尽快分离这些行业的垄断性业务和竞争性业务，进行有针对性的完善监管和开放竞争的分类改革，是加快国有经济改革、完善基本经济制度以及解决其他诸多社会矛盾的焦点。

五是加快上层建筑领域的改革，实现经济体制、政治体制、文化体制和社会体制改革相协调。我国经济领域的改革是以传统经济体制为主要对象的。随着经济体制改革的推进，越来越触及其他领域的改革，越来越要求推进其他领域的改革而与之相配套。以党的十七大为标志，我国改革开放跨过以经济体制改革为重点的历史时期，进入以经济体制、政治体制、社会体制、文化体制“四位一体”的全面改革新阶段。与经济领域的改革相比，我国行政管理体制、科教文卫等社会事业体制、社会管理体制、公共服务体制等改革相对滞后。要在继续有步骤有重点地推进经济体制改革的同时，加快政治体制、文化体制、社会体制改革步伐。深化这些领域的改革，涉及中央和地方政府关系的调整，涉及行政机构改革和社会组织创新，涉及提高效率、满足供给与坚持社会公平关系的把握，涉及政府与市场边界的划分等。如何积极稳妥地推进这些改革，将是对包括政府部门在内的全社会的严峻考验。

改革重点

2008年和今后一个时期，要按照中央经济工作会议提出的“全面深化改革，完善推动科学发展、促进社会和谐的体制机制”的要求，以更大的力度推进改革，着力构建充满活力、富有效率、更加开放、有利于科学发展的体制机制，从制度上更好地发挥市场在资源配置中的基础性作用。

（一）加快行政管理体制改革，建设服务型政府。加大机构整合力度，探索实行职能有机统一的大部门体制，健全部门间协调配合机制。规范垂直管理部门和地方政府的关系。精简和规范各类议事协调机构及其办事机构。抓紧制定行政管理体制改革总体方案。继续推进政企分开、政资分开、政事分开、政府与市场中介组织分开等方面的改革，深化投资体制改革。

（二）深化财税体制改革，加快公共财政体系建设。围绕推进基本公共服务均等化和主体功能区建设，启动新一轮财政体制改革。创新各级财政支持义务教育、公共卫生和社会保障的体制机制。继续深化预算制度改革。实施新的企业所得税法，完善相关配套政策，全面推进企业所得税改革。推进资源税改革。研究开征环境保护税和物业税。继续做好增值税转型改革试点，研究拟定全国实施增值税转型的方案。

（三）加快金融体制改革，促进现代金融体系建设。加快推进农业银行股份制改革和国家开发银行改革。继续稳步推进金融机构综合经营试点。继续引导和规范民间金融健康发展。继续推进利率市场化改革，建立健全主要由市场供求决定的利率形成机制。继续深化人民币汇率形成机制改革，增强汇率弹性。继续稳步推进人民币资本项目下可兑换。制定出台存款保险条例，加快存款保险制度建设。建立健全金融风险监测、评估与预警体系。建立规范的金融机构市场退出机制。

（四）完善基本经济制度，进一步提高企业竞争力。加快中央企业调整重组步伐，出台机械、电力、商贸等行业企业布局、结构调整和企业重组实施方案。研究建立将部分生产建设型国有资本逐步向公共服务领域转移流动机制。推动一批符合条件的中央企业完成股份制改革，在境内外发行股票并实现整体上市。扩大中央企业建立规范董事会试点的户数和范围。继续做好部分地区和国有企业厂办大集体改革试点工作。总结试点经验，加快建立国有资本经营预算制度。继续推进电力、电信、邮政等垄断行业改革，抓紧出台铁路体制改革方案和盐业体制改革方案。放宽和规范非公有制经济在市场准入、财政税收、信用担保和融资等方面政策措施，鼓励支持和引导个体私营等非公有制经济发展。抓紧制定鼓励集体经济发展的政策措施。

（五）健全现代市场体系，发挥市场配置资源的基础性作用：

——大力发展资本市场。引导优质大型企业上市，壮大主板市场；进一步发展中小企业板市场，加快推进创业板市场建设；扩大企业债券发行规模，大力发展公司债券；稳步推进金融创新，择机推出股指期货、境内个人到境外进行证券投资等。

——规范发展土地市场。深化征地制度改革试点；进一步深入落实土地监察制度；建立维护被征地农民合法权益的长效机制；继续完善经营性土地出让制度；继续推进集体建设用地制度改革，规范集体建设用地使用权进入市场。

——加快建设城乡统一的劳动力市场。择机出台户籍管理制度改革意见；进一步健全公共就业服务工作机构体系、服务规范体系和工作保障体系，完善公共就业服务制度；大力推进集体劳务合同制度建设；继续推进城乡统筹就业工作，健全社会信用体系。

（六）深化农村经济体制改革，推进新农村建设。进一步扩大农村综合改革试点范围。探索建立健全农村土地流转机制，促进多种形式的适度规模经营健康发展。尽快出台加快农村金融改革发展的意见。进一步扩大新型农村金融机构试点。继续扩大政策性农业保险试点范围。加快制定出台关于进一步加快农垦改革与发展的意见。加快制定出台集体林权制度改革意见及有关配套政策措施。

（七）建立健全资源节约和环境保护机制，增强可持续发展能力：

——健全资源环境价格形成机制。加快理顺成品油价格；逐步提高天然气出厂价格，理顺天然气与可替代能源价格关系；全面落实差别电

价、小火电降价、脱硫加价等政策，完善电价形成机制；全面征收污水处理费，完善排污收费和垃圾处理收费制度。

——健全节能减排体制机制。严格执行节能减排考核实施方案和办法，实行节能减排问责制和一票否决制；继续完善多元化的节能环保投融资机制和高效节能环保产品推广的财政激励机制。

（八）加快社会体制改革，推动建设和谐社会：

——深化收入分配制度改革。择机出台深化收入分配制度改革的指导意见；研究出台垄断利润调节管理制度，完善部分行业特别收益金制度，加强对垄断行业的收入分配监管；抓紧研究起草企业工资条例，指导各地完善工资保证金制度；全面建立工资支付重点监控制度和欠薪报告制度；继续推进企业工资集体协商制度和劳动力市场工资指导价位制度建设；继续推进公务员工资制度和机关公务用车制度改革。

——进一步完善社会保障制度。继续推进做实企业养老保险个人账户工作；进一步扩大城镇居民基本医疗保险试点范围；扩大新型农村合作医疗制度的覆盖面，提高筹资和保障水平；研究制订社会保险关系跨地区转移接续办法；抓紧研究出台农民工养老保险办法；继续推进养老保险省级统筹；继续探索建立农村养老保险制度；健全廉租住房制度，改进和规范经济适用住房制度，完善住房公积金管理制度。

——加快推进医药卫生体制改革。出台深化医药卫生体制改革总体方案及相关配套方案；深化公立医院管理体制和运行机制改革。

——深化教育、科技、文化体制改革。扩大各级各类教育的开放和准入程度；坚持鼓励、扶持和规范管理并重，引导民办教育健康发展；继续推进招生考试制度改革；继续健全家庭经济困难学生资助政策体系；全面推行中小学教材出版发行招标投标制度。深化科技管理体制改革，完善鼓励技术创新和科技成果产业化的市场环境和激励机制。继续完善扶持公益性文化事业、发展文化产业、激励文化创新等方面的政策；继续推进经营性文化事业单位转企改制。研究制定事业单位分类改革方案和相关配套政策。

——推进社会管理体制改革创新。健全党委领导、政府负责、社会协同、公众参与的社会管理格局，健全基层社会管理体制；加快推进行业协会、商会等自律性组织改革发展，培育和发展民间公共服务组织；创新社区管理和服务体制，加大对社区基本公共服务投入。

（九）推进综合配套改革试点。推进上海浦东新区、天津滨海新区、深圳经济特区、重庆市、四川成都市、湖北武汉城市圈、湖南长株潭城市群等国家综合配套改革试验区的改革创新工作，努力在一些重要领域和关键环节取得突破性进展，充分发挥其示范效应和带动作用，加快全国完善社会主义市场经济体制的步伐。

（作者：国家发展改革委经济体制综合改革司司长）

（选自《宏观经济管理》2008年第4期）

努力提高开放型经济水平

廖晓淇

树立开放式发展思维，进一步提高对外开放水平

一要顺应经济全球化潮流，树立开放式发展思维。当前，实行对外开放是世界各国共同的选择和普遍趋势。只有开放兼容，国家才能富强；闭关锁国必然落后。因此，我们必须实行长期的、全面的、兼容并包的对外开放，牢固树立世界眼光，增强开放意识，善于抓住外部重大机遇加快自身发展。

二要积极有序推进多边、区域、双边等多层次对外开放。继续按照以开放促发展、促改革、促创新、促和谐的要求，坚持积极主动开放。同时，推动建立更加开放的全球贸易和投资体制，积极参与和支持全球多边谈判；实施自由贸易区战略，积极推进双边自贸区和区域经济合作。

三要扩大开放领域，优化开放结构，提高开放质量，完善内外联动、互利共赢、安全高效的开放型经济体系。

优化开放布局，促进区域经济协调发展

深化沿海开放，加快内地开放，提升沿边开放，实现对内对外开放相互促进。努力形成若干各具特色的开放区域，带动各地区经济协调发展。

第一，东部地区要“承外启内”，推动对外开放上层次上质量。主要是利用好新一轮国际产业转移的难得机遇，大力吸引承接先进制造业、高新技术产业、现代服务业和地区总部，加快产业升级。同时要大力强化辐射和扩散效应，以珠三角、长三角和环渤海地区为龙头，形成分工合理的对外开放带。经济特区、经济技术开发区、保税区和出口加工区等特殊功能区要加强制度创新，继续发挥开放先导作用。

第二，中部地区要作为新的开放重点。通过改善投资环境、完善物流设施，形成一定的政策优势，积极承接国外和东部地区劳动密集型产业特别是加工贸易的梯度转移。以省会和中心城市为依托，打造开放平台，形成若干产业集聚度高和带动力强的区域性开放中心。加快形成有利于中部崛起的沿江开放带和铁路沿线开放带。

第三，实施沿边开放战略，把西部大开发与向西开放结合起来。做实上海合作组织和“10+1”等区域合作机制，缓解国内能源资源矛盾，拓展周边市场空间，实现安边、富边，促进与周边国家共同发展。根据不同地区的资源能源和市场情况，建设边境出口加工区、边境贸易中心、跨境经贸合作区等，作为实施沿边开放的重要载体。

第四，东北老工业基地要以开放促振兴。利用重工业基地的优势，积极有序吸纳国际重工业转移；积极利用国外资本、先进技术和管理经验，加快装备制造业升级步伐，带动跨越式发展。

转变外贸增长方式，促进加工贸易转型升级

我国外贸增长方式目前仍较为粗放，主要表现是：企业出口的平均利润率普遍较低，各类出口企业非价格竞争力较差，自主品牌产品出口占总出口比重不足10%，货物贸易与服务贸易发展不协调。我国服务贸易与货物贸易之比约为1∶9，只有世界平均水平的一半。部分出口产品市场集中度过高，容易引发贸易摩擦。

外贸增长方式存在上述问题的原因很多，但归根结底是与我国经济发展所处阶段和现代化水平相关联的。正如胡锦涛总书记在中央政治局第44次集体学习时所指出的，进一步转变外贸增长方式的重点方向，是坚持以质取胜，优化外贸结构。提高质量效益的关键举措，是着力提高各类出口企业核心竞争力，努力改变我国企业市场营销能力不强、产品开发设计和品牌建设滞后的局面。

发展加工贸易符合我国的国情特点，是我国走新型工业化道路的必然选择。改革开放以来，加工贸易在发展对外贸易、增加就业、优化产业结构、促进技术进步、提升产业国际竞争力、促进我国经济发展等方面，作出了重要的历史性贡献。今后方向是进一步促进转型升级，包括进一步促进加工贸易结构升级、提高本土企业参与加工贸易的程度、着力推动加工贸易向中西部地区梯度转移等。

着力提高吸收外资质量，积极有序引导外资并购

鉴于我国已经开始出现资本剩余，有人认为应该对引进外资规模加以限制。实际上，伴随着外商直接投资流入的不仅仅是资本，更重要的是先进技术、管理经验、经营理念、高端人才和营销网络。资金只有投入到能够产生效益的项目，才能形成有效投资。因此，必须坚持积极有效吸收外资的方针。

提高利用外资质量的关键是：创新利用外资方式，优化利用外资结构，积极引进先进技术、管理经验和高素质人才，做好引进技术的消化吸收和创新提高，在开放中增强自主创新能力，推动创新型国家建设；抓住新一轮国际产业转移机遇，优化外资产业和区域布局；充分发挥外资的技术溢出效应，吸引跨国公司来华设立研发中心、服务外包基地、培训基地。推动外商投资企业与国内企业在技术研发、资源采购、市场开拓、人力资源开发等方面开展合作。因此，必须保持吸收外资政策的相对稳定性、连续性，继续强化与跨国公司的长期合作。

跨国并购是目前全球跨国直接投资的主要方式，这种投资方式有自身的特点和优势，对双方都有好处。比如，对引入方的好处是：通过引入外部战略投资者，可以加快国内企业的改造和重组，可以参与并借用外国企业的研发和营销网络，提升国际化经营水平。因此，在世界范围内不断掀起的跨国并购高潮并非偶然。我国吸收外资并购只占利用外资总量的5%左右，仍有很大的发展空间。关键是我们要积极引导外资并购，认真实施相关法规制度，鼓励公平竞争，引导和规范外资并购健康发展，更好地为我国经济发展与改革服务。

积极有序扩大对外投资，开展境外加工贸易

我国下一步对外开放的重要特点是：实现从商品流动为主向商品和生产要素全面双向流动为主转变。实施"走出去"战略，是新形势下对外开放的必然要求。近年来，我国对外投资开始加速增长。但总体而言，“走出去”比“引进来”起步晚，面临的突出问题是对外投资合作能力不足。

今后实施“走出去”战略的重点，是创新对外投资与合作方式，积极扩大能源资源和技术合作，支持企业在境外设立研发机构；支持企业开展国际化经营，加快培育我国的跨国公司和国际知名品牌；鼓励境外工程承包和劳务合作。近期，尤其要注意严格规范“走出去”经营秩序，避免恶性竞争和损害东道国公共利益的行为，强化企业遵守东道国法律和履行社会责任意识。

要将鼓励开展境外加工贸易作为我国企业国际化的一条重要途径。境外加工贸易适合我国大多数企业规模小、国际化经营经验少的特点，在国外进行全散件和半散件组装，较少或不影响国内产业发展和就业，有利于就地开展维修等售后服务，还可以规避贸易壁垒等。同时，也有利于促进当地产业和经济发展，做到互利共赢。我们拥有发展境内加工贸易的成功经验，不妨移植到境外加工贸易上，努力开创企业国际化经营新局面。要逐步发展海外参股并购，以小额股权投资和参股并购为起点，逐步熟悉情况后再提高参与管理程度，有利于控制我国企业国际化经营的风险，提高多方面的收益。

将服务业开放作为新一轮对外开放的重点

经济全球化正加速从制造业向服务业延伸，服务业全球化蓬勃兴起，服务业外国直接投资(FDI)成为跨国投资的主体。预计2008年全球服务外包市场规模将突破1万亿美元，跨国公司成为服务业全球化的主要驱动力量。

我国面临着进一步承接服务业跨国转移、加快现代化进程的重大机遇，我国已具备在服务业全面实施开放带动战略的基础。联合国贸发会议和很多机构都将中国列为国际服务外包的重要目的地。同时，我国也面临严峻的挑战。在承接服务业转移和软件外包等方面，我国已落后于印度、爱尔兰等国，并将面临着其他新兴经济体的竞争。总的来看，扩大服务业对外开放，关乎我国全面落实科学发展观、转变经济发展方式的战略大局，值得高度重视。

要借鉴我国制造业以开放促进产业结构成功升级的经验，全面推进服务业以开放促发展、促改革、促创新的步伐：首先，以承接国际服务外包为突破口，强化溢出效应，带动服务业开放与升级；其次，完善服务业吸收外资政策，全面提高服务业吸收外资水平，推动国内服务业重组与改革、创新；最后，要大力发展服务贸易，扩大服务进口，促进我国服务供给质量的提高。

注重防范国际经济风险，维护国家经济安全

要全面认识对外开放和维护国家经济安全的关系。实践证明，对外开放有利于维护国家经济安全。没有开放就没有发展，也就谈不上国家经济安全。开放可以取长补短，引入竞争，促进发展，壮大综合国力。对外开放带来中国经济与世界经济的依赖是双向的、互动的。在加深我国对海外市场和资源依赖的同时，世界各国对中国的依赖也在加深。利益互补、合作共赢将成为化解矛盾和摩擦的有力武器，有利于维护国家经济安全。

因此，我们必须做到：一是处理好内需外需关系，把扩大内需作为经济发展的根本立足点；二是有效防范国际金融风险；三是健全产业安全机制；四是努力保障资源能源供给与海外资产人员安全；五是积极应对新出现的各种非传统安全风险。

(作者：商务部副部长)

(选自《求是》2008年第4期)

准确理解反垄断法的几个问题

杨景宇

《中华人民共和国反垄断法》是一部确立市场竞争基本规则、维护市场竞争秩序、保障市场经济健康发展的重要法律。为了便于广大干部群众准确把握反垄断法的基本精神和主要内容，正确执行这部重要法律，现就社会普遍关注的几个问题，予以简要说明。

问题之一：当今世界，经济全球化不断发展，我国企业的主要问题是如何做大做强，增强竞争能力。在这种形势下，制定反垄断法的必要性何在？

竞争是市场经济的本质属性和基本特征。只要实行市场经济，就要维护市场竞争。市场竞争机制这只“看不见的手”本来是具有较强自我调节功能的，但当市场经济发展到一定阶段后，市场竞争机制就越来越难以完全依赖自身功能来维护。这就要求建立反垄断法律制度，由政府对市场活动进行适度干预，用这只“看得见的手”来矫正市场发展进程中产生的扭曲和失真。

在现阶段，我国的市场发育尚不充分，竞争规则尚不健全，经营者的行为尚不规范，既存在一些经营者在国内市场上和对外贸易中低价销售商品，互相倾轧、损害国家利益的恶性竞争现象，也存在一些经营者通过订立固定价格、限制产量等垄断协议，排除或者限制市场竞争的现象；既存在企业规模较小、竞争能力较差、需要做大做强的问题，也存在一些经营者通过企业合并而占有较大市场份额、滥用市场支配地位、损害市场竞争的现象。从这样的实际情况出发，为了保障社会主义市场经济健康发展，既要依法反对不正当竞争，又要依法反对垄断。通俗地说，搞市场经济，一是不能不竞争，二是不能乱竞争。这就如同体育比赛，既不能排斥运动员上场，也不能允许运动员上场后不按规则比赛。反垄断法和反不正当竞争法就是这样相辅相成，从两个侧面确立了市场经济活动的基本规则。1993年9月，全国人大常委会通过了反不正当竞争法。在此基础上，适应新情况，解决新问题，制定反垄断法，建立健全我国的反垄断法律制度，是迫切需要的。

问题之二：反垄断法的立法精神是什么？与其他国家的反垄断法相比较，我国的反垄断法有什么特点？

制定反垄断法总的精神是：以邓小平理论和“三个代表”重要思想为指导，深入贯彻落实科学发展观，从我国的国情和实际出发，研究借鉴国际上的反垄断法律制度，确立与我国社会主义基本经济制度相符合、与我国社会主义市场经济发展要求相一致、与我国经济社会发展阶段相适应、具有中国特色的反垄断法律制度。

我国宪法规定：国家在社会主义初级阶段，坚持公有制为主体、多种所有制经济共同发展的基本经济制度。社会主义公有制是我国经济制度的基础，国有经济是国民经济中的主导力量。发展壮大国有经济，对于发挥社会主义制度的优越性，增强我国的经济实力、国防实力和民族凝聚力，具有关键性作用。据此，我国制定反垄断法，必须维护国家基本经济制度，既要有利于巩固和发展公有制经济，又要有利于鼓励、支持和引导非公有制经济发展；必须按照社会主义市场经济的要求，确立市场竞争基本规则，在国家宏观调控的指导下，使包括国有企业在内的各类企业通过公平、有序的市场竞争开展经营活动；必须从现阶段我国经济社会发展的实际出发，充分考虑我国企业做大做强、提高产业集中度、增强市场竞争能力的需求，统筹协调反垄断与实施国家产业政策的关系，使经营者通过公平竞争和自愿联合，依法实施集中、扩大经营规模、增强市场竞争能力。这三个“必须”集中体现了反垄断法的中国特色，是贯穿这部法律始终的基本精神。

问题之三：反垄断法第七条第一款规定：“国有经济占控制地位的关系国民经济命脉和国家安全的行业以及依法实行专营专卖的行业，国家对其经营者的合法经营活动予以保护，并对经营者的经营行为及其商品和服务的价格依法实施监管和调控，维护消费者利益，促进技术进步。”按照这样的规定，允许国有经济在重要行业和关键领域占控制地位，会不会保护和助长“行业垄断”？

首先，需要说明的是：反垄断法所称的控制地位，也就是反垄断法中的市场支配地位，是指经营者在相关市场内能够控制商品价格、数量或者其他交易条件，或者能够阻碍、影响其他经营者进入相关市场的能力。经营者取得市场支配地位，可以通过多种途径，比如：可以通过技术创新或者营销有方、在市场竞争中获胜而取得，也可能由于其从事的行业（如电力电网、铁路路网、城市基础设施管网等）具有自然垄断性质而取得，还可能是基于国家对某些特殊行业或者领域实行特殊市场准入政策而取得。反垄断法并不禁止经营者通过合法途径取得市场支配地位，只是禁止具有市场支配地位的经营者滥用其支配地位，实施垄断价格、掠夺性定价、拒绝交易、搭售、歧视性交易等排除或者限制竞争、损害消费者和其他经营者合法权益的行为。反垄断法对滥用市场支配地位作了明确的、具体的禁止性规定。这些规定对任何企业都是适用的。

对于反垄断法第七条，我们一定要全面理解。一是保障国有经济在关系国民经济命脉和国家安全的重要行业和关键领域取得控制地位，是坚持国家基本经济制度的必然要求，对于保障国民经济稳定运行，维护国家安全，具有重要意义。二是取得控制地位，并不是说就可以实行垄断。国有经济在关系国民经济命脉和国家安全的行业以及依法实行专营专卖的行业占控制地位，并不等于这些行业都只能由国有独资企业经营，更不是说这些行业的经营者就可以不遵守市场规则，滥用其控制地位，排除或者限制竞争。按照中央确定的“推进垄断行业改革，积极引入竞争机制”的精神和“十一五”规划纲要提出的“深化石油、电信、民航、邮政、烟草、盐业和市政公用事业改革，推进国有资产重组，形成竞争性市场格局”的要求，在国有经济占控制地位的行业中，同样要引导、促进不同经营者进行公平竞争。这一条第二款明确规定：这些行业的经营者“应当依法经营，诚实守信，严格自律，接受社会公众的监督，不

得利用其控制地位或者专营专卖地位损害消费者利益。”三是国家对这些行业的经营者的合法经营活动给予保护的同时，又要对其经营行为及其提供的商品和服务的价格依法实施监管和调控，维护消费者利益，促进技术进步。显然，反垄断法第七条的规定是全面的、正确的，既遵循了反垄断法关于禁止滥用市场支配地位的一般原则，又体现了我国的基本国情。至于在现实生活中有的大型国有企业利用其市场控制地位采用乱涨价等手段损害消费者利益的问题，正是需要依据反垄断法加以解决的，不能因为存在这样那样的问题就怀疑甚至否定法律规定的合理性、必要性。

问题之四：经营者通过兼并等方式实现做大做强是国家所鼓励的，为什么事前还要申报、审查？

反垄断法所称经营者集中，包括经营者之间吸收合并、新设合并的情形，也包括经营者通过取得其他经营者的股权、资产或者通过合同等方式，取得对其他经营者的控制权或者能够对其他经营者施加决定性影响的情形。由于经营者集中可能产生或者加强其市场支配地位，对市场竞争产生不利影响，并且一旦完成集中，纠正成本较大，市场经济发达国家的反垄断法通常采用事前申报的办法对集中行为进行控制，规定达到一定标准的经营者集中，要在实施前向反垄断执法机构申报。同样，我国的反垄断法对经营者集中规定了事前申报制度，是必要的。

我国制定反垄断法，还充分考虑到我国经济发展的阶段性，与国家的产业政策和其他有关政策相协调。我国现阶段经济发展中的一个突出问题是产业集中度不高，许多企业达不到规模经济的要求，竞争能力不强。党的十六大和十六届三中全会都明确提出，要“发展具有国际竞争力的大公司大企业集团”。因此，制定反垄断法，既要防止经营者过度集中形成垄断，又要有利于国内企业通过合并、兼并、重组做大做强，在控制经营者集中方面作出适度规定。按照这一精神，反垄断法在“总则”中明确规定，经营者可以通过公平竞争、自愿联合，依法实施集中，扩大经营规模，提高市场竞争能力；在“经营者集中”一章中又进一步规定，审查经营者集中，除了要考虑经营者集中对竞争产生的影响以外，还要考虑对国民经济发展和技术进步的影响等因素。对应予禁止的经营者集中，如果经营者能够证明该集中对竞争产生的有利影响明显大于不利影响，或者符合社会公共利益的，国务院反垄断执法机构可以作出不予禁止的决定。

这里，有一个问题需要说明。反垄断法第三十一条规定：“对外资并购境内企业或者以其他方式参与经营者集中，涉及国家安全的，除依照本法规定进行经营者集中审查外，还应当按照国家有关规定进行国家安全审查。”反垄断法公布后，有些外国企业担心这一规定是否意味着中国引进外资政策将发生重大改变。这种担心是不必要的。对外开放作为我国的一项基本国策，已经载入宪法，是不会改变的。当然，我们在坚持对外开放的同时，随着形势发展，有必要不断提高利用外资的质量和水平。再者，对外资并购本国企业进行国家安全审查，并不是我国独创的制度。美国、加拿大、英国、法国、德国、日本等许多国家的法律都有这方面的规定。外国不少有识之士已经看到，中国的反垄断法确立了国际公认的市场竞争基本规则，将为中外投资者创造更好的投资环境，更有利于吸引外资，更有利于中国与各国开展互利共赢的经济合作。

问题之五：有些人认为，我国市场经济活动中的突出问题是“行政垄断”。为什么反垄断法没有明确规定反对“行政垄断”？

反垄断法指的垄断是经营者在市场经济活

动中的一种行为。众所周知，我国以往在计划经济条件下政企不分的状况，在改革中早已根本改变。在社会主义市场经济条件下，行政机关不是经营者，不从事经营活动，因此也就不存在反垄断法意义上的所谓“行政垄断”，“行政垄断”的提法是不科学、不准确的。我国现实生活中存在的问题是，在计划经济向市场经济转变的过程中，有些政府工作人员的观念尚未完全转变、政府职能转变尚未完全到位，由此产生了这样的行为：有些行政机关滥用行政权力，排除或者限制竞争；有些地方政府及其所属部门和法律、法规授权的具有管理公共事务职能的组织滥用行政权力，实行地区封锁，排除或者限制竞争。这些行为阻碍商品在全国范围内或者跨地区自由流通，妨碍统一、有序市场的形成和发展，也损害了广大消费者的利益，已经引起社会广泛关注。为了解决这类问题，国务院在2001年就专门制定了禁止在市场经济活动中实行地区封锁的行政法规。从我国的实际出发，反垄断法对“滥用行政权力排除、限制竞争”专设一章，明确规定：“行政机关和法律、法规授权的具有管理公共事务职能的组织不得滥用行政权力，限定或者变相限定单位或者个人经营、购买、使用其指定的经营者提供的商品。”并具体规定：行政机关和法律、法规授权的具有管理公共事务职能的组织不得滥用行政权力，妨碍商品在地区之间的自由流通；不得以设定歧视性资质要求、评审标准或者不依法发布信息等方式，排斥或者限制外地经营者参加本地的招标投标活动；不得采取与本地经营者不平等待遇等方式，排斥或者限制外地经营者在本地投资或者设立分支机构；不得强制经营者从事本法规定的垄断行为；不得制定含有排除、限制竞争内容的规定。这些规定准确、具体，针对性强，能够切实解决实际问题，又不至于引起不必要的误解。

（作者：全国人大法律委员会主任委员）

（选自《求是》2008年第5期）

对深化我国政策性银行体制改革的几点认识

朱元樑

政策性银行实现职能调整和机构转制的条件日益成熟

根据我国市场经济体制发展的需要，1994年我国三家政策性银行相继成立，这标志着政策性金融体系开始建立，在我国初步实现了政策性金融业务与商业金融业务的分离。按照国务院的部署，国家开发银行、农业发展银行、进出口银行三家政策性银行均直属国务院领导，由国家财政全额拨付资本金。其业务的一般特点是贷款利率较低，期限较长，有特定的服务对象。其中，国家开发银行注册资本金为500亿元人民币，主要任务是建立长期稳定的资金来源，筹集和引导社会资金用于国家基础设施、基础建设和国家支柱产业等。农业发展银行承担国家粮棉油储备和农副产品合同收购，承担一些农业的政策性专项贷款，注册资本金为200亿元。进出口银行主要为大型机电成套设备进出口提供买方信贷和卖方信贷，同时，负责外国政府的转贷业务，注册资本金为50亿元。

我国政策性银行的成立以及十多年来的运行实践表明，政策性银行在支持国民经济增长方面表现出以下优势：一是有利于减轻财政的负担。我国中央财政对国债的依存度较高。通过政策性银行发行政策性金融债券可以有效降低国家的负债率，虽然需要还本付息，但比起国债的无偿投入，国家承担的风险要小得多。二是提高资金使用效率。由于国家政策性银行与资金的使用者是一种规范的借贷关系，对投资项目的约束性强，需要借款人通过投资项目的收益还本付息，这样就提高了资金的使用效率。政策性银行设立的经济学理论依据是“市场不灵”时，需要由“看得见的手”进入市场发挥调节、干预、引导作用，使社会资源得到合理充分的配置，并在一定程度上熨平经济周期过大的振幅，政策性银行就充当了这只有力的“看得见的手”。

但与1994年政策性银行成立之初相比，当前我国的宏观经济环境、产业结构、市场需求和微观基础都发生了很大变化，带有补贴的、政府指令的政策业务比重逐步下降，而自营开发性业务比重逐步上升，政策性银行业务不断市场化，政策性银行实现职能调整和机构转制的条件日益成熟，面临继续发挥政策性银行的作用和向市场转轨的任务。国务院在2006年工作要点中，明确提出深化并推进政策性银行改革的战略，由人民银行和财政部具体负责，三家政策性银行着手研究和设计符合各自特点的改革方案。特别是日前国家开发银行改革实施总体方案已获得国务院批准，这是政策性银行贯彻党的十七大精神，推进国有银行体制改革的又一重大步骤。

从国际的情况看，20世纪90年代以来，世界政策性金融发生了深刻的变化，各国政策性银行普遍调整了发展战略，日益呈现出机构的重组再造及业务经营多元化、业务总量结构性扩张与逆转，业务手段加大商业化运作等趋势。政策性银行的融资结构逐步由财政融资向市场融资转变，采取分账户经营或母子公司的方式分别经营政策性业务和商业性业务，业务范围进一步扩大，进而导致总量的结构性逆转态势，即政策性业务规模逐步减少，商业性业务比重逐步扩大，从而与商业性金融机构发生业务的摩擦。但是，国外政策性银行的改革大多保持政策性金融的本质属性及非竞争的原则。

调整转制的关键是做好基础工作

继国有商业银行改制上市，深化政策性银行体制改革将成为我国今后一段时期国有银行改革的重点，转制后的政策性银行可以更好地为包括西部地区在内的产业结构调整、基础设施建设和实施“走出去”战略提供持久的金融服务。改制后，政策性银行从完全依靠政府的支持，到部分地依靠市场的竞争，做到政策性业务与市场业务的统一。一方面与货币市场和资本市场加强联系，另一方面，仍然需要加大对“三农”、“两基一支”和进出口贸易的资金投入。比如农业发展银行应加快内部改革，优化组织体系，淡化行政色彩，加强风险控制，支持实现农村金融的总体发展。

经过改制，我国政策性银行的发展战略将会突显为：一是认真贯彻执行国家的方针政策，大力支持农业、进出口贸易和国家基础设施、基础产业、支柱产业建设以及社会经济发展的资金需求。二是促进区域协调发展和产业结构调整，坚持科学发展规划先行，促进区域协调发展，配合国家有关部门发展规划的制定，强调西部开发在符合国家战略规划的同时，在资金方面支持自然资源的保护与移民。三是加强对中小企业及教育、医疗等社会瓶颈领域的资金支持。

我国三家政策性银行虽然同为政策性金融机构，但实际的作用和承担的任务、服务的对象各不相同，不能搞“一刀切”的转型，要从各自实际出发，坚持“一行一策”、量身定做改制的方案，在明确政策方向和原则的前提下，分步骤、分阶段地实施。从我国政策性银行转制的路径看，应该是在国务院领导下，条件成熟一个转制一个地稳妥推进。

以先行一步的国家开发银行为例，国家开发银行从政策性银行向商业银行转型后，主要应通过开展中长期信贷业务和股权投资金融业务，为国民经济重大的中长期发展战略服务，并通过股份制改造建立现代金融企业制度，国家开发银行将全面推进商业化运作，实现自主经营、自担风险、自负盈亏，通过财务重组和内部改革，以市场为导向，建立可持续发展经营机制和激励约束机制，全面提高风险防范能力，从政策性银行转型为资本充足、内控严密、运行安全、服务优质、效益良好、创新能力强和竞争能力强的商业银行。

尽管三家政策性银行的组织体系、经营范围差别较大，但在转制路径方面应该做好的基础工作基本上是一致的。一是尽快转变观念。包括内部的经营观念和社会对政策性银行的认识，从完全依靠政府向市场化经营转变。二是尽快多渠道地补充资本金。改革后，应将补充资本金和筹集信贷资金作为首要的问题来解决。通过财政、中投公司以及金融市场筹集，拓宽资本金的筹集渠道和路径。三是积极处理和消化

不良资产。对于不良贷款应该分类解决。该核销的给予核销，同时应允许加大拨备解决或在资本市场打包出售。四是进行治理结构和内部运行机制调整。主要是引入董事会制度和引入独立董事制度，银行的高管层也应该按照市场需求进行聘任和管理，内部的管理制度和机构设置应尽快适应改革后金融业务的需要，按照市场要求进行设置和调整。五是转变运行模式。转制后的政策性银行具有完成政策目标和市场目标的双重功能。因此，今后也应该在财务管理和考核方面采取不同的指标体系，分别设立指令性账户和指导性账户，以防止风险的转移。六是进行激励机制和薪酬机制的改革，适应转制的需要，最大限度地激励员工的积极性。

国家开发银行改革后的“五变”与“五不变”

国家开发银行改革的各项准备工作已基本就绪。如果说国有商业银行改革的重点是转制，那么国家开发银行的改革是既转型又转制，难度更大。我认为，国家开发银行改革后最重要的变化有五个方面：一是转型以后，政策性银行转向商业银行，银行的性质变了。二是转制以后，国有的独资银行转向国家控股的股份制银行，银行的体制变了。三是投资的范围变了，只限于股权投资，原办理的项目资本金不足可以发放软贷款的政策将有所变化。四是金融债券的性质变了。国家开发银行已累计发行金融债券4万亿元，是国家信用级债券，风险权重为零。金融债券性质将在过渡期结束后变为公司债券，发行的成本可能有所增加，公司债券信用度可能有所降低。五是银行关注的重点变了。主要是对贷款的投向和风险的关注从依靠政府转变成依靠市场，从关注担保人转向关注借款人（第一还款人），作为商业银行要更加关注借款人的经营能力和管理水平、真实的财务状况，更加关注资产的安全。这就要求从业人员对借款人的资产负债表、利润表和现金流量表会分析并会查账。

相对“五变”，国家开发银行在改革后也存在“五不变”，主要表现为：一是改革前后都是主要办理中长期贷款和投资的业务不变。二是筹资的主要渠道不变。虽然可以吸收存款，但仍然以面向市场发行债券筹资作为资金来源的主渠道。三是省以下机构设置基本不变。可能按经济区域增设一些分支机构，但不会像商业银行那样广设网点。四是主要办理中长期业务的特征不变，所以中长期贷款存在的潜在风险不变，应当密切关注。五是工作的最薄弱环节，仍是贷后管理没有变，这与机构设置、人员数量、贷款期限较长密切相关。

国家开发银行转型转制以后，变是绝对的，不变是相对的，变是改革的必然，不变是以变为前提的，应该在变的前提下重新认识，以适应改革后的工作需要。研究进出口银行和农业发展银行的改革问题已列入今年政府的工作，因此我国的政策性银行正面临改革的契机。深化我国政策性银行的改革，应正确认识变与不变的关系，积极探索和应对变与不变带来的新问题，要有新思路，寻找新方向，依靠创新来解决存在的主要问题。对政策性银行的改革，必须坚持一行一策，态度要积极，论证要充分，推进要稳妥，目标要逐步实现。

（作者：国有重点银行业金融机构监事会主席）

（选自《中国金融》2008年第17期）

转变经济发展方式是实现国民经济又好又快发展的关键

吴树青

转变经济发展方式，是在总结我国经济建设实践经验和借鉴国际经验教训的基础上认识的提高和理论的升华。它关系发展理念的转变、发展道路的选择、发展模式的创新，实质上是解决如何使发展又好又快的问题。

一、转变经济发展方式是与转变经济增长方式既有联系又有区别的新概念

用“转变经济发展方式”区别于过去的“转变经济增长方式”，虽然只改了一个词，但是内涵却发生了重大变化。经济发展方式和经济增长方式是两个既有联系又有区别的不同概念。过去我们经常使用的是转变经济增长方式。这也是经济学常用的概念。一般来说，经济增长方式是指通过要素结构变化包括生产要素数量增加和质量改善来实现经济增长的方法和模式。通常把主要依靠增加生产要素投入、追求产品数量扩张的增长方式，称为粗放型增长方式或外延型的增长方式；把注重依靠科技进步和提高劳动者素质、通过加强管理改善效益的增长方式，称为集约型增长方式或内涵型的增长方式。转变经济增长方式，主要是指经济增长由粗放型向集约型、由外延增长向内涵增长转变，关键是提高要素投入产出效率和全要素生产率。但不论如何转变，经济增长方式的核心内容在于单纯地追求和实现国民经济更快的增长速度和总量的扩张。

“经济发展方式”是一个新概念，目前还不像经济增长方式那样有公认的规范的定义。但就提出这个概念的要求看，它应当比经济增长方式涉及面更广，含义更深刻。“经济发展方式”不仅包括单纯的经济增长，而且包括结构的优化，经济运行质量和效益的提高，也包括降低消耗、改善资源和生态环境的状况以及经济社会自然发展的协调与和谐等各方面。其实质在于全面地追求和实现经济社会更好的发展质量和整体的协调。也就是说，转变经济发展方式，不仅要求转变经济增长方式，还要求实现经济结构优化升级，实现经济社会协调发展，实现人与自然和谐发展及人的全面发展。

二、转变经济发展方式的重大意义

转变经济发展方式，是在探索和把握我国经济发展规律基础上提出的重要方针。改革开放以来我国经济建设从低水平起步，基础差、底子薄，长期处于相对封闭状态。受经济发展所处阶段及整体技术水平的限制，我国经济增长相当长的时期内主要依靠增加要素投入和物质消耗，靠简单劳动支撑推动。在经济建设中，长期存在重速度、轻效益，重外延扩张、轻内涵提高，重铺新摊子、轻原有企业技术改造，重产品数量增长、轻产品质量提高的现象，由此使我国经济发展呈现出高投入、高增长、低效益的状况，带有明显的粗放特征。党的十六大以来，我们党对我国经济发展规律的认识取得了新的重大进展，形成了科学发展观。按照科学发展观的要求，必须从最广大人民的根本利益出发，努力实现经济社会自然全面协调可持续发展。与此相适应，十七大提出了转变经济发展方式的重要方针。这是贯彻落实科学发展观的必然要求，是我们党对我国经济发展规律认识进一步深化的一个重要标志。

转变经济发展方式，又是从当前我国经济发展实际出发提出的重大战略。改革开放以来，我国国民经济快速增长，经济实力显著增强，人民生活实现了两步历史性跨越，即从贫困到温饱、又从温饱到小康。在全面建设小康社会的新阶段，城乡居民消费结构不断升级，对改善人居环境和生活质量提出了新要求。工业化、城镇化加速发展，将带动基础产业、城市基础设施和公用事业等领域的投资显著增加。但应当清醒地看到还存在不少问题，突出地表现在：第一，重化工业和城镇化的快速发展，对土地、淡水、矿产和能源等战略资源的保障和生态环境产生持续压力；第二，高附加值、高技术含量和低消耗、低排放的先进制造业发展滞后，现代服务业发展严重不足，经济结构性矛盾凸显；第三，农业基础仍很脆弱，城乡居民收入差距扩大的趋势还没有得到遏制，城乡二元结构矛盾仍然突出；第四，区域经济差距继续拉大，区域产业特色不突出，区域协调发展的任务依然艰巨；第五，外部经济环境的不确定和不稳定因素有增无减，经济全球化向纵深发展对我国粗放型经济增长方式带来新的压力。这些问题和矛盾反映了当前我国经济发展中存在一个突出弱点，就是经济增长由粗放型向集约型转变还没有整体性突破，经济发展的质量和效益还没有实质性提高。特别是近几年来，随着我国经济增长速度加快，资金投入、资源消耗和环境污染大幅度增加。这种发展方式与实现经济社会全面协调可持续发展的要求不相适应，与不断改善民生、促进和谐的要求不相适应，与全面建设小康社会的要求不相适应，与贯彻落实科学发展观的要求不相适应。因此，必须把转变经济发展方式、提高经济发展质量和效益作为经济工作的中心任务。

三、转变经济发展方式关键是实现三个转变

（一）促进经济增长由主要依靠投资、出口拉动向依靠消费、投资、出口协调拉动转变，关键是提高人民收入，突出消费在促进经济增长中的地位。

消费、投资与出口，是促进经济增长的“三驾马车”。消费和投资即内需应当是拉动经济增长的主要力量，其中消费是推动一国经济增长最稳定、最持久的动力。对一个大国来说尤其如此。世界上一些经济发达、开放度高的国家，推动经济增长的第一要素都是消费。但目前我国需求结构中却出现了投资率偏高、消费率较低的情况。由于消费率低，居民生活没有随着经济快速增长而同步提高，导致国内市场规模受限，生产能力相对过剩，使得经济增长对出口的依赖程度不断提高。结果拉动经济增长主要依靠投资和出口。而扩大出口带来的外贸顺差过大和国际收支盈余过多，还会造成国内资金流动性过剩，银行手里有着大量资金需要贷出，反过来又助长了投资的高增长。

不管从中长期趋势看，还是从年度水平看，我国的消费率均明显偏低。国际上大体在80%左右，我国在1952年到2000年的49年中，平均消费率为65%，从2002年到2006年居民收入在国民收入中的比重呈持续下降的趋势，从2002年的62.1%下降到2006年的57.1%，成为历史上的最低点。

在工业化发展过程中，在经济起飞时期，作为一个发展中的大国，因为需要加速发展，增加财力，投资与出口成为推动经济增长的主要因素，是完全可以理解的。但是经济发展到一定阶段以后，特别是作为一个大国，消费在经济增长中的作用滞后，这就不能不成为需要认真注意的问题。无论是着眼于改善民生，还是着眼于产业结构调整和国际收支平衡，都要坚持扩大国内需求，鼓励合理消费，把经济发展建立在开拓国内市场的基础上，形成消费、投资、出口协调拉动经济增长的局面。只有实现这种转变，才能促进国民经济良性循环和人民生活水平不断提高，才能为中国经济的持续增长提供更稳定的基础。

导致我国消费率偏低的原因，一是因为收入增加速度明显低于GDP增长速度。二是因为收入差距的扩大。提高消费率，增强消费对经济增长的拉动作用，除了在分配方面要注意解决好积累和消费的关系外，还要完善收入分配政策，持续增加城乡居民收入，逐步提高居民收入在国民收入分配中的比重。特别需要解决下面三个问题：一是重视“三农”，多渠道增加农民收入，大力开拓农村市场特别是农村消费市场；二是扩大就业，提高低收入群体的购买力，提高劳动报酬在初次分配中的比重；三是理顺分配关系，缩小收入差距。

(二)促进经济增长由主要依靠第二产业带动向依靠第一、第二、第三产业协同带动转变，其关键是转变产业结构，巩固第一产业，做大第三产业，提升第二产业，发展现代产业体系。

经济结构不合理是当前我国经济整体素质和效益不高、经济社会发展存在诸多矛盾的重要原因。产业结构是经济结构最重要的组成部分，我国产业结构是工业大而不强，农业基础薄弱，第三产业发展滞后。改革开放以来我国的经济增长主要是依靠工业即第二产业带动的。在工业化发展的起始阶段，第二产业一马当先有其必然性，它为上亿人口摆脱贫困创造了物质基础。但与此同时也必须看到，传统工业化发展模式不仅给社会带来了诸如资源的极度浪费、环境的严重污染等问题，而且也导致一二三产业比例不协调，重工业比重较大、农业相对落后、第三产业发展不足等一些不能不予以注意的问题。党的十六大以来，我国第一、第二、第三产业都有了很大发展，但仍存在农业基础薄弱、工业素质不高、服务业发展滞后等问题。三次产业间的不协调，已经到了不仅影响整个社会经济健康发展，也影响第二产业本身持续发展的地步。因此三次产业间的协调发展，已经迫在眉睫。

实现经济增长由主要依靠第二产业带动向依靠第一、第二、第三产业协同带动转变，必须坚持走中国特色新型工业化道路，促进信息化与工业化融合，巩固第一产业，做大第三产业，提升第二产业，发展现代产业体系。巩固第一产业特别是要加快发展现代农业，扎扎实实地推进社会主义新农村建设。逐步做到用现代物质条件装备农业，用现代科学技术改造农业，用现代经营形式推进农业，用培养新型农民发展农业，提高农业水利化、机械化和信息化水平，提高土地产出率、资源利用率和农业劳动生产率，提高农业效益和竞争力，走中国特色农业现代化道路。做大第三产业就是要大力发展服务业。服务业是国民经济的重要组成部分，服务业的发展水平是衡量现代社会经济发达程度的重要标志，是现代产业体系中最重要的组成部分。加快发展服务业，是推进经济结构调整、加快转变经济发展方式的必由之路，

是有效缓解能源资源短缺的瓶颈制约、提高资源利用效率的迫切需要。因此，我们要着力提高服务业在三次产业结构中的比重，既要大力发展主要面向生产者的服务业，也要适应居民消费结构升级趋势，继续发展主要面向消费者的服务业，要扩大短缺服务产品供给，满足多样化的服务需求，尽快使服务业成为国民经济的主导产业。特别要大力发展金融、保险、物流、信息和法律服务等现代服务业，积极发展文化、旅游、社区服务等需求潜力大的产业，运用现代经营方式和信息技术改造提升传统服务业，提高服务业的比重和水平，尽快把服务业发展成为国民经济的主导产业。

提升第二产业要大力推进信息化与工业化融合，促进工业由大变强，大力发展先进制造业。重点体现在三个方面：第一，加快发展高新技术产业，积极发展信息、生物、新材料、现代能源、航空航天、海洋工程、环保产业等高新技术产业。第二，振兴装备制造业，广泛应用先进技术来改造和提升传统产业。第三，加强基础产业基础设施建设，包括发展能源产业，如煤炭、水电、核电、石油天然气和发展风能、太阳能、生物质能等可再生能源。发展交通运输，形成便捷、通畅、高效、安全的综合交通运输体系。与此同时，要加快淘汰钢铁、有色、化工、建材、煤炭、电力等行业的落后生产能力，用高新技术改造提升传统产业，促进工业由大变强。

（三）促进经济增长由主要依靠增加物质资源消耗向主要依靠科技进步、劳动者素质提高、管理创新转变。

改革开放以来我国经济增长的主要途径，是靠拼原材料消耗和消耗大批廉价劳动力。在基础薄弱、科学技术水平低、劳动者文化水平不高的条件下发展工业化，最初只能依靠粗放型经济增长方式来实现增长。经过近30年的发展，现在提出由主要依靠增加物质资源消耗转变为主要依靠科技进步、依靠提高劳动者的素质与管理创新，这是发展方式的一种巨大转变与提高。

之所以必须提出由主要依靠增加物质资源消耗向主要依靠科技进步、劳动者素质提高、管理创新转变，是因为进入新世纪新阶段，土地、淡水、能源、矿产资源和环境状况对经济发展已构成严重制约，过去那种粗放型的经济增长已经难以为继。

实现这一转变，关键是全面提高自主创新能力，促进科技成果向现实生产力转化。经过多年努力，我国科技创新取得明显成效。但从总体上看，自主创新不足，转化水平不高，劳动生产率和经济效益与国际先进水平相比还有较大差距。不论是从国际科技竞争加剧的趋势看，还是从国内低成本竞争优势减弱的现实看，都到了必须更多地依靠科技进步、劳动者素质提高和管理创新带动经济发展的历史阶段。

促进经济增长由主要依靠增加物质资源消耗向主要依靠科技进步、劳动者素质提高、管理创新转变，还要求把节约资源作为基本国策，发展循环经济，保护生态环境，加快建设资源节约型、环境友好型社会，促进经济发展与人口、资源环境相协调。推进国民经济和社会信息化，切实走新型工业化道路，坚持节约发展、清洁发展、安全发展，实现可持续发展。

总之，转变经济发展方式，加快推进“三个转变”，逐步形成速度质量效益相协调、消费投资出口相协调、人口资源环境相协调，以及城乡之间和区域之间发展相协调的新格局，将有力地促进经济发展切实转入全面协调可持续发展的轨道，实现又好又快发展的目标。

（作者：北京大学原校长、教授）

（选自《前线》2008年第1期）

科技创新与经济发展方式转变

张晖明

科技创新对于经济社会发展所产生的影响是全方位的，它必然表现为社会生产方式和居民生活方式的变化，科技创新的成果一定是直接投射在生产和生活方式的变化演进上。

一、对“科技创新”内涵的再思考

“创新”这个概念，从美国经济学家熊彼特针对经济发展中的企业行为给予清晰的界定以后，一直被经济学界所引用。这些年来，在我国经济社会生活中更是如此。大背景还是因为我国从1978年底开始的经济体制改革，本质上就是实施体制的全面革新或创新工作。在不同场合，创新成为一个使用频率非常高的名词。在科技领域也是一样，特别是2006年初全国科学技术大会上，胡锦涛总书记发出了“到2020年把我们国家建设成为创新型国家”的号召，科技创新作为决定和影响综合国力的基本因素更加受到重视。

创新就是不满足于现状，就是要改变现状，包括现有的某些规则、流程规范和具体的做法。毫无疑问，在以往的社会实践和社会进步中，现有的规则曾经发挥过很好的效用，因此，对现有的规则、流程规范和工作做法加以变革创新是需要勇气的，创新的行为在很大程度上与现状是相悖的，也是违现行之规的。这种思想方法论所包含的深层次的哲理必须分析讲透，从现象上看，创新就是不以现状而满足，就是要改变现状，通过新的科技要素的投入和作用，改进“生产函数”，争取新的更加理想的投入产出关系；从创新的底蕴考察，实质上创新就是突破、冲破或改变现行规则，本质上是“违（现行之）规”。因此，创新的行为、创新者是需要勇气和策略的，这种策略，在企业层面上表现为经营运作的能力。

弄清了对创新本质的理解，我们还要讨论所谓科技创新概念中的“科技”所指。传统的经济社会分析所讨论的“科技”，以物质生产活动为主要诉求对象，科技概念的内涵主要是指自然科学知识、技术、工艺、配方成果等。但是，现代经济生活服务产品化、消费概念化、交易信息化、财富虚拟化倾向越来越普遍，对产品需求、消费享受的即时的、心理的满足感要求日益强化，加之市场竞争范围和信息传播手段的进步变化，使得经营运作能力对于现实的科技进步效应的作用影响日显重要，由此我们不难得出现实的科技因素的内涵必须加以拓宽，作为现实生产力的科学技术不仅是自然科学知识，还包含人文社会科学知识。这是一个产业融合的东西。

再说，科技创新的目标如何实现也需要提出“再思考”。围绕这个问题需要回答科学技术转化为现实的生产力需要什么条件。我觉得对于实际发挥效用的科学技术作为现实生产力存在，现场主义非常重要，我们今天所碰到的科学技术因素的实现“转化”往往会碰到瓶颈，制约了创新目的的实现。科学技术作为独立的生产力因素，其作用渗透弥漫化于全部生产力要素（包括劳动力、劳动对象、生产资料，还有管理、组织等要素）之中，如何对这些要素加以配置、发挥要素作用，需要有系统的眼界，在操作上需要系统集成。因而，如何推进科技更快更好地转化为现实生产力，关键环节在于科技经营，在于管理能力和效率。科技经营是中国现阶段制约科技创新能力提升的瓶颈。解决之道在于需要集成运用自然科学和人文社会科学知识。

二、以集成创新突破推进科技创新

为什么要提集成创新突破？回顾改革开放三十年的历程，概括起来说，伴随开放的进程，形成递进的三个阶段的发展台阶，首先是引进学习追赶，可以说是“跟着巨人走”的阶段。在学习模仿的基础上，我们在国民经济不同领域引进大量的国外的先进技术，以直接的拿来主义方式学习接受国外的技术，一下子缩短了我们与发达国家之间的差距，节约了自我摸索可能要花去的宝贵的时间。在新的发展格局下，需要我们在看懂学会的基础上，进一步提出主动集成，“利用”外资，做到“与巨人并肩走”。倘若不是如此，那就只能是被外资利用从而“被集成”。

我们强调融合集成，“集成”就是要建立一个完整的解决方案，体现了系统论和协同论思想，以期能最大限度地提高系统的有机构成和效率，提高系统的完整性和灵活性。“集成”是一种思想方法论，它克服了过去线性思维的工作方式和思维方式，是对线性思维方式的扬弃；集成是一种执行能力，它强调现场主义的重要；集成还表现为一种多维立体的要素整合，包括了自然科学维度和社会科学维度的，包括消费者心理和行为方式上的东西，它是一种新型的商务模式；集成呼应市场发育、体制完善，表现为企业平台基础上的主体行为方式转变互动，包括企业、企业的自组织（行业协会）、政府（职能分工——部门设置与岗位设置）、市场结构与竞争秩序等方面的契合。

具体说，如何实现集成创新突破？就是要以企业作为资源配置的平台，企业的环境怎么样？环境是谁塑造的呢？是政府塑造的，环境是企业争取的。因此表现为企业的自主性非常重要。在集成的基础上实现突破，形成以企业为中心，以市场为前沿，政企合力良性互动的关系。回到现场主义，就要正确处理高技术与实用技术的关系。正是这样，我们进一步提出在创新实践中对创新项目的科学分类管理问题，如何改进创新项目筛选方式，形成即期应用和实用技术开发以企业为主体，长期发展后备技术开发，以企业和科研院所共同努力，政府给予扶持的滚动机制，基础性研究以大学和科研院所承担的科技创新研究分工体系，调整设计和甄别技术创新的路径，理顺官产学研相互关系。要重视集成创新突破，关键还是在于企业现场的经营能力，科技创新的龙头是企业，从创新选题到科技成果产品化、产业化、市场化，需要培育企业的自我成长的、可持续能力。今天中国的企业对于成熟技术和产品的生产与科技创新行为之间还没有找到常规与特殊之间的能力平衡，企业界流行的所谓“不搞科研创新上新产品是等死，主动搞研发创新找死”的说法，实际上反映出企业运行还是没有找到近期的常规发展与可持续发展之间的平衡机制，难以处理好日常经营收益能力与研发所需要的投入能力之间的平衡关系，普遍是受煎熬于财务现金流的约束，缺乏对于研发风险的承受能力，换句话说，对创新缺乏信心，最后只能是跟在别人的技术后面爬行。

三、科技创新与经济发展（生产、生活）方式的转变

如果回到科技创新和经济发展方式转变的意义上说，我想从生产方式转变和生活方式的转变来加以展开回答创新。创新的目的是什么？科技创新直接作用于生产活动，优化提高生产活动的投入产出效率。一个新技术的应用一定表现为现场的企业组织、流程的改变，不断优化调整人与自然的关系，资源节约、环境友好，保证可持续发展。同时生产生活的组织流程和合作交往规则也发生天翻地覆的变化，因此就有了人与人关系的不断调整。再进一步说，由于现在大生产、流水线作业带来人的心理的紧张，最终要求我们每一个个人对这种生产方式的接受，在心理上真正接受。因此我们可以说，技术创新所引起的生产方式的变革，呼唤人的行为和心灵的享受内容的同步演进，只有人的行为和心灵享受的同步优化改进，才能体现人的尊严，表现人类生活质量的提高和人的生存价值实现。科技创新的终极目的是改变人的自身的福利。

科技创新活动与生产方式转变。科技创新活动的核心内容在于不断发现揭示自然科学规律和人类行为（心理）发生规律。集成了心理学、社会科学和自然科学的知识，由于规律具有内生性和自发生命力，从而也具有可持续能力。因此，我们的创新活动一定要自觉遵循自然规律和心理规律。按自然规律办事，就会自觉关注环境承载能力、资源的再生能力、修复能力、替代升级能力，坚持技术标准和环境标准，理解WTO的真谛，实现生产方式的转变。今天我们已经加入WTO，WTO反对一切形式的垄断和变相的垄断，但是它偏偏保护知识产权、技术的垄断。同时它对生产力的可持续，它对于环境标准的垄断是保护的，我们的企业或者说我们理论界需要在这方面把一些理论进一步深入阐述。

科技创新活动的终极目的是改善人类生活质量，不断提高民众的福利水平。科技创新所提供的更加绿色、更加舒适的生活消费品（包括各类物质产品、精神产品和生活服务），需要有消费者对产品的欣赏、接受、享用的积极性加以配合才能最终实现。换句话说，创新成果的知识含量需要加以普及推广，被消费者所理解接受，创新的价值必须在消费者心灵上和产品使用场合也能呼应你的初衷，科技创新成果才真正抵达其价值链的终端。还有，科技创新的成果要让消费者明明白白地消费，从而与科技创新同时得到重视、有相应投入的另一个方面就是我们要做科技普及工作，使得老百姓本身对科技知识理解，对新技术接受理解。因此可以说，为了推动居民文化和科技知识水平的提高，开展科普活动，是科技创新活动的另一翼，或者说是另一个轮子。只有两个轮子一起转，科技创新的工作内容才是完整的。只有全社会消费者都能够熟悉了解新兴科技的社会进步意义，科技创新的初衷目的才真正实现。总之，生产与生活、供给与需求、价值创造与价值欣赏和消费的互相协同配合，是转变经济发展方式的基本要义或基本内容。

（作者：复旦大学企业研究所所长、教授）

（选自《学习月刊》2008年第8期下半月）

落实“一保一控”方针 加快转变经济发展方式

中国社会科学院经济学部课题组

2008年，中国经济发展经受了近几年最为严峻的挑战和重大考验。由美国次贷危机引发的全球金融危机不断发展，世界经济增速显著放缓，对我国经济产生一定影响。外部冲击使正在抑制经济过热、减缓增长速度的中国经济出现增速下降过快的问题，经济增速从2007年第二季度的12.7%下降到了2008年第三季度的9.9%。2008年出现经济增长放缓，既是我们宏观调控措施作用的结果，而更主要的是受外部冲击的影响。与1998—1999年增速大幅下降的不同点在于，这次经济增速下降的同时，还伴随着通货膨胀问题。

面对形势的新变化新特点，中央及时提出了“一保一控”方针，即把保持经济平稳较快发展、控制物价过快上涨作为宏观调控的首要任务。这次调控的特点在于，综合运用经济、法律、行政等宏观调控手段，以经济手段为主。总的来看，国际经济不利因素和严重自然灾害并没有改变我国经济发展的基本面，国民经济继续朝着宏观调控预期方向发展，中国经济保持了增长速度较快、价格涨幅趋缓、结构有所改善的较好态势。本报告将在模型模拟与实证分析相结合的基础上，预测和分析2008年和2009年我国经济的发展趋势和面临的问题。

国民经济主要指标预测

据预测，2008年我国国民经济增长速度将有所放缓，GDP增长率将为10.1%左右。如果2009年国际经济政治环境不再发生显著恶化，国内不出现大范围的严重自然灾害和其它重大问题，GDP增长率虽然将继续有所回落，但仍有望保持9.5%左右的较快增长。2008年和2009年农业生产将保持平稳增长，第一产业增加值增长率均为3.5%，增速略低于2007年；2008年，第二产业增加值的增长速度受外需减弱影响将低于前两年，约增长11.5%；2009年工业增长速度将继续有所减缓，预计增长10.8%。这两年中重工业增长快于轻工业增长的趋势仍将持续，但轻重工业增加值增长率的差距将有所缩小，将缩小到两个百分点以内；第三产业在2008年和2009年的增长速度将继续保持在10%左右的水平上，与第二产业增长的差距仍然存在，这两年中第三产业增加值增长率将分别为10.7%和10.3%。

全社会固定资产投资在2008年和2009年将继续保持较快增长，两年现价总量分别为173790亿元和210870亿元，实际增长率分别为

15.8%和14.5%，名义增长率分别为26.6%和21.3%。与前两年相比，2008年全社会固定资产投资名义增长继续加快，但由于投资品价格指数的显著提高，投资实际增长速度将明显下降。预计2008年我国全社会固定资产投资占GDP的比例将超过58%，2009年可能将超过60%。

2008年，在国内外多种因素的共同作用下，居民消费价格出现了较大幅度的上涨。2008年居民消费价格、商品零售价格以及投资品价格上升幅度都将显著高于前几年，在宏观调控作用下，2009年价格涨幅将有所回落。据预测，2008年和2009年居民消费价格将分别上涨6.5%和4.5%；商品零售价格分别上涨6%和4%；投资品价格分别上涨9.4%和5.9%。

由于宏观经济增速趋缓、价格涨幅扩大，城镇居民和农村居民收入增速都将显著低于2007年，2008年和2009年城镇居民实际人均可支配收入将分别增长8.3%和8.1%，农村居民实际人均纯收入将分别增长7.6%和7.2%左右。农村居民与城镇居民收入增速的差距有所缩小，但是我们需要继续努力改变农村居民收入增长速度仍将低于城镇居民收入增长速度的局面。

自2005年以来，宏观经济运行中出现的一个可喜现象，是消费的增长速度有了明显提高，消费需求增长均保持在12%以上，出现了消费增长逐步加快的好形势。预计2008年的社会消费品零售额将超过10万亿大关，达到106660亿元左右；2009年将达到124820亿元左右，2008年和2009年实际增长率分别为12.8%和12.5%，名义增长率分别为19.6%和17.0%。消费继续保持较快的增长，成为拉动宏观经济增长的主要因素之一。

近年来，我国外贸顺差和外汇储备持续高速增长。今年以来，受美国次贷危机、国际需求减弱、进口品价格涨幅高于出口品价格涨幅，以及人民币升值等因素影响，进口增长速度显著提高，出口增长速度有所减慢，外贸顺差开始有所回落。预计2008年进口和出口的增长速度将分别达到30%和22.6%左右的水平，全年外贸顺差将略低于上年，达到2510亿美元左右；2009年进口和出口的增长速度将分别达到26%和21.1%左右的水平，全年外贸顺差将进一步下降到2430亿美元左右。

积极落实“一保一控”方针，转变经济发展方式

1. 努力做到保持经济增长与控制通货膨胀之间积极的合理平衡

为了积极落实“一保一控”方针，需要我们努力做到保持经济增长与控制通货膨胀之间的合理平衡，这是因为保持经济增长与控制通货膨胀之间存在一定的矛盾。宏观经济研究中的菲利普斯曲线表明，经济增长通过就业而与通货膨胀存在一种交替关系。理论上说，保持经济增长的一些政策虽然有利于促进就业，但可能不利于控制通货膨胀；而控制通货膨胀的一些政策虽然有利于缓解通货膨胀压力，但可能不利于改善就业和保持经济增长。因此，需要根据实际情况努力做到保持经济增长与控制通货膨胀的积极合理平衡，既要将物价上涨水平控制在可承受的范围内，又要积极地努力实现经济的持续平稳较快增长。

2. 积极落实“一保一控”方针

积极落实“一保一控”方针，在不同条件下有不同的侧重点。当通货膨胀压力较大时，应侧重于控制通货膨胀；当经济增长速度回落过快时，应侧重于保持经济增长。由于造成价格上涨的一些根本性因素依然存在，特别是目前PPI上涨明显快于CPI，因此我们不能忽视未来的通货膨胀压力。但是，由于美国次贷危机造成的国际经济环境的严重不确定性，世界经济增速可能继续明显走低；同时国内经济社会发展依然存在抑制通胀和调整结构的需要，因此

当前我们必须高度重视如何有效地防止经济增长速度继续偏快下降，防止出现大起大落。

保持经济较快增长与控制通货膨胀之间的合理平衡，其短期目标是熨平经济增长短期波动，防止经济出现大起大落；其长期目标是实现经济的可持续发展。当前，为做到保持经济较快增长与控制通货膨胀之间的合理平衡，要兼顾短期目标与长期目标：既要保持宏观调控的灵活性，及时解决短期问题，又要着眼于长期问题，通过深化改革、转变经济发展方式，为实现经济的长期可持续发展创造条件。

其一，积极扩大内需，促进经济平稳较快增长。一要稳定投资需求，保持投资对经济增长的拉动作用；二要提高居民收入水平，进一步提高消费对经济增长的贡献率。扩大内需的一个重要内容是扎实推进新农村建设，走中国特色农业现代化道路，加快形成城乡经济社会发展一体化的新格局。

其二，发挥各种宏观调控政策的综合作用，减缓外部冲击造成的不利影响。在宏观调控中，要发挥各种调控政策的综合作用，积极抵御外部冲击的影响。目前存款准备金率较高，在通货膨胀压力趋缓时，有一定的调整空间。此外，利率、汇率、税率（包括出口退税率）都可以根据国内外情况变化及时做出调整。在财政政策方面要调整财政支出结构，通过适度增强政府投资力度，保证全社会总投资的必要水平。对技术含量高、市场前景好的中小企业要继续提供各方面的支持。

其三，加快转变经济发展方式，切实提高经济发展的质量和效益。

在当前情况下，加快推进资源要素价格改革是转变经济发展方式的内在要求。前不久实行的成品油和电价的调整，证明对与国计民生关系密切的商品的价格进行调整是必要的，也是成功的。应该继续有步骤、分阶段地推进资源要素价格改革，进一步理顺价格体系，促进技术进步、节能减排和增产节约。国内CPI涨幅的回落，将为我国进一步理顺资源性产品价格，适时推出相关财税政策，并加快能源市场体系改革创造有利条件。逐步提高资源产品价格从长期看将有利于调整我国经济失衡的状况，有利于转变经济发展方式，有利于切实提高经济发展的质量和效益。

（选自《中国经济观察》2008年第11期）

加快转变经济发展方式的战略抉择

卢中原

一、转变经济发展方式必须长期不懈努力

第一，短期经济波动容易导致我们的注意力转移。最近国家为了刺激经济扩张和拉动内需，出台了两年内要投入四万亿的政策。这是宏观调控当局应对短期经济波动的一种反周期政策，目的是防止经济下滑过猛，熨平经济波动周期。这次的四万亿投资要与科学发展观的落实和结构优化、技术进步等等结合起来，如果不结合的话，这种反周期政策的效果很可能和我们加快发展方式转变的设想发生矛盾。“九五”计划时期就提出要转变经济增长方式，十多年过去了，我们取得了一些成效，有的相关指标有明显的改善，例如劳动生产率和能源利用效率逐步提高，污染排放的强度即主要污染物占GDP的比重有所下降。肯定这些成效，有利于我们坚定信念，沿着正确的方向继续前进。但是为什么现在我们面临的资源环境压力又越来越大？这说明经济增长方式粗放的许多问题没有根本解决，其中一个重要的教训就是采取应对短期经济波动的反周期政策之后，上上下下的注意力发生了转移。我们发现“十五”计划中关于节约能源、减少排放、保护耕地等指标都没有达到，一个不能回避的背景就是“九五”后期和“十五”前期正好赶上亚洲金融危机带来的经济低迷，各方面都急于摆脱经济低迷状况，而放松了转变经济增长方式的努力。这个教训非常深刻。

当前非常需要关注的一件事，就是不要把这一次的反周期政策和发展方式的转变再形成“两张皮”，互不搭界，或者主观上没有想把两者对立起来，但客观上可能固化了我们经济生活中原有的深层次矛盾。我们要警惕为了大力拉动经济增长，走出下滑通道，而使大家把注意力再次集中到加快申报项目，去争取审批核准，然后导致原本要淘汰的企业和落后工艺死而复生。考虑到目前资源价格改革和财税体制改革都不到位，很容易导致大家的注意力不在节能降耗减排，又集中到投资规模扩张和低水平重复上去了。我们千万要防止这种倾向，一定要抓住当前经济周期性回调的绝好时机，促进结构优化、淘汰落后、体制创新和技术进步。

第二，基本国情和经济发展阶段的长期性特征，决定了我国既有巨大的经济增长潜力，又面临着可持续发展的严峻挑战。中国正处于并将长期处于社会主义初级阶段，仍然是世界上最大的发展中国家，我们现在达到的小康还是低水平、不全面、发展很不平衡的小康，到2020年建成全面小康社会还要奋斗12年，之后再经

过30年奋斗才能达到中等发达国家的水平。中国现代化进程所涉及的人口规模、地域规模以及社会转型的深刻程度，远远超出西方发达国家以往200年工业化的时代。澳大利亚国土面积和中国差不多，但它的人口才两千多万，2006年中国的绝对贫困人口就相当于澳大利亚整个国家的人口。这还是中国的低标准。若按照世界银行划分的人均生活费低于一天1美元的贫困线，我们还有1亿多贫困人口，相当于5个澳大利亚。要建成惠及十几亿人口的全面小康社会，任务是相当艰巨的。

我国经济中长期发展的潜力很大，还需要把它调动和释放出来，这意味着我国经济总量还要扩张，还要保持比较快的经济增长速度，否则缓解就业压力和改善民生等一系列目标就实现不了。在这样的基本国情下和这样的发展阶段中，我们必须也只能走一条新型的工业化道路，科学发展的道路。我们必须坚持走中国特色的社会主义现代化道路，走和平发展、和谐发展的道路，不可能也绝不会像资本主义国家那样向海外殖民地扩张，甚至走依靠军事暴力夺取资源的道路。在我国经济继续较快发展的相当长的过程中，投资规模、能耗和排放总量都会加大，这种客观趋势是无法避免的，但是这并不否定单位GDP的能耗和排放强度应当降低。我们必须要发展，也必须应对能源消耗、污染排放总量还要加大等等严峻挑战，怎么办？唯有坚定不移地推进经济发展方式的转变，努力降低单位GDP的消耗和排放强度，形成有利于资源节约和保护环境的产业结构、增长方式和消费模式。

第三，工业化和城镇化的阶段性特征将持续加大资源消耗和排放总量。中国现在处于工业化、城镇化双加速的阶段，在客观上也会持续加大资源消耗和污染排放的总量。根据国际经验，当城市化水平达到70%左右时，才进入城市化的稳定阶段。2007年中国的城市化水平刚达到45%，还有25个百分点的差距，按每年平均提高1个百分点来估算，我们至少还有25年的城市化加速期。说到工业化进程，按照党的十六大报告提出的目标，到2020年建成全面小康社会时，要基本实现工业化，也就是说还有12年的工业化加速期。在工业化和城市化双加速的特定阶段，意味着会有大量的投资，兴建城市和工业的基础设施，会有大量的能源资源消耗和污染排放。还要看到，目前我们正处在工业化中后期，它的特点是资本、技术加速替代劳动，是资本技术密集型产业、重化工业加速发展的时期。中国工业化的这个阶段过不去，不宜盲目地追求跨跃式发展，超常规发展，同时也必须反思不计资源环境代价的传统工业化道路。因此需要动一番脑筋，既要符合客观规律，又要避免走“先污染、后治理”的老路。这就是我们的实际情况。中国特色的新型工业化道路怎么走？党的十六大报告要求是：“经济效益比较好、科技含量比较高，资源消耗比较少，污染排放比较低、人力资源充裕的优势得到充分发挥”，这样的发展道路确实是高难度的。

第四，以煤炭为主的能源禀赋结构具有长期制约。我国的能源禀赋结构中，煤炭占了70%多。与其他能源禀赋相比，煤炭的特征是物理利用效率低，排放大。2003年全国发电量中，煤炭发电占的比重为79.4%，比1990年提高了8.2个百分点。而同年世界各国发电量中煤炭发电量所占比重为40.1%，仅次于南非、波兰和爱沙尼亚。中国能源生产和消费结构，决定了能源的物理利用效率偏低，环境保护和治理的难度偏大。我们与巴西等可再生能源比较发达的国家不同，它们的可再生能源比例很高，大量的植物、农作物可用来作为再生能源，还有风能、太阳能等等，排放低，能效高。我国的能源禀赋，决定了我们的能源消费结构。尽管我们不能改变能源禀赋状况，但是要考虑改善能源消费结构，并且必须改变我们的能源消费模式，努力发展可再生能源，提高各种能源的利用效率。

第五，关键领域改革不到位，粗放的经济增长容易反弹。一是政府职能转变不到位。政府职能转换迟缓，仍然过多干预资源配置，考核体系不科学，经济工作的注意力往往因经济短期波动而转移。以往这方面的深刻教训，可以从政府职能转变不到位找到体制根源。我们这一次刺激经济、拉动内需又面临严峻的挑战，如果不能正确应对挑战，虽然经济增长保住了，但是可能再次导致能源消耗上升，污染排放加大。二是资源和要素价格形成机制不完善，比价关系不合理，刺激了对资源的过度消耗。我们的资源和要素价格改革不到位，价格信号扭曲，不能反映资源稀缺性、供求关系和环境污染代价，所以很难从经济利益上起到明确的政策导向作用。三是财税体制不健全，不利于消除行政力量干预经济发展的利益动因，难以抑制地方和部门的低水平扩张冲动和非理性竞争。四是土地管理体制改革滞后，土地市场发育不足，土地价格形成机制不合理，地方政府过度依赖土地转让收益及土地融资，导致土地征占过多，利用粗放，城市低效扩张。特别是土地制度和财税体制的不健全绞在一起，不利于引导地方切实践行科学发展观。五是技术创新和成果转化的激励机制不完善，企业尚未真正成为创新主体，自主创新能力不足。要坚持不懈地推进经济发展方式转变，必须加快这些关键领域的体制创新。

二、加快转变经济发展方式战略抉择

怎么加快转变经济发展方式？十七大报告提出了明确方向，即要实现三个转变：一是促进经济增长由主要依靠投资、出口拉动向依靠消费、投资、出口协调拉动转变；二是促进经济增长由主要依靠第二产业拉动转向一、二、三产业协调拉动转变；三是由主要依靠物质资源消耗的拉动向依靠科技进步、劳动者素质提高和管理创新转变。

从产值比重看，中国的三次产业结构还是“二、三、一”的排序，亦即第二产业比重最高，福建的三次产业结构也是“二、三、一”的排序，大体上第一产业占10%，第二产业占50%，第三产业占40%。这与世界产业结构“三、二、一”的排序有明显差距，尤其是西方发达国家早在七八十年前就完成了向这种排序的转变。我国三次产业结构的层次还比较低，主要是因为我们的工业化还没有完成，还在工业化中后期，资本密集型的重化工业比重仍然比较高。从就业结构看，全国的差距就更大了，农业中的就业比重高达40%以上，这离工业化国家的差距更大。这一基本国情不容忽视。因此我们千万不可以被国外的一些人所忽悠，说中国的经济实力已经很强大，应该在世界上发挥更大的作用。我们要保持清醒的头脑，把中国自己的事情办好，就是对世界的贡献。比方说改革开放以来，我们减少了2.5亿—3亿的贫困人口，这相当于10多个澳大利亚的总人口。所以我们一定要冷静，就像小平同志当年讲的，冷静观察，沉着应对，决不当头，但是要有所作为。从全国范围看，我国最近这几年第二产业的比重有所上升，而第三产业的比重不升反降了。因此，十七大报告提出转变经济发展方式的针对性是非常强的，现在我国经济发展主要是靠二产拉动，要转向一、二、三产业协同拉动，这个过程也是相当艰巨的。我们应当以深化各项关键领域改革为动力，推动中长期制度创新，形成加快发展方式转变的体制保障。

第一，以节能减排为切入点，抓好重点行业，落实“十一五”规划的主要约束性指标。从

切入点选择来说，经济发展方式的转变要以节能减排降耗为抓手。这一点现在我们看得比较清楚，就是要通过节能降耗减排来推动技术进步、结构优化、产业调整升级等等。还要推动相关的体制创新，让节能降耗减排有一个长效的机制，逼着经济增长往这个轨道上转。比如现在国际市场油价掉到了60美元以下，我们就应该抓住时机，赶紧出台燃油税，加大资源价格改革力度，不要再坐失良机。否则，油价重新回升到140多甚至冲到200美元，我们又不敢改了。这样一系列矛盾就会往后拖。此外，短期政策也要做好配合，务求使转变发展方式在年度经济工作中取得实效。

第二，要健全区域协调互动机制，形成合理的区域发展格局。"十一五"规划提出，要在全国健全区域协调互动机制，形成合理的区域发展格局。党的十七大对全面建设小康社会的奋斗目标提出了五个新要求，强调要增强发展的协调性，实现又好又快的发展，其中也包括类似的论述。这是对如何促进区域协调发展在认识上的深化。实践表明，建立健全区域互动协调的机制，形成合理的区域发展格局，是逐步缩小区域发展差距的有效途径，也有利于促进各地转变粗放的经济发展方式。

区域互动协调机制至少包括以下几个方面：第一位是市场机制，第二位是合作机制，第三位是互助机制，第四位是扶持机制。这四个机制缺一不可。没有市场机制，就没有利益激励，不能有效、合理配置生产要素，导致全国经济结构、产业结构雷同，资源配置效率极低。合作机制讲的是互利共赢，在市场经济的基础上各地都有自己的经济利益，通过资源、技术、人才和资金等各方面的合作，实现共同发展、逐步达到共同富裕。互助机制就是不讲回报，而讲发扬兄弟风格，发达地区支援欠发达地区加快发展。扶持机制，就是国家要出手，扶持欠发达地区实现经济社会协调发展和可持续发展。以资源环境和生态保护为例，许多重大建设在县市一级难以承担，甚至省一级财力也捉襟见肘。这就需要从国家层面来提供纵向的财政转移支付。中央政府通过向欠发达省份加大转移支付力度，促进各省基本公共服务的均等化。此外还要有横向的转移支付，这也是扶持机制。中央政府要求东部发达省份和受益地向欠发达地区的生态保护地给予补偿，属于横向转移支付，代行一部分国家的转移支付职能。我们要尽快健全这些方面的体制和机制，以便更有效地引导不同地区发挥各自优势，避免低水平重复，形成协调发展和可持续发展的内在动力。

第三，建设资源节约型、环境友好型社会。我们过去比较强调开发为先，国家"十一五"规划中明确提出开发、节约并重，节约优先的方针，这是一个非常大的改变。如果没有节约优先的理念，南水北调需要多少水才能满足华北缺水地区的需要？还要强调的是，建设资源节约型、环境友好型社会，既需要技术创新支持，也需要协调推进关键领域的改革和创新，形成体制保证。主要有这么几项：一是推进行政管理体制改革，构建法制型、责任型、服务型和诚信政府。减少政府对资源配置的直接干预，加强公共服务职能。二是深化财税体制改革。财政体系改革方向是要建立事权与财力相匹配的财政新体制，合理划分中央与地方的事权，有多少事权，就应当有多少财力。目前关于与事权相对应的财权争议很大，而且财权也不容易划分，相对而言财力就容易划分多了。一般来说，中央政府需要集中较多的财力。从发达国家看，也是中央政府集中得越来越多。至于税收体系，目前我国实行的以流转税为主体的税收体系，是不利于节能降耗减排、转变发展方式的。应当逐渐地转向以能源环境税为主体税种的税收结构。目前这个争议很大，不可能一两天就转变过来，但是这个方向是值得认真思考的。此外，还要加快投融资体制改革和土地制度改革等，通过一系列体制改革和机制创新，切实推进发展方式转变。

第四，加快改革资源价格形成机制。现在我们的资源价格机制没有根本性的改变，仍然是行政性控价或调价。要建立有利于企业应对世界金融危机、经济波动的资源价格体系，而这种价格体系应当在市场上形成。因此，问题的关键在于要改革资源价格形成机制，比如说煤电价格要联动，价格按照市场供求波动而升降，形成上下游企业之间的灵活调节机制。应当尽快改变行政性定价和调价的办法，让资源价格体系能够真实及时地反映资源稀缺性、供求关系变动和环境污染代价。

第五，要突破体制障碍，建立上下联动的工作机制。综上所述，转变经济发展方式，实现科学发展，我认为要重点突破三大体制障碍：一是考评体系，二是财税体制，三是资源价格体系，这三项体制如果改革不到位，我们往前推进科学发展就会遇到很现实的矛盾和障碍。除此之外，深化改革、推进发展方式转变还一定要上下联动。有些体制规定和由此决定的行为方式，不是地方想转变就能转变的，如财税体制、资源价格等等。如果国家层面的体制不改，上下不联动，尽管地方可以在本地权力范围内搞一些体制机制创新，也没有多大的余地。比如为了支持科学发展观的学习实践活动，解决一些当前突出的问题，地方可以调整本地预算的支出结构。但是，贯彻落实科学发展观并不仅仅是一次性的活动，而是长期任务，不可能仅靠简单地调整当年的预算支出增量就完事大吉了，还涉及财政收入和存量的分配等等利益格局调整。尤其是，如果没有长效的体制保障，就不能保证各方面沿着科学发展的轨道稳定运行。

当前全国正在深入开展学习实践科学发展观的活动。通过这次活动，我们要促进体制机制创新，防止这个活动一结束，又故态复萌、死灰复燃。现在，地方领导对科学发展观的认识、关于全面协调可持续发展的理念，比前几年有明显的加强。例如，一些地方在决策的时候能够下比较大的决心，大家形成共识，来处理关停并转、淘汰落后的问题，在以往下这样大的决心是不多见的。但是问题在于实行关停并转后，发达地区财力能够支持相关善后工作，财力比较强的地方可以拿出一些补贴、奖励和补偿。但是财力比较弱的地方怎么办？关一个企业和投资项目会导致产值、财政收入和工作岗位的流失，应当怎么评价这个地区的工作成就，这时候我们允许不允许相应的考评体系变化一下？还有，现在国家提出要按主体功能区的理念来促进区域格局调整和可持续发展，要在全国和省级两个层面来制定主体功能区的规划。主体功能区对东南沿海来说，优化开发、重点开发的区域比较多；但是在中西部，则比较多地分布着限制开发、禁止开发的区域。我们需要研究，应当建立什么样的机制，能够让人家分享改革开放的成果；用什么样的考评体系，来合理评价当地干部的政绩；如果允许当地GDP下滑，财政收入和就业岗位减少，中央和省一级的财政转移支付能不能满足当地改善基本公共服务的需要，等等。这些都是非常现实的问题。我们要通过学习实践科学发展观的活动，实实在在地解决这些问题，进而形成有利于推进经济发展方式转变的体制条件和政策环境。

（作者：国务院发展研究中心副主任）

（选自《发展研究》2008年第12期）

大力发展社会事业
推进经济发展方式转变

胡祖才　刘宇南　陈　磊

一、社会事业发展滞后已成为我国转变经济发展方式的重要制约环节

在现代经济中，社会事业不但具有传统意义的社会福利性质和民生功能，也是整个产业体系的有机组成部分，具有经济功能。一方面，社会事业的投资和消费水平对经济的整体运行效果有重要影响。这不仅在于对社会事业的投资和消费及其劳务的价值计入国内生产总值，直接贡献于经济增长率，同时对产业结构也具有影响作用。作为服务业的重要组成部分，社会事业既包括社区服务、旅游休闲、文化娱乐、教育培训、健身医疗等面向生活的服务业部分，还包括义务教育、公共卫生、公共文化、社会保障等主要由政府提供的服务型事业。当社会事业供给出现短缺时，产业之间的联系就处于不平衡状态。而存在有效的社会需求，就存在投资社会事业并取得高于社会平均利润率的回报机会，进而促进社会消费，在拉动经济增长的同时推进产业结构优化。另一方面，现代经济越来越依赖于人力资本的推动，即对劳动者知识、技能以及体力（健康状况）的依赖。联合国教科文组织曾指出，劳动生产率与劳动者文化程度呈现出高度正相关，与文盲相比，小学毕业生可提高生产率43%，初中毕业生可提高108%，大学毕业生可提高300%。正因如此，使得能够积聚起人力资本的教育、医疗、文化等社会事业突显出对经济发展的智力支撑和保障作用。而且，物质生产越发展，从事物质生产所需要的科学、技术和文化技能将越多、越复杂，教育、医疗、文化、社会保障等在劳动力生产中所起的作用就越大。

显然，这种紧密关联性在我国经济发展的实践中得到了充分印证。从需求和供给角度看，国内消费迟迟难以启动、第三产业占经济比重近年来持续走低等经济挑战的背后，很重要的一个原因是社会保障制度不健全、公共服务有效供给不足和文化、体育、旅游等社会服务业发展缓慢。从生产要素角度看，经济发展过分依赖投资拉动的问题，根本上在于我国人力资本长期投入不足，劳动者素质较低。有研究表明，我国自然资源和资金投入对经济增长的平均贡献率约为65%，而人力资本的贡献率仅占35%；相比之下，发达国家人力资本的贡献率高达75%左右。

由此可见，转变经济发展方式已远远超越了经济领域本身，社会事业发展滞后同样制约了经济发展方式的转变。

二、加快发展社会事业是转变经济发展方式的重要战略选择

1. 加大人力资本投入，推动经济增长向主要依靠科技进步、劳动者素质提高、管理创新转变。

当前推动产业升级、自主创新和投资结构调整，关键在于提升人力资本。我国无论是实现第二产业结构向信息产业、生物产业转移，或整体产业结构向服务业领域升级，都需要以大规模、高素质的专门人才为支撑。目前，我国内资企业创新效率不仅落后于发达国家，与港澳台企业相比同样有一定差距。据统计，国有及国有控股企业每申请一项发明专利需要研发人员77.8人，需要研发经费1265.5万元，而港澳台资企业则分别只需要18人和425.4万元，究其原因，国内创新型人才不足和缺乏有效培养使用是最主要的问题。反之，一旦重视了创新型人才培养使用，通过技术创新和管理创新，必然会引导投资向高附加值的新型工业化和服务业领域转移、向自主品牌和自主知识产权创立倾斜。在这些方面，深圳、大连等国内城市和奇瑞等企业也已经探索走出了成功道路。总体而言，我国的人力资本发展还较为滞后，不能适应经济发展方式转变的需要。以教育投入为例，2006年我国财政性教育经费占GDP的比例仅为3.01%，不仅低于发达国家的水平，也低于印度等发展中国家4%左右的年均水平。因此，转变观念，遵循经济发展规律，加大人力资本投入已刻不容缓。

2. 加快文化、体育、旅游等社会服务业发展，推动经济增长向三次产业协同带动转变。

形成以服务业为主导的产业结构，是当今世界经济社会发展的大趋势，也是转变我国经济发展方式的主要方向之一。我国服务业发展相对缓慢，第三产业增加值占GDP的比重2007年为39.1%；而世界总产值的50%左右来自服务业，发达国家平均达到70%。文化、体育、旅游等社会事业是现代服务业的重要组成部分，也是我国加速发展服务业、推动产业结构优化升级的重要突破口。在美、日等西方发达国家，社会服务业已成为国民经济的支柱产业，近年来成为经济增长的主要动力之一。以文化为例，据不完全统计，全球文化产业每天创造220亿美元产值，其中美国文化产业产值超过航天航空业及农业，1998年起占本国GDP的18%—25%，成为美国第二大产业。

社会服务业发展是发达国家提升软实力、扩大文化影响力的重要手段。从一个国家的经济发展模式、产业政策的制定、产业结构的特点，到企业的生产过程、管理方式和名牌产品的创立，这些经济活动都蕴涵着非常复杂的人文资源和文化内涵。

作为产业结构优化升级的重要内容和经济增长新的亮点，我国社会服务业虽然刚刚起步，但已经具备了快速发展的条件。

第一，我国正处于从温饱型需求向多元消费需求转型升级时期，对文化、旅游、体育等社会服务业的需求旺盛。以旅游为例，仅从2000年至2007年，我国国内旅游总人次数和总花费就分别由7.44亿人次和3176亿元增加到16.10亿人次和7771亿元，7年间分别增加了约116.4%和144.7%，大大超过其他多数服务业领域增长速度。

第二，相对于金融、通讯等高端服务业国际竞争激烈，大型跨国公司已形成高度垄断的情况，社会服务业属于生产生活服务的范畴，更加贴近百姓生活，进入门槛低，符合我国国情，可以充分利用我国的丰富文化底蕴、人文资源和劳动力优势，迅速形成比较优势，促进产业结构优化升级。

第三，我国文化、体育、旅游等社会服务业

已经具备一定的发展基础，能够在短期内形成新的经济增长点，带动相关领域的发展。以文化产业为例，根据国家统计局的测算，2006年我国文化产业实现增加值5123亿元，比上年增长17.1%，高出同期GDP增长速度6.4个百分点，高出同期第三产业增长速度6.8个百分点。

3. 扩大公共服务，促进国内消费，推动经济增长向依靠消费、投资、出口协调拉动转变。

公共服务不足，是我国居民储蓄率偏高、国内消费难以启动的重要原因。近20年来，随着原有依托单位、集体的社会管理和服务体系被打破，而新的以政府主导的公共服务体系尚未形成和完善，造成政府公共产品和公共服务供给能力尚不能满足群众日益增长的服务需求，群众在教育、医疗卫生、养老等公共服务方面的支出负担迅速增大。一方面，在教育、卫生等主要公共服务领域，政府的绝对投入虽然逐年增加，但相对投入却在降低，而居民的投入比例逐年提高。以教育投入为例，1991年至2005年，国家投入比例从84.9%下降到2005年的61.7%，而同期家庭投入比例则由4.4%迅速上升到20%，由此可见国家投入减少部分大多转由居民个人负担。另一方面，在居民公共服务实际支出方面，无论是绝对值还是占家庭消费比重都在持续增加。1995年城镇家庭人均医疗消费占总消费的比重和农村家庭医疗保健现金支出占现金总支出的比重分别是3.11%和4.94%，2006年，迅速增加到7.14%和7.93%，都已高于用于家庭设备用品和服务所占的比例。2006年，个人卫生支出占卫生总费用的比重达49%。由此看出，正是由于教育、卫生等社会服务的长期消费负担过重，使得广大居民不得不压抑甚至削减其他消费需求，并增加储蓄存款以防范预期公共服务领域的支出，极大影响了居民的即期消费。

因此，现阶段扩大消费应着力扩大公共服务。若不解决公共服务供给不足问题，继续通过投资刺激、单纯发展消费产业等经济手段启动消费，恐难达到预期效果。要调整公共财政支出结构，加大财政对教育、卫生、养老和社会保障等公共服务领域的支持力度，解除居民的后顾之忧，保障广大群众能够实现基本的“学有所教、病有所医、老有所养”，以有效改善居民的消费预期，培育消费心理，减少全社会被动储蓄和预防性储蓄，从而大幅增强消费对经济的拉动作用。

4. 充分发挥社会事业利益协调器功能，为转变经济发展方式提供制度保障和良好环境。

转变经济发展方式和发展经济的根本目的是促进人的全面发展。只有让广大人民群众及时、公平、公正地分享经济发展的成果，才能赢得人民群众的支持和参与。社会事业与人民群众切身利益密切相关，加快发展社会事业，就是要为顺利实现经济发展成果的合理分配构筑平台和载体。

本世纪以来，教育、医疗卫生和社会保障等社会领域改革的受关注程度不断上升，逐步跃升为群众关心的社会热点问题。同时，社会领域发展改革对转变经济发展方式的影响也日益凸显。发展社会事业，构建社会安全网，能够有效改善经济体制改革的外部环境，促进社会和谐，减少改革面临的阻力。当前我国所处的经济社会转型的特殊阶段，决定了经济体制改革需面对更加复杂的社会利益格局和多元化的社会需求，需要协调更多的利益关系，这都是在改革开放之初很少遇到的。如果不能有效保障各个利益群体、各个阶层广大群众共享改革发展成果，不能使群众广泛从经济体制改革中受益，就很难推动改革的进一步深化，甚至面临空前的改革阻力。

加快以改善民生为重点的社会事业发展，正是实现国民收入的有效调节、促进人人共享改革成果的主要渠道，能够为体制机制和制度改革提供良好的社会环境。例如，20世纪90年代中后期城镇最低生活保障制度的建立，以及此后住房、医疗等各项救助制度的完善和农村最低生活保障制度的推开，初步构建了一张覆盖城乡的社会安全网，有效保障了群众的基本生活，客观上减少了国有企业改革的阻力，并为此后在企业所有制领域、价格领域和公用设施领域的一系列改革提供了平稳的改革环境。深化社会事业改革，能够直接促进经济发展方式的转变。例如，新的《劳动合同法》颁布后，虽然部分企业因此面临了用工成本增加的现实困难，但从长期看却推动了企业和个人更加重视人力资本投资和技术创新，加快了技术创新和升级步伐。又如带薪休假制度、文化体制改革等等，对我国旅游业、文化创意产业等加速发展的推动作用也都已初见端倪。

5. 全面履行政府公共服务职能，增强推动经济发展方式转变的主动性和动力。

首先，要进一步转变政府职能。在我国，各级政府掌握有大量的公共资源，行使着国家和社会事务的决策和管理权力，在经济社会发展中承担着无可替代的重要职责。因此，必须加快政府职能转变，将各级政府的发展积极性引导到更加注重发展社会事业、提供公共服务以及社会管理上来，确立各级政府在义务教育、医药卫生、社会保障、文化体育、计划生育等基本社会管理和公共服务领域的主体地位和主导作用，实现从经济建设型政府向公共服务型政府转变。

其次，在行政目标定位上，实现由单一追求经济增长向经济社会协调发展转变。必须建立与服务型政府定位相适应的政绩考核机制，将各级政府的行政目标尽快向社会管理和公共服务领域集中，变短期增长目标为长期发展目标、变单一经济指标为经济社会综合指标，从根本上促进政府将更多的精力放到保证经济长期稳定增长和经济社会协调发展上来。

第三，在管理手段上，实现由侧重经济要素管理向社会管理与公共服务转变。目前，各级政府以行政手段和直接控制为主的经济管理方式尚未完全改变，管理经济多是通过管投资、管项目、管土地、管贷款等具体的“要素管理”来进行。这种管理手段，既不能满足建立灵敏有效宏观调控体系的需要，也不能适应复杂多样的社会管理和公共服务。而改变管理手段，还是要在“服务”上下功夫，逐步将公共服务上升为政府调节社会发展的主要手段，从而减少不必要的各类垄断、行政干预。

三、促进社会事业发展，以适应转变经济发展方式的需要

现代经济社会发展历程已表明，发展社会事业不仅能够有效地改善民生，而且有利于推动经济发展方式转变。适应新的宏观战略发展要求，必须切实提升社会事业在经济社会发展中的地位和作用，一方面加速扭转社会事业基础薄弱、历史欠账较多和投入不足、发展滞后的局面，同时更要创新发展观念、主动服从和服务于转变经济发展方式，在关键领域和重点环节上取得突破性进展。

1. 切实调整投资结构，加大社会事业投入，形成社会事业投入稳步增长机制。

投入不足是制约社会事业发展的首要因素，急需改变。要完善公共财政体制，优化财政支出结构，将财政支出的重点转向优先满足城乡居民的长期公共服务需要，确保社会事业财政投入逐年增长，增长幅度不低于财政支出增长幅度，并稳步提高占财政支出的比例。进一步引导地方政府将更多的财政支出用于社会事业发展。同时，加快实行有利于推进社会事业发展的财税、金融政策，提高社会事业投资的效率。要充分认识投资社会事业对经济持续健康

发展的长期推动作用、对扩大内需的激励作用和对产业结构升级的促进作用，要像投资铁路、港口、机场等大型基础设施建设一样，投资建设社会事业。要优先满足教育、卫生等对人力资本形成作用最大领域的投资。加大财政性教育经费支出，逐步将其占GDP的比重提高到4%以上。加大政府投资占医疗卫生总费用的比重。提高全社会对人力资本积累的重视程度，通过政府补贴和信贷支持等多种手段，引导和带动企业、个人和其他社会组织主动投入人力资本。建立健全人力资本使用和配置的市场机制。在注重开发人力资本的同时，还要重视人力资本的使用和配置，充分发挥人力资本的效能。

2．积极发展多样性的社会服务产业，逐步健全覆盖城乡的社会公共服务体系。

在城乡居民收入不断提高和财政收入快速增长基础上，要迅速扭转社会服务产品供求不平衡状态，扩大义务教育、公共卫生和基本医疗、公共文化、社会保障等应由政府提供的基本公共服务产品的供给，加快实现基本公共服务均等化；大力发展潜在需求巨大、面向市场需求的职业技能培训、医疗健身、文化娱乐、社区服务、老龄照料、旅游休闲等社会服务产业，鼓励和引导多元化投资，提高服务产品的供给水平、质量和效率，建立与经济社会发展阶段相适应的社会公共服务体系。公共服务要向农村、向贫困地区、向弱势群体倾斜，这既是保障所有公民基本权益的需要，同时在这些地区和人群中蕴涵着巨大的需求和消费市场，对扩大公共服务消费具有重大的战略价值。

3．着力解决制约发展的体制性障碍，激发社会事业更好更快发展的动力和活力。

要积极转变社会事业就是福利事业的传统观念，树立公益事业与服务产业相统一的新理念，探索形成适应不同性质社会事业发展的新体制、新机制。要改变行政包揽全部社会事业的制度安排，打破部分领域政府垄断，凡是市场能够提供的服务和进行自我调节的领域，就应让市场发挥作用，凡是社会组织能够自主解决的、市场机制能够调节的问题，要减少政府行政干预，集中人财物力去做必须由政府承办的事务，并加强市场监管，强化服务功能。要在推进社会事业单位分类改革基础上加快营利性社会事业产业化进程。按照承担任务的公益性程度，以及营利和非营利性质，划分社会事业单位类型，并实行不同的支持政策和管理运行模式；对营利性社会事业单位加快建立现代企业制度，完善内部治理结构，培育大型社会服务企业集团，建立起适应市场经济要求的社会事业单位发展机制和运营机制。

4．不断创新完善宏观调控和管理手段，将统筹经济社会发展进一步落到实处。

加强宏观调控是保证社会事业又好又快发展的重要保证。应汲取历史的经验教训，深化对社会事业发展规律的认识和研究，把社会事业发展纳入国家宏观调控体系，做到与经济发展问题同步研究、统筹规划、协调实施，改变经济和社会发展一手硬、一手软的工作格局。当前社会事业发展宏观调控基本着力点，就是要解决供给不足的主要矛盾，达到供求总体平衡、结构比较合理、发展较为均衡、社会基本满意。要在宏观调控中坚持把握积极稳妥、实事求是、量力而行的基本方针，处理好增加投入与深化改革的关系，处理好投入与效益的关系，努力做到内涵发展与外延发展相结合，公平与效率相结合，社会效益与经济效益相结合。还要通过投资、规划、政策和绩效监测评价等管理手段的有效使用，形成合力，保证社会事业走向科学发展轨道。

（作者单位：国家发展和改革委员会社会司）

（选自《红旗文稿》2008年第24期）

增长模式对资本市场的影响

吴敬琏

经济模式和资本市场，这两个概念看上去距离很远，我却试图把两者联系起来。我总的看法是：如果我们的增长模式不转变，那么，由流动性过剩转向流动性短缺，将是转瞬间的事。我的论点可以概括成为三句俗语，第一句是“冰冻三尺，非一日之寒”，第二句是“人无远虑，必有近忧”，第三句话是“强身健体，自求多福”。

以美国为核心的国际金融体系存在根本性问题

去年以来，美国爆发了次贷危机，我国的通货膨胀加剧，股市房市摇摇欲坠，企业成本上升，出口企业订单减少，等等，出现了很多问题。有人认为这是突然爆发的，但我认为不是这样，现在的局面可说是“冰冻三尺，非一日之寒”。

全球金融系统存在的问题由来已久。国外学者关于世界金融系统出了大问题的议论，我至少听了10年。美国在世界金融体系当中扮演着最重要的角色，但它有一个根本问题，就是储蓄率太低，从来没有超过10%。这样低的储蓄率怎么维持经济的运转呢？美国政府是利用美元作为国际储备货币的特性，大量发行美元，以这种方法借全世界的钱来投资和消费，维持美国居民很高的生活水平。这就造成了全世界的流动性泛滥，而美国则把自身的经济问题，转嫁给了其他国家。

美元大量发行，就会贬值，所有持有美元的国家都承担了贬值的损失。格林斯潘在任期间，就反复用大量发行美元的办法来支撑美国的繁荣。格林斯潘曾引用耶鲁大学席勒教授的说法，把这种繁荣概括为“非理性繁荣”。美国股市一下跌，格林斯潘就转向扩张性的货币政策。美国在电子商务领域不断创新，催生了网络泡沫；网络泡沫破灭后，又出现了金融创新，次贷就是重要的金融创新，每次都是采用信用扩张的办法，把市场撑起来。这种状况是高处不胜寒，泡沫总有一天要破，泡沫越大，破裂产生的震荡就越大。

美国的问题是世界国际金融体系里的根本性问题，迄今为止，好像还没有好的办法可以解决。美国一些有责任心的经济学家、政治学家都曾表示，美国这样的发展模式，不但会害了自己，而且会害整个世界。但这种观点并没有使实际状况产生多大的改观。而其他国家的人也没有想到办法，去改善现有的国际金融秩序。现在的局面，就是以美国为中心的世界金融系统崩溃的结果。

我们是美国的债主，作为一个穷国，每年大量补贴美国人的高水平生活。我们早就应该发现这个问题，现在我们要有自己的应对策略。

在美国金融陷入严重危机的情况下，有人说，我们应该脱离美元，或者建立人民币的货币区，这也许是可以努力的方向。但我也许比较消极，我认为，尽管应该为人民币地位的提升做出努力，但短期恐怕还不能马上做到，这需要一个长期积累的过程。

投资和出口导向的经济模式亟须改变

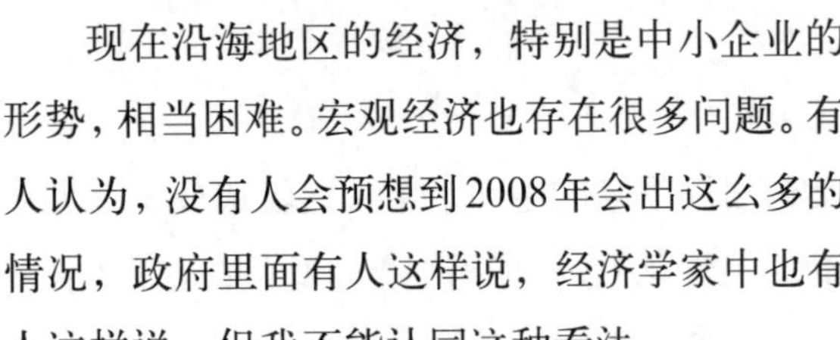

现在沿海地区的经济，特别是中小企业的形势，相当困难。宏观经济也存在很多问题。有人认为，没有人会预想到2008年会出这么多的情况，政府里面有人这样说，经济学家中也有人这样说。但我不能认同这种看法。

实际上，从本世纪初开始，我就一直在说我们的增长方式有问题。我们的增长方式一定会造成内外失衡，现在就是内外失衡一起发生。我们的增长方式有两个特点，一是靠要素投入支撑增长，二是靠出口需求弥补国内需求不足。从宏观的经济角度来看，靠投资支撑增长，会使得投资率不断提高、消费率不断下降，而且投资的效率也不断下降。同时，如同东南亚金融危机爆发前克鲁格曼所预言的那样，投资拉动的增长模式，将会使得金融系统变得非常脆弱，金融系统里潜在的不良资产大量积累。针对投资拉动型经济模式带来的效率下降和需求不足，亚洲人发明了一个很好的解决办法，就是出口导向，用政府的力量来推动出口，采用适度保护政策，一个很重要的办法是本币低估。

改革开放以来，开始是进口替代和出口导向并行，1994年外汇改革后，人民币深度贬值，这就标志着全面转向出口导向政策。我们和其他采用这种政策的国家一样，在成功执行这种政策十年、二十年后，无一例外地出现外汇储备大量积累、本币升值压力增加，以及贸易摩擦加剧。

面对这些困难，经济学家想出的解决办法是实行汇率形成机制的自由化。可是，要实行这样的政策，就跟原来形成的利益集团发生冲突，改革很难进行。历史上的台湾和日本，一度要实行利率自由化，结果改革未能完成。

2003年开始汇率改革的讨论，我赞同余永定教授的观点，主张尽快实现汇率浮动，不要怕人民币升值。要给出口企业压力，促进他们技术升级和产品升级。而如果不让人民币升值，唯一的办法就是央行出手干预外汇市场，收购外汇。但是，让人民币升值的建议遭遇到了原来的利益格局的阻碍。出口企业、出口地区的政府，以至到中央有关部门，都不赞成。于是在2003年，央行大量收购外汇，外汇储备大幅增长。2003年大概每天收购两三亿美元，后来就迅速增加。在2004年末到2005年初，决策层也认为保持固定汇率不行了，要升值。所以在2005年3月的中外记者招待会上，温家宝总理就宣布，我们要进行外汇改革。

升值到什么程度才不会造成很大的冲击呢？这个方面的研究很多，到了2005年7月21日实施升值，升幅是2%，然后缓慢升值。在2005年的三四月间，有一个讨论，国内大多数人都主张缓慢升值，也有人主张一次性放开。缓慢升值的好处是减少冲击，坏处就是有升值预期，会有热钱流入，加强了升值的压力。在汇改之后，央行收购越来越多，很快达到了每天收购七八亿美元。到了2006年12月，我们的外汇储备超过了1万亿美元，成为世界第一。在人民币小幅逐步升值的过程中，释出大量中央银行高能货币。于是跟日本、韩国、台湾地区、马来西亚、印度尼西亚的故事一样，大量货币发行导致流动性泛滥，结果不外乎是三种情况：一种情况是资产价格上升，泡沫形成；二是CPI上升，通货膨胀；三是前二者兼而有之。

中国的情况，先是房价格和股价猛烈上升，这从短期来看是好事，股市如此繁荣，人们都发财了。不把它看成泡沫，而把它看成形势大好，这就潜伏着崩盘的危险。到了去年的7月，通货膨胀率到了5.6%，就又出现了争论。一种观点是货币主义的，认为当时的通胀是货币现象，是总量现象；另一种观点叫做结构性通胀，认为核心物价指数很低，通胀是结构性、输入型的。后一种意见后来占了优势。到今年年初，CPI达到8%以上，仍然是这种观点占主导。

现在，股市、房地产市场摇摇欲坠，而CPI居高不下。现在CPI用各种方法管住了，和PPI倒挂，变成一个疑难杂症。我认为，现在要对付这些短期问题，当然需要用短期政策，比如说央行的货币政策，还可以搭配财政政策，这都是短期调节。短期调节的目的是把情况稳住，但是不能根本解决问题。根本的问题是增长方式，要从根本上解决问题，就要转变增长方式。我们要标本兼治。转变增长模式面临的最大困难，是制度性障碍。所以，要真正能够实现转变，就是要推进改革、消除这些制度性障碍。

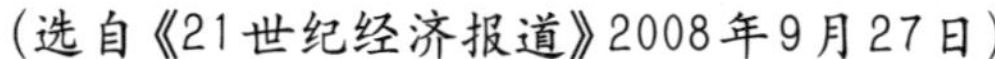

(选自《21世纪经济报道》2008年9月27日)

金融改革的三个方向

成思危

30年来，随着改革开放，我国的金融改革取得了显著的成绩。对成绩就不细说了，因为成绩不说它跑不了。但是我们也应该承认，我国的金融改革还是任重道远，我国金融总体的国际竞争力还不够强。作为世界上第三贸易大国，我国是一个大的买家和卖家，但是我国在国际金融市场上的话语权还不够，我们自己内部的金融创新和金融系统化还有待加强。

由此可见，如何进一步积极慎重地推动中国的金融改革，是一个非常重要的任务。特别是在当前时刻。由于美国华尔街金融风暴的发生，我看到最近有各种各样的舆论，有一些舆论实际上是在质疑我国金融改革的方向和步伐的。我想这些问题都可以通过自由讨论，取得比较一致的认识。但是我想引用胡锦涛总书记的话，就是"改革开放作为一场新的伟大革命……方向和道路是完全正确的，成效和功绩不容否定，停顿和倒退没有出路"。因此我们不能停顿或倒退，还是要在保持经济和金融稳定的前提下，坚持积极、慎重地不断推进我国的金融改革。

我认为我国的金融改革有三个主要的方向。

第一个方向就是国际化

经济全球化已经是一个不可阻挡的历史潮流，随着经济全球化的发展，金融全球化也提上了日程。从世界金融的发展趋势看来，金融全球化的特征大体上可以归纳为以下几点：

第一个特点是货币的虚拟化程度增加，汇率成为各国之间政策博弈的工具。自从货币脱离了金本位制和金汇兑本位制以后，其价值就没有一个客观的衡量标准，也就是说它在一定程度上被虚拟化了，这时其价值就只能以其购买力来衡量。我认为购买力有两类，一类是国内购买力，一类是国际购买力。国内购买力可以用购买力平价（PPP）来衡量，国际购买力则主要根据汇率来衡量。在这种情况下，各国之间的汇率制度在一定程度上就成为一种政策博弈的工具。如果一个国家完全不进口的话，那么汇率的变化对其国内购买力是没有影响的。反过来说，如果一个国家全部依靠进口的话，那么其国内购买力就完全取决于其汇率。但是任何国家都是处在这两种情况之间，如果各国都考虑全球的利益，那可能达到一个我们在系统工程中讲的"帕累托效应"，也就是大家都受益。但遗憾的是，没有一个国家会首先考虑全球的利益，多半是先考虑自身的利益。因此各国之间的汇率制度在一定程度上就成为一种政策博弈的工具。

大家可以回忆一下，广场协议和卢浮宫协议的结果，导致了日本10多年的经济衰退。在东亚金融危机的时候，要求人民币贬值的压力很大，现在要求人民币升值的压力也同样很大。这些都说明汇率的问题成为各国政府之间博弈的工具，因此我们还是要坚持以我为主，主权在我的原则。当然我们也要考虑各种因素，但是在汇率这一主权问题上我们不能完全跟着别人的意见走。

第二个特点是资本流动的规模和速度都在增大。这种流动既发生在发达国家，也发生在发展中国家，而且目前这样的资本流动是很迅速的。由于科学技术的发展，现在一按按钮，就可以将数以亿万计的资本迅速地在一瞬间之内转移到几万公里之外的地方。

第三个特点是世界金融市场的集成化日益发展，也就是说各国的金融市场之间的联系越来越紧密，达到了“牵一发而动全身”的地步。东亚金融危机是从泰国的一个流动性危机开始的，结果影响面波及到全球。最近美国华尔街的金融风暴也影响到欧洲和其他地区，表明各国的金融市场之间的联系日益紧密。

最后一个特点，就是金融创新不断发展。大家知道第二次世界大战以后，以欧洲美元为起点开始了金融创新。在这几十年之内，可以说金融创新层出不穷，许多金融衍生品相继推出，使得现在全世界金融衍生品的总量大大超过了世界的GDP，前者大概是后者的8到10倍。这样多的金融衍生品可以说使人眼花缭乱，目不暇接，在这种情况下如何防范金融风险，防止在金融衍生品方面的过度投机，也就成为一个非常值得注意的问题。

在国际金融一体化的形势下，必须要提高我们自己的国际金融竞争力，要通过改革来适应上述金融全球化的特点。首先是我们应该认真地去学习人家的经验。说实话，在金融创新、金融衍生品等等方面，我们的知识差得还是比较远的，实际操作的经验就更少了。在这种情况下，我们在国际金融市场的竞争中就可能遭遇到失败，仅在期货方面我们就出现过中航油、中储棉、中储铜等等事件，造成了很大的损失。所以我们首先要认真地学习和了解国际上金融产品和它们的游戏规则。

第二就是要培养有国际化视野和国际金融经营管理能力的人才。在这个方面要引进和自己培养相结合。

第三个就是要正确地运用各种金融创新的工具。最近美国华尔街金融风暴以后，有一些人认为金融创新不好，证券化带来了很大的风险。我不同意这个看法，我认为造成华尔街金融风暴的原因是美国房地产价格的迅速下跌，可是从它的整个金融系统看来，是银行把钱贷给不符合条件的买房人，但是银行并没有把还本付息收回的钱全砸在自己手里，而是通过打包卖给基金或投资银行实现证券化，变成了债券。这样银行既取得了流动性，也转移了风险。

第二个改革方向就是市场化

在推进市场化方面，我认为首先就是利率的市场化。利率是资金的成本，它实际取决于风险和交易成本。利率本身不应该是固定的，它是随着风险和交易成本而变化的。例如为什么我们总觉得农村金融中的小额贷款比较难弄呢？因为小额贷款交易成本比较高，就应该相应地提高它的利率。当然如果由国家来贴息是另一个问题。另外一方面，对中小企业的贷款可能风险要高一些，因为中小企业的管理不那么健全，特别是财务管理，有些中小企业甚至连贷款的申请都写不好，所以它的交易成本也就高了。因此利率应该市场化，应该有一定的浮动区间，不管是贷款利率、还是存款利率，都应该有这样的考虑。

第二就是汇率的市场化。汇率本身反映的

是国际购买力，而购买力是不断变化的。如果将商品和服务总量做分子，货币总量做分母，其所得的结果就是货币的购买力。由于货币供应量与商品和服务总量都不断变化，造成购买力不断变化，但如果汇率是固定的，那实际上就不符合市场的规律。这种情况下，我国的汇率制度确实应当不断地按照市场化的要求去改进，应按照购买力的变化，按照供求关系来推进汇率的市场化。

从2005年7月到现在，人民币总共升值将近20%，说明我国的汇率是在浮动。我个人认为应该是在一个有管理的目标区内浮动，就是说如果汇率是在目标区之内的话，政府就不要过多地去干涉，只有在超出目标区时，央行才应该采取适当的措施。当然最后人民币必然要走向自由兑换，1996年我国经常账户已经放开了，资本账户目前还没放开，在国际货币基金组织（IMF）规定的43个分账户中，大体上有20个基本上算放开了，因此我们还有一段路要走。这一段路怎么走？需要我们逐步去推进。蒙代尔先生曾经跟我说，2008年是人民币实现自由兑换的最好时机。我说可能条件不成熟，因为第一，这取决于我们的管理能力，在汇率问题上只有管得住才能放得开；第二，就是要看当时的国际形势，要看美元、欧元、日元的相对强弱，选择一个最好的时机。所以我认为人民币实现完全自由可兑换只是个时间问题，虽然说现在没有时间表，但是为期不会太遥远了。到人民币成为世界流通货币之一的时候，可以说我国的汇率制度完全市场化了。

市场化的第三点，就是要不断地增加市场的参与者。现在我国的银行、证券公司、保险公司还是国有股占绝大多数，外资和民资还不太多。“非公经济36条”中已明确规定，要鼓励民间资本进入金融机构。有更多的市场参与者加入，才能更好地完善我们自己的金融体系。当然，这个参与需要有一定的规定，要从国家安全等方面考虑。例如我国现在规定银行外资占股单个不能超过20%，总共不能超过25%，但是我们还是需要引进更多的参与者进入我国的金融体系。

最后一个方向是系统化

我认为系统化应当认识到以下几点：第一，金融和经济是密不可分的，不能就金融论金融。金融属于虚拟经济的范畴，实体经济则包括生产、流通、交换等活动。虚拟经济中产生的问题会传导到实体经济中去，实体经济中产生的问题也会传导到虚拟经济中去。现在美国政府下了这么大的力量来处理金融市场的问题，就是为了使它不至于从金融危机变为经济危机。在这个问题上我们一定要把金融和经济之间的关系认识清楚，按照党的十六大报告中所指出的方向，正确处理虚拟经济和实体经济的关系。

第二，金融是一个完整的体系，它不是一个个各不相干的孤岛。汇市、股市、债市、保险、期货等等，都处在一个互相关联的整体之中。因此我们要系统地考虑问题，不能“头痛医头，脚痛医脚”。我认为从长远看来，我们还是要稳步推进混业经营和综合监管。因为只有通过综合监管，才能够综合防范风险。否则的话就会促使各个监管部门各自为政，“铁路警察各管一段”。如果证监会只保证证券市场不出问题，就会将风险赶到保险市场或外汇市场上去，那边出问题后，反过来也会影响证券市场。

第三，要建立多层次的金融市场。我国现在证券市场应该说已经达到了一定的规模，但是我国的债券市场还不够发达。其实债券市场也有它的特色，因为债券本身的收益性虽然比股票低，但是它的安全性是比股票高的。这次美国政府之所以下这么大力量去挽救“两房”，很重要的一个原因是防止它们在债券的兑付能力上出现问题。如果出现问题的话，不仅会造成社会问题，而且会造成国际问题，美国的国际信用就会受到很大的影响。因为美国政府为“两房”发行的MBS债券提供了一定的担保。我国不仅要发展股票市场，还要发展债券市场、外汇市场、期货市场，等等。另外金融期货可以以股指期货为起点开始发展，当然发展的过程中应该非常注意防止过度投机，防止可能产生的风险。制度经济学中有句名言，就是“交易先于制度”。任何交易都不可能等制度非常完善了才去进行，只能是在有了基本的制度之后，通过交易发现问题，不断地去完善制度。

系统化的最后一点，就是监管的系统化。我认为现行的一行三会监管体制，应该有一个综合协调的机构，现正在逐步加强。监管系统化应当做到以下几点：第一是要认识到监管的目的是维护最广大人民的利益，真正做到以人为本。但遗憾的是在真正出现问题的时候，监管者往往是考虑维护机构的利益多一些。这是因为我国的银行、保险公司、证券公司都是国有的，它们的损失也是国家的损失，这点可以理解。但从另一方面我们也该看到，国家的财富和人民的财富是相辅相成的，以前常说“大河有水小河满，大河没水小河干”，似乎是国家富了，人民才能富。但是反过来说，如果小河没水，大河不也照样会干吗？所以民富国强和国富民强是相辅相成的。我们一定要看到保护人民群众的利益，在一定程度上也是保护国家的利益。

最后，我国的保险公司、证券公司、银行等金融机构，都应该树立服务意识。金融业本身是服务业，本来就应该有好的服务态度，不断地提高服务质量。在这个问题上我国的金融机构和国外相比确实是差得很远。我曾经听到一个在小面馆打过工的留日学生说，他亲眼看到日本银行的服务人员晚上到小面馆来，帮老板将当天收入的现金存入银行，第二天早晨给面馆老板送来一堆零钱，以便他开门后找零钱。我想我国的银行还没有服务到这样的程度。

还有，就是监管一定要从信息披露入手，监管本身首先就要求透明，信息披露就是使我国的消费者（投资人、存款人、投保人等）能够有知情权。只有信息披露做好了，才便于进行分析，发现问题，然后公告，处置。我一再强调，监管部门不应该对市场的涨落负责，但是必须要对信息披露，保证它的真实性、完备性和及时性。

（作者：原全国人大常委会副委员长）

（选自《北京日报》2008年10月6日）

金融危机的根源及其治理

杨圣明

金融危机的根源

俗话说，"冰冻三尺，非一日之寒"。仅仅次贷危机还不足以造成美国目前如此严重的金融危机。它的根源更深更广，至少有以下三点值得探讨：

1．互联网泡沫（或称IT产业泡沫）问题没有解决

在20世纪90年代，美国的IT产业如日中天，带动美国经济走向繁荣，功绩不可埋没。但是，其中也隐含了大量的泡沫。这种泡沫在2000年至2001年间曾经暴露，也引起了一定的关注。可是，2001年的"9·11"事件把人们的视线引向了他处，轻视了IT产业的泡沫，没有解决好这个问题。这时，布什政府执政不久，很想做出一些政绩，于是决定以房地产业进一步带动美国经济走向繁荣。为此，美联储多次大幅度持续降息，金融机构取消购房者的首付款，简化购买手续，甚至在信用等级的评定上造假，以鼓励次级抵押贷款。在这个过程（2002—2005年）中，房地产业日趋高度繁荣。到2006年初，房地产泡沫开始显现出来，但并未引起足够重视。房地产泡沫同过去没有解决的互联网泡沫合而为一，逐渐使各类金融机构开始感受到问题的严重性。但此时美国政府尚未对其加以重视，甚至到2008年6月，还有政策部门的人士发表过于乐观的谈话。

2．虚拟经济同实体经济的严重脱节

商品的使用价值与价值的二重性、实物形态与价值形态的二重形态，使整体的国民经济划分为实体经济与虚拟经济两部分。这两类经济本应大体一致，但是，由于商品的价值同使用价值的运行渠道、轨迹、方式以及主管机关、经营企业各不相同，价值往往偏离使用价值，甚至同使用价值背道而驰，这就使虚拟经济背离了实体经济。这种背离达到相当严重的程度时，将会出现严重的通货膨胀、巨额财政赤字、外贸赤字直至金融危机和经济危机。它不仅会使大量企业破产，还会使国家"破产"。目前美国金融危机爆发的根源在于虚拟经济（主要代表者是金融业）严重脱离或者说大大超越了实体经济，也可以说是虚拟经济膨胀而实体经济下滑的结果。今后，如果仅在虚拟经济内兜圈子，没有强有力的实体产业作为领头羊，美国经济很难走出泥潭！

3．作为催化剂或加速器的美国赤字财政政策、高消费政策和出口管制政策

在美国，贸易逆差与财政赤字是孪生兄弟，更准确地说是父子关系。巨额财政赤字必然导

致大量贸易逆差（赤字）。反之，亦然。美国政府靠双赤字度日或者说靠借债运行，美国的家庭也靠借债生活，家庭债务目前已超过15万亿美元。在美国的产业结构中，资本技术密集型的高科技产业是它的优势，而劳动密集型的生活必需品的产业则是它的劣势。这就决定了美国必须进口劳动密集型产品而出口高科技产品。可是美国大量进口劳动密集型产品的同时，却以出口管制政策严格限制高科技产品出口，这就使贸易严重失衡，逆差与日俱增。如何解决双赤字问题？那就是靠在全球发行美元、国债、股票以及金融衍生品。通过这样的虚拟渠道，使全世界的实体资源（自然资源、劳动资源和资本资源）日夜不停地流进美国。美国生产货币，全球生产商品，二者不断交换。这是多么鲜明的分工、多么"美好"的交换啊！总之，美国的上述三大经济政策是美国的虚拟经济超越实体经济的催化剂或加速器。

治理金融危机措施的评析

面对严重的金融危机，各国政府尤其是欧盟国家、美日等发达国家的政府，都一马当先以巨额资本抛向市场，拯救本国的金融业。而各国的股市则随着政府的指挥棒上下剧烈跳动。这一方面显示了政府的巨大作用，另一方面也证明投资者还并不真正相信政府的救市行动的正确性。为什么不相信？理由可能有这样几个：

1．"对症下药"问题

当前的救市、"灭火"，不问起火的原因。没有找准病因，有点像乱治病，因此，效果不明显。为了彻底扑灭这场金融危机，看来有必要找出它的真正起因。这次危机的"策源地"在美国，因而美国政府有责任找出其真正起因。

2．"言行一致"问题

最近，美国政府的要员在宣布治理金融危机的举措时，都要声明一下：这是不愿采取而又必须采取的措施。既然是必须采取的措施，为什么"不愿"采取？是不是口是心非？大家知道，美国一向奉行的是自由资本主义市场经济，贬低甚至排斥政府对市场的干预，而今天政府却一马当先，三出重拳，甚至包办代替市场，这就使市场原教旨主义十分难受，只好再安慰几句。

3．"公平效率"问题

各国政府都将全体纳税人的钱仅仅用于挽救和支持某些金融机构而不管其他行业，这是否妥当？更有甚者，政府对某些面临破产或极其困难的金融机构不管不问，而对另一些金融机构却大加支持，这是否有失公允？看来，政府的救助政策应该更透明、更公平一些。

4．"公私分明"问题

欧盟国家以及美日等国政府向来标榜公私分明，而这次却反其道而行，将国家的钱用于收购私人金融机构，或在私人金融机构中控股、参股，或收购其难以流动的不良资产以增加其流动性，等等。这就模糊了公私界限，也模糊了政府与市场的分工界限。在这次治理金融危机中，政府的作用如此突出，政府的干预如此强烈，政府的宏观调控如此有力，今后自由市场经济如何发展看来只能留待将来了。

（作者：中国社会科学院财贸经济研究所研究员）

（选自《中国社会科学院报》2008年11月25日）

如何在压物价、保增长之间取得平衡

夏 斌

当前全球物价上涨的基本原因是全球总需求大于总供给，纠正这一供需缺口，取决于各国的政策博弈与经济调整，需要一定的时间。目前，中国对世界增长的贡献度已超美国，若以压物价为调控的唯一目标，紧急“刹车”，短时间内硬将物价压在较低水平，对稳定中国与世界经济都不利。调控目标应是在物价与增长之间取得适度的平衡。

如何平衡？今年GDP维持去年11.9%的增长，肯定不可取。但在外部需求、物价不确定、全球已有50多个国家的物价出现两位数增长情况下，中国单独一味将物价压在去年较低的水平，国内就业、收入增长及股市等社会矛盾将更易凸现。GDP 增长多少为宜？根据世界银行、中国不少经济学家预测和历史数据，将目标定在力争9%—10%之间，是比较合适的，比去年低1—2个百分点，既有利于压物价上涨，也能较好地坚持发展是第一要务的方针。

控制物价上涨其根本目的是为了保持经济与社会的稳定。如果我国相关政策与补贴到位，经济增长与居民实际收入水平未受到大的冲击，CPI全年达到7%—8%左右的水平，应该说经济社会可以接受的。控制物价的关键，是要防止物价持续快速上涨而形成恶性通涨预期，而不是绝对排除在全球性物价快速上涨趋势下，中国短期内物价一定水平高位运行的出现。

如果取GDP增长9%—10%与CPI上升7%—8%的组合目标，在当前最重要的，要讲究国内相关部门政策经常的微调与协调。最终宏观调控的效应，是取决于各项政策的协调效应，而不是单向政策的调控力度。建议全年的调控思路应是：紧货币、稳汇率、调价格、松财政、补穷人。

紧货币。面对外汇储备的不断增长和物价上涨的压力，从紧货币政策的方针不能动摇。但是从紧的程度应尽可能确保GDP增长9%。当前应注意：一是货币供应量与贷款指标的名义与实际值问题。若按去年1—11月贷款实际增长额3.58万亿元作为今年从紧政策的目标值，可以理解。但是去年PPI价格指数上涨3.1%，实际贷款增长13.3%。今年1—5月PPI上升7.4%，如果将同期贷款增长16.22%减去FPI上升7.4%，实际贷款仅增长8.82%，比去年低4.48个百分点，下降幅度约达33%，这就是为什么当前贷款增长绝对额不算太低而中小企业资金普遍叫紧的原因。二是对有利于承担社会就业重任、有活力的中小企业、民营企业发展的中小板、创业板、私募股权基金的支持与创设，要抓紧推动，不必动辄担心影响“奥运”等政治考虑，也不会对当前低迷的股市形成特别的冲击，反而是为投资者创造新的投资渠道。同样对当前有利于中小企业融资的“中期票据”及债券市场的整顿，要讲究时机与力度，应该一切以有利解决当前经济运行困境为出发点，处理好整顿与发展的关系。

稳汇率。2005年7月以来人民币已累计升值近20%，对减少部分行业出口过快的效应已凸显，但是企业进一步的结构升级尚需一个过程，进而对经济下滑过快的负面影响开始出现；短期内升值对抑制输入性物价上涨作用又有限；香港NDF市场上已出现对人民币一味单边升值预期的分歧信号；更重要的，由于较明确的持续升值，引导市场进一步夸大了升值预期，刺激了更多“热钱”流入，增加了从紧货币政策的复杂性和难度。根据上述诸因素，当前汇率调整的重点与目标，不应是追求汇率水平充分的市场化，而是要尽快打破市场上夸大的升值预期，在较短的时间内将汇率调整到内定的一定水平，然后保持一段时期的相对稳定。这同时也给美元若干月后即将触底反弹后的人民币汇率调整留点空间。因为美元回稳后，要当心大批热钱返流美国的现象出现(5月美国已净回流606亿美元)。在稳住汇率的同时，要加大外汇管理力度，抓紧改善管理制度与技术，对市场形成威慑力量。在此方面，监管部门绝对不能泄气，尽管管理有难度，但是管肯定比不管有利于大局的稳定。

调价格。鉴于目前全球的供需失衡和国内不合理价格关系的调整压力，将物价一步调控到位并控制在较低的水平，不仅是中国经济与社会承受不了，世界经济也承受不了。为此，在价格政策上应贯彻：规划、调价、补贴、管制、舆论十个字。即面对这一段全球性供需失衡的价格调整，中国要制定3年左右的规划，逐年分摊调价与涨价的压力；在油电等调价的3年中，每季、每年调多大比例，应结合GDP增长情况，考虑将近三年的物价水平维持在一个较稳定的相对较高的水平，并低于人均GDP的增长水平；在调价过程中为确保企业生产增长和居民生活水平不下降，财政必须予以适当的税收支持与补贴；调价与管制并进，对部分产品仍需实行一定的暂时的价格管制；安民告示，将规划、调价、补贴、管制和物价统计中如“翘尾”等具体实情，如实告诉老百姓，正确引导舆论，尽可能减少市场上不切边际的分析报道与误导的负面影响。作为政府兜底性政策，当出现通胀恶性预期时，即物价出现突然的、持续数月的两位数增长，即可采取在80年代、90年代曾行之有效的保值储蓄手段。

松财政。面对从紧货币政策压力，为防止经济下滑过快，财政政策应该是积极的，而不是稳妥的。特别是当上半年一系列宏观经济指标和经济先行指标出现下行，唯独财政收入增长指标仍名列世界前茅，这意味着我国政府在压物价、保增长中仍有相当的实力与余地。为此，1. 在继续加大对“三农”、社会保障、自主创新、节能减排等财政投入的同时，对企业的这一轮成本压力，应给以减税支持，尽快加大有效供给，有助控制物价。2. 政府部门带头紧缩需求，今后两年应维持由汶川地震引起的缩减行政开支一定比例的做法，用于上述各项增加供给的支出。3. 中国经济账户盈余超过GDP约10%，意味着国内节余的资源在为国外所用。目前中投公司2000亿美元主权财富基金在国外运用，目标明显，被人盯着，运用难度加大。应另辟较隐蔽渠道，继续扩大发行人民币债券购汇到国外投资，一是直接减轻国内流动性过多导致的物价压力，二是壮大中国崛起中的战略性实力。4. 视情况变化，如果七、八月份经济增长下落过快，可以发行赤字国债，刺激国内需求。今天的中国已不同于80年代的中国，在GDP、财政收入增长率远远高于利率水平的情况下，发行少量赤字国债是无风险的。

补穷人。在物价逐步调整的过程中，继续实施与提高对低收入群体的补贴，同时支持与鼓励财力充裕的地方政府，增加对低收入群体的补贴和提高最低生活保障线。进一步调高个人所得税起征点，变相进行物价补贴，稳定物价预期，扩大消费与内需。

其他经济政策。近几年出口贸易、劳动工资、房地产、节能减排等经济政策的调整，方向是正确的。但是压物价、保增长更是当务之急。集30年改革开放的宝贵经验，当长期目标和短期目标发生矛盾时，关键要处理好改革、发展、稳定三者间的关系。改革的力度要稳妥，当前能分步实施的措施切忌一步到位，讲求部门间动态配合保大局。

（作者：国务院发展研究中心金融研究所所长）

（选自《金融经济》2008年第8期）

在抑制通胀中实现平稳较快发展

郑新立

我国经济两位数的增长速度已保持了5年多。去年下半年以来，居民消费价格不断上涨。今年上半年，工业品出厂价格也出现了快速攀升势头。能不能有效抑制通货膨胀，是把经济平稳较快增长的良好势头继续保持下去的关键所在。而转变经济发展方式，妥善应对国际经济风波的冲击，则是避免通货膨胀、实现经济又好又快发展的根本之策。

一、今年以来国民经济继续保持平稳较快增长态势

去年年底召开的中央经济工作会议，确定了今年宏观调控的基本要求，就是防止经济增长由偏快转为过热，防止物价由结构性上涨转为明显通货膨胀。从今年以来经济运行的情况看，这些要求正在得到落实，并开始见到成效。上半年国内生产总值同比增长10.4%，增速比上年同期下降1.8个百分点；全社会固定资产投资同比增长26.3%，比上年同期加快0.4个百分点；社会消费品零售总额同比增长21.4%，加快6.0个百分点，投资与消费增幅差距由过去几年的10个百分点以上缩小为4.9个百分点；进出口同比增长25.7%，其中出口增长21.9%，进口增长30.6%，顺差同比减少135亿美元；财政收入比去年同期增长了33.3%，增收8690亿元。数据表明，经济增长平稳、快速、高效的良好态势仍在持续，增长的协调性增强。拉动经济增长的三大需求中，消费的作用扩大，投资需求旺盛，外贸顺差有所减少。经济运行正按照预定的方向发展。

当前经济增长的特点，概括起来看：一是中西部地区投资和经济增长均快于东部，说明区域经济发展的协调性在增强；二是重工业继续快于轻工业，符合工业化进程的一般规律和阶段性特征；三是股份制工业企业增长快于其他各种经济类型企业，说明经济增长的活力在增强；四是第一产业投资超高速增长，说明对农业基础设施投资力度加大。

经济运行中必须高度关注的问题是：(1)消费价格（CPI）涨幅仍然偏高，工业品出厂价格（PPI）涨幅迅速上升，两者互相推动的危险性增加。从5月份开始，CPI涨幅已出现拐点，开始缓慢下降，而PPI增速开始加快，下半年PPI将以何种程度影响CPI，值得高度警惕。(2)“两高一资”（高消耗、高排放、资源型）产业投资和生产增速趋缓，但受市场需求和价格上涨的拉动，投资和生产增速反弹的可能性仍然存在。(3)高技术产业增速继续加快，但投资的90%靠外资支撑。(4)第三产业增速平稳，经济增

长主要靠第二产业拉动的局面仍未改变。(5)上半年单位GDP能耗降低2.9%左右，化学需氧量、二氧化硫排放量也继续下降，但完成“十一五”节能降耗减排的约束性目标任务艰巨。

二、新一轮物价上涨的成因与宏观调控政策选择

市场物价关系人民切身利益，影响经济社会稳定，必须把抑制通胀摆在宏观调控的突出位置，坚决把物价上涨过猛的势头控制住。

(一)新一轮物价上涨主要由部分农产品供给波动引起

弄清这一轮物价上涨的原因，才能对症下药。2007年居民消费价格上涨4.8%，其中食品价格上涨的影响占83.3%。今年一季度消费价格上涨因素中，食品价格影响占85.0%。数据证明，去年以来消费价格上升的主要原因是农副产品涨价。在粮食价格基本稳定的情况下，主要是猪肉和食用油等价格暴涨带动了相关食品价格上涨。5月份猪肉价格同比上涨48.0%，原因在于2006年猪肉供过于求，生猪价格下跌到每斤2元左右，而饲养成本每斤3.5元，农民宰杀母猪，导致了去年生猪供应量的大幅下降。根据经验，合理的猪粮比价应为6∶1，前年最低时降为3∶1，去年年底则上升到9.3∶1，加上国务院出台了一系列鼓励生猪喂养的政策，估计今年年底生猪将大量上市。

食用油价格5月份同比上涨41.4%，是拉动食品价格上涨的第二位因素。原因在于进口大豆价格上涨。在国内粮价明显低于国际市场的情况下，惟有大豆价格高于国际市场，这是外商控制我国大豆市场的结果。去年进口大豆占国内消费量的60%，榨油厂70%被外资控制，内资榨油厂陷于困境。这是输入型通胀因素对国内价格的主要影响。

受进口石油、矿石等价格上涨影响，国内市场通胀压力加大。中石油、中石化两大公司用上下游产品的利润，弥补了炼油环节的亏损，为稳定国内成品油价格做出了贡献。地方中小炼油厂由于补不起亏损而停产，约7000万吨炼油能力闲置，成为前一时期柴油供应不足的重要原因。6月份国家调整成品燃料油和电价，对缓解能源供应紧张局面起到了有效作用。这次提价对全年CPI的影响估计在0.5个百分点以上。

应当看到，这一轮物价上涨带有一定的必然性和合理性。从1978年到2006年的28年间，我国消费价格年均上涨5.7%。然而，从1996年到2006年的近10年，消费价格年均仅上升0.9%，其中从1997年到2003年的7年间，消费价格连年下降或略有回升，直到2004年价格总水平才恢复到1996年的水平。特别是一些重要农副产品，如小麦、大米、猪肉等，直到2006年仍低于10年前的水平，而这一期间，农业生产资料价格不断攀升，农业比较效益下降，同期城镇居民收入也有了较大增长，城乡收入差距不断拉大。如河南省平均每亩小麦纯收益83元，仅相当于外出打工两天的收入。由于水稻种植收益低，一些主产区出现了双季稻改单季稻的趋势。与国际粮价相比，国内粮价更明显偏低。小麦价格比芝加哥粮食市场低70%，大米价格仅为泰国的1/3、越南的1/2。改革以来已经缩小的工农业产品价格剪刀差又明显扩大。此外，即使在6月份提高成品油和电价之后，国内能源价格仍比国际市场低30%以上。以汽、柴油零售价格相比，中国目前仅相当于欧盟的1/4、日本的1/2、美国的60%。能源价格低不利于鼓励能源的生产和节约。

因此，应抓紧制定一个理顺农产品和能源价格的总体方案，争取用3年左右的时间，把近10年累积的价格扭曲矛盾逐步加以解决，这是发挥市场配置资源基础性作用的客观要求，是实现城乡之间、产业之间协调发展的客观要求。

在3年价格调整期间，CPI控制在5%—6%之间，是社会各方面可以承受的。

(二)运用财政政策鼓励增加短缺产品供给

改革以来曾经出现过两次严重通货膨胀。1988年，由于价格改革引起涨价心理预期，带来抢购风潮，通胀率达到18.8%。1994年，由于乱集资、乱拆借、乱设金融机构和房地产热、开发区热，带来投资膨胀，通胀率高达24.1%。治理这两次通胀，都是通过采取严厉的紧缩措施，并带来了经济增长的较大波动。针对这次通胀的成因，应改善宏观调控，以财政政策为主，把财政、货币政策结合起来，在保持经济平稳较快增长的前提下，逐步实现抑制通胀的目标。

财政政策的运用，一是利用奖励、补贴、税收等办法，鼓励农民生产积极性，扩大生猪、奶牛等养殖规模，增加粮食、油料种植面积，加强主要农产品收购、储备和运力保障，建立猪肉等农产品储备调节体系。二是增加对城市低收入居民和大学生的物价补贴，使他们的生活水平不下降。三是降低通胀预期。通过大众传播媒介，影响社会舆论，增强广大人民对经济发展前景的信心。降低居民的税收负担，改变居民储蓄存款负利率的状况，必要时实行保值储蓄。

(三) 增强货币政策的灵活性

通货膨胀归根到底是一种货币现象。近几年由于外贸顺差持续增加和国际热钱流入，造成银行货币流动性过剩，支撑了投资的高增长，为通货膨胀准备了条件。但这还不是通胀的充分条件。猪肉等农产品供给波动是这次通胀的直接诱因，其他条件对通胀产生了推波助澜的作用。因此，在信贷政策运用上，应考虑到紧缩政策对抑制农产品价格上涨并没有实质性作用，鉴于当前利率已处于较高水平，不宜再用提高利率的办法来抑制通胀。利率是双刃剑，过高的利率与鼓励消费的政策相悖，并影响资本市场的筹资功能；会刺激国际热钱的流入，加大人民币升值压力；会提高企业的融资成本，形成成本推动型物价上涨压力。通过提高存款准备金率来抑制通胀，实践证明收效甚微，而且造成企业流动资金不足，特别是中小企业普遍感到贷款难，制约了经济发展。应在从紧控制信贷总量的同时，加强“窗口指导”，优化信贷结构，重点满足中小企业贷款需求，促进产业结构调整。

在汇率政策运用上，随着人民币汇率的上升，在一定程度上削弱了我国产品的出口竞争力。与日、韩等国不同，我国目前的出口结构中，47%是加工贸易，内资企业一般贸易出口仍以劳动密集型、资源密集型产品为主，技术密集型、资本密集型产品出口的80%以上掌握在外资企业手中，所以我国出口能力对汇率的变化非常敏感。人民币汇率的上升，应以出口增长不受大的影响为前提。必须按照国务院确定的渐进、可控、自主的原则，为国内企业优化出口结构、提高出口竞争力赢得时间。

需要强调的是，在中美货币利率、汇率走向相反的情况下，必须严防投机性外汇的流入。据有关资料显示，投机性外汇的进入仅通过贸易结算手段就达十几种。国际热钱大规模流入对实施从紧的货币政策带来很大困难。必须制定严密有效的防范国际热钱大进大出的措施，以维护金融安全。

三、保持市场价格大体稳定的治本之策

保持人民币币值稳定，是经济稳定的前提条件，也是宏观调控的首要目标，这就需要保持总供求的大体平衡。从历史经验来看，我国每一次通货膨胀，都是由于急于求成，盲目追求经济增长的高速度，造成低水平的投资膨胀，带来能源、原材料和农副产品价格暴涨。为了抑制通胀，不得不采取严厉的紧缩政策，从而

带来经济增长速度的大起大落。2003年党的十六届三中全会提出了科学发展观，党的十七大又提出转变经济发展方式，经过全党全国的努力，我们开始摆脱周期性大起大落的困扰，进入了一个持续平稳较快发展的新阶段。但是，要真正走上科学发展道路，还需要做出艰苦努力。实现发展方式的转变，需要下几年苦功夫。全党同志都应深刻认识到，贯彻落实科学发展观，转变发展方式，走新型工业化道路，是摆脱以高投入、高消耗、高排放为代价实现经济增长的根本途径，是彻底告别通胀，实现经济长期平稳较快发展的根本途径，从而把落实科学发展观作为自觉行动。

从长远来看，我国有几种短缺资源对进口的依赖程度较高，必然受国际价格影响，需要采取长期对策。

（1）石油。上半年我国进口石油9000多万吨，用汇800多亿美元，油价高昂，成为国民经济的一个沉重包袱。要立足于我国的资源赋存条件，把煤制油作为一项战略措施加快实施。现在煤炭直接液化项目正在神华东胜煤田分段试车，预计每吨液体燃料成本可控制在相当于进口石油每桶50美元以下。间接液化项目正在神华、内蒙古伊泰集团、山西潞安公司抓紧建设。如能成功，应根据煤炭、水资源和运输条件，统筹布局，扩大建设规模。要大力发展非粮食的生物质能源，包括种植麻风果用以提炼柴油，种植木薯用以提炼酒精等。要鼓励发展电动汽车、混合动力汽车。通过多方面努力，逐步摆脱对进口石油的依赖。

（2）食用油。去年我国进口大豆2950万吨，加上直接进口食用油838万吨，占食用油消费量的62%。立足国内解决食用油供给问题，是维护经济安全的战略需要。要坚持不与粮争地的原则，在依靠科技提高现有油料作物单产的同时，充分挖掘冬闲田、宜林荒山荒地等资源，扩大菜子油、茶子油、花生油生产。我国自主研发的茶油树，亩产茶油可达75公斤，品质优于橄榄油，在长江以南地区适宜大规模种植。扩大含油量高的转基因大豆的种植，在国内有很大潜力。有关部门应制定一个专项规划，力争用5年左右的时间，使食用油自给率达到70%，这个目标是可以实现的。

（3）大米、饲料。国内水田在减少，而大米消费量在增加。随着居民食物结构的改善，对肉类和饲料的需求不断扩大。应采取措施扩大稻谷和饲料种植，推广高产优质品种。传统稻谷种植区水稻种植面积不能再减少，双季改单季的趋势必须制止。同时，根据水利条件，适当扩大东北地区水稻种植面积。通过这些措施，保证国内稻谷产量不断增长。此外，东南亚一些国家如老挝、柬埔寨等国，水稻和饲料生产潜力大，但缺乏市场，同我国的贸易处于逆差，如能签订长期合同，建立水稻和饲料稳定的贸易关系，从长远看，是一个可行的选择。

（4）生猪。现在靠农民散户养猪越来越难以保证供应，规模化养猪作为一个政策要大力扶持。河南省南阳市内乡县有一个年出栏70万头的现代化养猪场，猪粪变成沼气，沼气用来发电，形成循环经济，抗风险能力强。像这样的现代化养猪场应当予以扶持推广。

（5）城镇住房。城镇居民住房价格必须保持稳定。为此，要坚持经济适用房、廉租房政策，扩大低价位、小户型住房土地供应。强化地方政府在稳定住房价格方面的责任。要借鉴新加坡、德国、荷兰等国通过稳定住房价格进而稳定市场、稳定经济的成功经验，吸取日本、香港房地产泡沫的教训。

四、在国际经济波动中要善于趋利避害、抓住机遇

当前，美国次贷危机、美元贬值和国际石油、粮食价格飙升，对我国经济带来严重冲击。

面对这些突发因素，我们要冷静分析、认真对待，善于规避风险、抓住机遇，从而把国际经济波动带来的不利影响变成促进国内经济发展的有利因素。现在看来，至少有三个方面的机遇需要我们紧紧抓住。

一是以扩大内需弥补对美出口增速下降的影响。美国次贷危机使相当大一部分居民购买能力下降，对我国出口必然带来一定负面影响。但如果我们抓住这个机会，扩大国内消费，增强国内市场对经济增长的拉动作用，就能把挑战变成机遇。扩大国内消费需求，需要抓紧调整收入分配结构，增加广大中低收入者的收入，特别是要着力增加广大农民的收入，使广大居民能够从经济发展中更多受益。

二是以扩大海外并购和国际合作消化迅速增加的外汇储备，增强经济发展的能源资源保障能力。美国等国家由于美元贬值、经济停滞，不少企业经营困难甚至濒临倒闭，资产大幅缩水，这为我们海外并购提供了难得机遇。要选择那些具有较好技术资源但经营困难的企业，通过兼并提高我国企业的技术水平和自主创新能力。通过对海外资源型企业的参股、控股，有利于降低和消除国际资源价格上涨的影响。通过扩大海外合作，开发资源，互利共赢，有利于建立稳定的能源资源供应渠道。不仅要鼓励大企业走出去，更要鼓励大批有能力的中小企业走出去。目前中小企业申请外汇贷款仍十分困难，要充分满足中小企业走出去对外汇的需求。

三是借助外资流入之势，积极稳妥地推进人民币国际化。人民币完全可兑换，是我国金融体制改革的重要目标。随着我国经济实力的增强，人民币在周边国家和地区越来越成为一种结算工具和储藏手段，人民币的国际化已成为一个必然的历史趋势。要逐步扩大人民币可兑换的范围，增强人民币的国际地位。通过人民币影响力的提高，壮大我国金融产业，改变目前虚拟经济发展严重滞后于实体经济的局面，增强国家经济实力。

（作者：中央政策研究室副主任）

（选自《求是》2008年第18期）

美国金融危机的九个警示

蒋定之

警示之一，要当心金融创新过度带来的风险

如果金融创新不能评估和可控，如果金融创新的目的是为了逐利，那么，这种创新活动带来的一定是金融市场的泡沫、危机和灾难。美国本轮金融风暴是次贷危机蔓延的结果，是次贷危机与美国金融创新过度和不恰当使用金融衍生品的产物。美国房贷机构房利美和房地美购买商业银行和房贷公司流动性差的贷款，通过资产证券化将其转换成债券在市场上发售，投资银行又利用其金融工程技术，通过创新再将次债进行分割、打包、组合并在市场上分别出售。由此，衍生层次不断叠加，信用链条拉长，市场主体不去关注资产的质量，而是考虑在购买了衍生产品之后，如何通过打包、分拆和证券化处理，再将衍生出来的新产品卖给下家。其结果，没有人去关心这些衍生金融产品的真正基础价值，从而助长推动了极度的短期投机趋利化，最终酿成了严重的金融市场危机。借鉴美国金融危机的教训，我们有必要对金融创新进行重新审视，既要看到其对金融发展推进器的作用，又要对其令人防不胜防的放大风险一面有一个清醒的认识，把金融创新的风险置于可控范围内。

警示之二，要当心投资者心中无数和过度投机带来的风险

投机是市场的润滑剂，但若是漠视风险的过度投机，就会严重损害市场稳定的基础，甚至引发金融危机。回顾历史上大大小小的金融危机，几乎没有一次不与过度投机有关。无论20世纪30年代的经济金融危机、1997年的亚洲金融危机，还是目前美国的金融危机，很大程度上都是由投机行为泛滥、不注重风险管控而引发的。

近年来，在高利润的诱惑和激烈竞争的压力下，传统上以赚取佣金收入为主、对资本金要求很低的投资银行，大量介入次贷市场和复杂衍生金融产品的投资。目前，投资银行从事的业务中很多与衍生品相关，而衍生金融产品又具有众所周知的杠杆效应，可以放大收益和风险，交易主体只需交少量保证金，就可以完成高回报大额交易。“钱不够就借”，投资银行实际上悄然变成了追逐高风险、高回报，使用高财务杠杆化的“对冲基金”。高杠杆率使得投资银行对融资依赖增强，在市场较为宽松时，尚可通过资本市场融资来填补交易的资金缺口，而一旦信贷紧缩，自身财务状况恶化，评级公司降低其评级使融资成本上升，便可能造成投资银行无法通过融资维持流动性。贝尔斯登、雷曼兄弟、美林、高盛、摩根斯坦利等著名美国投资银行及其交易对手出现的流动性危机，都是源于高财务杠杆率支配下的过度投机行为。美国投资银行平均表内杠杆率为30倍，表外杠杆率为20倍，总体高达50倍。房利美和房地美的杠杆率则高达62.5∶1。

美国五大投资银行的教训告诉我们，要想实现金融市场和金融体系的稳定与可持续发展，就必须采取有效措施抑制过度投机，严防投机泛滥，尤其是投资者对风险要有一个底线，设置一个容忍度，绝不能依靠过高的杠杆率进行盲目投资。投资者只有将风险控制在可接受范围之内，方能立于不败之地。孙子兵法中讲，“知己知彼，百战不殆”。用这句话观察和审视市场投资，就是说，投资者必须既了解自己的财务及风险状况，同时又要了解交易对手和所投资的金融产品的风险状况，绝不能无视交易对手和金融产品的风险，运用过高的杠杆率盲目投资，否则“殆”是必然的结果，这个“殆”就是市场投资行为的失败甚至破产。

警示之三，要当心市场无序和放松监管带来的风险

一个有序市场的基础是法制和监管。建立在法制和监管基础上的市场运行的基本规则和制度，是一个健康的金融体系赖以运行的基石。市场主体一旦脱离监管和法制的约束，过度追求盈利，盲目竞争，市场就可能滑向无序，金融危机就极易发生。

这次美国金融危机表明，时至今日，美国自由金融主义的发展模式已经走到了顶峰。衍生品过度泛滥，盲目信奉市场主义放松监管，最终必然导致金融市场的系统性崩溃。在危机前的美国金融市场中，这种问题突出表现在三个方面：一是新金融产品自由方便进入市场。危机前，通过柜台交易，不需要论证，也没有监管，只要有对手购买，新的金融产品就可以进入市场。金融机构不停地创造出各种各样眼花缭乱的复杂产品，违背基本经济规律的、不透明的金融衍生品和证券化产品充斥美国金融市场。二是评级机构不负责任。评级机构将很多高风险金融产品冠以高级别评级标签，使一些高风险衍生金融产品轻易地在市场流转。评级机构这种背离基本信用基础的评级行为，起到了对次贷危机推波助澜的作用。三是信息披露不充分。投资机构把住房抵押贷款打包证券化，并在此基础上创造出大量衍生金融产品，把风险转移到投资银行、商业银行、资本市场，转移给社会公众和全世界。在这个分散转移风险的过程中，投资机构没有把与风险相关的信息传递给投资者，资产证券化过程中的严重信息不对称导致市场失灵。

早在3年前，有经济学家就发出警告，由美国房地产带来的金融危机将蔓延全世界。然而，遗憾的是，这些警告并未引起美国监管当局的重视。如果美国监管机构能够及早对华尔街的无序市场进行更严厉地审查和监管，那么多高风险的次贷衍生金融产品就不可能在市场上蔓延充斥，更不会获得评级机构“优质”的评级，贝尔斯登、雷曼兄弟等大型投资银行或许就不会像多米诺骨牌一样倒掉。因此，金融运行过程中，必须注意防止金融风险的积累及其向金融危机的转化，必须加强对金融活动的日常监管和调控，及时发现金融运行中的不稳定因素，扭转金融市场的无序状态。

警示之四，要当心本末倒置，忽视存款业务带来的风险

这次金融危机清晰地表明，无论是对于商业银行还是投资银行来说，稳定的资金来源都是至关重要的。

对于商业银行来说，如果抛弃存款立行的基本原则，过多地依赖货币市场和资本市场融

资，一旦市场信心出现问题，流动性危机就有可能马上显现。

对于投资银行来说，主要是通过从货币市场上短期融资或者通过资本市场筹集资金，由于缺乏足够的资本金和没有储蓄存款的支持，其流动性就凸显重要，面对瞬息万变的市场形势，很有可能出现支付危机。贝尔斯登、美林、雷曼兄弟等美国投资银行就是这方面的例子。这三家投资银行只是在短期借贷基础上维持着一个巨大的资产组合，随着市场信心出现问题，其信用迅速被瓦解和颠覆，它们随即成为被市场看空的对象，最终等待的是破产或被收购的命运。高盛和摩根士丹利也只有变身商业银行或者银行控股公司，才能够从法律上完全合法地从美联储拿到贷款或者流动性资金，从而避免破产或被收购的结局。

一般说来，在经营的安全性和稳健性上，商业银行比投资银行更有优势，因为商业银行必须满足巴塞尔协议中8%的最低资本金要求，而且有储蓄存款作为稳定的资金来源，加上各国银行监管当局都有一套严格的监管标准。在这里，我想特别强调一下“存款立行”对于商业银行可持续发展的重要性。对于我国的商业银行以及银行控股公司来说，要毫不动摇地坚持这个观念，重点抓好存款这项主业，不要过度寄希望于资本市场筹资，商业银行一定要做到“存款立行、风控保行、服务兴行、科技强行”。

警示之五，要当心高回报掩盖下的金融风险

近年来，在美国房地产市场持续上涨的形势下，金融机构纷纷降低贷款标准，贷款质量大幅下降。商业银行将次级抵押贷款证券化处理后卖给房贷融资机构，然后，房贷融资机构将买来的资产又进行证券化成为次级债，再卖给投资银行等机构。在房价上涨和低利率时代，没有人怀疑次级抵押贷款的质量，过长的信用链条问题被掩盖，投资银行的资产出售也相对容易，其信用支撑其在货币市场融资，流动性也不成问题，投行的暴利神话不断延续。但是，一旦情况有变，经济泡沫破裂，基础资产的风险就会很快传染到信用链条的各个层次。投资者为了自保，缓解流动性不足，纷纷收缩信用，出售资产，从而导致资产价格急跌、暴跌和金融危机。美国金融危机表明，当资产价格在上升过程中，风险被弱化和掩盖了，人们看到的只是经济的繁荣、投资金融衍生产品所带来的丰厚利润，而资产价格下跌时，绷紧的信用链条最终在房地产领域断裂，迅速向上游并通过各种渠道的债权债务关系向全球蔓延。因此，银行业金融机构始终不能忽视经济繁荣时期丰厚回报掩盖下的各种风险。

警示之六，要当心投资集中度过高带来的风险

现在，多数国家都将外汇储备投资于美元，一些大型国际金融机构在投资时也是以美元计价的资产为主。但是，以2007年4月新世纪金融公司的破产为发端，次贷危机在顷刻间爆发，市场信心迅速动摇。随着美国政府救市计划的实施，在接管“两房”以及通过动用政府资金解救其他金融财团之后，美国财政赤字快速增长，这必将进一步压缩经济增长和民间福利的空间，最终有可能造成美元进一步贬值和经济衰退，从而给国际投资者所持有的以美元计价的资产带来巨额损失。在经济繁荣时期，人们往往对金融体系的脆弱性缺乏认识，容易被一些经济繁荣的表象所迷惑。这次金融危机给投资者的一个深刻教训就是，投资者要更加注重投资结构的多元化，实现风险分散，防止资产过于集中于一个区域、一种货币而可能引发的风险。

警示之七，要当心在投资决策中过于依赖抽象的数学模型而导致的风险

不准确的投资模型，使得华尔街分析师、精

算师忽略系统性错误，并在证券化分析、系统风险估算甚至违约概率计算上出现预测失误，最终成为导致这次美国系统性金融危机的一个重要诱因。数学模型依赖一些脱离现实市场条件的抽象假设和历史数据，因而只能在一定范围内作为投资决策的参考，不能作为投资决策的最终依据。数学模型是静止的，而资本市场是生动活泼、瞬息万变的。如果一味地依赖数学模型指导投资决策，就会无异于“刻舟求剑”。“舟”就好比是我们的金融资产，“水”就好比是我们的资本市场，金融资产这条“舟”每时每刻都在资本市场这个“水”中进退，它的价格和风险状况一直是处于变动状态之中的。过分依赖模型进行投资决策是不科学的，在实践中也是要碰壁的、吃亏的，我们必须对模型的计算结果给予科学的判断，这是一个科学的风险管理不能或缺的。

警示之八，要当心高激励离开合理边界带来的风险

有关机构的研究数据表明，2007年美国大企业高管薪水的水平是普通员工的275倍。这一比例，在大约30年前仅为35比1。金融机构对高管的激励措施往往与短期证券交易收益挂钩，在诱人的高薪驱动下，华尔街的“精英”们为了追求巨额短期回报，纷纷试水“有毒证券”，借鉴金融创新从事金融冒险。美国房贷机构、经纪公司将贷款发放给没有还贷能力的借款人，商业银行、投资银行则将房贷资产打包卖给投资者，重奖之下放弃授信标准。离开合理边界的高薪激励，是这场金融危机的始作俑者和罪魁祸首之一。目前来看，之所以救市措施没有见到预期成效，原因之一也在于没有能做到“花钱买机制”。在美国，许多民众认为，目前政府救市是由纳税人埋单，而没有涉及高薪激励和风险控制机制的改革。为此，美国政府救助大型金融机构时，对高管的激励性薪酬及税收抵扣等也提出了限制条件，以增强市场信心，恢复稳定市场秩序。任何行业的收入都要有一个合理的边界，不能离开相应的行业标准和适当兼顾社会公平原则。

警示之九，要当心背离服务经济职能带来的风险

美国金融危机之所以会发展成全球性金融危机，一个重要的原因，是虚拟经济高度膨胀，虚拟经济与实体经济严重失衡。从20世纪80年代开始，美国把大量的制造业转移到了拉美和东南亚，而把美国本土打造成贸易、航运和金融等服务业中心，利用专利、标准和品牌等手段，控制着产业的高端，而后信息技术的推广使美国的虚拟经济达到巅峰。在本世纪初，美国网络经济泡沫破灭后，金融业加快发展，金融创新的衍生产品大量涌现。这些衍生金融产品不是出于服务经济社会发展之需要，而是发自金融机构甚至单个机构、部门、个人逐利之动机。这种金融活动搞得越多，危害越大。教训告诉我们，金融是第三产业，金融的发展应立足于市场分工，履行服务于实体经济和社会发展的职能，任何脱离实体经济和社会发展需要的金融活动都是没有希望的。

以上九个“警示”昭示我们：银行业金融机构要实现科学发展，必须尊重事物发展的客观规律，既要适度进行金融创新，更要注重风险管控，追求稳健的可持续发展。一句话，违背规律就要受到规律的惩罚，忽视风险就要付出冒险的代价！

（作者：中国银监会党委副书记、副主席）

（选自《中国金融》2008年第21期）

中国参与国际金融新格局的政策分析

李稻葵

2008年9月以来，以美国次贷危机为起源的国际金融风暴席卷全球，美国政府痛下决心，不惜出重拳救市，欧洲政府从隔岸观火的超脱态度迅速转向不遗余力注资、发钞的大营救计划。在金融大营救计划推进的同时，检讨和反思现有国际金融体系、建立新型国际金融格局的呼声日益高涨，发达国家以及发展中国家纷纷呼吁，要求各国政府开始协商讨论建立新国际金融体系的话题。美国总统布什已经邀请世界主要经济体于11月15日在华盛顿召开金融峰会，中国也在应邀之列。在这样的大环境下，中国的利益何在？中国应该以怎样的心态参与建立国际金融新秩序？在考虑中国基本立场时，应特别注意哪些因素呢？

当前建立国际金融新秩序的基本形势判断

一个显而易见的事实是，长期以来，世界各国，包括发达国家，都对现行国际金融格局表现出了各种各样的不满。而现有国际货币和金融格局是建立在布雷顿森林协议基础之上的，它经历了漫长的历史演变，其中包括1971年美国总统尼克松在戴维营关于取消美元和黄金挂钩关系的宣言、20世纪90年代前苏联主导的经互会（CMEA）可兑换卢布的崩溃以及欧元的崛起。美国等发达国家的不少“意见领袖”和政客将今天的金融危机归咎于长期以来各国货币力图以各种方式与美元挂钩导致美元汇率过高，进而导致美国贸易逆差、信贷过松、美国私人部门借贷过多等情况。发展中国家则认为美元和欧元仍是全世界最主要的国际货币，因此美元和欧元区国家事实上左右着全世界的货币供给，影响着各国的货币政策，因而是导致国际经济失衡的直接因素，同时，它们还认为，美国及其他发达国家对其本国的金融机构长期监管不力，造成了金融危机，危害了其他国家的利益。

所以，世界各国出于不同的考虑，对于当前的国际金融体系都表现出改革的愿望，改革的呼声在金融危机之后达到了新的高潮，各国政府都具有相当的危机感，都希望通过这场危机促成国际金融新体系的诞生。

但是，我们必须清醒地认识到，2008年的世界和1944年第二次世界大战即将结束时的世界截然不同。当今的世界，没有因为世界大战导致的战胜国和战败国的鸿沟，也不存在着战后初期前苏联、美国那样的绝对霸权。即便在发达国家内部，今天的美国也绝没有战后不久那样的强势地位，而且，这次金融风暴恰恰起源于美国本身，这就使得美国在关于国际金融新体系的协商中远远没有布雷顿森林会议时那样的主导权。

即便美国具有极强的权威性，美国国内民众关于国际金融新体系的认知和判断也存在着巨大的偏差，甚至其精英学者，都不一定能直觉地感受到国际金融新秩序的重要性。即使是在危机当前，美国人还会很自然地认为美国不需要其他国家的援助、完全可以凭一己之力化解这场金融危机。在他们看来，美元在金融危机之后的升值证明了美国金融体制和美国经济的全球吸引力未减，同样，美国国库券在金融危机发生之后，尽管将有7000亿美元的增发，却反而走俏，收益率下降，民众对此的一个合理推论便是“危机之后，全世界人民出于不同的考虑，心甘情愿地增持美国国库券，美国仍然是世界金融的中心，美元仍然是最坚挺的国际货币”。在这种形势下，即便美国政府有意愿与各国政府谈判，为建立国际金融新秩序努力，其国民和因为竞选而受选民影响的国会却不一定会百分之百地支持这种协商。

因此，我们可以得出一个基本判断，即这场关于国际金融新秩序的协商和谈判，其议论性大于约束性，其论坛性大于协商性，其象征性的意义很可能大于其实质性的内容，我们不应该也不可能指望这场关于国际金融新秩序的谈判和协商能够产生出类似1944年布雷顿森林会议体系那样的强制性的、具有约束力的条款，也就是说，未来国际金融新秩序，包括国际货币新格局，最有可能的还是通过各经济体之间的不合作的博弈而产生，这种不合作博弈的均衡点最可能主导未来国际金融新秩序和国际货币新格局的方向。

中国的利益

在以上基本判断的基础上，我们可以进而讨论中国在这场关于国际金融新秩序的博弈中的基本利益。尽管这次谈判很可能产生不了实质性结果，但谈判本身也是国际经济政治的较量，仍值得我们高度重视。笔者认为，中国在这场博弈中一个基本的利益点在于，尽管中国不一定非要争取成为这场博弈的主导者，但必须展现出作为一个崛起中大国所具有的责任心和基本领导素质。

作出这一判断的基础是什么呢？我们应当把这场关于建立国际金融新秩序的讨论放在世界全球化的进程和反思的大背景中进行考虑。全球化为各国带来了福祉，中国也是受益者之一，但是必须看到，这场全球化运动也遭致了大量反对的声音，许多欧美精英知识分子大力呼吁要反思全球化。因此，在这一过程中，中国需要体现出自身的责任心和基本的领导素质，向其他国家释放这样一种信号：“中国不只注重自身的发展，也高度关注全球经济、金融的发展。”

在以上前提下，中国在这场建立国际金融新秩序的博弈中有几个具体的利益所在：

维系全球金融体系的稳定性。中国已经是世界上最大的投资国之一，并且，高达50%的国民储蓄率以及日益扩大的经济规模告诉我们，中国在未来相当长时期都将是世界上最大的投资国，将近两万亿美元的外汇储备体现了中国对外投资的巨大规模。显而易见，全球金融的稳定对中国的发展比以往任何时候都重要，直接影响着中国自身金融的稳定和实体经济的发展，更直接关乎到中国对外投资的保值增值。因此，全球金融稳定是中国在建立全球金融新秩序谈判中最大的具体利益所在之一。在这一点上，中国与全世界各国应该是高度一致的。

在新的国际金融格局下各主要经济体间的货币汇率相对稳定。各主要货币的汇率不出现大的波动，在适当调整的范围内保持汇率的稳定，对于像中国这样物价调整较慢、经济规模很大的经济体具有直接的积极作用。如果各国

政府在此问题上具有共识也可以在相当程度上化解人民币升值的压力。从长远来看，人民币必然升值，这是经济发展规律的结果，但是我们希望这一过程是可控的。

稳步实现人民币国际化。人民币国际化是不可逆转的大势，因为任何大国的货币必然成为国际货币，而中国经济长远发展的利益要求人民币国际化的过程是渐进式、能够促进中国对外贸易、既能保证中国国际收支平衡又能促进周边区域经济发展的。人民币国际化的方式在很大程度上取决于国际金融新秩序的特点。

几点建议

加强各国及跨国，尤其是发达国家的金融监管和监控。这次金融危机的一个重大教训便是，发达国家的金融体系也不稳定，而且其金融危机的波及面比新兴市场国家更大，因此，中国政府可以联合其他国家一起建议，加强对各国尤其是发达国家金融市场的监管和对跨国资本流动的监控；可以考虑建议成立一个国际机构定期地研究报告各国金融运行基本情况，向各国政府建议金融监管措施，该组织既可以在IMF的框架下建立，也可以成为一个相对独立的国际条约性组织，它不一定具有约束性，但是具有研究性、建议性和信息性。

协调各国的金融援救计划。金融风暴来临之时，由于各国金融市场高度相关，各国的金融救助计划需要协调。比如，对本地银行和外资银行，应保持政策一致性。又比如，各国出台金融救助措施，应具有一致性，避免因不合作性而出现的对各国都不利的后果。

在IMF框架下的改革。可以考虑建议加快IMF改革，尽快推出新式的针对发展中国家的救助方案。在IMF框架下，呼吁继续给予新兴市场国家更多的发言权和投票权。特别值得研究的是，可以考虑建议IMF的储备货币由单一的美元转换为多货币，包括欧元以及人民币，这是因为在当今世界，各国借贷的币种已经不只是美元，IMF很自然地应该提供相应币种的援助，避免单一货币援助造成更大的汇率波动。人民币很有可能成为新兴市场国家借贷的重要币种，因此中国对IMF的投票权应以人民币注资为基础。

各国应对主要货币间汇率的相对稳定有所承诺。这一点与布雷顿森林会议的条款形成了一定的呼应，尽管布雷顿森林体系的固定汇率制度已经一去不复返，任何政府都不可能完全左右汇率的走向，但是各国政府至少应该努力作出维护主要货币之间汇率相对稳定的承诺，这对中国经济的长期发展具有重要的意义。

（作者：清华大学中国与世界经济研究中心主任）

（选自《中国金融》2008年第22期）

当前经济形势与中国的财政政策走向

贾 康 李 全

我国经济发展面临“世界性金融危机”的冲击

目前，由美国“次贷危机”引发的“金融海啸”正在演变成为“世界性金融危机”，并有可能向经济危机发展。我国宏观经济在原“两防”方针指导下的“软着陆”过程，加入了突如其来的外部冲击，再加上其他多种因素影响，已带有在经济周期由高涨向低迷的阶段转换中“硬着陆”的危险，一些加工企业，特别是出口导向型的企业遇到了比较明显的困难。我国2008年1—9月的GDP增长率，迅速回落至9.9%，并显然将继续回落；外贸政策的主要目标，不到半年，就从“压顺差”变成了“稳出口”。为应对部分劳动密集型行业增长下降，以及失业率上升和社会的不稳定因素，我国货币政策与财政政策已在“抗寒增温”方向上频频出手。本次中国宏观经济政策的变化，反映的是从经济全局变化的新趋势着眼，以扩大内需为主导意图的一系列政策调整和“反周期”操作。

我们已看到，随着全球金融危机影响的不断扩大，世界上发达国家和我国主要贸易伙伴国家的居民消费信心指数大幅下降，进口需求滑落，这必然会对我国出口产生不利影响。与此同时，由于外部金融危机的冲击波，国内各产业的发展已遇到了不同程度的压力和困难，涉及房价的下跌、加工企业销售额减少和利润下降，企业员工收入的下降等，以及由此导致的内需下降。为了防止我国经济过快下滑，维持较快稳定发展，我们确有必要通过财政政策与货币政策的适当调整，帮助企业改善预期、树立信心、克服困境，渡过难关，防止出现因企业生产和效益下滑而影响我国经济发展的被动局面。

关于我国目前财政基本形势的判断

据统计，在2008年前三个季度GDP增长9.9%、比上年同期回落2.3个百分点的同时，第一、第二、第三季度税收收入同比分别增长33.8%、27.7%和10.6%，特别需要引起注意的是，从2008年7月开始，税收增速大幅回落，9月份为2003年以来月度最低增幅，仅2.5%，如扣除9月份CPI 4.6%的涨幅，9月份实际税收仅为3.1%的财政收入，已呈现负增长，从税收收入所反映的宏观经济整体形势来看，不容乐观。但如果我们全面分析这个回落，可以看出其尚在可承受幅度之内。

2008年7月份以后我国财政收入增长幅度明显下降的原因，主要是由于以下三个方面：一是房地产市场的下滑，比如上海、厦门由于房地产市场的影响，其财政收入增长幅度都没有达到20%；二是一些企业受到国内外多重负面因素“碰头”的合成压力后，生产规模有所收缩，效益水平出现下降；三是一些政策性减收因素产生作用。经过政策调整，上述因素可以得到一定矫正和冲抵。

当前中国经济的基本面是好的，财政收入这几年的增加比较显著，2007年的增幅达33%左右，2008年1—9月份累计的财政收入增长幅度仍在25.8%的水平，目前可认为这是一种总体而言尚属正常的回调。我国在经济发展中，近年来努力转变发展方式，优化结构，并积极平稳地进行了主要国有商业银行的股份制改造，金融运行的防范风险能力上升，经济基本面对于财政收入的支撑力也仍然存在。

在财税部门作出增收节支努力的同时，我国2008年全年的财政收入增长速度仍有可能在20%左右，扣除物价指数之后，仍应高于GDP的年度增速。换言之，我国财政收入占GDP的比重今年仍会有一些提高。这一指标在1995年从10.3%的谷底水平一路走高后，2007年首次超过20%，达到20.6%，2008年则可能接近21%。

我国经济发展需要财税政策的及时、合理调整

为保持国民经济又好又快发展，政府首先有必要高度重视当前的重大变化，应对冲击需要在宏观政策方面出手。考虑到财政政策与货币政策在宏观调控目标方面具有不同的侧重，为了发挥宏观政策的整体效应，政策的协调配合应成为政策应急调整中的重要事项。

第一个层面，在货币政策方面，前面一段时间已屡次调低利率，表明货币调控的方向已由原来的从紧，变为现在的适当松动。我们仍要高度关注物价变化，继续努力防控通货膨胀，但是有必要适当地松动总量控制，这方面货币政策应该继续发挥其重要作用，财政政策应积极予以配合，适度实施扩张。

第二个层面，从财政政策的侧重点看，当前应在原来稳健框架之下优化结构的着力点上，进一步提高政策的针对性和力度。这样可以更好地发挥增加有效供给的作用，从综合支撑效应上优化经济运行现状，避免“硬着陆”，并有助于增加企业层面的效益水平和增强总体经济的发展后劲。具体看来，从2008 年开始，财政已带动其他资金陆续投入灾后重建，几年内将有万亿元规模的基础设施等投资，并已在近期作出了提高出口退税率的举措以阻止或减轻出口企业的颓势，同时在涉及基本民生的各项事业中继续积极投入，为社会成员消解“后顾之忧”，改善心理预期，增加消费方面的有效需求。比如，在保障和提高企业退休人员待遇、提高城乡低保对象等低收入群众基本生活水平的同时，国家将进一步完善有关政策措施，加大在资助困难学生、优抚救济、住房保障、房地产业发展等多个方面的政策支持力度。这些财政政策对于扩大内需将起到积极的作用。

具体考虑优化财政支出结构，第一，要把“三农”问题摆在重中之重，进一步投入财政可用资金支持新农村建设的基础设施，支持和农业产业化有关的项目和基础设施建设，并适当加大农业生产方面的直补力度。第二，财政要把优化结构的支出重点放在贯彻国家区域战略方面，支持西部大开发、东北等老工业基地振兴、中部崛起、天津滨海新区建设，推进城乡统筹区域协调发展事项的落实。第三，在民众所关心的一系列基本民生方面，财政要通过支出安排加以提升，进而增强民众的信心和满意度。这包括：对基础教育的支持，如从2007年开始实行从农村到城市的九年义务教育全免费；在医疗基本保障方面，把可用的资金用于支持基本医疗保障体系的建立；基本住房保障方面，经过这几年的摸索，我们政策的着力点已经有进步，把原来比较模糊的经济适用房概念淡化，而明确地把财政资金重点放在廉租房建设上。此外，还包括政策对生态环境保护和人居环境建设的支持。第四，财政应加大对科技创新的支持，这也体现为一个战略性的选择，我国要转变发展方式，必须在这方面紧抓不放，积极贯彻国家中长期科技规划，包括支持十多个科技重大专项的实施，走创新型国家之路。

第三个层面，应该适当考虑结构性的税收调整。前不久，配合着货币政策的动作，利息税已暂停征收。另外，很有希望的是，随着整个经济热度上升问题不再成为一个压力，我们有机会把增值税转型推到全国，而不再限于东北地区和中部的二十几个工业城市。在优化企业所得税制方面，应该抓紧细化实施细则，有所区别地对节能降耗减排等方面的经济行为和研发活动，给予所得税优惠的支持。还应该看到，我们将有更好的机会推出资源税的较大调整，虽然看起来这是对初级资源产品增加税负而会抬高其产品价格的举措，但是对于发展方式转变和引导各类主体更珍惜地使用资源，更积极地开发节约使用资源的工艺、技术和项目，是一项必须要做的重要税制改革。

当然，减税肯定需要有一个关于财政承受力的测算，要设计周全的方案。在2008年财政收入占GDP的比重仍然会提高的情况下，适当减税无非会使这个指标上得不那么快而已。但是我们要非常珍惜地运用这个空间，应该把这个空间首先应用在增值税转型这种重大的长远的机制性改革上面。同时，要做好结构性的减税（如增值税转型）与结构性的增税（如资源税作重大调整）间的结合搭配，从而对冲财政减收压力，强化税收调控效果。

提高出口退税率缓解外向型企业困难

为应对金融危机的冲击，我国政府已出手上调出口退税率。财政部与国家税务总局联合发布《关于提高部分商品出口退税率的通知》，明确从2008年11月1日起，上调3486项商品的出口退税率，约占中国海关税则中全部商品总数的25.8%。这是自2004年以来中国调整出口退税政策涉及税则号最多、力度最大的一次。

此次出口退税率调整涉及内容广泛，共涉及3486项商品，主要可归纳为两个方面：一是适当提高纺织品、服装、玩具等劳动密集型商品出口退税率。二是提高抗艾滋病药物等高技术含量、高附加值商品的出口退税率。此次调整后，我国的出口退税率将分为5%、9%、11%、13%、14%和17%六档。

这次调整还有一个重要意义，即中国财政政策已给出了政府抵御金融危机冲击的明确态度，要运用退税率等政策工具缓解外向型企业的困难，服务于经济发展全局。

这次调整出口退税率是政府主动应对当前复杂多变的国际国内经济形势而采取的一项宏观调控措施，它有利于帮助企业树立信心、克服困难，对整个国民经济的发展具有明显的积极作用。提高劳动密集型产品的出口退税率，可以增强企业抵御市场风险的能力和支持中小企业发展，有利于进一步促进城乡劳动力就业；提高高技术含量、高附加值商品的出口退税率，有利于引导企业优化出口产品结构、加快产业升级的步伐。

当然，从近期看，出口退税率的上调对纺织行业以及部分出口导向型企业的影响可能仅仅在于缓解压力，尚不足以改变行业在一段时间内的发展趋势。但这种针对性措施的必要性是十分明显的，可把它看作我国应对金融危机的调控中财政政策与金融政策协调配合的一个组成部分。

（作者：财政部财科所所长）

（选自《中国金融》2008年11月17日）

关于建设中国特色现代农业的思考

尹成杰

推进新农村建设，首要任务是建设现代农业。走中国特色农业现代化道路，这是中央准确分析世界农业发展大势与我国农业发展的基础条件，全面把握国民经济与社会发展对农业的新要求，科学作出的重大战略决策，为加快我国现代农业建设指明了方向。建设现代农业顺应我国经济发展的客观趋势，符合当今世界农业发展的一般规律，是建设社会主义新农村的产业基础。

一、现代农业的基本内涵和基本特征

现代农业是与传统农业相对应的发达农业，是历史的、动态的。现代农业以广泛应用现代科学技术、普遍使用现代生产工具为重要标志，从内涵到外延发生了革命性的变化。2007年中央1号文件对现代农业作出了科学的表述和概括：现代农业即“用现代物质条件装备农业，用现代科学技术改造农业，用现代产业体系提升农业，用现代经营形式推进农业，用现代发展理念引领农业，用培养新型农民发展农业”。

从全球各国现代农业发展的实践看，现代农业是指以提高农业劳动生产率、资源产出率和农产品商品率为主要目标，以现代科学技术、现代工业装备、现代管理方法、现代经营理念为支撑，在市场机制与政府调控的综合作用下，以市场为导向、以效益为中心、以产业化为纽带、实行产供销一体化、贸工农相结合的多功能农业产业体系。

从现代农业包含的内容和实现的途径看，其有以下几个基本特征：

1．农业技术的先导性。农业新技术是现代农业发展的巨大引擎和推动力。不论哪个国家哪种类型的现代农业，都注重应用现代生物技术和现代物质技术装备农业，加快农业科技进步，使农业成为现代技术高度密集的产业。

2．农业要素的集约性。现代农业是现代科技、资金等现代生产要素相结合的产物。城乡信息、技术、人才、资本、设施、市场等各类生产要素不断向农业领域渗透、应用和延伸，农业投入要素的现代化水平和集约化程度日益提高。

3．农业功能的多元性。现代农业的多功能性日益增强。在保证农产品供给、扩大农民就业、输送新生劳动力等传统功能的基础上，农业功能向着农产品加工、制药、生物化工、能源、环保、观光、休闲等领域拓展。

4．农业产业经营的一体性。现代农业面向两个市场，实行现代经营管理。普遍推行产业化经营，贸工农相结合，不断拓展和延伸产业链，实行生产、科研、加工、运销、消费等各个环节的产业一体化。

5．农业效益的综合性。现代农业以综合效益最大化为原则，使农业由单一经济转向综合经济，由弱质产业变成具有强大活力的优势产业，实现经济效益、生态效益和社会效益的有机统一。

6．农业发展的可持续性。现代农业以资源节约和可持续发展为理念，强调建设资源节约型和环境友好型的农业，增强农业的可持续发展能力。

二、现代农业是世界农业的发展方向

由传统农业向现代农业转变是世界各国农业发展的共同趋势。从世界范围看，建设现代农业已走过上百年的历程。20世纪初期，一些国家随着工业革命的进展和科学技术的进步，开始推进现代农业建设。从发达国家情况看，不同资源禀赋与经济社会基础的国家发展现代农业所走的道路也不同。

人少地多、劳动力资源短缺的国家，发展现代农业主要是以提高劳动生产率为主要目标，凭借发达的现代工业和能源资源优势，大力发展农业机械化，通过扩大种植面积提高农产品总产量、增加农民收入；人多地少、耕地资源短缺的国家，发展现代农业主要是以提高土地生产率为主要目标，大力加快科技进步，改良农作物品种，加强农田水利设施建设，提高化肥和农药施用水平，通过提高单位面积产量提高农产品总产量、增加农民收入；人地相当、耕地和劳动力资源比较适中的国家，发展现代农业以提高劳动生产率和土地生产率为主要目标，运用现代工业装备农业，加强农业科技的普及和推广，通过扩大种植面积和提高单产提高农产品总产量、增加农民收入。

发达国家建设现代农业的模式不同，但呈现出一些共有的发展态势：一是新一轮农业科技革命蓬勃兴起。各国都把推进农业科技革命、采用现代科学技术作为建设现代农业的关键措施。最引人瞩目的是，现代生物技术不断取得重大突破，已成为推进现代农业建设的决定性因素。一些国家大力推进农业科技革命，起点之高、进展之快、影响之大远远超出人们的意料。二是农业国际化程度日益增强。随着全球产业重组和生产要素流动加快，世界各国农业发展的关联度明显提高。各国都采取积极措施，最大限度地利用全球农业竞争带来的好处，同时有效防范农业国际化带来的负面影响。三是农业的多元功能逐步延伸拓展。各国在巩固农业传统功能的同时，注重拓展农业的新兴功能。根据国内外市场对农业需求的不断变化，利用现代技术和本国资源相结合，不断培育和开发农业的新功能，促进农业功能向经济社会的各个领域延伸和扩展。四是农业结构和布局不断优化升级。各国农业都面向国内、国际农产品竞争市场，按照两个市场需求积极调整农业结构，特别是加强对农产品出口结构的适应性调整和战略性调整，着重发展有新需求的高附加值产业，不断提高农业竞争力。五是农业组织化规模化程度不断提高。完善而发达的农业产业组织体系是发达国家现代农业的重要特征之一。各国都大力提高农业组织化规模化水平，以构建农民利益群体与农产品市场的良性互动机制。特别是在开拓市场和提高农产品竞争力方面，农业组织化、规模化发挥着越来越重要的作用。六是农业一体化、社会化经营加快发展。为了使农业带来巨大经济效益，许多国家加快发展农业一体化经营。农业社会化服务体系把农产品加工、包装、贮藏、运输、销售各个环节衔接起来。七是政府对农业支持和保护力度不断加大。各国政府在现代农业建设中都是组织者和推动者。在工业化达到一定水平后，为适应国际农产品市场激烈竞争的需要，各国都

对农业实行扶持反哺政策，加大现代农业建设投入，从而保护农业生产者利益，不断提高农业现代化水平。

三、加快我国现代农业建设意义重大

当前，我国正处于传统农业向现代农业转变的重要历史阶段。我国农业发展必须走建设现代农业的道路。既不能停留在传统农业阶段，也不能停留在传统农业与现代农业的并存阶段。加快从传统农业向现代农业转变，这是我国经济社会发展的必然要求，是应对激烈的农业国际化竞争和挑战的必然要求。能否加强现代农业建设事关我国农业的可持续发展和国际竞争力。

我国是一个具有悠久传统农业历史的国家。传统农业为中华民族的繁衍生息、为我国改革开放和现代化建设事业作出了巨大贡献。但传统农业必须加快向现代农业转变。随着经济社会发展对农产品需求的增长和农业国际化进程加快，单纯的传统农业已难以确保国家粮食安全，难以保持农民持续增收，难以应对农业国际化的竞争和挑战。只有加快建设现代农业，才能强化农业的基础地位，才能增强农业的基础作用，才能肩负起新时期农业的历史重任，才能提高中国农业的国际竞争力。因此，要从建设社会主义新农村、全面建设小康社会和构建和谐社会的高度，不失时机地加快现代农业建设进程。

第一，建设现代农业是建设社会主义新农村的重要基础。现代农业是社会主义新农村建设的产业支撑。农村产业的发展核心是建设现代农业。没有现代农业的发展，新农村建设就成了无源之水、无本之木。只有加强现代农业建设才能为建设新农村提供有力支撑。

第二，建设现代农业是确保国家粮食安全的有力保证。粮食安全是国家安全之首。解决粮食安全，既要储粮于库，又要藏粮于地，更要增粮于技。要保障国家粮食安全，必须大力加强现代农业建设，依靠科技提高单产、增加总产、确保安全。

第三，建设现代农业是促进农民收入持续增加的有效途径。从发展趋势看，传统农业对农民增收的约束越来越大。只有加快发展现代农业、转变增长方式，才能扩展增收渠道，扩大就业领域，提高农业效益，促进农民收入持续增加。

第四，建设现代农业是建设农村和谐社会的必要条件。建设农村和谐社会必须加强农村经济基础建设。建设现代农业、提高农业发展水平，可以改善和保护农村环境，促进人与自然和谐发展，为建设农村和谐社会奠定物质基础。

第五，建设现代农业是提高我国农业国际竞争力的重大举措。加快现代农业建设，不断提高我国农业的综合素质，才能进一步增强农产品竞争力，才能在激烈的农业国际竞争中不断壮大我国农业产业。

四、坚持走中国特色现代农业现代化道路

改革开放以来特别是近些年来，我国农业农村经济加快发展，现代农业建设取得积极进展。但应该看到，我国幅员辽阔，各地农业发展很不平衡。在广大农村地区，现代农业技术和传统生产技术并存，先进管理办法和落后生产方式并存，发达农村和贫困农村并存。区域间农业科技发展不平衡，农业领域各业科技发展不平衡，农业生产各环节科技发展不平衡。我国农业的现代化水平与国民经济发展对农业的要求不适应，与建设新农村对农业的要求不适应，与应对国际竞争对农业的要求不适应。实现由传统农业向现代农业转变是一项长期而重大的任务，还有相当长的路要走。

从世界各国发展现代农业的经验看，每个国家都是依托自己的资源优势，从满足经济社

会需要出发，从参与国际农业竞争着眼，明确建设现代农业的目标、重点和任务。加快我国现代农业建设，必须从我国国情出发，深入贯彻落实科学发展观，树立现代农业理念，创新农业发展模式，提高农业发展质量，坚持走中国特色农业现代化道路。

当前，我国正面临加快现代农业建设的良好机遇。我国已经进入工业化中期阶段，工业反哺农业能力明显增强，农业自身发展积累了一定实力。特别是近些年来，中央关于“三农”工作理论不断创新，扶持农业农村发展的政策日益完善，农业政策的统筹性、反哺性、普惠性明显增强，农业和农村已发生并正在发生着巨大而深刻的变化，为全面推进现代农业建设创造了有利条件。

我国发展现代农业，应以现代农业科技为支撑，以市场为导向，以提高农业劳动生产率、资源产出率和农产品商品率为目标，大力发展农业生产力，确保国家粮食安全，促进农民持续增收，适应国民经济对农业的需求，全面提高农民综合素质，实现农业的可持续发展，为全面建设小康社会和社会主义新农村建设奠定坚实基础。

建设中国特色的现代农业，要采取切实有效措施，努力实现七个方面的整体转变：

1．推进农业由传统粗放经营向现代集约经营转变。加快转变农业增长方式，提高农业资源产出率。由单纯追求数量向数量、质量并重转变，实现农业经济效益、生态效益、社会效益的统一。

2．推进农业由传统农业技术向现代集成农业技术转变。推进农业科技革命，加快农业科技进步，大力增强农业自主创新能力，促进农业科技成果转化，提高农业科技含量。

3．推进农业由工农分离、城乡脱节的二元经济结构向工农协调、城乡结合的城乡一体化经济结构转变。逐步打破城乡间二元结构体制的限制，促进城乡资源和产品的流动与市场化配置，充分发挥城乡结合的各种优势。

4．推进农业由简单初级产品生产向农产品产加销一体化经营转变。发展农业产业化经营，形成农业产业各环节利益共享机制，把农业生产变成农业产业链的第一车间。延长农业产业链，促进农业生产、加工、运销紧密结合。

5．推进农业由分散经营向规模化、组织化经营模式转变。坚持家庭经营承包为基础，创新和完善统一经营的方式，发展适度规模经营。推进农业由结构趋同性调整向区域化、专业化转变。不断推进区域化布局，建立优势产业带。发展专业化生产，培育特色农产品。

6．推进农业由传统线性经济模式向循环经济模式转变。传统农业是一种线性经济模式，资源重复利用率低，环境污染严重，要大力发展循环农业和环保农业，促进农业可持续发展，保护好农村环境。

7．推进农业由以面对国内市场为主向农业走向全球市场转变。围绕国内国际两个市场、两种资源，着眼于国际市场和全球农业竞争需要，增强“走出去”能力，强化“走进来”应对措施，提升农业整体国际竞争力。

五、推进中国特色现代农业建设的重点任务

建设现代农业是一项复杂的系统工程。我们要从我国基本国情出发，着眼世界现代农业发展态势，按照建设社会主义新农村的要求，认真贯彻统筹城乡发展方略，把握建设重点，瞄准主攻方向，加快我国现代农业建设。

1．*加强粮食综合生产能力建设*。推进现代农业建设必须确保国家粮食安全，这是建设现代农业的重要任务。近些年来，在中央各项政策的扶持下，粮食生产稳步恢复发展。但是粮食生产的基础并不牢固，任何时候都绝不能放

松粮食生产。要坚持立足国内生产、适度利用国际市场保持供求平衡的方针，大力提高粮食综合生产能力。要坚决保护好耕地特别是基本农田，优化粮食品种结构，努力提高单产水平。要继续加大政策扶持粮食发展力度，确保种粮收益持续增加。

2．大力加强农业基础设施建设。加强农业基础设施建设是现代农业建设的重大任务。要加强农田水利建设，改造中低产田，搞好土地整理，改善农业生产条件。加强农产品加工、储运、流通设施建设。加强农业综合配套设施建设，建立健全种养业良种体系、农业科技创新与应用体系、动植物保护体系、农产品质量安全体系、农产品市场信息体系、农业资源与生态保护体系、农业社会化服务与管理体系、农业资源与生态保护体系、农业社会化服务与管理体系等农业“七大体系”。

3．深化农业农村经济结构战略性调整。推进农业结构调整、促进农业产业升级是加快现代农业建设的重要前提。要按照高产、优质、高效、生态、安全的要求，促进主要农产品向优势产区和产业带集中。大力发展粮食和畜产品精深加工，提高粮食和畜牧业综合效益。加快发展农业产业化，培育“一村一品、一乡一品、一县一品”的产业优势。培育大型农业公司，发挥带动行业发展的龙头作用。加快发展水产业、农产品加工业和农村服务业，推动农村第二、三产业发展，构建现代农业和农村产业体系。

4．提高农业科技自主创新能力。加快农业科技进步是建设现代农业的核心。国际农业的竞争实质上是科学技术的竞争，是自主创新能力的竞争。当前我国现代农业建设的关键是增强农业自主创新能力，降低农业资源消耗，提高农业生产率，走出一条可持续发展的现代农业发展道路。要从我国国情出发，加强原始创新、集成创新、引进消化吸收再创新，为确保国家粮食安全和农民增收提供有力科技支撑，为我国农业可持续发展提供有力科技支撑，为建设社会主义新农村提供有力科技支撑。

5．巩固和拓展农业功能。农业功能要不断满足经济社会发展的需求。发展农业，其实质就是拓展农业功能。随着现代农业科技的应用，特别是生物技术、转基因技术、计算机技术的结合应用，拓展农业功能已成为现实，农业功能的内涵和外延已远远超越传统农业。农业国际化的竞争在很大程度上是通过农业功能创新展开的。我们要在巩固传统功能的基础上，大力培育农业的多元功能，不断增强农业在国民经济中的基础作用。

6．积极创新农业产业组织方式。在现代农业建设中，尤其在开拓市场和提高农产品竞争力方面，农业产业组织具有不可替代的作用。我们必须适应农业国际竞争的需要，积极创新适合我国国情的农业产业组织方式。要大力发展农民专业合作经济组织。支持龙头企业、农业科技人员、农村能人以及各类社会化服务组织创办或领办各类中介服务组织，为农民提供全方位的服务，不断提高农民进入市场的组织化程度。要鼓励农民群众创新产业营运方式，总结引导好各地出现的新型农业产业组织方式。

7．积极发展循环农业和农村循环经济。我国的基本国情是人口多、耕地资源少、淡水资源紧缺、农业资源供给严重不足，这是我国农业农村经济发展的最大制约因素。发展循环农业、循环农村经济是解决我国农业发展与资源约束矛盾的有力措施。要按照减量化、再利用、资源化的原则发展农业农村经济，建设资源节约型、环境友好型农业。循环开发利用农业资源，提高农业劳动生产率；深度开发利用农产品，提高农业比较效益；合理利用农业废弃物，提高农业资源利用效率；综合利用发展种养加各业，提高农业整体产出率。

8．加快发展县域经济。发展壮大县域经济是推进新农村建设的重要途径。要把建设现代农业作为发展县域经济的重要任务。要依托资源优势，发展农业产业，拓展农业功能，发挥农业的多重作用。培育特色支柱产业，发挥区域优势，突出地方特色，做大做强龙头企业。加快小城镇发展，统筹城乡产业布局，推动乡镇企业向小城镇集中。推进体制机制创新，加快建立城乡互动、平等发展的有效机制和要素合理配置、产品有序流动的市场体系。扩大县域对外开放，改善县域投资环境，提升县域产业层次，打造一批具有国际竞争力的农业龙头企业和企业集团。

9．切实保护农业自然资源。发展现代农业、建设社会主义新农村，首先要把耕地、淡水、林草等农业稀缺资源保护好。我国耕地安全、淡水安全、林草安全，事关国家粮食安全，事关国民经济安全，事关经济社会安全。保护好农业稀缺资源，就是科学发展农业，就是科学建设农村，就是用科学发展观指导经济社会发展。基本农田、基本草原和淡水资源一旦损失，不可再生。我们要站在建设现代农业、促进新农村建设的高度，加强农业稀缺资源保护，实现农业可持续发展。

10．促进农民自身全面发展。农民是发展现代农业的主体，是建设社会主义新农村的主力军，建设现代农业必须建设一支现代农民队伍。发展现代农业、建设新农村，既要解决农村劳动力转移问题，又要解决留住农村人才问题；既要解决农业外部就业问题，又要解决农业内部就业问题；既要解决农民外域就业问题，又要解决农民本地就业问题。要切实加强农民培训教育工作，重视农村农业人才开发，为农民学习和就业创造条件，积极拓展本地就业渠道，吸引各方面人才扎根农村、建设农村。

11．继续深化农村各项改革。建设现代农业应继续深化农村各项改革。要强化粮食生产和农民增收的体制保障。坚持农村基本经营制度，积极推动农村综合改革，完善农民负担监管机制，探索化解乡村债务的有效措施。大力推进农业行政管理体制改革、兽医管理体制改革、农垦改革和基层农技推广体系改革，逐步消除制约农业和农村经济发展的体制性障碍。

12．进一步扩大农业对外开放。扩大农业对外开放是建设现代农业的重要途径。加强和改善农产品进口宏观调控，减轻国际廉价农产品对国内农业发展和农民收入增长的冲击。要制定外资进入涉农领域的管理政策和措施，加强对外资进入农产品加工龙头企业的监管。加快实施农业“走出去”战略，大力开拓国际市场，带动我国优势农产品、农业技术、农业投入品及人力资源的输出，延伸农业生产能力。

六、建立加强现代农业建设的长效机制

我国现代农业建设是开创性的宏伟事业，是一项长期的战略任务。必须按照“多予、少取、放活”和“工业反哺农业、城市支持农村”的方针，构建起资金投入、人才队伍、科技创新等多方面保障的长效机制，确保现代农业建设稳步推进。

1．构建现代农业建设投入的机制。继续调整国民收入分配结构，加大国家财政对农业的投入和支持力度，建立健全财政支农资金稳定增长的长效机制。积极调整国家基本建设投资结构，国家预算增加的基本建设支出应向主要用于农业转变，将财政增量大部分用于农业农村基础设施建设。加快农村金融体制改革，促进金融机构改革，从机制上解决农业和农民发展生产所需资金问题。

2．构建农业支持和保护机制。在WTO规则框架下，运用“绿箱”、“黄箱”政策空间，加大对农业的支持保护力度，是世界各国的普遍做法。要在稳定现有的农业补贴政策和农产品

价格支持政策的同时，逐步扩大农业补贴范围和支持规模。农业支持保护政策要在继续向粮食主产区倾斜的同时，加大对非粮食主产区粮食生产的扶持力度。建立畜牧业支持和保护的政策措施，促进现代畜牧业发展。尽快建立农业保险制度，探索建立适合我国国情的农业保险体系。财政应给予农业保险一定的扶持。加快农业保险立法进程，促进农业保险发展。结合我国农业实际，从加强现代农业建设出发，合理设定农业保险品种。

3．构建农业科技进步和自主创新的机制。根据农业科研公益性特点，国家科技投入应向农业科技投入重点倾斜，完善农业科技投入机制。加大对农业重大应用基础研究、行业重大共性和关键技术研究项目的支持，促进农业科研取得重大突破；建立农业科研资源整合机制，推进跨单位、跨区域的农科教、产学研协作；创新农业科技推广机制，建立健全农业科技推广体系，加快农业科技成果转化，促进农业科技入户；建立健全对外交流合作机制，积极引进国际先进技术，增强我国农业科技发展能力。

4．构建农业龙头企业带动的农业发展机制。采取有力政策措施，引导大型农业龙头企业进入农业生产领域，发挥龙头企业引领市场、推广科技、带动农户、促进增收的作用。进一步完善财政、税收和信贷等方面的扶持政策，培育和壮大农业龙头企业，增强企业带动农业现代化的能力。建立和完善龙头企业与农户的利益联结机制，通过积极发展订单农业、确定最低收购保护价等形式，形成龙头企业与农户相对稳定的购销关系。

5．构建农村人才队伍建设机制。创新农业人才的培养机制，不断完善职业教育、成人教育和普通教育相衔接的农业人才教育培训体系。大力发展农业人才远程教育，建立农业人才终身教育制度。创新农业人才选拔任用机制，努力建立和完善有利于促进各类优秀人才脱颖而出、施展才能的选人用人制度。创新农业人才激励和保障机制，遵循创新型科技人才成长规律，制定科学的人才激励政策，营造良好的农业人才成长环境。

（作者：农业部副部长）

（选自《农业经济问题》2008年第3期）

贫困地区新农村建设困境及破解路径探析

曲　玮

1. 简介

自20世纪80年代始，通过近30年的以经济建设为主的改革与发展，中国在推动经济总量、综合国力等方面取得了惊人的成效。但是，不可否认的是由于长期单一过度追求GDP增长，对社会综合发展带来很大的负面影响，其中最为突出的集中在贫富差距过大、城乡差距过大、区域发展失衡、社会公平效应缺失等方面，凸现出很多社会不和谐问题。而城乡差距过大、东西部发展失衡问题已经成为制约中国经济进一步发展的核心问题。贫困农村正是集"三农"和"欠发达"两大问题于一体的矛盾集中地，经济、社会矛盾更加集中。因此，解决西北贫困农村经济发展和社会进步问题，不仅关系到西北、乃至西部区域经济社会发展，更关系到中国经济、社会的和谐、健康和可持续发展。

随着社会经济快速发展，中国逐步进入工业反哺农业、城市支持农村的新阶段，在这个发展背景下，新农村建设成为加快农村发展的必然需求。"新农村建设"一经提出，很多学者从经济学、社会学等理论角度针对其内涵、意义展开了广泛的讨论，针对问题提出了一系列建设性意见。

对于地处西北的贫困地区来说，新农村建设意味着什么？如何持续推进下去？事实上，新农村建设内包含着扶贫模式创新的要求，扶贫开发与新农村有机结合，把扶贫开发作为贫困地区新农村建设的起点，可以促进贫困地区农村的发展步伐。

基于贫困农村社会、经济发展的特殊性和新农村建设的具体要求，我们在2007年6–8月针对甘肃静宁、张家川、夏河和合作4县10乡12个村庄252位农民的有效调查问卷进行分析，从个性到共性，剖析贫困地区新农村建设面临的困境，力求找到更切合实际的破解路径。

2. 贫困地区新农村建设面临的困境

2.1 农民主体与政府主导

2.1.1 新农村建设的规划缺乏科学性、适应性和可操作性。

一是规划与实际目标之间缺乏协调。长期以来，乡村建设缺乏系统管理，乡镇建设、经济发展的规划性、可行性、发展预见性不足，特别是村庄建设规划，鲜有系统的、能够充分考虑到农民的生活及发展需求的、具有可操作性的规划。

二是执行力度不够。特别是村级建设规划，一方面由于缺乏资金，专业人员参与程度不高，规划或流于形式，或千篇一律，不能体现各自特色和发展目标，从根本上没有可持续的执行力；另一方面，贫困农村能人多外出打工或全身心致力于自我发展中，只有少数人有能力承担或愿意承担农村基层组织和管理工作，缺乏有思路、创意以及管理能力的基层管理者和计划实施人员，在一定程度上也影响到规划的执行力。83.21%的被访农民认为要搞好新农村建设，村干部的作用非常重要，53.69%的农民希望“有能力，胆子大，能够带来村民增加收入的”村级能人作为村干部组织实施新农村建设，另有28.86%的希望“有公心，能够公平处理各种事情的”传统型基层干部。多数农民认为尽管“老板”和“有关系的人”都挺好，但这些钱和项目比起那些能人和公正的人为村庄经济长期、持续发展带来的动力来说，毕竟是暂时的，可以看出绝大多数农民对于能人从事村级事务管理充满期待。

2.1.2 新农村建设的宣传方式单一，深度不够，农民对新农村建设的认识还不到位。

建设社会主义新农村三年以来，尽管政府、媒体进行了广泛宣传，但是由于宣传方式过于宽泛抽象，缺乏针对性，宣传效果并没有充分发挥。调研中看到，尽管95%的农民表示愿意参与新农村建设，但仍有近15%的农民认为新农村“不重要”或“无所谓”，近7%的农民表示新农村建设与己无关，另有近一半人对建设及其效果持谨慎态度，表示“要看怎么干？干什么？”。

近6成的农民希望新农村建设能够“改善农村生产生活条件，增加农民收入，把农村变得像城市一样”；但同时也有16%的农民担心“新农村建设将会强迫农民花钱消费”，还有近18%的农民始终认为“新农村建设就是政府统一安排盖新房、修公路”。

9成以上的农民对新农村建设有较高的期望值，认为“能够或也许能改变其生活生产现状”，但是不能忽视其中有近7成的农民对实现新农村建设总体目标的时间预期不是非常乐观，认为“尽管非常重要，但不知能达到怎样的效果和目标”，更没有与自身发展息息相关的紧迫感。

从以往扶贫项目实施中的宣传经验看，项目实施效果与宣传相辅相成，依托项目的宣传既有针对性和目的性，又十分具体，农民易于理解和接受，从而激发农民参与项目的积极性和热情。新农村建设与以往各种项目实施不同，内涵更加宽泛，“授之以鱼不如授之以渔”，更需要在宣传的具体和深入方面下功夫。同时，基于贫困农村基础设施建设资金投入不足、农民自我积累自我发展能力有限、贫困地区新农村建设需要更长的投入周期等基本特征，新农村建设宣传应该注重长效性，要让农民认识到新农村建设是一个长期艰巨的系统工程，国家以及省、市各级政府对新农村建设的投入是长期的，并非一蹴而就，特别是对于经济欠发达地区的贫困农村，资金需求缺口大，更需要合理筹划资金使用和分配，使农民有一个更合理的心理预期，从而增加对新农村建设的信心。

农民在初步了解新农村建设内容后，对新农村建设和自身发展需要有比较现实的定位，期望值很高。问卷显示，分别有53.44%和29.01%的农户认为新农村建设的最主要工作是生产发展和生活宽裕，说明贫困农村的农民最迫切的需要仍是经济发展。政府充分利用农户发展的迫切需求，给予他们更多的建设规划和实施参与权，不仅更有利于政府相关部门制定更为合理的政策措施，也更有利于调动农民发展生产、全身心投入新农村建设的热情，达到双赢的目的。

2.1.3 农民主体与政府主导关系不明确，农民参与积极性高，但参与能力有限，参与程度不高。

正确处理农民主体与政府主导关系是调动农民参与新农村建设积极性的前提条件。增加贫困农村农民主体作用需要解决两方面的问题：一是增强参与的积极性，二是提高参与能力。尽管农民在主观上对新农村建设有很强的意愿和共鸣，但由于西北欠发达地区农村贫困面大，发展落后，基础薄弱，农民对资金投入的需求意愿强烈，而自我投入意愿和能力不足，这在一定程度上影响了农民参与的积极性。同时，参与能力不仅与农户经济基础有关，还与其教育水平、发展适应能力以及技能储备有关。

尽管所有被访农民都愿意参加村庄改革的相关项目制定与讨论，近7成农民愿意留在村庄参与近几年的新农村建设，但是47.15%的农民却不知道从何做起、如何参与，参与积极性与参与能力不匹配，导致参与度得不到提高。

2.2 基础设施建设与资金

2.2.1 经济基础薄弱，新农村建设资金供需失衡。

首先，由于经济发展滞后，各级政府财力困难，欠发达地区对新农村建设的投入能力、投入水平有限；其次，贫困农村农民收入与东、中部省区有很大差距，自我投资能力十分有限，新农村建设资金供给缺口很大。53.44%的农民认为“发展资金缺乏”是制约新农村建设特别是新村庄建设的主要原因，92.95%的农民希望政府能够加大基础设施投入的力度。其中66.2%的农户认为建设新农村的资金应由“政府出大头，村集体出小头，农民出劳力”；还有26.06%的农民认为新农村建设资金应由“政府全包”。在政府有一定资金支持的村，48.91%的农户愿意自己筹措一部分资金参与村庄建设，另有38.69%的农户仍然不愿投钱，但愿意投入除资金以外的力所能及的人工劳动。

2.2.2 农村公共产品需求与农户居住分散的矛盾突出。

由于贫困农村多处于位置偏僻、交通不便地区，村落分布相对分散、经济发展落后导致公共产品供给成本大、覆盖度低。依据这一现状，过分强调提高公共产品的覆盖面显然不现实，因此如何适度集中公共产品配给是基层需要解决的重要问题。

除认为发展经济、改善农村基础设施非常重要外，分别有22.46%、16.01%和15.38%的农民认为加强农业技术推广和技能培训以及建立健全农村信息网络也应成为重点投入项目，这一方面可以说明农民越来越重视农业生产中科技水平的提高，意识到现代农业和农村发展需要技术型、知识型和沟通型的新型农民，但从另一方面也说明目前贫困农村公共产品服务供需失衡。

2.2.3 缺乏新农村建设专项资金，现有各种渠道资金缺乏统一整合，使用效率不高。

目前，新农村建设缺乏切实可行的相关配套政策措施。新农村建设需要各级相关部门给予政策、资金的配套支持，如政府建设资金补助、规划部门的技术支持、促进农村产业发展的金融和税收扶持、解决农村公共产品供给的政策和资金以及减少贫困等方方面面的政策措施。特别是在政策制定过程中，如何整合各部门权利和责任，集中有限的资金提高各项建设资金的效率和效益，也是新农村建设过程中必须解决的关键性问题。

由于条块分割，有限的资金不能得到高效利用。尽管各级政府都分别成立了新农村建设办公室，但由于没有相应的配套资金，各级新农村办公室的职责范围实质上仅限于管理新农村试点村的建设。近三年来，农村基础设施建设的资金投入，主要集中在道路和水利设施建

设、扶贫以及产业化发展等方面，资金来源涉及财政、交通、水利、扶贫、发改等多部门，由于资金有限、覆盖面窄，与实际需求面大之间的矛盾突出，基层相关部门（包括县级政府）对现有资金没有能力进行有效整合。省级相关部门认为是县级政府部门在项目计划初期没有科学、合理地统筹各方资金，使项目下达后不能有效地进行整合配套；而县级政府则认为项目资金由各部门分头分批下达，县级部门对项目只有执行权，而没有计划分配权，导致项目下达后整合能力不足、效果不好。在实际操作过程中，以上两种情况都存在。

2.3 生态环境与经济发展

生态环境是西北贫困农村经济、社会发展的“天生缺陷”。尽管近年来国家在西北地区大力实施了重点风沙区治理、“三北”防护林工程、退耕还林（草）等生态保护工作，但是受自然条件所限，这些地区生态、生产环境恶劣状况没有得到根本改变。农村大部分地区地理位置偏僻、植被稀少、水土流失严重、气候干旱、生态脆弱、自然灾害频繁、农民生活环境差，加之经济发展落后，发展条件差，农业产出不足以维持日常生活所需等等问题，造成农民以增加收入为第一目标，生态建设意识薄弱，养成了根深蒂固的掠夺式“小农”生产和经营理念，过度开发利用水土、野生动植物和矿产等资源，生态环境破坏问题日趋严重，使农村生态、生活、生产环境日趋脆弱。

近八成农民认为村庄经济发展不上去与自然环境非常或有一定关系，这说明大多数农民对自然环境制约地方经济发展有深刻认识，能够意识生态环境恶化问题的存在和发生；3/4的农民对解决生态环境对农业生产的影响持积极乐观态度，只有不足7%的人愿意为保护环境放弃经济发展，尽管7成表示“会重点考虑发展经济，在此基础上将尽量重视不破坏环境”，这种保留态度与“不知道”的19.4%以及“完全考虑经济发展，反正环境一直这样”的2.98%一起，几乎占到96%，8成以上的农民对政府出资改善生态环境表示欢迎，近97%的农民寄希望于各级政府出资改善当地环境，愿意提供相应的无偿或有偿人力支持。可以看出，由于西北贫困农村条件恶劣，经济水平低，多数农民基于生存压力在保护环境和经济发展两者中选择了后者。同时，现状资源约束下的农村经济基本仍以牺牲环境为代价发展为主，这将会直接影响生态环境脆弱的贫困农村经济可持续发展。

2.4 产业发展与农民增收

2.4.1 农业产业结构单一、抗风险能力差仍是农民稳定增收面临的重要问题。

被调查的农民对近年增收的预期仍主要集中在“调整种植结构，增加经济作物和瓜果种植”以及“发展畜牧业”两方面，分别占到38.78%和33.33%，外出打工、从事其他副业和经营企业仅27.89%，说明传统农业生产仍是贫困地区农民增收的基本方式，也是他们预期增收的主要途径。

西北农村由于农业生产条件差，水资源年内分配不均，自然灾害频发，造成农业生产和农民增收的稳定性较差。其中特别应该关注解决农业产业单一、抗风险能力差问题，以保障农民增收的稳定性和持续性。在近年来农业产业发展中，“一乡一品”或“一村一品”的产业化农业生产格局普遍形成，产业优势逐步成型，成为地方（乡、村、县）产业规模聚集、产业链条完善、经济发展与农民增收的集聚点。但是，值得注意的是现阶段水平较低的产业集中与农民个体抗风险能力以及增收稳定性呈反比，即农业产业（主要是种植业、养殖业等）越集中或单一，农业生产风险（自然灾害、病虫害、疫病、市场风险等）越大，农民增收的稳定性越差。农业风险防范问题成为制约农民持续、稳定增收的重要问题之一，也成为动摇农民新农村建设信心的关键。

尽管农业灾害是不可避免的，但是产业多元化发展，将风险分担是可以实现的，理论上可以种植业、养殖业及其产业链条延续多方发展。农户在重点发展种植业的基础上，相应的考虑发展养殖业，一旦遭遇自然灾害，仍然可以从养殖业上获得收入，不至于收入急遽下降甚至分文无收。但是要注意这种种植业、养殖业和加工业辅助发展的格局以及抗风险安全网络和链条的形成，需要严格的科学论证与规划，合理布局，使之成为新农村建设中乡镇和村组规划的基本内容，否则极易造成劳民伤财后果。

2.4.2 农业产前产后服务业不发达，经济合作组织薄弱，信息交流不通畅，产品品牌化、市场化意识欠缺。 西北独特的地理区位、自然条件、生产条件，其农产品有不可替代的独特品质，但是由于市场竞争意识和能力低下，产品品牌化、市场化意识不强，难以形成规模，加之经济合作组织不发达，信息交流不通畅等因素普遍存在，很多农产品沦为其他地区品牌农产品的生产地。“农业产业适度规模经营”是困扰落后地区农村基层干部的一个主要问题，如：果树栽多少？怎么栽？全市、全省，乃至全国生产现状如何？规模发展如何界定和控制？由于信息不完全导致市场灵如何避免？作为地方政府尚有如此之多的困惑，农民尤甚。调研地区农民生产的农产品仍主要依靠小贩上门收购(46.51%)或自己拿到集市上出售(46.51%)，与企业签订订单生产的和加入村（乡）经济合作组织的分别仅占0.78%和0.77%(都是集中在个别1、2个村庄)，农民整体对于“市场引导与完善农村合作经济组织”普遍需求不足，认为“实现新农村建设目标，市场引导和完善农村合作经济组织很重要”的仅占2.49%。

可以看出，市场化意识以及对农村合作经济组织的认识不足，这使得西北尽管拥有相对较好品质的农产品，却只能获得低水平生产利润，而不能获取市场流通过程中的高额回报，农民从中所得利益也十分有限。因此，形成规模、树立品牌、做大优势、延长产业链条、稳定和拓展市场成为推进西北落后地区农业产业化经营过程中最为迫切的需求。

2.4.3 农民自身素质较低仍是影响农民增收的重要原因之一。

被访农民对新农村建设公共产品服务的预期主要集中在：义务教育(24.3%)、农业技术支持（17.76%）、金融贷款等发展资金支持(14.02%)、信息化服务(13.08%)、最低生活保障(12.15%)、完善的卫生服务体系(7.79%)和就业服务（6.85%）等7大方面。他们认为生产经营中遇到的最大问题是“缺乏技术支持”(35.15%）与“不了解市场行情，不知道该种啥”(11.51%)，这说明生产技术、市场信息获取能力不足是影响农民增收的深远因素之一。只有1成多人表示多次参加培训活动，并从中学到技术(他们基本集中在扶贫项目整村推进试点村)。这说明科技推广在西北贫困农村仍然不能广泛实施，农民对技术教育和培训的需求愿望强烈。

从技术培训类型看，对种植技术需求最大(31.72%)，其次是养殖技术(26.55%)、农产品加工技术(18.97%)、电子、机械、车辆修理等技术（13.45%）和烹饪、理发、家政、裁剪等服务业技术（8.62%）。从人员年龄结构看，对种植业、畜牧业需求最大的人群主要是中年农民，而对后3项的需求主要是30岁以下希望外出发展的年轻农民。

农民对提高生产技能、增强市场判断力等提高自身素质的需求愿望十分强烈。但目前农村教育的重点放在义务教育方面，对农村成年农民的培训太少，一方面是对那些没有考上大

学的新生农民专业技能培训少；另一方面忽视了目前正在农业生产第一线劳作的中年农民的素质培训。前者如果是受到西北农村普遍重视高等教育忽视中等职业技术教育的传统观念影响，未被广大农民接受而不能推广，那么后者则完全由于农业技术推广缺失所致。以甘肃为例，在劳务收入占到全省平均农民人均纯收入三分之一的情况下，增加劳务的经济效益和单位收益率成为农民十分关心的重点问题之一。

据联合国贸易和发展会议2007年7月19日最新公布的《2007年最不发达国家报告》认为：对最不发达国家（地区）来说，知识与技术并不是奢侈品，要想摆脱贫困就必须在科学技术方面进行大量投资。因此，尽快、大力提升农民素质是保持贫困地区农民稳定增收的长期有效手段之一。

2.4.4 农村合作医疗和义务教育制度并没有真正使农民的消费支出负担减轻和农业剩余增加，不能促使农民收入稳定增长。

教育仍是农村家庭支出中负担最重的项目之一，42.11%的被调查家庭教育支出是2006年的最大支出，特别是供养大学生的费用过高使很多农村家庭产生负债。甘肃省静宁县川区一个收入中上等的农民家庭，负担一位大学生学费和生活费一年至少需要3亩半左右的苹果收入，这几乎是一个4口之家正常年份1/3到1/2的全年纯收入；同样贫困山区的中等收入家庭负担更重，一个孩子上大学，除夫妻二人必须外出打工外，剩下的只有借贷一条路可走。样本户中所有负担两个学生的家庭都或多或少有借贷，如遇灾年或家里还有其他大额支出，因教返贫的现象时有发生。甘肃很多地区存在越是贫困越重视教育的现象，长期奉行“家长苦供、学生苦学、老师苦教”的“三苦精神”，而目前大学毕业生就业压力过大，收入不高，使他们毕业以后不能很快补偿家庭负担的教育支出，从而形成教育个人投资收益率普遍低下。

11.84%的被调查家庭医疗费用是2006年最大支出。尽管8成农民非常愿意参加农村合作医疗，但仍有4成农民表示不太满意，意见主要集中在报销手续烦琐、透明度不高和比例偏低三个方面，尽管农村合作医疗使广大农民得到了实惠，但因为报销比例过低，目前很难解决贫困农村农民因病致贫、因病返贫问题。

按照经济学原理，农民消费支出负担减轻，农业剩余就会增加，这就意味农民有能力扩大再生产、提高技术水平，获得更高的农业产出和收入。但事实上现有的农村合作医疗和义务教育制度并没有真正使农民的消费支出负担减轻、农业剩余增加。

2.4.5 在农民增收上，农民对政府和政策的期待还很大，政府还没有充分发挥第一推动力作用。

政策支持、个人能力、普遍的技术提高和勤劳三分天下，各占30%左右，成为农民认为能够致富的主要原因。36.65%的农民认为地方政府在农民增收方面“做了努力，成效也不错”，但是也有相当数量的农民（30.53%）认为政府“做了努力，但是效果并不好”，还有13.74%和19.08%的农民表示政府“并未做努力”和“不知道”，整体上看，农民对地方政府的工作满意度并不很高。

新农村建设过程中一般要具备一些先决条件或初始条件。但落后地区在经济起步时，一般不具备这些条件。如：既无物质资本的积累，又无人力资本储备；既无对外来先进技术引进、吸收、消化的能力，也缺乏对区域外先进制度的学习和移植的能力；更为重要的是，落后地区缺乏形成这些初始条件的市场机制。这些都是落后地区新农村建设启动的障碍。面对这种障碍，落后地区只有两种选择，一是消极等待，让市场逐步产生或形成这些条件，二是积极替代，即在条件不具备或不成熟时，由政府出面替代市场，起到关键性推动作用，促成上述初始条件的形成。这就是“政府第一推动力作用”。在驱动落后地区新农村建设的初始条件不具备时，政府完全可以起“第一推动力”作用，促使这些初始条件的形成。但从调研的结果看，我省各级政府在新农村建设过程中还没有真正发挥“第一推动力”的作用，很多基层政府仍未从根本上完成管理职能向服务职能的转变，没有找到一个与农民需求能够产生强烈共鸣的共振点，这也是为什么尽管基层干部为地方经济发展尽心尽力，却收效甚微、农民并不买账的根本原因所在。

3. 破解途径

由于自然条件差，社会经济发展落后，农民素质低，加之“建设社会主义新农村”概念过于宽泛，使农民真正了解“新农村建设”的内涵难度很大。因此，将抽象概念具体化，有助于增强对农民的影响力和号召力，强化农民参与建设的内生冲动，同时也使基层政府明确工作目标和责任。

因此，新农村建设的基本目标应结合西北贫困地区农村实际情况，区别于经济发达地区，具体如下：贫困地区的新农村是基于中等物质文明保障，有基本精神文明基础，具备一定高效生产协作体制、具有公共物品保障体系雏形，与自然生态和谐共处协调发展的农村社会结构。它既传承了以往“三农”问题一直关注的增加农民收入，加速农业产业化和提升农民生活水平等经济要素，同时也着重强调了农村具体自然生态和农业生产环境特征，基于实际社会经济发展条件，对当地农民生活质量、精神质量以及政治地位的关注。

3.1 通过“减员增效”实现农民增收和农村经济社会全面发展

新农村建设的物质基础是农民收入和农民生活水平双提高，这也是农民生活质量提高的基础条件。体现在西北欠发达地区农村，就是农业人口的“减员增效”：一方面是通过加大对农村人口的教育投入，增加农村未来劳动力的职业技术教育，通过大量的较高水平的农村劳动力转移，把农村劳动力从西北贫瘠的土地上解放出来，并实现一定水准的工资收入和切实的劳动力“转移流”，根本上完成农村劳动力从资源向资本转化的质变过程；另一方面通过充分利用区域自然、气候、生产条件特征，对西北农村现有农业资源（如光、热、风、土等等）和特色农产品的合理匹配，通过继续实施农业结构调整，发展农业产业化经营，推进现代农业，大力发展县域经济、农村集体经济、农村合作组织等手段，高效发挥区域农业资源优势，规避资源劣势，在合理利用和保护生态资源的基础上，最大程度地发挥西北农业资源潜力，达到农业资源效益最大化目标；并通过引导富余劳动力向非农产业和城镇有序转移，完善农业补贴政策，争取加大对生态脆弱贫困农村的转移支付和扶贫开发力度等手段，促进农村发展提速，为这一地区新农村建设打好坚实的经济基础。

3.2 针对西北地区地理环境的特殊性，“以保促建”建设新农村

西北地区是生态建设重点区域，也是区域经济发展与生态建设与保护矛盾最突出地区。新农村建设中，坚持生态优先，合理开发环境资源的原则，通过建立科学有效的生态补偿机制，在生态极其脆弱的农村地区实施“静态发展”策略和“以保促建”方式，即通过生态移民、生态补偿等手段，杜绝在生态脆弱区进行开发经营性活动，采取大面积的封禁治理与保护等措施充分发挥生态系统的自我修复功能。利用自然界自我恢复能力从整体上保护地区生态环境是最便捷、直接和有效的办法。但是由

于生态移民成本高，农民改行择业途径少，大范围进行“静态发展”战略和移民安置无论是经济上还是实施上难度非常大，甚至还会引发一系列新的社会问题，与其相比，选择一条科学、合理的生态补偿机制结合充分的劳动力转移以及区域生态产业化农业发展之路，对于生态极其脆弱的贫困农村地区而言，将是更加可行的发展之路。

3.3 利用生态补偿方式弥补生态脆弱地区农民收入，减少对环境的破坏

西北地区多为生态脆弱地区，这些地方大部分农村居民承担着保护生态环境的任务。生态保护活动所生产的产品即良好的生态环境，属于典型的公共物品，不能通过市场来出售，从而不能通过市场交换获得补偿。因此，实施生态补偿正常，借助税收和转移支付，对西部地区保护生态环境活动给予补偿，一方面弥补农民收入，另一方面鼓励减少对脆弱生态环境的破坏。

3.4 扩大试点，将整合支农资金纳入省级立法进程，解决新农村建设“钱从何来”的难题

当前，支农投资管理分散、衔接不够、交叉重复、效率不高等问题突出。中央1号文件从2004至2007年一直强调要统一规划、统筹安排整合现有各项支农投资，提高资金使用效率。

但是基层干部普遍反映：“资金整合难度很大，每个项目都有自己特殊的要求，整合资金意味着‘调项’，不能通过验收。”因此，建议政府总结经验，将整合支农资金纳入省级立法进程。

3.5 强化人力资源开发，增加针对农村的教育投入，建立健全农村公共产品供给体系

新农村建设的一个非常重要的要求是从过去单一强调农村经济的发展转向强调农村经济和社会协调发展，即不只强调经济的快速增长，更强调与经济发展同等重要的生态、社会、公共产品、管理体制的共同发展。对于贫困农村，社会、经济以及体制协调发展（包括优化国民收入分配格局，加大对农村社会的财政支出，固定资产投资和信贷投放，加大农村基础设施和社会事业建设，增加农村教育、文化、卫生等公共产品供给，加大对农业科技投入等各个方面的协调发展等），往往比单纯的经济发展更为重要。

完整的农村教育培训体系是利用教育、科技、文化等各行业、各部门的现有资源，搭建农民培训教育平台，健全农民培训教育网络，形成农民教育培训合力。这一体系可分为三个层次：一是农村正规教育投入，包括正规义务教育、职业技术教育等，主要针对农村青少年，培育新型产业农民和职业农民，为未来培养新型农民打下基础；二是农村职业技术培训投入，主要针对现有农村劳动力进行短期、系列、有针对性的培训，为劳动力流转，提高农村劳动力就业能力和农业产业化生产能力做准备；三是面向所有农民进行的新农村建设的广泛农村宣传教育投入。不同人群站在不同立场，会对“新农村建设”有不同理解。其中，受惠和实施主体——农民个体对于新农村建设的理解和期望应该是建设的中短期目标的基础。但是不同地域、生产条件和教育背景条件下的农民，对于新农村的认识起点不同，在理解和期望上会有很大差异。因此，基于区域自然、社会、经济特征，明确新农村建设目标，进行广泛深入的宣传教育，可以充分调动广大农民对新农村建设的认知度和参与建设的积极性，强化其参与的内生冲动，形成合力。通过建立健全三层次农村教育培训体系，进行多形式、多渠道的培训，实现新农村建设的农村智力支持和人才保证，从而进一步提升贫困地区农民建设新农村的整体素质。

按照“公共服务均等化”原则，通过转变政

府职能，建立规范的财政转移支付制度以及与公共服务优先序相适应的公共财政预算机制，通过加强农村基层政权建设，充实农村公共服务供给主体；加强农村公共服务体系规划，形成政策合力；加强基层医疗卫生、社会保障、文化、科技推广体系建设，形成网面格局，根本上改变农村“看病难、养老难、科技少、文化生活单一”等问题，形成完善的“病有所医、老有所养”等一系列“需有所供”的乡村公共产品供给体系。

3.6 通过构建“扶—建”一体化体系，有效结合扶贫开发与新农村建设目标

对于贫困农村而言，交通、通讯、人畜饮水、农田水利设施等生产生活基础设施严重不足，文化、教育、卫生等社会事业发展滞后，农村产业发展层次明显偏低，农民素质低，自我发展能力非常有限，农民增收难度不断加大、未来空间日益缩小。解决这些问题，就需要继续加大扶贫攻坚力度，需要国家对西部地区、贫困地区、民族地区、国扶重点县在政策和资金上给予更多的扶持和倾斜。通过构建“农村扶贫—新农村建设一体化”体系，使落后农村能够跟上全国新农村建设的步伐。

农村扶贫开发的意义并不局限于加强农村基础设施建设和增加农民收入，而在于要提高农村扶贫的起点和长远目标，把扶贫和新农村建设有机结合，将扶贫建设作为新农村建设的起点，把新农村建设作为扶贫攻坚的升华。在扶贫中不仅关注经济发展和基础设施建设，更注重公共服务体系建设、基层管理水平提高、农民参与管理的程度加深和能力加强、生态生活环境改善，特别是农民公民权利的有效实现等方方面面，步入“扶贫—脱贫—稳定—发展”的新农村建设轨道，实现贫困地区农民生活质量和民主权利的真正提升。

3.7 建议国家研究泛藏区扶贫开发战略

参照河北省提出的“环京津贫困带生态经济特殊示范区”的思路，研究泛藏区扶贫开发战略。泛藏区涵盖西藏、青海、甘肃、四川、贵州、云南等部分地区，它不仅是西部地区乃至全国的重点贫困区，也是国家安全、生态保护、边疆建设、民族发展的重点建设区域。因此，研究泛藏区扶贫开发战略，对于推动西部地区发展、缩小东西社会经济差距具有重要的战略意义。

（作者：甘肃省社科院农村发展研究所所长）

（选自《开发研究》2008年第4期）

社会主义新农村建设与农村人口安全

倪洪兰

中共十六届五中全会以促进经济社会与人的全面发展为主旨，明确提出了建设社会主义新农村的历史任务，为我们认识和把握中国农村的人口问题提供了更加理性的宏观视野。中国是典型的二元结构国家，农村人口比重过大。虽然近年来农村人口占总人口的比重不断下降，但绝对量一直在上升。新农村建设的核心是努力推进经济发展，不断增加农民收入，而良好的人口环境是实现这一目标的基本前提。在中国这样一个农村人口居多的国度，倘若8亿农村人口的结构、素质、保障等问题得不到解决，社会主义新农村建设就无从谈起。因此，站在社会主义新农村建设的战略高度，全面、深入地解析中国农村人口发展中存在的安全问题及其成因或后果，对于理顺人口发展的基本思路，制定科学的人口发展战略是十分必要的。

问题的提出

人口安全作为一种学术思想，究其思想渊源，最早可以追溯到1798年马尔萨斯在《人口原理》中提出的“人口过剩理论”。而作为一个学术命题正式提出并获得国际社会的普遍认同，则要延伸到20世纪末。联合国开发计划署在《1994年人类发展报告》中率先提出了人类安全的理念，人类安全被界定为人们能够安全地自由地实现人类发展，而且能够确信他们今天所拥有的机会不会在明天失去。这份报告列出了危及人类安全的诸种类型。人类安全范畴的提出，对于我们思考人口安全问题是重要的启迪。进入21世纪以后，随着经济全球化的深入发展，全球范围包括中国的人口问题已经不是单纯的数量问题，还有素质、结构、分布、迁移等一系列可能危及国家安全的问题。在这样的背景条件下，2003年6月12日，在中国人口学会和中国人民大学人口发展研究中心共同举办的“人口、社会与SARS”学术研讨会上，国家人口与计生委领导和专家学者们首次明确提出了人口安全的理念，即我们“不仅要关注国家经济安全、军事安全、信息安全，而且更要关注国家人口安全”。

人口安全理念的提出，体现了人口与社会协调持续发展的内在逻辑的统一，具有重要的理论价值与实践意义。首先，人口安全作为一个新命题，是在借鉴国内外人口理论研究成果、全面总结人口发展的经验教训基础之上提出来的，充实和拓展了人类安全的内涵与外延，是对世界人口理论宝库的丰富和发展。其次，人口安全理念的提出，具有很强的现实针对性。它不仅较为准确地把握了世界人口发展的态势和我国的人口国情，更有助于引起全社会在稳定低生育水平条件下，提高对我国乃至全球人口问题长期性、艰巨性和复杂性的认识。

纵观学界对人口安全的不同理解，笔者以为，要全面科学地认识人口安全，首先，必须确立人口安全的维度。人口安全至少基于三个维度：一是人口自身的健康、可持续发展；二是人口与经济社会的全面、协调发展；三是人口与地球生态系统的共生、和谐发展。这三个维度缺一不可，否则就被视为人口安全问题。其次，将人口安全置于建设社会主义新农村的视野中便不难发现，农村人口安全是社会主义新农村建设的必然要求，人口安全的内核与新农村建设所贯穿的“生产发展、生活宽裕、乡风文明、村容整洁、管理民主”的要求是一脉相承的，人口安全的最终落脚点是人的自由、全面、健康发展。因此，从社会主义新农村建设的宏观视野，全面、客观、科学地分析与研究中国农村的人口安全问题就显得尤为重要。

中国农村人口安全问题透析

从农村人口安全与社会主义新农村建设的内在逻辑联系，基于上述人口安全的考量维度，理性地审视我国农村人口发展的基本态势，无论是人口结构层面还是人口政策及管理层面，都存在着诸多令人忧虑的人口安全问题。

1. 人口规模的惯性扩张使人口与环境、资源的矛盾愈益彰显，严重制约着农村人口与经济社会协调发展

研究适度人口的专家认为，中国社会发展的最优人口为7亿，迄今为止，我国农村的人口规模就已经超出了这个数，达到了8亿多。加之广大的农村地区尤其是边远贫穷地区，由于传统生育文化的长期积淀，受农业劳动方式、农村社会保障滞后等因素的制约，其生育水平还远离政府预期的目标。因此，农村人口规模的惯性扩张加大了对自然资源与生态环境的压力，资源环境容量已经接近承载极限。有资料显示，由于植被的大量破坏，我国每年的水土流失量达50亿吨，土地沙化面积在大幅度增加，现已达到国土面积的11.4%。庞大的农村人口规模，使得人口与耕地的矛盾十分突出。目前，我国人均耕地已降到0.11公顷，仅为世界人均耕地的1/4，我国1公顷可耕地上的农业人口是美国的85倍。全国有666个县人均耕地低于联合国粮农组织确定的0.8亩警戒线，其中463个县低于0.5亩。我国已经从一个粮食出口国变为进口国，每年进口2亿公斤粮食，而且这个数字还在继续增加。近年来，在城市环境日益改善的同时，农村环境污染问题却越来越严重。有资料显示，目前，我国乡镇企业废水COD和固体废物等主要污染物排放量已占工业污染物排放总量的50%以上。据世界银行环境战略报告称，农村工业污染与城市水污染、大气污染被并列为中国三大严重的污染，据估算，由此而造成的经济损失已占国民生产总值的7%—8%。

2. 农村就业缺口大，人口相对贫困化以及贫富分化加剧，直接制约人口自身的可持续发展，对农村的社会安定也是个隐患

一方面，农村大量的过剩人口使就业压力进一步增大，农村失业率居高不下。根据2000年“五普”数据表明，目前中国有劳动适龄人口为8.8亿，其中农村劳动适龄人口就占了6亿多，而我国农、林、牧、副、渔等产业，实际吸收的劳动力不到4亿，即农村剩余劳动力达2亿多人，并且每年还要新增剩余劳动力约1000万人，就业缺口巨大。另据专家分析，目前我国农村的实际失业率为34.8%。假如就业问题长期得不到解决，不仅会加剧失业人口对社会保障资源的争夺，也不利于农村经济社会的持续稳定发展。另一方面，农村的贫困人口问题是制约新农村建设的一个瓶颈。据《中国农村贫困监测公报——2006》显示，农村贫困人口虽

然从2000年以来有所下降，但目前全国农村仍有2365万人没有解决温饱问题，处于年收入683元至944元的低收入群体还有4067万人，两者合计6432万人。这些贫困人口大多分布在西部，他们的脱贫难度增加。有资料表明，进入21世纪以来，全国贫困人口减少的速度趋于缓慢。1986—2000年，全国贫困人口平均每年减少600万—700万；但此后速度陡然放缓，2001—2003年3年间全国共减少贫困人口300万，平均每年只有100万；而在2003年，又出现了扶贫史上绝对贫困人口首次反弹的状况，新增贫困人口80万。贫困人口与其他农民的收入差距拉大。以2003年为例，2003年尚未解决温饱的农村贫困人口的收入上限是637元，全国农民人均纯收入是2622元。两者之比为1∶4.12，与1992年的1∶2.45比较，差距进一步扩大。与此相应，在人口城市化进程中，一些失地农民的相对贫困化问题也凸现出来。

3．人口结构失衡，人口政策的潜功能日益显形化，使农村人口问题更趋错综复杂

人口结构的变动与社会转型的宏观背景密不可分，经济结构的现代转型，是人口发展和人口结构变迁的基础。而人口政策作为一种制度性控制手段，在人口结构变动中不同程度上起了催化剂的作用。目前，中国农村人口的结构失衡突出体现在两个层面：

其一，农村老龄人口比重大。中国从1999年开始，人口的年龄结构已经进入老龄化阶段。预计今后50年，老年人口还将以年均3.3%的速度递增，且成为本世纪世界上人口老化最快的国家之一。目前，中国农村的人口老化显现出两个鲜明的特征：一是农村的老龄化水平高于城镇1.24个百分点，这种城乡倒置的状况将一直持续到2040年。二是经济相对发达的农村地区的人口老龄化速度明显快于不发达地区。究其原因，除了生育率和死亡率的变动，主要是人口迁移的动因。随着农村经济的市场化改革，户籍制度改革、城市打工比较收益的吸引和城市化推进等所引起的人口自由流动，农村越来越多的青年人口迁移到经济发达地区，农村出现了大量的"留守老人"，加快了农村人口老化的步伐。此外，计划生育政策作为一种有效的人口控制手段，也在不同程度上加速了中国人口结构的老化。由于中国的人口老龄化不仅速度快，而且具有超前于经济发展的特征，因此，如何解决好由此带来的经济社会发展和老年人的社会保障等问题，将是十分严峻的挑战。

其二，出生人口性别比偏高，导致人口性别结构失调。从20世纪80年代开始，我国出生人口性别比持续攀升。1990年第四次人口普查时为111，2000年11月第五次人口普查时我国新生儿出生性别比已高达116.9，目前已经接近120，严重偏离正常范围。从地区分布来看，出生人口性别比偏高的地区由沿海向中西部地区扩展，重度偏高的省份增加到14个，个别省份甚至超过了130。而且出生性别比失调现象在经济相对欠发达的农村地区尤为严重。导致出生人口性别比失调的原因是多方面的，既有传统生育文化的深层积淀，也有社会保障制度和法律监管的缺失，而严格的生育政策对传统的"性别偏好"生育观念与取向的强化，也是不容忽视的一个原因。

4．对农村人力资本的投入不足，导致农村人口科学文化素质的提升举步维艰

人口是社会经济发展的核心构件，而人口的科学文化素质更是一个国家或地区综合竞争力的关键。改革开放30年来，伴随着经济社会的飞速发展，我国农村人口科学文化素质有了不同程度的提高。然而，由于农村基础教育和职业教育比较薄弱，有些农村地区九年制义务教育还没有普及，造成了我国农民文化知识水

平和接受文化知识的教育程度都比较低。首先，从人口文化素质的国际比较来看，农村人口的文化素质相对偏低。其次，我国农民科技素质不高。受相对偏低的文化素质的影响，绝大多数农民没有受过有关农业科技和农业经营管理的系统教育或培训，缺乏经营观念和科学管理方法。随着现代农业的发展，对农民文化素养和科技素质的要求越来越高；同样，随着社会主义市场体系的日趋完善，市场营销、市场预测和产品研发等方面的能力也以较高的科学文化素质为前提，而我国农民文化科技素质的现状显然难以顺应时代的要求。

5．农村公共卫生资源相对缺失，直接制约着农村人口的健康素质，不利于人口自身的持续健康发展

人口健康既是人口自身持续发展的基础，同时对经济社会增长又具有直接的影响。就目前来看，虽然我国人口的平均预期寿命已经高于世界平均水平，但与20世纪80年代以前人口预期寿命的快速增长相比，近20年来，中国城乡人口的预期寿命增长缓慢。一些地区的农民预期寿命甚至出现了下降趋势。一系列统计数据表明，中国农村的人口健康令人堪忧，公共卫生事业面临严峻的挑战。

此外，在心理健康层面，农村人口的心理健康状况也同样令人忧虑。由于农村人口整体受教育程度相对较低，加之眼下心理干预在农村几乎处于空白地带，面对日益加快的生活节奏及市场竞争，农村人口面临的各种心理负荷也越来越大，诱发心理危机的比例日渐增多。

6．人口在不同区域空间的大规模流动，对农村人口管理提出了严峻的挑战，也在不同程度上制约了农业生产的可持续发展

与社会经济结构转型相伴的人口社会结构的变动，对中国原有的人口管理机制和管理模式造成了很大的冲击。随着产业结构的进一步调整，中国城市化、非农化进程的加速，大量农村剩余劳动力向城市转移。有资料显示，"九五"以来我国每年的城市人口净增约2145万，"十五"期间，每年约有850万农民进城务工。目前，人口的大规模流迁，对农村人口安全的冲击主要表现在以下两个层面：一是增加了社会控制的难度。大量农民在区域之间、城乡之间、不同行业之间的流动和迁移，很大程度上是一种自由流动，具有较大的不稳定性，这就使原有农村组织的功能，如计划生育、农田基本建设、农村的基础设施建设等大大弱化，日益失去其应有的地位和作用，并且影响了对那些继续保留在本地的农民进行有效地管理。二是使农业的基础地位受到不同程度的冲击。城市化浪潮中从农村流入城市的人口是综合素质相对较高的青壮年劳动力，相当于"农村知识分子"，这些人离开农村，离开土地经营，对文化底气本来就不足的农村无异于"釜底抽薪"，必然使农业的发展后劲和潜力受到影响。

坚持科学发展观，为社会主义新农村建设营造安全的人口环境

21世纪中国农村面临的人口安全问题是与中国全面而深刻的社会转型相伴而生的，且更多地表现为多元并存、错综复杂的结构性问题。这些问题在某种程度上已经构成社会主义新农村建设的主要制约因素。为此，我们必须坚持科学发展观，积极探索农村人口与经济社会全面协调发展的可行路径，制定科学的人口发展战略，建立人口安全的预警系统和决策机制，为建设社会主义新农村营造安全的人口环境。

1．树立全面科学的人口理念，增强人口风险意识

大多数国人对于中国人口问题的感悟或理解多半囿于庞大的人口规模所导致的困境以及人口数量控制即计划生育层面，尤其在农村。似乎"一提人口，就是计划生育，就是围着大肚

子转”。而事实上，自20世纪90年代以来，中国人口结构及其问题发生了重大转变。因此，我们必须站在科学发展观的高度，改变过去那种狭隘、陈旧的人口理念，树立起科学的人口数量、人口质量、人口结构、人口功能、人口流动、人口发展、人口安全等多元人口理念。农村各级党委政府要把人口发展放在农村经济社会发展和可持续发展的首要位置来认识，放在社会主义新农村建设的全局中把握，不断增强人口风险意识，对人口发展及其风险的认知形成一种多维、立体的思维模式。同时，还要以建设农村生态文明为契机，从地球“生物圈”或“生态链”的视角，培养广大农民“亲生态”的人口理念与可持续的消费方式。

2. 因地制宜执行国家的生育政策，适度控制人口规模

我国小康社会的量化指标是，2020年GDP翻两番，人均超过3000美元。实现这一目标的前提是，人口总数控制在14.6亿。这说明控制人口数量的增长，依然是中国当前也是今后较长时期的首要问题。然而，作为一种制度性控制手段，计划生育政策对人口的调整必须遵循人口自身发展的逻辑和规律。为此，一方面，对于生育率转变不充分、不彻底的一些农村地区或生育率水平有可能反弹的地区，应严格坚持计划生育政策，继续抓紧抓实人口数量的控制工作，使生育率水平降低到2.0左右，以缓解人口膨胀对资源、环境的压力，把人口总量风险减小到最低程度。另一方面，对生育率水平急速降低的地区，则应该采取措施，对原有的生育政策进行微调，刺激生育率回升，以规避因结构失衡加剧可能导致的人口风险。

3. 加快发展农村教育，加大对人力资本的投入力度

我国农村人口尤其是农民的科学文化素质滞后于现代化的发展要求，是不争的事实。目前，针对我国农村人力资源开发滞后的状况，应加大教育投入力度，开发农村潜在的人力资源，切实提高人力资本投资效益，增加人力资本存量，将农村巨大的人口压力转化为丰富的人力资源优势。为此，首先，中央和地方财政要加大对农村义务教育经费的投入，有效地改善农村办学条件，普及农村九年制义务教育，发展好农村基础教育；还要积极鼓励集体或个人投资兴办农村文化教育事业，努力提高农村人口的文化素质。其次，在抓好农村基础教育的同时，应紧密结合生产实际，发展多种形式的农村职业技术教育，组织农民学习科学实用的种植、养殖和农产品加工技术，掌握现代商品生产、市场营销和经营管理等方面的知识，为农村经济社会的加速发展，培养各类综合型和实用型人才。

4. 不断完善农村社会保障体系，建立健全缓解社会矛盾和社会危机的“安全阀”

目前，在中国广大的农村地区，社会保障总体上并没有一个较为成型的制度、区域性的社会保障，如农村社会健康保险和农村社会养老保险只覆盖了不到10%的农村人口，社会福利、优抚安置、社会救助也非常有限，远远满足不了农村经济社会发展的迫切需要。为此，应加快建立健全与经济发展水平相适应的农村社会保障制度。首先，要进一步完善养老保障制度。要紧紧抓住近20年人口抚养比低的“机会窗口”，建立养老储备金制度，逐步消除城乡二元对立格局，构建社会、家庭、个人相互补充的、城乡一体化的养老保障体系。其次，要加快建立和完善新型农村合作医疗制度。从农村发展的实际出发，实行农民个人缴费、集体扶持、社会支援和政府资助相结合的筹资体系，发展多种形式的农民互助合作医疗，以确保农村人口的卫生健康安全。再次，要加大社会救助力度。在有条件的地区逐步建立农村最低生活

保障制度，要科学地确定农村最低生活保障标准，对农村特困家庭进行全面排查以合理界定最低生活保障对象。要制定和完善政策法规，确保农村最低生活保障资金从当地各级财政和村集体中筹措，努力使贫困人口享受到与经济社会发展相适应的基本保障。第四，要加快建立失地农民的社会保障制度。近年来，城市化进程中约有2400万农民成为失地农民。对此，国家在征用土地时，要通过土地换保障等多元化的筹资方式，加快失地农民社会保障制度的建立。此外，应继续推行并进一步完善农村部分计划生育家庭奖励扶助制度，以解决因人口政策干预而导致的“后续人口问题”。

5．大力推进与完善人口城市化战略

人口城市化不仅是工业化和现代化的动力，而且是提高人口素质、有效控制人口增长的重要路径。城市是现代文明的摇篮，伴随着人口的城市化进程，一方面，使得逐渐从农村分化出来的农民有更多的机会接受良好的文化教育和卫生保健，这对提高其自身的科学文化素质和健康素质是大有裨益的；另一方面，生活方式和生产方式的改变有助于进城的农民接受现代文明成果，通过现代文明的传播改变其传统的生育观念，由此而引发的生育行为的变化将从根本上转变传统的人口再生产模式，从而导致人口增长率自然而非人为的下降。正是从这个意义上，可以说城市化战略的实施对于解决中国人口问题特别是农村人口问题至关重要。为此，在推进人口城市化的进程中，要密切关注城市化进程中的人力资源流动模式和人口分布格局的变动，以及由此可能导致的城乡区域之间经济社会发展失衡等问题。

6．推进政府职能转变，完善农村人口管理机制与服务体系

通过有效的人口管理来解决人口发展中出现的问题，已成为当今世界各国及地区共同面临的实践课题。目前，针对我国农村人口发展中存在的安全问题，首先，必须建立以财政投入为主渠道的人口和计划生育经费投入机制。人口和计划生育是公益性事业，是基础性投入，应当纳入各级政府的财政预算，加大政府对这些领域的投入力度，加强基础设施建设，以确保免费向育龄群众提供优质的避孕节育技术服务以及法律法规规定的奖励优惠政策落到实处。其次，要进一步完善人口管理的服务体系。建立并完善农村社会管理与公共服务网络，寓管理于服务之中。要充分发挥人口计生网络在社会主义新农村建设中的功能，在目前资金有限的条件下，政府应积极整合有限的社会资源，集中力量对现有的人口计生网络进行必要的调整和完善，将其打造成一个开放式的、惠及农民并综合服务于新农村建设的社会管理与公共服务平台。再次，要把加强公共卫生建设和农村卫生工作，不断深化公共卫生服务体系改革作为重要一环来抓，尽快建立健全突发性公共卫生事件应急机制，包括农村心理危机干预机制的构建，进一步完善疾病预防控制体系。

（作者单位：中国人口学会党政干部教育分会）

（选自《中国国力国情》2008年第9期）

三中全会勾画新一轮农村改革路线图

韩　俊

党的十七届三中全会通过的《中共中央关于推进农村改革发展若干重大问题的决定》(以下简称《决定》),明确了新形势下推进农村改革发展的指导思想、目标任务、重大原则和战略举措，是指导当前和今后一个时期推进农村改革发展的行动纲领。

新阶段作出的新判断

改革开放30年来，中国农村发生了翻天覆地的变化。中国改革是从农村突破的，农村的改革实际上开启了中国改革开放的大门。其对中国整个改革开放发展的贡献，可以概括为两个方面：一是探路的作用，农村率先发展市场经济，农村率先发展基层民主，农村率先调整产业结构等等，实际上是为我们整个的改革和开放探路；二是这30年来，农产品的供给极大丰富，农民为我们国家的现代化事业提供了丰富的农产品、廉价劳动力，也提供了大量的资金。所以说农村的发展为我们整个国民经济的持续快速发展，为战胜各种困难，为保持社会稳定起到了基础性的支撑作用。

改革开放30年后，我们国家进入了一个新的发展阶段。这次《决定》作出了一个新的判断，那就是“三个进入”：我国总体上已进入以工促农、以城带乡的发展阶段，进入加快改造传统农业、走中国特色农业现代化道路的关键时刻，进入着力破除城乡二元结构、形成城乡经济社会发展一体化新格局的重要时期。

在这样的历史判断下，我们如何顺应亿万农民过上美好生活的新期待，如何用创新的思路实现到2020年农民人均纯收入比2008年翻一番的目标？《决定》用非常明确的话概括了今后的指导思想和基本方针，那就是要坚持实行工业反哺农业、城市支持农村和多予少取放活。《决定》主要分为三大块：第一块是制度建设，第二块是现代农业，第三块是农村社会事业发展，每一块讲的政策都体现了以工促农、以城带乡的基本方针和思路。

“把建设社会主义新农村作为战略任务，把走中国特色的农业现代化道路作为基本方向，把加快形成城乡经济社会发展一体化新格局作为根本要求。”《决定》里的这三句话可以说是这个文件的重要支柱，这三句话在党的十七大报告里都有，但是十七届三中全会用战略任务、基本方向、根本要求给这三件大事定了位，也就是对今后整个中国农村改革发展的清晰定位。

农民增收困难是现代化进程中的头等难题

这几年惠农政策力度很大，但是现在遇到一个最大的困难就是农民增收，主要是缺乏一个有力的支撑。可以说，农民增收困难，是现代化进程中的头等难题。

单就城乡收入差距而言，去年，城镇居民的可支配收入比农民的人均纯收入要高3.33倍，实际上收入差距可能比这个还要大，那么为什么我们的强农惠农政策力度这么大，而城乡收入差距不断扩大的势头还是遏制不了呢？主要有几个原因：

首先，市场经济的各种要素是从农村往城里流，劳动力、农村资金大都被城市吸走了。其次，在公民收入再分配方面，我们虽然加大了力度，财政支农资金的总量、增长速度都是最高的，但是我们整个农村的需求太大了，这些资金相对整个农业农村发展来讲，可以说是杯水车薪。再次，整个农业农村农民在国民收入初次分配过程中处于不利地位：农产品价格偏低，农民工的工资还是偏低，城市发展、工业发展征用了农民的大量土地，但土地补偿价格偏低。

党的十七大报告提出，初次分配和再分配都要处理好效率与公平的关系，再分配更加注重公平。在国民收入初次分配方面，我们还要更多向农业农村农民倾斜，只有这样，城乡收入差距不断扩大的趋势才可以真正得到遏制。

土地制度的改革是重头戏

关于农民土地流转问题，我自始至终参加了《决定》的起草工作，只要仔细学习1984年以来中央关于农村土地政策的所有文件，我们就会发现，我国没有一条政策和法律是限制农村土地流转的。《决定》明确指出，土地流转要坚持依法自愿有偿这个原则，这是基本的政策导向，不得采取任何形式强迫农民流转土地经营权。我们还提出防止片面追求土地集中，《决定》在这一方面的政策与历来的法律和政策完全是一脉相承的。

为了解农村土地流转情况，我们去年在全国调查了2749个村庄，调查数据令人吃惊，2749个村庄中有23%已经把一部分土地甚至全部土地转包出租给他人耕种，沿海发达地区比例更高，有美国专家看到这个调查数据说，中国农民自发的土地承包经营权的流转率在发展中国家几乎是最高的。

对现行农村经营制度，有人认为家庭承包经营可以解决温饱但解决不了致富和小康问题，有人主张要大规模集中土地搞集中经营。我觉得这些认识还要进一步讨论和澄清。在中国，目前土地对农民来讲是非常重要的，可以说农民与土地就是唇齿相依，土地是农民最重要的一个生活保障。虽然2亿多农民离开土地进城打工了，但是他们有一半左右就业不稳定。如果我们的经济一旦出现波动，农民就会失业，而农村土地被收走了，他们的进退就没有了根基。所以，在我们社会保障制度不健全的情况下，有些事情可以探索，但是要说大规模集中土地搞大规模农场，不适合中国国情。我们千万不能一厢情愿，一定要尊重农民的意愿，不能脱离我们的国情。

中国现实的国情是，有2亿多农户，一家平均大概七八亩地的土地规模，这么小的规模怎么和市场经济相衔接，而且农户如何能保护自己的权益呢？

我们强调土地承包关系要长久不变，并不是固化小规模土地经营，《决定》在讲长久不变的同时，又讲了农业经营体制创新的两个重要转变：第一个转变就是家庭的经营，要向采用先进的科技和生产手段这个方向转变，家庭经济提高集约化水平；第二个转变是从统的角度来讲，要向发展农民多种形式的联合与合作，形成多元化、多层次、多形式农业经营和服务体系这个方向转变，核心问题就是提高农民组织化水平。《决定》用了16个字清晰地勾画了农民专业合作组织发展的方向，就是“服务农民，进退自由，权利平等，管理民主”。按照这个要求，我们要把这些合作组织发展成引领亿万农民走

向国内外市场的现代农业经营组织。

为防止一些地方政府利用权力来干涉农民的土地承包经营权，《决定》明确用了“三个不得”：不得改变土地集体所有性质，不得改变土地用途，不得损害农民土地承包权益。所以说，今后我们应该更多采取市场经济的办法，按照依法自愿有偿的原则，发育土地承包经营权市场，让它自然流转，不要急于求成。

另外，现在土地征用问题已经成为农村矛盾的焦点。我们去年对全国2749个村庄进行的一项调查发现，因为土地问题上访的农民占到65%，其中因为征地造成社会矛盾的上访占到44%。

这次，十七届三中全会对征地制度改革制定了非常明确的方向和原则，就是要严格界定公益性用地和经营性用地的范围，缩小强制性征地的范围，合理补偿农民，解决被征地农民的社会保障问题，要保证他们的基本生活长期有保障。

继续加大对“三农”投入和支持力度

十七届三中全会认为，当前我国农业农村发展面临诸多挑战，农业基础仍然薄弱，最需要加强；农村发展仍然滞后，最需要扶持；农民增收仍然困难，最需要加快。实现这“三最”，除了明确目标、制订规划，还需要加大投入。

那么钱从哪里来？第一块是财政的钱，第二块是金融的钱，还包括整个社会的资金。关于增加国家财政对“三农”的投入，《决定》用了三个“大幅度”，这是从来没有的。三个“大幅度”指的是大幅度增加国家对农村基础设施建设和社会事业发展的投入，大幅度提高政府土地出让收益、耕地占用税新增收入用于农业的比例，大幅度增加对中西部地区农村公益性建设项目的投入。一直到2020年，国家都会严格按照这个要求调整国民收入再分配格局和财政结构。

除了财政投入，还要加大金融的支持力度。我们对全国2000多农户进行的一项金融调查发现，真正能够从正规金融机构得到贷款的农户只占1/3，可以说，目前，农村金融是整个农村改革最薄弱的领域，农民贷款难是农民增收的重大制约因素。

为了改变这种状况，《决定》明确讲要综合采用财税杠杆和货币政策工具，通过定向实行税收减免和费用补贴，引导更多的信贷资金和社会资金投向农村。所有的金融机构都有积极支持农村改革发展的任务和责任。因为，要建设社会主义新农村，大量投入尤其是长期性投入，光靠财政是不行的。

《决定》从制度层面入手，不仅着力于健全严格规范的土地管理制度、稳定和完善基本经营制度、建立现代农村金融制度，还强调要建立促进城乡经济社会发展一体化制度，特别对农村富余劳动力的转化问题，《决定》也做出了政策导向。

据我们测算，到2020年，农村起码还有1亿农村富余劳动力，农民需要向城镇非农产业转移，这是一个巨大的任务。《决定》明确了“三个方面”的政策导向即引导农民有序外出就业，鼓励农民就近转移就业，扶持农民工返乡创业，特别是讲到要保障外出务工农民的合法权益。基本的思路就是平等对待、一视同仁，农民工进城就业以后在医疗、子女就学、公共卫生、住房租购、劳动就业等方面享有与城镇居民同等权益，特别要扩大工伤、医疗、养老保险对农民工的覆盖面；养老保险关系转移接续办法将尽快制定和实施，而且在城市稳定居住和就业的农民工，中小城市要放宽落户条件，要真正让这些农民工变为市民。

（作者：国务院发展研究中心农村部部长）

（选自《决策探索》2008年第10期）

中国特色的城镇化模式之辩

——“C模式”：超越“A模式”的诱惑和“B模式”的泥淖

仇保兴

我国正经历着空前绝后的城镇化，而且作为全球人口最多的国家，我国城镇化的进程与全球化、市场化、信息化、机动化等相伴交织，从而使发展模式的判断选择方面更加扑朔迷离。正确选择城镇化和经济发展模式，不仅是落实科学发展观、推行生态文明的核心课题，而且也是确保我国国民经济长期持续、健康、有序发展的关键。

1．“A模式”之困境和“B模式”之困惑

美国地球政策研究所所长、生态经济学家莱斯特·R·布朗（Lester R. Brown）先生认为：城镇化和经济发展的模式可分为两种：一种为“A模式”，一种为“B模式”。“A模式”即是以美国为首的发达国家的发展模式，其主要特征为城市低密度蔓延、私人轿车为主导的机动化、化石燃料为基础、一次性产品泛滥等。其结果是：美国以占世界5%的人口消费了1/3以上的世界能源。“A模式”无疑是造成现在地球的“三高”，也就是高油价、高排放以及粮食价格不断攀高的主因。布朗先生因此开出“药方”，忠告中国的城镇化绝对不能仿照“A模式”。他认为：中国如果走“A模式”道路的话，到2031年，中国将消费2/3目前世界

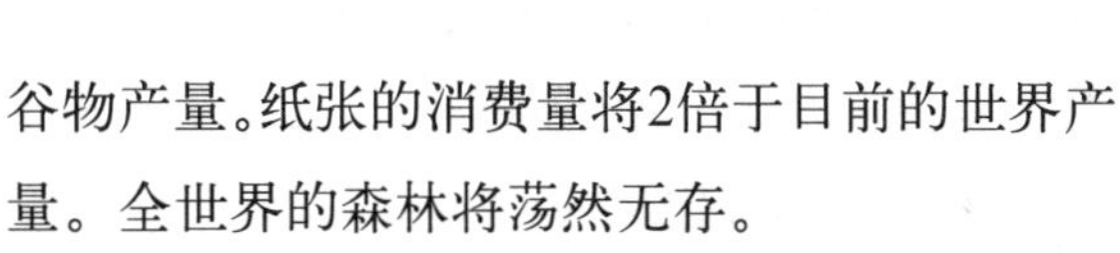

谷物产量。纸张的消费量将2倍于目前的世界产量。全世界的森林将荡然无存。

作为迫切希望强大富裕的发展中国家，往往难以抵制“A模式”的诱惑而陷入困境。90年代初，西方国家通过国际货币基金组织和世界银行为拉美国家提供了一揽子经济改革援助计划，按照他们所熟悉的“A模式”的思路，推行了以放松政府管制、加快大城市发展、削减社会开支、推行私营化等为主要内容的所谓“华盛顿共识”。仅仅10多年的实践，就使得原本繁荣的南美、拉丁美洲经济体数次面临崩溃，也使得资源富饶的众多非洲国家饥饿人口上升到创纪录的2亿多，社会经济等方面的发展几乎倒退了数10年。

与此同时，塞奇·拉脱谢尔(Serge Latouche)等人提出“反增长计划”。该理论认为：为了增长而增长对生物圈承受极限造成了极大的压力，因而是不可持续的，生态危机尤其是温室效应的持续恶化，使得反增长对缩减经济规模而言是必要的，也是值得的。因此，其目标应该是用一种非增长的社会来代替目前增长的社会。其基本措施包括：将物质生产规模恢复到20世纪六七十年代的水平；交通费用内在化；农业生

产小规模化；减少能源消费等等内容。他们反复强调：只要在社会与环境生命支持系统保持平衡的情况下，减少资产、人口及不必要的包袱，人类社会就可以在转折和衰退的过程中保持“繁荣”。无独有偶，在《人类、资源与社会》(1976)一书中，厄尔·库克回顾了能源的状态与历史，并提出了“持续增长是不可能的，也是不可思议的”。库克预言在20—30年之内，人类社会将分3步“退回低能量状态。”第一步保护阶段，通过减少浪费和奢侈，提高交通运输工具和建筑物的有效利用；第二步是“关闭部分工厂”，减少服务项目，电视成为“完全的替代品，”从煤中提炼甲醇燃料代替传统燃料，药品和酒精的大量使用；第三步的特征是“大多数的工人回到农场”，出生率下降……

事实上，这种基于“A模式”“肥胖症”国家所开出的药方——“B模式”或“反增长计划”决不是什么灵丹妙药，尤其对尚处于“青春发育期”的发展中国家而言，无疑是一剂毒饵，将会催化出一系列严重的危机：

首先是经济危机。事实上，全球化正在加剧国家之间的不平等。这种日益深化的不平等，并非只是简单地与经济增长的速度和规模有关，而是恰好与产生经济增长的经济体制密切相关——资本无休止的逐利性驱动结果。但是“B模式”和“反增长计划”并没有触及到如何纠正资本贪婪的欲望。这无疑会使富国与穷国、富人与穷人之间发生更严重的发展不平等、社会保障在经济上失去可能性、高素质劳动力灾难性地减少等而加剧经济危机。

其次是政治危机。西方发达国家及其殖民地广泛存在的政治危机可以看作是政治精英手中的（以及这些精英们通过他们对大众媒体的控制而掌握的）政治权力不断集中的结果。这恰恰是跨国企业巨头们政治献金操纵的代议制“民主”体系中的动力机制。“B模式”和“反增长计划”要求这些经济巨头们放弃导致他们长期致富的传统垄断能源产业和生产方式，“革自己的命”无疑是“缘木求鱼”。而跨国企业对发展中国家原材料、能源等资源的盘剥和污染物转移更会加剧后者的政治危机和社会动荡。

再次是社会危机。随着新自由主义全球化的蔓延，这一危机突出表现为一个前所未有的强大的超级阶级、一个庞大的下层阶级的产生以及两者之间的鸿沟日益扩大。在“B模式”和“反增长计划”中，发展中国家再次成为发达国家不平等状态的输入国。事实上，由于许多原殖民地国家难以摆脱宗主国对其发展模式的控制，以至于世界上基尼系数超过0.5的国家全部是盲目接受西方发展模式的前殖民地国家。伦理上，让发展中国家减缓经济增长来承担发达国家在前几个世纪工业化过程中排放的二氧化碳和污染物所致的今日发展高成本，这不仅是不公平的，而且会造成后者深陷贫困而加剧社会危机。

2．资本属性对理想发展模式之干扰

早在公元14世纪，西方杰出的人文主义者、担任过英国首相的圣莫尔(St.Thomas More)在其名著《乌托邦》一书中，将理想之国描述成一个有秩序、有理性的社会：没有私人财产所导致的贪婪，也没有宗教派别所引发的争斗。他坚信这一可“实践”的理想模式是人类的福音。有趣的是，自亚当·斯密（Adam Smith）以来，主流经济学家也都认为，资本主义是一种直接追求私人财富而间接造就社会财富的制度。但事实无情地揭示了其第一个目的完全超越和篡改了第二个目的。资本的运动无情地粉碎了人类种种乌托邦的梦想。简言之，“A模式”之所以失败，“B模式”终将会失败，都可以归结于这两种模式所基于的制度，都无法扭转资本无休止的逐利性和对生态环境的破坏：

首先，资本的本质属性及其运动会尽可能

地扩大对作为生产资料的自然资源的占有，想方设法地掠夺这些生态资源，加速利用各种自然资源直至其枯竭，显然才是最充分的、最合乎资本本性的。由此可见，发生于美国然后遍及整个西方世界的“城市蔓延”为何“一发不可收拾”，正是“资本”的魔力突破种种“技术”和“理性”限制的恶果。也就是说现代经济生产和资本主导的城市化模式很大程度上是基于利润而不是人们的基本需求而进行的。无限的利润需求自然会导致对有限的能源、资源竭泽而渔。

其次，它会“全力以赴”扩大生产规模。正如福斯特（John Bellamy Foster）所指出的，“资本主义是一种永不安分的制度，投资前沿只要不再扩张，利润只要不再增长，资本流通就将中断，危机就会发生。”最近发生的美国“两房”事件波及全球，从而被称之为1929年经济大危机以来最严重的经济危机就是最好的注解。由此可见，“资本不仅逐利，而且还无休止地逐利”必然会导致“资本与自然的冲突。”

再次，它会尽可能地提高劳动生产率和资源占有率并自动流向那些获利更多或资本更丰的区域。这样一来，资本运动对自然生态的破坏和对能源资源的掠夺，就会通过全球化贸易和现代金融的流动性而被传播到全球的每个角落，尤其是那些欠发达和贫困国家更是如此，从而“让他们吃下污染”就成为资本拥有者破坏欠发达国家生态环境的一致行动的一种注解。

最后，更为重要的是基于资本运动规律的社会必然会加剧“适者生存”式的恶性竞争。在当今世界，尽管在名义上国家之间的合作正在日益强化，但经济和文化方面的冲突却日趋激烈。在资本的驱使下，以美国为首的富国集团当然难以容忍任何发展中国家的崛起。正如英国剑桥大学发展研究中心副主任张夏准博士在《富国陷阱：发达国家为何踢开梯子》一书中所描述的那样：遵循“A模式”而暴富的当今发达国家，必然会以地球资源和能源短缺为借口，正在试图踢开那张能使发展中国家爬到顶端（发达繁荣）的“梯子”——即（以“A模式”为样板——笔者注）行之有效的政策和制度，并向发展中国家介绍所谓的“好政策、好制度”（即“B模式”——笔者注），以此来阻止发展中国家的发展。但从另一方面来看，以资本运动主导的全球化促使了几乎所有战略性资源、能源和粮食价格的飞涨，这比“B模式”更为有效地踢开了这张“梯子”。“蒙在鼓中”的发展中国家的人民还错误地认为由于能源与资源供给的不可持续性，这张“梯子”是自己断开的。

尽管“B模式”和“反增长计划”内容庞杂，但概括起来就是采取消极的城镇化、消极的机动化、消极的工业化，取消对资本运动的一切限制，以资本选择来替代民主活动，简言之，就是要让发展中国家减缓发展速度来补偿“A模式”所造成的资源枯竭和大气污染，为西方发达国家地位的巩固和强化作陪衬。让低收入阶层和许多中低收入者对自己的处境“安贫乐道”，压抑各种物质消费，为支撑富裕阶层的奢华生活作出牺牲，最终达到使“资本民主”在发展中国家通行无阻的目的。显然，这种“B模式”，我国是不能接受的。

然而，作为一个历史上饱受帝国主义列强侵略欺凌，而今初尝成长壮大滋味的民族，要抵御和超越数百年“修炼”而成且被无数强有力的宣传工具放大渲染的“A模式”和众多国际组织和权威专家所推崇的“B模式”的诱惑实属不易。由此可见，经历过遵循市场化取向改革30年并初获成功而备受国际赞誉的我国各级领导人，主动从初级的工业文明向生态文明跨越，跳出传统发展模式的锁定，提出并落实科学发展观，“而今迈步从头越”探求前无古人的“C模式”之路，实属难能可贵。

3．“C模式”的基本设想

虽然“C模式”并无先例可寻，但通过总结A模式的历史教训和判断“B模式”的现实缺陷，仍然可以找到初步的思维框架：

首先，“C模式”必须立足于提高民众的生活质量、促进社会和谐而不是资本的逐利，从而成为社会生产活动的根本目标和动力机制。这意味着无论是经济生产的组织，还是社会财富的分配，都将采用一种更倾向于以人为本与代际公平的新策略。市场体制仍将长期存在，但资本活动的负外部性将受到社会和民主的办法有效约束。各种炫耀性消费、一次性消费、过度消费被适度消费所取代，充斥于当代社会的消费主义文化逐渐被传统的节俭适用美德所引导制约。“消而不竭”的资源利用新社会契约将逐步均衡“买断、卖断”的传统市场交易模式的缺陷。贯穿于生产和消费者之间的生产、消费、回收、翻新、提升再利用的循环经济真正确立。

其次，生态社会和经济可持续性将最终取代单一的经济发展成为各级政府首要的政策目标。也就是说，在城镇化的进程中应充分地保护物种多样性、生态自然、传统农业耕作方式、自然地形风貌、历史社区特色、文化遗产、能源储备等具有正外部性的不可再生资源与优秀的传统文化和经济模式。现代的生态文明意识将伴随“天人合一”的原始生态观在我国广泛觉醒和创新并有可能成为全球“第二次文艺复兴”的发源地。

再次，经济增长的推动力从传统的消费、出口和投资转向符合生态文明的绿色消费、内需为主和对可再生能源、循环经济、生态修复和环境保护的投资为主。“A模式”在全球的失败，直接的原因无疑是：经济竞争的“游戏规则”即将发生根本的变化。决定国家和民族富强或衰落的主要因素也在经历变化。这就意味着单位GDP的“含能量”与“含资源量”必须持续下降，并由此产生强大的“绿色竞争力”，从而有可能“战胜”和超越A、B两种模式。

第四，土地作为生态环境的“底板”，将在人类的自身需求与维护生物多样性之间进行公平地分配。从生态系统的角度来看，城市化所造就的土地短缺正严重影响着清洁的水源、粮食安全、物种存留、生物多样性、自然遗产保护、废弃物处理能力以及整个生态系统的持续能力。从道德伦理来看，土地及其所承载的一切都只是由当代人暂时保管，人类应有责任完好地将其传承下去。当代人类作为托管者理应超越土地私有利益的诱惑，使公共权益超越私有利益。从人类史来看，无论是远古的农耕时代，还是当今的工业化社会，大规模的战争和政权的更替一般都与土地的占有严重不均直接相关。对自然界的一切生物和人类社会而言，土地分配的公平与否，不仅意味着资源的占有，而且也涉及生存空间的公平与否。作为财富之母的土地必然是“公平之母”。史实早已证明，作为自然资源和人类活动主要承载体的土地社会所有模式，是抗衡资本对土地及附属于土地之上的各类资源和能源的掠夺与破坏的惟一途径。我国必须坚持巩固并不断优化。

第五，可再生能源应用与建筑一体化将引发建筑革命。随着社会的进化，一个不可辩驳的事实是，建筑将占全部能耗和排放污染物、温室气体的50%以上。从家庭的载体——住宅到最大的人工构筑物——城市，一切建筑都应遵循与自然共生、社会和谐、对生态环境最小干扰的原则进行规划、设计、建造、运行和更新。建筑与它们所组成的城市将充分利用各种可再生能源和循环利用短缺的资源。能源消费主体与生产场所“合二为一”的“分布式能源系统”将与传统的集中式能源供给系统展开竞争。在此基础上真正意义上的城市甚至“零排放”社区将蔚然成风。

最后，伴随着城镇化的深入推进，逐步实现出口导向型发展战略向内需消费和服务外包相结合的模式转变。资源、能源和初级产品的出口本质上是一种国家利益和权利的让度方式（这对资源、能源稀缺的我国负面影响尤甚）。基于日新月异信息革命的“全球服务”应当比“世界工厂”更适应中国的资源禀赋。在此基础上，结合生态农业和柔性生产体系的勃兴，倡导农产品、农副产品和大宗基本商品供求关系的就近均衡，从而有效节约运输能耗。

由此可见，“C模式”是坚持“发展”的前提下，既充分利用市场机制的高效，又能低成本地补偿其负面影响的新型城镇化模式。这种对A、B模式扬弃和超越的新模式，注定是一场涉及经济、政治、社会等诸领域的深刻革命。

4．我国坚持“C模式”的有利条件

首先，“天我合一”的原始生态和传统文化价值观。在中国传统文化中充满了敬天、顺天、法天、同天的原始生态意识，天人同物、天人相付、天人一体、天人同性、天人同理、天人合一等生态文化思维引导着这个世界上人口最多的农耕国家经历了数千年的风霜雨雪。如果将人类与自然的关系分为“崇拜自然、利用自然和征服自然”的话，中华民族应该是世界上“崇拜自然”历史最长久的民族。先祖们早已学会以“克己复礼”和节俭勤奋、发挥集体主义、利他主义等价值观，在一个资源极其有限的生存空间中创造出延绵数千年的灿烂文明。“敬天法地”的传统生态观至今仍深深地烙刻在人们的记忆之中。更有国外的研究表明，东方民族的人文背景视野与西方人具有明显的区别。后者往往只将注意力集中在某个主题上，而东方人更注重背景和环境。这种视野的综合性自然会导致“修身、安家、治国、平天下”的追求和以利他的方式来处理人与人、人与自然的冲突。这也是为什么在“A模式”全球流行的今天，我国主动提出“生态文明”、以与自然和谐相处的方式来进行中国的城镇化和工业化的文化成因。这必然会导致中华民族的崛起会以和平的方式来避免盎格鲁—亚美利加体系国家“A模式”勃兴所引发的文明冲突。

其次，无自身利益的政党与国家治理结构。西方某些敏感的政治家们毫不忌讳地认为：如果世界真正发生“新能源”革命的话，发起国很可能是迅速崛起中的中国。这是因为在西方世界及其殖民地国家所实行的所谓“代理制民主治理”政治结构中，无论是掌握决策权的议会还是拥有执行权的政府，都不能摆脱代表旧能源企业利益财团的控制。后者决不能容忍这场革命损害自身的根本利益。只有在中国执政的共产党是世界上惟一没有自身利益的政党，除了人民群众的根本利益别无他求。正是这种“超然”的地位，才能真正肩负起发动和推进拯救全人类的新能源革命和城镇发展模式的转型。

再次，特殊的土地公有制度。在市场经济的起源地欧洲，关于适合的土地所有制争论几乎伴随着市场机制的发育从未停止过。土地作为基础性的特殊资源，不仅是大多数稀缺资源（有交换价值物品）的主要载体而成为独特的公共品，而且更重要的是土地也是众多非稀缺性资源（有使用价值的物品）如淡水、生物多样性保持、气候形式与调节、废气废物的消化吸收、土壤形成、碳氮等基本元素的循环床、生态和人类社会系统等等的惟一承载体。难怪城市化的起源地英国就曾出台法律，企图以某固定价格分期由政府买断全国的土地（后因为右派政党的上台，该法被废止），但通过规划对其用途的管制始终处于强化过程之中。而美国在20世纪初的城市化进程中，土地私有制所导致城郊的土地拥有者竞相将土地出卖给房产商，再加上同期发生的机动化的推动，从而导致城

市的低密度扩张一发不可收拾，至今仍无有效的对策。

最后，资本对自然资源的掠夺在中国尚未形成坚实的基础。《资本主义3.0——讨回公共权益的指南》一书的作者彼得·巴恩斯（Peter Barnes）认为“A模式”的资本主义存在着两个重大的副作用：其一，它毁坏自然；其二，它扩大贫富差距。而且它持续不断地、自动地重复这两个副作用，并且不具备任何自我纠正的能力。但他也认为，较之美国，中国在防止被卷入资本主义化的“A模式”方面有两个优势：其一，中国加入自由市场游戏的时间较美国短得多，有可能吸取美国的教训；其二，中国政府尚未像美国那样已经被强大的私有企业所垄断。这意味着中国可能有机会为其经济发展另辟蹊径，从而在享有市场经济要义精髓的同时，避免资本主义的弊端。

显然，无论我国具有多么好的初始条件来坚持“C模式”，但“C模式”内涵的充实、实践和发展，最后在与A、B两种模式的竞争中胜出的整个过程，必须是全体中国人民丰富多彩、持之以恒的创造活动。生态文明观的全面觉醒和创造力源泉的充分涌流比任何既定的理论框框更为有效。由此可见，“C模式”必须是动态、开放的发展模式，必须善于吸收世界其他民族生态文明的成果形式并不断地自我更新与优化。当务之急是在践行阶段性目标——“小康社会”的过程中，对行进的路径做出正确的选择。

5．启动“C模式”的近期政策建议

今后的10—20年是我国城镇化高速发展的时期，席卷全球的西方金融危机又对我国的发展带来了众多的严峻挑战和前所未有的机遇。在这一关键时刻，正确选择通向生态文明和其他文明和谐发展的路径，是“C模式”最终能否实践的关键。

首先，坚持与完善现有的城乡土地公有制，强化城乡规划调控，为有序城镇化铺设轨道。我国是以占全球7%的耕地来支撑占全世界21%人口的城镇化，这就意味着在城镇化快速发展时期，绝对不能低估资本对土地资源掠夺的强大能力，必须十分注重耕地的保护与节约，防止盲目拷贝“A模式”的土地私有化，一以贯之地落实“紧凑”和“多样性”的城镇建设方针。由此可见，要巩固并改善城市土地国家所有和农村土地集体所有、建设用地必须经“征用”才能进入市场交易、建设用地增值所得应归全民所有、确保18亿亩耕地的“底线”不容侵占等有效的中国特色的土地制度。所有新增城市和乡村的建设用地都应遵循节约用地、尽可能利用非耕地的原则。

其次，以生态文明建设为指针，推进社会主义新农村建设，促进城乡差异化协调发展。要维持合理的城镇化速度和可持续发展能力，必须切实强化农村、农业和农民发展的基础地位。尤为重要的是要防止步“A模式”的后尘，有效杜绝石油农业、化学农业的“现代化”误区和以大城市模式为蓝本的村镇建设方式的蔓延。资源节约型、环境友好型的农业是我国农业现代化的必由之路。保存与弘扬农村优秀传统建筑和文化、自然生态的耕作模式、洁净水与土壤、粮食生产能力、优美的自然景观等等资源，为城乡的可持续发展奠定基础。今后几年应加大财政对生态、无公害农业、有机农产品和“农家乐”旅游活动等的补助力度，并以“农产品原产地证明”和“一村一品”等组织形式，充分调动亿万农民群众的积极性，自下而上地形成有公信力和竞争力的农产品生产体系。

再次，规避全球化之弊并用其利，推进新型工业化，构筑健康城镇化新动力。在全球化这台空前的“推土机”的驱动下，城市之间对人才、资金、技术的争夺将日趋激烈。发达国家依据“A模式”所集聚的财力和资本，会促使发展中国家的城市更加边缘化。在这种情况下，我国城市领导人更要避免盲从“A模式”发展城市的不归之路，立足于以人为本和环境立市，着眼于加快以人力资本与信息技术相结合的新型工业化的发展，以此重构城镇化的新动力。当前，各级政府都要加大科技投入，大规模引进国外科技创新梯队和留学科技人员，并给予优厚的待遇和良好的生活工作环境，为奠定新一轮国家创新能力的勃兴创造条件。

第四，多方位推进可再生能源应用，积极推进绿色建筑和低碳城市建设，提升城市以及国家竞争力。在建筑层次上，全面推广绿色建筑（具有节能、节水、节材、节地，建筑全生命周期循环利用，室内环保性能优异的建筑）；在社区层次上，强调社区生态文明和特色魅力再创；在城市基础设施层次上，推行步行街道、绿色交通等适用技术；在城市（镇）层次上，实践在中小城市和小城镇协调发展，倡导生态城（镇）；在区域层次上，通过生态城市联盟和有效的区域规划管制促使生态环境共保、资源共享、绿色发展动力共构和基础设施共建，促使各类人工构筑物和生产、消费活动最大限度地节约资源和减少污染物排放，最大程度地与可再生能源的利用相结合，最终促使低碳城市和区域的蓬勃兴起。当前，要借助国际能源价格回落的有利时机，理顺我国能源商品价格体系，出台燃油税等环保税种，并对节能绿色产品实行减免税政策。

第五，从合理分配城市空间资源入手，强化交通需求管理，促进城镇化和机动化和谐发展。机动化对于有序城镇化历来是双刃剑。我国城市交通的发展模式既要避免私人轿车和高架桥领先的“A模式”误区，又要防止陷入“B模式”的消极机动化。应充分发挥城市规划分配交通资源的作用，优先发展公共交通，弘扬我国传统的自行车出行的优势，构筑具有机动化能力的绿色交通体系。当前，应大力投资建设城市之间的高速客运铁路，以减少私人小汽车的出行比率。

最后，积极应对日趋严重的水危机。在我国，水资源的空间分布不均以及水污染日益加剧，事实上已经形成了健康城镇化的巨大障碍。当务之急是要在城镇治水供水策略的选择上，抛弃“A模式”主导下的“大截、大排、大调”的工程治理模式。积极倡导从开发—排放的单向利用向循环利用转变；从单项治理向水生态的整体优化转变；从简单对洪水截排向与洪水和谐相处转变；从过度依赖远距离调水解决城市供水需求向就地循环再利用转变。只有这样，才能有效应对资源性和水质性缺水并存的严峻形势。当务之急是将减排污染物列入地方干部政绩考核，加大污水治理、中水回用的投资力度，迅速扭转水污染加剧和水生态恶化的局面。

总之，我国只能走自己的道路，就是新型工业化推动下的新型城镇化道路，即对内实践科学的发展观，对外实现和平崛起。这就要求我国的城镇化模式必须超越“A模式”的诱惑和“B模式”的泥淖，走自己特色的“C模式”。这种“C模式”，就是要处理好城乡和区域的生态环保、宜居和谐与经济、社会对外竞争力这三者之间关系。无论是城市还是乡村的发展，必须既是生态的，以人为本的（当代公平），又是对环境负责的（代际公平），同时又是具有竞争力的。只有这样，“C模式”才有自身的生命力。

（作者：国家住房和城乡建设部副部长）

（选自《城市规划》2008年第11期）

“土地新政”解惑

党国英

十七届三中全会确定了农村土地制度市场化改革思路。但土地要素不同于一般商品，它的市场交易更要接受国家的掌控，交易的规模、数量、目的和方式都会受国家政策的严格制约。所以，农村土地要素的市场化不是完全的自由放任，这也是中央此次会议作出《关于推进农村改革发展若干重大问题的决定》的重要精神。

一、《决定》关于农村土地政策调整的基本原则是什么？

《决定》发布之后，有人认为中央的土地政策比过去更“紧”，有人则认为是更“松”了。事实上，不存在总体上的“紧”或“松”问题。应该说今后国家的土地利用规划的约束力会更紧，而对土地使用权承载的其他具体权利的限制则会逐步放松。

我国农村土地的基本制度保持不变，国家的18亿亩耕地的“红线”不能碰，这两个方面没有放松。但《决定》对“统分结合、双层经营”的农村基本经营制度作了新的解释，提出逐步建立城乡统一的建设用地市场，这是松的表现。总体上说，完善农村土地管理制度的原则是“产权明晰、用途管制、节约集约、严格管理”。这是一种结构性的政策调整，并不是整体上的松或紧。

深化农村土地制度改革无非是要处理好公平和效率的关系。明晰土地产权，使农民的土地承包权长期化，建立有约束的、规范的土地市场，既有利于增加农民的财产性收入，又有利于提高土地资源的配置效率。

二、今后保护18亿亩耕地更难还是更容易了？

人们对保护18亿亩耕地必要性的认识并不统一。的确，光从技术潜力看，再经过20年的努力，用13亿亩比较好的农田产出1.3万亿斤乃至更多粮食来，满足今后人口增长的需要，不是太难的事情。考虑到其他因素，再多用一些土地来生产粮食也不是没有可能。但这不是不去保护18亿亩耕地的理由。

我觉得有两个理由：一是我们并不缺少建设用地资源；二是粮食生产不嫌耕地多。我国大部分大城市的人口密度不到4000人／平方公里，而且号称最少土地资源的东部地区的城市人口密度甚至还小于中西部的平均水平。环渤海以及长三角、珠三角地区都不缺建设用地。如果盘活农村村庄占地和现有建设用地，可供建设的土地更是几十年也用不完。而我国粮食生产一直采用投入密集型的生产方式，环境压力很大，使中国人为解决吃饭问题付出了很大的环境代价。所以，保护18亿亩地有充分的理由。但在以往体制下，保护耕地只有中央一方面的积极性；不仅地方政府希望在空间上扩大城市，连农民也加入了扩大占用建设用地队伍，因为农民把农村土地看成了“公地”。全国农户平均占用村庄土地1.2亩左右，利用水平很低。

《决定》赋予农民稳定并长久不变的土地承包权，这将令广大农民不再有“公地”意识，农民对土地利用的短期行为将发生极大改变。这意味着保护耕地除了有中央政府的积极性之外，又创造出了农民的积极性。

三、会不会在农村普遍出现“大农场”，并导致大量农民离开土地？

最近，很多人担心这个事情发生。如果地方政府不在“规模经营”这样的目标上拔苗助长，这种事情不容易发生，我们不必过分忧虑。

如果中央政府真正实行深化农村土地改革的“16字原则”，不会有大量城市人到农村去“种庄稼”。真正立志搞农业的是少数。害怕的是“项庄舞剑，意在沛公”。若政府方面真正能做到“用途管制”，城市资本的投机打算便会大大消解。

从经济规律上看，农民是否愿意把耕地转让或出租给城市资本，并不取决于城市资本家的意愿，而取决于农民放弃土地经营的机会成本，当这个机会成本小于他转换职业的预期收入时，农民可能转出土地；当机会成本等于预期收入时，他就不会转出土地。如果预期收入是城市工作的平均收入，那么，种粮农民的机会成本大约是经营50亩大田作物的收入。这个分析表明，农民不会盲目地放弃农业经营，土地不会随意地转到种粮大户手里。

四、土地流转形式如何适应当前农村经济状况？

土地流转有出租、转让、转包和互换等形式。在没有必要的情况下，不应该采用农民入股形式搞大农场。

中国农村的现实情况是劳动力较多，而土地相对较少，规模经营遇到困难。许多地方政府都想克服困难，在这个方面迈开较大的步伐。目前，一个比较普遍的做法，就是主张用“股田制”的办法实现土地规模经营。其具体的做法常常是由一个或几个出资者注册一家经济实体，种植经济作物，或搞所谓“设施农业”，而农民则用自己的承包地入股，按股取得报酬。按这个办法，土地经营规模的确可以增大，但我不认为这是增加土地经营规模的最好途径。

股份制是人们为了降低生产经营风险而建立的一种合作方式，并不适合一切生产经营活动。在股份制之下，普通股东要以某种方式参与管理活动，以保障自己的权益；对于上市股份制企业，小股东也会以所谓“用脚投票”的方式对企业经营施加影响。只有那些拥有“优先权”的股东才不参与企业的经营。农民的专业合作社一般来说不必要是股份制企业，虽然它们的建立也是为了降低交易成本，减少经营活动中的各种风险。在所有农业发达国家，农民专业合作社并不是以土地入股而建立的；农民与合作社的联系是以所谓农民的“惠顾”为纽带，就是说合作社是在市场活动中代理农民进行交易活动，而农民则依照自己与合作社的交易量（惠顾额）来获得由合作社创造的属于自己的那部分利益。离开了市场交易，在直接生产环节上，农业生产还是以家庭经营为主。

上面讲的现实中的通则其实不难理解。在农业生产经营的全部过程中，市场风险主要发生在交易的环节上，农民通过建立合作社，可以集中采购生产资料，集中销售农产品，提高农民在市场上的谈判能力，把市场风险尽量化解到最小。没有哪个保险公司可以为市场风险提供担保，所以，组成合作社是农民降低市场风险的基本办法。除了市场活动，农业的直接

生产过程就是农民自己的事情。一户农民就可以耕作大量土地，没有必要通过他们彼此间的“合作”来降低生产经营的风险。其实，不必要的“合作”反倒会增加交易成本，降低生产的效率。

也许有人会问：只要能扩大经营规模，什么办法都可以用，土地入股为什么就不可以用呢？我们可以找到更好的办法，为什么要用这个并不能很好保障农民权益的办法呢？农民之间可以通过土地承包权的租佃关系来实现土地的流转，从而扩大一个农户的经营规模。任何一户农民在有了完全的非农业就业机会后，可以把自己的土地承包权租给种粮农户；农民自己会决定一个合理的租佃价格。比较而言，如果硬要农民搞股份制，建立起农业公司，反倒会增加农民的风险。如果公司发生资不抵债的情形怎么办？是不是要拍卖公司的资产（农民的土地）用以还债？我们不禁要问：放着简单的、风险小的租佃流转方式不用，为什么要搞麻烦的、风险大的“股田制”呢？有的地方实际搞的也是租佃制，但似乎为了听起来有“创新性”，硬要叫个“股份制”，这种做法也实在是有点不大靠谱儿。

中国农村的“人地比例”决定了我们不可能在三天两晌后就搞出像美国那样的“规模经营”来。规模经营的发展要随着城市化进程的实现逐步地去推动，而不要想着法子去驱赶农民离开自己的土地。我特别要说明，在农业领域，连西方国家也十分慎重地对待城市资本“下农村”搞农业雇佣劳动制度；他们把“耕者有其田”看作是建立农村土地制度的重要原则。

五、如何统筹利用城乡住宅建设用地资源？

当前，城乡住房用地资源利用存在下列问题：

第一，农村住房空置率比较高。多方面的调查都表明，全国农户住房的空置率在30%左右。这种情形不仅意味着资源的巨大浪费，也意味着农民实际福利水平遭受损害。

第二，适合建设房屋的土地资源没有得到很好开发利用。我国是一个拥有复杂地貌的国家，一些邻近城市的山区边缘地带即所谓浅山区，不大合适发展粮食生产，如果用来做住宅用地，可以容纳大量人口。但我们大多选择在平原地带造住房，甚至造别墅，占用了大量优质农田。

第三，城市土地利用率很低。在我们这样人多地少的国家，城市建成区的人口密度达到1万人/平方公里既有可能，也有必要，但现在的情况是人口密度有进一步降低的趋势。

解决上面这些问题的办法之一是统筹利用城乡住宅建设用地。可以在浅山区发展别墅式住房，而禁止在平原地区发展低密度住宅区，特别要禁止在平原地带建造别墅式住宅。保守估计，全国面向城市的浅山区建造2000万套别墅式住宅是没有问题的，完全可以满足占全国人口5%的高端收入人群的需要。据了解，北京周边的燕山浅山地带已经有高收入人群建造了住房，或者买了农民的住房经改造以后成了高档住房。

山区的村庄大多土地零散，不是很适合搞粮食生产规模经营，不容易发展专业农户。随着经济发展水平提高，小块土地需要退耕还林还草，其间盖一些低密度的住房并不影响环境。还可以通过对空心村庄的改造发展住宅小区。城市交通发达以后，这些地区的住户到城市上班工作不会受影响。

实现这个想法必须修订现行法律。

但这个工作不要操之过急，需要在认真调查研究的基础上做好规划；规划一旦通过，就应该像遵守法律那样遵守规划。

六、土地流转还是由农民自主决定好

近几年，许多地方的农地流转是由村委会

或基层政府组织的，有的地方收回了农民的承包地，由政府方面成立土地流转中心，将土地大面积转包给了所谓“大户”。当事人的理由一般是所谓规模经营，但背后的理由是“壮大集体经济”，解决集体兴办公共事业的财源问题。我很怀疑这个做法的普遍意义。

一个村庄的行政领导当然要办公共事务，并且要有资金做支撑。即村庄的行政领导应该主要限于办理公共事务，即使要支持经济发展，也只是做好服务工作才对，最好不要直接兴办营利性经济实体。也就是说，村庄的行政领导应该坚守“公共财政”的原则，应该“量出定入”。但现在一些村的行政领导把村土地租金都收到了自己手里，多出来的钱再去给村民分红。长期这样做并不符合公共财政的原则，而公共财政理论是经过考验的，连国家也开始奉行这个理论。

办理村庄公共事务依靠集中控制土地收取租金获得财源这个路径，也值得商榷。国家赋予农民的土地承包权是“免费”的，就是说，租金本来是农民的。另外可以考虑的办法是承包地还是归农民按户免费承包，公共开支直接从农民那里收取。这个办法使农民有了“纳税人”意识，也使干部会更注意自己肩膀上的责任，有利于形成成本低的监督机制。

《决定》对统分结合的双层经营体制作了新的解释：“统一经营要向发展农户联合与合作，形成多元化、多层次、多形式经营服务体系的方向转变。”我理解，今后讲“壮大集体经济”，应该是指大力发展农民的各类合作组织，至于村委会，主要做好自己的公共事务就行了。任何组织最好不要借公共开支的理由把农民的地收回去自己按竞拍的办法搞短期承包。

由农民承包土地并完全自主决定土地流转，完全不妨碍农业规模经营的形成，只是时间可能长一点。这种做法的好处是流转的交易成本不会表现为那种由集体决定并操作流转的行政成本，也不发生农民对集体流转收益（集体的发包收入）使用状况的监督要求，自然也不发生监督成本。所以，这种由农民自主决定流转的方式是一种能够降低社会成本的方式。从一些地方的经验看，这种方式完全能行得通。

我调查发现了一个很有意思的现象。什么地方如果按照传统的思路去“壮大集体经济”，尽管短期内热热闹闹，但时间一长就出问题，就失去活力。即使有做得不错的，那也是少数。相反，什么地方认真去落实中央的土地政策，下决心明晰土地产权，短期内看起来产生公共开支方面的问题，但时间一长就显示出整体经济的繁荣景象。要充分相信，土地承包权越是得到很好落实，农民的合作（包括村庄公共事务中的合作）就越容易。要相信农民有合作意识，不要以为只有村干部使用行政手段才能解决公共财源问题。

（作者：中国社会科学院农村发展研究所研究员）

（选自《学习月刊》2008年第12期上半月）

建立促进城乡经济社会发展一体化制度

——学习贯彻党的十七届三中全会精神

魏礼群

党的十七届三中全会通过的《中共中央关于推进农村改革发展若干重大问题的决定》提出，要建立促进城乡经济社会发展一体化制度，并对此进行了部署。这一重要决策，对于推进改革创新、打破城乡二元结构、加强农村制度建设，对于加快农村发展、促进农民富裕、实现全面建设小康社会奋斗目标，具有重大意义。

一、建立促进城乡经济社会发展一体化制度的重要性和紧迫性

正确处理工农、城乡关系，历来是中国革命和建设的重大问题。党的十一届三中全会以来，我们党全面把握国内外发展大局，不断推进经济体制改革和扩大对外开放，农村经济社会发展取得了举世瞩目的成就。目前，我国改革发展进入关键阶段。面对新形势新任务，加快建立促进城乡经济社会发展一体化制度，既十分重要，又相当紧迫。

建立促进城乡经济社会发展一体化制度，是从根本上消除城乡二元结构的必然要求。30年来，我国改革开放不断深入，中国特色工业化、城镇化、现代化加快推进。但由于历史条件的制约，特别是长期形成的城乡分割二元体制没有根本消除，工农关系不协调、城乡关系失衡的局面尚未根本改变。针对这种情况，党的十六大以来，中央科学把握世界各国现代化发展的一般规律，深刻总结建国以来特别是改革开放后我们党处理工农、城乡关系问题的经验，提出了统筹城乡经济社会发展的重大战略，把解决好“三农”问题作为全党工作的重中之重，作出了我国总体上已到了以工促农、以城带乡发展阶段的重要判断，制定了工业反哺农业、城市支持农村和多予少取放活的基本方针，规划了建设社会主义新农村的总体任务，并出台了一系列强农惠农政策，工农、城乡关系出现了积极的变化。在此基础上，党的十七大进一步提出要形成城乡经济社会发展一体化新格局，明确了构建新型工农、城乡关系的方向和目标。实现这一目标，关键在于建立起科学、合理、有效的制度保障，因为制度才具有根本性、全局性、稳定性和长远性。中央在这次《决定》中强调，要“建立促进城乡经济社会发展一体化制度”。这是落实加快形成经济社会发展一体化新格局要求的重大举措，也是贯彻统筹城乡经济社会发展战略方针的具体部署。只有从体制改革、制度建设上着手，建立统筹城乡发展、构筑支持农业农村发展的保障体系，才能从全局上、根本上突破城乡分割的体制和结构。只有在统筹城乡改革和发展上取得重大突破，才能给农村发展注入新的动力和活力，促进城乡共同发展和协调发展。这个重大举措和部署充分反映了我们党对中国特色社会主义发展规律的深刻认识和把握，充分彰显了我们党对逐步缩小乃至最终消除工农、城乡差别的信心和决心，充分体现了时代进步的要求和全国人民的愿望。

建立促进城乡经济社会发展一体化制度，是深入贯彻落实科学发展观的必然要求。科学发展观，是党中央立足社会主义初级阶段基本国情，总结我国发展实践，适应新的发展要求提出来的，是对党的三代中央领导集体关于发展的重要思想的继承和发展，是我国经济社会发展的重要指导方针，是发展中国特色社会主义必须坚持和贯彻的重大战略思想。当前，农业基础仍然薄弱，最需要加强；农村发展仍然滞后，最需要扶持；农民增收仍然困难，最需要加快。贯彻落实科学发展观，就必须统筹城乡改革，加快农村经济社会发展，促进城乡基本公共服务均等化，形成城乡良性互动、协调发展。坚持以人为本，要求我们着眼于城乡全体居民，让占人口大多数的农民群众平等参与现代化进程、共享发展改革成果，走共同富裕的道路。实现全面协调可持续发展，要求我们着眼于所有城镇乡村，重视把农村的事情办好，进一步解放和发展农村生产力，促进农村繁荣和全面发展。只有广大农民的生活不断得到改善，农民各项权益得到充分尊重和保障，发展才能真正体现以人为本；只有尽快改变农村经济社会发展严重滞后的状况，发展才能真正做到全面协调可持续。因此，建立促进城乡经济社会发展一体化制度，是深入贯彻科学发展观的重大举措。全面推进城乡经济建设、政治建设、文化建设、社会建设，促进现代化建设各个环节、各个方面相协调，是实现科学发展、又好又快发展的内在要求和重大任务。

建立促进城乡经济社会发展一体化制度，是加快构建社会主义和谐社会的必然要求。促进社会和谐，必须在发展的基础上统筹兼顾各方利益关系，正确处理各种社会矛盾，保障社会公平正义。当前，农村安定和谐面临许多压力，存在一些不稳定因素。农村富余劳动力转移压力加大，农民养老等社会保障不健全，农村基层民主政治和政权建设需要加强，一些农民权益受到侵犯。促进城乡经济社会发展一体化，深化农村改革，加快农村发展，改善农村民生，抓住了维护和实现社会公平正义的关键，抓住了解决经济社会发展不平衡和影响社会和谐稳定问题的关键。我们统筹城乡经济社会发展，必须从法律、制度、政策上努力营造社会公平正义的环境，从收入分配、劳动就业、社会保障、公民权利保障、基本公共服务等方面采取措施，着力解决农民最关心、最直接、最现实的利益问题，切实保障农民的经济、政治、文化、社会权益，使广大农民安居乐业、生活富足，使广大农村安定有序、充满活力。只有这样，才能调动各方面的积极性，激发全社会的创造活力，形成全体人民各尽所能、各得其所而又和谐相处的局面。

建立促进城乡经济社会发展一体化制度，是全面建设小康社会的必然要求。党的十六大以来，我国经济社会发展取得了重要进展，经济实力大幅提升，社会建设全面展开，人民生活显著改善，为实现全面建设小康社会的伟大事业奠定了扎实基础。但应看到，城乡发展很不平衡，农业基础薄弱，生产力水平较低，农民增收的难度很大，农村公共事业发展滞后，公共服务水平较低，城乡面貌反差较大。近年来，随着我国工业化、城镇化的快速推进，农村土地、资金、人才等要素的流失也在加快，城乡

二元结构矛盾更加突出。这些矛盾和问题，有的是长期历史发展中积累下来的，有的是在现实发展中形成的，解决起来难度较大。全面建设小康社会，最艰巨最重要的任务在农村；加快推进现代化，必须妥善处理工农、城乡关系。只有统筹城乡改革发展，从制度上构筑经济社会发展一体化新格局，才能不断强化农业基础，加快农村经济发展，保持农民持续增收，促进农村全面进步，也才能确保到2020年实现全面建设小康社会的奋斗目标。

二、建立促进城乡经济社会发展一体化制度的基本要求和主要方面

建立促进城乡经济社会发展一体化制度，是一个复杂的社会系统工程，需要认真研究解决一系列矛盾和问题，既要立足现实，又要着眼长远。至关重要的是，必须大力推进改革创新，打破城乡分治的体制、拆除城乡分割的樊篱，形成城乡平等对待、城乡统筹指导、城乡协调发展的制度环境。基本要求是：加快形成统筹城乡发展的体制机制，特别是尽快在城乡建设规划、产业布局、基础设施建设、公共服务、劳动就业一体化等方面取得突破，促进公共资源在城乡之间均衡配置、生产要素在城乡之间自由流动，促进城乡经济社会发展融合、良性互动。为实现这一基本要求，需要着力在五个环节上实现突破。

统筹土地利用和城乡建设规划。这是实现资源合理配置、促进城乡经济社会发展一体化的重要前提。国家规划是引导经济社会发展和资源配置的重要依据和手段。过去长期受城乡二元结构的制约，重城市发展规划、轻乡村发展规划，而且城乡发展规划相互脱节。这就造成农业、农村与工业化、城镇化的推进基本上是相互隔离的，不仅导致农村发展滞后、城乡差距拉大，而且也使得城市建设无序扩展，降低了土地资源配置效率。因此，必须切实改变城乡分割的行政管理体制，理顺规划体系，统盘考虑和安排城市发展和农村发展，统一制定土地利用总体规划和城乡建设规划。在制定统一的城乡发展规划中，按照自然规律、经济规律和社会发展规律，明确分区功能定位，合理安排城市或县域范围内城镇建设、农田保护、产业聚集、村落分布、生态涵养等空间布局。这样，不仅可以节约集约利用土地等资源，而且可以使城乡发展紧密衔接、相互促进。

统筹城乡产业发展。这是促进城乡经济社会发展一体化的重要环节。要从体制、规划、政策上解决城乡产业分割问题，顺应城乡经济社会发展不断融合的趋势，统筹规划和整体推进城乡产业发展，引导城市资金、技术、人才、管理等生产要素向农村合理流动。按照一二三产业互动、城乡经济相融的原则，促进城乡各产业有机联系、协调发展。要以现代工业物质技术装备改造传统农业，以现代农业的发展促进二、三产业升级，以现代服务业的发展推动产业融合，促进三次产业在城乡科学布局、合理分工、优势互补、联动发展。要积极推进农业专业化生产、集约化经营和区域化布局，引导农村工业向城镇集聚，鼓励乡镇企业转型升级，加快农村服务业发展，引导劳动密集型产业从城市向农村的转移和扩散，着力形成城乡分工合理、区域特色鲜明、生产要素和资源优势得到充分发挥的产业发展格局。

统筹城乡基础设施建设和公共服务。这是改变农村面貌、促进城乡经济社会发展一体化的着力点。我国城乡经济发展差距大，基础设施和公共服务差距更大。目前，农村饮水、电力、道路、通信等公共设施落后，上学、看病和社会保障等问题突出。各级政府要着眼于建立城乡基本公共产品和公共服务统一的制度，统筹城乡基础设施建设和公共服务，创新管理体制和运行机制，加大资源整合力度，着重改变农村基础设施滞后和公共服务不足的状况，逐步实现基本公共服务均等化。要针对目前城乡基础设施差异大、功能布局不合理、设施共享性差等突出问题，切实把城市与农村作为一个有机整体，着眼强化城市与农村设施连接，加大农村基础设施投入力度，特别要增加对农村饮水、电力、道路、通信、垃圾处理设施等方面的建设投入，实现城乡共建、城乡联网、城乡共用。推进城乡环境综合治理。加强农村防灾减灾能力建设。要巩固和发展城乡义务教育制度，健全覆盖城乡的公共卫生体系和基本医疗制度，加快健全覆盖城乡居民的社会保障体系，积极解决好农村教育、卫生、文化、社会保障、住房等关系农民群众切实利益问题，全面提高财政保障农村公共事业的水平，使广大农民学有所教、劳有所得、病有所医、老有所养、住有所居，共享改革发展成果。

统筹城乡劳动就业。这是改善人民生活、促进城乡经济社会发展一体化的重要条件。我国城乡劳动力资源丰富，是促进经济长期持续较快发展的有利条件。同时，就业压力大、就业形势严峻，将是我国今后较长时期面临的一个重大课题。因此，必须把扩大城乡就业放在经济社会发展的突出位置。要坚持实施积极的就业政策，坚持劳动者自主择业、市场调节就业、政府促进就业的方针，多渠道扩大城乡就业。特别是要通过深化改革，加快建立城乡统一的人力资源市场，将农民就业纳入整个社会就业体系，形成城乡劳动者平等就业制度，引导农民有序流动就业，鼓励农民就地就近转移就业，支持农民工返乡创业。要健全覆盖城乡的就业服务体系，完善人力资源市场信息发布制度，强化就业服务机构为劳动者提供免费就业服务的责任，同时要做好农村劳动力就业培训，增强其外出适应能力、就业能力和创业能力。要加强农民工权益保护，进一步完善和规范劳动力市场的服务与管理，逐步实现农民工劳动报酬、子女就学、公共卫生、住房租购等与城镇居民享有同等待遇。要建立健全农民工社会保障制度，扩大农民工工伤、医疗、养老保险覆盖面，抓紧制定农民工养老保险关系转移接续办法，同逐步实现城乡各项社会保障制度的相互衔接。

统筹城乡社会服务和管理。这是保持社会和谐稳定、促进城乡经济社会发展一体化的重要基础。随着改革开放不断深入和社会主义市场经济不断发展，我国的经济体制、社会结构、利益格局等发生深刻变化，城乡融合趋势加快、人口流动加速。这种空前的社会变革，既给我国经济社会发展带来巨大活力，也增加了社会服务和管理的难度和复杂性。要适应城乡经济社会发展一体化的需要，大力推进社会服务和管理创新，改变城乡分割、条块分割的管理方式，着力转变职能、理顺关系、优化结构、提高效能，逐步形成城乡社会服务和管理一体化的体制，形成城市工作与农村工作对接、良性互动的新格局。积极稳妥推进户籍制度改革，在统筹考虑农民工权益、城镇化进程和城市承载能力等多方面因素的基础上，放宽中小城市落户条件，使在城镇稳定就业和居住的农民有序转变为城镇居民。同时，要推进流动人口服务和管理法制化、规范化、信息化建设，将流动人口纳入整个社会服务和管理体系，为他们创造良好的工作与生活环境。

这五个方面的统筹，既是促进城乡经济社会发展的重要任务和抓手，又是重要举措和制度建设。在实际工作中，最根本和最重要的是，必须切实转变思想观念和传统做法，注重推进体制机制创新，从各方面建立健全统筹城乡发展一体化的制度。

三、促进城乡经济社会发展一体化制度需要把握好的几个问题

促进城乡经济社会发展一体化，目的在于

适应工业化、城镇化、现代化发展的新形势，构建平等、和谐的工农、城乡关系，加快农村发展，逐步缩小城乡差距，发展中国特色社会主义事业。因此，必须把加强“三农”工作作为统筹城乡发展的基本着眼点和立足点，坚持合理调整国民收入分配格局，坚持工业反哺农业、城市支持农村和多予少取放活方针，加快建立健全以工促农、以城带乡长效机制，推动农村经济社会又好又快发展。

一要建立覆盖城乡的公共财政制度。完善公共财政制度，加强公共产品和服务体系建设，这是促进城乡经济社会协调发展的关键性、制度性建设。特别要尽快形成有利于加强“三农”的国民收入分配格局，巩固和完善强农惠农政策，健全农业投入保障制度。要调整财政支出、固定资产投资、信贷投放结构，保证各级财政对农业投入增长幅度高于经常性收入增长幅度，切实把国家基础设施和社会事业发展的重点转向农村，不断缩小城乡公共服务差距。要大幅度增加国家对农村基础设施建设和社会事业发展的投入，大幅度提高政府土地出让收益、耕地占用税新增收入用于农业的比例，大幅度增加对中西部地区农村公益性建设项目的投入。并且要积极利用财政贴息、补助等手段，引导社会资金投向农村。要通过深化农村金融改革，加大对农村金融政策支持力度，引导更多信贷资金投向农村。同时，要采取有力的政策措施，加快形成以工业支持农业、城市支持农村的良好机制。这样，才能不断增加农业发展的物质技术基础，不断增强农村的实力和后劲。

二要发展壮大县域经济。县域涵盖城镇与乡村、兼有农业与非农产业，既是功能相对完备的国民经济基本单元，又是统筹城乡发展的重要载体。要充分发挥县(市)在城乡发展一体化中的重要作用，统筹配置县域范围内各种生产要素，有效集成各项支农惠农政策，着力建设现代农业，壮大二三产业。要着眼于发挥县域的资源优势和比较优势，明确县域主体功能定位和生产力布局，科学规划产业发展方向，积极培育特色支柱产业。引导城市企业与县域企业加强合作，支持劳动密集型、资源加工型产业向县域集聚，鼓励农产品加工业特别是精深加工业向主产区集中。鼓励有条件的县（市）自主或联合建立技术研发机构和公共技术服务平台。要扩大县域发展自主权，增加对县的一般性财政转移支付，加强对县域发展的支持，从根本上说，要深化财税体制改革，做到财权与事权相匹配，增强县域经济活力和实力。完善地方行政管理体制，扩大省直管县财政体制改革试点，优先将农业大县纳入试点；有条件的地方可依法探索省直管县（市）的体制。这方面改革探索，要根据各省经济社会发展和行政区划的实际状况，综合考虑各种因素，因地制宜作出决策。搞好这方面改革，有利于发挥县（市）级政府积极性和促进县域经济发展，也有利于深化行政管理体制改革，减少行政层次，提高行政效率，促进城乡发展一体化。

三要构建城镇化和新农村建设互促共进机制。城镇化与新农村建设“双轮驱动”，是中国特色现代化建设道路的重要特点，必须从战略上协调好二者的关系。城镇化是现代化的必然趋势，必须坚定不移地推进。要坚持走中国特色城镇化道路，促进大中小城市和小城镇协调发展。充分发挥大中城市对农村的辐射带动作用，促进城市资金、技术、人才、管理等生产要素向农村流动，推进城市教育、医疗、文化等公共服务向农村延伸，现代文明向农村传播。大力发展小城镇，依法赋予经济社会发展快、人口吸纳能力强的小城镇适当的行政管理权限，把小城镇建设成为人口、产业、市场、文化、信息适度集中的经济社会发展平台，发挥其承接城市、带动乡村的桥梁纽带作用。同时，必须深刻认识到，我国人口规模巨大，即使将来城镇化达到较高水平，仍然会有大量人口继续在农村生活。世界上有不少国家在推进工业化、城市化过程中，由于忽视农业和农村发展而导致农业衰退、农村凋敝，城市特别是大城市人口过度膨胀，付出了沉重的代价。这个教训必须汲取。因此，我们在推进城镇化的同时，一定要把农村建设好，创造良好的人居环境。要坚持把发展现代农业、繁荣农村经济作为社会主义新农村建设的首要任务，加强农村基础设施和公共服务体系建设，健全农村市场和农业服务体系，注重保持乡村特色、民族特点、地域特征，保护秀美的田园风光和优秀的乡土文化，努力把现代文明引向农村，逐步实现农村现代化。

四要积极稳步促进城乡经济社会发展一体化。形成城乡经济社会发展一体化新格局，是发展中国特色社会主义的重大任务，各地要积极推进。但也要看到，我国地域辽阔，各地自然条件、资源禀赋和经济社会发展水平差异很大，存在的矛盾和问题各不相同。促进城乡经济社会发展一体化，必然是起点有差距、进程有快慢、水平有高低、重点有不同，不可能有统一的模式。同时还要看到，我国城乡差距的缩小需要有一个过程，不可能一蹴而就。必须坚持科学规划，因地制宜，分类指导，有步骤、有重点地加以推进。最重要的是，要牢牢把握我国社会主义初级阶段的基本国情和当前我国发展的阶段性特征，适应我国农村经济社会发展新形势，顺应亿万农民过上美好生活的新期待，在统筹城乡发展上迈出更大步伐，努力开创农村改革发展新局面，奋力夺取全面建设小康社会的新胜利。

（作者：国家行政学院党委书记、常务副院长）

（选自《求是》2008年第20期）

以激励机制创新促进自主创新

刘世锦　张文魁

中央经济工作会议指出，必须坚持创新驱动，为转变发展方式、推动产业结构优化升级提供有力和持久的技术支撑，同时强调提高自主创新能力，完善鼓励技术创新和科技成果转化的政策体系。创新活动是由创新的供给方和需求方共同作用而形成的。从供求的角度，可以把创新政策分为两类：创新的供给促进政策和创新的需求激励政策。前者通过对创新的供给方（企业和科研院所、高校等）的激励来促进创新；后者通过对创新的需求方(创新产品的购买者）的激励来促进创新。创新激励机制，完善创新政策体系，是增强自主创新能力、转变经济发展方式的基础环节。长期以来，我国的创新政策偏重供给促进而忽视需求激励，这已难以适应目前形势发展的需要。建立以创新需求激励为重心的创新政策体系，已成为一项紧迫任务。

对创新的需求激励更符合市场经济的内在要求

过去，创新的供给促进政策大大推动了我国的技术进步，但它的局限性也十分明显。突出的问题是研发费用的支出与创新项目是否成功、是否符合市场需求之间缺少直接、稳定的联系。许多科研工作往往具有强烈的鉴定和评奖导向，而不是市场和效益导向，导致研发与市场“两张皮”，浪费了大量的创新资源。许多研发成果获奖一大堆、专利也不少，却未能实现产业化、市场化。另一个问题是不能对企业创新产品的市场推广提供有效支持。以技术研发为基础的创新产品在投放市场之初，由于生产规模小、研发费用分摊大以及生产工艺不够成熟、社会化的生产配套体系尚未形成等原因，生产成本和销售价格往往较高，需求容易受到抑制。同时，创新产品的性能和优点可能还不为外界所熟悉，导致潜在消费者的使用意愿较低。不少企业认为，其创新产品在市场导入期所面临的困难要大于研发阶段。

实行创新的需求激励政策可以有效地解决上述问题，因为它更符合市场经济的内在要求。一方面，市场经济是需求导向经济，通过需求信号引导供给方的创新和生产活动，促进资源的优化配置和有效使用，可以避免创新资源的浪费。实行创新的需求激励政策，主要是政府通过税收和价格优惠、直接补贴等措施鼓励用户购买创新产品，以政府采购的方式直接购买创新产品，或者通过强制性标准和倾向性措施引导公众使用创新产品。这些政策措施也可以看成是对创新产品的补贴，但这种补贴是有前提条件的，即企业的创新成果要表现为产品，而且是因具有技术优势而具有显著竞争力的产品。另一方面，政府的需求激励政策能在创新产品的市场导入期帮助企业开拓市场，带动企业扩大生产规模，产生规模经济效应，有效降低成本，从而使企业进入可持续发展轨道。概括而言，实行创新的需求激励政策，可以有效提升对创新产品的需求，有利于消除创新供给方对于市场需求的不确定感，减少其财务压力，从而刺激创新活动。

创新需求激励政策在节能环保等方面发挥作用的空间巨大

发达国家的创新政策体系也曾以供给促进政策为主，但近十几年来越来越重视创新的需求激励政策。特别是随着人类社会对资源和环境问题的日益关注，随着可持续发展理念深入人心，创新的需求激励政策在提升全社会对资源节约和环境保护类创新产品的需求方面发挥了重要作用，并显著地带动了相关领域的创新活动。

面向创新产品的税收、价格和补贴政策。首先，在税收政策方面，政府通过对创新产品实施税收优惠来降低用户的购置成本，鼓励消费者购买创新产品。比如，美国对购买混合动力汽车的消费者减免最高可达3400美元的所得税；其次，通过区别定价，提高创新产品使用的经济性。许多国家都实行累进制水价，促进节水设备的应用；对可再生能源以高于普通能源的保护价进行收购。德国、日本等国的家庭可将自己节余的太阳能电量出售给电力公司或政府。第三，通过直接补贴家庭和消费者，提高对创新产品的需求。英国、日本等国对采用节能设备的家庭提供补贴；德国对私人安装太阳能装置提供低息或无息贷款。

创新导向的政府采购。有关国际研究表明，在许多领域，政府采购比研发补贴更能促进创新。从20世纪90年代开始，许多国家通过采购创新产品来推动企业创新，这些政策被称为创新导向的采购。节能、环保和资源综合利用是政府采购创新产品的重点领域。政府采购创新产品，不仅为新技术提供了先导市场，激励企业加大研发投入，而且由于以“全生命周期成本”为定价依据，从长期看还可降低政府支出，为提升公共服务的质量和效率创造机会。创新导向的政府采购政策大都集中于战略性技术领域。比如，美国政府技术采购的很大比例在国防和航天领域；欧盟国家的重点领域包括电子、医疗、医药、物流、环境、能源和安全等。

促使企业创新的标准设定。标准是影响技术需求和供给的重要因素。发达国家在能源、环保、健康、保护消费者等方面设立越来越高的标准，促使企业不断采用新技术。这主要表现在：技术标准越来越细，欧盟制定的针对进入欧盟市场产品的技术指标、规定已超过10多万个；覆盖范围越来越广，2004年欧盟“电子垃圾处理法”的出台意味着其环保标准规范已经由企业的生产环节、销售环节延伸到了售后环节，即产品的全生命周期。

引导创新型消费文化的倾向性措施。倾向性措施主要是指政府引导消费的行为，包括限制性规定、宣传号召、行为示范等，通过向社会发出崇尚创新的信号对建设创新型消费文化起到导向作用。

建立以需求激励为重心的创新政策体系需要解决的几个问题

近些年来，我国已开始引入和实施创新的需求激励政策。国务院颁布的《实施〈国家中长期科学和技术发展规划纲要(2006—2020)〉的若干配套政策》明确规定，要建立财政性资金采购自主创新产品制度。有关部门也提出对相关创新产品实行一定的税收优惠。但总体上看，我国的创新需求激励政策尚处在起步阶段，

与发达国家差距明显，与现实的创新实践需求差距明显。同时，由于重供给、轻需求的观念由来已久，已有的创新需求激励政策还没有得到很好的落实。因此，建立以需求激励为重心的创新政策体系是一项艰巨任务。当前，需要切实解决好以下几个问题。

提高对创新需求激励重要性的认识。要从在社会主义市场经济条件下加快创新、应对科技全球化背景下日益加剧的国际创新竞争和促进我国经济发展方式转变的高度，深刻理解实施创新需求激励政策的重大意义，按照以需求激励为重心的要求，调整和完善创新政策的目标、重点和实施机制。当然，强调创新的需求激励政策，并不意味着供给促进政策可有可无。供给促进政策仍然可以对创新起到积极作用，在某些特定领域的作用还不可或缺，但其设计和实施也要适应创新主体与创新环境的变化，在符合战略目标要求的条件下重视市场和效益导向，并与创新的需求导向政策有机结合起来。

加强对与创新需求激励有关的政策工具的研究和设计。应从我国实际出发，借鉴有关国际经验，注重政策的前瞻性、连续性和可操作性，避免好的政策因缺少可操作手段而难以落到实处。税收优惠、区别性价格和用户直接补贴等要能直接启动对创新产品的市场需求，并鼓励创新产品生产企业之间的必要竞争。政府采购要适度扩大创新产品特别是体现国家技术进步战略目标的产品的比例。政府的标准设定要对产品性能规格和功能水平提出明确要求，而不是指定具体技术方案。政府制定的倾向性措施要有助于营造“以创新为荣”的社会氛围，使创新成为一种“时尚”。同时，高度重视保护知识产权。

把国家中长期科技发展规划纲要所确定的重大专项和资源节约、环境保护类创新产品作为今后一个时期实施创新需求激励政策的突破口和重点。我国中长期科技发展规划纲要确定了核心电子器件、新一代宽带无线移动通信、大型飞机等重大专项。历史经验表明，仅仅组织企业和科研单位进行项目攻关，并不能保证攻关成果顺利转化为规模化生产的产品，也不能保证这些产品真正符合市场需求。应制定与这些重大专项相适应的需求激励政策，促进成果转化。这些项目的商业化成功，不仅可以带动相关领域的技术突破，而且可以对其他领域起到重要的示范作用。我国已把建设资源节约型、环境友好型社会作为一项重大战略，资源节约、环境保护类创新产品有着巨大的现实和潜在需求。在这些领域率先实施需求激励政策，可以使技术创新与发展方式转变更好地结合起来，同时也有较多的国际经验可以借鉴。

引导企业和科研机构随政府创新政策的调整而相应转变创新行为。更加重视需求激励，不仅涉及政府的创新政策，而且体现了全社会创新机制和发展方式转变的内在要求。在政府调整政策的同时，企业和科研机构调整创新行为势在必行。企业和科研机构要改变以往一定程度上存在的向政府争资金、争项目，满足于通过鉴定、评上奖项而不注重研发成果向市场转化的观念和做法。要争取政府需求激励政策的支持，就必须加快完善创新产品的研发、生产和销售流程，使研发成果能够形成满足市场需求、具有较强竞争力的产品。

（选自《人民日报》2008年2月4日）

提高自主创新能力
关键是加快体制机制创新

尚　勇

党的十七大把提高自主创新能力作为国家发展战略的核心和增强综合国力的关键，摆在了国家战略极其重要的地位，要求贯穿到现代化建设的各个方面。2006年发布的《国家中长期科技发展规划纲要》，明确了2020年前我国科技创新的总体战略和目标、重点任务和政策措施。战略确立之后，关键是如何实践。在社会主义市场经济和经济全球化的条件下，自主创新战略能否全面落实，建设创新型国家的目标能否实现，主要不取决于政府科技投入和科技项目，而关键取决于真正建立激励、促进创新的体制机制和政策环境。

一、为什么说体制机制创新是关键？

创新一词，美籍经济学家熊彼特第一次引入此概念并给出了狭义的定义。今天其内涵和外延大大拓展，广义而言，创新是将新思想（创意、发明等）通过路径或系统变革，实现其经济和社会价值的活动。仅科技创新而言，在时间坐标上，包括从研究、开发、中间试验、工业试验、生产、进入市场和服务的全过程；在空间范围上，覆盖大学、科研机构、企业、中介服务机构、金融机构、政府部门等多个方面，除跨科技经济两大领域之外，还涉及教育、军事、法律、文化、行政管理等领域，是各个要素相互关联、相互影响的复杂系统。

自主创新包括四个主要要素：创新资源(人才、机构、条件设施、投入等)、创新战略(思路、规划等)、创新体制机制(包括经济、科技、教育、政府等)、创新环境(社会、资本、法律、政策、文化等)。

我国在创新资源方面具有一定的实力与优势，蕴藏着巨大潜力。科技人员总量达3800万人，在校大学生2000多万人，数量居世界第一；R&D（研究开发）人员160多万人，居美国之后位世界第二。经过50多年的努力，已经形成涵盖当今世界各个学科、较为完整的科研体系，科研设备通过近20多年的更新建设，多数接近世界先进水平。

2007年中国科技研发投入达到历史最高的3664亿元，占国内生产总值的1.49%。尽管这一数字显示出中国政府和企业在推动自主创新方面的努力，但迅速攀升的投入难以掩盖中国科技自主创新能力仍然不足的现实。从2004年的1.23%，到2005年的1.34%，2006年的1.41%，再到2007年的1.49%，中国科技研发经费保持了较快增长速度，但因基数过低，研发投入占

GDP的比重仍然偏低，与发达国家2.5%以上相比还有较大差距，但国家有增加科技投入的强大财力支撑，这已不是影响自主创新能力的主要矛盾。

近年来，我国自主创新能力不断提高，表现出良好的发展趋势，居于发展中国家前列。从科技成果数量看，这些年增长较快，国际论文发表数量(SCI)在美国之后，与英、德、日等国并列第二方阵，发明专利申请量跃居世界第4位。但与发达国家和新兴工业化国家和地区相比还有较大差距，自主创新能力仍是中国科技发展乃至经济发展的“软肋”。

尽管研发投入和创新成果快速增加，但中国自主的核心技术仍然缺乏。商务部提供的统计数据表明，截止到2006年，中国高科技领域中的发明专利，绝大多数来自国外，其中无线电传输、移动通讯、半导体、西药、计算机领域，来自外国企业和外资企业的发明专利，分别占93%、91%、85%、69%、60%。

创新资源和创新能力的反差，成果数量和质量的反差，巨大需求与供给不足的反差，表明我国丰富创新资源的能量尚未充分释放出来，创新的效率不高，突出反射出创新体制和环境的诸多弊端。在体制机制和环境方面与创新型国家的差距甚至大于科技水平的差距，这是制约我国自主创新能力提升的主要问题。

第一，作为技术创新主体的企业多数创新能力薄弱、动力不足。

目前中国国内拥有自主知识产权核心技术的企业为万分之三，99%的企业没有发明专利；很多企业处在有“制造”无“创造”、有“产权”无“知识”的状态，一些企业甚至靠仿造和假冒生存。与此形成鲜明对照的是，目前国外公司和机构却在中国“跑马圈地”，他们申请了很多技术含量高、具有前瞻性的专利。

在研发投入总量中，我国企业在研发方面的投入已占70%以上份额，比例已经接近发达国家的水平，说明以我国企业作为研发主体的地位在不断加强。但具体分析，我国企业创新能力与国外企业相比差距仍然很大。国家统计局2007年的一份报告显示，2006年我国大多数企业投入的研发资金用于新产品开发的只有24%，用于基础研究的费用不到10%。而且，对于新产品的研发也更注重于短期项目，而对长期性的、有市场前瞻性的基础研究则很不够。另外，相当多的企业用于技术引进的经费支出远大于用于消化吸收费用支出，平均比例达到6.5∶1，而二战后日本的这一数据是1∶7。

科技部发布的《2006全国科技进步统计监测报告》表明，国有企业仍然存在创新能力建设缓慢、投入强度不足、开发能力弱的问题。报告强调，“加快自主创新能力已成为国有企业进一步发展面临的十分紧迫的任务。”

第二，支持创新的投融资体制欠发达。

创新的一大特点就是高风险，对创新资金的依赖性很强。我国的投融资体制存在诸多问题：第一，创新资金和创新行为错位的现象突出。由于过去财政一般实行的是对科研机构和科研人员的一般支持，而不是对项目的重点支持，缺少对科研经费使用的过程监控，使得政府大量科研经费没有发挥出应有的作用。第二，资金来源渠道单一。一般科研资金尚依赖数量有限的财政支持，银行对创新项目如何评估缺少必要准备，创新信贷远远不能满足企业创新资金的需求。由于市场期盼已久的《风险投资基金法》至今尚未出台，风险投资公司和风险投资基金发展缓慢，社会创新资金的筹集远不能满足市场的需求。第三，中小企业极难得到创新资金。根据国际经验，中小企业是最有创新动力，创新最活跃的部门。而我国的广大中小企业，尤其是民营企业一直得不到应有的重视，无论是财政支持、创新信贷，还是社会融资都是非常困难的，这些大大限制了它们创新能力的发挥。我国大多数小企业资金不足，为了生存、成长壮大，还必须搞自主创新、发展自主品牌，除了为数“可怜”的自有资金，大部分资金不得不靠民间高息贷款获得。

第三，产学研结合机制不紧密。

理想的创新体系应该是企业、高等院校和研究机构——产学研三位一体，而不是彼此孤立，各自为战。2005年9月28日，世界经济论坛公布《2005-2006年全球竞争力报告》，在对全球117个国家和地区进行的年度竞争力排名中，作为一个只有520万人口的小国芬兰，连续第三年名列第一。对芬兰的创新能力迅速提升的经验进行总结时，发现其中最突出的经验是：芬兰的产学研是紧密结合的三位一体。我国科研机构和高等院校科技经费主要来源于政府资金，得到企业资金支持的较少。企业对目前“产学研”结合中企业处于从属地位的状况很不满意。企业认为国家的经费偏重于支持高校，而高校搞出来的成果往往市场性不强，成果转化困难。大学、科研机构往往只注重技术指标的先进性，忽视了市场需求。这些原因造成我国产学研组织松散，缺乏有效的结合。一方面，企业之间、高校之间、研究机构之间缺少合作；另一方面，企业与高校、企业与研究机构、高校与研究机构之间缺少合作，有的只是恶意的竞争：互相抢政府科研资金、抢课题、抢项目，造成严重的创新要素部门所有、创新资源分割、创新活动封闭、创新扩散薄弱等系列问题。

第四，科研和人才管理体制在一定程度上束缚着创新能量释放。

缺乏创新能力的人才算不上高层次人才，而创新的火花只有在流动和碰撞中才能发生。长期以来，我国绝大多数人才都集中在国有企事业单位，人事制度相对落后，按干部身份进行简单管理，人才难以发挥作用，同时又存在户口、档案、住房、社会保障等体制性因素，给人才流动设下了重重障碍，使本应社会化的人才变成了某个单位的人才。有些人才明明本单位用不上，或在本单位发挥不了作用，还总是千方百计阻拦其流出，宁肯让其在本单位“烂掉”，也不肯放人。流动不畅，人才就会发生固化，而一旦固化，很容易使人才安于现状，缺少创新的火花。

从事国家重点科研、特别是基础研究和前沿技术研究的科技力量主要集中在大学、研究机构。目前的科研和人才管理体制还存在封闭、刚性过强等诸多问题。在课题申请、科技评价等方面的科研工作导向还存在制约创新的弊端，科技人才创新激情和能动性的激励机制尚不完善，人尽其才、优秀人才脱颖而出的环境尚待优化，浮躁、急功近利、弄虚作假等不良学术风气亟需净化，仍缺乏良好的创新文化环境和社会环境。这制约了科技人才创新能力的充分发挥。

第五，政府宏观管理分散造成整体创新效率不高。

政府虽不是创新的主角，但政府与企业的伙伴关系、政府的资源配置和政策导向、有效的协调等，是影响创新系统效率的关键。我国的科技宏观管理职能实际上分散在多个部门，政出多门，没有一个权威部门能真正统筹起来。总量不足的政府科技投入由若干部门多渠道配置；科研仪器装备和资料重复购置，单位所有难以共享，使用效率低；科技力量分散，中科院、高校、企业、国防和民用科研机构、地方科研机构等各路大军协作集成不够，研究开发工作往往小而全，各自为战，分散重复。在微观活力不足、系统联系不畅的情况下，创新力量的分散，资源配置的分散，工作的低水平重复，宏观统筹协调不力，导致国家创新系统效能失灵，整体创新效率不高。

第六，创新生态环境尚未真正形成。

结构优化、关联互动的创新体系，加之有效的法律政策环境、市场和竞争环境，金融环境、教育和文化环境及其其他社会环境，构成了创新生态系统，是创新的良好气候和适宜土壤。创新作为创造性的社会活动，社会生态环境起着决定性作用。创新生态系统形成，可使创新激情和活力竞相迸发，资源激活并优化配置，创新要素间互动、优势集成，创新效率效益提高，创新成果高产并迅速转化成现实生产力和竞争力，真正起到“无心插柳柳成荫”的效果。创新生态环境的基础是较成熟和完善的市场环境。创新国家最显著的特征，是建立和形成了较为完善的创新生态环境。我国的创新生态环境还处于形成的初级阶段，许多功能不全或缺失，如激励创新政策体系特别是相关经济政策不健全，政策执行不力；法律和执法环境有待进一步完善；风险投资、资本市场发育不全；创新文化亟需发展等。

总之，基于社会主义市场经济体制和创新规律、结合我国的现实国情分析，我国丰富的创新资源和良好基础是自主创新的宝贵优势，党和国家把自主创新放在发展全局的如此重要战略位置，并制定了完整的发展战略规划和政策，是自主创新的有力保证，我国具有集中力量办大事的制度优势可以实现后来居上、跨越发展。实现提高自主创新能力、建设创新型国家的目标，关键是突破体制束缚，加快体制机制改革创新和创新环境营造，真正把科技人才的创新激情、智慧和能动性充分激发和释放出来，使科技要素与其它经济要素有机结合并良性互动，使研究开发、产业化、市场化等创新链各个环节顺畅连接，提高创新系统的整体效率，迅速转化为现实生产力和竞争力。

二、体制机制创新的几个重点问题

建立符合市场经济和创新规律的中国特色国家创新体系，是制度创新的目标。这涉及科技、经济、教育、行政管理等各方面体制改革的深化，是一个复杂的系统工程和长期的过程。体制创新，在微观上要搞活，使科技人才创新激情和才智充分发挥，创新思想相互碰撞迸发；中观上，加强创新系统中各主体的联系互动、产学研有机结合，创新要素顺畅流动；宏观上，政府转变职能，搞好创新导向，营造良好环境，统筹协调，提高国家创新效率。分析我国的现状和需求，应抓住重点率先突破。

(一)围绕提升技术创新能力深化企业制度改革

使企业真正成为技术创新主体、提高企业创新能力，是提高自主创新能力的关键。市场竞争是技术创新的导向和动力。企业要成为技术创新主体，前提是要成为名副其实的市场主体，真正实现政企分开，参与公平竞争。坚持市场化为导向、提高创新能力为中心的企业制度改革，是把围绕传统经营机制的企业制度建设上升到更高层次。要求企业真正把创新能力作为其核心竞争力，把创新活动作为其经营活动的核心，把建立健全研究开发体系作为现代企业制度的重点，形成经营、创新、生产、服务有机联系的创新链。从制度上真正使企业成为研究开发的主体，凝聚人才的主体，创造知识产权的主体，科技投入的主体，管理创新的主体。从机制上，促使企业不断开发新产品、新工艺，采用新的生产组织方式，实施新的市场战略，推行新管理方式和企业文化。国有大中型企业特别是中央企业，应把以制度创新提升技术创新能力作为工作重点，把创新能力建设和创新绩效提高，列为企业经营业绩考核的重点内容，转变企业重引进、轻自主创新的急功近利的观念，大幅增加研究开发投入，把创新人才作为企业第一资源。

创新资源特别是人才总是向创新环境优越

的地方流动、聚集。因此使创新资源向企业聚集，主体在企业，关键在于企业制度建设和创新环境的优化。针对我国多数企业研究开发力量薄弱的现状，应从政策上鼓励企业大量吸纳培养科技人才，特别要不惜代价引进创新领军人才。建立创新管理制度和激励机制，吸引并留住人才，激发科技人才的创新激情；另外，鼓励企业利用大学、科研机构优势资源研究开发所需技术，建立有效的产学研结合机制，促进创新要素的合理流动和有机结合。

（二）围绕提高重点产业创新能力组建创新联盟

建立企业创新体系，应当重视我国的产业特点，一是产业集中度较低，多数行业企业规模小而散，缺乏核心大企业集团，不像一些发达国家那样一两家核心企业的创新能力强大了，就能带动整个产业的技术水平和核心竞争力的提升；二是大部分创新优势资源集中在独立科研院所和大学，而企业研究开发力量较薄弱且分散，这一状况短期难以改变。

行业创新联盟是官产学研结合的有效载体，也是多数创新型国家高效运作的成功模式，目前发达国家创新联盟近万家。我国钢铁、装备制造、集成电路、基础软件、通信、医药、化工、汽车、家电、纺织、建材、新能源等大多数行业缺少产业核心技术和一些先进共性技术，单个企业开发能力不足，多数企业低水平重复。单靠某个企业创新能力增强，难以与跨国公司抗衡，难以带动我国行业整体竞争力的提高。行业创新联盟，就是通过有效机制，把相关骨干企业结合起来，并引导有关科研机构、大学加入进来，围绕行业竞争的重大技术需求集成优势资源协同创新，形成资源共享的行业创新平台，加快形成行业整体创新能力。同时，通过创新联盟这一机制，带动各企业自身创新能力的提高。

行业创新联盟形成应遵循以下原则：一是以市场为导向，以攻克、获取成员企业所需的核心和关键技术(多是竞争前技术)为目的；二是以利益机制为主要纽带，自愿或有引导的自愿组合而非“拉郎配”，按照规则共同投入资源协作创新；三是共同制定决策、运行规则和知识产权及其它利益分享机制；四是处理好共需技术创新和每个联盟成员特色创新的关系，形成合作竞争的关系；五是中央和地方政府科技计划的实施要向创新联盟倾斜，甚至把行业创新联盟作为承担竞争前产业技术创新的主体，将创新的优惠政策向其倾斜，引导政府科研机构和大学相关优势科技力量和其他资源向创新联盟集聚，使政府少量财政投入能引导更多企业和社会增加投入而取得更高创新效益。六是通过中介服务体系建设，促进技术扩散，带动行业内广大中小企业的技术进步。

围绕组织国家重大科技专项的实施，要形成一批产学研结合的创新联盟，带动重点产业和技术领域创新能力的显著提升。

实施可从试点着手逐步向面上扩展，从某区域着手逐步向全国扩展，从围绕国家重大创新项目实施逐步向企业技术需求为主扩展。通过创新联盟，促进企业自主创新机制完善和创新能力提升，带动整体产业创新水平和竞争力提升。

（三）面向中小创新企业加快创业环境培育

当今最富创新活力和竞争力的是大批活跃在技术领域的新兴企业。这些企业因创新而诞生，以创新为生命力和发展动力源泉，靠创新赢得国际竞争和高速扩张优势，甚至成为某领域霸主。这类企业的创立，大多是由科技人才或其他创新人才创办，或从大学、科研机构和企业里分离出来（溢出），在良好的创新生态环境下，进入市场并与风险投资和资本市场及其他要素结合，出现爆炸性成长，成为领导创新潮流的骨

干企业。当今世界著名跨国公司，如惠普、英特尔、微软、戴尔、雅虎、GOOGLE都是其典型代表。我国最具创新实力和活力的企业如联想、华为、新浪、尚德等也是按此创业模式快速成长起来的大型企业。提高我国高技术产业的竞争力，必须通过创新，使更多创新企业竞相创立并成长壮大，形成宏大的创新企业的生力军。

大学、科研院所是创新型企业的孵化器，通过进一步体制“松绑”，强化其“溢出”效能。要强化科技成果产业化、创新带动创业的政策导向，按照国家政策，使项目承担者从科技成果转化的收益中获得更高报酬，运用利益驱动机制加快创业。要采用更加柔性、灵活的人事管理制度，鼓励科技人员通过辞职、短期离职、业余兼职等形式从事产业化或创业。

改善和加强创新企业“孵化器”和“苗圃”功能，健全创业的社会化服务体系。国家高新技术开发区、各类创业中心、科技园等，应完善其社会化创新创业平台的功能，提供配套的高效服务，吸引更多的人才带着成果和智慧创办企业，使更多创新企业集聚，健康成长。

加快发展支持创办创新企业的金融体系。推动风险投资事业大发展，积极引入一批高水平的国际风险投资企业，引进培养大批从事风险投资管理、评估等专业的人才。发挥好政府创新基金的“种子”资金作用，研究其与社会风险投资配合的机制。尽快开启创业板股票交易市场，拓展技术产权和创新企业产权柜台交易的范围，规范其运行。

（四）围绕提高原始创新能力改革科研管理制度

原始创新是技术创新的源泉，是占据国际高端市场的战略制高点。原始创新能力是国家整体创新能力的核心。包括基础研究和前沿技术研究的原始创新，需要国家目标导向和兴趣驱动的双重动力，要求更宽松的创新环境和相对长期稳定的投入机制，使得科学家们能够节戒浮躁，专心、潜心从事研究。

提高原始创新能力，必须深化科技体制改革，优化科研结构布局，同时，改革国家财政支持方式。依据世界科技发展的特点和趋势，改革目前大学、政府科研机构原始创新力量分散、小而全、工作低水平重复的状况，经过科学评估，优化组合现有力量，在国家战略需求、国际前沿、综合交叉学科、战略高技术和前沿技术领域，以国家实验室、国家科研中心的形式，或基地加网络式的科研组织，形成一批精干的高水平的国家级科研基地。改革政府科技拨款制度，由目前对科研机构以竞争课题为主的资助方式，改为以预算拨款为主、竞争课题为辅的支持方式。政府根据对运行绩效的科学评估，保持对国家科研基地的稳定财政支持。从机制上解决科学家花费较多精力申请政府项目并易引发急功近利的问题，使他们集中精力专注于科研创新。

深化科研机构管理改革，建立现代研究院所制度，从制度上保证科技人才创新激情和才能的充分发挥。政府管理以规划指导和政策调控为主，减少行政干预，赋予国家科研基地更多科研自主权，包括选题、立项、内部资金分配和其他资源配置的自主权。赋予更多管理自主权，实行负责人和科研人员聘任制，实行科研骨干与流动人员结合的人才管理制度，形成以科研带头人为中心的内部组织结构。实现国家科技计划、基地和人才的有机结合，真正形成既使个人创新激情迸发、又能发挥团队优势、高效的创新管理制度。

（五）围绕提高国家创新效率改革科技宏观管理

自主创新上升到国家发展战略的核心，也必然成为众多部门的主体业务，创新主体多元化的格局更加突出，创新资源分散、工作重复的风险增大。实现国家总体战略目标，提高国家创新体系运行效率和整体创新效率，更加需要改善和加强国家宏观科技管理。

宏观管理的重点应放在战略、规划和政策制定，科技资源优化配置，社会创新环境营造，国家重大创新项目的组织协调，跨部门、跨地区创新活动的协调，科技人才队伍建设，国家科研基地宏观管理，科学的评价评估体系制定等。真正把管理职能从过多项目管理和具体事务中解脱出来，能运用市场机制解决的放给市场，有的管理权限下放到其他部门、地方，有些直接下放到科研机构、企业，有些放到社会组织去承担。真正使政府科技行政部门把职能放到宏观管理、统筹协调上来。加强科技宏观管理，还要努力实现权力和责任统一，事权与财权统一，资源配置的统一，科技政策与经济政策统一。在市场经济体制框架下，形成政府和企业、研究机构的创新伙伴关系，政府转变为创新规则制定者，创新大环境营造者，各创新主体的服务者、促进者和监督者。

三、改善创新环境的几个重点

创新生态环境不仅可以形成完整高效的创新链，而且还能催生创新成果雨后春笋般地大量涌现。除了创新体制机制外，必须在全社会营造良好的创新环境。毋容置疑，创新最需要的基本环境是完善的市场环境和公平竞争的社会环境，以及与之适应的金融环境等。

（一）激励政策环境

当前主要是落实国家中长期规划纲要的60条配套政策，完成政策实施细则的制订，使出台的政策落实到位，使企业、其他基层单位、个人得到实惠，发挥政策应有效用。

驱动创新的最大动力是市场需求。我国作为创新发展的后发国家，要实现创新能力的超常规提升、技术的跨越，必须利用好我国市场容量大、潜力大、需求增长迅速这一特殊优势，在公平的市场竞争中，善于遵守和科学运用国际规则，借鉴韩国等国的成功经验，利用政府采购政策这一各国政府普遍使用的杠杆来激励自主创新。特别是政府采购自主创新装备首台首套，定购自主创新产品和装备。除政府自身采购公共产品外，还应鼓励国有控股企业采购自主知识产权产品。

创新政策环境关键是经济科技等政策的协调一致。特别是经济政策，如税收优惠激励政策、引进技术消化吸收政策、进出口政策、激励促进创业的金融政策和股权期权激励政策，要保持协调性、稳定性、连续性，过于频繁的调整对自主创新会产生较大负面影响。同时，增加政策的透明度和可操作性，确保政策落实到位。

在自主创新法律环境逐步健全的同时，重点放在执法力度上，形成有利于自主创新的法律环境。特别要进一步改进知识产权保护的执法环境。

（二）对外开放环境

在经济科技全球化的大背景下，进一步面向世界开放。走中国特色自主创新道路，无论是引进消化吸收再创新、原始创新、集成创新，都要在开放的环境中进行，决不要片面理解为自我创新、封闭创新。要充分利用全球创新资源，提升自主创新能力，获得核心和关键技术自主知识产权。

一方面比我们先进的核心、关键技术能引进的可引进，关键是要在高起点上消化吸收再创新，尽快形成自主创新能力和核心竞争力；另一方面，围绕核心技术自主研发，缺乏的配套技术可以利用国外的，以加快集成创新。

积极引进海外优秀创新人才，引进一批急需的优秀创新领军人才和团队，利用国外科技人才以多种形式帮助创新。利用国外先进科技成果和信息，新思路、新方法和资料信息促进自主创新。

要进一步扩大国家科技计划对外开放的范围，除特殊要求外，国家重点科技发展计划、自然科学基金等都应积极开展对外科技合作与交流；扩大科研机构、高等学校、国家重点实验室等对外科技合作与交流；积极促进企业开展多种形式的对外科技合作，扩大国家高新区、科技企业孵化器等对外合作与交流；积极促进学术团体、民间科技组织与国外科技组织的合作与交流。加大重点领域、关键技术的合作研发，将重点任务纳入双边、多边政府间科技合作协议中，合理分享知识产权及研发成果；促进建立中外合作研究机构或联合实验室，中外合作的企业研发机构，拓展我国重点科研机构与世界一流科研机构合作的范围。积极参与国际大科学计划和大科学工程，启动并组织实施由我国主导的大科学计划和大科学工程；积极参与国际组织及其活动，鼓励我国科技人员到国际组织任职。在推动高新技术及其产品出口，促进科技型企业"走出去"方面取得新突破。

（三）创新文化环境

创新文化是创新成功的土壤和气候。创新文化本质是个性文化、民主文化和诚信文化。和而不同，和而相谐，标新立异。创新出自于超凡脱俗的气质，离经叛道的勇气，标新立异的思维，锲而不舍的执著。这需要与之适应的创新文化环境。

我们应当反思一下，富有创造能力和高智商的中华民族，为何近年来缺乏科技大师和创新帅才？为何一些人在国内学习或工作时十分平凡，经过国外的学习和工作锻炼，成为出类拔萃的创新人才？这说明我们创新文化氛围的稀薄，一些观念、做法客观上存在抑制约束创新精神之处。比如，在人才培养和使用方面，就存在四个抹杀个性和创新的典型现象：一是培育人才过程中的"乖孩子现象"，从家庭到学校，从幼儿园到中学，家长、老师总是期待和教育孩子听话，做规规矩矩的乖孩子，往往使个性、特长、创新精神遭到扼制。二是选才时的"木水桶短板现象"，创新人才往往某方面突出，而不少方面则是其短处，大学录取、就业录用不是择用其特长，往往求全责备，要求面面俱到，其结果是将一些创新人才拒之门外。三是用才时的"球磨机现象"，各种清规戒律、用人导向，把人才的个性与创新精神一起磨损了。四是对待人才的"出头椽子先烂现象"，一旦取得成就，甚至刚露头角，就枪打出头鸟，或冷嘲热讽、左右刁难，或以各种荣誉和频繁的社会活动"捧杀"，从此再难以静心创新。我们营造创新文化环境，就是要配合制度创新革除这些弊端。大力弘扬"尊重个性、张扬特长、激励探索、提倡冒尖、鼓励合作、宽容失败"的创新文化。大力倡导学术民主，坚持学术面前人人平等，公平竞争，倡导尊重有真才实学的创新人才，不盲目推崇迷信权威，鼓励各类青年创新人才大胆探索，独辟蹊径。同时，注重加强科技道德和诚信建设，净化学术空气，力戒浮躁，清除学术腐败。努力形成尊重知识、尊重人才、崇尚创新、支持创新的社会氛围。

自主创新，核心是自主，要义是创新。实施好这一国家战略，精神比其他更为重要。要摈弃急功近利的浮躁心态，树立锲而不舍的拼搏精神；摈弃技不如人的自卑心态，树立敢于超越的民族自信心；摈弃拿来主义的依附心态，树立勇于创新的自主精神。锐意改革，加快体制创新，优化创新环境，为提高自主创新能力提高制度保障，奠定创新型国家的坚实基础。

（作者：科学技术部党组成员、副部长）

（选自《中国软科学》2008年第3期）

借鉴创新型产业集群发展的国际经验

李佐军

创新型产业集群可以理解为以创新型企业和人才为主体，以知识或技术密集型产业和品牌产品为主要内容，以创新组织网络和商业模式等为依托，以有利于创新的制度和文化为环境的产业集群。与模仿型产业集群相比，其创新程度较高；与劳动密集型产业集群相比，它属于知识或技术密集型产业集群；与传统产业集群相比，它属于现代产业集群。

一、创新型产业集群的含义

（一）产业集群的含义

按照美国哈佛大学波特（Porter，1998）的理解，产业集群（Industrial Clusters）是指在某一特定产业领域中，大量相互关联的企业以及相关支撑机构，在空间上集聚，并形成持续竞争优势的现象。

产业集群具有如下几个基本特征：一是范围有限性，即一个产业集群往往围绕某一特定产业领域；二是产业关联性，即集群内的产业或企业之间存在较高的相关性，存在明显的分工协作关系；三是空间集聚性，即集群内的企业和机构聚集在一定的空间内，在地理上相互靠近；四是机构系统性，即产业集群内部不仅包括企业（包括上下游企业），而且还包括相关的行业组织（商会、协会等）、金融服务机构、中介服务机构（信息、教育培训、研究开发等）和政府服务机构（标准制定等），是一个复杂的有机体。

产业集群可以从不同角度进行分类，如按形成机制可分类为市场主导型产业集群和政府主导型产业集群；按要素配置可分类为劳动密集型产业集群、资源密集型产业集群、技术密集型产业集群；按产业类型可分类为传统产业集群和高新技术产业集群；按资金来源可分类为外资主导型产业集群和内资主导型产业集群；按企业类型可分类为几个大企业主导型产业集群、中小企业主导型产业集群和单个龙头企业带动型产业集群；按创新程度高低可分为模仿型产业集群和创新型产业集群。

产业集群具有降低成本和提高附加值的功能，可以提高区域竞争力。降低成本有如下几个途径：一是降低生产成本，如集群内企业可共享公共产品和要素资源（基础设施、公共服务资源、金融资源、能源等），节省很多投资，节约生产成本；共同治理污染，降低企业环境治理成本；相互配套，降低自循环配套生产成本；促进劳动力市场形成，节省劳动力搜寻成本。二是降低营销成本，如共享市场网络，降低市场营销成本；建立共同采购中心，降低库存成本；可以依靠集群知名度和品牌来开拓市场，节省品牌费用和广告费用。三是降低运输成本，如集群可以增加本地需求，降低运输成本；上下游产品就近获取，各种配套服务就近获取，可以降低运输成本。四是降低交易成本，集群内的企业相互靠近和长期交流互动，具有较强的根植性，彼此产生了牢固的信用基础，从而大大降低了交易成本，特别是谈判签约的费用和监督执行的费用。五是降低信息成本（含风险成本），如信息共享和交流，风险共担，降低信息成本。六是降低学习成本，相互近距离学习和模仿，开展“集体或集群学习”，可以降低学习成本。

同时，提高附加值有如下几个途径：一是集群分工提高效率，集群促进企业选择专业化分工，而专业化分工是提高效率的最主要手段。二是集群产生外部经济，集群可以产生“技术外溢效应”、“知识外溢效应”。三是集群有利于企业获得规模经济和范围经济，如集群内的零部件企业面对相对集中的集群客户，可以形成规模生产；集群可以满足多样性需求，开展即时生产，满足多品种、大批量生产需要。四是集群内竞争促进创新，如集群内企业相互竞争，培育良好的创新氛围，刺激企业家才能发挥，促进区域创新文化的形成。五是集群区域品牌提高产品价值，如区域品牌可以提高产品定价，提高企业市场谈判地位和融资能力。

（二）创新型产业集群的含义

创新型产业集群可以理解为以创新型企业和人才为主体，以知识或技术密集型产业和品牌产品为主要内容，以创新组织网络和商业模式等为依托，以有利于创新的制度和文化为环境的产业集群。与模仿型产业集群相比，其创新程度较高；与劳动密集型产业集群相比，它属于知识或技术密集型产业集群；与传统产业集群相比，它属于现代产业集群。

创新型产业集群的基本特征有：一是拥有大批致力于创新、不断开展创新活动的创新型企业、企业家和人才，这里的企业包括供应商、用户企业、竞争企业和相关企业（互补性企业、关联企业）等。二是集群内的主要产业是知识或技术含量较高的产业，如高新技术产业和知识或技术密集的其他产业（甚至包括正在转型的传统产业）。三是具有创新组织网络体系和商业模式，在产业集群内和周边地区有较多较好的高等院校、科研机构、行业组织（协会和商会等）、中介机构（律师、会计、资产评估等）、金融机构、公共服务机构（政府和事业单位）、市场组织（要素市场）和技术基础设施（通讯等）等，拥有不断创新的商业模式，拥有一个或若干在国内外市场上较有影响的品牌产品。四是具有有利于企业创新的制度和文化环境，如鼓励企业创新的法律和政策环境，鼓励创新、相互学习、容忍失败的文化氛围、致力于创业和创新的企业家精神等。

创新型产业集群按照不同标准还可进一步进行分类，如按照产业类型可分为传统产业创新型产业集群、高新技术产业创新型产业集群，也就是说，创新型产业集群不仅存在于高新技术产业，也存在于传统产业。按照创新类型可分为产品或技术主导创新型产业集群和商业模式主导创新型产业集群，也就是说，创新型产业集群中的创新是多种含义的，不仅包括产品创新、技术创新等，还包括商业模式创新、渠道创新、品牌创新等。

根据上述定义和特征，美国的“硅谷”、台湾的新竹、印度的班加罗尔、北京的“中关村”可以说是比较典型的创新型产业集群。这里必须强调指出的是，由于创新型产业集群在不同地区和不同历史阶段具有不同的表现形式，而且其形成是一个历史过程，因此那些看起来虽然不属于高新技术产业领域，但在不断创造新产品、新品牌、新渠道、新商业模式，且在市场上有重要地位的产业集群，也应属于创新型产业集群，至少应属于创新型产业集群的雏形或一种类型。如被誉为“东方纽扣之都”的温州桥头镇的纽扣产业集群、绍兴嵊州的领带产业集群等，都可在一定意义上算作创新型产业集群。

发展创新型产业集群是推进区域创新的重要途径。首先，创新型产业集群是区域内创新型企业最好的生存基地。创新型企业在创新型产业集群内能得到较好的专业化服务，发展创新型产业集群可促进区域创新的基本主体——创新型企业的发展。其次，创新型产业集群是区域内教育科研机构的支持者和需求者，是创新型人才施展才华的大舞台，发展创新型产业集群可成为区域创新的重要动力。再次，创新型产业集群是区域内研究机构产品的重要市场，发展创新型产业集群可促进区域内研究机构的产业化和市场化。第四，创新型产业集群可以很好地将区域各种创新主体和要素整合起来，发展创新型产业集群可有力地支撑区域创新体系。

二、国外培育创新型产业集群的主要经验

（一）在利用市场的基础上，发挥政府的引导作用

国外绝大多数创新型产业集群是依靠市场，通过企业的衍生与扎堆自发形成的。因此，国外都强调市场在创新型产业集群发展中的基础性作用，但同时也强调政府的引导作用。据波特的简单统计，在世界范围内许多国家、州和城市都有明确的产业集群发展计划，如在国家层面有加拿大、新西兰、印度、马来西亚与埃及等29个；在省/州/地区层面有美国的麻州、加拿大的魁北克与西班牙的加泰罗尼亚等14个；在都会城市层面则有包括硅谷在内的11个。

韩国政府为促进创新型产业集群的发展，颁布了《研究合作促进法》和《合作性研究行为促进法》，制定了改善国家优势政策、发展企业间网络政策、区域发展政策和产业研发集聚政策等四类政策，建立了供应链协会和区域研发中心。区域研发中心一般由大学申请，中央政府审批，私人企业与大学、中央政府、地方政府共担费用。1995年建了3个区域研发中心，1996年10个，1997年1个，1998年13个，1999年10个。1991年，印度政府电子部发起了“软件技术园区计划”，在班加罗尔建立了第一个国家级软件技术园区，利用产业集群方式发展软件业。至90年代末，印度成为仅次于美国的世界第二大软件出口大国。日本东京政府为促进大田区产业集群的发展，建立了一个企业产品和技术数据库，鼓励和支持企业建立技术学习系统和合作交流系统，支持企业举办国内外贸易博览会。

（二）发挥行业协会的作用

产业集群是企业和产业在一定区域范围内分工协作不断深化的产物，行业协会是维护企业间分工协作关系的重要手段。因此，国外创新型产业集群离不开行业协会及相关组织的支撑。

意大利对外贸易协会、地区商会和产业区俱乐部等在创新型产业集群发展中发挥了重要作用。如皮安蒙特是意大利最为重要的汽车及其零部件产业区，为了促进产业区的持续发展，由都灵商会和皮安蒙特商会联合推广实施了“从概念到汽车”的项目。美国加州议会中的酒业委员会对加州葡萄酒产业集群发展起到了重要作用。

（三）强调教育培训、金融等各类服务机构的作用

教育培训、金融等各类服务机构在创新型产业集群发展中发挥着重要作用。许多产业集群发达的国家政府都非常强调教育培训、金融

等各类服务机构的作用。

意大利政府为促进创新型产业集群发展，出资设立各类不同层次的职业技能培训机构，对就业对象进行无偿培训。对申请创办企业者要求其必须首先参加为期五周的培训；对失业者要进行反复多次培训，直至其就业；对在职人员也要开展相应的技能培训。意大利各类服务中心为创新型产业集群发展提供了重要条件。意大利政府依照法律规定建立了为中小企业服务的产业区服务中心。服务中心一般为公有机构，由生产商协会、地方政府和企业共同所有，提供信贷担保、出口保险、组织展览会、提供信息、处理客户申诉、咨询培训服务、品质监控、资格授予、商标推广和集中采购等一系列服务。在美国“硅谷”发展过程中，风险投资公司发挥了不可或缺的作用。风险投资不仅为高新技术企业发展解决了资金瓶颈，而且帮助企业降低风险和培养了新兴企业家。在美国加州葡萄酒产业集群中，就有世界著名的加州大学戴维斯分校葡萄栽培和葡萄酿造研究机构为其配套。

（四）重视中小企业的作用

许多创新型企业都是中小企业，即使是创新型大企业也是从中小企业发展而来。一个国家欲获得国际竞争优势，不能只靠本国的全球性大企业，还要靠那些扎根于本土的中小企业集群。因此，许多国家都非常重视中小企业的发展。

意大利制定了许多鼓励中小企业发展的法律。《意大利宪法》明确规定了国家对中小企业的支持；1952年通过的《莎巴狄尼法案》从信贷、担保等方面明确了促进中小企业发展的措施；1956年颁布实施的《手工业法》是意大利最早的小企业法；1977年第675号法律规定，在中央中期信贷银行内设立中央担保基金，为中小工业企业贷款提供担保；1982年第46号法律规定，在工业、商业和手工业部设立技术创新特别滚动基金，用于鼓励中小企业开展技术创新活动；1986年第64号法律专门制定了鼓励年轻人开办小企业的政策措施；1991年第317号法律进一步加强了对中小企业创新的财政支持；1992年颁布的第488号法案对扶持中小企业预算做出了明确安排；1998年的第192号法案为防止大企业控制小企业做出了专门规定。美国中小企业管理局为中小企业提供融资，组织中小企业出国参展与考察，增进中小企业对国外市场的了解，制定人才引进措施等。

（五）培育鼓励创业和创新的区域文化

创新型产业集群的形成离不开区域文化的作用，因此，许多国家将培育有利于创新的区域文化作为促进创新型产业集群的重要举措。美国“硅谷”的诞生就归功于斯坦福大学鼓励学校师生创业的全新理念。上个世纪60年代，加利福尼亚州出台了支持大学研发和个人创业的政策。“硅谷”培育了勇于冒险、不断进取和宽容失败的区域文化，逐步形成了支持生产性试验的合作传统，包括老企业给予新企业鼓励甚至金融支持、各公司工程师之间非正式交流与合作、公司内部各层次人员间非正式的联系与合作。日本东京大田区自20世纪90年代以来逐步培育了一种敢于创新的区域文化。年轻一代逐步形成了一种热心于技术、挑战高技术的共识，通过频繁的交流，巩固了技术综合体。

（作者：国务院发展研究中心研究员）

（选自《对外经贸实务》2008年第3期）

提升企业的持续创新能力

程家瑜　王　革

一、我国企业技术创新面临的主要障碍

1．科技创新能力不足

目前政府的科技投入偏重于高等院校和科研院所，对企业投入的比重偏低。由于企业研发投入不足，研发机构少，科研仪器装备陈旧，难以开展一些重大的科研试验，缺乏原始创新能力。尽管近几年来国内发明专利的申请量和授权量有较大幅度增长，但核心技术发明专利仍然较少。2007年，国家知识产权局授予国内发明专利3.19万件，而2006年美国专利商标局批准的前10家企业的专利数就达2.17万件。我国企业以技术跟踪与技术引进为主，主要产品的技术标准基本采用国外标准，每年需支付高昂的专利费用，降低了企业产品的竞争能力和盈利能力。此外，人才培养和人才储备不能满足企业快速发展的需要，尤其缺乏专业技术带头人和高端人才，严重制约了技术创新活动的开展，影响到核心技术的开发、自主知识产权的掌握和自主品牌的形成。

2．国外专利保护成为我国企业技术创新的一大障碍

近年来，美国、日本等国家的专利数量呈爆炸式增长。在许多行业和领域，跨国公司是开拓者，他们对专利技术的保护量大面广，包括对一些基本原理的保护。美国专利商标局2007年授权的专利数达184377项，其中排在前10名的都是IBM、三星、佳能、松下、英特尔等国际著名企业。跨国公司为保持技术和产品的领先地位，产品生命周期不断缩短，新产品推出速度不断加快，使得发展中国家难以跻身高端市场和应对未来新的竞争。我国大多数企业的专利技术开发起步较晚，在技术创新中不可避免地会遭遇国外企业的专利壁垒。2006年，我国181家重点大型企业共申请专利14696项，仅相当于2006年美国专利商标局批准的前10家企业专利数的67.7%。

3．创新政策和环境有待进一步改善

内资企业竞争压力大，企业产品存在被边缘化的现象。一些国外公司采用多种方式形成市场垄断，并利用高薪抢夺人才；一些合资企业的外资方还从本国高价采购核心零部件，从而获得高额利润。这些都严重挤压了内资企业发展所需的市场、技术和人才。一些重大工程项目，有意识地将国内产品排斥在外，或精心设计投标资格门槛，或编织各种理由排斥国内的创新产品。即使内资企业生产的产品在技术参数、性能等完全满足需求且价格低廉的情况下，也仍然难以在大型重点工程上中标。此外，部

分地区限制国产设备进入，用户对国内产品和设备持不信任态度。

4．缺乏依靠自主创新求发展的战略规划

企业对创新的认识不够。在一些企业的高级管理人员中，还没有真正树立依靠自主创新增强企业核心竞争能力、促进企业发展的理念，仍然重生产、轻研发，注重眼前利益、忽视长远发展，热心引进和追求规模，而对通过技术进步推动企业发展的重视和研究不够。因此，企业制定以研发投入、技术创新活动和创新成果应用为主的发展战略规划相对滞后，对发展自主品牌产品的信心不足。由于企业自主创新的首台（套）产品市场准入难，大量的自主创新成果得不到实际应用。一些企业崇尚“洋品牌”，重复引进，制约着自主创新，而且缺少对已引进工程项目技术的消化吸收，再创新力度不够。围绕企业发展重点，建立产学研长期战略合作研发平台，是企业实现长期稳定持续创新的关键。但目前产学研结合还缺乏战略思维和统一部署，仍然停留在一事一议的低层次合作阶段，不能从原始创新开始确定产业化目标，进而形成获得自主知识产权技术的合力和优势，因此难以实现重大技术突破。

二、提升企业持续创新能力的若干建议

1．把建立长期的产学研战略联盟作为提升企业创新能力的突破口

战略联盟是企业与高校、研究机构以及企业间合作的一种战略形式，是在保持各自独立性的基础上，充分发挥各自优势，建立以资源与能力共享为基础、以共同实施项目或活动为表征的合作关系。长期的战略联盟不是一、两个项目的合作，而是把企业未来需要的技术、产品、市场和人才纳入长期合作之中，建立起长期稳定的合作机制。

一是从源头抓起，建立应用基础研究、工程化研究和产业化研究三位一体的研发平台。积极引导高校和研究机构在从事基础研究的同时，面向市场需求，开展应用基础研究，为持续创新奠定基础；通过工程技术研究中心、工程中心等方式，鼓励企业进行工程化研究，不断提升企业产品的竞争力和附加值；通过企业产业化基地建设，加强中试或工业性试验，积极开发面向市场需求的产品，以及工业化成套技术与装备等，形成具有市场竞争力的自主品牌，实现产业技术升级。

二是积极探索产学研合作新模式和新机制。把目前以联合开发、委托开发、业务咨询、代培人才为主的合作关系，逐渐转化为联合共建研发机构和长期的产学研战略联盟，共同进行技术创新。引导企业、大学、研究机构通过多种形式联合建设重点实验室、工程技术研究中心、科研实验基地等研发机构，开展新产品开发和应用技术研究，探索新材料、新工艺、新装备，着力解决企业的工程技术难题；积极推进工程中心、国家重点实验室的开放和共享，加强技术转移和扩散；在企业之间、企业与大学和研究机构之间共建多种形式的战略联盟，如技术联盟、专利联盟、技术标准联盟等。

2．引导企业尤其是转制院所开展应用基础研究和产业共性技术开发

一是以国家重大项目带动企业自主创新能力的提高，鼓励企业更多地承担或参与国家重大专项、863计划等国家科技计划中的一些重大项目，尤其是面向应用、集成性强的技术项目，必须以企业为承担主体，使其在完成国家任务的同时提高自身的自主创新能力。

二是建立一批具有前瞻性的企业研发基地。在创新体系中，我国企业与国外大公司差距最大的是缺少开展前瞻性研究的研发机构。企业的研究开发中心把研发资源大部分投向应用产品开发，而缺乏超前性的部署。要以企业国家重点实验室为核心，建立开展行业应用基础研

究、共性关键技术开发和推动产学研相结合的重要平台。一方面承担行业应用基础研究、高技术研究、关键技术装备研究和开发的任务，提高行业技术水平；另一方面推动企业建立研发机构，稳定一批专门研发人才，培养企业持续创新能力。

三是引导转制院所开展应用基础研究和产业共性技术开发。我国中央级370多家、地方近800多家应用开发类科研机构转为科技型企业或进入企业后，从体制和机制上确立了应用开发研究的市场导向，促进了技术创新和成果转化。但为了生存和发展，一些院所转制变成企业后，把精力大都集中在市场上，追求短期利益最大化，缺乏长远打算，原来承担的公益性行业共性技术研发几乎已无人问及，一些基础实验室被取消或转向其他方向，降低了这些领域的持续发展能力。当前，应扭转目前力量分散、各自为政的局面，围绕国家重点产业（行业）发展，以开发能力强的转制大院大所为依托，建立一批应用基础研究和产业共性技术开发平台，直接面向企业需求进行集成创新和产业化示范，为企业提供急需的先进适用技术。

3．在产业集群地区建立一批地方工业技术研究院，提升中小企业创新能力

德国、日本、韩国、中国台湾等国家和地区建立工业技术研究院的实践证明，工业技术研究院能够聚集企业、大学等各方面资源，针对企业（尤其是中小企业）创新能力不足等问题，开发产业关键、共性技术，支撑区域特色产业、优势产业培育与发展。工业技术研究院实际上是一种产学研长期合作的平台，能够有效地将技术研发与成果转化统一起来，形成一个互补性和依赖性的科技成果转化系统，从而实现科技成果的转化和产业化。

改革开放以来，我国探索过科技成果转化的多种模式，有自行投产模式、技术转让模式、产学研联合模式（如委托开发、合作开发、建立联合实体）等。尽管这些模式在科技成果转化过程中起到了较大作用，但规模小，比较分散，难以形成产业需要的适用技术。我们认为，围绕中小企业发展急需的共性技术，选择中小企业比较发达的地区，建立一批地方工业技术研究院是比较现实的做法。这些地区的中小企业面临产业结构调整，迫切需要技术升级。因此，可以在政府引导下，由地方出资金、场地，由企业提需求，由有实力的大学和研发机构出人才，进行产学研联合攻关，致力于解决企业当前的技术问题，使之成为技术转移和扩散的中心，以解决中小企业当前和未来长远发展面临的技术问题。

4．改进政府采购，扶植企业自主创新

许多国家都利用政府采购扶持本国产业发展和维护国家利益。美国的《联邦采购法》、《购买美国产品法》明确规定，政府采购必须优先购买本国产品。只有当产品的国内最低报价比国外厂商高出一定比例时，才被视为可以豁免。建议扩大我国政府采购规模，尽快出台《政府采购法》的实施细则，明确规定在货物、工程和服务中，只要政府出资的项目，都必须实行政府采购。调整"首台首套"创新产品的市场准入门槛，对于本国企业研发生产的创新产品，尤其是重大技术装备，应当通过政府采购方式进行首购或订购，这是对企业自主创新最有效的鼓励政策。同时，加强政府采购的透明度和监督管理，建立健全政府采购信息发布和披露制度，加强对政府采购的监督检查，规范招投标行为，对应该采购本国产品而未采购的部门，要追究单位和相关人员的责任。

（作者单位：中国科学技术发展战略研究院）

（选自《求是》2008年第10期）

走中国特色自主创新道路

李学勇

一、中国特色自主创新道路是中国特色社会主义道路的重要组成部分

中国特色自主创新道路是中国特色社会主义道路的重要组成部分。十七大报告把提高自主创新能力、建设创新型国家作为国家发展战略的核心和提高综合国力的关键，摆在报告第五部分——“促进国民经济又好又快发展”的首要位置。这是以胡锦涛同志为总书记的党中央深入分析国内外实践经验、准确把握新世纪新阶段我国发展面临的新形势和阶段性特征的基础上得出的科学论断，是对科技创新在中国特色社会主义事业总体布局中重要作用的高度概括。“核心”和“关键”的科学论断，就是要求把提高自主创新能力摆在国家发展战略的核心位置，贯穿到现代化建设各个方面；要求把提高自主创新能力作为提升综合国力的关键因素，不断增强国家竞争力和软实力；要求把提高自主创新能力作为国民经济又好又快发展的内在动力，依靠创新驱动发展。

党的十七大为走中国特色自主创新道路指明了前进方向。走中国特色自主创新道路，必须高举中国特色社会主义伟大旗帜，深入贯彻落实科学发展观，切实增强贯彻落实科学发展观的自觉性和坚定性，使科学发展的理念在自主创新实践中得到充分体现和贯彻，使自主创新在促进科学发展中真正发挥主导作用，并在实践中不断丰富和发展中国特色社会主义。

二、走中国特色自主创新道路必须立足国情，充分发挥我国的特色和优势

当今世界，科技发展日新月异，新一轮科技革命不断造就新的追赶和超越机会，引领新的发展方向。随着经济全球化进程的不断深入，科技发展对于国家综合国力和国际地位的影响从来没有像今天这样广泛而深刻，许多国家都把科技创新作为国家发展战略，竞相抢占国际竞争的制高点。从我国经济社会发展的阶段性特征来看，加快转变经济发展方式，推动产业结构优化升级，加强能源资源节约和生态环境保护，保障国家安全，都对自主创新提出了迫切要求。面对经济全球化和新科技革命带来的机遇与挑战，面对发达国家在经济科技方面长期占优势的压力，面对我国经济社会发展的现实需求，我们必须顺应时代发展的潮流，立足社会主义初级阶段的基本国情，走出一条具有中国特色的自主创新道路。

走中国特色自主创新道路，需要进一步深化对自主创新内涵的认识。从历史发展进程来看，我们党在20世纪50年代发出“向科学进军”

的号召，80年代提出“科学技术必须面向经济建设、经济建设必须依靠科学技术”的方针，90年代以来开始实施科教兴国战略和人才强国战略。进入新世纪新阶段，以胡锦涛同志为总书记的党中央综合分析国内外发展大势，立足国情，面向未来，做出走中国特色自主创新道路、建设创新型国家的重大战略决策。从科学技术是第一生产力，是先进生产力的集中体现和主要标志，到建设创新型国家的重大战略思想，清晰地展现出马克思主义科技观在中国不断发展和完善的思想轨迹，进一步丰富了中国特色社会主义理论体系。从科技发展层面来看，加强自主创新，就是要加强原始性创新，努力获得更多的科学发现和技术发明；加强集成创新，形成具有市场竞争力的产品和产业；加强引进技术的消化吸收和再创新，形成自己的技术创新能力。从国家整体战略层面来看，必须把自主创新摆在国家发展战略的核心位置，把科技进步和经济社会发展牢牢建立在自主创新的基点之上，不断提高自主创新能力，始终把握发展的主动权，创造发展的新优势。从精神文化层面来看，自主创新是民族精神和时代精神的重要标志，要发扬“两弹一星”精神和“载人航天”精神，改革创新、奋发进取、锲而不舍、百折不挠。要在全社会大力发展创新文化，让一切创新的源泉充分涌流，使全社会的创新智慧竞相进发。

走中国特色自主创新道路，要求充分发挥我国的特色和优势。纵观世界上主要创新型国家的发展历程，每个国家的创新发展路径都各具特色。例如，美国凭借全面领先战略，依靠强大的科技实力，获得了国际竞争的主动权；日本、韩国重视对引进技术的消化吸收，实现了从跟踪模仿向自主创新的转变；芬兰、爱尔兰抓住了新一轮科技革命的发展契机，在信息产业领域取得了竞争优势。作为一个发展中的社会主义国家，我国进行自主创新不仅要学习和借鉴国外的发展经验，更需要从我国实际出发，充分发挥自身优势和特色，在国际经济、科技竞争中迎头赶上。一是充分发挥我国的制度优势。根据国家经济社会发展的重大需求，发挥社会主义制度集中力量办大事的政治优势，整合资源，重点突破，实现跨越式发展。同时注重发挥市场配置资源的基础性作用，使科技创新既服务于国家意志和战略目标，又能够适应社会主义市场经济规律的要求，充分激发各个创新主体的积极性和创造性。二是充分发挥科技人力资源大国的优势。目前，我国科技人力资源总量有3500万，居世界第一位；研发人员达到150余万人年，居世界第二位；高等院校在校生总规模超过2300万人。这些丰富的人力资源为自主创新提供了雄厚的科研力量和人才储备，是我们走中国特色自主创新道路的最大优势。三是充分发挥我国比较完善的产业体系和科学技术体系优势。我国已经形成了产品门类多样、配套能力较强的产业体系，构建了世界上只有少数国家才具有的比较完整的学科布局，在基础研究、前沿技术研究、面向市场的应用开发研究、重大科学工程等方面取得了丰硕的成果，依靠科技进步推动经济社会发展的能力不断增强，为走中国特色自主创新道路奠定了坚实基础。四是充分发挥我国经济高速成长和市场潜力巨大的优势。我国正处于工业化、信息化、城镇化加速发展和经济快速成长时期，实现国民经济又好又快发展对科技的需求十分紧迫，科技创新成果应用潜力巨大，市场空间广阔，这是依靠创新驱动发展的重要引擎。

三、把握关键，明确任务，坚定不移地走中国特色自主创新道路

走中国特色自主创新道路，需要抓住关键，从总体上把握好“四个一”，即：坚持一条基本方针，明确一个奋斗目标，实施一项规划蓝图，

构建一个创新体系。一条基本方针，就是"自主创新、重点跨越、支撑发展、引领未来"的指导方针，这是走中国特色自主创新道路的核心。一个奋斗目标，就是到2020年进入创新型国家行列，"自主创新能力显著提高，科技进步对经济增长的贡献率大幅上升"，这是实现全面建设小康社会奋斗目标的新要求。一项规划蓝图，就是要按照党的十七大的要求，认真实施《国家中长期科学和技术发展规划纲要(2006—2020年)》，切实把增强自主创新能力贯彻到现代化建设各个方面。一个创新体系，就是构建中国特色国家创新体系，充分发挥政府的主导作用、市场在科技资源配置中的基础性作用、企业在技术创新中的主体作用、国家科研机构的骨干和引领作用、大学的基础和生力军作用，形成科技创新的整体合力，为建设创新型国家提供良好的体制机制保障。

走中国特色自主创新道路，需要明确任务、突出重点，采取切实有效的措施加以推进。

一是把提高自主创新能力作为中心环节，实现创新驱动发展。要依靠自主创新解决国民经济发展的重大瓶颈问题，大幅度提高科技进步对经济增长的贡献率，加快形成以科技进步和创新为基础的新竞争优势，促进国民经济又好又快发展。以组织实施重大专项为重点，集中力量突破关键和核心技术，努力实现我国优势领域的战略突破。大力发展现代农业、高新技术产业和现代服务业，为转变发展方式、推动产业结构优化升级提供有效的技术支撑。加强基础研究、前沿技术研究和社会公益性研究，加强科研基地和条件平台建设，提升科技持续创新能力。

二是把改善民生、促进社会和谐作为根本出发点和落脚点，使科技创新成果惠及亿万群众。紧紧围绕13亿人民的切身利益和紧迫需求发展科学技术，着力解决人民群众最关心、最直接、最现实的问题。加强面向"三农"的科技工作，有效服务于社会主义新农村建设。充分发挥科学技术在提高医疗健康水平、保障公共安全和防灾减灾中的重要作用，促进以改善民生为重点的社会建设。加大生态治理和环境保护的科研开发及应用，为建设生态文明提供有力支撑。加强科学技术普及工作，提高全民科学文化素质。

三是以改革开放为动力，加快推进国家创新体系建设。把建设以企业为主体、市场为导向、产学研相结合的技术创新体系作为国家创新体系建设的突破口，引导和支持创新要素向企业集聚。优化科技力量布局，建设科学研究与高等教育有机结合，开放、流动、竞争、协作的知识创新体系。促进民用科技和军用科技的紧密结合与有效互动，建立军民融合、寓军于民的国防科技创新体系。促进区域科技资源的合理配置和高效利用，建设各具特色和优势互补的区域创新体系。以促进科技成果转化和加强创新服务为重点，建设社会化、网络化的科技中介服务体系。进一步扩大开放，充分利用全球科技资源，拓展和深化国际科技合作，在更高的起点上推进自主创新。

四是营造激励创新的良好环境，凝聚各方面力量，携手建设创新型国家。进一步完善鼓励自主创新的法制保障、政策体系、激励机制和市场环境，加大对自主创新的投入力度。坚持人才资源是第一资源的思想，进一步优化科技人才成长和发展环境，大力培养人才、吸引人才和用好人才，为各类人才施展才华、创新创业创造更加有利的条件。加强科学道德和学风建设，弘扬科学精神，发展创新文化，促进全社会形成关注创新、支持创新、参与创新的风尚，为建设创新型国家营造良好的氛围。

（作者：科技部党组书记、副部长）

（选自《求是》2008年第5期）

国家创新体系
要汇集政府和民间两股力量

韦胜阻　洪群联

国家创新体系建设是一项系统工程，涉及到全社会的各个领域和各个层面，特别要处理好政府主导型创新和民间推动型创新的关系，充分发挥政府和民间两股力量、两种优势，激发全民族的创新精神，不断提升自主创新能力。政府主导型创新是指官方运用行政、经济、法律手段自上而下实施的有组织的创新行为。民间推动型创新是指由民间主体依据自身力量、技术水平和制度安排所实施的自下而上的创新，或者由掌握一定技能的普通公民自发、分散、随机地以产品、技术、工艺的改进为内容的技术创新行为。

一

国家创新体系是政府、企业、大学、研究院所和中介机构之间在追求一系列共同的社会和经济目标过程中相互作用，并将创新作为关键驱动力的体系。其中，政府主要是制度创新的主体，企业是技术创新的主体，研究机构是知识创新的主体。各类主体互相联系，密不可分。强调企业作为技术创新主体的地位，绝不能忽视政府在国家创新体系中的作用。

首先，国家创新体系建设需要政府充分发挥宏观调控的作用，需要政府提供与创新相关的公共产品和制度供给。目前在我国社会主义市场经济体制不断完善的过程中，要素配置和价格形成机制尚不合理，公平有序的市场竞争格局还未完全形成，社会商业信用体系也还没有建立，地区发展和产业发展都很不均衡。在国家创新体系建设中，需要政府综合协调宏观、中观和微观主体之间的利益关系，适时调整宏观目标并引导各种创新资源配置。国家创新体系建设是一项复杂的系统工程，不是单纯的资金、人才、技术投入，需要观念更新、制度保障，政府是推进管理创新、文化创新、制度创新等创新配套环境的主导力量。

其次，从国际经验来看，当今世界公认的创新型国家，无不走过了政府主导下的技术创新历程。在工业化的初期和中期，民间力量较为薄弱，绝大部分研发投入、研发机构和科研人员应由政府提供，政府需要在技术创新中处于主导地位。20世纪60年代处于工业化中期的美国，全社会科研经费中政府投入占65%，70年代是55%，2000年美国政府的科技经费中还有33%投向企业。相比之下，2006年我国政府研发资金占全社会研究开发投入的比重不到30%，是远远不够的。我国目前总体上处于工业化中期阶段，政府仍然需要在技术创新中发挥积极的作用。

二

政府主导型创新和民间推动型创新的区别和分工主要表现在：

第一，在创新主体上，政府主导型创新的主体为政府、政府所属的科研机构、实验室及国有企业。2002年，我国国有研发机构有4347个，其中从事研发的人员共有20.6万名。2006年，政府部门研究机构共有科技活动人员46.2万人，政府研究机构研发经费达到567.3亿元。民间推动型创新的主体由民间科技研究者、民办科研机构和民营科技企业三个部分构成，其中最主要的是中小型民营科技企业，也包括掌握工艺的基层技术人员、工人或农民。目前，我国民营科技企业已超过15万家。据国家知识产权局和全国工商联发布的统计数据显示，我国专利申请量的61%以上是民间创新者完成的。我国85%的新产品、65%的发明专利是民营中小企业创造的。

第二，在创新载体上，政府主导型创新主要以高新区为载体，如我国各地由政府规划建立高新技术园区和经济技术开发区。目前，我国共有国家级高新技术园区54个，从业人员521.2万人，区内企业45000多家，研发经费支出1054亿元。另有54个国家级经济技术开发区和各省市区开发区4000多个，汇集了国家大部分的研发资金和创新型人才。民间推动型创新则主要以民营经济和中小企业集群为载体，如以浙江温州等地为代表的民营经济和民营科技企业的块状经济和产业集群。这些块状经济区集中了浙江半数以上的民营科技企业，研发投入占全省企业投入的80%以上。需要特别指出的是，这些高新技术园区虽然是政府主导下的产物，但是随着市场化改革的深入以及民营科技企业的发展，它们日渐成为政府组织民间创新的重要形式。

第三，在动力机制上，政府主导型创新主要为了满足社会公共需求，主要考虑社会效益，致力于弥补市场失灵，积极寻求在航天、国防等无法通过市场手段获得核心技术的领域取得突破，缩小与发达国家的差距，在世界各国的竞争中占据先机，全面拓展国家和民族未来的发展空间。由于公共产品供给的主体是政府，公共产品创新的主体也应该是政府。民间推动型创新主要为了满足个体需要和市场需求，主要考虑经济效益，致力于提高产品竞争力，追求利润最大化。普通公民的创新则是为了打下创业的基础，便利日常生活或满足好奇心。

第四，在创新层次上，政府主导型创新应该主要着力于一批重大的、高端的、投资大、回收期限长、自主研发、具有自主知识产权的关键技术和原始创新，特别是具有公共产品性质的共性技术和基础研发技术，如神舟系列载人航天飞船、“嫦娥一号”月球探测工程等重大科技项目。民间推动型创新则大量集中于面向市场、中低端的、实用型的创新产品和工艺改进。民间推动型创新具有领域广、层次多、形式丰富等特点，其创新成果紧贴百姓日常生产和生活需要。

第五，在创新优势上，政府主导型创新具有“集中力量办大事”的优越性，宏观协调把握的能力较强，往往“站得更高，看得更远”。特别是公共产品的创新，往往有明确的需求目标，一般不存在市场风险，只存在技术风险；民间推动型创新的力量往往比较分散，但其机制灵活、决策迅速，具备政府主导型创新所无法比拟的贴近市场、反应灵敏的优势，但它不仅面临技术研发风险，也面临管理决策和产品营销的市场风险。

政府主导型创新和民间推动型创新具有不同的特点，发挥着不同的作用。在直接面向市场的广阔领域上，要坚持企业作为技术创新的主体。在一些重大的、关系国家安全的、无法通过市场手段获取的、具有公共产品性质的领域，仍然需要政府直接参与技术创新活动。此外，政府作为技术创新的制度供给者，需要在企业技术创新的激励机制、人才培养、创新环境营造等方面发挥重要作用，引导民间资本进入创新领域，激发民间创新的积极性。

三

国家创新体系建设需要充分调动政府和民间两股力量，充分发挥政府主导型创新和民间推动型创新两种优势，营造一个鼓励创业、支持创新的良好环境。具体来说，要进一步做好以下工作：

第一，重视市场配置资源的作用，把民间创新纳入国家创新体系建设中。世界科技史表明，科学技术的发展是从民间走向官方、从非主流走向主流的，民间创新资源和创新能力是不可忽视的。各级政府在制定创新体系的战略和规划以及实施过程中，要把民间创新纳入国家创新体系中，特别需要完善发现和培育机制、评估和保护机制、扶持和激励机制、交流和合作机制。

第二，优化资金配置，解决民间创新的融资难题。政府在加大基础科学研究投入力度的基础上，要集中力量解决民间创新的融资难题，引导民间资本参与技术创新。要进一步发挥政府资金在创新投入中的引导作用，加大财政支持和税收优惠，加强地方财政对创新基金的投入，提高中小企业创新基金的支持强度、扩大资助范围；尽快推出创业板，逐步完善股份代办转让系统和产权交易市场，构建支持创新的多层次资本市场。通过财政税收优惠、组织制度创新，壮大风险投资事业，构建天使投资与创业企业的网络交流平台，鼓励民营企业家等先富人群通过天使投资参与技术创新；放松金融管制，借鉴我国村镇银行和美国硅谷银行的模式，优先在高新技术园区鼓励民间资本试办社区银行，化解科技型创业企业融资难问题。在民营经济发达地区，引导民间非正规金融发展成社区银行、中小民营银行，从制度上解决民间创新融资难问题。

第三，健全支撑体系，支持创新公共服务平台的建设。要积极推进公共服务平台建设，建立技术成果交易、成果转化、科技评估、创新资源配置、创新决策和管理咨询等专业化服务体系。以官产学研合作体制改革为突破口，整体推进创新的中介服务体系建设，特别是要完善包括技术市场、人才市场、信息市场、产权交易市场等在内的生产要素市场体系，逐步培育和规范管理各类社会中介组织，强化中介组织的联动集成作用，形成有利于创新的市场体系结构。重视军民融合技术创新体系的建立，在产业链分工层次上推进军民一体化，形成“民为军用、以军带民”的发展模式，缩短技术开发时间，节省技术创新成本。在完善“创新链”、供给具有公共产品性质的共性技术和基础研发技术上，政府主导型创新要发挥更大的作用。

第四，优化创新载体，建设有竞争力的创新经济集群。创新需要有良好的空间载体和基地，高新技术园区是高技术产业集群的一种典型模式，也是创新型国家的先行区和示范区。我国高新技术园区和经济技术开发区的发展需要以创新创业为驱动力，转变竞争方式和增长方式，提升内生发展能力和创新能力。具体而言，就是要实现增长方式从粗放向集约转变，从单纯重项目引进向重环境和服务转变，从以政策优惠为主向制度创新为主转变，从模仿创新向模仿和自主创新相结合的方式转变，从重空间规模扩张向重视人力资源开发转变。对于民营经济的产业集群和块状经济而言，要通过增加创新投入、技术改造、自主创新、品牌战略等途径，发挥集群内技术扩散途径通畅、创新网络建设便捷等优势，推动传统产业集群的优化升级。

第五，重视创新教育，培养高素质的创新型人才。教育能否发挥其培育创新人才、为经济社会发展提供智力和人力支持的作用，是创新型国家建设成败的关键。在创新型国家建设中，应充分发挥高等教育创新源和科研院所智力源的作用，增强高校科研投入，改革科研评价体系，激励科研人员的积极性；改革高校传统的教学方式、教育目标和评价体系，构建创新型教育平台，实施开放式、互动式教学，促进人才培养由注重知识学习向注重能力培养转变；大力发展职业教育，重视就业指导和创业培训，实现实验室人才和创业型人才结合，培养一批既懂科技又懂市场的创新创业人才，最终推动技术创新；改革高校、科研院所的管理体制，把大量原来依附于政府科研机构的技术创新人员推向市场，使其在市场竞争中实现流动重组和优化配置。激发大学与科研院所的创业动力，提高科技成果转化的效率，推进产学研密切合作。

第六，塑造创新文化，营造鼓励创新的良好氛围。创新文化能够通过创造、激励、渗透、整合、导向与规范等机制影响创新的制度安排。在创新型国家建设过程中，要通过重塑区域经济文化，培育创新创业精神。具体来说：弘扬创业文化，实现从依赖政府向依靠市场的转变；弘扬创新文化，实现从墨守成规、小富即安的价值观念向勇于创新、追求卓越、鼓励探索、宽容失败转变；弘扬合作文化，实现从利己独赢向合作共赢转变；弘扬信用文化，实现从重即期利益向重长远效应转变，从守财向守信转变；弘扬开放文化，倡导开放思维与流动意识，实现从静态封闭向动态开放转变。

（作者：全国人大常委、民建中央副主席、教授）

（选自《求是》2008年第9期）

建设创新型国家的重要法律保障

万　钢

修订后的《中华人民共和国科学技术进步法》（简称《科技进步法》）2007年底经全国人大常委会通过，将于2008年7月1日起施行。这部法律的实施，为推进全社会科技进步提供了坚实的法律保障和制度基础。准确把握和深入贯彻修订后的《科技进步法》，对于新时期加快建设创新型国家具有十分重要的意义。

一、《科技进步法》是建设创新型国家的重要法律保障

修订后的《科技进步法》以法律形式确立了提高自主创新能力、建设创新型国家的奋斗目标，明确了新时期科技事业发展的方针、布局和基本制度，把我国长期以来在科技发展和科技体制改革中积累的成功经验，特别是2006年全国科技大会以来国家出台的一系列稳定促进科技进步的政策上升为法律，体现了党和国家对科技工作的新要求。

《科技进步法》反映了当代科技与经济社会发展的新特点。在科技迅猛发展和经济全球化的新形势下，从科学发现到技术应用及成果产业化的周期大大缩短，科技对经济社会发展的支撑和引领作用越来越突出，科技创新能力成为国家间综合国力竞争的关键。许多国家纷纷推出重要政策举措，包括为创新提供法律保障、制定创新政策和计划、加强重点科技领域的部署等，力图在全球竞争中掌握主动权。《科技进步法》根据当代国际科技经济发展的特点，对基础研究、前沿技术研究、社会公益研究以及高新技术产业化进行了全面规定，既规范科技工作本身，也明确了科技与经济社会发展的关系；既突出基础研究的超前部署和稳定支持，又强调了技术开发、科技应用、技术转移以及创新链与产业链的结合与互动，在保障科学技术自身持续发展的同时，强化了科学技术对经济社会发展的引领和支撑作用。

《科技进步法》反映了全面建设小康社会对科技工作的新要求。党的十七大把“自主创新能力显著提高，科技进步对经济增长的贡献率大幅上升，进入创新型国家行列”作为实现全面建设小康社会奋斗目标的重要内容。为此，《科技进步法》明确了“自主创新，重点跨越，支撑发展，引领未来”的科技发展指导方针，进一步强调“经济建设和社会发展应当依靠科学技术，科学技术进步工作应当为经济建设和社会发展服务”。在科技创新部署上，《科技进步法》突出了企业在技术创新中的主体地位，并特别规定了对各类企业技术创新的扶持措施；对财政性资金设立的研究开发机构，明确其实行

产学研结合的发展方向；对国家科技计划项目，除涉及国家安全、国家利益和重大社会公共利益外，允许将知识产权授予项目承担者，鼓励科技成果的应用和扩散。同时，采取税收优惠、政府采购、技术政策、产业政策和金融支持等综合手段，对自主创新活动和产业发展中采用新技术予以引导和扶持。

《科技进步法》反映了以人为本的发展理念。科学研究需要科技人员长期默默无闻地刻苦钻研，容不得半点虚假，在这一过程中也难以避免一次又一次的失败。因此，必须为科技人员营造鼓励自由探索、倡导科学精神的学术氛围。《科技进步法》在充分保护科技人员接受继续教育、合理流动等一系列合法权益的同时，首次以法律形式提出了科研诚信建设和宽容失败的理念与制度，尊重科研失败对后续研究的价值，明确要对高风险科研项目中的科研失败给予理解、宽容和保护，摒弃浮躁情绪和急功近利心理。同时，要加强科研诚信建设，鼓励创新，惩戒造假，通过建立学术诚信档案、明确科技人员的学术规范和职业准则，培养和提高他们的职业水准和科学精神。

二、《科技进步法》是推进各项科技工作的行动指南

《科技进步法》全面确立了新时期科技事业发展的基本制度，明确了政府推进科技进步的各项职责。贯彻落实《科技进步法》要重点做好以下工作：

做好配套制度的制定和实施，形成有利于自主创新的制度环境。《科技进步法》中各项制度的实施，需要配套的法规、政策作为保障。要以《科技进步法》所确立的基础性制度为依据，对照科技事业发展的制度需求和科技工作的规范化要求，从法律法规、部门规章、政策制度等多个层次开展配套制度的研究制定工作。2007年以来，在党中央、国务院的领导下，有关部门已经完成并发布了76项国家中长期规划纲要配套政策实施细则，从政策落实的操作规范和执行程序上使法律和政策得以落实。在此基础上，我们要加强配套细则实施过程的调研和评估，及时发现实践中出现的新问题并提出解决措施，不断完善科技进步的法治环境。

科学合理地安排国家科技计划，发挥科技的支撑和引领作用。按照《科技进步法》关于科学研究、技术开发和科技应用的规定，准确把握科技工作在全面建设小康社会中的战略定位，全面合理地部署科技工作。要把增强自主创新能力摆在全部科技工作的首要位置，在制定规划计划、完善政策措施、配置科技资源、加强人才队伍建设等方面，明确自主创新的任务和目标。加强在基础研究领域和前沿高技术研究方面的战略部署，继续鼓励学术研究中的自由探索。在关乎国家发展战略的领域、科学技术的前沿，超前部署一批重点战略性研究课题，夯实科技持续发展的基础。把解决国民经济重大问题和改善民生作为科技工作的根本出发点，加强行业和产业的重大共性技术与关键技术研究，大力发展高新技术产业，利用科学技术改造传统产业，大幅提高经济发展的质量与效益。加强人口健康、资源环境、公共安全等社会发展领域的科技工作，促进解决人民群众最关心、最直接、最现实的医食住行等问题，使科技创新的成果充分惠及亿万群众。

以企业技术创新为突破口，建设国家创新体系。企业作为技术创新主体的地位在《科技进步法》中得以确定。当前，我国企业整体创新能力不强，关键技术自给率低。据统计，我国企业开展科技活动的仅占1/3，规模以上工业企业研发投入仅占销售额的0.56%。为使企业真正担当起技术创新主体的重任，需要采取各种措施使科技资源向企业集聚。要鼓励企业与科研机构、高等院校联合申请和实施国家科技计划项目，支持重点产业领域组建产学研联盟；鼓励企业设立内部研发机构，支持企业建立重点实验室和企业技术中心；继续实施技术创新引导工程，推动企业全面提高技术创新能力。同时，要进一步深化科研体制改革，强化国家对科研机构的合理布局，推动科研机构建立现代科研院所制度；加强地方科技工作，实现区域科技资源的合理配置和高效利用，建设各具特色和优势互补的区域创新体系；大力发展生产力促进中心、区域或行业科技开发公共服务平台，建立社会化、网络化的技术交易服务体系，为技术的转移和应用提供支撑。

优化科技资源配置，推进公共科技资源的社会共享。针对我国科技资源配置条块分割、分散重复、利用率不高的问题，《科技进步法》分别规定了政府和相关管理单位建立科技进步协调机制、推进科技资源共享的职责和义务。为此，要进一步深化科技管理体制改革，强化科技行政部门与行业部门、地方有关部门在科技资源优化配置方面的统筹协调。科技行政部门要进一步完善与经济部门、行业部门在科技管理中的协同机制，对区域创新发展进行总体布局和分类指导。在科技计划的组织实施上要更多地发挥部门、行业和地方科技管理部门的积极性，形成共同推进科技发展的合力。建立科研基地、科技文献、科学数据、自然科技资源等公共科技资源信息系统，从资源信息公开、建立激励和约束机制等方面推进科技资源管理单位向社会提供共享服务。

创造有利于创新型人才成长的制度和环境。《科技进步法》强调要保护和调动科技人员的自主性、积极性、创造性，创造有利于创新型人才脱颖而出的机制和环境。目前，我国战略科学家和科技创新尖子人才仍十分缺乏，人才流动还存在某些制度性障碍，迫切需要进一步完善人才培养和流动机制。为此，要抓好以下工作：改变科技资源投入“重物轻人”的观念，统筹项目、基地、人才建设；搭建科技创新平台，为科技人才提供施展才华的机会，大胆启用优秀青年人才参与国家重大科技工程；建立适应各类科技活动特点的评价制度，面向市场的应用研究、试验开发等创新活动以获得自主知识产权和对产业竞争力的贡献为评价重点，公益科研活动以满足公众需求和产生的社会效益为评价重点，基础研究和前沿科学探索以科学意义和学术价值为评价重点；建立科技信用管理制度，加强科学道德和学风建设，弘扬科学精神，发展创新文化。

三、加强科技宏观管理、转变政府职能是贯彻实施《科技进步法》的必要途径

贯彻实施《科技进步法》，对科技行政部门依法行政提出了新的更高的要求。各级科技行政部门要深化科技行政管理体制改革，全面推进科技管理依法行政。

转变政府职能，实行依法行政。各级科技行政部门要严格按照《科技进步法》对政府职能的规定，依法推进各项工作。要学会运用法律手段解决各种问题和矛盾，把依法行政真正落实到科技改革与发展事业的进程中，落实到科技管理的各个方面、各个环节，通过法制化的程序实现科学民主决策。要改变忽视管理程序、只批不管、重权力轻责任、重审批轻服务等做法，改进工作作风，完善工作方法，严格遵守工作程序。政府科技行政部门要减少对市场化科技活动的直接干预，从项目的微观管理中解脱出来，将工作重点放到统筹规划科技布局、研究发展战略政策、营造自主创新良好环境、提高公共科技资源利用效率等方面。

改革科技计划管理方式，加强宏观管理。要强化科技计划组织实施的规范、协调与监管，推进国家科技计划管理的公正、公开、规范和高效。在统一的国家科技计划信息管理平台基础上，推行网上申报、评审，形成行为规范、运转协调、公正透明、廉洁高效的计划管理模式。改革科技评审与评估制度，完善同行专家评审机制，建立评审专家信用制度，建立国际同行专家参与评议的机制，加强对评审过程的监督，扩大评审活动的公开化程度和被评审人的知情范围。调整国家科技计划结构和项目管理方式，将规划、立项、财务监督和评估等各项管理流程相对分离，明确各个管理层级的责任，建立相互监督和制约的决策制度和机制。

健全科学民主决策机制，提高科技行政决策水平。要完善科技决策的规则和程序，建立规范的咨询和决策机制，推进决策的科学化、民主化。在完善专家论证咨询制度的基础上，进一步促进地方政府、行业部门和社会公众参与重大科技事项的决策。对于社会涉及面广、与人民群众利益密切相关的重大科技政策、重大科技发展和改革措施等，应向社会公布或者通过召开座谈会、论证会等形式，广泛听取社会各界意见。建立健全决策跟踪反馈和动态调整制度，对决策的执行情况进行跟踪，并及时做出调整。按照“谁决策、谁负责”的原则，实行决策权和决策责任相统一，促进决策机构和决策人员审慎决策，防止决策的随意性，减少决策失误，提高决策效率。

(作者：全国政协副主席、科学技术部部长)

(选自《求是》2008年第11期)

第四部分

理论·政治建设

中国特色社会主义民主政治的特点和优势

方　立

党的十七大报告高度概括了坚持中国特色社会主义政治发展道路的基本点，强调要坚持党的领导、人民当家作主、依法治国有机统一，坚持和完善人民代表大会制度、中国共产党领导的多党合作和政治协商制度、民族区域自治制度以及基层群众自治制度，不断推进社会主义政治制度的自我完善和发展。我们要全面把握中国特色社会主义政治发展道路的内涵和特点，增强坚持这条道路的自觉性和坚定性。

我国人民民主的主要实现形式

中国特色社会主义民主制度主要包括人民代表大会制度、中国共产党领导的多党合作和政治协商制度、民族区域自治制度以及基层群众自治制度。这些民主制度，是人民民主的主要实现形式。

人民代表大会制度是我国人民当家作主、参与管理国家事务和社会事务的根本政治制度。中国共产党领导的多党合作和政治协商制度，是中国特色社会主义的政党制度。民族区域自治制度，是我国实现民族平等、保障少数民族权利的重要政治制度。基层群众自治制度，是中国特色社会主义民主制度的重要内容。

中国特色社会主义民主制度的特点和优势

中国特色社会主义民主制度是马克思主义基本原理同中国国情相结合的产物，既坚持了科学社会主义关于民主理论的基本原则，又吸收了人类政治文明发展的有益成果，具有鲜明的特点和优势。

一是坚持党的领导、人民当家作主、依法治国有机统一。党的领导是人民当家作主和依法治国的根本保证。中国共产党是我国社会主义事业的领导核心，也是社会主义民主政治建设的领导核心。无论是发展社会主义民主，还是建设社会主义法治国家，都是通过党的政治、思想和组织领导实现的。人民当家作主是社会主义民主政治的本质和核心。我们党领导人民推翻剥削阶级统治、建立人民政权，就是要组织和支持人民当家作主，实现最广大人民的意志和利益。这是我们党执政的根本目的和可靠基础。国家一切权力属于人民，一切为了人民、一切依靠人民是社会主义政治和法律制度的根本特征。依法治国是党领导人民治理国家的基本方略。我们强调建设社会主义法治国家，归根到底也是为了实现社会主义民主政治制度化、规范化、程序化，为人民当家作主提供政治和法律制度保障。

二是坚持国家一切权力属于人民。我国宪法明确规定：中华人民共和国的一切权力属于人

民。人民是国家、社会和自己命运的主人，也是宪法和法律所确认和保障的民主和政治权利的主体。人民依照法律规定，通过各种途径和形式，管理国家事务和社会事务，管理经济和文化事业。中国特色社会主义民主是民主和专政的统一。一方面，在人民内部实行最广泛的民主，用民主和法治的方式解决人民内部矛盾，尊重和保障人权，保障人民的合法权益；另一方面，依法制裁破坏社会主义制度、危害国家安全和公共安全、侵犯公民人身权利和民主权利、贪污贿赂和渎职等各种犯罪行为，维护法律秩序，保护国家和人民利益。

三是坚持民主内容和形式的统一。中国特色社会主义民主坚持从中国国情出发，选择人民当家作主的实现形式。在国体上，坚持人民民主专政，保证工人阶级领导的、以工农联盟为基础的人民民主专政的政权性质；在政体上，坚持人民代表大会制度，保证人民当家作主的主体地位；在政党制度上，坚持中国共产党领导的多党合作和政治协商制度，形成最广泛的爱国统一战线；在民族关系上，坚持民族区域自治制度，保证各少数民族的民主权利和利益；在民主结构上，在坚持社会主义根本政治制度的同时，实行基层群众自治，保障城乡基层广大人民的直接民主权利。这些民主制度，是在长期实践中形成并不断发展的，体现了社会主义民主原则同中国国情的统一，内容真实性与形式多样性的统一，民主与效率的统一，权利与义务的统一。

四是坚持以民主集中制为根本组织原则和活动方式。我国宪法明确规定：中华人民共和国的国家机构实行民主集中制的原则。中国特色社会主义民主是民主基础上的集中和集中指导下的民主相结合，党和国家保障人民群众依法行使民主权利，在充分民主的基础上正确集中各方意见，协调不同利益，集体行使权力，科学作出决策，保证人民意志和利益的实现，维护社会公平正义。

在深化改革中推进中国特色社会主义政治制度自我完善和发展

我国正处于全面建设小康社会的关键时期，也是加快经济、政治、文化、社会体制改革和创新的关键时期。党的十七大根据形势任务的变化，对政治建设和政治体制改革作出了全面部署，强调必须坚持正确政治方向，以保证人民当家作主为根本，以增强党和国家活力、调动人民积极性为目标，扩大社会主义民主，建设社会主义法治国家，发展社会主义政治文明。我们要按照党的十七大部署，从我国国情出发，借鉴人类政治文明的有益成果，适应经济社会发展不断深化和人民政治参与积极性不断提高的要求，坚定不移地深化政治体制改革。

坚持党总揽全局、协调各方的领导核心作用，提高党科学执政、民主执政、依法执政水平。党的领导制度的完善，对于完善整个政治体制具有全局性影响。要始终把人民当家作主作为根本出发点和归宿，立足于一切为了人民、一切依靠人民，把坚持和改善党的领导建立在人民当家作主的政治和法律制度基础上，使社会主义民主制度的完善同党的执政方式的完善同步推进，保证党领导人民有效治理国家。要正确认识和处理党和人大、政府、政协、群众团体的关系，支持各方依法履行各自的职责，总揽不包揽，协调不代替。要善于把党的主张上升为法律，主要依靠法律治理国家、管理社会，使国家各项工作在法治轨道上运行。要坚持把最广大人民的根本利益作为制定政策、开展工作的出发点和落脚点，完善决策规则和程序，推进决策科学化、民主化，保证决策和决策实施符合客观规律和人民利益。

坚持国家一切权力属于人民，扩大公民有序政治参与。我国广大人民是当家作主的主人和国家政治生活的主体，不仅可以通过国家立法机关把自己的意志上升为国家法律，使国家意志和人民意志在本质上达到内在统一，而且通过广泛的政治参与，依法管理国家事务和社会事务，促进社会主义各项事业的发展。要适应经济发展、社会进步和人民群众政治参与积极性不断提高的要求，通过体制创新，健全民主制度，丰富民主形式，拓宽民主渠道，从各个层次、各个领域扩大公民有序政治参与，保障人民的知情权、参与权、表达权、监督权，不断扩大和保障广大人民的民主权利，不断增强党和国家的活力。

坚持依法治国基本方略，实现国家各项工作法治化。按照有法可依、有法必依、执法必严、违法必究的方针，不断推进完善立法、严格执法、公正司法、全民守法进程，保证依法治国基本方略的全面贯彻落实。坚持科学立法、民主立法，完善中国特色社会主义法律体系。加强宪法和法律实施，维护社会主义法制的统一、尊严、权威。善于依法行政和依法办事，按照宪法、法律和法规管理国家事务和社会事务，保障公民合法权益。

推进社会主义民主政治制度化、规范化、程序化，为党和国家长治久安提供政治和法律制度保障。政治体制改革要坚持社会主义方向，推进社会主义政治制度自我完善和发展，而不是要改变社会主义的根本制度。因此，决不能照搬西方议会民主、三权分立、多党制那一套。要抓住制度建设这个重要环节，努力使政治建设适应经济、文化、社会建设，反映时代要求，在制度创新方面取得新进展，创造人民依法管理国家事务和社会事务、管理经济和文化事业的新途径新形式，推进社会主义民主和法制协调发展，从制度上保证满足人民群众不断增强的政治参与要求。

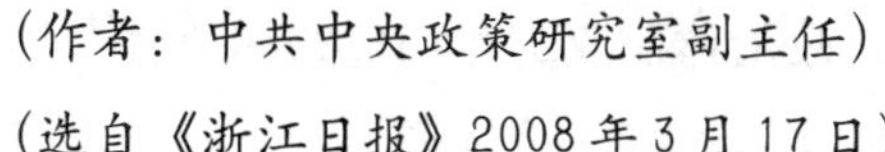
（作者：中共中央政策研究室副主任）
（选自《浙江日报》2008年3月17日）

政治体制改革：中国特色社会主义的重要战略选择

包心鉴

社会主义改革是全面的社会变革过程。我国改革开放的总设计师邓小平早在改革之初就明确指出："改革是全面的改革，包括经济体制改革、政治体制改革和相应的其他各个领域的改革。"社会主义改革的全面性，包括多层面意义：从改革的广度来说，不仅要进行经济体制改革，而且要在经济体制改革的基础上推进政治体制改革以及文化、社会等领域的改革，并且要使各项改革相互配套、相互补充；从改革的深度来说，改革不是细枝末节的修补，而是社会主义制度的自我革命；从改革的影响度来说，无论是经济体制的改革，还是政治体制的改革，抑或是其他体制的改革，都必然内在地要求实行相关领域的对外开放，积极吸纳世界各国先进技术、先进经验和文明成果。总之，在当代中国，改革是经济社会全面发展的内在要求，改革渗透于经济社会发展的各个层面。

社会主义改革之所以是全面的，从根本上说，是因为社会主义社会的基本矛盾运动具有全面性和系统性。生产关系和生产力、上层建筑和经济基础，这两对矛盾关系既各自成为一种矛盾系统，又相互作用构成更高一级的矛盾系统。生产力的发展要求生产关系相应地进行某种调整和改革，而生产关系任何一方面的改革，又一定会程度不同地影响到上层建筑，要求上层建筑进行相应的调整和改革，为生产关系的调整和改革创造良好的政治保证和政治动力。生产关系和上层建筑的改革，归根到底都是为了解放和发展生产力；是否有利于解放和发展生产力，既是改革的根本依据，又是改革的根本目的。社会主义矛盾运动的全面性和由此决定的社会主义改革的全面性，随着改革的深化和在改革过程中矛盾运动的进一步展开，将愈益明显地凸现出来。

在社会主义全面改革系统工程中，经济体制改革和政治体制改革，是两大基本要素。能否正确处理好这两大改革的关系，做到经济体制改革和政治体制改革相互协调、相互作用、整体推进，直接关系到改革的成败。

20世纪50年代，世界主要社会主义国家曾出现过几次大的改革浪潮，然而改革的结果却大不相同，苏联、前东欧国家以社会制度改变和共产党下台作为改革的沉重代价。这些国家改革失败，有诸多主观因素和客观因素，其中一个重要原因，是既未能正确处理好经济体制改革和政治体制改革的关系，又没有把握好改革的正确方向。与苏联和前东欧国家情形相反，我国30年改革开放逐步深化、稳步推进，取得了举世瞩目的成就。我国改革的一条基本经验是：把推动经济基础变革同推动上层建筑改革结合起来，始终抓住经济体制改革这个首要的基础的环节，同时不失时机地展开相关领域的政治体制改革；政治体制改革的突破口选在阻碍经济发展的最大障碍之处，并且与经济体制改革的力度、进程相衔接；牢牢坚持四项基本原则，保持政治稳定，实行渐进性改革推进战略，防止国家政权发生震荡；无论是经济体制改革还是政治体制改革，都紧紧围绕解放和发展生产力这个根本任务和中心环节来进行，把是否有利于解放和发展生产力，是否有利于增强综合国力，是否有利于提高人民生活水平，作为各项改革得失成败的根本标准。

在社会主义全面改革系统工程中，政治体制改革具有极其重要的地位，是不可忽视和懈怠的重要环节。

邓小平反复强调："我们提出改革时，就包括政治体制改革。"没有逐步推进的政治体制改革，社会主义改革很难全面深化并取得胜利。不仅如此，还有可能由于政治体制改革滞后而使整个改革事业困难重重、前功尽弃。这是由于：第一，经济是基础，政治是经济的集中体现。生产力的发展，生产关系的变革，必然深层次地涉及政治领域的若干体制和制度，不可回避地提出政治体制改革任务。假如不能审时度势，适时推进政治体制改革，经济体制改革所遇到的深层障碍就很难排除，改革也就很难在新的层面上解决社会矛盾、推进社会发展，甚至前期改革成果也很难巩固。在20世纪80年代中后期，在我国经济体制改革向建立社会主义市场经济体制总目标纵深拓展的时候，邓小平就反复提醒人们："现在经济体制改革每前进一步，都深深感到政治体制改革的必要性。不改革政治体制，就不能保障经济体制改革的成果，不能使经济体制改革继续前进，就会阻碍生产力的发展，阻碍四个现代化的实现。"第二，政治体制改革在社会主义改革系统中担负着双重功能：它既为经济体制改革的深化扫清障碍，提供强有力的政治动力和政治保证，又担负着建设高度民主、实现人民民主权利、调动人民群众积极性的重任。在社会主义初级阶段，社会主义民主是逐步完善的过程，政治体制改革则是发展社会主义民主的根本动力。在我国现行政治体制中，由于封建主义残余以及革命战争年代所形成的某些政治体制的影响，还存在着比较严重的弊端，不彻底改革这些弊端，社会主义民主就很难向高层次发展。第三，政治是上层建筑的核心组成部分，在经济和社会发展中担负着极其重要的职能和功能。其一，政治决定着国家和社会的发展方向，"政治就是参与国家事务，给国家定方向，确定国家活动的形式、任务和内容"。其二，"政治是经济的集中表现"，它对经济和社会的发展具有极其重要的反作用，甚至在一定条件下与经济相比不能不占据首要地位。其三，政治是对社会的协调和管理，政治"是以执行某种社会职能为基础"的，政治也"只有在它执行了它的这种社会职能时才能持续和发展"。政治的这些重要职能和功能，决定了政治体制改革在社会主义全面改革和经济社会发展中的重要作用。

事实上，在我国新时期改革进程中，特别是在改革攻坚阶段和纵深发展时期，若干重大改革，本身就具有经济体制改革和政治体制改革的双重性质。这种现象昭示，政治体制改革在整个改革中的关键地位和重要作用，政治体制改革与经济体制改革的有机衔接和协调发展，是社会主义全面改革的一种内在规律。这一规律，在当前改革和发展关键时期表现得尤为明显。

作为中国特色社会主义政治发展重要内容和强大动力的政治体制改革，必须同中国特色社会主义民主政治发展的本质、内涵和要求保持一致，否则就有可能走偏方向，造成新的矛盾和冲突，最终影响乃至阻碍民主政治发展。党的十七大报告深刻指出："深化政治体制改革，必须坚持正确政治方向，以保证人民当家作主为根本，以增强党和国家活力、调动人民积极性为目标，扩大社会主义民主，建设社会主义法治国家，发展社会主义政治文明。"

中国特色社会主义政治发展道路，是改革开放以来中国共产党依靠人民，带领人民共同开创的。这条政治发展道路的关键在于，既坚持马克思主义关于政治发展的基本原理和社会主义民主政治的基本原则，又根据我国的实际尤其是社会主义初级阶段的基本国情赋予其鲜明的中国特色。中国特色社会主义政治发展的本质是中国共产党的领导、人民当家作主和依法治国的有机统一。这一政治发展的本质，突出地表现为四大基本特征：

——共产党的领导是前提。中国特色社会主义基本政治制度，是中国共产党领导建立的；中国特色社会主义政治发展道路，是中国共产党领导开创的；中国特色社会主义民主政治的进一步完善，也只能靠中国共产党领导才能实现。中国共产党是执政党，是建设高度社会主义民主的核心领导者和主要推动者。在中国特色社会主义民主政治进程中，必须坚持党总揽全局、协调各方的领导核心作用，提高科学执政、民主执政、依法执政水平，保证党领导人民有效治理国家。在当代中国，没有中国共产党的集中统一领导，必然是一盘散沙，甚至会四分五裂，那样民主政治便无从谈起。

——人民当家作主是基础。人民当家作主是社会主义民主政治的本质和核心，也是发展社会主义民主政治的根本基础。在中国特色社会主义政治发展中，人民当家作主不仅仅是宪法的规定和国家的原则，而且是一种实际的过程，这就是，健全各种民主制度，丰富各种民主形式，拓宽各种民主渠道，从各个层次、各个领域不断扩大公民有序和有效的政治参与，最广泛地动员和组织人民依法管理国家和社会事务、管理经济和文化事业，使执政党、国家机构、社会生活等各个层面充分反映民意、尊重民意，体现人民当家作主。能否做到这一点，是能否体现中国特色社会主义民主政治本质的重要标志。

——依法治国是保障。民主必须制度化、法治化，现代民主政治是制度化、法治化的政治形态。中国特色社会主义政治发展，是一种使民主不断走上制度化、法治化的过程。总结国际共产主义运动和我国社会主义进程中的正反经验，邓小平早在20世纪70年代末就鞭辟入里地指出："为了保障人民民主，必须加强法制。必须使民主制度化、法律化，使这种制度和法律不因领导人的改变而改变，不因领导人的看法和注意力的改变而改变"。制度化和法律化两者相辅相成，构成民主政治和依法治国的完整内容。中国特色社会主义民主政治发展，不仅要上升到法律的高度，以完备的法律加以保障，一切依法办事，实现依法治国；而且要上升到制度的层面，使政治运行走上制度化、规范化、程序化轨道。制度问题带有根本性、全局性和稳定性，民主政治制度化，是民主政治法律化的重要基础和保证，是依法治国的有机内容。

——以人为本是主线。社会的发展，从根本上说是以何为本的问题。政治的发展，尤其凸现在以何为本这一根本问题上。这也是区分一种政治形态是否进步的根本标志。资本主义之前的政治发展，基本上是以神为本，上帝（神灵）主宰政治成为封建专制政治的主要标志，人们主要从虚幻的神灵中获取政治的价值与动力。

资本主义商品经济的广泛发展，使社会发展进入以物为本阶段，金钱主宰政治成为资本主义政治无法超越的障碍。只有社会主义和共产主义社会，才能真正进入以人为本即人的自由全面发展的新阶段，以人为本成为社会主义政治发展的本质特征。从这个根本之点上说，我们党提出的坚持以人为本、全面协调可持续发展的科学发展观，不仅具有极其广泛的经济和社会意义，而且具有极其深刻的政治意义。以人为本贯穿中国特色社会主义政治发展始终，是不断推进我国民主政治发展的主线。包括工人、农民、知识分子以及一切中国特色社会主义事业建设者在内的广大人民，既是我国政治发展的根本出发点，又是根本依靠力量，同时是一切政治变革和政治发展的根本目标。一切依靠人民，一切为了人民，一切从人民的利益和意愿出发，是中国特色社会主义政治发展的根本活力和根本标志。

我国政治发展的特征，赋予我国现阶段政治体制改革以鲜明的现实任务：

第一，以扩大执政党党内民主为目标，进一步深化党的领导体制、执政方式、组织制度和干部制度改革。

现代民主政治是政党政治，关键在于执政党能否改革创新、民主建党。中国特色社会主义政治发展的核心领导力量是中国共产党，以改革创新精神加强党的自身建设，不仅直接关系到党的事业能否繁荣发展，而且直接关系到中国特色社会主义民主政治能否不断开拓前进。深刻把握时代的新变化、经济社会的新发展和党的建设面临的新问题，以改革创新精神大力推进党自身改革，显然是我国政治体制改革长期而又紧迫的任务。

发展和扩大党内民主，是以改革创新精神推进党的建设的首要内容。我们党的性质和宗旨决定了党内生活必须以党内民主作为基本组织和活动原则。党内民主是党的生命。对于马克思主义政党来说，党内民主建设的进程和质量，不仅直接影响和决定着整个党的建设的进程和质量，而且事关党和人民事业的兴衰成败。尤其是，党内民主对人民民主具有重要的示范和带动作用。因此，党的十七大报告明确要求，“要以扩大党内民主带动人民民主，以增强党内和谐促进社会和谐”。发展和扩大党内民主，是确保党的先进性、提升党的执政能力的关键环节，又是深化政治体制改革、推进中国特色社会主义民主政治的重要保证。

扩大党内民主的核心是确保党员民主权利，关键是制度创新。不断推进党的制度创新，是不断深化党的领导体制、执政方式、组织结构和干部制度改革的根本环节。尤其要紧紧围绕扩大党内民主，进一步改革和完善这样一些基本制度：一是党内民主选举制度，按照党章规定，定期召开党员大会和党员代表大会，民主选举党的各级组织机构和领导者；二是党内民主讨论制度，重大问题由全体党员或党员代表进行充分讨论，以少数服从多数的原则进行民主表决，同时对少数人的不同意见认真考虑并加以尊重；三是党内情况通报制度，重大问题和事务及时在党内通报，使党的各级干部和全体党员及时知晓，增强党内生活透明度；四是党内民主决策制度，充分发扬民主，建立健全领导、专家、群众相结合的决策机制，依靠集体的力量进行科学决策，重大决策实施之前在党内广泛征求意见，以对决策进行及时补充和修正。能否坚定不移地加强党内民主建设，不仅直接关系到执政党自身的建设和执政地位的巩固，而且直接关系到其他民主党派和社会团体能否充分发挥推动政治发展的作用，从而直接关系到整个政党制度能否有利于国家民主制度的发展和人民民主权利的实现。因此说，发展和扩大党内民主，既是进一步加强党自身建设的重要

目标，又是拓展中国特色社会主义政治发展道路的重要保证。

第二，以建设服务型政府为目标，进一步深化行政管理体制改革。

我国党的十七大密切适应经济体制改革和经济社会发展的要求，明确提出必须“加快行政管理体制改革，建设服务型政府”。党的十七届二中全会通过的《关于深化行政管理体制改革的意见》进一步强调：“行政管理体制改革是政治体制改革的重要内容，是上层建筑适应经济基础客观规律的必然要求，贯穿我国改革开放和社会主义现代化建设的全过程。必须通过深化改革，进一步消除体制性障碍，切实解决经济社会发展中的突出矛盾和问题，推动科学发展，促进社会和谐，更好地维护人民群众的利益。”

深化行政管理体制改革的根本任务和重要目标是进一步改革高度集权的行政管理体制，着力建设公共服务型政府。在当代世界，成功的市场经济模式都并不排斥国家（政府）宏观调控的作用，有的甚至比较注重宏观调控，重视政府能力，反对经济上的自由放任。但是在一般情况下，经济运行过程中的诸多因素都由市场这只“看不见的手”自主调节而达到新的平衡，政府只是在市场作用失灵时，或经济扩张到市场所能承载的限度时，运用宏观调控手段来解决发展中的矛盾，清除经济发展的障碍，保证市场经济更好地按价值规律运行。社会主义市场经济是建立在社会主义公有制基础之上，与社会主义国家政权的命运紧密联系在一起的，它不仅不能削弱政治上层建筑的作用，而且必须高度重视国家（政府）的宏观调控功能。但这绝不意味着，我们可以运用高度集权的行政管理体制来领导和建构现代市场经济体制。这是因为，高度集权的决策体制和管理体制，是与市场机制根本对立的。从决策和管理角度来说，市场经济机制在本质上就是一种分散决策机制，削弱、排斥市场机制作用的最大弊端就是权力过于集中，如果千百万商品生产经营者不能根据市场和成本的变动自主地进行生产、交换和投资决策，也就谈不上由市场来配置社会资源。

同时，随着改革发展的深入，人民群众对社会公平和民生问题的要求进一步凸现，社会建设和社会发展的任务愈益加重，转变政府职能、建设服务型政府的任务更加迫切地提到政治体制改革重要位置上来。建设服务型政府，要求进一步改革和创新行政管理体制，通过转变职能、理顺关系、优化结构、提高效能，真正把政府的主要职能转变到经济调节、市场监管、社会管理、公共服务上来，把公共服务和社会管理放在更加重要的位置，努力为人民群众提供方便、快捷、优质、高效的公共服务。

第三，以坚决抑制和消除权力腐败现象为目标，进一步深化权力运行机制改革。

在市场经济运行过程中，政治权力对经济运行进行非正常渗透，从而导致权力商品化行为，造成对公共利益的严重侵蚀，这几乎是当今世界一种共生现象。因此，无论是发达国家还是发展中国家，都无不把市场经济过程中的反腐败提到政治发展的重要位置上来。在与腐败现象斗争的实践中，人们愈益认识到，经济增长不可能自然而然地解决政治上层建筑方面与经济发展逆方向运行的消极因素。只有顺应现代市场经济规律，不断推进政治体制改革，才能有效地抑制腐败现象，保证社会协调、和谐、全面发展。

在我国建立社会主义市场经济的进程中，更应当把抑制和消除权力腐败作为政治发展的头等大事和长期任务。这是因为，政治权力商品化，既是一种与社会主义市场经济的性质相抵触的政治行为，更是一种与社会主义国家权力的本质相悖离的政治行为。抑制市场经济过程中的权力腐败现象，仅仅靠市场经济自身的发展解决不了问题，归根到底需要从深化政治体制改革、完善政治运行机制方面寻求良策。党的十七大把反腐倡廉建设作为党和国家政治生活的一项根本建设，明确要求：要“更加注重制度建设，拓展从源头上防治腐败工作领域”。要“坚持深化改革和创新体制，加强廉政文化建设，形成拒腐防变教育长效机制、反腐倡廉制度体系、权力运行监控机制”。

第四，以丰富民主形式、发展政治参与为目标，进一步深化政治运行机制改革。

丰富民主形式，拓宽民主渠道，一个重要的现实任务是适应人民政治参与积极性不断提高的需要，不断扩大公民政治参与的广度和深度。发展公民政治参与，既是推进民主政治的重要手段，又是现代民主制度的重要标志。中国特色社会主义民主政治，是以人民当家作主为基础和本质的现代民主政治，公民对国家和社会生活的政治参与，既是中国特色社会主义政治发展的内在规定，又是拓展中国特色社会主义政治发展道路的迫切要求。在我国现阶段，公民政治参与还受到某些制度、体制和文化习俗的障碍而不够充分，某些政治参与也很不规范，甚至还存在着种种背离社会主义民主性质和要求的政治参与行为。现实状况提醒我们，扩大公民的政治参与，必须在有序化和有效性上下功夫。一是要进一步建立健全政治参与机制，畅通参与渠道；二是要进一步营造政治参与舆论氛围，不断提高广大公民参与政治的积极性；三是要进一步提升政治参与质量，把政治参与纳入社会主义民主的大方向和大趋势；四是要严厉处理压制民主、打击报复的行为，切实保护公民政治参与的权利和积极性。总之，要把公民政治参与的广度和深度实际地作为深化政治运行机制改革的重要突破口，作为中国特色社会主义民主政治完善和发展程度的重要标志。

发展协商民主，凝聚社会各界力量，形成民主政治建设的宏大生力军，是在我国现阶段进一步丰富民主形式、发展政治参与的重要环节，是深化政治运行机制改革的一项重要现实任务。改革开放所产生的最重大的经济社会效应就是多元化，当代中国已进入多元化发展新阶段。经济成分多元化、利益分配多元化、就业方式多元化，直接带来了社会结构和阶级阶层多元化，社会成员在多元化的经济社会变革中正在不断产生着多元化的政治价值诉求。在我国现阶段，不仅产生了一大批包括个体户、私营企业主、民营企业家、外资合资企业的管理者、社会中介组织成员以及自由职业者等新的社会阶层，而且工人阶级、农民阶层以及知识分子队伍也发生了许多新的变化和分化。社会结构的多元化，既为中国特色社会主义政治发展增添了巨大的动力和活力，也为如何进一步改革和完善现行政治制度和政治体制提出了新的更高的要求，迫切要求民主政治建设更加拓宽视野，更加面向社会，凝聚起宏大的民主政治建设大军。新生的经济社会组织及其主要成员，不仅同工人、农民、知识分子一样，是中国特色社会主义的经济建设者，而且也是中国特色社会主义政治建设的重要推动力量。通过人民政协等多种组织和渠道，加强同新生的社会群体和建设力量进行政治协商和政治沟通，是中国特色社会主义民主政治的重要生长点。

（作者：山东省马克思主义研究中心副主任）

（选自《政治学研究》2008年第3期）

论坚持中国特色社会主义政治发展道路

李良栋

党的十七大报告强调："要坚持中国特色社会主义政治发展道路"。中国特色社会主义政治发展道路的提出在我们党文献中出现尚属首次。这条道路，既是对以往社会主义政治建设经验的科学总结，也是今后我国政治建设的正确方向。

一、中国特色社会主义政治发展道路的形成过程和基本内涵

中国特色社会主义政治发展道路是党领导人民从中国国情出发探索社会主义政治建设的实践结晶，具有丰富的内容和鲜明的特点。

（一）中国特色社会主义政治发展道路的形成过程

在经济文化不发达的社会主义国家如何推进政治发展，是一个长期没有解决好的问题。新中国成立以后，党和毛泽东同志是想立足于中国实际走出一条具有中国特点的社会主义政治建设道路的。可惜，在探索的实践中经历了曲折和失误，甚至发生"文化大革命"那种全局性背离民主和法制的失误。前苏联和东欧一些社会主义国家要么是长期不注重发展民主和健全法制；要么是完全照抄照搬西方的政治模式，结果使社会主义事业付之东流。正是在深刻总结社会主义运动历史教训的基础上，十一届三中全会以来，党领导中国人民坚持把马克思主义基本原理同中国具体实际和时代特征相结合，既坚持以毛泽东同志为代表的老一代中国共产党人开创的社会主义政治制度，又在开拓进取实践中不断创新和发展，在探索中逐渐地形成中国特色社会主义政治发展道路。

党的十一届三中全会那个时候，我们党有鉴于"文化大革命"及其之前的教训，正确地提出了要随着全党工作重心向经济建设的转移，在推进经济体制改革的同时进行政治体制改革，发展民主、健全法制。但是，由于受历史条件和认识水平的限制，当时还不能回答整个社会主义政治建设的发展目标和道路模式问题。正因如此，尽管党的十二大上邓小平同志代表我们党正确地提出走自己的路，建设中国特色社会主义，但是在政治发展问题上，当时提出要建设高度的社会主义民主，表明我们对国情现状还缺乏认识。党的十三大正确指出我国正处在并且长期处在社会主义初级阶段，对于中国国情有了一个科学、准确的把握。十三大以后，我们从社会主义初级阶段实际出发，逐渐提出建设中国特色社会主义民主。但是从整个政治建设的整体而言，中国特色社会主义民主还是不能包含政治建设的全部内容。十四大以后，党和人民坚定不移地走上了建立和发展社会主义市场经济的道路，围绕于此，对于社会主义政治建设的道路不断进行探索。到了党的十五大，党提出依法治国、建设社会主义法治国家的目标，为社会主义政治建设的理论和实践增添了新的内容。十五大以后，在总结社会主义政治建设历史经验，把握社会主义政治文明发展规律的基础上，党逐步提出坚持党的领导、人民当家作主和依法治国的有机统一，是社会主义民主政治建设的基本原则。此后的十六大加以确认。正是在这一系列探索的基础上，党的十七大提出中国特色社会主义政治发展道路的范畴，为中国的社会主义政治建设提供了根本指针。中国特色社会主义政治发展道路的提出，表明中国共产党人对社会主义政治建设客观规律的认识上升到了一个新的水平。

(二)中国特色社会主义政治发展道路主要内容和鲜明特点

中国特色社会主义政治发展道路的主要内容与鲜明特点是紧密联系在一起的。

第一，坚持党的领导、人民当家作主、依法治国有机统一，是中国特色社会主义政治发展道路的基本原则和核心要求。党的领导是人民当家作主和依法治国的根本保证。无论是发展民主还是建设法治，都不能离开党的政治领导、思想领导和组织领导。人民当家作主是社会主义民主政治的本质和核心。人民依照法律规定，通过各种形式和途径，管理国家事务和社会事务，管理经济和文化事业，才能真正成为国家、社会和自己命运的主人。依法治国是党领导人民治理国家的基本方略。只有实现社会主义民主的制度化、规范化和程序化，人民当家作主才能切实具有坚实保证。实现三者有机统一，是体现社会主义政治建设优越性的根本途径。过去一个相当长的时期内，我们对发展民主和健全法制重视不够，甚至将党的领导与民主法治对立起来，从而影响了民主法治的发展。提出党的领导、人民民主和依法治国的有机统一，把党的领导融入于民主法制建设之中，这就解决了社会主义政治发展的根本问题。“三个统一”是中国特色社会主义政治发展道路的核心，坚持和完善人民代表大会制度、中国共产党领导的多党合作和政治协商制度、民族区域自治制度以及基层群众自治制度，都是坚持党的领导、人民民主和依法治国有机统一的具体体现。

第二，坚持和完善人民代表大会制度。人民代表大会制度作为我国的根本政治制度，是动员和组织人民作为主人翁投身国家建设，维护国家统一和民族团结，维护广大人民的共同意志和根本利益的根本途径；也是国家政权充分发扬民主、贯彻群众路线的最好形式。我国的人民代表大会制度与西方的议会制有着根本不同。西方的议会主要体现为立法机构，人民代表大会则是体现国家一切权力属于人民的国家权力机关。西方的议员是职业政客，我国的人民代表则是来自人民群众的各个阶级、阶层，本身就是其中一分子，能够更好地代表和维护人民的利益。人民代表大会制度坚持以民主集中制为根本组织原则和活动方式，在充分民主的基础上正确集中各方意见，协调不同利益，集体行使权力，科学作出决策，保证人民意志和利益的实现，维护社会公平正义。它既尊重多数、保护少数，反对把个人意志凌驾于集体之上，同官僚专制主义根本不同；又反对把民主和法制相割裂，同无政府主义和极端民主化划清原则界线。

第三，中国共产党领导的多党合作和政治协商制度，既是社会主义基本政治制度之一，也是有中国特色的社会主义政党制度。它既不是前苏联和东欧那种一党制，也不是西方的两党制和多党制。这种政党制度既有利于发扬民主、活跃国家政治生活，又有利于增进人民团结、维护国家政局稳定，有利于加强、改善共产党的领导和充分发挥民主党派的参政党作用，从而实现统一领导与广泛民主、富有效率与充满活力的有机统一。

第四，民族区域自治制度是我国又一基本政治制度。这个制度是根据我国的历史发展、文化特点、民族关系和民族分布等具体情况作出的制度安排，符合我国各民族人民的共同利益和发展要求，与前苏联和美国有着根本不同。它既实行单一制的国家形式，维护了国家的统一；又在少数民族内部实行民族自治，有效地处理了民族平等关系，体现了民族民主自治。

第五，坚持和完善基层民主制度。党的十七大首次把基层群众自治制度纳入中国特色政治制度范畴，这是我们党不断推进社会主义政治制度自我完善和发展的重要体现。基层群众自治制度，就是广大群众依法直接行使民主权利、管理基层公共事务和公益事业，实行自我管理、自我服务、自我教育、自我监督。它是人民当家作主最有效、最广泛的途径。西方国家也在基层社会发展民主，如社群民主、协商民主等等。但是，他们并没有将基层民主列为国家的政治制度。将基层民主列入国家政治制度，坚持民主内容和形式的统一，在坚持社会主义根本政治制度的同时，实行基层群众自治，充分体现了社会主义国家保障城乡基层广大人民直接民主权利的原则。

二、坚持中国特色社会主义政治发展道路是历史和现实的选择

我们之所以要坚持中国特色社会主义政治发展道路，是因为这条道路既是历史发展的必然选择，也是现实的客观需要。

(一)坚持中国特色社会主义政治发展道路是历史作出的必然结论

毫无疑问，人类世界最终都要走向政治文明，但是，由于各国的国情不同，不同民族走向政治文明的途径也自然不同。考察近代以来的世界政治发展史，不难看出，任何国家政治发展的道路都是在坚持人类政治文明共同要求的同时，由本民族和国家的国情所制约而形成自己的特有模式。如西方各个国家在资产阶级革命胜利以后普遍建立了代议制民主政体，但同样是代议制国家，英国就是君主立宪制，美国则是民主共和制；同样是民主共和制，美国就是总统制，法国则是总统内阁制，而瑞士还是委员会制。可见，西方国家的政治模式并不是千篇一律的。之所以如此，是由于每个国家的政治历史传统和现实状况即国情使然。

照抄照搬别国的模式从来得不到成功。近年来，一些发展中国家吃尽了照搬西方民主的苦头。20世纪70年代后，拉丁美洲照抄照搬欧美的制度模式，结果陷入“拉美化”危机，造成频繁的军事政变和政权更迭，经历了经济社会发展停滞的“失去的十年”，而“拉丁美洲民主政治的平均质量依然没有决定性改善”(墨西哥政治学家马西亚斯的评语)。2001年底到2002年初阿根廷危机时，两周内就更换了5个总统，而且，直接引发了由于政府财政入不敷出而导致的通货膨胀和无力还债经济危机。20世纪80年代，大多数非洲国家被迫接受了西方政治模式，实行多党制。结果不仅没有带来政治稳定和经济发展，反而在多数国家爆发了严重动乱，社会秩序瘫痪，经济危机不断，不少国家甚至还发生了无休止的内战。苏东剧变后，又有一些国家转而实行西方民主制度，结果陷入混乱不堪、进退维谷的境地，使人民生活更加困苦。对此，连西方主流学者也看到了在政治发展上照抄照搬的苦果。阿尔蒙德就全面概括了亚、非、拉许多发展中国家照搬西方式民主模式的普遍性失败。亨廷顿也坚持各国应当自行选择政治发展道路和模式，指出：“政治现代化的含义还包括，民主国家享有的对外主权不受他国的干扰，中央政府享有的对内主权不被地方或区域性权力所左右。它意味着国家的完整，并将国家的权力集中或积聚在举国公认的全国性立法机关手里”。

纵观中国历史，近代以来许多仁人志士在追求民主的道路上曾经尝试西方议会制度和多党制度，但最终都因不符合中国国情、不符合中国人民的根本利益而没有获得成功。从康有为、梁启超的维新变法到孙中山的资产阶级民主革命，都试图按照三权鼎立的学说来改造中国，但都以失败而告终。多党竞争也是如此，辛亥革命后中国曾一度出现多党政治，宋教仁案件的发生充分说明资产阶级民主政治在中国行不通。抗日战争胜利后民族资产阶级幻想在中国走第三条道路，民盟最终被蒋介石宣布为非法团体而被迫解散。历史证明，只有在中国共产党领导下，建立起人民民主专政的国家政权，建立起人民代表大会制度、中国共产党领导的多党合作和政治协商制度、民族区域自治制度以及基层群众自治制度等一整套社会主义民主政治制度，中国才真正实现了从延续两千多年的封建专制政治向民主政治的历史性跨越，实现了从近代以来照搬西方资本主义民主政治模式的失败尝试向建设新型的中国特色社会主义民主政治的历史性转变。中国特色社会主义政治制度真实地体现了人民群众的意志和愿望，并在人民群众的自觉推动中不断完善和发展。如果我们放弃长期以来行之有效的政治制度，实行西方资本主义国家那一套政治制度，必然动摇我国社会主义民主政治制度的根基，动摇人民当家作主的政治地位，危及国家的统一和民族的团结。

邓小平同志指出，我们评价一个国家的政治体制、政治结构和政策是否正确，关键看三条：第一是看国家政局是否稳定；第二是看能否增进人民的团结，改善人民的生活；第三是看生产力能否得到持续发展。党的十一届三中全会以来，正由于我们始终不渝地坚持中国特色社会主义政治发展道路，坚持从中国国情出发，对社会主义经济、政治、文化、社会建设和改革总体部署、协调推进，不断完善人民代表大会制度、中国共产党领导的多党合作和政治协商制度、民族区域自治制度以及基层群众自治制度，人民民主的内容不断扩大、形式不断丰富、实践不断深化、社会主义法制不断健全，党和国家的活力、人民群众的积极性创造性充分发挥，促进了生产力持续发展、社会全面进步，保持了国家政局稳定和社会安定和谐。历史说明，中国特色社会主义政治发展道路是一条正确的道路。

（二）坚持中国特色社会主义政治发展道路是中国社会发展的现实要求

我国社会主义正处于重大的历史转折时期。实现由原有的计划经济体制向社会主义市场经济体制的转变，完成全面建设社会主义小康社会的目标，一方面要不断推动经济和社会发展、进步；另一方面需要一个稳定的社会环境。

中国特色社会主义政治发展道路的核心是党的领导、人民民主和依法治国的有机统一，在三者关系中，坚持党的领导是根本保证。社会主义民主就是人民内部各个阶级和阶层的利益要求通过平等协商和少数服从多数的原则进行表达和集合的过程。如果没有一个能够协调各方、代表最广大人民利益的政治核心在中间起着决定性作用，社会主义民主就不可能健康顺利地发展。在中国，这个政治核心就是中国共产党。同时，在中国实现现代民主和法治，是一场深刻的社会变革。在这场变革中，各种深层次矛盾同时存在，问题层出不穷。如果没有一个能够得到全国各族人民、各个阶级、各种社会阶层普遍拥护和一致认可的政治领导核心，政治发展就难以能够平稳、顺利地进行。所以，

坚持中国共产党对中国社会生活包括对政治建设的领导，具有至关重要的意义。

人民民主是三者关系的本质和核心。人民民主是靠制度来保障的，离开了社会主义政治制度，人民当家作主就是空谈。作为我国政体的人民代表大会制度和共产党领导的多党合作与政治协商制度、民族区域自治制度和基层民主制度，是在中国国情的基础上产生和发展起来的，是符合我国国情的最便利的制度，是社会主义民主的重要体现。我国的人民代表大会制度是依照民主集中制的原则建立的，是一种既有统一又有分工，既有制约又有协调的体制。这种体制的设计是比较科学合理的，具有比较明显的优点。从中国国情出发发展民主，就必须坚持这个制度，不能简单照抄照搬西方的政体模式。西方的"三权分立"是他们的历史、文化和国情的产物，与中国国情有着区别。如果简单地照搬西方的"三权分立"，实行立法、行政、司法平行设置，人民代表大会地位就会下降，人民权力高于一切就会发生变化。

我国共产党领导的多党合作和政治协商制度，既是中国历史发展的合乎规律的结果，也是当代中国现实发展的必然要求，有着自己特有的优势，应当在实践中坚持和完善，而不能简单地仿效西方的多党制。国外有学者对多党制有一个定量分析：在23个实行一党制的发展中国家中，政局稳定的有19个，比较稳定的4个，不稳定的0个。在26个实行多党制的国家中，政局稳定的有11个(其中10个是西方发达国家)，相对稳定的有2个，不稳定的达13个。发展中国家实行多党制的绝大部分都呈政局不稳定状态。我国的民族区域自治制度的建立完全是从中国国情实际出发的。新中国建立时，也有人曾经提议学习苏联的联邦制，我们党没有采纳，而是决定在处理民族平等关系上建立民族区域自治制度。事实说明，实行这个制度，没有像前苏联那样最终造成国家的分裂。这个制度同样不能改变。至于基层民主制度，完全是改革开放以来党和人民在政治实践中的崭新创造。基层民主制度为广大人民群众直接行使民主权利，自己管理自己的经济、政治和文化生活提供了制度保障，更是应该长期坚持。中国是一个正在进行改革开放和现代化建设、处于社会转型时期的发展中国家，社会矛盾错综复杂，非常需要政局稳定。如果实行三权鼎立、多党竞争体制，无疑要把中国推向动乱甚至分裂，断送中国现代化的前程。正如邓小平同美国前总统卡特的谈话中说：中国如果照搬你们的多党竞选、三权鼎立那一套，肯定是动乱局面。只有坚定不移地坚持社会主义政治制度，才能保证中国的政治稳定。

三、深化政治体制改革，推进中国特色社会主义政治发展道路

坚持中国特色社会主义政治发展道路，必须通过政治体制改革不断地推进社会主义政治发展。

(一)深化政治体制改革是适应经济社会不断发展和人民政治参与积极性不断提高的需要

党的十七大提出进一步完善社会主义市场经济体制、实现国民经济又好又快发展。发展社会主义市场经济内在要求民主和法治，实现国民经济又好又快地发展客观地呼唤政治体制改革。市场经济的发展为民主和法治的发展提供经济基础，民主法治的发展反过来又为市场经济的持续健康发展提供保证。只有坚定不移地发展民主法治，才能为完善社会主义市场经济体制、实现国民经济又好又快发展提供政治保障，充分激发强大的政治凝聚力和社会整合力，为推动社会主义经济发展提供不竭动力。当前，人们普遍感到，进一步完善社会主义市场经济必须消除原有的体制性障碍，包括经济体制障碍和政治体制障碍。进一步解放思想，实事求是，一切从客观实际出发，在深化经济体制改革的同时，不断推进深化政治体制改革的步伐，真正消除完善社会主义市场经济、实现国民经济又好又快地发展的体制性障碍，是我们面临的重要任务。

构建和谐社会的核心是维护社会公平正义。公平正义的实现，依靠建立起一整套相应的制度和程序来维护。而这样的制度和程序的建立，只能通过发展民主和健全法治来实现。在构建和谐社会的历史条件下，人民群众要求社会公平正义的呼声不断提高，社会管理的难度增加，客观地要求通过更加广泛的协商民主，提高决策的科学化、民主化，促进决策的合理性，求得人民群众的配合和支持。只有不断推进民主政治建设，不断深化依法治国，才能适应构建和谐社会新的历史要求。

改革开放以来，随着经济和社会发展，人民生活水平不断提高，群众的政治参与意识、权利意识日益增强，对民主的要求更加迫切。但是，目前在丰富民主形式、扩大公民有序政治参与方面还远远不够。十七大报告指出："要健全民主制度，丰富民主形式，拓宽民主渠道"。如何通过政治体制改革不断丰富和创造多种多样的民主形式，保障人民的知情权、参与权、表达权、监督权。如何不断探索拓宽政治参与渠道，积极有序地发展民间组织，都客观地提上了日程。发展民主，制度问题带有根本性、长期性、稳定性。如何抓住制度建设这个重要环节，在制度创新方面取得新进展，不断探索人民依法管理国家事务和社会事务、管理经济和文化事业的新途径新形式，从制度上满足人民群众不断增强的政治参与要求，都是需要解决的问题。

(二)政治体制改革必须做到"四个坚持"

党的十七大指出，深化政治体制改革，必须坚持正确政治方向，以保证人民当家作主为根本，以增强党和国家活力、调动人民积极性为目标，扩大社会主义民主，建设社会主义法治国家，发展社会主义政治文明。要落实上述要求，必须做到"四个坚持"。

第一，坚持党总揽全局、协调各方的领导核心作用，提高党科学执政、民主执政、依法执政水平，保证党领导人民有效治理国家。党的领导方式、执政方式的改革和完善，对于完善整个政治体制具有全局性影响。要把坚持和改善党的领导建立在人民当家作主的政治和法律制度基础上，使社会主义民主制度的完善同党的执政方式的完善同步推进，保证党领导人民有效治理国家。要正确认识和处理党和人大、政府、政协、群众团体的关系，支持各方依法履行各自的职责，总揽不包揽，协调不代替。要善于把党的主张上升为法律，主要依靠法律治理国家、管理社会，使国家各项工作在法治轨道上运行。

第二，坚持国家一切权力属于人民，从各个层次、各个领域扩大公民有序政治参与，最广泛地动员和组织人民依法管理国家事务和社会事务、管理经济和文化事业。人民是当家作主的主人和国家政治生活的主体，不仅可以通过国家立法机关把自己的意志上升为国家法律，使国家意志和人民意志在本质上达到内在统一，而且通过广泛的政治参与，依法管理国家事务和社会事务，促进社会主义各项事业的发展。要适应经济发展、社会进步和人民群众政治参与积极性不断提高的要求，通过体制创新，健全民主制度，丰富民主形式，拓宽民主渠道，从各个层次、各个领域扩大公民有序政治参与，保障人民的知情权、参与权、表达权、监督权，不断扩大和保障广大人民的民主权利，不断增强党和国家的活力。

第三，坚持依法治国基本方略，树立社会主义法治理念，实现国家各项工作法治化，保

障公民合法权益。坚持依法治国基本方略，实现国家各项工作法治化。按照有法可依、有法必依、执法必严、违法必究的方针，不断推进完善科学立法、严格执法、公正司法、全民守法进程，保证依法治国基本方略的全面贯彻落实。进一步完善中国特色社会主义法律体系。加强宪法和法律实施，维护社会主义法制的统一、尊严、权威。善于依法行政和依法办事，按照宪法、法律和法规管理国家事务和社会事务，保障公民合法权益。支持和保证国家机关依法行使职权，保证审判机关、检察机关依法独立公正地行使审判权、检察权，坚决纠正有法不依、执法不严的现象。一切政党和社会组织，所有公民和社会团体，所有国家机关和武装力量，都必须以宪法和法律为活动准则，任何个人和组织都不允许有超越法律之上的特权，形成全民守法的行为习惯。

第四，坚持社会主义政治制度的特点和优势，推进社会主义民主政治制度化、规范化、程序化，为党和国家长治久安提供政治和法律制度保障。政治体制改革要坚持社会主义方向，推进社会主义政治制度自我完善和发展，而不是要改变社会主义的根本制度。因此，决不能照搬西方议会民主、三权分立、多党制那一套。要抓住制度建设这个重要环节，努力使政治建设适应经济、文化、社会建设，反映时代要求，在制度创新方面取得新进展，创造人民依法管理国家事务和社会事务、管理经济和文化事业的新途径新形式，推进社会主义民主和法制协调发展，从制度上保证满足人民群众不断增强的政治参与要求。

（作者：中共中央党校政法教研部主任、教授）

（选自《理论学刊》2008年第5期）

中国政治发展进入体制创新期之现实要求

虞崇胜

改革开放近30年来，中国经济取得了举世瞩目的成就，与此同时，中国社会也出现许多亟待解决的问题。从本质上看，这些问题集中反映了一个共同的症结：现行的政治体制存在不容忽视的问题。要推进中国政治发展，必须改变思维模式，由通过政治体制改革推进政治发展转到通过政治体制创新推进政治发展的轨道上来。

一、政治体制创新的必要性和紧迫性

就目前中国经济和社会发展的现实情况看，政治体制创新的必要性和紧迫性日益凸显出来。

（一）经济和社会的持续发展要求政治体制创新

近几年，虽然我国的政治体制改革有了一定的进展，但同经济体制改革的实际进程相比，总体上来说是相对滞后的。政治体制改革滞后的局面不改变，在相当大程度上会影响整个改革发展全局。所以，无论从发展的矛盾还是改革的实践来看，都需要加快政治体制改革和创新，以实现全面改革的新突破。由此，摆脱改革攻坚“久攻不下”、经济社会领域多项重大改革难以突破的局面。

随着经济、社会的发展，公共治理结构中的一些矛盾凸显。例如，行政成本增大、行政效率低下的问题；人们政治参与积极性提高与表达渠道不相适应的问题；政府中的某些腐败问题与社会监督机制不健全的问题；利益多元化与社会组织发展滞后的问题；公共政策制定中的公众参与问题等，这些都对改善公共治理提出新的要求。要改革完善公共治理结构，使公共政策的制定和公共权力的行使超越部门利益、行业利益、地方利益的局限和束缚，并受到社会的监督和制约，以维护社会公平正义。

（二）基本政治制度的完善需要政治体制创新

当下的中国，经过建国以来将近60年的建设和发展，特别是改革以来30年的建设和发展，已经建立和形成了人民代表大会制度、共产党领导的多党合作与政治协商制度、民族区域自治制度和基层群众自治制度等基本政治制度，这是当今中国发展的政治制度前提。应该说，中国的基本政治制度是好的，必须长期坚持和继续发展完善。问题是基本政治制度只是提供基本制度框架，基本政治制度的有效运作还必须依赖于构成和支撑基本政治制度的政治体制和运行机制。如果没有良好的政治体制和运行机制，基本政治制度只是一套空洞的制度框架而已。

比如，30年前我国选举制度改革迈出了第

一步，在30年改革开放取得巨大成就的今天，中国经济结构、社会结构、公民权利意识发生了巨大变化，特别是新的社会阶层迅速成长起来，他们迫切要求参与国家政治生活，以实现自己的利益和要求。在新的历史条件下，没有选举制度的改革和创新，人民代表大会制度是不可能完善的。经济利益的调整需要政治权利的调整，没有民主权利的实现，不可能有民生的保障。要解决当前中国面临的贫富差距、民生、社会公平和正义、社会和谐等一系列问题，都需要从发展民主保障公民政治权利的根本上着手。全面修改选举法和地方组织法，创新选举制度和选举程序，扩大和切实保障人民参与国家政治生活的权利，已经成为完善人民代表大会制度的首要途径。

（三）清除体制性障碍需要政治体制创新

在深化改革过程中，政治体制性障碍已经成为人们的普遍共识。同以往的30年相比，新阶段政治体制创新的现实需求比以往任何时候都要大得多，迫切得多。(1) 实现经济发展方式的转变，首先在于通过政治体制创新，实现经济运行机制由政府主导向由市场主导的转变，为市场在资源配置中发挥基础性作用提供体制保障。(2) 推进以民生为重点的社会建设，重要的是通过政治体制创新，确立政府在公共服务供给中的主体地位和主导作用，以强化政府的公共服务职能，提高政府的公共服务能力。(3) 解决腐败问题，重要的在于通过政治体制创新，从制度上制约权力与资本的结合，解决体制性、机制性的腐败问题，以使权力正确行使。(4) 统筹中央地方关系，其实质是通过政治体制创新形成一个合理的中央地方权力和利益格局，并建立与此相适应的财政税收体制和官员考核机制。(5) 行政管理体制改革的实质性突破，取决于能否通过政治体制创新，形成一个决策权、执行权、监督权既相互制约又相互协调的权力结构和运行机制。由此，奠定公共治理结构的制度基础和制度保障。

（四）政治观念变革更新要求政治体制创新

观念是体制的先导，体制是观念的体现。没有体制创新，观念更新就是空话。最近一些年来，在思想解放的旗帜下，中国的政治观念有很大进展。如党的十七大明确提出了三大政治理念：民主法治、自由平等、公平正义；又如温家宝总理多次讲到要使正义成为社会主义国家制度的首要价值，等等。诚然，明确提出这三大政治理念，是对传统社会主义政治理论的重大突破。然而，如何才能使这三大政治理念落到实处呢？关键的就在于现有的政治制度和政治体制如何内涵着这三大政治理念，也就是温家宝总理所说的，要使这三大政治理念成为社会主义国家制度的首要价值。

随着三大政治理念的提出，可以说中国的政治理念实现了历史性的重大更新，这给现行的政治体制提出新的要求和挑战，同时也指明了政治体制创新的基本原则和前进方向。

（五）法治国家建设需要政治体制创新

在世界范围内，几乎所有国家的经济与社会现代化都是建立在制度现代化的基础上。现代化的制度包含一系列共同的宪政要素：法治、民主以及对财产权等基本权利的尊重和保障。人权保障防止政府以不必要的方式干预或控制市场、社会和公民的私人生活，民主保证政府对社会的干预和控制符合大多数人的利益和需要，法治则要求政府去严格执行由民主政治程序通过的符合大多数人利益的法。概言之，现代化的前提是政治和法律的理性化。在这其中，法治是最基本的条件。那么，怎样才能实现政治和法律的理性化呢？唯有通过政治体制的改革与创新，使之逐步内涵政治理性和法律理性。

（六）社会建设需要政治体制创新

社会和谐是指社会生活和社会结构的有序

性，即社会主体、社会活动、社会行为在社会规范体系内融洽协调。诸多社会问题产生或长期得不到解决，最终根源在于体制不完善。体制在社会发展中带有根本性、全局性、稳定性和长期性。创新和完善的政治体制对于创造安定团结的社会秩序是至关重要的。

优化社会秩序需要政治体制创新。体制以规范的形式确定社会资源使用的主要原则，保证经济社会资源在一定体系内得到有效配置与合理利用。法律、法规、规章、制度的完善，将减少人为因素不确定性的影响，使人们的利益诉求得到合理引导。并由此保障人们各居其位、各谋其政、各司其职、各尽其责。同时，体制作为对社会交往活动的规范，以统一的形式要求人们普遍接受并严格遵守，对符合社会整体利益的行为予以支持，对违反或破坏社会运行的行为则严加惩处，把人们千差万别的行为纳入统一的轨道中，使社会生活保持一种预期的秩序。当代中国的进一步发展凸显了法治化、民主化要求，创新和完善社会主义法律体系和公共管理体制显得尤为迫切。

保障人民群众的社会权益需要政治体制创新。由体制所确定的社会规则体系，能够确保大多数社会成员的应有权利得到合理行使，并获得相应的利益。权利的制度化、规范化和程序化确保广大人民当家作主，在公开公平的氛围中参政议政、建言献策，进而达到自我管理、自我服务、自我教育、自我监督的良好效果。如果体制不完善，人们合理的权益得不到保障，则会从根本上损害社会公平和稳定，也难以真正理顺社会成员之间的关系。随着社会主义市场经济的发展，我们需要完善收入分配、利益调节、社会保障、公民权利保障、政府施政、执法司法等方面的体制，便于社会成员维护自己的正当权益，平等地参与劳动创造、参与市场竞争、参与社会生活。

协调社会矛盾需要政治体制创新。体制究其实质就是调节相互冲突的社会利益的秩序安排，建立一种高效、有序的运转和协调体系。体制能够引导人们正确处理个人利益与他人利益、当前利益与长远利益、局部利益与整体利益的关系，从而有效协调社会利益矛盾。体制完善有助于加强对日常利益矛盾的规范化监测和调控，把矛盾解决在萌芽状态、解决在局部和基层，把冲突产生的负面后果控制在社会可承受范围内。良好的体制必须根据社会发展的需要，适时地进行创新，以此来保护不同社会阶层的利益，有效化解不断产生的新的利益矛盾，从而在动态中维护社会利益的合理格局。

（七）民生问题的解决需要政治体制创新

当下的中国，民生问题似乎成为一切工作的中心，上至中央政府下到地方基层到处都是解决民生问题的呼声。然而，如何解决民生问题呢？其实，解决民生问题也要靠政治体制和机制的创新。

总之，民生问题是大事，是政治问题，不是头痛医头、脚痛医脚所能解决的，必须通过政治体制创新，建立和健全能够充分保障公民权益的体制和机制，从而使民生问题成为社会主义制度和政治体制的内在要求。

二、政治体制创新的关键环节

根据已往改革的经验教训和现实改革发展的要求，我认为，中国政治体制创新必须抓住以下关键环节。

（一）执政党领导体制创新

这里的关键是如何做到“依法执政”。在中国，中国共产党的领导地位和执政地位是宪法明文规定的。因此，共产党的领导地位和执政地位是不可动摇的。但是，坚持共产党的领导和执政，并不是说党就可以包办和代替一切，党的领导主要是政治方向的领导，是领导人民实现当家作主。因此，必须创新党的执政模式，由

过去的以党代政和以党统政转到"依法执政"上来。其中最重要的有两点：一是执政党必须在宪法和法律的范围内活动；二是要善于把执政党的主张通过法律程序上升为国家意志。

（二）政府管理体制创新

这里的关键是如何做到"依法行政"。当下许多人认同行政管理体制改革是改革的关键，而行政管理体制改革的关键则是转变政府职能，建立服务型政府。其实，从体制创新的角度看，转变政府职能和建立服务型政府，只是行政管理体制创新的结果，而不是行政管理体制创新的关键。要想从根本上转变政府职能、建设服务型政府，必须从"依法行政"着手。只要政府的职能是法定的，政府严格按法律规定行使职权，同时政府严格依照法律的授权，依法承担起应负的责任，政府的职能就会自然地就会发生改变——即由过去管治型政府向服务型政府转变。因此，政府管理体制的创新必须抓住"依法行政"和建立"责任政府"这个关键。

（三）民主参与体制创新

这里的关键在于如何做到"依法参政"。社会主义事业是人民群众的事业，人民民主是社会主义的生命。人民民主在很大程度上要通过广泛的民主参与表现出来，而广泛的民主参与又必须在法律和程序的状态下进行。因此，民主参与机制的创新应该集中在如何促进"依法参政"上。而要做到"依法参政"可以从两个方面入手：一方面依法实行民主选举、民主决策、民主管理、民主监督；另一方面切实保障人民的知情权、参与权、表达权、监督权。这样既可以提升民主参政的质量，又可以保障民主参政在法制的轨道上有序地进行。

（四）人大的履权体制创新

这里的关键是如何做到"公平履政"。即人大行使职权要体现"公平正义"原则。何以人大行使职权要体现"公平正义"呢？首先，这是由人大的地位和职权决定的。根据宪法和法律，人大既是立法机关，也是监督机关。法律是公平正义的体现，立法公正是所有正义的源头；而人大的监督权的行使其实就是对"公平正义"的维护，促使国家机关行为能够体现"公平正义"。其次，这是由人大的运行机制决定的。人大作为我国的根本政治制度，其运行机制的不同层面都要求体现"公平正义"。具体来说，就是人大在运作过程中要体现观念正义（即人大建设的理念必须是正义的）、制度正义（即人大的制度构建必须是正义的）、程序正义（即人大工作程序必须是正义的）。只有这样，才能保证"公平正义"在国家根本制度中体现出来。

（五）基层社会管理机制创新

这里的关键是如何做到"基层自治"。党的十七大已经指出："要健全基层党组织领导的充满活力基层群众自治机制，扩大基层群众自治范围，完善民主管理制度，把城乡社区建设成为管理有序、服务完善、文明祥和的社会生活共同体。"基层自治的形式已有多种，目前需要创新和推行的是"职场民主"（即工作场所的民主）和"居场民主"（即生活场所的民主）。

（作者：武汉大学政治文明与政治发展研究中心主任、教授）

（选自《理论前沿》2008年第13期）

利益攸关方与建设性合作者

宫　力

在当代中国对外关系的链条之中，最为重要的一环当属中美关系。美国作为经济最为发达的西方头号强国，它的对华方针不能不对中国的历史发展进程产生影响；而对美方针也自然成为中国对外战略思考的重点之一。从这个意义上说，处理好中美关系对当代中国外交的大局具有特殊重要的意义。为了要更深刻地理解当今错综复杂的中美关系，我们有必要对新世纪以来中美关系的现状与前景做出恰当的评估，并在总结历史经验的基础上确立我们的战略、策略方针。

一、新世纪中美关系的磨合与定位

新世纪之初，美国试图构建一个以美国为主导的单极世界，其经济实力强大，军事技术居各国之首，并极力阻止任何潜在的战略对手的崛起。但美国的单极世界的目标，受到诸多因素的制约，不可能实现，多极化的趋势是阻挡不住的。这是因为，除了美国（“一超”）之外，当今世界上的几大力量（“多强”）都主张多极化。就是在美国内部，也有相当多的战略家逐渐意识到单极世界的目标很难实现。广大发展中国家也反对单极世界，支持推动世界多极化的趋势。世界上绝大多数国家都不赞成由一个超级大国垄断国际事务，这是大势所趋。目前，世界多极化已是不可逆转，而美国受到反恐战争和伊斯兰反美浪潮的牵制，其独霸世界的企图难以实现。

值得一提的是，布什政府在2000年上台之初，曾把中美关系定位为“战略竞争对手”关系。但自从美国发生“9·11”事件后，在“反恐”的国际大背景下，美国迅速调整了对华政策，由于“反恐”和防止“核扩大化”的需要，美国进一步协调和改善与中国的关系。在此基础上，中美关系以布什总统2002年和2005年两次访华和胡锦涛2006年4月访美为契机，迅速改善了双边关系，美国正式承认“东突”为国际恐怖主义组织，布什明确表示反对台独，中国承诺遵守核不扩散的协定，这是中美关系的重要进展。

在此基础上，布什政府对中美关系的重要性有了进一步的认识。2005年9月21日，美国副国务卿佐利克在美中关系全国委员会的一个会上发表的一篇题为：《中国何处去？——从正式成员到承担责任》的政策讲话，为美国未来的对华政策设计了一个新的框架。佐利克在讲话中说：“美国现在需要鼓励中国成为国际体系中一名负责任的利益攸关方（stake holder）。”

外界普遍认为，这是美国对华政策思路的

一个转折点。因为，这表明美国对中国的看法，已从把中国当作一个游离于“体制外”的国家，转变成认为中国可以成为融入国际体系中的一个负责任的利益相关的参与者。这是美国面对中国“和平崛起”做出的新的战略评估和战略设计。《美国纽约时报》发表社论指出，亚洲在21世纪面临的最大挑战是适应一个经济上不断强大的中国，而不是陷入过去那种军事敌对的状况。正是在这样的情况下，布什总统愿意与中国领导人共同讨论双方关切的重要的议题，用沟通的方式来解决双方的分歧。

在此之后，美国政府另一位重量级的人物，新任财长保尔森于2006年9月明确表示：“一个繁荣稳定的中国，一个能够而且愿意在全球经济中发挥领导作用的中国，与美国利益息息相关。”因此，美国要用“世世代代”的战略眼光看待中国。这表明，美国已意识到中国在世界经济与政治中的分量，以及中国正在融入国际社会并且与美国形成了互为依存的关系，因此要在务实的基础上与中国合作而不是对抗。

2007年9月6日，胡锦涛在悉尼会见出席亚太经济合作组织第十五次领导人非正式会议的美国总统布什时，从进一步促进合作的角度，提出了中美“既是利益攸关方又是建设性合作者”的概念。胡锦涛指出，近来中美关系继续取得积极进展，两国高层保持经常性沟通，经济对话和战略对话成功举行，各领域务实合作有效推进，在重大国际和地区问题上保持了良好沟通和协调。事实表明，中美既是利益攸关方又是建设性合作者。布什赞同胡锦涛对两国关系的评价。他说，中美关系很好，这对两国至关重要。美中都是世界上有重要影响的国家，两国加强合作能够解决许多问题。

中美关系的这种新的定位表明中美关系越来越趋于成熟、稳定和务实，中美关系的基础也越来越扎实。

二、中美关系实现相对稳定的内在动力

中美关系这种良性互动的形成来之不易。首先是由于中国的迅速发展和政局的稳定提升了中国的国际地位；其次是由于中国坚持走和平发展道路，对内讲和谐，对外讲和平，突出了中美两国共同利益的汇合点。展望未来，中美关系仍有继续改善的空间，中美关系有理由进入一个新的相对稳定的时期。

首先，美国反恐第一的战略，特别是“反恐”的艰巨性和长期性扩大了中美合作的基础，并且决定了美国在近中期不大可能把中国作为主要的敌手。对美国来说，在今后相当长的一个时期内，其国家安全的首要任务是反对恐怖主义和改造伊斯兰世界，为此美国急切地需要中国的支持和配合。在阿富汗战争之后，恐怖主义基地组织并未完全摧毁，而且后来又有重新整合之势。这反映出反恐斗争的艰巨性和长期性。此外，由于美国发动伊拉克战争，伊斯兰民众反美情绪高涨，伊拉克局势不稳定表明，美国想以伊拉克为民主样板进而改造伊斯兰世界的如意算盘遇到较大的阻力，不是短时期能够解决的。在这种背景下，美国很难有精力在东亚这个战略方向有大的动作。

其次，中美关系在防止核扩散问题上出现了新的合作趋向。现在美国最为担忧的局面是恐怖主义或者所谓“无赖国家”掌握包括核武器在内的大规模杀伤性武器，对美国发动新的攻击。这也是为什么美国对朝核和伊核如此敏感，如此紧张的原因所在。为了防止大规模杀伤性武器扩散，以至于出现“极端主义与技术的结合”这样最坏的局面，美国已将防扩提到与反恐并列的高度，并且提出了“对抗大规模杀伤性武器扩散的全面战略”以示重视。而在这方面美国需要中国的合作和配合。现在美国在防止大规模杀伤性武器方面，特别是解决朝鲜核危机方面有求于中国。而中国在促成解决

朝鲜核危机问题的六方会谈中也的确发挥了特殊的、也是无人能够取代的作用。这一点已给美国人留下了深刻的印象，并且得到了美国媒体很多正面的报道和评论。随着中国防扩散管理机制的更加完善，随着中国在处理朝鲜核危机问题上展现出来的负责任的和平大国形象，中美在防扩散问题上的共同点已超过了不同点。

第三，经过几年的磨合，布什政府对中美关系中的台湾问题的敏感性有了充分的认识。布什政府上台伊始对台湾问题的敏感性和尖锐性并无深刻的认识，以至于在他上台后不久，在回答记者提问时，竟然说过："尽其所能帮助台湾自卫"的话。几年来，布什政府对台湾问题对中美关系的敏感性和重要性逐渐有了比较深刻的了解。另一方面，美国为了寻求中国在反恐、和平解决朝鲜核危机等问题上的合作，也需要保持台湾海峡局势的和平与稳定，为此，布什政府一再在正式场合表明美国奉行"一个中国"的政策和不支持台湾独立的立场。这对中美关系的稳定产生了积极的影响。

第四，蓬勃发展的中美经济贸易已成为中美关系的新的战略支点。随着重视振兴经济成为一种世界潮流，中美两国越来越从战略的高度看待两国经济贸易关系的发展。由于现代化建设和建设全面小康社会的需要，中国把美国看作是扩大对外开放、引进资金技术和扩大贸易的重点对象，而美国也越来越看好中国这个具有巨大潜力的市场，美国已把中国列为世界十大新兴市场之首。在此基础上，两国的经济贸易关系有了迅速的发展，双边贸易额每年以很高的速度增长，中美两国已经互为第二大贸易伙伴。2007年1—11月，中美双边贸易额已经超过2700亿美元。美国在华投资也已达到相当大的数额，而且大公司的投入与日俱增。这种局面的形成，来之不易，对于稳定和发展中美关系起到了重要的作用。中美两国经济有着很强的互补性，这方面的合作潜力很大。

以上几点是中美关系出现改善和发展势头的内在动力。今后，中国仍将进一步改善中美关系，推动大国关系的良性互动，以增加中国和平发展的外交回旋余地。

当然，现在中美关系中仍然存在着一些深层次的矛盾和分歧，例如，在中国周边，美国借反恐之机，已在中亚立足，其着眼点固然有反恐之需，但也有防范中国和俄罗斯的一面。另一方面，美日同盟也有加强之势。在这种背景下，为了确保中国的和平发展和周边的安全，中国以上海合作组织和东亚区域合作构筑稳定周边的战略依托，妥善处理同周边的关系，以抵消美国在中国周边的渗透，降低美日同盟对中国带来的不利影响，并消除邻国对中国的担忧，创造有利的周边氛围，确保中国在周边的战略态势中争取主动。

此外，美国坚持对台军售问题、人权问题，以及中美贸易磨擦问题等也对中美关系构成一些隐忧。美国在对台出售武器等方面的态度在短期内不易改变。不过，美国的民意测验也显示，美国人民不愿意因为台湾问题而卷入同中国的一场战争。中美之间有三个联合公报和美国不支持台湾独立的承诺，这是中美之间的共同点。在人权问题上，中美两国由于社会制度、经济发展水平和价值观念上的差异，存在不同的看法乃至分歧，应该说是正常的现象。而人权问题作为当今国际社会普遍关注的问题在中美之间也是应该和可以进行讨论的。这里的关键在于，讨论人权问题首先应该有一个平等的态度，不能借人权问题向别国施压，更不能以此干涉别国的内政。中美之间只有在这样的基础上讨论人权问题，才有可能做到更客观一些，也更容易找到一些共同语言进行沟通。

三、影响中美关系的四个基本因素

多年以来，中美关系风云变幻，时而雷电

交加，时而雨过天晴，究其原因，在许多看似偶然的历史表象的背后，有一些突出的基本因素在起着支配性的作用，这是值得我们在总结历史经验的基础上，认真加以研究的。在这些影响中美关系全局的基本因素中，有的是由来已久的老问题，但在新的历史条件下，又增添了新的内涵；有的则是原来中美关系中的次要因素，随着国内外形势的变化，转化为突出的问题。这是我们观察中美关系走势时需要特别加以注意的。

台湾问题是中美关系中最为敏感最容易引发冲突的问题。从历史上看，台湾问题产生的根源是由于美国干涉中国内部统一事务所一手造成的。为此，中华人民共和国同美国就台湾问题进行过长期的斗争。中美建交之后，台湾问题本来已在中美建交公报中获得解决，有着明确的规定，不应再出现大的问题。然而，事实表明，美国并没有完全放弃对中国这一内政问题的干涉，由此时常影响到到中美关系的大局。台湾问题涉及中国的主权和领土完整，是十分敏感的最大原则问题，中国方面不会退让。“解铃还需系铃人”，要从根本上解决这一问题，需要美国切实履行其在中美三个联合公报中所做出的承诺，只有这样中美关系才能顺利发展。

人权问题原来在中美关系中并不占据重要的位置，在20世纪70年代和80年代初的那段时期，美国在与苏联争霸世界的角逐中，需要借助中国的力量，因此美国对华政策中，合作的成分更多一些，人权因素不起多大的作用。1989年北京政治风波之后的一段时间里，人权因素曾一度在美国对华政策中占据了中心的位置，中美之间由此展开了一场激烈的较量。后来由于中国顶住了压力，在扑面而来的惊涛骇浪中站稳了脚跟，美国出于自身国家利益的考虑，不得不把人权因素从中美关系中的中心位置移开。这不失为一项明智之举，但美国方面仍没有完全放弃用人权问题干涉中国内政的做法，而且在策略上有了新的变化。因此，中美之间在人权问题上的纠葛还远未了结。

安全因素曾经是中美两国优先考虑的问题，在20世纪70年代正是由于中美在安全方面对付苏联威胁的共同利益才导致了中美关系从解冻走向了建交。在冷战结束后，中美在安全方面的基础受到了相当程度的削弱，以至有的美国战略家认为中国的战略地位下降了，美国无求于中国了。但实际上中美在维护亚太地区稳定和安全以及处理国际热点问题等方面仍然需要相互合作。近年来中国在反恐、推动解决朝鲜半岛核危机等问题上日益显示出它的作用。这已为美国政府所承认。而在保护生态环境、防止大规模流行病爆发、缉毒，打击走私活动等全球性问题上，美国也需要中国的合作。近年来中美在安全方面原已受到削弱的基础得到了修补和加强。这对今后中美关系的发展具有重要的意义。

经济贸易因素在中美关系中的地位和作用有一个逐渐上升的过程。自从1972年，中美上海公报发表之后，逐步发展两国间的经济贸易关系开始提上两国政府的议事日程。但受历史条件所限，当时两国的贸易额很小，对中美关系大局也没有多少影响力。中美建交之后，中国把美国看作是实现对外开放、引进资金技术和扩大贸易的重点对象，而美国也越来越看好中国这个具有巨大潜力的市场。在此基础上，两国的经济贸易关系有了迅速的发展。虽然中美在贸易平衡、人民币汇率、知识产权等问题上也时常出现矛盾与磨擦，但总的来说，中美经贸关系是在磨擦中前进，而不是在磨擦中倒退的。随着经济优先成为一种世界潮流，中美两国越来越从战略的高度看待两国经济贸易。中美在经济方面的共同利益和相互需求，已成为支撑中美关系的一个强有力的新的战略支点。

由于影响中美关系的四个基本因素是相互关联的，而且双边关系是互动的。因此，同美国的交往应积极扩大合作面，多强调两国之间的利益汇合点，妥善处理两国间存在的分歧，尽量限制对抗的一面。

展望未来，在相当的一段时间内，中美之间将呈现出一种多样化的复杂关系，双方在经贸、安全、台湾、人权等直接影响中美关系全局的重大问题上有可能出现不同的情况。但就中美关系总体而言，既会有磨擦和斗争的一面，更会有相互借重和合作的一面。在磨擦中求稳定，求发展，将是中美关系中的一个重要特点。

2007年6月8日，胡锦涛主席在德国海利根达姆和布什总统会谈时，就进一步发展中美关系提出五点意见："一、继续培育战略互信，客观公正地看待对方的发展，正确理解对方的战略意图，继续加强交流对话，增进信任、扩大共识、促进合作。二、妥善处理台湾问题，共同维护台海和平稳定和中美共同战略利益。三、精心维护经贸合作大局，通过平等对话和协商妥善处理经贸摩擦，避免经贸问题政治化，推动中美经贸关系健康发展。四、拓展能源、环境保护、气候变化等领域合作。五、加强在重大国际和地区问题上的磋商和协调，共同维护和促进亚太地区和世界的和平、稳定、繁荣。"这是新世纪发展中美关系的重要基础。

曾经为打开中美关系大门做出过贡献的美国前总统尼克松有过这样的预言："在21世纪，中美两国之间的关系，可以成为世界上最重要的关系。"从目前中美两国的发展势头及其对世界格局的影响来说，我认为，这并非是夸张之辞。中美关系的发展是有生命力的，但道路不会一帆风顺。在历史的机遇和挑战面前，为了更好地把握两国关系的方向，中美两国的政治家应当登高望远，站在时代的潮头，着眼于世界大局，从长远的战略观点出发，不过分计较社会制度和意识形态的差别，争取在和平共处五项原则的基础上，扩大共同利益的汇合点，同时妥善解决彼此之间的分歧，这样才能推动中美关系不断向前发展。

（作者：中共中央党校国际战略研究所副所长、教授）

（选自《上海行政学院学报》2008年3月）

中国人权取得突破性进展的五年

董云虎

胡锦涛总书记在党的十七大报告中指出，十六大以来的5年，是中国改革开放和全面建设小康社会取得重大进展的5年，也是“人权事业健康发展”的5年。这是中国共产党在历史上首次把人权事业的发展作为国家事业发展的一个重要方面加以总结，客观准确地反映了过去5年中国在人权领域所取得的重大进展。

在这5年里，以胡锦涛同志为总书记的党中央将尊重和保障人权作为治国理政的重要原则，坚持以人为本、执政为民，在推动科学发展、促进社会和谐中着力改善民生、发展人权，在人权领域实现了一系列举世瞩目的突破性进展，开创了中国人权事业发展的新局面。

一、人权进入党执政兴国的核心理念，成为国家建设和社会发展的重要主题

最近5年，中国人权领域最引人注目的进展，就是实现了“人权”入政、入宪，完成了人权在党和国家社会政治生活中的主流化。

一是尊重和保障人权首次写入党章，成为中国共产党执政兴国的一个重要理念和价值。在建国后的相当长一段时间里，由于受“左”的思想影响，我们党曾将人权视为资产阶级口号予以批判。1991年11月，国务院新闻办公室发表《中国的人权状况》白皮书，率先突破“左”的禁区，明确将实现充分的人权确认为“中国社会主义所要求的崇高目标”。1997年9月党的十五大和2002年11月党的十六大进一步将“人权”概念写入党的全国代表大会的政治报告，将尊重和保障人权确立为共产党执政和党领导民主法制建设的一项重要目标。

党的十六大以后，以胡锦涛同志为总书记的党中央进一步将尊重和保障人权纳入党提出的树立科学发展观、构建和谐社会、加强执政能力建设的执政理念之中。2003年10月，党的十六届三中全会提出坚持以人为本的科学发展观，强调科学发展观的本质和核心是以人为本，而以人为本“就是要尊重和保障人权，包括公民的政治、经济、文化权利”。2004年9月，党的十六届四中全会通过《关于加强党的执政能力建设的决定》，强调党必须坚持科学执政、民主执政、依法执政，并把“尊重和保障人权，保证人民依法享有广泛的权利和自由”作为加强党的执政能力建设的一项重要内容。

2006年，党的十六届六中全会通过《关于构建社会主义和谐社会若干重大问题的决定》，进一步将尊重和保障人权提高到构建和谐社会制度建设的高度。该《决定》将“人民的权益得到切实尊重和保障”列为构建和谐社会的第一项目标和任务，将“坚持以人为本”作为构建和谐社会必须遵循的第一项原则，强调构建社会主义和谐社会要“以解决人民群众最关心、最直接、最现实的利益问题为重点”，将“完善人民民主权利保障制度”、“加强人权司法保护”、“尊重和保障人权，依法保证公民权利和自由”作为加强制度建设、保障公平正义的首要内容。可以说，尊重和保障人权贯穿于构建社会主义和谐社会的目标任务、基本原则和总体要求之中，成为构建社会主义和谐社会的重要基石。

党的十七大总结近年来中国人权事业的新发展和新经验，首次将“尊重和保障人权”写入党章，并从新的历史起点出发，着重强调要“尊重和保障人权，依法保证全体社会成员平等参与、平等发展的权利”，进一步突出了人权主体的广泛性和人民当家作主的主体地位，强调了平等原则在人权保障中的核心地位和法治保障的根本作用，体现了当代中国推动科学发展、促进社会和谐的内在要求，为我国人权事业的全面发展指明了方向。

可以说，尊重和保障人权已经成为我们党在新时期新阶段执政兴国的一个重要理念和指针。

二是尊重和保障人权首次写入宪法，成为国家根本大法的一项重要原则。2004年3月，根据中共中央的建议，第十届全国人民代表大会第二次会议审议通过了宪法修正案，首次将“人权”概念引入宪法在宪法中明确规定“国家尊重和保障人权”，进一步凸显了宪法作为人民权利宣言书、保障书的本质属性。“人权”入宪，一方面，使尊重和保障人权由党的执政理念上升为国家的宪法原则，体现了党的主张、国家的意志和人民的愿望的一致，体现了社会主义制度的本质要求；另一方面，确立了人权在中国法律体系和国家建设中的突出地位，实现了实行人民民主、依法治国与尊重和保障人权三项宪法原则的有机统一，完善了人民民主宪政的基本原则，开创了人权法制保障的新时代。

三是尊重和保障人权首次写入国民经济和社会发展规划，成为经济社会发展和现代化建设的一个重要主题。2006年3月，根据中共中央的建议，第十届全国人民代表大会第四次会议审议批准了《中华人民共和国国民经济和社会发展第十一个五年规划纲要》。该《规划纲要》在阐明未来5年中国经济社会发展宏伟蓝图和行动纲领时，明确提出要“尊重和保障人权，促进人权事业的全面发展”。这是中国首次在旨在阐明国家战略部署、明确政府工作重点的国民经济和社会发展规划中写入有关人权的内容，也是首次将人权事业的发展作为现代化建设事业的重要组成部分纳入国家发展规划。这说明，尊重和保障人权已成为中国国家建设和社会发展的重要主题，成为中国全面推进现代化建设的重要方面。

二、扩大民主，加强对权力的制约监督，公民享有了更多更切实的政治权利

5年来，中国坚持中国特色的政治发展道路，发展民主政治，建设政治文明，注重从制度上确保党和国家政治生活的民主化和人民的当家作主地位，民主政治的制度化、规范化、程序化进程加快，民主形式不断丰富，公民有序的政治参与不断扩大，公民的知情权、参与权、表达权和监督权得到了有效保障。

一是公民的参政权不断扩大。近年来，中国进一步完善选举制度，规范选举程序，逐步扩大公民的选举权。全国人民代表大会制度在实践中不断发展。2006年开始的县乡两级人大换届选举，规模空前，约6亿选民直选人大代表，成为中国人民民主的一次最深刻的实践。2005年，十届全国人大三次会议通过的有关表决议案、选举和决定任命的办法，首次明确了按表决器采用“无记名”方式，并明确不论赞成、反

对还是弃权都需填写选票，更好地维护了人民代表的权利。2007年，十届全国人大五次会议通过关于十一届全国人大代表名额和选举问题的决定，首次明确规定“在农民工比较集中的省、直辖市，应有农民工代表”，从法律上保障了1亿多农民工在最高国家权力机关直接拥有自己的代表，成为中国民主政治发展的一个标志性事件。十七大报告进一步提出，建议实行城乡按相同人口比例选举人大代表，这对于保障占全国人口大多数的农村公民享有平等参与政治的权利具有十分重大的历史意义和现实意义。

中国共产党领导的多党合作和政治协商制度在政治协商、民主监督和参政议政方面发挥着越来越大的作用。据统计，目前，中国各级人大代表中，有非中共人士18万名，各级政协委员中有非中共人士34万名；中央国家机关部门、最高人民法院、最高人民检察院领导班子中有非中共领导干部19名，全国担任县处级以上领导职务的非中共人士有3.2万人。2007年，无党派人士陈竺、致公党负责人万钢先后被任命为卫生部部长和科技部部长，分别成为改革开放以来首位担任政府部长的无党派人士和民主党派人士。这是中国共产党员领导的多党合作制度在国家最高行政机关的一种新的体现。

基层群众实行民主选举、民主决策、民主管理、民主监督，直接行使着管理公共事务和公益事业的民主权利。目前，全国已有28个省、自治区、直辖市制订或修订了村委会组织法实施办法，并制定了村委会选举办法。截至2004年底，全国农村已建立村民委员会64.4万个，全国城市已建立符合新社区建设要求的7.1万多个居民委员会，民主程度不断提高。全国已建立工会的企事业单位173.2万个，实行厂务公开的31.6万个。截至2006年11月底，全国建立职代会制度的企事业单位有约49.5万家。

二是公众对决策的参与度和政治表达权不断增强。开门立法、民主立法，畅通公众参与和民意表达渠道。全国人大及其常委会就关系人民切身利益的法律草案向全社会公开征求意见，越来越成为惯例。2005年9月27日，全国人大围绕《个人所得税法》中的个税工薪所得减除费用标准，举行了历史上第一次立法听证会，直接听取公众和有关方面的意见，扩大了公民的有序参与，实现了开门立法的重要突破。2006年3月20日，《劳动合同法》草案向社会全文公布征求意见，短短一个月时间，创纪录地收到各地群众意见20万件，其中65%的意见来自普通劳动者，全国人大常委会据此对草案进行了大幅度修改后获得通过。涉及国家基本经济制度、关系千家万户切身利益的《物权法》备受关注，除向社会全文公布征求意见和召开立法听证会听取和收集意见外，自2002年12月起全国人大常委会先后审议8次，召开100多次座谈会征求意见，创下了全国人大立法史上审议次数和召开座谈会次数最多的新纪录。据统计分析，绝大多数法律从法律草案提交审议到通过，有1/3以上条款经审议后被修改或调整，少数法律草案一半以上条款被修改或调整。

政府决策更加民主。中南海向农家人敞开大门。2005年，国务院作出规定，重大决策建议必须经过专家或研究、咨询、中介机构的评估或法律分析。2006年，山西村支书张占胜面对面向总理掏心里话。一年来，学者、专家、企业家等相继走进中南海，对“十一五”发展规划等关系国计民生的大事发表意见。统计显示，目前全国70%以上的市县政府出台了规范政府决策的专门规定，建立了政府决策听取公众意见制度。

三是公众的知情权、监督权不断拓展。国家权力机关运行和人大代表履职情况日益透明。十届全国人大从一次会议到五次会议，开放透明程度不断提高。自2003年采访两会的记者首

次突破3000名、其中外国记者超过500名以来，全国人大会议代表团团组开放场次不断扩大。2006年首次开通“网上新闻中心”，2007年首次对外公布各代表团驻地详细地址、允许境外记者直接联系采访代表、公开各代表团新闻联络员联系电话、提供重要法律草案说明英文版，将全国人民代表大会的开放透明度提高到一个新水平。

行政权力正从“暗箱操作”转为“透明运行”。自从20年前《村民委员会组织法》首次写入村财务公开内容以来，政务公开成为民主法治建设的一项重要内容。党的十六大以来，历次中央全会都对政务公开提出要求，政务公开步伐加快，公开渠道更加多样，内容更加注重服务。目前，《立法法》、《突发公共卫生事件应急条例》等80多部法律和行政法规均对相关信息的公开作了规定；国务院有55个部门及直属单位建立了政务公开领导小组及办事机构，45个中央国家机关部门和单位、31个省区市和新疆生产建设兵团制定了推行政务公开的规范性文件，对公开政府信息作出明确规定。74个中央国家机关和单位、31个省区市建立了新闻发布和新闻发言人制度。全国乡镇政府和县政府所属部门普遍设立了政务公开栏，县级以上政府定期发布政府公报。目前，19个中央国家机关部门和单位、14个省区市已编制政务公开目录。全国建立综合性行政服务中心2100多个，各级各部门设立公开办事窗口1.8万多个。全国64.4万多个村委会有95%实行了村务公开；全国实行厂务公开民主管理制度的企事业单位达53.1万个，其中国有、集体及其控股企业95%以上实行厂务公开管理制度。

2007年上半年，国务院公布《中华人民共和国政府信息公开条例》，按照以公开为原则、以不公开为例外的精神，对政府信息公开的范围和主体、方式和程序、监督和保障作出明确规定，使得行政机关的职责权限、办事程序、办事结果、监督方式等信息能为广大群众知晓，有利于从制度上、源头上防止行政权力滥用，保障人民群众的知情权、参与权和监督权，标志着中国政府迈向信息公开的时代。中国中央人民政府网站2006年元旦开通运行，作为国务院及其部门、各省区市政府在互联网上发布政务信息和提供在线服务的平台，被誉为“24小时不下班的政府”。据统计，截至2006年6月，使用“gov.cn”域名的政府网站就有近1.2万个。75个中央国家机关部门和单位、31个省区市政府、96%的地市政府、77%的县政府建立了政府网站。大多数政府网站开设公共服务栏目，实行网上办事，在促进政务公开、提供公共服务、维护民主权利方面发挥着重要作用。2007年9月底，国家电子政务网络中央级骨干网网络正式开通，为建设统一的国家电子政务网络，促进各部门各地区政务信息资源的共享和公开提供了公共平台。与此同时，公民获取和传播信息的自由得到拓展。截至2007年上半年，中国网民已由2002年的5910万增加到1.62亿，年增长31.7%，网民数仅次于美国，居世界第二。网站数量已达132万个，每万人拥有10个网站。

四是完善权力制约与监督机制，确保人民权利不受侵犯。2006年8月27日，《监督法》历时20年获得通过，对全国人大及各级人大常委会对“一府两院”行使监督权作出规范。这部在中国立法史上历时最长的法律使权力机关对行政机关和司法机关的监督和制约步入了法治化轨道，对于促进和确保依法行政和公正司法，防止公权力的滥用和误用，维护公民的人权，意义重大。目前，一个决策权、执行权、监督权相互制约又相互协调的权力结构正在逐步完善，执法有保障、有权必有责、用权受监督、违法必追究、侵权须赔偿的运行机制正在形成。

对行政权力的规范和制约进一步加强。

2004年3月，国务院颁布《全面推进依法行政实施纲要》，向世界庄严宣告：十年建成法治政府。3年来，行政立法日趋规范。截至2007年6月，国务院向全国人大提交法律议案29部，制定或修订行政法规122件。已有90%以上的市级政府和80%以上的县级政府建立了规范性文件备案制度，地方“四级政府、三级备案”的制度初步形成。2006年，31个省级政府共收到市级政府和省政府部门备案的规范性文件9071件，经审查发现问题并予以纠正的515件；全国市县级政府共收到备案的规范性文件50623件，经审查发现问题并予以纠正的1070件。继1996年出台严管“乱处罚”的《行政处罚法》之后，2004年7月1日《行政许可法》的实施，带来一场政府的自我革命。仅仅几年时间，全国31个省区市、44个国务院部门共审核地方性法规、规章、规范性文件163万多件，行政审批项目中央一级共取消和调整1800多项，省级政府取消和调整2.2万多项，均超过原审批项目数的一半以上。2007年10月，国务院又作出决定，取消186项行政审批项目。

行政为民观念得到强化。孙志刚事件催生了社会救助制度的重大改革。中国政府废止了沿用多年的《城市流浪乞讨人员收容遣送办法》，代之以更加体现人文关怀的《城市生活无着的流浪乞讨人员救助管理办法》，使城市生活无着的流浪乞讨人员救助逐步实现了自愿救助和人性化救助。截至2006年底，全国1189个救助管理站为129.6万人次提供了救助服务。公安机关大力加强和改进行政管理工作，在与人民群众切身利益密切相关的户籍、交通、消防、出入境管理等方面，集中推出一系列便民利民措施；与此同时，进一步严格办案程序，确保公正、文明执法，坚决查处刑讯逼供、滥用枪支警械和滥用强制措施等违法违纪案件和侵犯人权行为，受到全国人民的普遍好评和欢迎。

对权力运行的监督日臻严密。全国30个省级人民政府和34个国务院部门厘清“权力清单”向社会公布；23个省份和国务院执法任务较重的10多个部门建立了执法责任量化考核办法，给行政执法戴上“紧箍咒”。70%的市县政府出台了规范行政决策的专门规定，开始从细节上限制权力。行政复议和对具体行政行为的监督得到强化。近年来，平均每年通过行政复议解决8万多起行政争议，80%得到满意解决。引咎辞职、问责制逐渐得到实施。从2003年非典事件、中石油开县天然气井喷事故，到2004年吉林中百商厦大火灾，再到2005年松花江污染事故、2007年的“黑砖窑”事件，一些负有责任的官员被追究了相应的责任。仅2006年，全国就追究执法责任9万多人次。

三、强化法治，立法、执法和司法的人权保障得到了加强

5年来，中国坚持实行依法治国，加快建设法治国家，切实将尊重和保障人权贯穿于立法、执法和司法各个环节之中，努力实现国家各项工作法治化，使公民各项人权在法治的轨道上得到了有效保障。

一是人权的法律保障体系日益健全。2004年修宪在宪法中增加了尊重和保障人权的原则规定，完善了关于土地征用制度和对公民合法私有财产保护的规定，增加了建立健全社会保障制度的规定，并通过用“紧急状态”概念代替“戒严”概念完善了规范应对紧急状态的法律制度，丰富了宪法的人权内涵和人权保障。5年来，全国人大及其常委会立法多了人权理念和人文关怀，每年都有数十件与人权息息相关的法律、法律解释和有关法律问题决定获得通过。新制定的《监督法》、《居民身份证法》、《行政许可法》、《就业促进法》、《道路交通安全法》、《突发事件应对法》、《放射性污染防治法》等法律，更加体现了为民、便民、利民、尊重和保障人权的基本精神。新修改的《义务教育法》、《妇女权益保障法》、《未成年人保护法》等法律，加大了对弱势群体权利的保护。《治安管理处罚法》在审议过程中，由于各界的呼吁，增加了“尊重和保障人权，保护公民的人格尊严”的原则，并增加了“执法监督”一章。《劳动合同法》加大了对劳动者合法权益的保护，《物权法》细化了对公民合法财产权的保护，《农业法》专设了“农民权益保护”一章。

10年来，全国人大及其常委会共制定和通过了188件法律、82件法律解释和有关法律问题的决定，其中近5来制定和修改的法律有60余件。2003年到2007年6月，国务院制订或修订行政法规122件。目前，我国现行有效法律已达220多部，国务院现行有效行政法规有600余件，初步形成了一套以宪法为核心的比较完整的法律体系和人权法律保障体系。

二是改革和完善刑事司法制度，强化刑事司法中的人权保障。刑罚执行的法律监督更加规范，超期羁押这个司法中久治不绝、反复发作的老大难问题得到有效治理。2003年，最高人民法院、最高人民检察院和公安部联合在全国范围内开展了历史上规模最大的清理超期羁押行动，使全国刑事案件超期羁押由2003年的24921人锐减至目前的43人次，并逐步建立了防止和纠正超期羁押的长效机制，有效地维护了犯罪嫌疑人和被告人的合法权益。

司法机关及时严肃查处利用职权侵犯人权案件。2006年，共立案侦查贪污贿赂、渎职侵权等职务犯罪案件33668件40041人，侦结提起公诉29966人；立案侦查利用职权非法拘禁、刑讯逼供等侵犯公民人身权利和民主权利的国家机关工作人员930人。监狱加强科学文明执法，依法维护在押犯人的合法权利，罪犯逃脱率和狱内案发率大幅度下降。全国25个省区市推进社区矫正试点工作，社区服刑人员重新犯罪率仅为0.21%。改进劳动教养审批工作，推出律师代理、全面实行聆询制度、缩短劳教期限、扩大监外执行及强化监督等改革措施，有效维护了劳教人员的合法权益。

为从司法程序上确保严控和慎用死刑，2006年10月31日，全国人大常委会通过《关于修改人民法院组织法的决定》，从2007年1月1日起，死刑核准权统一收归最高人民法院行使。这是中国26年来对死刑这种最严厉刑罚采取的最重大的改革，体现了惩罚罪犯与保障人权相结合的原则，为维护法制统一、从程序上防止发生冤案错案和尊重公民生命权提供了更有效的保证。近十几年来，中国死刑数量持续保持下降趋势，2006年成为近10年来死刑数量的最低点。2007年死刑核准权收归最高人民法院统一行使以来，死刑数量同比继续明显下降，从已办结的复核案件来看，不核准的占有较大比例。

三是完善司法公开制度，强化对司法权的监督制约，解决影响司法公正的突出问题，有效维护公民的合法权益。人民法院进一步加强审判公开，按照依法公开、及时公开、全面公开的原则，扩大了审判公开的范围和内容，积极履行在立案条件、法律文书、诉讼费用等方面告知义务，建立和公布案件办理情况查询机制。人民陪审员制度进一步完善，截至2006年底，共选任出人民陪审员55681人，2005年5月至2007年6月间参与审理的案件达64.47多万件，人均参与审理案件13.82件，占普通程序案件的20%以上。人民陪审员参与审理案件80%以上做到调解结案，当事人服判息诉率很高。

检察机关强化对诉讼活动的法律监督，保障司法公正。2006年，检察机关督促侦查机关立案16662件，决定追加逮捕14858人，追加起诉10703人；决定不批准逮捕96382人，不起诉7204人；对违法减刑、假释、暂予监外执行提出纠正意见2846人次；对侦查活动中的违法情况提出纠正意见11368件次；纠正超期羁押233人次。检察机关推行讯问职务犯罪嫌疑人全程同步录音录像制度，现已有2171个检察院实行了同步录音录像。全国有86%的检察院开展了人民监督员试点工作，共选任人民监督员21962名，对相关案件进行监督。

四是强化司法救助，解决困难群众打不起官司和打官司难的问题。颁布实施新的诉讼费交纳办法，平均降低诉讼费用60%，全国每年约减收诉讼费80亿元。加大司法救助力度，仅2005年5月至2006年9月，全国法院就为经济困难的当事人提供司法救助近4万人次，减免缓诉讼费22.6亿元。2006年司法行政部门的法律援助机构共办理法律援助案件31.85万余件，接受法律援助咨询319.4万人次，同比分别增加256%、19.9%，其中为12.52万多名农民工提供了法律援助服务。与此同时，人民法院积极探索建立刑事被害人国家救助制度，对因犯罪行为导致生活确有困难的被害人及其亲属提供适当的经济资助，努力使刑事被害人的损失降低到最低程度。

四、实现又好又快发展，人民的生存权、发展权显著改善

5年来，中国坚持通过发展增加社会物质财富和改善人民生活，使人民的生存权、发展权得到普遍改善。

一是综合国力大幅上升。2002年至2006年，中国国民经济连续4年实现10%以上的增长，2007年上半年增速为11.5%，远高于同期世界平均4.9%的水平，是新中国成立以来增长最快的时期之一。2006年，国内生产总值突破21万亿元，比2002年翻了一番，是1952年的310.6倍；经济总量占世界的份额比2002年提高了1.1个百分点，在世界的位次连升2位，跃居第4。进出口总额由2002年的6207亿美元增加到2006年的17606亿美元，年均增长29.8%，在世界排名由第5位升到第3位。人均国民总收入由2002年的1100美元增加到2006年的2010美元，在世界的位次上升3位，步入中等收入国家行列。

二是人民富裕程度普遍有所提高。2002年至2006年，农村居民人均纯收入从2476元增加到3587元，增长44.9%，年均增长6.2%；2007年上半年，农民人均现金收入达到2111元，实际增长13.3%。2002年至2006年，城镇居民人均可支配收入从7703元增加到11759元，增长52.7%，扣除物价上涨因素，年均增长9.2%；2007年上半年，城镇居民人均可支配收入达到7052元，扣除价格因素，实际增长14.1%。2007年6月末，全国城乡居民人民币储蓄存款余额达16.95万亿元，比2002年底多出8万多亿元。人均人民币储蓄存款余额由2002年的6766元增加到2006年的12239元，年均增加1381元。买基金、入股等投资渠道更加拓宽。

三是人民生活质量不断提升。居民消费水平大幅提高。2006年，全国居民人均消费水平达到6111元，分别是1952年（80元）和1978年（184元）的76倍和33倍。2006年，城镇居民全年人均消费性支出8697元，比2002年增长44.2%；农村居民人均生活费支出2829元，比2002年增长54.2%。生活质量进一步改善。城镇居民恩格尔系数（食品支出占消费支出的比重）由2002年的37.7%下降到35.8%，下降1.9个百分点；农村居民恩格尔系数由2002年的46.2%下降到43%，下降约3.2个百分点。居住条件明显改善。城镇居民人均住房面积从2002年的22.8平方米增加到2006年的超过27平方米；农村居民人均住房面积由26.6平方米增加到30.7平方米。

四是生活条件明显改善。交通通讯、文教娱乐、医疗保健、家庭服务、旅游观光等发展型、享受型消费比重明显提高，越来越大众化。

汽车走进一些百姓的家庭，到2006年末，全国民用汽车保有量达到4985万辆，其中私人汽车保有量2925万辆。每百户城镇居民拥有家用汽车数量从2002年的0.9辆增加到4.3辆；农村居民每百户拥有摩托车由28.1辆提高到44.6辆。全国固定电话及移动电话用户从2002年的4.2亿户增加到2006年的8.29亿户。电话普及率由2002年末的33.7部／百人提高到2006年的63.4部/百人，其中移动电话普及率由16.2部/百人提高到35.3部／百人。手机成为大多数劳动者能消费得起的日常生活用品。到2007年6月底，全国手机用户突破5亿，平均不到3人就拥有1部手机，手机网民数量达到4430万人，比上年翻了2.6倍。旅游成为一种日常的休闲方式。2006年全年国内出游人数达13.9亿人次，比上年增长15%；国内旅游总收入6230亿元，增长17.9%。全年国内出境人数达3452万人次，比上年增长11.3%，其中因私出境2880万人次，增长14.6%，占出境人数的83.4%。

五是贫困人口进一步减少。中国在重视普遍提高人民生活水平的同时，着力解决贫困人口的生活问题。中国农村没有解决温饱的绝对贫困人口从1978年的2.5亿减少到2006年的2148万人，比2002年减少672万人，28年脱贫2.28亿人，绝对贫困人口发生率由1978年的30.7%下降到2.3%。1990年到2006年，中国减少的贫困人口占世界贫困人口的70%以上，成为目前全球唯一提前实现联合国关于贫困人口减半的千年发展目标的国家。世界银行认为，如果没有中国的贡献，全球贫困人口将呈增加趋势。到2006年底，中国低收入人口从2000年的6213万人减少到3350万人，低收入人口占农村人口的比例从6.7%下降到3.7%。

五、着力改善民生，维护社会公正，促进人民平等享受经济、社会、文化权利

5年来，中国改革发展的一个最显著的特点是，坚持将关系国计民生和社会公正的社会建设摆在更加突出的位置，以解决人民群众最关心、最直接、最现实的利益问题为重点，统筹各方面发展，着力提高基本公共服务和公共产品的保障能力，为实现全体人民学有所教、劳有所得、病有所医、老有所养、住有所居作出了巨大努力，取得了明显进展。

一是城乡劳动者权利的平等保护大大加强。就业是民生之本。2002年以来，国家先后制定实施《劳动合同法》、《就业促进法》、《安全生产法》、《工伤保险条例》、《劳动保障监察条例》等一系列法律法规，进一步完善了对劳动者权利的法律保障。国家把扩大就业放在经济社会发展的突出位置，着力建立健全政府促进就业责任体系、规范人力资源市场体系、劳动者职业教育和培训体系、公共就业服务体系、劳动者公平就业制度和困难职工援助制度，加大了对公民劳动权利的保护。在政府多项促进就业和再就业措施的推动下，2003年至2006年，中国平均新增城镇就业人员近1000万人，城镇登记失业率保持在4.3%之内。1998年以来，全国累计有2400多万国有企业下岗职工享受了基本生活保障，其中近2000万人实现了再就业，基本解决了体制转轨和结构调整中出现的下岗失业人员的再就业问题。到2007年底，全国80%以上困难家庭就业问题将得到解决。2006年，全国就业人口占当年全国人口总数的比例达到58.1%，比1952年增加22.1个百分点。全国职工平均货币工资达到2.1万多元，比1952年增加46.2倍。

城乡劳动者平等就业制度逐步落实。国家采取有力措施加强农村劳动者技能培训，取消对农民工进城就业的歧视性规定和不合理限制，促进农民工平等就业，解决农民工子女入学，改善农民工的生产生活条件，维护农民工的劳动权益。国家在全国范围内统一开展了农民工权

益维护专项行动，综合治理和解决拖欠农民工工资、工作环境恶劣等问题，切实保障按时足额支付农民工工资，同时完善工资支付监控、工资保证金和企业欠薪报告制度，有效遏制和防范拖欠农民工工资问题的发生。截至2005年春节前，历史上拖欠的337亿元农民工工资已基本偿还；截至2007年1月，全国累计偿还建设领域2003年以前形成的拖欠工程款1834亿元，占历史拖欠总额的98.6%。据对27个省区市的不完全统计，从2006年第四季度到2007上半年，开展农民工工资支付情况专项检查，共为150万农民工追回被拖欠工资17.35亿元。劳动保障监察执法力度加大。2007年，国家组织查处山西“黑砖窑”事件中牵涉的行政机关公务人员，并在全国开展劳动用工大检查，坚决维护了劳动者的合法权益。与此同时，在全国范围开展清理整顿劳动力市场秩序专项行动，立案查处1.5万多件，取缔非法中介机构6522户；开展对劳动密集型企业和城乡结合部单位劳动用工情况检查，责令用人单位与101.5万名劳动者补签劳动合同，支付40.6万名劳动者被拖欠的工资3.6亿元，补缴社会保险费5.04亿元。

国家特别重视维护农民的生产生活权利。2004年以来，中央连续下发四个1号文件，相继出台一系列高含金量的重农、惠农政策措施。2006年，在全国范围内取消了农业特产税、牧业税、农业税和屠宰税，终结了延续2600多年农民种田交税的历史，切实减轻了农民的负担。与农村费税改革前相比，2006年起全国农民每年减轻负担约1250亿元。2004年以来，国家先后出台粮食直补等各种补贴措施，2007年中央财政安排的粮食直补等农业各项补贴总额达到526亿元。中央财政实际用于“三农”的支出逐年增加，2007年用于“三农”的各项支出达3917亿元，比上年增长15.3%。此外，国家通过开展涉农收费专项治理，累计减轻农民负担606.38亿元。这些措施促进了农村和农业的发展，有效地改善了农民的生活水平。2006年粮食总产量达到9949亿斤，实现了自1985年以来首次连续3年稳定增长。2006年，农村人均纯收入比上年实际增长7.4%，实现了1985年以来的首次连续3年增幅超过6%。2007年上半年，全国农民人均现金收入达到2111元，比去年同期增长13.3%，是1995年以来增长最快的一年。国家坚决纠正征收征用土地中侵害农民合法权益问题，2002年来，全国共清理偿还拖欠的征地补偿费175.46亿元。

二是城乡居民的社会保障权和物质帮助权得到维护。覆盖城乡居民的社会保障体系加速建设，人民享受到了更多的社会保障和社会救助制度的实惠。城镇职工社会保险面逐步扩大。2006年底，全国参加城镇基本养老、医疗、失业、工伤和生育保险的人数分别达到18766万人、15732万人、11187万人、10268万人和6459万人，分别比2002年增加4029万人、6331万人、1005万人、5682万人和2971万人，呈逐年递增趋势。2007年6月，全国农民工参加工伤保险人数达到3062万人，参加医疗保险人数达到2688万人，分别比上年底增加525万人和326万人。全国农村参加养老保险人数达到5374万人，积累资金354亿元。国家连年上调退休人员养老金标准，使4200万企业退休职工受益。1998年至2006年，中国企业离退休人员基本养老金发放额从1512亿元增加到4897亿元。2002年全国企业退休人员基本养老金月均615元，2007年达到963元。2008年至2010年，国家将再连续3年上调养老金，退休人员基本养老金月均将超过1200元。

为保障贫困人口的基本生活，近年来，国家推进覆盖城乡的社会救助体系，已建立城乡低保制度、灾民临时救助制度、城乡医疗救助制度、农村五保供养制度和流浪乞讨人员救助

制度，以及医疗、教育、住房救助制度和法律援助制度，目前有1.5亿群众得到不同形式的救助。城镇贫困居民最低生活保障从2002年基本实现应保尽保以来，财政投入逐步增加，保障水平不断提高。据统计，各级财政投入从2000年的27亿元增加到2006年的224亿元，低保人数连续5年保持在2200万左右，2006年有2241万城镇居民得到政府最低生活保障，低保标准由2003年的每人每月149元提高到177元。与此同时，国家于2007年全面启动建立农村最低生活保障制度，到2007年6月底，全国31个省区市已初步建立农村低保制度，覆盖贫困人口2573万人，比2006年增加1064万人，预计2007年年底将达到3000多万人，目前全国农村平均低保标准为每人每年1032元。全国有1249.8万人次农民、85.6万人次城市居民分别从医疗救助中受益。农村五保供养实现了向财政保障为主的转变，507万孤老孤儿的生活有可靠保障。全国各类收养性社会福利单位床位187.1万张，收养老年人、残疾人、孤儿等各类人员147万人。城镇建立各种社区服务设施12万个。为解决低收入家庭的住房问题，国家建立住房保障制度，截至2006年底，通过建立廉租房制度解决了30万户低保户人群的住房问题；通过提供经济适用房解决了1600多万户低收入人群的住房问题；通过建立住房公积金制度，已向交存职工发放8000亿元，有4000多万名职工通过提取和公积金贷款改善了住房条件。

三是人民的医疗保障和健康权利得到改善。为实现人人享有基本卫生服务，维护人民的健康权利，国家采取有力措施，着力解决人民看病难、看病贵问题，努力缩小城乡之间、地区之间、不同收入人群之间医疗卫生服务差距，加快完善有利于人民群众及时就医、安全检查用药、合理负担的医疗卫生制度体系，不断提高卫生服务水平。近年来，全国财政用于卫生投入的增幅年均在20%以上。为解决9亿农民看不上病、吃不起药以及因病致贫、因贫致病的问题，2002年10月，党中央、国务院提出建立政府投入为主、以大病统筹为重点、农民自愿参加的新型农村合作医疗制度。由政府主导为农民建立医疗保障，这在历史上是第一次。2003年至2007年，国务院连续四次召开全国工作会议，积极推进新型农村合作医疗制度的健康发展。截至2007年6月30日，全国参加新型合作医疗的人口达到7.2亿，占全国农业人口的82.83%，全国开展新型农村合作医疗的县区市已达到2429个，占总数的84.87%，计划2008年基本覆盖全国所有县区市。2004年至2006年，全国新型农村合作医疗共筹资329亿元，有4.7亿人次农民得到医疗费用补偿243.9亿元。与此同时，2003年至2006年，中央财政共投入18.5亿元，支持建立农村医疗救助制度，在一定程度上解决了困难农民无力参加合作医疗和无力支付大额医疗费用问题。从2004年开始至“十一五”期间，各级政府将陆续安排216亿元，对县乡村三级卫生机构进行建设和改造。2006年底，全国共有各类县级医疗机构1万余所，乡镇卫生院4万个，村卫生室60余万个。与此同时，城镇居民基本医疗保险工作开始在一部分城市试点，计划用3年多一点时间实现覆盖全国。截至2006年底，全国共建立社区卫生服务中心5000多个，社区卫生服务站近1.8万个，强化了城市公共卫生保健网络。

目前，中国有卫生机构30万个，卫生技术人员452.5万人，医院和卫生院床位321.6万张，正在朝着全民享有基本医疗保健服务的目标前进。2005年，我国居民人均寿命已达到72.95岁，比2002年提高2岁，不仅高于发展中国家的平均水平65岁，而且高于世界平均水平67岁，比发达国家平均水平77岁约低4岁。

四是公民平等接受教育的权利逐步实现。

中国加大投入，促进教育事业全面均衡发展，扩大国民受教育机会，提高国民受教育水平。国家财政性教育经费投入从1991年的617.83亿元增长到2005年的5161.08亿元，增长7倍多。2007年，全国财政预算内教育支出6461亿元，比2006年增长1053亿元，增长17.5%，高于全国财政支出增长幅度，其中，中央财政安排教育支出预算增长41.7%。义务教育进一步普及。目前中国财政收入增长量的70%用于义务教育。到2006年，全国小学学龄儿童净入学率达到99.3%，比2001年上升0.3个百分点；初中阶段教育毛入率达到97%，比2001年提高8.3个百分点；实现基本普及九年义务教育和基本扫除文盲目标的地区人口覆盖率达到98%，九年义务教育人口覆盖率从2002年的91.2%上升到2006年的96%，义务教育完成率达到84.14%。高等教育初步实现大众化。2006年，全国各类高等教育总规模超过2500万人，比2001年增加1200万人，毛入学率达到22%，比2001年上升8.7个百分点。2006年，全国共招收普通本专科学生546万人，是2001年268万人的2倍多；在校生达1739万人，比2001年1175万人增长48%。目前，我国国民人均受教育年限为8.5年，新增劳动力平均受教育年限提高到10年以上。全国总人口中有大学以上文化程度的已达7000多万人，从业人员中有高等教育学历的人数已位居世界前列。

国家采取有力的政策措施，合理配置教育资源，促进教育公平，努力解决普通百姓上学难、上学贵问题。农村义务教育实现“上学不缴费”，成为中国教育史上的一个重要里程碑。2005年，国务院作出部署，决定建立经费保障机制，逐步将农村义务教育纳入财政保障范围，全部免除农村义务教育阶段的学杂费，对农村贫困家庭学生免费提供教科书并补助寄宿生生活费。2006年率先在西部地区实行，约5200万农村中小学生免除学杂费，平均每个小学生每年减负140元，每个中学生每年减负180元；约3400万贫困家庭学生领到免费教科书，780万家庭贫困寄宿学生领到生活补助。中央财政连续3年累计投入90亿元，用于农村寄宿制学校建设工程，7651所学校受益。2007年春季开学起，在全国免除农村义务教育阶段学杂费，40多万所中小学近1.5亿名学生受益。2006年至2010年，全国将为保障农村义务免费教育新增财政教育经费2182亿元。国家为“农村中小学现代远程教育工程”投资110亿元，现已有80%的中西部农村中小学的1亿多学生受益，有效地促进了优质教育资源共享。

为让家庭经济困难学生上得起大学，国家初步建立了以助学贷款为主的资助政策体系，2005年全国高校共资助家庭经济困难学生1483万人。为从制度上根本解决问题，2007年秋季学期开学起，国家加大财政投入，实施新的资助政策体系，今后每年国家用于助学的财政投入、助学贷款和学校安排的助学经费将达到500亿元。这是新中国成立以来公共财政安排助学经费最多、力度最大的一次。全国每年将有大约400万名大学生和1600万名中等职业学校的学生获得各种形式的资助。

五是人民基本文化权益得到了更好的保障。国家坚持把发展公益性文化事业作为保障人民基本文化权益的主要途径，加强社区和乡村文化设施建设，推动文化繁荣发展，着力丰富农村、偏远地区、进城务工人员的社会文化生活，保证人民共享文化发展成果。据统计，2006年末，全国共有公共图书馆2778个，博物馆1617个。全国广播综合人口覆盖率为95%，电视综合人口覆盖率为96.2%。全国出版图书23.4万种，比2002年增加35.8%；出版期刊9468种，比2002年增加4.86%；出版报纸1938种，总印数424.52亿份，比2002年增加15.41%；出版录音制品15850种，发行2.2亿盒（张），比2002年增加10%；出版录像制品17856种，发行2.41亿盒（张），比2002年增加38.51%，出版电子出版物7207种，增加52.92%。目前全国已建成各类“社区书屋”6万多家，“农家书屋”1万余家，向农村推荐各类适农出版物4400种，惠及2亿多城乡人口。计划10年时间做到村村有书屋，彻底解决农民看书难、读报难等问题。为实现城乡共享优质文化资源，国家推动建设全国文化信息资源共享工程，通过卫星网、互联网、有线电视数字网等方式，实现优秀文化信息资源在全国范围内的共建共享。目前，全国文化信息资源共享工程数字资源数量已达到60TB（1TB相当于25万册电子图书或926小时视频节目），初步形成了覆盖全国的服务网络，辐射人群上亿人；农村电影数字化放映试点工作已在8省区16个城市启动，目前已向全国农村发行数字公益版权影片383部、1658部次、47万多场，较好地保障了人民群众的文化权益。

六是妇女儿童权利保障进一步加强。妇女的平等权利逐步实现，妇女儿童的生存和发展状况得到改善。妇女就业人员占全社会就业人员比重达到45%。妇女参政比例呈上升趋势，女干部比例接近干部总数的40%。农村贫困妇女比2000年减少400多万，贫困发生率进一步下降。实施“春蕾计划”，捐建春蕾小学400余所，资助女童170万人次。目前，妇女平均预期寿命已提高到74.1岁。全国孕产妇死亡率由2000年的53/10万下降至47.7/10万；婴儿及5岁以下儿童死亡率分别比2000年下降41%和43%。全国已有23个省区市专门出台了预防和制止家庭暴力的地方性法规和规范性文件，13个省区市修改完成了《妇女权益保障法》实施办法，近10个省级妇联建立了法律帮助中心，近8000名妇联干部担任人民陪审员。全国妇女维权公益服务热线、反家庭暴力热线、流动妇女维权热线开通以来，共接听来电5万多人次。

七是残疾人权益保障水平不断提高。“十五”期间，全国30个省市制定了《残疾人保障法》实施办法。2006年，全国有8个省、103个市、406个县（市、区）出台了无障碍建设与管理法规。截至2006年，全国建立残疾人法律援助（服务）中心2279个，平均每年接受法律援助和服务的残疾人超过10万人次。2006年，为残疾人提供法律服务的案件有2.3万件，查处侵害残疾人合法权益185件。中国残联和省级残联处理残疾人来信6662件，来访21180人次，有效地维护了合法权益。2003年中国残联和四川、陕西、北京等省市相继开通维权热线，至今共接听受理咨询电话约3.4万个。残疾人的生存和发展状况得到改善。据国家统计局2007年5月发布的抽样调查，与1987年相比，残疾人受教育水平和文化程度有了较大幅度的提高，每10万残疾人中具有大学程度的由287人上升为1139人，高中程度的由1665人上升到4893人，初中程度的由6156人上升到15039人，小学程度的由24268人上升到31851人，15岁及以上者文盲率下降15.71%。2003年12月10日，中国残疾人联合会主席邓朴方在第59届联合国大会荣获“联合国人权奖”，这是该奖第一次授予中国人，也是第一次授予一位残疾人，既是联合国对邓朴方个人对残疾人事业的杰出贡献的高度评价，也是国际社会对中国长期以来为促进和保障人权所作的努力的肯定。

六、发展平等团结互助和谐的民族关系，有力促进和保障少数民族的合法权利

5年来，少数民族地区现代化建设实现历史性跨越，少数民族群众的各方面权利得到了有效维护和发展。

一是少数民族当家作主的政治权利得到保障。中国实行民族区域自治制度，依法保障少数民族公民平等参与管理国家事务的政治权利，

保障少数民族自主管理本地区、本民族事务的自治权利。在中国155个民族自治地方，政府的主要领导全部由实行自治民族的干部担任，自治机关的工作部门配备了大量少数民族干部。目前，全国共有少数民族干部299.4万人，比2002年增加1.5万人；全国党政群机关县处级以上干部中，有少数民族干部5万人，比2002年增长19%。

二是少数民族的经济、社会权利不断改善。中国不断加大资金投入，促进少数民族地区经济社会事业的发展和少数民族人民生活水平的改善。近5年来，随着西部大开发战略的全面推进，国家在民族地区安排的青藏铁路、西气东输、西电东送等重大项目相继建成或进展顺利，修建了一批机场、高速公路、水电枢纽、通讯等基础设施，极大地推动了民族地区经济社会的发展，改善了民族地区人民的生产生活条件。据统计，2006年，民族地区地方财政收入达到1631亿元，比2002年增长1.07倍；民族地区生产总值达到20519亿元，比2002年增长63.5%，年均实际增长13.2%，高于全国平均增长速度；民族地区生产总值占全国经济总量的比重由2002年的8.72%上升到8.94%；民族地区人均生产总值达到10832元，比2002年增加5415元，其占全国比重由2002年的57.3%上升到60.8%；民族地区人均可支配收入达到9615元，比2002年增加2798元。

最近6年，中央财政对西部地区的财力转移支付累计4044亿元，占全国同期总数的52.6%；中央财政投入310多亿元改善西部农村生产生活条件，使西部农村交通状况发生了历史性变化，乡镇通电率达到99%，3000多万人喝上了放心水，建沼气池近150万口，对居住在生态环境脆弱、不具备基本生存条件地区的122万贫困人口实行了生态转移。为加快边境地区发展，国家实施“兴边富民行动”，2000年至2006年中央财政累计安排资金4.85亿元，兴建了2万多个项目，为少数民族群众带来了实惠。西藏自治区着力改善农牧民生产生活条件，近5年累计向农牧区投入61亿元，农牧民人均收入从2003年起连续保持两位数增长，2006年同比增长17.2%，2007年1至9月同比增长19%。享受免费医疗的西藏农牧民人数达到237万人，农牧区五保户供养标准高于全国农村平均水平，50万农牧民告别无电的历史。2006年起，西藏实施农牧民安居工程，有5.6万户、29万人乔迁新居，到2010年将有80%以上的农牧民住上安全舒适的房屋。

少数民族公民受教育水平普遍提高。全国普通高等院校中少数民族学生所占的比重由2002年的5.8%增加到2005年的6.1%，人数由52万多人增加到95万多人。民族地区普通高等院校由2002年的168所发展到2006年的239所，在校生由77万人增加到146万人。目前，全国共有100多所学校招收少数民族预科生和民族班学生，年招收约2万人。另外，国家民委所属民族院校专门开设了人口较少民族预科班，执行特别优惠的招生录取政策，帮助22个人口较少民族培养人才。国家大力培养少数民族高层次骨干人才，2007年实现年招收少数民族硕士生3000人、博士生700人。

三是少数民族的优秀传统文化得到保护和发展。国家启动“抢救和保护中国人类口头和非物质遗产工程”，第一批国家级非物质文化遗产中，少数民族文化遗产170余项，占总数的30%以上。西藏布达拉宫、云南丽江古城等5处文化和自然遗产已被列入《世界遗产名录》，维吾尔族“十二木卡姆”和蒙古族“长调民歌”已被列为联合国口头和非物质文化遗产代表作名录。少数民族歌谣、舞蹈等十大民间文艺集成基本完成。濒危少数民族语言文字保护取得进展，截至目前，中国已调查、记录濒危语种

40多种，出版研究专著近100部，还建立了多个数据库。据统计，近年来抢救和整理散藏在民间的少数民族古籍30多万种，公开出版的有7种共5000余部，有效地抢救和保护了优秀的民族传统文化。全国现有30多家出版民族文字图书的出版社，使用20多种民族文字出版图书，年出版民族文字图书4000多种，发行5000万册左右；现有99种民族文字报纸，用13种民族文字出版；现有223种民族文字期刊，用10种民族文字出版。目前，中国已建立了覆盖面较广、文种较全、种类较多的民族文字图书报刊出版体系。

少数民族的文化生活日益丰富。截至2005年，中国民族自治地方有艺术表演团体525个，少数民族歌舞团55个，剧场、影剧院166个。全国有24所专门培养少数民族艺术人才的高等和中等艺术院校。民族地区每十万人拥有的文化单位数已超过全国平均水平。国家实施的全国万里边疆文化长廊建设工程、广播电视村村通工程以及重点解决西藏、新疆等边疆民族地区广播电视覆盖问题的“西新工程”等，均取得显著成效。到2006年6月，全国各级政府共投入资金36.4亿元，解决了11.7万多个行政村的7000多万村民收听广播、收看电视的问题。目前，民族地区广播电视覆盖率分别超过85%和90%。

七、开展平等交流与合作，共谋共促世界人权发展

5年来，中国从推动建设持久和平、共同繁荣的和谐世界出发，以更加积极的姿态，参与国际政治、经济、文化和安全事务，参与联合国人权领域的活动，努力与各国一道共谋共促世界人权事业的健康发展。

一是积极参与制订和完善国际人权理论和人权保护机制。中国一贯支持《联合国宪章》关于促进和保护人权的宗旨和原则，支持将人权与发展、安全共同确立为联合国三大支柱，积极参与促成建立联合国人权理事会，并以建设性的态度参与联合国人权理事会的建章立制工作，为完善联合国的人权保障机制作出了自己的努力和贡献。中国积极派代表团参加联合国人权领域各种会议，在各有关机构和会议中认真履行职责，积极参加有关人权议题的审议和讨论，以高度负责的精神提出自己的主张，阐明自己的看法，为丰富和深化国际人权概念的内涵，抵制利用人权制造政治对抗，促进人权领域的国际合作作出了积极努力和独特贡献。中国积极参与制订国际人权文书，近年来先后参加了联合国《保护所有人免遭强迫失踪国际公约》、《残疾人权利公约》等国际文书的起草工作。中国迄今已加入包括《经济、社会及文化权利国际公约》在内的22项国际人权公约，采取有效措施认真履行公约义务，及时提交履行公约情况的报告，接受联合国条约机构的审议。中国政府正在加快进程，积极推进研究批准《公民权利和政治权利国际公约》的工作。

二是积极开展人权领域的国际合作。中国在平等和相互尊重的基础上，积极开展与联合国人权机构和世界其他国家的人权对话、交流与合作。自2000年中国与联合国人权事务高级专员办公室签署《合作谅解备忘录》以来，双方成功开展了一系列人权合作项目。2005年联合国人权高专办与中国外交部签署了第二份《合作谅解备忘录》，2年来双方在人权领域的技术合作项目进展顺利。5年来，中国分别与澳大利亚、加拿大、英国、欧盟、挪威、德国、荷兰等举行了多轮人权对话或磋商，与越南、老挝、厄立特里亚、塞拉利昂、津巴布韦等许多发展中国家进行了交流与合作，主办了亚欧非人权研讨会、中非人权研讨会以及中欧、中澳、中加、中挪等多种形式的多边和双边人权研讨会。与此同时，中国人权研究会等非政府组织与联合国人权高专办以及美国、德国、奥地利、爱尔兰、埃及、越南等国家政府、议会代表团及各国非政府人权组织也开展了广泛交流与合作。通过这些对话、交流与合作，增进了中国与国际社会在人权问题上的相互了解和信任，增强了共同分享经验、共同应对挑战的基础。

三是努力承担国际义务和责任，积极参与国际和平和人道主义事务。中国在反恐、防扩散、维和、劳工、教育、卫生、环境等众多与人权有关的领域的国际合作中发挥着积极作用。中国主动加入了近300多个国际多边条约，参加了130多个政府间国际组织和机构，向110多个国家和地区组织提供了2000多个援助项目。1990年以来，中国已参加了苏丹、黎巴嫩、利比里亚等17项联合国维和行动，目前有1600多名维和军事人员在10个维和任务区和联合国维和部队执行任务，为维护当地人民的生命财产安全作出了艰苦的努力，成为维护国际和平与保卫世界人权的使者。中国是世界上获得联合国"和平荣誉勋章"最多的国家之一。中国于2002年成立国际救援队，在国际人道主义救援行动中发挥着越来越重要的作用。几年来，中国救援队执行了2003年阿尔及利亚6.7级地震和伊朗巴姆7.0级地震、2004年印度洋地震海啸、2005年巴基斯坦7.8级地震和2006年印尼日诺6.2级地震等5次6批国际救援行动，为各国救灾和重建工作提供了力所能及的真诚帮助，体现了国际主义和人道主义精神，获得了国际社会的广泛赞誉。

四是以互利共赢的开放发展为改善世界各国人民生存状况作出贡献。中国在国家建设和发展过程中，始终把自身的发展与人类共同进步联系在一起，促进互利共赢，推动各国共享经济全球化和科技进步的成果。据世界银行最近公布的数据，2003年至2005年，中国经济增长对世界GDP增长的平均贡献率为13.8%，仅次于美国，居世界第二。目前，中国同世界200多个国家和地区有经贸往来，同27个国家和地区签订或商谈自由贸易协议。中国是世界第三贸易大国，物美价廉的中国商品输往世界各国，提高了进口国居民的实际收入水平，促进了其消费增长，改善了其生活条件。与此同时，2003年至2006年中国进口规模平均增速达28.3%。中国平均每年5000多亿美元的进口需求为其他国家提供了广阔的市场，强有力地拉动了许多国家出口和经济发展，为相关国家创造了约1000万个就业岗位。尽管中国是一个发展中国家，但是一直积极向广大发展中国家提供力所能及的援助。2006年中非合作论坛堪称南南合作的里程碑，在该框架下，中国减免了31个非洲国家109亿元人民币债务，对非洲最不发达国家190项对华出口商品给予零关税待遇。中国的发展不仅造福着13亿中国人，也为促进世界其他国家人民的生存权、发展权作出了贡献。

中国是一个拥有13亿人口的发展中国家，受自然、历史、文化和经济社会发展水平的制约，中国的人权发展还存在着许多问题和困难。中国的政治、经济体制尚不完善，民主法制还不健全，城乡之间、区域之间经济社会发展还不平衡，在就业、社会保障、收入分配、教育、医疗、住房、安全生产等方面存在的困难和问题都影响到人民的切身利益和权益。党的十七大针对这些问题和困难，提出了明确的政策措施。我们有理由相信，只要坚定不移地贯彻尊重和保障人权原则，坚持改革和发展，不断推进民主政治建设和法治建设，中国的人权状况一定会随着现代化的发展而不断得到改善。

（作者：中国人权研究会副会长兼秘书长、教授）

（选自《人权》2008年第1期）

改革开放30年与多党合作的发展

周铁农

改革开放极大地促进了我国的社会主义民主政治建设，中国共产党领导的多党合作和政治协商制度作为我国的基本政治制度，也得到不断发展和完善，多党合作事业进入历史上的最好发展时期。多党合作的政治格局为推动改革开放的不断深化和发展作出了重要贡献。

一、改革开放30年，我国的经济实力和综合国力不断增强，社会主义民主政治建设取得伟大成就

经过30年的改革开放，我国成功实现了从高度集中的计划经济体制到充满活力的社会主义市场经济体制、从封闭半封闭到全方位开放的伟大历史转折，市场在资源配置中起着决定性作用，最大限度地调动了人民群众的积极性和创造性，极大地解放了社会生产力，经济持续快速发展，从1978年到2007年，我国经济年均增长9.88%，远远高于同期世界经济平均3%左右的增长速度，经济总量由世界第十跃居世界第四，人民生活从温饱不足发展到总体小康，农村贫困人口从两亿五千多万减少到一千多万，政治建设、文化建设、社会建设等领域也取得了举世瞩目的发展成就，我国的国际地位不断上升。

我国经济发展在改革开放的30年中取得了辉煌成就，也使得一些人认为，1978年以后中国实行的改革，是经济体制范围的改革，政治体制基本上未作变动，而且导致政治体制拖了经济体制改革的后腿。这种“改革开放跛足论”的观点是站不住脚的。如果把政治体制的理想目标界定于西方的两党多党竞争制、三权分立之类的模式，那么我们的政治体制确实没有照搬他们的模式，而是在不断坚持和完善。同时，政治体制的内容包括许多方面，除了上述之外还有国家领导制度、立法制度、行政管理体制、决策制度、司法制度、人事制度、基层民主制度、监督制约制度等等。正是在这些方面，任何人都可以看到，中国的政治体制改革已经而且正在稳健、有效、整体地推进。可以说，我国的改革开放一开始就是在民主政治推动下起步的，政治体制改革与经济体制改革相辅相成，根本不是什么“跛足”。改革开放以来中国的政治体制改革同样取得了巨大成就，与经济体制改革相适应，而且直接推动了经济体制改革的深化和发展。中共十七大又作出了深化政治体制改革的战略部署。中国已经形成了一条符合国情的中国特色政治发展道路。这条政治发展道路是新中国以来，特别是改革开放以来，中国共产党带领全国人民根据中国具体国情的伟大创造。世界上各个国家，由于经济发展、历史传统和文化、人口、地理等具体国情不同，必然会形成各自的政治发展道路。中国特色社会主义政治发展道路是马克思主义基本原理与中国实际相结合的结果。这一政治发展道路坚持把中国共产党的领导、人民当家作主和依法治国有机统一起来的原则，实行由人民代表大会制度、中国共产党领导的多党合作和政治协商制度、民族区域自治制度以及基层群众自治制度构成的政治制度框架，不断发展社会主义民主，建设社会主义政治文明，实现政治体制的自我改革和自我完善。随着我国改革开放的不断深化，中国特色社会主义政治发展道路越来越完善，为我国社会主义生产力的发展和社会主义民主的发展，提供了发展方向、制度框架和领导核心的坚强保证。

二、多党合作制度在改革开放中不断创新和发展

十一届三中全会以来，以邓小平同志、江泽民同志为核心的中共中央第二代、第三代领导集体和以胡锦涛同志为总书记的新一届中央领导集体，着眼于加强和改善中国共产党的领导、发扬社会主义民主和充分发挥民主党派的作用，着力推进社会主义政治文明，坚持走中国特色社会主义政治发展道路，及时总结新的实践经验，大力推进多党合作理论、政策的创新和发展，使多党合作制度在改革开放进程中不断创新和发展。

我国的多党合作制度，是中国共产党在总结同各民主党派长期合作的成功经验和吸取国际共产主义运动经验教训的基础上，特别是在毛泽东同志提出的中国共产党和各民主党派“长期共存，互相监督”的八字方针指导下，形成的中国共产党同各民主党派既真诚合作又互相监督的新型政党关系和共产党领导的多党合作的基本格局。“文化大革命”的十年，林彪、江青两个反革命集团把“左”的错误推向极端，肆意践踏中国共产党对民主党派的方针政策，全盘否定建国以来对民主党派的工作，使多党合作制度受到极为严重的破坏。十一届三中全会后，以邓小平同志为核心的第二代中央领导集体，对民主党派和多党合作作出了一系列新的重要阐述，制定出台了许多旨在推进多党合作事业发展的政策措施。1979年，邓小平同志先后指出：“我国各民主党派……都已经成为各自所联系的一部分社会主义劳动者和一部分拥护社会主义的爱国者的政治联盟，都是在中国共产党领导下为社会主义服务的政治力量。”“建设和发展社会主义事业，已成为各民主党派、工商联和我们党的共同利益和共同愿望。在新的历史时期中，各民主党派和工商联仍然具有重要的地位和不容忽视的作用”。这一论断，科学地界定民主党派的性质、地位和作用，从根本上纠正了极“左”思潮的影响，直接推动了新时期多党合作事业的恢复和发展，为新时期中国共产党同各民主党派的团结合作奠定了坚实的理论和政策基础。此后十年，随着多党合作制度纳入我国基本政治制度范畴、“八字方针”发展为“十六字方针”等多党合作理论的突破，新时期多党合作的形式、民主党派发挥作用的新途径、支持和帮助民主党派加强自身建设等诸多方针政策的相继实施，我国多党合作事业和民主党派的自身建设进入了一个蓬勃发展的大好时期。为推动我国多党合作和政治协商走上制度化、规范化轨道，1989年1月2日，邓小平同志在民主党派成员所提的一份方案上批示：“可组织一个专门小组（成员要有民主党派的），专门拟定民主党派成员参政和履行监督职责的方案，并在一年内完成，明年开始实行”。同年12月30日，中共中央制定颁布了《关于坚持和完善中国共产党领导的多党合作和政治协商制度的意见》。在这一具有里程碑意义的文件里，提出了一系列新思想、新观点、新举措。进一步明确了共产党同民主党派的关系，精辟概括了我国多党合作制度的显著特征和独特优势，明确了民主党派参政党的地位、参政的基本点和发挥民主监督作用的总原则、多党合作与政治协商的政治准则和具体形式、民主党派成员在国家机关和人民政协担任领导职务的政策，规范了人民政协政治协商、民主监督、参政议政职能等，比较系统地回答了在新的历史条件下为什么要坚持和完善中国共产党领导的多党合作制度，以及如何坚持和完善这一制度等重大理论和现实问题，从而把我国多党合作事业进一步向前推进，走上了制度化建设的轨道。

以江泽民同志为核心的中共第三代领导集体，在多党合作理论和政策措施上继续积极探索，提出了衡量我国多党合作制度的标准，科学分析了我国民主党派进步性与广泛性的内涵，特别是将多党合作制度列入国家宪法的框架体系和写进执政党的基本纲领，使我国多党合作制度得到不断坚持和完善，沿着制度化、规范化的道路不断发展。1993年3月，八届全国人大一次会议通过宪法修正案，将“中国共产党领导的多党合作和政治协商制度将长期存在和发展”写入宪法，上升为国家意志，使我国多党合作制度同全国人民代表大会制度、民族区域自治制度一样，成为受宪法保护的基本政治制度，这大大提升了多党合作制度在国家政治生活中的地位。更为重要的是，随着多党合作制度入宪，为在实践中更好地坚持和完善这一制度提供了根本大法上的依据。在此基础上，1997年10月召开的中共十五大将坚持完善多党合作和政治协商制度纳入中国共产党在社会主义初级阶段的基本纲领，作为社会主义政治方略的内容之一。这样，多党合作制度不仅列入了国家宪法的框架体系，而且写进了执政党的基本纲领，从而成为由国家意志和执政党意志双重维护的稳固的制度。

在新世纪新阶段，以胡锦涛同志为总书记的新一代中央领导集体，着眼于推进社会主义政治文明建设，坚持走中国特色社会主义政治发展道路，先后制定颁布了《中共中央关于进一步加强中国共产党领导的多党合作和政治协商制度建设的意见》、《中共中央关于加强人民政协工作的意见》两个重要文件，就我国多党合作和政治协商制度建设提出了一系列新的理论观点和政策主张，开创了多党合作制度化、规范化、程序化建设的新阶段。2005年5号文件指出：我国是人民民主专政的社会主义国家，同这种国体相适应的政党制度是中国共产党领导的多党合作和政治协商制度。在新的历史条件下，发展社会主义民主政治、建设社会主义政治文明，其中一个重要方面就是坚持和完善中国共产党领导的多党合作和政治协商制度。这一论断，一方面肯定了我国多党合作制度是政治制度的重要组成部分，同时又把它提高到社会主义政治文明重要内容的角度来认识，有着重大的理论和现实意义。政治文明是人类文明的重要组成部分，是社会全面进步的重要标志，在政治文明中，政治制度处于核心地位，政党制度则是政治制度的重要组成部分，把我国多党合作制度提到建设社会主义政治文明这样一种全新的高度，进一步提升了我国多党合作制度在国家政治生活中的定位。发展社会主义民主，坚持走中国特色社会主义政治发展道路，是2005年5号文件的核心所在，也是加强我国政治制度建设和多党合作政党制度建设的核心。中共十六大报告指出：“中国共产党和中国人民对自己选择的政治发展道路充满信心，将坚定不移地把中国特色社会主义政治建设推向前进。”中共十六大后，胡锦涛同志多次强调指出，发展社会主义民主政治，推进社会主义政治文

明建设，必须始终坚持走中国特色的政治发展道路。2005年2月，胡锦涛同志在党外人士迎春座谈会上发表重要讲话，就进一步加强多党合作制度建设提出了五点要求，其中首要的一条就是“要坚持走中国特色社会主义政治发展道路”，并指出“这是我们发展社会主义民主、完善社会主义政党制度的一条重要经验”。把“坚持走中国特色社会主义政治发展道路”作为新世纪我国多党合作政党制度建设的首要要求，为多党合作制度的发展和完善提供了强大的理论依据和明确的指导方向。随着新时期我国多党合作理论的发展，人民政协工作也需要不断予以完善和发展。2006年5号文件明确指出：人民政协是实行中国共产党领导的多党合作和政治协商制度的重要政治形式和组织形式，是我国政治体制的重要组成部分，在我国政治生活中具有不可替代的作用。文件强调：“人民通过选举、投票行使权利和人民内部各方面在重大决策之前进行充分协商，尽可能就共同性问题取得一致意见，是我国社会主义民主的两种重要形式。”“发展社会主义民主政治，建设社会主义政治文明，要善于运用人民政协这一政治组织和民主形式。”

上述一系列关于多党合作理论、政策的创新和发展，对于坚持多党合作和政治协商制度、发展社会主义民主，对于加强和改善中国共产党对人民政协的领导、提高中国共产党的执政能力，对于最广泛、最充分地调动一切积极因素、构建社会主义和谐社会，对于全面建设小康社会、加快推进社会主义现代化，对于巩固和发展最广泛的爱国统一战线、促进祖国统一和中华民族伟大复兴，起到了强大的推动作用。

三、多党合作的政治格局推动改革开放不断发展和深化

多党合作事业的巩固和发展，是改革开放的重要成果，同时也为改革开放的顺利进行提供了良好的政治环境，推动并保证改革开放不断发展和深化。

（一）多党合作制度保证了中国共产党的领导地位，使改革开放沿着正确的方向发展、国家的政治社会稳定有了根本的保证

中国共产党是中国社会主义革命、建设和改革开放的领导力量。中国共产党的先进性和其在中国现代史上的作用，决定了她是团结和带领包括各民主党派在内的中国人民实现历史和时代赋予的崇高使命的唯一正确的领导力量。“文化大革命”结束后，中国共产党抛弃了“以阶级斗争为纲”的错误方针，集中全国人民的意愿，迅速把全党全国的工作重点转移到社会主义现代化建设上来，领导了繁重的建设和改革工作，确立了走中国特色社会主义政治发展道路，建立了社会主义市场经济体制，形成了改革、发展和稳定统一、生机勃勃的政治局面。改革开放以来，我国取得的举世瞩目的伟大成就都是在中国共产党的领导下取得的；只有保证中国共产党的领导地位，才能保证改革开放沿着正确的道路前进。

把我国改革开放30年来的实践放到当今世界范围内比较，可以清晰地看到我国政党制度对维护社会和政治稳定所显现出来的巨大优势，政党制度功不可没。共产党与民主党派的领导与合作、执政与参政和互相监督，构成了我国多党合作中基本的政党关系。这种以合作为基本特征的政党关系，民主党派在多年实践中确立的坚定不移坚持中国共产党领导的政治准则，维护了社会的稳定，保证了全国人民在共产党领导下集中力量建设中国特色社会主义。

（二）政党关系的和谐促进了政治稳定，保证了社会的和谐

和谐社会的基本特征是和而不同，求同存异，“共产党领导、多党派合作，共产党执政、多党派参政”的中国特色政党制度则集中地体

现了这一特征。“和”即在共同的政治基础上，各民主党派自觉接受中国共产党领导，与共产党通力合作，为实现共同的目标和使命不懈奋斗；“不同”即各政党都是独立的政党，并相互监督。在我国的政党制度中，中国共产党与各民主党派之间这种亲密合作，而非竞争的关系，既能实现中国共产党的集中统一的领导，又能动员广泛的政治参与，避免多党竞争、相互倾轧所造成的混乱；中国共产党具有的集中而普遍的代表性和各民主党派具有的特殊而广泛的代表性相互结合、相互补充、相得益彰，就能够更好地代表最广大人民群众的利益；各民主党派接受共产党的领导，不是组织上对共产党的附属，而是对共产党政治主张的赞同，是对共产党领导能力与执政水平的肯定，是对共产党领导下可以实现其政治意愿和所代表阶层和群体利益的确认。这种和谐的政党关系，与全社会各种关系的和谐有着同质性和一致性，和谐的政党关系，能够促进和带动整个社会的和谐。

我国近现代的历史也证明，当我国政党关系和谐的时候，国家的发展就比较顺利，社会就比较稳定，促进了经济建设的进步。反之，就会导致社会动乱，现代化建设进程受到严重阻挠。在新中国，中国共产党领导的多党合作制度为我们的革命和建设事业的顺利推进提供了稳定的国内政治环境；在“反右”和“文化大革命”运动发生时，我国的多党合作制度面临了极大的考验，政党关系一度紧张；与此同时，社会也处于紧张不安甚至动乱的状态。十一届三中全会后，多党合作不断规范和完善，政党关系越来越和谐，这就为全面建设小康社会营造了良好的政治环境，极大促进了社会的和谐。

（三）多党合作制度为充分发挥参政党作用提供了广阔的舞台

在中国共产党领导的多党合作制度中，各民主党派作为与中国共产党风雨同舟、肝胆相照的亲密友党和社会主义参政党，以“一参加、三参与”为参政基本点，积极履行参政议政、民主监督职能，充分发挥在国家政治社会生活中的作用。

一是促进决策民主化、科学化。坚持协商于决策之前和执行决策过程之中，已基本形成为一项制度。中国共产党就国家大政方针、政治生活中的重大事项、经济和社会发展中的重要问题、统一战线中的重要问题在决策前与各民主党派进行政治协商；各地党委、政府也就当地经济社会发展问题广泛征求党外人士的意见建议，为参政党充分表达对国家重大方针、政策和措施的意见，提供了规范的方式和程序，为代表所联系阶层和群体的具体利益，提供了顺畅的渠道，有力地推动了决策的科学化、民主化，避免或减少失误，保证各项方针政策的贯彻执行，对实现党的领导、人民当家作主和依法治国的有机统一起到了积极推动作用。

二是帮助执政党和政府协调关系，化解矛盾。我国多党合作和政治协商制度既维护人民的根本利益，又照顾各方面的具体利益，其中所蕴含的合作、参与、协商和包容的精神，可以有效协调社会各方面的关系，使一些社会矛盾和问题能够在现有的体制框架内得到妥善化解，有利于形成全体人民各尽所能、各得其所而又和谐相处的局面。新中国成立特别是改革开放以来，各民主党派积极引导各自成员和所联系的群众，正确认识改革发展中利益格局的变化，协助党和政府做好理顺情绪、协调关系、化解矛盾的工作，及时消除影响社会稳定的各种因素，努力为改革开放和现代化建设创造良好的社会环境。

三是进一步扩大有序的政治参与。广大人民群众有序的政治参与，是发展社会主义民主的重要目标和突出表征。民主党派以自身广泛的社会基础、组织构成和代表性，积极参政议

政、民主监督，进一步扩大了社会各方面成员的有序政治参与，畅通了利益表达渠道，体现了社会主义民主的本质要求，有利于充分反映民意、广泛集中民智。

（四）多党合作制度发展了协商民主，丰富了社会主义民主形式

从1949年9月，中国人民政治协商会议第一届全体会议的召开，中国共产党领导的多党合作和政治协商制度正式确立，协商民主这种新型民主形式的产生，到2006年2月，《中共中央关于加强人民政协工作的意见》明确提出："人民通过选举、投票行使权利和人民内部各方面在重大决策之前进行充分协商，尽可能就共同性问题取得一致意见，是我国社会主义民主的两种重要形式。"可以看出，协商民主产生并发展于中国共产党领导的多党合作和政治协商制度中。协商民主的创立和实现，是我国社会主义民主政治的一大创造，为人类政治文明提供了一种新型的民主形式。

协商民主符合社会主义民主政治的本质要求，丰富了社会主义民主形式，反映了社会主义政治制度和政党制度的特点，显示出巨大的政治优势：有利于实现最广泛的政治参与，有利于最大限度地包容和吸纳各种利益诉求，有利于充分体现社会主义民主的真实性。特别是中国共产党始终高度重视和充分发挥协商式民主的作用，使得这一民主形式更加真实、有效。改革开放以来，无论是中国共产党的全国代表大会和中央全会通过的各项决定，还是国家经济社会发展中长期规划、政府工作报告、宪法修改等，中共中央、国务院事先都广泛听取党外人士的意见和建议，特别是在政协中征求各界人士的意见。

（作者：第十五届全国人大常委会副委员长、民革中央主席）

（选自《团结》2008年第5期）

新时期多党合作制度的理论创新

王小鸿

进入新时期，以胡锦涛同志为总书记的中共中央，对进一步坚持和完善共产党领导的多党合作和政治协商制度，作出了一系列重要论述和指示，对中国共产党领导的多党合作和政治协商制度作出了全方位、深层次的理论创新和发展，其内容十分丰富。

一、建设中国特色社会主义事业的参政党

2002年12月，胡锦涛同志在走访各民主党派中央和全国工商联时，提出共产党领导的多党合作和政治协商制度是我国社会主义政治制度的特有优势。希望各民主党派要继承和发扬老一代领导人的优良传统，把民主党派建设成为同中国共产党亲密合作、能够经受住各种困难和风险的考验，致力于建设中国特色社会主义事业的参政党。这之后，胡锦涛同志对如何建设中国特色社会主义事业的参政党作了一系列重要指示。2003年1月26日，胡锦涛同志在中共中央召开的党外人士迎春座谈会上，明确提出在新世纪新阶段，坚持和完善共产党领导的多党合作和政治协商制度，最关键的是要紧紧围绕全面建设小康社会的奋斗目标，同心同德地为推进社会主义物质文明、政治文明和精神文明建设服务。这进一步指明了多党合作和政治协商的根本任务。2004年1月17日，胡锦涛同志在中共中央召开的党外人士迎春茶话会上，提出了各民主党派、工商联和无党派人士在今后一段时期内的努力方向：第一，坚持学习贯彻“三个代表”重要思想，巩固多党合作的思想基础。第二，坚持把发展作为参政议政的第一要务，为实现经济持续协调健康发展和社会全面进步作出新贡献。第三，坚持加强参政党自身建设，不断提高参政能力和水平。在此基础上，胡锦涛同志又进一步提出为此必须要提高、打造四种能力：即政治把握能力、参政议政能力、组织领导能力、合作共事能力。之后，中共十六届四中全会通过的《中共中央关于加强党的执政能力建设的决定》，对如何坚持和完善中国共产党领导的多党合作和政治协商制度提出了许多新举措。

二、多党合作制度建设

如果说强调经济建设是对强调阶级斗争的创新的话，那么，强调制度建设就是对强调经济建设的新发展。这种新发展从制度上排除了可能发生的人为干扰，保证了经济建设的持续性。进行制度建设的一个重要方面，就是把长期以来已经被实践证明是成功的经验和正确的理论概括出来，用文件的形式固定下来。2004年初，胡锦涛同志作出重要指示，提出要认真

总结多党合作实践中的好经验、好做法，着眼于推进社会主义政治文明建设，进一步推进中国共产党领导的多党合作和政治协商的制度化、规范化、程序化，扎扎实实地把我国多党合作事业推向前进。经过中国共产党和各民主党派、无党派人士一年时间的共同努力，2005年2月18日，颁发了《中共中央关于进一步加强中国共产党领导的多党合作和政治协商制度建设的意见》。

文件定名为《关于进一步加强中国共产党领导的多党合作和政治协商制度建设的意见》（简称《意见》）正是凸现了加强多党合作制度建设的显著特点。全国政协副主席、中央统战部部长刘延东在宣讲《意见》时说："制度建设是我国社会主义政治文明建设的重点。这个文件是加强多党合作制度建设的重要体现。邓小平同志讲过，制度问题更带有根本性、全局性、稳定性和长期性。有了这样一个制度后，就可以避免多党合作和政治协商因为领导人的改变而改变，因为领导人的看法和注意力的改变而改变，就会使多党合作和政治协商制度长期坚持下去。这也是文件的核心内容所在"。

2005年2月4日，胡锦涛同志在中共中央召开的党外人士迎春座谈会上，提出了加强中国共产党领导的多党合作和政治协商制度建设的"五个坚持"：第一，要坚持走中国特色社会主义政治发展道路。第二，要坚持中国共产党的领导、充分发扬社会主义民主。第三，要坚持把发展作为多党合作和政治协商的根本任务。第四，要坚持推进多党合作和政治协商的制度化、规范化、程序化。第五，要坚持执政党建设和参政党建设互相促进。这"五个坚持"对于推进多党合作和政治协商的制度建设，保证多党合作沿着正确的方向前进，建设中国特色社会主义政治文明，具有重大的理论和实践意义。特别是胡锦涛同志在这"五个坚持"中首次提出了执政党建设与参政党建设互相促进的观点，一方面，说明中国共产党与各民主党派共处于社会主义初级阶段，在改革开放逐步深入、社会主义市场经济日益完善的历史条件下，共同致力于建设中国特色社会主义的伟大事业，在自身建设方面有许多共同之处；另一方面，也说明中国共产党与各民主党派各自发展的历史不同，政党的性质不同，政党发展的规律不同，在多党合作格局中的地位、所发挥的作用不同，在自身建设中必然存在着一些不同之处。中国共产党和民主党派在自身建设中可以互相学习、互相借鉴、互相促进，更好地担负起历史赋予执政党和参政党的庄严责任，携手共进，把建设中国特色社会主义的伟大事业不断推向前进。

三、十大理论创新

刘延东同志在《指导我国新世纪新阶段多党合作事业发展的纲领性文件》和《新世纪新阶段发展我国多党合作事业的纲领性文件》等文章中，集中概括了《意见》的十大理论创新：

一是提出坚持和完善中国共产党领导的多党合作和政治协商制度是建设社会主义政治文明的重要内容。

二是在总结历史经验的基础上，提出了在多党合作中必须坚持和遵循的六条重要政治准则，即坚持以马克思列宁主义、毛泽东思想、邓小平理论和"三个代表"重要思想为指导，坚持中国共产党的领导，坚持社会主义初级阶段的基本路线、基本纲领和基本经验，坚持"长期共存、互相监督、肝胆相照、荣辱与共"的基本方针，保持宽松稳定、团结和谐的政治环境。中国共产党和各民主党派都必须以宪法为根本活动准则，负有维护宪法尊严、保证宪法实施的职责。

三是强调发展是中国共产党执政兴国的第一要务，也是各民主党派参政议政的第一要务，多党合作和政治协商要牢牢把握发展这个根本任务。

四是完善了对我国民主党派性质的表述。在新世纪新阶段，民主党派是各自所联系的一部分社会主义劳动者、社会主义事业建设者和拥护社会主义爱国者的政治联盟，是接受中国共产党领导、同中国共产党通力合作的亲密友党，是进步性与广泛性相统一、致力于中国特色社会主义事业的参政党。

五是进一步明确了无党派人士在多党合作中的地位、职能和作用，把无党派人士界定为“没有参加任何党派、对社会有积极贡献和一定影响的人士，其主体是知识分子”。提出发挥无党派人士作用是坚持和完善中国共产党领导的多党合作和政治协商制度的必然要求，要鼓励和支持无党派人士在参政议政、民主监督中发挥积极作用，要积极稳妥地培养、选拔和安排新一代无党派代表人士，推进新老交替。

六是进一步完善了政治协商的内容、形式和程序。第一，根据中共十六届四中全会精神和胡锦涛同志的指示，首次明确“把政治协商纳入决策程序，就重大问题在决策前和决策执行中进行协商”作为政治协商的重要原则。第二，提出政治协商包括两种基本方式，一种是中国共产党同各民主党派之间的协商，一种是中国共产党在人民政协同各民主党派和各界代表人士的协商。第三，规范了中国共产党同各民主党派民主协商的内容和程序，并提出“要按照《中国人民政治协商会议章程》的要求，推进人民政协政治协商的制度化、规范化和程序化”。

七是进一步提出要充分发挥民主党派、无党派人士的参政议政作用，并作出了具体规定：重点在涉及行政执法监督、与群众利益密切相关、紧密联系知识分子、专业技术性强的政府工作部门领导班子中选配民主党派成员、无党派人士担任领导职务。符合条件的可以担任正职。国务院有关部委领导班子中要注意选配民主党派成员和无党派人士。各省、自治区、直辖市可根据各级政府机构设置情况，明确需要选配的工作部门的适当比例。

八是进一步明确了民主监督的若干理论和政策。《意见》指出，中国共产党与民主党派实行互相监督，这种监督是在四项基本原则的基础上通过提出意见、批评、建议的方式进行的政治监督。这深刻揭示了我国民主监督的实质：第一，这种监督是多党合作的一种重要形式，其目的是更好地致力于共同事业，实现共同目标，而不是为了把对方搞垮，这种监督是善意的、建设性的。第二，这种监督是在四项基本原则基础上进行的政党之间的政治监督，可以提出不同意见和尖锐批评，但不能搞西方政党相互倾轧、尔虞我诈那一套。第三，这种监督通过提出意见、批评、建议的方式进行，即民主监督是“柔性” 监督，不是“刚性”监督。因而，不能把民主监督法律化，变成法律监督，否则会破坏中国共产党领导的多党合作和政治协商制度，损坏共产党与各民主党派长期形成的“肝胆相照、荣辱与共”的关系。《意见》还对民主监督的内容、形式作出了明确规定，提出要拓宽民主监督的渠道、完善民主监督机制、加大民主监督力度等。

九是进一步提出要支持民主党派加强自身建设。《意见》明确提出，要“支持民主党派根据各自章程规定的参政党建设目标，按照坚持中国共产党的领导、发扬社会主义民主、体现政治联盟特点、体现进步性和广泛性相统一的原则，以思想建设为核心，以组织建设为基础，以制度建设为保障，把自身建设提高到新的水平”。

十是进一步明确了加强和改善中国共产党对多党合作和政治协商的领导。第一，进一步强调加强和改善中国共产党领导的重要性。第二，进一步明确中国共产党对民主党派的领导

是政治领导，即政治原则、政治方向和重大方针政策的领导。第三，对改进领导方法提出了明确要求，如要善于通过广泛深入的协商和讨论,使党的主张成为各民主党派的共识；要充分发扬社会主义民主，支持民主党派独立自主地处理内部事务等。第四，对中共党委重视多党合作和民主党派工作提出了具体要求。第五,要求切实为民主党派和无党派人士履行职能、发挥作用创造条件。

总之,《意见》在认真总结历史经验的基础上对中国共产党领导的多党合作和政治协商的原则、内容、方式和程序等作出了科学规范,是指导新时期我国多党合作事业的纲领性文件,为进一步加强中国共产党领导的多党合作和政治协商制度建设提供了重要的理论指导、政治规范和政策依据，是多党合作和政治协商制度的重大理论发展。

四、构建和谐的政党关系

胡锦涛同志在第20次全国统战工作会议上指出：“正确认识和处理中国共产党和民主党派的关系，保持和促进我国政党关系和谐，是发展社会主义民主政治、建设社会主义政治文明的重要内容，也是构建社会主义和谐社会的重要内容。”

中国共产党坚持“长期共存、互相监督、肝胆相照、荣辱与共”的方针，高度重视同民主党派和无党派人士的团结，形成了中国共产党领导、多党派合作，中国共产党执政、多党派参政的多党合作的政治格局，发展了我国各政党民主团结、生动活泼的良好政治关系。中国共产党领导的多党合作和政治协商制度，是中国共产党和各民主党派、无党派人士的共同选择，具有历史的必然性和巨大的优越性，它为正确处理我国政党关系提供了基本的制度保证。

胡锦涛同志在第20次全国统战工作会议上提出巩固和发展我国社会主义政党关系必须把握好的几个方面:“既要坚持中国共产党的领导，又要促进多党派团结合作；既要提高党的执政能力,又要发挥民主党派参政议政的作用；既要重视做好民主党派的思想引导工作，又要真诚接受他们的民主监督；既要全面推进党的建设新的伟大工程，又要积极支持民主党派加强自身建设，使执政党建设与参政党建设相互促进，更好地统一于多党合作、共创伟业的历史进程中。”这“四个既要又要”是坚持我国多党合作的政治格局、正确处理共产党同民主党派关系、发展多党合作理论必须坚持的重要原则。

胡锦涛同志还强调指出:“巩固和发展我国社会主义政党关系，实现我国政党关系长期和谐，根本在于坚持走中国特色社会主义政治发展道路”。中国特色社会主义政治发展道路，是中国共产党带领人民在长期的革命、建设和改革开放事业中探索出的一条符合中国国情，顺应时代潮流，能够为国家富强、民族振兴、人民幸福、社会和谐提供根本政治保证的政治发展道路。走中国特色的政治发展道路，必须坚持具有中国特色的基本政治制度。中国共产党领导的多党合作和政治协商制度是具有中国特色的社会主义政党制度。坚持和完善中国共产党领导的多党合作和政治协商制度就必须坚持走有中国特色的政治发展道路。

总之，新时期，以胡锦涛同志为总书记的中共中央，对共产党领导的多党合作和政治协商制度的创新和完善内容十分丰富。我们完全有理由相信，在以胡锦涛同志为总书记的中共中央的领导下，中国共产党领导的多党合作和政治协商制度将更加完善，中国共产党领导的多党合作和政治协商制度理论将更加丰富。

（作者：中央社会主义学院统战理论教研部副教授）

（选自《中央社会主义学院学报》2008年第2期）

改革开放以来我国人民代表大会制度的发展历程与基本经验

王维国　谢蒲定

改革开放30年，党和国家不断推动人民代表大会制度建设，促使人民代表大会工作向前迈进。人民代表大会制度的不断完善为国家和社会建设发挥了巨大的作用，保障了人民当家作主权利的实现，动员了全体人民以国家主人翁的地位投身社会主义建设，保证了国家机关协调高效运转，维护了国家统一和民族团结。

一、人民代表大会制度的发展历程

伴随着党的思想路线、组织路线的恢复，人民代表大会制度也得到恢复和发展。1978年12月，十一届三中全会提出要做到“有法可依、有法必依、执法必严、违法必究”，并确立了发展社会主义民主、健全社会主义法制的基本方针和任务，迎来了人民代表大会制度建设和发展新的历史时期。

(一) 1978—1982年：人大工作恢复和人大制度开始改革

在此时期，不仅各级人大的工作迅速获得恢复，而且以宪法的颁布和实施，实现了人大制度的重大改革。

1．人大工作的恢复

为落实十一届三中全会提出的关于健全社会主义法制的任务，1979年召开的第五届全国人大第二次会议通过了《关于修正〈中华人民共和国宪法〉若干规定的决议》，制定了《中华人民共和国地方各级人民代表大会和地方各级人民政府组织法》、《中华人民共和国人民代表大会和地方各级人民代表大会选举法》等七部法律。七部法律的通过和贯彻，迈出了加强和健全社会主义法制新的步伐。

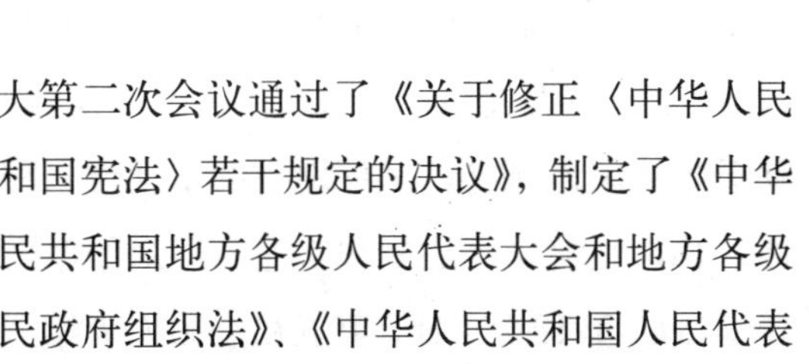

特别是第五届全国人大第二次的召开，听取和审议了“一府两院”的工作报告，审查和批准经济社会发展计划、财政预算，选举任免国家机关领导人。在闭会之后，各级人大组织了人大代表进行工作视察等活动。这标志着人大行使监督和人事任免职权的回归和人大代表工作的恢复。

2．人大制度的初步改革

新制定的《选举法》和《中华人民共和国地方各级人民代表大会和地方各级人民政府组织法》对我国的选举制度作了重要的改革，确立了新时期选举制度的基本框架和奠定了选举工作的基础。选举法将人大代表直接选举范围由过去的乡镇一级扩大到县一级，扩大了人民群众直接参与政治生活的权利。并且将原来人大代表选举中采用的等额选举改为实行代表候选人名额多于应选代表名额的差额选举制。候选人名额一般应多于应选举人名额，所有副职实行差额选举，对国家机关正职领导人原则上实行差额选举。实践中，各地不仅在选举地方各级人大代表、人大常委会组成人员和政府副职中坚持实行了差额选举，而且不少地方在选举正职时，也实行了差额选举。

在地方县级以上设立人大常委会，赋予省级人大和较大城市的人大立法权是人大制度的一项重要改革。县级以上地方各级人大设立常委会，改变了我国地方权力机关和执行机关不分的状况，保证了人大机关工作的有效运行，增强了地方人大对行政机关和司法机关的日常监督。赋予省级人大和较大城市的人大立法权，有利于各地因地制宜，发挥地方的主动性、积极性，加快社会主义法制和其他各项工作建设。

1982年12月4日，第五届全国人大第五次会议通过了现行宪法，该宪法扩大了全国人大常委会的职权，强化了人大的监督权，加强了人大常委会的地位。

（二）1983—1992年：人大组织体系、会议制度和代表工作制度不断健全完善

在此期间，以专门委员会的设立、议事规则和代表法的制定为标志，各级人大机构不断充实，人大会议制度和代表工作制度逐渐健全。

1．全国人大组织体系逐步形成

改革开放以来，全国人大根据工作需要不断充实和健全常委会工作机构。“根据1954年宪法规定，全国人大设立了4个委员会，但预算委员会和代表资格审查委员会只在大会期间进行工作，大会结束后就没有什么活动了。所以，实际上只有民族委员会和法案委员会两个委员会。”民族委员会和法案委员会具有专门委员会的某些性质，但没有专门的工作机构，与现行的全国人大专门委员会还有一定的区别。1983年第六届全国人大设立了6个专门委员会，即民族、法律、财政经济、教育科学文化卫生、外事和华侨委员会。各专门委员会为发展社会主义民主，健全社会主义法制服务，协助全国人大及其常委会行使职权。

2．地方人大组织体系日益健全

根据1982年宪法和有关法律的规定，在省、自治区、直辖市和自治州、设区的市的人大，建立了法制（政法）、财经、教育科学文化卫生等专门委员会。

3．会议制度不断完善

改革开放以来，全国人大和地方人大及其常委会陆续制定和完善了各自的会议制度，从而使各级人大工作逐步走上了制度化、程序化的轨道。1987年11月24日，第六届全国人大常委会第23次会议通过了《中华人民共和国全国人民代表大会常务委员会议事规则》。1989年4月4日，第七届全国人民代表大会第二次会议通过了《中华人民共和国全国人民代表大会议事规则》。这两项议事规则对全国人大及其常委会所召开会议的次数和日期，关于议案和工作报告的提出、听取和审议程序、质询、人大代表的发言和表决等作出了系统、切实可行的具体规定，最高权力机关的工作逐步走上了制度化、程序化轨道。

4．代表工作制度逐步建立

1992年4月，七届全国人大五次会议通过了《中华人民共和国全国人民代表大会和地方各级人民代表大会代表法》，对全国人大和地方各级人大代表的性质、地位、权利、义务、工作方式，对代表在闭会期间的活动，包括组成代表小组开展活动、对本级或下级国家机关的工作进行视察、约见本级或者下级国家机关负责人、采取多种方式经常听取和反映人民群众的意见和要求、国家和社会为代表执行职务提供保障、人大代表非经本级人大常委会许可不受逮捕或者审判，对于会议的举行，议案的提

出和审议，人员的选举、罢免和辞职，询问和质询，发言和表决等，都作了具体规定。代表法的制定，标志着我国人民代表大会制度的不断完善。

（三）1993—2004年：人大工作不断在探索前进

在此期间，以人大执法检查的普遍开展、工作评议的广泛进行为标志，全国各级人大在行使立法和监督职权中进行了不断探索。

1．人大的立法体制基本形成

人大职权行使最有效的是立法权的行使。六届全国人大期间，就初步形成了审议法律的基本程序；七届全国人大加强了立法工作的计划性。八届全国人大确立了以法律为指导，规范、保证改革，保障公民权利的观念。在立法工作中，发挥专门委员会和常委会工作机构在立法中的作用，让专门委员会和法工委更多地直接起草法律文本草案，发挥专家、学者在立法中的作用，不仅征求专家的意见，还请专家成立法律研讨组直接起草法律草案，从而创新了立法体制，大大提高了立法效率。九届全国人大常委会进一步提出，对法律草案一般实行三审制，对于保证立法工作的效率和质量发挥了重要作用。

地方人大行使立法职权过程中，不断创新地方立法机制，法律的起草由以前主要靠政府起草的单一渠道向多渠道、多主体转变，实行法规草案的委托起草制度，建立公开征求意见制度，建立立法咨询和立法听证制度。2004年9月，北京市人大常委会召开了立法听证会，16位北京市普通居民、外地来京的一般人员和社会团体、基层自治组织推荐的意见陈述人，就《北京市实施〈中华人民共和国道路交通安全法〉办法》征求意见稿发表了意见。

2．人大监督职权不断加强

在行使监督职权中，全国各级人大不断拓宽监督渠道，加大监督力度。尤其是各级地方人大及其常委会在加强和改进监督的实践中，依照宪法和法律的规定，大胆探索和闯出了行之有效的监督途径，主要有：组织代表评议“一府两院”的工作；对司法机关办理的重大典型案件进行监督；督促行政执法机关和司法机关实行执法责任制和冤案、错案纠改及多条责任追究制；改进计划预算监督；完善听取和审议“一府两院”工作报告的制度；发出法律监督书；等等。其中有些监督形式受到了全国人大常委会的充分肯定，并已被采用，有的已经上升为法律制度。

（四）2005年以后：人大制度建设进一步加强

2005年以来，以中共中央转发《中共全国人大常委会党组关于进一步发挥全国人大代表作用，加强全国人大常委会制度建设的若干意见》及《监督法》的制定和实施为标志，人大制度建设得到了进一步加强。

1．代表工作制度和人大常委会制度进一步加强

2005年5月，中共中央转发了《中共全国人大常委会党组关于进一步发挥全国人大代表作用，加强全国人大常委会制度建设的若干意见》。该《意见》提出了进一步发挥全国人大代表作用的具体措施，还就加强全国人大常委会的制度建设作了明确规定。并强调，这些措施和制度既适用于全国人大及其常委会，也对地方人大工作具有普遍的指导意义，地方各级人大应结合本地实际“参照办理”。

2．人大监督制度建设不断强化

监督法出台之前，各级人大常委会对监督权的行使进行了多方面的探索和实践，但缺乏统一的法律规范。为了保证人大依法加强监督工作，自1987年至2006年，历次全国人民代表大会会议共收到222件关于制定监督法的代表

议案，参与提出议案的代表4044人次。2006年3月全国人大会议期间，胡锦涛对加强人大监督工作作了深刻阐述。2006年4、5月间，全国人大常委会有关领导主持召开四个座谈会，继续听取各方面的意见。2006年6月和8月，草案先后经两次常委会会议审议，并根据审议意见进行了修改、完善。8月25日，全国人大常委会委员长会议决定，将监督法草案交付表决。2006年8月27日，十届全国人大常委会第23次会议审议通过了《中华人民共和国各级人民代表大会常务委员会监督法》，并于2007年1月1日起施行。

二、人民代表大会制度建设的基本经验

改革开放30年，是我国人民代表大会制度逐步健全和完善的30年，是人大职能作用日益得到重视并不断发挥的30年，是人大工作在实践中发展、在探索中前进的30年，为进一步健全和完善人民代表大会制度提供了丰富而宝贵的经验。

(一)人民代表大会制度建设必须坚持马克思主义国家理论与中国实际相结合

马克思主义国家理论是我国人民代表大会制度形成和发展的理论基础。马克思主义国家理论认为，资产阶级议会是管理整个资产阶级共同事务的委员会，其本质无非是每隔几年决定一次究竟由统治阶级中的什么人在议会里行使统治权。因此，马克思主义国家理论要求工人阶级取得革命胜利后，进行政权建设时，要在吸取资产阶级代议制合理成分的基础上，建设新型的人民代议机关。新型的人民代议机关组成人员应是工人，或公认的工人阶级的代表。他们是由普选产生并可以随时被人民所撤换。以毛泽东为代表的中国共产党人，领导中国人民，经过革命斗争，从反动统治阶级手里夺取政权后，建立了人民民主专政的国家政权，并把人民代表大会制度作为新的政权组织形式。人民代表大会制度就是在马克思主义国家理论的指导下，通过借鉴和吸收苏维埃制度的一些有益做法，总结我国新民主主义革命时期根据地政权建设的经验，并结合我国当时实际的基础上所创立的。在我国实行人民代表大会制度，是我们党把马克思主义国家理论同中国具体实际相结合的伟大创举。人民代表大会制度的本质和核心是人民当家作主，国家的一切权力属于人民，公民真正享有各项民主权利。

“一个国家实行什么样的政治制度，归根结底是由这个国家的国情和性质决定的。”我国现有的国情和实际，就是我国正处于并将长期处于社会主义初级阶段。生产力发展水平还有待于进一步提高，所有制结构还有待于进一步优化，人民的文化水平和公民意识有待于进一步提高。这样的国情和实际，决定了不仅不能放弃人民代表大会制度，而且要通过把马克思主义国家理论和不断变化的国情和实际相结合，不断发展和完善人民代表大会制度。这是因为：人民代表大会制度实行的是国家机关的合理分工和国家权力的合理配置。这既可以避免权力过分集中，又可以使各项工作有效进行，集中力量办大事，避免权力过于分散、互相消耗、牵制而导致低效率。这样才能充分反映人民的要求，集中人民的意志，维护人民的利益，从而使我国的生产力得到又好又快的发展，所有制结构才能得到不断优化，人民的文化水平和公民意识得到不断提高，推进国家改革和建设的发展。

(二) 人大工作要自觉接受党的领导

“没有党的领导，人民代表大会制度就不复存在；没有党的领导，人民代表大会制度的优势就无从谈起。”“我们必须自觉坚持党的领导，把党的领导贯穿于人大依法履职整个过程、落实到人大工作各个方面。”坚持和完善人民代表大会制度的过程，同自觉接受党的领导的过程是紧密联系在一起的。改革开放以来，各级党委十分重视人大工作，大力支持人大依法履行职权。各级人大及其常委会也逐步形成了一套既自觉接受和依靠党的领导，又充分发挥人大职能作用的工作方式。凡是关系改革、发展和稳定的重大问题，都是先由党中央（委）作出决策,然后提交人大或其常委会依法审议通过,形成法律或者决定，成为国家意志和人民的共同行动。各级人大充分发挥人大党组在人大工作中的领导核心作用,认真贯彻党管干部的原则,依法行使选举任免权，使党组织推荐的人选经过法定程序成为国家机关的领导人员，并对他们进行监督。在人大工作的共产党员，牢固树立党的观念,模范地贯彻党的路线方针政策,在思想上政治上行动上与党中央保持高度一致。正因为如此，人大工作才不断开创新局面，人民代表大会制度也才不断得到巩固、健全和完善。

(三)人大工作要服从和服务于国家大局

“要围绕党和国家工作大局,开创人大工作新局面，就是要认真学习和深入贯彻落实科学发展观，从人大工作定位和特点出发，全面部署和统筹安排立法、监督等各项工作，坚持改革开放，坚持与时俱进，集中力量，突出重点，保障党和国家大政方针贯彻落实，保障宪法和法律正确实施，保障改革开放和社会主义现代化建设顺利进行。”

（四）人大工作要严格依法办事

选举是人民群众行使自己民主权利的最直接、最有效的形式，因而人大的首要工作是做好人大代表的选举工作。选举是一项涉及人民民主权利的既严肃又具有活力的工作任务。改革开放以来，各级人大在历次选举过程中，始终既坚持党对选举工作的领导，又要充分发扬民主，严格依法办事。认真把握好换届选举的各个关键环节,同时针对选举中出现的新情况、新问题，深入了解情况、认真研究解决，正确引导人民群众的民主热情，保证了选举的圆满成功，确保了人民群众民主权利的实现。

人大工作的最大优势是密切联系人民群众。抓大事、督大事，为人民群众办实事、解难题，才能显示人民代表大会制度的优越性，树立起国家权力机关的权威。改革开放以来，全国各级人大确保宪法和法律在本行政区域内的实施，把群众普遍关心和迫切要求解决的问题作为履行职责的重点，推动政府为人民群众解决了大量实际问题。这不仅有力地推动和促进了党的政策的贯彻落实,而且逐步提高了人大的地位。

人大工作必须按照民主集中制原则，集体决定问题，集体行使职权。审议各项议题时要充分发扬民主，鼓励代表和委员积极发表各种意见。在基本达成共识的基础上依法进行表决,实行一人一票制；最后按照大多数人的意见作出决定，使作出的决议和决定符合最广大人民的根本利益。这就要求人大要坚持严格依法办事。人大代表要增强法律意识和法制观念,模范地遵守宪法和法律，全面提高依法履行职责的自觉性和能力。保证人大工作严格依法办事,制度建设是关键。改革开放以来，全国各级人大建立和完善了工作制度、监督制度、重大事项决定制度、人事任免制度等。这些制度不仅为人大代表提供了更多的议政决策的机会，而且推动了人大各项工作逐渐走向规范化、程序化和法治化，有效地发挥了国家最高权力机关的作用。

（五）人大要不断加强和改进自身建设

改革开放以来加强和改进人大自身建设的举措之一就是不断优化常委会组成人员结构。即不断改善人大代表和常委会组成人员的年龄结构和知识结构，增加熟悉法律、经济等方面知识的专业人员，并在逐步实现常委会组成人员年轻化的同时，逐步提高专职的人大常委会组成人员的比例，使常委会委员把主要精力放在人大工作上。在党的十七大报告中，明确提出要“加强人大常委会制度建设，优化组成人员知识结构和年龄结构。”十届全国人大创设的“专职常委”制度在十一届人大进一步深化，十一届人大继续设专职常委，并增加了人数。加强和改进人大自身建设的举措之二就是不断加强人大及其常委会工作机构和干部队伍建设，逐步造就一批素质高、能力强、业务精、有热情的人大机关干部队伍，为适应日益繁重的人大工作任务奠定了组织基础和人员保障。加强和改进人大自身建设的举措之三就是不断完善人大及其常委会机关各项工作的程序和机制，靠制度管事管人，从而提高了人大及其常委会会议的工作效率和水平，保障了会议通过的法律和作出的决定的民主性和科学性。

(六)正确处理坚持与完善人民代表大会制度的辩证关系

改革开放30年的实践已经证明，人民代表大会具有无可比拟的优越性，它有利于保障人民当家作主权利的实现，有利于国家权力的合理分工，提高工作效率，调动各方面的积极性。新世纪、新阶段，必须继续坚持和完善这一根本制度。同时随着经济社会的发展，人民代表大会制度的某些体制机制也需要不断地改革和完善。正确的选择是既不应当以人民代表大会的优越性为由，反对任何的改革和调整，同时也不能以改革为借口否定人民代表大会制度。应在坚持中不断予以完善，通过健全、完善各种体制机制，更好地坚持人民代表大会制度。

三、进一步健全和完善人民代表大会制度，不断推进人民代表大会工作

为了真正实现党的领导、人民当家作主和依法治国的有机统一，我们还需要进一步健全和完善人民代表大会制度，不断推进人民代表大会工作，把人大制度优势充分发挥出来。

(一)通过科学立法，改进立法工作

改革开放初期，面对落后的经济社会状况，发展自然成为硬道理，成为第一要务，经济建设成为社会主旋律，成为各项事业必须紧紧围绕的中心任务。我国的法制建设也必然要围绕这个中心，为经济发展提供了必要的法制基础，经济立法也就成为立法重点。不过，过于偏重经济立法影响了立法的均衡协调，不符合科学发展观。因此，应当重塑立法理念，今后的立法要更加注重科学立法，即均衡立法、协调立法，以推动经济与社会全面发展、人与自然协调发展。通过立法统筹经济发展与环境资源保护，统筹经济发展与社会发展。

(二)通过民主立法，规范行政权力保护公民权益

以往人大立法被人们议论较多的是权力与权利不对称，不适当地扩大部门权力，对行政权力的规定广、多、实，包括审批、许可、收费、罚款等等，而对公民的权利相对规定得小、少、虚；权力与责任不对称，相对于行政主体的广泛权力，其应履行的义务、应提供的服务、应承担的责任则有所缺失。这就要求人大要建立、完善各项民主立法制度，在立法层面上最大限度地发扬民主，调动公众充分参与、广泛参与，以避免部门利益法制化和利益集团对立法的过度影响。以往人大在民主立法方面做了很多的探索，如立法计划征求民意、立法调研的展开、立法草案委托起草、立法座谈和立法论证、立法听证、对有争议条款的单项表决、公民旁听常委会法规案审议、立法评估等制度和措施的制定与实施。其中地方立法听证制度最引人瞩目，对公正表达各方面利益诉求，提高立法质量，增强法规的可操作性，提高立法调整经济社会关系的效能起到了推动作用。公民对立法的参与最重要的是完善代表制度和代表选举制度，让深刻了解民意乐于为民代言、能充分表

达民众意志和要求、受公众信赖的人成为人大代表和常委会组成人员，使立法更准确、更充分地反映民意，反映方方面面的利益诉求，而不仅仅在于立法制度和立法技术的创新与完善。

（三）改进审议专项工作报告，促进社会公平正义

监督法对地方人大常委会审议监督“一府两院”的专项工作报告作了重点的规定。按照监督法的规定，各级人大常委会每年要选择若干关系改革发展稳定大局和群众切身利益、社会普遍关注的重大问题，有计划地安排听取审议“一府两院”专项工作报告。对“两院”专项工作报告的审议监督，可以理解为“类案”的监督而非“个案”的监督；对政府及其部门专项工作报告的审议监督，也非类似“个人信任表决”式的监督。这就要求：第一，建立完善的议题收集、筛选、评价机制，使确定的议题真正体现民意、符合民愿。审议议题根据人大常委会在执法检查中发现的突出问题，常委会组成人员提出的比较集中的问题，专门委员会和常委会工作机构在调研中发现的突出问题，人民来信来访集中反映的问题，以及社会普遍关注的其他问题来确定。第二，确定议题后，要围绕议题认真准备，组织常委会组成人员和人大代表，对有关工作进行视察或专题调研，安排参加视察和专题调研的代表列席会议，听取报告和提出意见。常委会办事机构应当将各方面对该项工作的意见汇总，交“一府两院”研究并在专项工作报告中作出回应。第三，要坚持公正公开原则，审议专项工作报告的年度计划、会议审议的议题、专项工作报告及审议意见、“一府两院”对审议意见研究处理情况或执行决议情况，向全社会公布。常委会审议专项工作报告的会议，可以允许公民旁听。第四，要有相应的处置措施，审议意见交由“一府两院”研究处理，其研究处理情况由其办事机构送交人大有关专门委员会或常委会工作机构征求意见后，向常委会提出书面报告。常委会还可以在必要时对专项工作报告作出决议，“一府两院”应当在决议规定的期限内将执行决议的情况向常委会报告。

（四）加强预算监督，确保公共财政的社会保障功能和公共服务功能

从现行的预算监督来看，预算编制的时限不科学，各地人代会的时间有先有后，但一般都是预算年度开始后尚在编制本年度预算，事实上是预算先执行，后编制，再审批，而且存在大量预算外资金，或者应纳入预算而未纳入的资金，以及超预算、无预算项目。财政在较长时间里无预算运行，既降低了预算的实际约束力，也使人大无法给予监督。编制项目不细，科目规模太大，透明度低，“外行看不懂、内行看不清”，代表很难进行实质性审查。特别是财政困难的县级预算，上级专项补贴、税收返还等不确定因素的影响更大，预算的准确性低，对其进行有效监督也十分困难。在目前情况下，提高人代会预算审议效能，从技术上而言，要保证充足的时间编制预算，编制部门预算，细化预算科目，提高预算的透明度；同时尽量保证人代会对预算审议的时间，发挥好人大专门的预算审查机构的作用，提高预算执行的约束性和严肃性，强化预算编制执行中的法律责任，加强执法检查，为预算的严格执行创造好的法制环境。实践表明，在现有体制下加强人大预算审批监督，仍有很大的空间，重要的是人大要敢于作为。

（作者单位：北京联合大学人大制度研究所）

（选自《政治学研究》2008年第6期）

始终坚持社会主义政治制度的特点和优势

杜青林

建立在不同国情基础上的各国政治制度，反映了各国的政治发展道路，呈现出不同的特点。我国是社会主义国家，我国现行的政治制度深深植根于中国土壤，体现了中国社会发展的内在规律和客观要求，符合全国各族人民的根本利益。坚持和发展中国特色社会主义，必须坚持社会主义政治制度的特点和优势，推进社会主义民主政治制度化、规范化、程序化，为党和国家长治久安提供政治和制度保障。

一、坚持中国共产党的领导、人民当家作主和依法治国的有机统一

这是我国政治制度区别于西方国家政治制度的本质特征，也是坚持和完善我国政治制度必须遵循的基本方针和政治准则。党的领导是人民当家作主和依法治国的根本保证，人民当家作主是社会主义民主政治的本质要求，依法治国是党领导人民治理国家的基本方略。只有把这三者贯穿于社会主义民主政治建设实践的全过程，才能从根本上坚持社会主义政治制度的特点和优势。

中国共产党的领导是历史的选择、人民的选择，是发展中国特色社会主义的根本保证。我国是一个拥有13亿人口的多民族的发展中大国，在这样一个国家里领导人民进行现代化建设，除了共产党没有任何其他政治力量具备这种能力。实践证明，中国共产党始终坚持全心全意为人民服务的宗旨，始终保持与时俱进的品格，具有强大的创造力、凝聚力和战斗力。只有坚持共产党的领导，中国才能实现人民解放、国家富强和民族振兴。统一战线广大成员要自觉在政治上与中国共产党保持一致，维护中国共产党的领导，与中国共产党同心同德、团结奋斗，共同推进中国特色社会主义伟大事业。

人民当家作主是社会主义民主政治的本质和核心，是发展社会主义民主政治的根本出发点和落脚点。社会主义民主是人民当家作主的民主，是反映绝大多数人意愿的民主，只有社会主义才能实现真正的民主。中国共产党执政就是领导和支持人民当家作主，着眼于一切为了人民、一切依靠人民、一切权力属于人民，通过丰富民主形式，扩大公民有序的政治参与，实现最广泛的人民民主。要始终坚持尊重人民的主体地位，切实保障人民群众管理国家事务和社会事务的权利，切实反映各方面群众的愿望和要求，维护和实现人民群众的根本利益。

依法治国是党领导人民治理国家的基本方略，是发展社会主义民主的重要保障。宪法和法律是党的主张和人民意志的统一，任何组织和个人都不允许有超越宪法和法律的特权。必须依法执政、依法办事，执法必严、违法必究，保证各项法律的实施。要牢固树立社会主义法治理念，维护宪法和法律的尊严和权威，维护社会公平正义，推动实现国家各项工作法治化，确保人民民主权利不受侵犯，确保人民的意志和要求通过法律程序得到有效贯彻实施。

二、坚持人民代表大会制度、中国共产党领导的多党合作和政治协商制度、民族区域自治制度和基层群众自治制度的有机统一

人民代表大会制度、中国共产党领导的多党合作和政治协商制度、民族区域自治制度和基层群众自治制度，构成了我国社会主义民主政治的基本制度框架。必须充分发挥这四项制度在不同层次不同方面的功能，更好地体现我国民主政治的广泛性和包容性。

人民代表大会制度是我国人民当家作主、参与管理国家事务和社会事务的根本政治制度。我国的政治结构、政治体制和运行规则，没有采用西方国家实行的“三权分立”原则，而是根据我国国情实行“议行合一”。表现在政治体制上，就是实行人民代表大会制度。全国人民代表大会是我国的最高权力机关和最高立法机关。国务院作为我国的最高行政机关，最高人民法院和最高人民检察院作为我国的司法机关，都由人大选举、受人大监督、对人大负责。实践证明，我国实行的“议行合一”原则，具有很大优越性。邓小平同志明确指出：“我们实行的就是全国人民代表大会一院制，这最符合中国实际。如果政策正确，方向正确，这种体制益处很大很有助于国家的兴旺发达，避免很多牵扯。”要始终坚持和完善人民代表大会制度，支持人民代表大会依法履行职能，保障人大代表依法行使职权，确保立法、决策更好地体现国家意志、维护人民利益切实发挥人大在国家政权建设、国家事务管理、国家方针政策和法律法规制定执行中的重要作用。

中国共产党领导的多党合作和政治协商制度既是我国的一项基本政治制度，也是具有中国特色的社会主义政党制度。我国的多党合作制度是马克思主义统一战线理论和政党学说与中国实际相结合的重大成果，是中国人民政治智慧和政治经验的结晶，具有历史必然性、伟大独创性和巨大优越性。这项制度以合作、参与、协商为基本精神，以团结、民主、和谐为本质属性，具有政治参与、利益表达、社会整合、民主监督、维护稳定等重要功能，有利于最大限度地集中社会资源，形成统一意志。这项制度坚持尊重多数与照顾少数的统一，坚持广泛民主与集中领导的统一，有利于进一步把各种社会力量纳入政治体制，畅通和拓宽社会利益表达渠道，使人民群众的知情权、参与权、表达权和监督权得到更好的保障，使社会各方面的愿望和要求得到更充分的反映和实现，使中国特色社会主义民主更加充满生机和活力。要坚持长期共存、互相监督、肝胆相照、荣辱与共的方针，加强同民主党派和无党派人士合作共事，支持他们更好地履行参政议政、民主监督职能，巩固和发展我国各政党之间民主团结、生动活泼的良好政治关系。

民族区域自治制度是解决我国民族问题、实现民族平等、维护国家统一和领土完整的一项基本政治制度。民族区域自治制度是中国共产党在探索解决我国民族问题的过程中，坚持把马克思主义民族基本理论同我国民族问题实际相结合的重大成果，是符合中国国情的唯一正确选择。这项制度体现了民族因素与区域因素、政治因素与经济因素、历史因素与现实因素、制度因素和法律因素的有机结合，实现了我国社会主义多民族国家在民主基础上的高度统一。这项制度能够保障少数民族享有自治权利，广泛参与国家和本民族内部事务的管理，维

护和保障少数民族和民族自治地方的合法权益。要坚持民族区域自治制度，牢牢把握各民族共同团结奋斗、共同繁荣发展的主题，加快少数民族和民族地区经济社会发展，尊重和保障少数民族的合法权益，大力培养少数民族干部和各类人才，推进民族团结进步事业，坚决打击民族分裂活动，巩固和发展平等团结互助和谐的社会主义民族关系。

基层群众自治制度是最直接体现人民当家作主的一项重要政治制度。基层群众自治制度是广大人民群众在城乡基层单位和组织中，依法直接行使民主选举、民主决策、民主管理和民主监督权利的民主制度。自《中华人民共和国村民委员会组织法》和《中华人民共和国城市居民委员会组织法》实施以来，全国绝大多数农村和城市已进行了六次以上的村（居）民委员会换届选举。85%的农村建立了实施民主决策的村民大会或村民代表大会，90%以上的农村建立了保障民主监督的村民理财小组、村务公开监督小组等组织，村务公开、民主评议等活动普遍开展。89%的城市社区建立了居民（成员）代表大会，64%的社区建立了协商议事委员会，不少社区建立了业主委员会，居民评议会、社区听证会等城市基层民主形式普遍推行。要继续促进基层民主的发展，扩大基层群众自治范围，完善民主管理制度，推动基层群众自治机制不断完善，帮助提高群众的民主素质和民主管理能力，努力把城乡社区建设成为管理有序、服务完善、文明祥和的社会生活共同体，切实保障人民群众的民主权利得到充分实现。

三、坚持选举民主、协商民主、自治民主、监督民主等民主实现形式的有机统一

新中国成立以来，我国探索和形成了选举协商、自治和监督等多种社会主义民主的实现形式，为人民群众行使当家作主的权利提供了有效渠道。这些形式互相补充、相得益彰，既符合社会主义民主政治本质的要求，又体现我国社会主义政治制度的优势。

选举民主是人民通过选举、投票来行使民主权利。选举权和被选举权是公民一项重要的政治权利，参加选举是公民行使管理国家权利的重要途径。我国实行的选举制度，保证每一位公民都能在平等的基础上参加选举，同时任何人都不能在选举上享有特权。这一民主形式有利于充分发扬社会主义民主，使人民真正选出自己了解、信得过的人民代表，保障各族人民行使管理国家的权利。要在实践中进一步完善选举民主的程序和方法，完善选举程序，增强选举的透明度，扩大差额选举的比例，使我国的民主政治建设走上健康发展之路。

协商民主是人民内部各方面在重大决策之前和决策执行过程中进行充分协商。协商民主是中国共产党和中国人民在社会主义民主形式方面的伟大创造，是确保人民当家作主的重要形式。这一民主形式有利于实现最广泛的政治参与，能够广开言路、广求良策、广谋善举，在充分、民主、平等、真诚的协商讨论中达成一致。要把协商纳入党和国家民主决策的程序，建立健全相关制度和机制，努力促进协商民主的制度化、规范化和程序化。要保持宽松稳定、团结和谐的政治环境，让广大群众和各界人士敢于提出不同意见，真正做到知无不言、言无不尽，造成既有集中又有民主、既有纪律又有自由、既有统一意志又有个人心情舒畅的生动活泼的政治局面。

自治民主是由人民群众实行自我管理、自我教育、自我服务。自治是保证人民群众直接行使民主权利、依法管理自己事情的重要民主形式，是中国特色社会主义民主最具体和最生动的体现。这一民主形式能够有效地保障人民群众最关心、最直接、最现实的利益，能够实现政府行政管理和社区自我管理的有效对接，有利于巩固党执政的群众基础。要正确引导和不断激发人民群众实行自治的积极性和主动性，进一步推进和完善村民自治、城市居民自治和企事业单位民主管理等基层群众自治，不断丰富自治民主的内容和形式，使之更好地体现社会主义民主的本质要求。

监督民主是人民群众对公共权利和公共事务拥有监督权。监督是民主制度的试金石，是反映社情民意的重要途径。要通过努力，在我国逐步形成比较完备的监督体系。要充分发挥人民民主的监督功能，建立健全决策权、执行权、监督权既相互制约又相互协调的权力结构和运行机制。把党内监督与党外监督、专门机关监督与人民群众监督、法律监督与社会监督有机结合起来，使其相互配合，共同作用，形成监督合力。加强监督的制度化建设，提高监督实效，确保权力在阳光下运行，始终用来为人民谋利益。

四、坚持我国社会主义政治制度自我完善和发展的原则方向

我国政治制度要始终保持旺盛的生命力，必须在中国特色社会主义事业不断推进的前提下，遵循长期以来形成的重要原则，不断汲取新的时代要素、体现新的时代精神，始终沿着社会主义民主政治建设的正确方向前进。

推进社会主义政治制度自我完善和发展，要始终坚持走中国特色社会主义政治发展道路。中国共产党团结带领中国人民走出了一条具有鲜明中国特色的政治发展道路。这条政治发展道路符合中国国情，能够为经济快速发展和社会稳定和谐提供根本的政治保障，对我国政治制度的自我完善和发展起着方向性、规定性的作用。要充分认识坚持走中国特色社会主义政治发展道路的重大意义，全面领会其丰富内涵，准确把握其基本要求，增强走中国特色社会主义政治发展道路的自觉性和坚定性，使这条道路越走越坚实、越走越宽广。

推进社会主义政治制度自我完善和发展，要适应我国经济社会发展和人民政治参与积极性不断提高的新要求。只有使政治制度的完善和发展与经济社会发展的总进程相协调，才能紧跟时代发展步伐、永葆强大生机活力；只有与人民政治参与积极性不断提高相适应，才能受到人民拥护、得到人民支持。要科学认识和正确把握我国经济社会发展要求，促进形成一整套更加成熟、更加完备的政治体制，使政治建设更好地体现改革开放的伟大成果，更好地促进经济社会又好又快发展。要准确把握人民群众的意愿，更好地代表和反映他们的政治诉求，从各个层次、各个领域扩大有序的政治参与，推动社会主义民主政治建设取得新进展。

推进社会主义政治制度自我完善和发展，要吸收借鉴人类政治文明成果，但绝不照抄照搬别国的政治发展模式。人类政治文明成果是人类社会共同的智慧结晶，是丰富多彩、不断交融的。中国特色政治制度是在不断吸收和借鉴人类政治文明成果的过程中发展和完善的。要立足我国的基本国情，善于借鉴人类政治文明有益成果，推动社会主义政治制度的自我完善和发展，坚决抵御西方两党制、多党制和议会制的影响，绝不盲目效仿和照抄照搬西方政治制度和政党制度模式，始终坚持走中国特色社会主义政治发展道路。

五、充分发挥统一战线在社会主义政治制度自我完善和发展中的独特作用

统一战线作为最广泛的政治联盟，能够团结一切可以团结的力量，调动一切可以调动的积极因素，增进团结、凝聚力量，为完成党在各个历史时期的中心任务提供强大的力量支持。统一战线在我国的政治制度建设和发展中具有独特的优势和作用。

发挥统一战线在扩大有序政治参与中的优势，使我国社会主义政治制度更具包容性。统一战线坚持求同存异的原则，在根本利益一致的基础上尊重社会各界成员在信仰、利益和观念等方面的差异，通过政治协商、参政议政、民主监督，为社会各界提供了更加广泛、有序的政治参与形式和途径，从而进一步扩大我国政治制度的包容性。要准确把握统一战线广大成员的民主意识和政治参与意识，通过各种民主形式，使社会各群体中个别、分散的意见、要求和见解，得到有组织、有秩序的表达，得到最大限度、最大范围的包容和吸纳，确保社会主义民主健康、有序发展。

发挥统一战线在畅通利益表达渠道中的优势，使我国社会主义政治制度更具有效性。统一战线是中国共产党加强同各方面群众联系、充分反映社情民意的重要渠道，能够有效地把社会各界的利益要求反映到国家政治生活的各个层面，既反映多数人的普遍愿望，又吸纳少数人的合理主张；既接受支持的、一致的意见，又听取批评的、不同的声音，进一步增强我国政治制度运转的效率和效果。要进一步畅通下情上达和上情下达的渠道，使社会各阶层正当合理的利益诉求体现到党和国家的各项重大决策中，努力实现不同社会群体利益的统筹兼顾和总体协调。要发挥统一战线高度的社会整合功能，调动各方面的积极性，协调各方面的利益关系，促进各党派、各阶层、各群体和各界人士的团结合作，使我国社会主义政治制度的优势得到有效发挥。

发挥统一战线在推进制度化建设中的优势，使我国社会主义政治制度更具科学性。统一战线与我国社会主义政治制度密切相关，在其形成和发展过程中发挥了重要作用。推动中国特色社会主义政治制度建设，发展社会主义民主政治，建设社会主义政治文明，是统一战线为中国特色社会主义作贡献的重要方面。要充分发挥统一战线在坚持和完善我国社会主义政治制度中的独特优势和作用，进一步推进我国社会主义民主政治制度化、规范化、程序化。要健全完善统一战线广大成员政治参与的制度和机制，及时总结实践中的有益做法和成功经验，并上升为规章制度，使我国社会主义政治制度更加科学规范。

（作者：全国政协副主席、中央统战部部长）

（选自《求是》2008 年第 7 期）

30年来人民代表大会制度的理论发展

尹中卿

党的十一届三中全会启动了改革开放和中国特色社会主义建设的崭新历程，也翻开了我国社会主义民主法制和人民代表大会制度建设的崭新篇章。从以邓小平同志为代表的第二代领导集体的开拓，到以江泽民同志为代表的第三代领导集体的拓展，再到十六大以来以胡锦涛同志为总书记的党中央的创新，30年来，我党关于人民代表大会制度的认识在不断丰富、深化和发展。

邓小平理论对人民代表大会制度理论的开拓

30年前，党的十一届三中全会提出一系列新的政策。就国内政策而言，最重大的有两条：一条是政治上发展民主，一条是经济上进行改革，同时相应地进行社会其他领域的改革。以邓小平为代表的第二代领导集体，从什么是社会主义、怎样建设社会主义的总体框架出发，作出了把工作重心转移到社会主义现代化建设上来的战略决策，提出了发展社会主义民主，健全社会主义法制，使民主制度化、法律化的任务，深刻地回答了社会主义民主法制建设的一系列问题，对人民代表大会制度理论的发展做出了开拓性的贡献。

从目前已经公开的文献看，邓小平理论对人民代表大会制度理论的开拓主要集中在党的十二大、十三大报告，以及中央全会的有关决定或决议，其他中央领导也有一些重要论述，历届全国人大常委会工作报告有一些论述，许多学者和人大工作者也有一些著述。

1．没有民主就没有社会主义，就没有社会主义的现代化。

在新的历史条件下，邓小平把社会主义民主提到了社会主义本质特征和实现社会主义现代化必备条件的高度来认识。他提出：“没有民主，就没有集中；而这个集中，总是要在民主的基础上，才能真正地、正确地实现。没有无产阶级的民主和无产阶级的集中，也就没有社会主义。”这就从社会主义本质和根本特征的高度阐明了发展社会主义民主的必要性。党的十一届六中全会提出：逐步建设高度民主的社会主义政治制度，是社会主义革命的根本任务之一。邓小平认为：“我们过去对民主宣传得不够，实行得不够，制度上有许多不完善。因此，继续努力发扬民主，是我们全党今后一个长时期的坚定不移的目标。”党的十三大也提出：社会主义民主政治的本质和核心，是人民当家作主，真正享有各项公民权利，享有管理国家和社会事务的权力。

2. 为了保障人民民主，必须加强法制，必须使民主制度化、法律化，使这种制度和法律具有稳定性、连续性和极大的权威。

党的十一届三中全会提出了人民民主制度化、法律化的方针。邓小平指出：“社会主义民主和社会主义法制是不可分的。为了保障人民民主，必须加强法制。必须使民主制度化、法律化，使这种制度和法律不因领导人的改变而改变，不因领导人的看法和注意力的改变而改变。”他在论述民主与法制之间辩证关系的基础上，提出了“两手抓”的著名论断：“民主要坚持下去，法制要坚持下去。这好像两只手，任何一只手削弱都不行。要继续发展社会主义民主，健全社会主义法制。这是三中全会以来中央坚定不移的基本方针，今后也决不允许有任何动摇。”

3. 发展高度的社会主义民主和完备的社会主义法制，必须推进党和国家领导制度的改革。

邓小平认为：“领导制度、组织制度问题更带有根本性、全局性、稳定性和长期性。我们过去发生的各种错误，固然与某些领导人的思想、作风有关，但是组织制度、工作制度方面的问题更重要。这些方面的制度好，可以使坏人无法任意横行；制度不好，可以使好人无法充分做好事，甚至会走向反面。”党的十三大提出：党和国家政权机关的性质不同、职能不同、组织形式和工作方式不同。应当改革党的领导制度，划清党组织和国家政权的职能，理顺党组织与人民代表大会、政府、司法机关、群众团体、企事业单位和其他各种社会组织之间的关系，做到各司其职，并且逐步走向制度化。

4. 政治体制改革方面要坚持实行人民代表大会制度，不断加强和改善人民代表大会制度。

社会主义民主政治的核心、本质和精髓是实现人民民主。邓小平指出：“在政治体制改革方面有一点可以肯定，就是我们要坚持实行人民代表大会的制度，而不是美国的三权鼎立制度。同时，还要不断改善人民代表大会制度。”1981年4月和1984年4月，中共中央两次转发彭真同志在省级人大常委会负责同志座谈会上的讲话，要求各级党委加强对地方人大常委会的领导，定期讨论人大常委会的工作，支持人大常委会依法行使职权，并根据人大常委会工作开展的需要，及时解决人大常委会办事机构的设置、人员编制和经费等问题。党的十三大对完善人民代表大会制度提出了四项具体任务：一是继续完善人大及其常委会的各项职能，加强立法工作和法律监督。二是进一步密切各级人大与群众的联系，使人大能够更好地代表人民，并受到人民的监督。三是加强全国人大特别是其常委会的组织建设，在逐步实现委员比较年轻化的同时，逐步实现委员的专职化。四是完善全国人大常委会和各专门委员会的议事规则、工作程序，加强制度建设。

5. 在全国坚决实行这样一些原则：有法可依、有法必依、执法必严、违法必究，在法律面前人人平等。

党的十一届三中全会明确提出，要做到有法可依、有法必依、执法必严、违法必究；要保证人民在自己的法律面前人人平等，不允许任何人有超越法律之上的特权。这就把立法、执法、守法很好地联结成为统一的整体，确立了社会主义法制建设的基本方针和根本原则。十一届三中全会还提出从现在起，应当把立法工作摆到全国人民代表大会及其常务委员会的重要议程上来。邓小平指出：过去一个时期，往往把领导人说的话当做“法”，不赞成领导人说的话叫做“违法”，领导人的话改变了，“法”也就跟着改变。这种现象严重损害了社会主义民主制度和法律的严肃性、权威性。要真正树立宪法和法律的权威：任何党员包括党员干部，都要遵守“公民在法律和制度面前人人平等，党员在党章和党纪面前人人平等”的原则。党的十二大总结了我国民主法制建设的历史经验，把党必须在宪法和法律范围内活动作为一项根本原则，明确写进党章和宪法。这一根本原则的确立，是社会主义法制建设的一个重大突破，对完善社会主义法制，实现由“人治”到“法治”的转变具有决定性的意义。

“三个代表”重要思想对人民代表大会制度理论的拓展

在党的十三届四中全会以后的13年间，我国改革开放进程波澜壮阔，市场经济发展峰回路转，国际局势风云变幻。面对来自国内外的各种考验和挑战，以江泽民为核心的第三代领导集体，紧密结合改革开放和发展社会主义市场经济的实践，对在新的历史条件下如何加强国家政权建设、推进民主政治、建设政治文明、实行依法治国等问题进行了深入思考，系统地阐明了我国人民代表大会制度的性质、地位和作用，科学地回答了为什么要坚持人民代表大会制度、怎样坚持和完善人民代表大会制度的问题，继承并进一步丰富和拓展了邓小平理论关于人民代表大会制度的论述，构成了“三个代表”重要思想科学体系的重要内容。

从目前已经公开的文献看，“三个代表”重要思想关于人民代表大会制度的论述主要集中在党的十四大、十五大、十六大报告，以及中央全会的有关决定和决议，概述起来主要有以下几点：

1. 没有民主和法制就没有社会主义，就没有社会主义现代化。

真正实现最广大人民当家作主，是社会主义民主政治的内在属性和鲜明特征，也是我们党和国家的根本任务和最高目标。江泽民指出：“党的十一届三中全会以来，中央一再强调，没有民主，就没有社会主义，就没有社会主义现代化。”党的十四大提出：人民民主是社会主义的本质要求和内在属性。没有民主和法制就没有社会主义，就没有社会主义的现代化。党的十五大提出：没有民主就没有社会主义，就没有社会主义现代化。社会主义民主的本质是人民当家作主。国家一切权力属于人民。党的十六大提出：人民当家作主是社会主义民主政治的本质要求。江泽民指出：“建设高度的社会主义民主和完备的法制，是我们的根本目标和根本任务之一，也是人民群众的共同愿望。无论在什么情况下，我们都要牢牢掌握社会主义民主的旗帜。要坚持从我国国情出发，总结自己的实践经验，同时借鉴人类政治文明的有益成果，绝不照搬西方政治制度的模式。要着重加强制度建设，实现社会主义民主政治的制度化、规范化和程序化。”

2. 发展社会主义民主政治，最根本的是把坚持党的领导、人民当家作主和依法治国有机统一起来。

在十六大之前，江泽民指出：“推进社会主义民主政治建设，必须处理好党的领导、发扬民主和依法办事的关系。党的领导是关键，发扬民主是基础，依法办事是保证，绝不能把三者割裂开来、对立起来。”党的十五大第一次把“依法治国”基本方略写在我们党的旗帜上，提出把坚持党的领导、发扬人民民主和严格依法办事统一起来。建设有中国特色的社会主义政治，就是在中国共产党领导下，在人民当家作主的基础上，依法治国，发展社会主义民主政治。党的十六大提出：发展社会主义民主政治，最根本的是要把坚持党的领导、人民当家作主和依法治国有机统一起来。党的领导是人民当家作主和依法治国的根本保证，人民当家作主是社会主义民主政治的本质要求，依法治国是党领导人民治理国家的基本方略。第一次把“三个有机统一”正式概括为中国特色社会主义民主政治的根本特点和核心内容。

3．发展社会主义民主政治，建设社会主义政治文明，最重要的是坚持和完善人民代表大会制度。

党的十五大提出：我国实行人民民主专政的国体和人民代表大会制度的政体，是人民奋斗的成果和历史的选择，必须坚持和完善这个根本政治制度，不照搬西方政治制度的模式，这对于坚持党的领导和社会主义制度、实现人民民主具有决定意义。党的十六大第一次把“建设社会主义政治文明”与“发展社会主义民主政治”一起作为全面建设小康社会的重要目标，提出“坚持和完善人民代表大会制度”。江泽民认为：“建设社会主义民主政治，最重要的是坚持和完善人民代表大会制度。这就把坚持和完善人民代表大会制度同建设社会主义民主政治、推进政治体制改革紧密联系起来了。绝不能搞西方式的多党轮流执政、两院制和三权鼎立。”李鹏提出：“在坚持和完善人民代表大会制度的过程中，学习和借鉴外国议会制度中一些适合我国的经验，是很有必要的。尽管外国议会与我国人民代表大会制度的本质不同，但外国议会中的一些具体做法，如立法程序、监督程序等，是可以供我们吸收和借鉴的。”

4．坚持和完善人民代表大会制度，保证人大及其常委会依法履行职责。

按照宪法和法律规定，人大及其常委会的重要职能可以概括为立法、监督、重大事项决定和人事任免等四个方面。江泽民指出：“人大及其常委会要以党的基本路线为指导，认真履行宪法赋予的各项职责，把加强社会主义民主法制建设作为自己的中心任务。”

关于立法工作，江泽民提出：“要把改革和发展的重大决策同立法结合起来，逐步形成深入了解民情、充分反映民意、广泛集中民智的决策机制，推进决策科学化、民主化，提高决策水平和工作效率。”

关于监督工作，江泽民指出：“在我们国家生活的各种监督中，人大作为国家权力机关的监督是最高层次的监督。监督‘一府两院’的工作是人大及其常委会的一项重要职责。这种监督，既是一种制约，又是支持和促进。”江泽民强调，人大监督应当加强对宪法和法律实施的监督，维护国家法制统一；加强对党和国家方针政策贯彻的监督，保证政令畅通；加强对各级干部特别是领导干部的监督，防止滥用权力，严惩执法犯法、贪赃枉法。

5．各级人大及其常委会要把自身建设放在重要位置上。

党的十六大提出，要优化人大常委会组成人员的结构。江泽民认为：“随着我国社会主义现代化建设和改革开放深入进行，人大及其常委会所担负的任务越来越繁重，这就要求各级人大及其常委会把自身建设放在重要位置上。”李鹏也提出：“搞好全国人大及其常委会的自身建设，是全面履行宪法赋予的职责、发挥国家权力机关作用的重要条件。”

在组织建设方面，江泽民提出：“在人大常委会组成人员中，有一定数量实践经验丰富的老同志是必要的，但也要有相当数量年富力强的同志，还要注意吸收有一定专业知识的同志，使常委会组成人员的年龄结构和知识结构更趋合理。”

在工作制度建设方面，江泽民提出：“要完善人大及其常委会和专门委员会的工作制度，使工作进一步程序化、制度化。”

在思想作风建设方面，江泽民提出：“要加强马克思主义理论的学习，加强宪法和法律的学习，加强党的路线方针政策的学习，不断提高理论水平和工作能力。人民代表大会应该成为联系群众、反映民意、解决矛盾的主要民主渠道。”

6．加强和改善党对人大工作的领导。

党的十四大提出，要加强党的建设，改善党的领导。江泽民提出："党与政权机关性质不同、职能不同、组织形式和工作方式也不同，党不能代替人大行使国家权力。党的政治领导、思想领导和组织领导，要通过政治原则、政治方向、重大决策的领导和思想政治工作、向政权机关推荐重要干部等来实现。要善于使党有关国家重大事务的主张经过法定程序成为国家意志。因此，如何在保证党的领导的前提下充分发挥人大的作用，是一个十分重要的问题。"他主张："要按照总揽全局、协调各方的原则，进一步加强和完善党的领导体制，改进党的领导方式和执政方式，既保证党委的领导核心作用，又充分发挥人大、政府、政协以及人民团体和其他方面的职能作用。"江泽民强调："各级党组织都要尊重宪法和法律规定的人大及其常委会的地位，重视发挥人大及其常委会的作用。党中央关于国家事务的重大决策，凡是应该由全国人大决定的事项，都要提交全国人大经过法定程序成为国家意志。地方也应该如此。我们要坚持党管干部的原则，同时支持人大及其常委会依法行使人事任免权。各级党组织推荐需经人大选举、任免的干部时，要重视人大的意见。推荐的人选确定之后，人大党组应该努力做好工作，使党的决定得到实现，并严格按照法律程序办事。对于由人大选举、决定的政府组成人员，要保持相对稳定。各级党委要把人大工作列入重要议事日程，定期听取人大党组的汇报，讨论研究人大的工作，关心人大的建设。"李鹏提出："人大及其常委会要自觉接受党的领导，在依法履行职责的过程中，全面贯彻党的路线方针政策，使党的主张经过法定程序成为国家意志，切实把坚持党的领导、人民当家作主和依法治国有机统一起来。这是人大工作必须始终坚持的最重大的政治原则，也是做好人大工作最根本的政治保证。"

十六大以来新的中央集体对人民代表大会制度理论的创新

党的十六大以来，以胡锦涛为总书记的党中央进一步提出了坚持和完善人民代表大会制度的重大理论观点、重要战略思想，主要体现在以下几点：

1．人民代表大会制度是中国人民当家作主的重要途径和最高实现形式，是中国社会主义政治文明的重要体制载体。

在纪念全国人民代表大会成立五十周年大会上，胡锦涛对人民代表大会制度进行了系统阐述："中国的社会主义民主政治，之所以是最适合中国国情的民主政治，是最能够把中国13亿人民的意志和力量凝聚起来共同奋斗的民主政治，关键在于它植根于中华民族几千年来赖以生存和发展的广阔沃土，产生于中国共产党和中国人民为争取民族独立和国家富强而进行的伟大实践。在我国实行人民代表大会制度，是我们党把马克思主义基本原理同中国具体实际相结合的伟大创造，是近代以来中国社会发展的必然选择，是中国共产党带领全国各族人民长期奋斗的重要成果，反映了全国各族人民的共同利益和共同愿望。"吴邦国也指出："我们走的是中国特色社会主义政治发展道路，这是中国共产党领导人民选择的符合我国国情和实际的唯一正确道路，是我国发展社会主义民主政治的唯一正确道路。我们深化政治体制改革，目的是不断推进包括人民代表大会制度在内的社会主义政治制度自我完善和发展，必须始终坚持正确政治方向。我们要充分认识实行人民代表大会制度的必然性，坚定不移地走自己的路。"

2．把坚持党的领导、人民当家作主和依法治国统一于政治体制改革和社会主义民主政治建设的实践，推动人民代表大会制度与时俱进。

胡锦涛认为："党的领导主要是政治、思想

和组织领导，通过制定大政方针、提出立法建议、推荐重要干部、进行思想宣传、发挥党组织和党员的作用、坚持依法执政，实施党对国家和社会的领导。依法治国首先要依宪治国，依法执政首先要依宪执政。”他强调：“我们要紧密联系全面建设小康社会的实践，紧密联系社会主义民主法制建设的实践，不断研究新情况、解决新问题、积累新经验，努力探索和发展实现这种有机统一的新形式、新机制、新途径。”

3. 把人民代表大会制度坚持好、完善好，发展社会主义民主政治，建设社会主义政治文明。

党的十六届二中、四中、五中、六中全会都提出要坚持和完善人民代表大会制度，发展社会主义民主政治。十七大提出要坚持和完善人民代表大会制度，不断推进社会主义政治制度自我完善和发展。胡锦涛认为，把人民代表大会制度坚持好、完善好，对于发展社会主义民主政治、建设社会主义政治文明，对于巩固我们党的执政地位和我国社会主义制度，对于充分调动各方面的积极因素共同建设中国特色社会主义，意义十分重大。他强调，坚持和完善人民代表大会制度，是全党全社会的共同责任。全党同志、全体国家机关工作人员和全国各族人民都要增强坚持人民代表大会制度的自觉性和坚定性，切实把这一根本政治制度坚持好、完善好。

4. 把各级人大及其常委会建设成为“三个机关”，充分发挥人民代表大会制度的作用。

胡锦涛指出：“为了保证实现全面建设小康社会的宏伟目标，必须认真落实宪法赋予人民代表大会及其常务委员会的各项职权，充分发挥人民代表大会及其常务委员会作为国家权力机关的作用，使人民代表大会及其常务委员会成为全面担负起宪法赋予的各项职责的工作机关，成为同人民群众保持密切联系的代表机关。”第一次提出要把各级人大及其常委会建设成为“三个机关”。胡锦涛认为：“人民代表大会制度的先进性和生命力，在于它深深植根于人民群众之中。我们要抓住坚持和完善人民代表大会制度这个重要环节，进一步健全民主制度、丰富民主形式，扩大公民有序的政治参与，保证人民依照法律规定，通过各种途径和形式，管理国家事务、管理经济和文化事务、管理社会事务。”

在组织制度建设方面，胡锦涛提出：“要优化人民代表大会常务委员会组成人员的结构，完善各级人民代表大会及其常务委员会的议事程序和工作制度，更好地坚持民主集中制原则，保证人民代表大会代表和人民代表大会常务委员会组成人员依法行使权力。”

在工作制度建设方面，胡锦涛提出：“要完善适合国家权力机关特点的、充满活力的组织制度和运行机制，不断促进人民代表大会及其常务委员会工作的制度化、法制化、规范化。要进一步规范人民代表大会代表的活动方式，引导和发挥好人民代表大会代表依法履行职责的积极性，充分发挥他们的作用。要进一步密切各级人民代表大会同人民群众的联系，更好地发挥人民代表大会代表的作用。”

5. 加强和改进立法工作，进一步提高立法质量。

党的十六届三中、五中、六中全会对加强法制建设、完善法律制度提出了新的要求。党的十七大对加强和改进立法工作进行了战略部署，明确要求坚持科学立法、民主立法，完善中国特色社会主义法律体系。胡锦涛提出：“要进一步加强和改进立法工作，从法律上体现科学发展观的要求，制定和完善发展社会主义民主政治、保障公民权利、促进社会全面进步、规范社会建设和管理、维护社会安定的法律。”

6. *加强和规范监督工作，进一步增强监督实效。*

党的十六届四中全会提出，要加强对权力运行的制约和监督，保证把人民赋予的权力用来为人民谋利益。党的十七大提出，加强宪法和法律实施，坚持公民在法律面前一律平等，维护社会公平正义，维护社会主义法制的统一、尊严、权威。对加强和改进人大监督工作，胡锦涛指出："人大对政府、法院、检察院进行监督，包括工作监督和法律监督，是宪法赋予人大的一项重要职权，是党和国家监督体系的重要组成部分。人民代表大会及其常务委员会要依照宪法和法律的规定，把改革、发展、稳定中的重大问题和关系人民群众切身利益的热点、难点问题作为监督重点，积极改进和加强监督工作，坚决纠正有法不依、执法不严、违法不究的行为，坚决纠正以言代法、以情枉法、以权压法的问题，维护国家法制的尊严。要以依法行政、公正司法为主要内容，进一步健全监督机制、完善监督制度，增强对行政机关、审判机关、检察机关工作监督的针对性和实效性，支持和督促它们严格按照法定的权限和程序办事，保证把人民赋予的权力真正用来为人民谋利益。行政机关、审判机关、检察机关要忠实履行宪法和法律赋予的职责，自觉接受人民代表大会及其常务委员会监督。"

7. *加强和改善党对人大工作的领导。*

胡锦涛指出："坚持党的领导，必须改善党的领导，切实提高党的领导水平和执政能力。要适应新形势、新任务的要求，不断改革和完善党的领导方式和执政方式，坚持依法治国的基本方略，把依法执政作为党治国理政的一个基本方式，坚持在宪法和法律范围内活动，严格依法办事，善于运用国家政权处理国家事务。"他强调："要充分发挥国家政权机关中党组织和党员的作用，贯彻党的理论和路线方针政策，实现党对国家事务的领导。"吴邦国也提出："人大工作，无论是立法工作、监督工作，还是决定重大事项，都要有利于加强和改善党的领导，有利于巩固党的执政地位，有利于保证党领导人民有效治理国家。"

（作者：全国人大常委会办公厅研究室主任）

（选自《人大建设》2008年第10期）

村民自治：中国基层民主的发展进步

范　瑜

一、发展阶段和重要成果

以一些重大历史事件为标志，村民自治主要经历了三个发展阶段。

第一阶段是从1980年村委会产生到1988年村委会组织法试行前的萌芽时期。人民公社体制解体后，农民自发选举产生了村委会，进行自我管理、自我教育和自我服务。这一创举迅速得到国家认可。1982年宪法确立了村委会的法律地位。由此，我国农村走上了一条在家庭承包制基础上组织农民、管理农村的新路。

第二个阶段是从1988年村委会组织法开始试行到1998年村委会组织法正式施行前的试验时期。从思想认识分歧较多到逐步统一，从示范探索到基本普及，以"民主选举、民主决策、民主管理、民主监督"为主要内容的制度框架逐步建立，村民自治形式多样、效果显著。1998年，党的十五届三中全会对村民自治给予高度评价，指出"扩大农村基层民主，实行村民自治，是党领导亿万农民建设有中国特色社会主义民主政治的伟大创造。"

第三阶段是从1998年村委会组织法正式施行后到目前的普及时期。从基本普及到全面展开，从推进"四个民主"到开展农村社区建设，制度体系初步确立，自治组织逐步健全，民主形式更加多样，民主自治理念和技术程序得到推广，在改进农村社会治理状况，促进民主政治发展方面都发挥了重要作用。2007年党的十七大报告史无前例地把"基层群众自治制度"确立为我国社会主义政治的四项制度之一和中国特色社会主义政治发展道路的重要内容，村民自治的地位得到重大提升。

这三个阶段的发展表明，尽管遇到了挫折和挑战，但村民自治的发展始终没有偏离最初的方向，始终没有中断或推倒重来，在渐进积累中取得了重大进展，具有强大的内在生命力。

历经30年，村民自治显示出强大内在生命力。各方对村民自治的认识逐步深化，村民自治在中国特色社会主义事业中的地位不断提高。初步形成了层次多样、形式多样、内容广泛、规范性与多样性相结合的村民自治制度体系。初步构建了以农民为主体，把党的领导、依法办事、人民当家作主相统一的新型治理机制。村民自治的内容随形势发展不断调整充实，实现形式不断丰富。全国农村普遍完成了6至7届村委会选举，选举逐步实现了从点到面、从指定到选举、从等额选举到差额选举、从间接选举到直接选举的转变，平均参选率保持在80%左右，"海选"（选民一人一票推荐候选人的直接选举）在全国普遍推广，选举的自由度、公开性、竞争性有所增强，总体进展有序，效果良好。村务公开和民主管理工作地位日益重要，取得积极进展。民主决策、村务公开、民主评议、村干部和村民委员会定期报告工作、村干部离任审计等活动广泛开展，规范了村务管理，加大了对村干部的监督约束。为合力推进工作，中央成立了民政部牵头的由10个重要涉农部门组成的全国村务公开协调小组，各地也建立了相应的领导协调机构。普及与深化村民自治实践活动，协调推进“四个民主”已经成为推进村民自治的主流态势。

二、现实作用与长远影响

实行村民自治是改革开放以来农村社会在政治社会领域进行的一场重大变革，深得农民的支持与肯定，被称为一场“静悄悄的革命”。由于农村范围广大、情况复杂，这项制度在各地的落实情况和效果各不相同，发展的差异性和不平衡随处可见。但总体上讲，村民自治的推行使农民获得了看得见、摸得着的利益，改善了农村治理状况，推动了社会主义民主政治建设和人权建设。

第一，改善了农村的治理状况，加强了农村基层组织建设，促进了农村社会的和谐稳定发展。

一是建立了制度化、民主化的选人用人机制，提高了村委会干部的整体素质。一大批懂经济、会管理、有一技之长的“能人”通过民主选举走上领导岗位，在带领农民群众致富发展方面发挥了组织带头作用。

二是村级事务管理逐步走上了民主化、程序化、规范化的轨道，增强了村级组织的管理和服务效能。

三是集中了民智民力，促进了农村经济社会的发展。农民群众通过民主议政日、民主听政会、村民（代表）会议等渠道主动地为村庄的经济社会发展出谋划策，减少了决策失误和经济损失。自愿出钱出力，直接参与发展项目的决策、管理、监督等活动，增强了农村资源动员能力以及执行能力。

四是进行自我组织、自我教育，促进了农村社会风气和社会治安的好转，推动了社会主义精神文明和文化建设。

总之，从治理的角度看，实行村民自治，产生了人力资源、管理、反腐败、经济、社会等多方面的效益，形成了推动社会进步的巨大建设性力量，令农民、农村真正从中受益。

第二，提高了农民的公民意识，锻炼了社会主义民主主体的能力，对更大范围、更高层次的民主政治建设产生了积极而现实的影响。

一是为亿万农民提供了了解、接触、实践民主的具体途径和制度保证，较好地解决了亿万人的政治参与问题和民主权利问题。如何保障数量众多的农民的民主权利始终是社会主义民主政治建设面临的重大任务。实行村民自治后，我国走出了一条具有中国特色的民主之路，即把代表制民主与基层直接民主结合起来。这一结合使社会主义民主结构更完整，层次更丰富，基础更坚实，更有利于充分发挥各自的功能和整体优势，是我国社会主义民主政治建设的一大创造和一条重要规律。

二是对于培育农民的民主法制意识，训练提高他们的参政议政能力，塑造现代公民发挥了积极作用。村民自治是以农民个体权利为本位的民主实践活动。农民对民主有强烈的需求。目前，全国有5亿—6亿成年农民参与村民自治，这种民主实践的范围之广，参与人数之多，影响之大，是其它形式的民主实践难以企及的。在村民自治的实践过程中，农民经历着空前的政治意识的转化和现代政治文化的培养，塑造了越来越多的依法行使民主权利、依法参与村务管理、依法履行公民义务的合格的现代公民，这

是一个历史性的进步，为中国特色民主政治的发展奠定了良好基础。

三是发挥了导向、示范、借鉴作用，影响了更大范围与更高层次的民主化进程。村民自治是改革开放后我国民主政治建设的一个重要切入点，对民主政治建设的发展产生了广泛影响。村民自治实行后，基层政府、村级党组织直接感受到农民群众的民主法治意识不断提高，迫切要求他们改进与完善领导方式、工作方法。借鉴村民自治经验，乡镇在选举、决策等方面进一步推进了民主化进程。部分地方实行的居委会直接选举借鉴了村委会选举的做法。扩大选民参与，实行候选人竞选演讲与选民互动，设立秘密划票等成功做法得到推广应用。村民自治与党内民主、乡级民主、城市基层民主衔接与互动的广度与深度有所增强。

总之，从民主的视角看，实行村民自治，培育和巩固了社会主义民主政治建设的微观基础，丰富和发展了社会主义民主政治，自下而上地促进了政治体制改革，是一条有价值的民主自治之路。

第三，推进了我国人权建设，对于树立我国在国际社会中的良好形象，产生了有利的影响。

一是推进了我国人权建设，坚定了农民群众对党、对社会主义的信心。“国家尊重和保障人权”是我国重要的宪法原则，村民自治是还权于民，赋予农民直接管理基层公共事务权利的制度模式。自1991年以来，国务院新闻办曾八次就中国的人权状况发表白皮书，每一次都把村民自治的进展作为我国公民和政治权利得到有效保障的重要标志。

二是村民自治在国际社会产生了巨大影响，有利于树立我国良好的国际形象。许多国家的著名政治家、政府官员、驻华使节、世界各大新闻媒介的记者、研究中国问题的学者了解、考察了村民自治工作，并给予了比较客观的评价。

总之，从人权与外交的角度看，实行村民自治体现了社会主义制度对公平正义的追求，显示了制度的优越性，赢得了民心，增进了世界对我国的了解和支持。

三、存在问题与对策建议

在充分肯定成绩的同时，也要看到，实行村民自治的时间毕竟比较短，由于种种因素影响，发展很不平衡，还面临着许多困难和问题，需认真采取措施加以解决。

村委会选举中主要存在以下问题：选民资格纠纷有所增加且难以及时解决；大量外出务工选民的选举权利难以保证，选举组织难度加大；正常竞选活动开展得不充分，而无序竞争现象比如贿选有增多趋势且查处困难；操纵选举、砸票箱、撕毁选票等破坏选举行为时有发生且难以处理；农村妇女当选村委会成员、特别是村委会主任的比例很低等。

民主决策中主要存在以下问题：村民会议、村民代表会议缺少权威性，在一些涉及农民利益的重大问题上，基层政府、村党支部或者村委会擅自“为民作主”的现象时有发生；基层政府或有关部门上收农民民主权利，把属于自治范围内的人权、事权、财权向上集中，撤换选举产生的村委会成员，强制推行“村财乡管”；村党支部、村委会、集体经济组织关系不协调，工作中产生矛盾；村委会功能弱化或异化，使民主决策机制难以运转；交给农民讨论决策的事项多是一些需要他们出钱出力办理的事情，而在决定村干部工资补贴、集体收益分配、村庄撤并、“村改居”、新农村建设资金项目等重大问题时，忽视农民参与权、决策权的现象时有发生；支撑村民自治的经济基础比较薄弱，村级公益事业“一事一议”难以有效组织和落实等。

民主管理中主要存在以下问题：村规民约和村民自治章程的制定程序不规范，所做规定管群众的多、管干部的少，雷同的多、有针对性的少，有些内容与国家的法律政策相抵触，侵害了一些农村妇女的土地承包权和经济收益权但难以及时纠正；宗族、派性势力干扰村务管理的现象时有发生；在一些难点村，矛盾长期积累、错综复杂，村务管理长期处于混乱局面等。

民主监督中主要存在以下问题：存在不公开、公开不及时、假公开等现象；未设立民主理财组、村务监督组等自治组织，或虽设立但履职困难，作用不明显；资产管理不规范，资金公开不到位，资源管理不透明等现象得不到及时纠正，且难以进行责任追究；村干部以权谋私、违法违纪现象时有发生；因罢免程序设置不合理，罢免不称职的村委会成员存在较大难度；政务公开与村务公开缺少衔接与配合等。

虽然存在上述问题，但实践已充分证明，在我国农村实行村民自治的方向是正确的，村民自治在民主政治发展中仍将扮演重要角色，其基础性地位不会动摇。今后，应既着眼于坚持完善村民自治，又着眼于整体推进配套改革，以巩固、深化村民自治的成果，进一步增强推进村民自治的动力、助力与保障，为其继续发展创造良好环境。建议做好以下工作：

第一，加强制度建设，进一步提高村民自治的制度化水平。当前，《村民委员会组织法》修订工作正在进行中。要抓住此次契机，不断完善相关制度和程序，进一步提高可操作性，争取初步建立起有效的权利救济机制、责任追究机制和保障推动机制。

第二，扩大自治范围，进一步扩充民主自治的广度和深度。在落实好现有的村民自治制度的基础上，着眼于保障农民群众享有更多更切实的民主权利，不断扩大民主自治空间。努力做到哪里有群众的利益，民主就延伸到哪里；哪里有公共决策，民主就延伸到哪里。

第三，推进村级党内民主，进一步发挥村党组织的领导核心作用。要加大村党组织成员“两推一选”力度，改革选举方式，逐步扩大农村基层党组织领导班子直接选举范围，增强民意基础；适应民主政治发展的需要，不断改革创新基层党组织的领导方式和领导机制，通过发展村级党内民主带动村民自治。

第四，推进县乡级民主法治建设，进一步推进不同层次民主的协调发展。要加快基层政府民主化改革步伐，保障县乡人民代表大会制度真正发挥作用，增强县乡领导干部选举的公开性、竞争性、选择性，有条件的地方进行直选试点，逐步建立对下问责制，以建立县、乡、村民主的有效衔接。要推进政务决策的公开化、民主化，在进行涉及农民利益的重大决策时，推进协商式民主，切实保障农民在工业化、城镇化进程中受益。结合新农村建设和农村社区建设，进一步提高公共财政管理、使用的民主化程度，推进以农民需求为导向的自下而上的参与式预算和参与式规划，加大公共财政对村级组织和农村公共服务的投入，强化村委会的公共服务职能，形成公共财政支持保障村民自治、政府提供公共服务与农民进行自我服务有机结合的局面。

第五，加强能力建设，进一步提高农村广大干部群众的民主法治素质。加大法规政策宣传培训力度，提高基层干部组织农民当家作主的本领，引导农民依法表达利益诉求。重视对农村妇女的培训教育。建立稳定有效的政府投入保障机制，加大对村级组织、干部队伍、公益性服务设施建设的经费投入力度。

（作者：民政部基层政权和社区建设司农村处副处长）

（选自《学习时报》2008年6月2日）

发展基层民主：加强党的执政能力建设的重要路径

任中平　李　睿

社会主义基层民主政治，是广大人民群众在基层经济、政治、社会和文化事务领域直接行使当家作主民主权利的制度建设和实践活动，也是我国社会主义民主政治建设的重要组成部分。坚持不懈地发展、扩大和推进基层民主，对于改进党的执政方式，提高党的执政水平，巩固党的执政地位，夯实社会主义民主政治的基础，具有极其重大的现实意义。

一、发展基层民主，改进党的执政方式

一个政党的执政能力，首先是通过一定的执政方式体现出来的。而判断一个政党的执政方式的好坏优劣，归根到底取决于人民群众是否满意。这也就是说，党的领导方式和执政方式要合规律、顺民意、得民心。所谓合规律，就是承认领导方式和执政方式有规律，并且自觉地去遵循它。所谓顺民意，就是把领导方式、执政方式的改革和发展民主联系起来。所谓得民心，就是根据人民群众的满意度来评判和调整党的活动方式。作为政治制度重要组成部分的党的领导方式和执政方式，在其改革和完善的过程中，必须充分体现人民当家作主这一社会主义民主政治的本质要求。

从中国共产党成立以来的历史看，全心全意为人民服务，密切联系群众，是我们党区别于其它任何政党的一个显著标志；始终保持与人民群众的血肉联系，是我们党始终充满生机与活力的源泉所在。实事求是地讲，我们党执政以后，一方面取得了更好地服务人民的条件，另一方面也增加了脱离群众的危险。因此，加强党的执政能力建设，一个重大问题就是不断巩固和加强党同人民群众的血肉联系，也就是要真正做到民主执政。只有这样，我们党才能始终做到立党为公、执政为民；才能从人民群众中汲取不竭的智慧和力量；才能赢得人民群众的信任和支持。坚持和发展基层民主，正是增强党与人民群众血肉联系的桥梁和纽带。改革开放以来，随着基层民主政治建设的发展，全国各地在基层民主实践中通过制度创新建立了执政党与民众的新的联系机制。这些制度创新形式包括村委会直选、村党支部书记公推直选、乡镇党委书记公推直选、党代表常任制等。这些基层民主的新形式使党的群众路线在民主实践中经历了一个创造性的转换——将“选举”变量纳入了群众路线，从而为干部与群众之间的血肉联系提供了某种制度化的程序保障，并由此形成了一个有机的、前后衔接的完整过程。如

果考虑到时间的因素，那么这一过程还包括了定期的群众投票的测评和检验。这就使干部与群众之间的关系构成了一个首尾相接、螺旋式循环，并不断调整的动态系统。在这一系统中，政治精英的能动性与人民群众的基本权利、领导人的政治权力与政治责任、利益的代表与政策的制定、干部的对上负责与对下负责等各种关系都得到了较好的平衡。

基层民主实践中群众路线的创造性转换，不仅为执政者与群众保持密切联系提供了制度化的机制，而且大大提高了两者之间良性互动的概率。对于一个正在经历从“革命党”向“执政党”转型的政党来说，群众路线这一传统资源的创造性转化具有深刻的意义。也正是因为加强了与人民群众的血肉联系，才能够促使基层干部在实际工作中，真正树立科学发展观和正确政绩观，才能有效地激励和约束基层政府在工作中既对中央负责，也对人民负责，切实做到民主执政。

二、扩大基层民主，提高党的执政水平

执政者的执政地位，在很大程度上是靠自己的决策正确来支撑的。如果执政者的决策正确或基本正确，符合社会进步的大方向，适应人民群众的需要，那么人民群众就拥护你，你就能够继续执政。反之，如果执政者的决策总是出错，特别是在事关全局的重大问题上出错，那么最终会失去人心，动摇执政基础。因此，所谓提高执政能力，其关键是要提高执政者的决策能力。要从根本上提高执政者的决策能力，就必须实现决策的科学化、民主化。所以说，一个执政党执政水平的高低，取决于决策的科学化、民主化程度。不讲科学、不讲民主，人类只能停留在愚昧和黑暗之中。为什么千百年来古今中外的执政史上，有的繁荣昌盛、长治久安，有的兵荒马乱、经营惨淡?这说明执政也是有规律可循的。过去一些地方党委和政府在许多重大决策中，往往是由主要负责人根据个人经验、威信和情感来进行决断。这种个人魅力型的决策，使一把手的权力过大，个体的能力和经验在决策中占有很大成分，主观随意性较大，出现失误也缺乏相应的纠错反馈机制。从我们党的历史经验来看，执政比较科学时，事业就比较兴旺发达；执政不科学时，往往就会发生重大失误，给党和人民的事业带来重大损失。因此，党在作出任何决策时，都应严格按客观规律办事，这直接关系到党的执政水平的高低。任何重大政治、经济、社会问题都涉及许多领域的科学知识和科学规律，需要发挥多学科的各类人才的集体智慧，依靠科学方法才能解决。

在现代社会中，科学决策的重要保证是实现决策的民主化。决策民主化的能力，就是党和国家在重大的决策问题上，听取专家、群众意见的民主意识程度和魄力。由此可见，党执政水平的高低取决于决策的科学化、民主化程度。而扩大基层民主，有利于实现决策的科学化、民主化。这是因为，基层民主创造了保证人民对政治生活广泛参与的条件。实施基层民主，扩大了民众对公共事务的参与，做到厂务公开、村务公开、校务公开等，避免少数决策者暗箱操作，防止少数利益集团控制决策，让人民拥有能够切实行使表达意愿的权利和参与管理国家的权利，制定出符合民意的政策，满足民众的物质和精神需求，保障公民权利，实现社会公正，提高了党和国家决策的科学化、民主化。在近几年来的基层民主实践中，人民群众通过各种各样的听证会、座谈会、民主恳谈、民主测评、述职述廉、百姓评政府、电子邮件或信函向决策机构反映意见，以及通过网络或其他媒体展开讨论辩论等形式，使上级部门在群众的反映和投诉中、在民主评议中，及时地发现问题、有效地解决问题，并制定出正确的政策和适合实际的制度措施，从民主制度和程

序上保证了执政决策的科学化，不断地提高了党的执政水平。

三、推进基层民主，巩固党的执政地位

任何执政党要巩固和加强其执政地位，除了在执政过程中遵循国家制度运作的客观逻辑并取得相应的成效外，关键是其执政地位要得到广大人民群众的认同和支持，也就是要获得执政的合法性。而执政合法性程度的高低，与执政能力的强弱成正比。所谓执政的合法性，指的是政治上有效统治的必要基础，是治者与被治者之间的一种共认的理念，其本质是民众的认同问题，即民众对执政党执政地位的支持和承认。任何一个执政党，要保证其执政的合法性，必然追求和强化民众对其执政的认同。执政党追求民众的认同，必须关注两个方面：一是民众认同的程度高低，决定执政党执政基础的强弱；二是民众认同是动态的，因而执政党执政的合法性不是一成不变的。中国共产党作为执政党，要保持和长期保持执政的合法性，同样要经受“民众认同”的考验。因此，中国共产党要增强执政的合法性，对于夯实执政的群众基础和社会基础，巩固和加强执政党的执政地位，提高执政的有效性，具有固根护本的作用。那么，怎样才能增强政党执政的合法性呢？无数历史经验表明，归根到底只有从民主政治实践中才能获得。因此，不断推进基层民主建设，对于巩固党执政的合法性基础，有着极为重要的作用。

首先，推进基层民主有利于缓解社会矛盾，稳定社会秩序。任何社会都不可能没有矛盾，关键是如何解决好矛盾，使不同利益群体之间的矛盾和冲突得到恰当的处理，从而使社会稳定。民主事实上在一定程度上是解决人们利益矛盾和冲突的合理协调机制。大量实践经验表明，基层民主能够带来良好的社会治理，消解发展过程中的不稳定因素，缓解社会矛盾，稳定社会秩序，使社会改革在动态平衡中不断向纵深发展。客观地讲，无论是乡村还是城市基层一些地方和部门都还存在大量隐忧：村级财务混乱、农民工子弟上学难、打官司难、就医难，少数基层干部以权谋私、与民争利，耕地征用、城市拆迁、退耕还林中矛盾不断，失地农民和下岗职工生活无着、就业无门，企业改制中国有集体资产流失，等等，都引起了群众的强烈不满，甚至在一些地方出现了矛盾激化、对抗性冲突加剧的严重局面。然而，无论基层矛盾表现形式多么复杂，就其性质而言大多表现为人民内部矛盾。人民内部矛盾只能用民主的办法来解决，而不能用专政的办法来解决。现代社会许多国家的发展经验说明，民主是恰当而稳妥解决各种社会矛盾的一种可靠机制。随着政治生活的发展，人们通过总结经验教训，越来越多地把“协商”方式纳入到民主实践中来，这就形成一种所谓的“协商民主”。在这样的民主程序中，通过不同利益主体之间互相协商，在考虑到不同利益要求的条件下，求同存异，对主要问题达成共识，使矛盾得到相对的解决。这是因为，民主政治的一个特殊功能，就是它以其特有的机制，为不同利益群体反映自己的要求、表达自己的愿望和不满，提供了不同而有效的途径、方式、方法；相应的民主机制也将约束政府依法公正负责地解决这些问题。所以，我们完全可以把现代社会的民主政治制度称为一种具有特殊功能的“民主通道”。一个社会如果民众与政党之间没有正常的民主途径，“下情不能上达”、“上情不能下达”，积累的矛盾就会“淤积”起来，以至于“堵塞”，政党执政的合法性就可能降低，甚至会引起暴乱。在现代社会中，与各种方式相比，“民主通道”是解决这种矛盾的有效途径。可见，民主之所以能够使社会在充满活力和生机中和谐向前发展，其根本原因在于它以制度保障了社会成员的平等权利，因此使社会中的大多数成员成为这个社会的积极主体。这样，在民主的体制中，每个人就能够充分发挥主动性和创造性，从而使整个社会具有和谐发展的生机和活力。

其次，推进基层民主也是调动和发挥亿万人民群众积极性的重要措施。以基层群众自治为特征的基层民主，是我国城乡经济体制改革和社会政治变革的必然产物，是推动社会主义民主政治建设的客观要求。邓小平多次强调，进行政治体制改革，发展社会主义民主的根本目的还是要把人民群众和基层组织的积极性调动起来。调动积极性是最大的民主。基层民主所谈论决定的事项，是与人民群众切身利益密切相关的事项，老百姓看得见，摸得着，容易引发群众参与的积极性。群众关心的不是省长、县长，甚至乡镇长，而是村委会或居委会主任。选好了一个“带头人”，管好了一个村庄或社区，能给他们带来实实在在的利益。群众的心气顺了，参与的积极性高了，就可以以更大的热情投身经济建设，发展社会生产力，改善自己的生活。这是基层民主得到亿万人民群众普遍欢迎、取得良好社会效果的重要原因。因此，基层民主使人民群众依法参与民主管理单位事务，亲身感受到自己是国家和本单位的主人，从而更加关心改革建设的全局和本单位的发展，由此激发出来的这种强烈的主人翁责任感和积极性、创造性，必定形成巨大力量，有力地推进我国的社会主义现代化和各项建设事业的发展。

最后，推进基层民主也有利于我们党真正做到依法执政。在当代中国，无论是党的领导，还是人民当家作主、行使民主权利，抑或是政府公权力的运行，都必须在法制范围内进行，都必须严格依法办事，任何组织和个人都没有超越宪法和法律的特权。法治是国家社会平稳运行的基石。“法治”两个字本质上就包含着对公权力的限制，要求公权力“依照法律治理国家”，通过对公权力的权力范围、行使程序和相关责任的规范，使公权力的行使永远忠于权力的来源——人民。中国的宪法、行政法和相关组织法，都特别约束公权力在正确的使用范围内运行，并使用在正确的方向上，实现“执政为民”。而法律的监督和人民群众的监督是完全一致的。通过推进基层民主，让人民起来监督政府，也就是对公权力的有效监督，而且可以使法律的监督更加落实到位。这是因为，虽然监督的途径和手段很多，也各有其不同的作用，但从根本上来说，人民群众的监督才是防止公权力腐败的最基本、最有效的监督。所以，我们要加强党的执政能力建设，就不仅要求民主执政、科学执政，而且还必须做到依法执政。

总之，通过积极发展基层民主，加强党与人民群众的血肉联系，改进党的执政方式，从而实现民主执政；通过不断扩大基层民主，从民主制度和程序上保证党和国家的决策科学化，提高党的执政水平，从而实现科学执政；通过深入推进基层民主，扩大党的执政合法性基础，进而巩固党执政地位，从而实现依法执政。坚持不懈地发展、扩大和推进基层民主，是加强党的执政能力建设的重要路径选择。

（作者：西华师范大学政治学研究所所长、政治与行政学院院长、教授）

（选自《科学社会主义》2008年第2期）

中国国情与社会主义法治建设

信春鹰

近代以来，在总结人类政治文明和法律文明经验和对各种国家治理方式的优劣得失比较的基础上，伴随着全世界走向现代化的潮流，全世界绝大多数国家都接受了法治是人类社会所能够选择的最佳治理方式的理念。为什么说是“能够选择”的最佳治理方式呢？ 因为法治的优越是相比较而言的。

和任何社会治理方式一样，法治也有弊端。早在古希腊时代柏拉图和亚里士多德讨论法律的优劣时，柏拉图就认为应该由哲学家来治国而不能用法学家来治国，就像医生给人看病，哲人治国，一个药方不好用，马上就换一个。而法治讲究程序，程序走完了，人也死了。这个例子不严谨，但是看到了法治繁琐的一面。

其次，现代社会法治需要很高的经济成本。法治所要求的权利平等、法律职业群体的专业化、司法程序的正规化等都需要国家的经济投入。法治甚至意味着公民生活成本的提高。在乡土社会，发生在民间的纠纷可能通过本地有声望的长者调解或者仲裁，息事宁人。而法治鼓励人们主张权利，锱铢必较，通过正式机构裁决谁是谁非。享受充分的法律服务要以支付高昂的律师费和诉讼费为代价。国际上对法治程度和经济发展水平的研究表明二者之间存在着密切的相关关系，学者概括为“穷国无法治”。

再次，法治可能会带来“道德冷漠”。法治的理想是把社会生活的各个方面纳入法治轨道，但规则是有限的，丰富的社会生活是规则囊括不了的。有的情况下，严格适用法律可能会忽略道德层面的问题，有的案子法律上没有问题，社会效果可能不见得好。

一、我国社会主义法治建设的独特道路

中国法治模式的特殊性是由特殊的发展路径所决定的

中华人民共和国成立后，建立符合自己国情的法律制度成为当务之急。

1954年我们国家颁布了第一部宪法。毛泽东在谈到1954年宪法的时候说，这部宪法“使人民有一条清楚的轨道，使全国人民感到有一条清楚的明确的正确的道路可走”，在这条清楚、明确、正确的道路上，我国的法制建设取得了很大的成就，之后两三年时间就制定了731件法律、法令和法规，确立了社会主义法律制度的基本框架。

党的十一届三中全会是我国社会主义现代化建设和社会主义法治建设的新起点。总结“文化大革命”十年国家法制遭到严重破坏的教训，

邓小平同志1980年在《党和国家领导制度的改革》的讲话中提出了要加强制度建设的思想，他说，制度问题更带有根本性、全局性、稳定性和长期性，必须引起全党的高度重视。

在谈到修改宪法的时候，他指出，“要使我们的宪法更加完备、周密、准确，能够切实保证人民真正享有管理国家各级组织和各个企业事业的权利，享有充分的公民权利，要使各民族真正实行民族区域自治，要改善各级人民代表大会制度”。

1982年宪法草案曾经交付全国各族人民讨论。在四个月的时间里有几亿人参加讨论，提出了大量的建议和意见，很多意见都得到了采纳，这在世界各国制宪史上都是没有过的。在1982年宪法的原则和精神的指引下，我国社会主义法治建设开始了历史新篇章。

党的十七大报告指出，改革开放以来我们取得一切成绩和进步的根本原因就在于开辟了中国特色社会主义道路，形成了中国特色社会主义理论体系。三十年来，伴随着对中国特色社会主义道路的探索，我们也开始探索社会主义法治的发展道路。回顾三十年法治建设的历史，我们可以看到这条道路不是照抄或者照搬西方哪一个国家的，而是由我国改革发展的实际需要所决定的。

中国共产党是新时期社会主义法治建设的设计者和推动者

首先，改革开放以来我国社会主义法治建设的特点之一是由执政党设计并推动的。作为民族先锋队的中国共产党把自己先进的理念制度化，自己带头并带领全体人民遵守以实现自己的执政目标。

邓小平同志在20世纪80年代初期提出了“有法可依，有法必依，执法必严，违法必究”的方针，为社会主义法治建设提出了宏伟的建设蓝图。

胡锦涛总书记在党的十七大报告中明确宣布我国社会主义法律体系基本形成，依法治国基本方略切实贯彻。相比之下我们看到，很多西方发达国家，由于议会党派林立，不同的利益集团明争暗斗，社会管理急需的保护人民利益的法律很难制定出来，美国的枪支管理就是一个例子。

其次，执政党运用法律力量引导和规范社会行为。西方国家法治发展历史比较长，一个法律规则的产生通常是对一个长期形成的习惯或者习俗的认可。

而我们国家近三十年来法治建设的道路是，根据改革开放的需要和建设社会主义现代化的整体目标，从中国的国情和需要出发，“建设”社会主义法治而不是坐等其“形成”。“建设”的特点是能动建构。例如，在改革开放初期，为了构建良好的法律环境，我们在没有外商投资企业的情况下制定了中外合资经营企业法，以法律来引导和规范这种对中国人来说是全新的企业形式。

第三，运用国家的力量对社会进行法治精神的教育和法律知识普及。世界上没有任何一个国家在普及法治精神和法律知识方面能够和我们国家相比。

西方国家很少以政府的名义进行普及法治精神和法律知识的活动，它们认为，法律是一种公共产品，对这种产品的了解、需求和使用是社会层面的事情而不是政府的事情。

我国从20世纪80年代开始，到现在已经进行了五个五年的普法活动。每个活动都有相应的主题，覆盖社会的各个领域。党中央政治局带头听法律讲座，开了全社会学法用法的良好风气。

我国法治建设适应社会主义事业发展的需求

改革开放以来的事实证明，我国社会主义法治建设是成功的。它使中国不仅以一个经济大国、强国，也以一个法治大国、强国的形象屹立在世界的东方。

从法治建设本身看，中国特色社会主义法律体系基本形成，依法治国基本方略切实贯彻，行政管理体制、司法体制改革不断深化。

从十一届三中全会后的1979年五届人大起至2008年2月底止，全国人大及其常委会共制定了现行有效的法律229件；国务院共制定了现行有效的行政法规600余件；地方人大及其常委会共制定了现行有效的地方性法规7000余件；民族自治地方人大共制定了现行有效的自治条例和单行条例600余件；五个经济特区共制定了现行有效的法规200余件。国家政治、经济、文化、社会生活的各个方面基本做到了有法可依。党的依法执政能力显著增强，科学执政、民主执政、依法执政成为新历史条件下的执政方式。依法行政，建设法治政府成为各级政府依法施政的基本准则。

1999年国务院颁布了《关于全面推行依法行政的决定》，2004年又颁布了《全面推进依法行政实施纲要》，明确了建设法治政府的目标、任务和措施。行政立法和制度建设进一步加强，法治政府建设不断推进。审判机关和检察机关依法独立行使审判权、检察权，维护法律尊严和社会公平正义取得显著成效。

从我国社会主义法治的功能看，改革开放三十年，社会主义法治建设为我国的现代化进程起到了保驾护航的作用。邓小平同志讲到评价一个国家的政治体制关键看三条：一是看国家的政局是否稳定；二是看能否增进人民的团结，改善人民的生活；三是看生产力是否得到持续发展。同样，判断一个国家的法律制度的优劣不能依靠抽象的指标，而要看它是否符合国家长治久安和人民安居乐业的需要。法律是治国之器。为建设社会主义现代化国家提供法治保障，是我国法治建设的根本目标。

二、正确认识我国的基本国情，坚持社会主义法治建设的正确方向

我国社会主义法治建设取得巨大成就不是照抄照搬西方法治模式的结果，是作为执政党的中国共产党根据中国国情，践行社会主义法治理念，努力进行制度建设并带头遵守的结果。

社会主义法治建设必须基于我国的实际情况

一个社会主义国家的法律制度是否有效，关键在于它是否符合社会实际情况的需求。法治建设要有一定的指标体系，但更为重要的是要和国情相适应，中国的问题只能用中国自己的法律来解决。

新时期我国社会主义法治建设面临很多具有特殊性的问题。我国仍处于并长期处于社会主义初级阶段，人民日益增长的物质文化需要同落后的社会生产之间的矛盾仍然是社会的主要矛盾。

在这个基本背景之下，民主法制建设怎样与扩大人民民主和经济社会发展的要求相适应，经济发展怎样与人民群众对社会公平的要求相适应，文化繁荣怎样与人们思想活动的独立性、选择性、多变性、差异性明显增强相适应，社会建设和管理如何和社会结构、社会组织形式、社会利益格局的深刻变化相适应，等等，都是摆在我们面前的重大课题。这些问题没有现成的答案。

按照联合国现代化指数排名，2005年世界上有25个国家已进入以知识化、信息化、全球化为特征的第二次现代化，我国和其他大多数国家仍然处在第一次现代化的过程中（指工业化和城市化）。在参加排序的131个国家中，中国位居第56位。

2007年我国国内生产总值达到全球第4位，但是人均国民总收入在参加排序的209个国家和地区中排在129位。地区之间发展不平衡，2007年上海人均GDP达到8949美元，贵州不到1000美元。2004年不同受教育程度人口占

总人口的比例为大学以上占5.42%，高中占12.59%，初中占36.93%，小学占30.44%。近几年这几个比例有所提高，但是平均受教育年限仍然低于发达国家人均受教育水平，而且低于世界平均水平(11年)。

这些数字表明，我们要建设的社会主义法治不是像西方国家那样与工业化、城市化同步的法治，而是从农业社会到工业社会的法治；不是像西方国家那样在城乡同质化条件下的法治，而是在城乡二元经济没有根本改变，城乡之间、区域之间发展很不平衡而且还面临着差距加大条件下的法治。

社会主义法治建设必须尊重和保持我国优秀的历史文化传统

我国有五千年的文明史，积淀了丰富的法律文化。法律文化传统是根植于中华民族特性和土壤中的东西，是法律制度的依托。

在建设社会主义法治过程中既要借鉴人类文明的一切优秀成果，也要运用我们自己优秀的法律文化资源，二者不可偏废。

例如，“和谐”是中华文化的核心价值，体现在处理社会矛盾方面突出表现为“无讼”、“少讼”的价值观，善于用非诉讼手段解决矛盾和纠纷。

孔夫子当过几十天的法官，他说，“听讼吾犹人也，必使无讼乎！”意思是判案子使我和别人一样，我的能力在于使这个地方没有案子。现在贫富差距、城乡差距、分配不公、社会保障、劳动就业等问题引发的社会矛盾增多，我们的法律制度设计不能片面强调“权利文化”，鼓励当事人为区区小事就诉诸法庭，浪费国家司法资源，而且伤害相互间的感情。

社会主义法治建设必须坚持国家的根本政治制度

人民代表大会制度是党的领导、人民当家作主、依法治国三者有机统一的制度载体，它体现了国家一切权力属于人民，体现了中国共产党的领导地位和执政地位，体现了我国社会主义国家的性质。

人民代表大会制度的性质决定了我国的法治模式和西方国家有着根本不同。

首先，我国的人民代表大会和西方国家的议会有本质区别。人民代表大会代表由选举产生，不管党派背景如何，都肩负着人民的重托，对选民负责，依法履行职责。而西方国家的议会是各党派争权夺利的场所，无论哪个党执政都是要把自己党派的利益最大化。我们国家的立法是党的主张、人民意志和依法治国的统一，能够最大限度地保障人民的权利和利益。

其次，人民代表大会和“一府两院”的关系与西方国家国家机关之间的关系有本质区别。根据我国宪法，人民代表大会统一行使国家权力，“一府两院”由人大产生，对人大负责，受人大监督。人大在宪法和法律的范围内履行职责，不代行行政权、审判权、检察权。人大和“一府两院”的关系不是对立的关系，各自依照宪法和法律的规定各自履行自己的职责。

第三，行政权、司法权对人大负责，不是三足鼎立的关系。实行三权分立的国家，司法权裁判的范围不仅包括民事、刑事、行政等具体案件，也裁决宪法案件，例如美国总统选举中的纠纷最后由最高法院来裁决。

而在我国的宪法体制下，人民法院依法裁判民事、刑事、行政等案件，但不能裁决宪法案件，监督宪法实施的权力属于全国人民代表大会及其常委会。深化司法改革，优化司法职权配置，都要以宪法和法律为依据，凡与现行法律有冲突的，应当按照法定程序提请立法机关修改相关法律法规后实施。

（作者：全国人大常委会法制工作委员会副主任）

（选自《法制日报》2008年6月29日）

执政党对中国法治的三个核心关注

朱苏力

回顾世界历史，一个国家的法治是由一个社会包括经济基础在内诸多社会条件决定的，并总是回应了该国或该国特定时期的经济社会发展中的制度需求。如果社会条件不同，那么各国，甚至一国在不同时期的法治实践一定会有不同。此外，即使因相类似的社会条件引发了相类似的法治实践，鉴于思想表达者的特定关注、抽象以及具体表达方式会有差别，以命题和思想反映出来的有关法治的观点和理念也必定会有所不同。

当代中国社会主义法治的发生发展在很大程度上分享了近现代以来世界发展的许多重要的基本条件，例如市场经济、民族国家以及20世纪末的全球化等。正是在这个意义上，毛泽东指出的“中国革命是世界革命的一部分”的重要命题，实际上已经涵盖了中国法治发展所面对的基本国际条件。就总体而言，中国法治的发展必定会以主动甚至被动的方式与这一世界格局互动，由此形成的中国法治必定在不同程度上并以不同形式分享现代各国法治的某些原则。尽管具体的表述会有不同，但依法治国、平等地保护公民权利，通过法治来促进国家的统一、民族的团结、推动经济社会的协调稳定发展以及人民生活福利水平的全面提高，可以说是共通的。借鉴外国的法治经验因此不仅是必须的，甚至是必然的。

但仅仅看到这一点还是很不够的。首先，中国社会主义法治毕竟有其特定的时空，有其特定的政治、经济、社会和文化条件；其次，中国社会主义法治也有其发生、发展的具体历史路径，存在一个路径依赖问题；第三，世界也是具体的，世界政治经济格局从来处于变动之中，各国之间总是存在各种形式的利益竞争。所以这些都构成了当代中国法治发展的一些基本的制约条件；但与此同时，却也成为创造中国实践形态的法治和中国法治理论表达的促成性因素。从社会主义现代化建设事业的现实和全局出发，借鉴世界法治经验，总结近现代特别是改革开放以来中国经济、社会和法治发展的历史经验，中国共产党提出了“依法治国、执法为民、公平正义、服务大局和党的领导”的社会主义法治理念。它首先是执政党的中国社会主义建设的总体规划的一部分，因此是实践的，同时也是对中国法治经验的一种理论追求；它是中国特色社会主义在法治实践和理论建设上的体现。

社会主义法治理念集中反映了执政党对中国法治建设和长远发展的三个核心关注。

第一是中国。中国是大国，人口多，底子

薄，多民族，发展中国家，各地政治经济文化发展不平衡，并且中国面临着激烈的国际竞争，不仅是经济的、政治的，而且有文化的和意识形态的。中国法治所要回答的不是某一抽象国家的问题，它必须回答的是中国的问题，必须能够解决中国的问题，必须能够满足中国人民生活和中国社会发展的需要，根本出发点必然是而且也只能是中国国情。不排除外来经验，但中国法治发展的基础是中国的实践经验，最终的落脚点和判断标准则是中国社会的和平发展。

第二是社会主义，这是对中国法治性质的规定。中国的经济基础是社会主义，政治上坚持社会主义道路，而不是其他道路，这一经济基础的规定和政治抉择，要求我国建立植根于中华文明、符合整个中华民族和中国人民根本利益的法治，而不是简单移植一种符合西方理念或模式的法治。因此，中国法治必须同中国社会主义经济和政治制度相互兼容、相互支持和相互补充。如果脱离了中国这个根本经济政治社会制度，即使在理论上头头是道，或在西方曾经行之有效的法治，也不可能有助于中国的社会发展和实践要求，不符合最广大人民的根本利益，也不符合中国社会主义建设大局。

第三是作为实践而不是话语的法治。法治从根本上来看首先是一种全社会的政治实践，它包含了但从来主要不是一种抽象的学术思考或概念体系。因此，中国法治及其发展都必须关注并且基于中国的法治实践，必须充分考虑法律实践的现实可能性、阶段性和系统后果，注意平衡法治统一的要求与法治实践形态的多样性；要关心中国的经验，关注来自各地区、各层次法治实践的成功经验，而不是关心这些实践是否在文辞、概念上符合某些外国的书本条条；关心在实践中获得公正合理有效的解决问题的办法，而不关心它是否符合法学教科书的定义；并在此基础上，尊重、总结和完善为实践证明有效、为中国民众欢迎的中国法治的制度和做法，防止教条主义、本本主义，使法治真正成为中国经济、政治和社会生活的有效实践，推动法治实践和理论不断完善和发展，从而丰富和增强中国国际竞争的软实力。

这三个落脚点还意味着，坚持社会主义法治理念，尽管不能神经过敏，但面对国际竞争和国际意识形态竞争一定要有政治眼光，要保持一定程度的政治警惕和政治敏感，在实践上必须高度审慎。法律无疑有很多技术性知识，但它与一般的科学技术不完全一样，还是伴随有政治意识形态和国家利益的考量，如果对此不敏感，目光不犀利，就可能犯错误，贻误国家和民族。从这个层面上看，当代中国的法治问题也是一个政治问题；而历史经验一再证明，在政治问题上，不能允许犯错误的，特别是在中国正崛起的当下。

以中国为本，丝毫不降低中国法治的世界意义；以法治实践为本，也不会弱化，相反会强化中国法治的思想文化意义。中国是当今世界有重要地位和影响的大国，中国的繁荣稳定，对于世界的繁荣稳定起着重要的积极作用，因此，中国的法治建设本身就具有世界意义。此外，在中国这个发展中的、经济与社会转型的社会主义国家建立起具有本国特色、适应本国国情的法治的问题，这也就是为全人类的法治建设提供宝贵经验，为人类精神文明和法治文明增添宝贵财富。

（作者：北京大学教授、法学院院长）

（选自《人民日报》2008年7月23日）

始终坚持“三个至上”实现人民法院工作指导思想的与时俱进

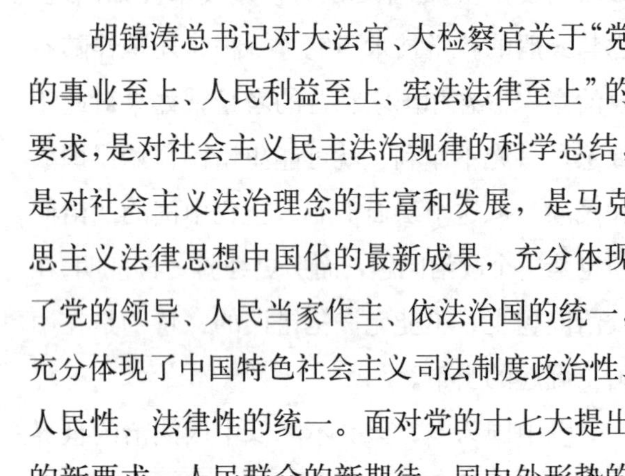

胡锦涛总书记对大法官、大检察官关于“党的事业至上、人民利益至上、宪法法律至上”的要求，是对社会主义民主法治规律的科学总结，是对社会主义法治理念的丰富和发展，是马克思主义法律思想中国化的最新成果，充分体现了党的领导、人民当家作主、依法治国的统一，充分体现了中国特色社会主义司法制度政治性、人民性、法律性的统一。面对党的十七大提出的新要求、人民群众的新期待、国内外形势的新考验，各级人民法院必须牢固树立“三个至上”的意识，在新的历史起点上，实现工作指导思想的与时俱进。

一、坚持“三个至上”，必须把走中国特色社会主义法治建设道路，坚持中国特色社会主义司法制度作为重要政治方向

走中国特色社会主义法治建设道路、坚持中国特色社会主义司法制度，是人民法院高举中国特色社会主义伟大旗帜的重要体现，是实践“三个至上”的必然要求。当今世界根本不存在超阶级、超意识形态、超国家政治制度的法治道路和司法标准。如果拿西方的法律制度作标准、作样板进行“临摹”、“接轨”，自觉不自觉地放弃社会主义司法制度，是十分危险的。人民法院必须在这一重大政治方向问题上保持清醒认识，对中国特色社会主义法治建设道路、中国特色社会主义司法制度要充满自信和高度认同。

中国特色社会主义司法制度之所以优越，是因为它反映了人类社会发展进步的方向。近现代以来，在中国共产党的领导下，我们建立和不断完善了中国特色社会主义司法制度，保障了我国经济社会几十年的快速发展和社会稳定。我国法治发展的实践证明，这个制度顺应了人类社会发展规律和社会主义建设规律，是中国历史上也是人类社会发展史上最为优越的司法制度，是最能保障人民当家作主、保障中国特色社会主义事业发展的司法制度，是人类社会发展进步和世界法治文明最灿烂的成果。

中国特色社会主义司法制度之所以优越，是因为它与我国基本国情相适应。选择什么样的发展道路和体制模式，取决于自己国家的基本国情。司法制度优劣的判断标准只能是来源于本国的法治实践，来源于这个制度对本国国情的适应性。司法制度的吸收借鉴关乎国体政体，关乎国家战略利益，决不同于技术引进，必须考虑这种本质的区别。

中国特色社会主义司法制度之所以优越，是因为它具有改革创新、与时俱进的品质，注重借鉴一切对我有益的司法文明成果。我国司法制度要取得与资本主义司法制度的比较优势，就必须加以改革和完善，继续吸收借鉴国外的司法文明成果。但这是社会主义司法制度的自我完善和自我发展，我们决不能放弃社会主义司法制度和社会主义法治道路。

走中国特色社会主义法治建设道路，坚持中国特色社会主义司法制度，必须旗帜鲜明地坚持以下原则：

一是必须坚持党对人民法院工作的领导。党的领导是实现司法公正的政治保证。在这个重大原则问题上，头脑要十分清醒，立场要十分坚定，旗帜要十分鲜明，决不能有丝毫动摇。自觉接受党对人民法院工作的领导，是人民法院干警政治觉悟和司法素质的重要体现。党的领导，只能加强，不能怀疑，不能动摇，不能弱化，不能虚化。

二是必须坚持司法的人民性。我国法治建设，无论是立法权还是司法权，都属于人民。人民法院干警要牢记司法权的本质和来源，真正从思想上解决“权从何来，为谁执法，靠谁执法”的问题，打牢司法为民的思想基础，在思想作风、工作作风和法院工作的各个环节上真正体现司法为民的宗旨，真正体现人民司法的本质。

三是必须保障我国宪法和法律的实施。党的事业和人民的利益要靠宪法和法律去实现、去保证。人民法院要坚持公民在法律面前一律平等，做到有法可依、有法必依、执法必严、违法必究，切实维护党的执政地位，切实维护国家安全，切实维护人民权益，确保社会大局稳定。这是司法机关的首要政治任务。

二、坚持“三个至上”，必须把中国国情作为谋划工作的根本依据

增强国情意识，正确认识国情、把握国情是学习贯彻党的十七大精神的重要内容，也是在思想上深刻理解“三个至上”、在工作上实践“三个至上”的基本要求。对国情的认识和把握既是思想路线问题，也是政治方向问题。人民法院工作从国情出发，应当充分考虑和把握以下问题：

从国情出发，就要充分考虑和把握我国法律文化传统。中华民族五千年文明蕴含着极为丰富的法律文化，产生了许多重要的法律观念，不少已经深深根植于民族的主体意识之中，对我国的法制建设和司法工作产生着持久的影响。我们的司法工作要充分考虑这些优秀文化传统，争取最好的司法效果。

从国情出发，就要充分考虑和把握我国社会主义初级阶段经济社会发展的阶段性特征。经济基础决定上层建筑，经济社会发展状况决定法治模式。司法工作的每个环节，都要考虑我国是一个发展中的大国，既不能用社会主义高级阶段的标准，也不能用外国的标准来要求我国现阶段的司法工作和司法改革。

从国情出发，就要充分考虑和把握人民群众的想法和感受，使人民理解和支持司法工作。制定司法政策、审理案件和执行判决，都要关注人民群众是否理解，人民群众是否接受。司法为民，不只是一个口号，它需要得到人民群众的认可。执法办案必须充分考虑人民群众的愿望，坚持从实际出发，切实维护广大人民的根本利益。

从国情出发，就要充分考虑和把握我国的司法实践，把我们自己的经验总结好、推广好、发展好。新中国成立以来尤其是改革开放以来，我国法制建设和人民法院工作积累了丰富经验，要进一步总结完善、发扬光大。在此基础上，更好地探索我国人民法院工作发展的特点和规律，不断完善社会主义司法制度。

从国情出发，就要加强司法工作的国情调

研，真正认识国情、把握国情。通过调研，全面认识我国经济社会发展的新形势新任务，深刻把握我国发展面临的新课题新矛盾，坚持用发展着的马克思主义指导司法实践，把社会主义初级阶段的国情作为我们认识和处理问题、制定政策、部署工作的根本依据。

三、坚持“三个至上”，必须把实现人民的新要求新期待作为工作的根本出发点和衡量标准

胡锦涛总书记在全国政法工作会议上强调指出，要坚持以人为本，坚持执法为民，把维护好人民权益作为政法工作的根本出发点和落脚点。这一重要论述，阐明了我们党的宗旨和政法工作的目的，阐明了科学发展观对政法工作的核心要求，阐明了检验政法工作的根本标准。

司法为民是实际的、具体的，不是抽象的、空洞的。人民法院必须通过卓有成效的工作，最大限度地满足人民群众的新要求新期待，把更加注重司法为民落实到审判工作上。当前，突出地表现为以下几方面：

一是实现人民群众对社会主义市场经济法律秩序的新要求新期待。市场经济法律秩序与人民法院的各项审判工作有着密切的关系。人民群众对建立和完善社会主义市场经济法律秩序的呼声很高。随着改革的深入进行，人民群众对维护市场经济法律秩序还会有一些新的要求和期待。人民法院要最大限度地维护人民参与和发展市场经济的权益，调动人民发展社会主义市场经济的主动性、首创性和积极性。

二是实现人民群众对保护自己的经济政治文化权利的新要求新期待。随着党和国家贯彻以人为本的各项政策措施的推行，人们越来越迫切地希望运用法律手段来保障自己的权利。这些权利要求不是抽象概念，人民群众要从个案中、从个别事件中感受自己的权利保障。人民法院必须研究和认识当前人民群众权利的新内容新变化新要求，正确运用司法手段，依法处理有关案件，保护人民群众的各种合法权利。

三是实现人民群众对维护自己人身财产安全的新要求新期待。人身权、财产权是公民享有的各种权利的基础，是最基本的人权保障。随着经济社会的发展和人民群众物质生活水平的提高，人们对自身生命财产安全越来越重视，对安全的范围和安全的程度越来越重视。我们必须全力以赴加强对这些权利的保护，切实保障人民群众安居乐业。

四是实现人民群众对社会和谐的新要求新期待。在经济社会结构剧烈变动中，人们越来越感到安全、稳定、平安、和谐的重要。在打击犯罪中，要求打击震慑犯罪分子的同时，还要求预防和减少犯罪，减少社会对抗；在调处民商事纠纷时，要求在严格依法作出裁决的同时，还要求实现案结事了；在对犯罪事实、法律纠纷作出裁决的同时，还要求对被害一方作出赔偿和合理补偿；在强调法律严肃性的同时，还要注意执法的人性化，体现司法的人文关怀，等等。

人民法院工作满足人民群众的新要求新期待，要求我们要深入实际，深刻把握人民群众对司法工作的新要求新期待，真正把司法工作的着眼点、着力点放到实现广大人民群众的新要求新期待上来。

四、坚持“三个至上”，必须把促进社会和谐作为最重要的目标追求

构建和谐社会，既是党的事业，也是人民的利益。人民法院必须以构建和谐社会为职能定位，以和谐的理念、和谐的标准、和谐的方式，最大限度地激发社会创造活力，最大限度地增加和谐因素，最大限度地减少不和谐因素，有效地促进社会和谐。

构建和谐社会，对人民法院司法理念提出了新要求。人民法院行使审判权要充分发挥法律手段化解矛盾、促进和谐的作用。牢固树立促进社会和谐的理念，充分运用司法手段定纷止争，从源头上预防、减少和缓解社会矛盾；牢固树立调解优先的理念，努力做到胜败皆服，案结事了；牢固树立宽严相济的理念，防止片面强调从严和片面强调从宽两种倾向；牢固树立为人民提供法律保障和优质服务的理念，深入群众，主动为人民提供司法服务。

构建和谐社会，对人民法院司法水平提出了新要求。人民法院必须按照构建社会主义和谐社会的目标，深入贯彻落实科学发展观，从更高起点、更高层次、更高水平上去加强和改进工作。

一要紧紧围绕和服务大局。党和国家任何全局性工作，都与司法工作有着密切关系。这就要求法院干警要自觉地、主动地、积极地贴近大局、服务大局，决不能置身于党和国家工作大局之外，机械执法，就案办案。这既是一个重要的司法理念问题，也是一个重要的司法实践问题。

二要全面分析和把握社会矛盾。要认真分析案件所涉及的利益关系，找准矛盾的冲突点，找准利益的共同点，找准解决问题法理、情理的结合点，运用好调解的手段、依法裁判的手段，化解社会矛盾，促进社会和谐。

三要认真体察和重视社情民意。执法办案不体察和重视社情民意，就不可能化解社会问题，不可能做到司法为民。在社会主义国家，法律是最广大人民群众意志的反映。我们的司法工作都是在人民群众关注和监督下进行的，都必须反映最广大人民的意愿。只有对群众生活、群众情绪、群众要求有了切实的体察和感受，才能达到人民群众满意的目的，才能实现构建和谐社会的目标。

四要正确理解和运用法律。只有理解了立法原意，把握了法律精神，搞清楚法律与社会生活的关系，才能真正发挥法律调节经济社会关系的功能作用。同时，法律既具有稳定性，也有一定的滞后性。人民法院运用法律调节经济社会关系，必须站在社会的大背景下，真正理解法律精神，以自己丰富的社会知识和良好的法律素养去作出正确的裁判。

五要积极探索和推进工作创新。构建和谐社会给我们提出了新要求，社会经济状况正在发生深刻变化。这就要求我们要不断发现新情况，研究新问题，开拓新思路，深化司法改革，推进理论创新、制度创新、工作创新。

我们要按照这些要求，审视过去，谋划未来，把目标定位在促进社会和谐上，全面推进人民法院工作。

五、坚持“三个至上”，必须把严格公正文明司法，保障社会公平正义作为司法工作的生命线

胡锦涛总书记指出，必须把维护社会公平正义作为政法工作的生命线。实现社会公平正义是中国共产党人的一贯主张，是发展中国特色社会主义的重大任务。对人民法院来说，执法办案是硬道理，是第一要务。人民法院坚持“三个至上”，要体现在各项审判工作上。这就要求人民法院忠实于宪法法律，严格公正文明司法，维护社会公平正义。

严格公正文明司法，维护社会公平正义，应坚持做到“六个必须”：

必须切实树立公平正义的理念。司法者要出于公心，以党的利益、人民利益、国家利益为至高利益，以维护公平正义为己任；要有蓬勃向上的朝气、刚直不阿的锐气和惩恶扬善的正气，依法伸张正义；要以文明的形象、公正的立场处理纠纷，给人以看得见的公正。

必须切实提高司法能力。要立足于国际国内两个大局，立足于全面推进中国特色社会主义事业发展，以提高做群众工作能力为核心，全面提高做好新形势下审判工作的能力，提高应

对复杂问题和局面的能力，保障社会公平正义，促进社会和谐稳定。

必须切实规范司法行为。司法行为是不是规范、司法程序是不是合法、法官品德是不是高尚，已经成为人民群众认知司法公正的重要渠道和重要标准。要联系各方面工作实际，严格规范司法行为，认真解决法官行为不规范、程序不公正、言行不文明等问题。

必须切实恪守职业道德。要把提升法官职业道德摆在重要位置，打牢公正司法的思想基础，守住公平正义底线，自觉在司法实践中严格依法履行职责，切实维护人民利益。

必须切实改进司法作风。要针对群众反映强烈的突出问题，查找原因，健全完善管理制度，逐步形成司法作风建设的长效机制。要建立长效的民意表达和沟通机制，定期收集和整理人民群众对人民法院工作的具体意见，不断提高和改进人民法院严格公正文明司法的水平。

必须切实完善监督机制。在法院外部，要全面贯彻分工负责、互相配合、互相制约的宪法原则，防止和反对重配合、轻制约以及排斥监督的不良倾向；在法院内部，要整合审判工作监督力量，努力建立相互制衡、运转高效的审判管理体系。

六、坚持“三个至上”，必须把建设高素质的干部队伍作为组织保证

坚持“三个至上”，靠的是一支忠于党、忠于国家、忠于人民、忠于法律，既懂政治，又懂法治的干部队伍。对法院队伍的总体和主流应当充分肯定。但也要清醒地看到，我们离党和人民的要求还有很大差距，真正做到“三个至上”，还要作出很大努力。要以思想政治建设和司法能力建设为重点，全面提高队伍素质。

一要着力提高司法公信力。胡锦涛总书记指出，执法公信力来源于严格、公正、文明执法，来源于全心全意为人民服务的良好形象。提高司法公信力，增强司法权威，有两个关键词，一是公正，二是自身。我们要立足于公正，着眼于自身，摆问题、查原因、拿措施，全面提高队伍素质，促进司法公正，提高司法公信力，树立司法权威，做到“公信立院”。

二要着力增强群众观念和群众感情。我们与人民群众的感情有多深，司法为民的力度就有多大。每一位同志，特别是领导干部，要紧密联系实际，着力增强群众观念和群众感情。强调法官职业化，又要密切联系社会，密切联系人民群众。法官既是法律工作者，又是社会工作者，一切都是以增进与人民的感情、服务人民群众、维护群众权益为最终目的。

三要着力加强队伍管理。加强队伍管理的关键，一要突出重点，二要狠抓落实。重点是领导机关、领导干部以及人权、财权和审判权、执行权。要通过加强督查巡视、加强责任追究等措施，保证各项工作落到实处。

让我们更加紧密地团结在以胡锦涛同志为总书记的党中央周围，高举中国特色社会主义伟大旗帜，以邓小平理论和“三个代表”重要思想为指导，深入贯彻落实科学发展观，进一步解放思想，振奋精神，团结奋斗，开拓进取，努力开创人民法院工作的新局面。

（作者：最高人民法院院长）

（选自《人民法院报》2008年9月10日）

法治国家的十条标准

李步云

西方所讲“法治”，在中国官方文献中通常被称作“依法治国”和“法治国家”。从广义上看，依法治国包括“法治国家”这个概念在内。但是从狭义上看，两者又有一定区别。依法治国是一项治国的战略方针，它的内涵主要有两个：一是依法治国是一种治国的理念与指导思想，即国家的富强和长治久安，关键的因素和条件，主要不应寄希望于出现一两个圣主贤君，而是要建立一个良好的、有权威的法律和制度；二是依法治国是一种治国理政的根本的行为准则，即国家必须依照符合事物规律、时代精神、人民利益、社会理想的法律来治理，不能权大于法，不能长官意志决定一切。建设社会主义法治国家则是一项治国的战略目标。它的主要内涵在于，它是现代社会在政治法律制度上的一种模式选择，是近代以来一种最进步、最文明的政治法律制度类型。因此，它应具有一系列具体的、明确的标志和要求。

一个国家只能有一个“治国基本方略”，而不能有两个或多个。在我国，它就是“依法治国，建设社会主义法治国家”。我国还有“以德育人”战略、科教兴国战略、人才强国战略、可持续发展战略、构建和谐社会战略，等等。迄今为止，党和国家从未将它们称作为“治国基本方略”，原因何在？这是由“治国基本方略”的四个基本特性所决定的。一是全局性。国家的宪法是治国安邦的总章程，各种法律法规是治国安邦的具体章程。各种具体战略都只是涉及治国的某一个方面。它们总的精神往往写进宪法或者各种法律；它们所引发和要求的种种具体政策和措施，都必须规定在各种法律之中。二是根本性。除了种种具有方针政策性的战略构想之外，宪法和法律还涉及一系列国家的经济、政治、文化、社会等方方面面的基本制度，它们共同组成国家的基石及构成部分，否则国将不国。三是规范性。宪法和法律是一种明确、具体的行为准则，它们怎么制定、怎么执行、怎么遵守、怎么适用，都有自己的规则。以道德为例，在现代法治社会里，绝大多数道德观念都已融入法律之中。各人有各人的道德观念，道德也不能像法律那样由国家统一制定和强制执行，行政机关和司法机关不能拿道德判断各种纠纷和行为何者合法、何者非法，何者有罪、何者无罪。尽管以德育人对治国安邦是非常重要的，但它不能像依法治国那样成为“治国基本方略”。四是长期性。各种发展与改革的战略和具体方针政策，有其空间性与时间性，而法律却同人类社会共始终。

依法治国基本方略，是通过法治国家的各种具体标准、原则和要求表现出来的。各国学者对法治国家的目标模式有不同的概括与表述。如英国宪法学家戴雪认为，法治有三条标准，即法律具有至尊性，反对专制与特权，否定政府有广泛的自由裁量权；法律面前人人平等，首相同邮差一样要严格遵守法律；不是宪法赋予个人权利与自由，而是个人权利产生宪法。美国学者富勒曾提出过法治的八项原则。它们是：法律的一般性、法律要公布、法律不溯及既往、法律要明确、避免法律中的矛盾、法律不应要求不可能实现的事、法律要有稳定性、官方的行动要与法律一致。

中国自1979年开始，学者们即已提出要实现现代法治并探讨其主要标准。当年发表的《论以法治国》一文提出的法治原则是三项：全面加强立法工作，尽快制定出一套完备的法律，实现有法可依；所有国家机关和党的各级组织，全体公职人员和公民都严格依法办事；认真搞好党政机关的分工与制约，切实保障司法机关的独立性。1996年2月8日，中国社会科学院法学研究所"依法治国"课题组为中共中央政治局作法制讲座，提出五个方面的法治原则。1998年8月29日，笔者为全国人民代表大会常务委员会作《依法治国，建设社会主义法治国家》的法制讲座，所提法治原则也归结为五个方面。1999年3月，"依法治国，建设社会主义法治国家"被载入《中华人民共和国宪法》后，人民日报约笔者撰稿并发表了《依法治国的里程碑》一文。在此文中，笔者提出了法治国家的十条标准、原则与要求。下面，笔者将简要阐明这十条标准的科学内涵，以及中国目前有哪些尚待完善与解决的问题。

(一)法制完备

这要求我们建立一个门类齐全（一张"疏而不漏的法网"）、结构严谨（如部门法划分合理，法的效力等级明晰，实体法与程序法配套）、内部和谐（不能彼此矛盾与相互重复）、体例科学（如概念、逻辑清晰，法的名称规范，生效日期、公布方式合理）、协调发展（如法与政策、法与改革协调一致等）的法律体系，实现社会生活各个领域都有内容与形式完备、科学的法律可依。有法可依是实现依法治国的前提。在西方的法治概念中，通常没有"法制完备"这一条。原因是，现代西方的法治国家的形成是一个长期的、自然的发展过程，有法可依不成其为问题。我国的情况有所不同。我们曾在一个相当长的时期里存在法律虚无主义倾向，以政策代替法律、领导说的话就是法律，这样的观念和做法曾盛行一时。因此，尽管"法律完备"这一条是实行依法治国最起码的要求，但却具有现实性和针对性。况且，所谓"法律体系"有它自身的要求。它表明，一国的法律规则成千上万，但并非是杂乱无章地拼凑在一起，而应是一个上下（上位法与下位法）、左右（此部门法与彼部门法）、前后（前法与后法）、里外（国内法与国际法）统一、协调、和谐的有机联系的整体。前面提出的"二十字"就是对法律体系基本特征的概括。只有具备这五条，才能做到"法制完备"。党的十七大报告对此作出了两个基本判断：一是，"中国特色社会主义法律体系基本形成"；二是，"完善中国特色社会主义法律体系"。现在的主要问题有三个。一是执政党提出，要在2010年建立起社会主义的法律体系。十届全国人大提出的立法规划为67件(包括制定与修改)，尚未包括新闻法、出版法、结社法等重要法律在内。这些法律同政治体制改革关系十分密切，因而难度很大。二是在立法中如何避免部门保护主义倾向，如何正确处理中央与地方的权限划分与利益平衡。三是"要坚持科学立法、民主立法"。要注意"法律制裁"的设定，违反某法而可以不承担法律后果的"软法”作用不大。立法应进一步加强透明度和公民参与度。

（二）主权在民

要求法律体现人民的意志和利益；法制应以民主的政治体制为基础，并实现民主的法制化（民主权利的切实保障、国家政治权力的民主配置、民主程序的公正严明、民主方法的科学合理等）和法制的民主化（立法、司法、执法、护法等法制环节要民主）。主权在民是主权在君的对立物，是现代民主的核心和基础，因而也应是现代法治的灵魂。在一个政治不民主的社会里，不可能建立起现代化法治国家。法律的人民性是主权在民原则在现代法律制度中的集中体现，而民主的法制化与法制的民主化则是主权在民原则在现代法律制度中的具体实现与展开。现在的主要问题是，如何具体落实十七大报告提出的“推进社会主义民主政治制度化、规范化、程序化”，如何进一步提高法制民主化水平。必须认真落实党的十七大报告的精神和要求，“坚持国家一切权力属于人民，从各个层次、各个领域扩大公民有序政治参与，最广泛地动员和组织人民依法管理国家事务和社会事务、管理经济和文化事业”。要坚持司法中律师的作用以及检务公开、审判公开，克服行政式管理模式，等等。

（三）人权保障

人权是人作为人依其自然的和社会的属性所应当享有的权利。其内容包括人身人格权、政治权利与自由以及经济社会文化权利。人权是人的尊严和价值的集中体现，是人的需求和幸福的综合反映。否认人在社会中应当享有本属于他自己的权利，就是否认其做人的资格，使人不成其为人。人不是为国家与法律而存在，相反，国家与法律是为人而存在。法律主要是通过规范所设定的权利与义务来保障和调整各法律主体的利益。权利与义务问题实际上是一个人权问题，法律权利是人权的法律化。全面地、充分地实现和保障人权，是现代法律的根本目的。这同古代法律的作用与目的有原则区别。2004年，“国家尊重和保障人权”被规定在宪法中，从而开辟了中国保障人权的新阶段。当前及今后一个时期内需要解决的主要问题是：提高农民尤其是贫困农民以及贫困市民的生活水平；建立与完善社会保障制度；贯彻“宽严相济”的政策；减少死刑；取消劳动教养制度；进一步完善对犯罪嫌疑人的权利保护；提高各级选举的自由度；制定新闻、出版、结社、信息公开等法律；认真落实十七大报告提出的“健全民主制度，丰富民主形式，拓宽民主渠道，依法实行民主选举、民主决策、民主管理、民主监督，保障人民的知情权、参与权、表达权、监督权”；尽快批准加入“公民权利和政治权利国际公约”，等等。

（四）权力制衡

在公法领域，权利和义务主要表现为职权和职责。“衡”指权力平衡，即执政党与国家机构之间，政府与社会组织、企事业组织之间，领导个人与领导集体之间，中央与地方之间，应按分权与权力不可过分集中的原则，对权力进行合理配置。“制”指权力制约。其主要内容是以国家法律制约国家权力，以公民权利（如公民的参政权，议政权，检举、批评、罢免权，新闻、出版自由权，等等）制约国家权力，以国家权力制约国家权力（如立法、行政、司法权之间，公检法之间的权力制约以及检察、监察、审计等方面的监督），以及以社会权力（如政党、社会团体、行业组织的权力）监督国家权力，来达到防止和消除越权与不按程序办事等权力滥用现象和权钱交易、假公济私、徇情枉法等权力腐败现象。当前，建立权力制约体系的工作仍然需要全面加强。其中，建立以违宪审查为主要内容的宪法监督制度刻不容缓。这

是中国宪法制度一大缺失，是未来提高宪法权威、监督政府权力的关键所在。党的十七大报告就“完善制约和监督机制”、保证国家权力正确行使作出了前所未有的全面而详细的规定，如提出“让权力在阳光下运行”，“坚持用制度管权、管事、管人，建立健全决策权、执行权、监督权既相互制约又相互协调的权力结构和运行机制”等，都必须认真研究落实。

（五）法律平等

法律平等包括分配平等和程序平等。实体法应体现与保障社会共同创造的物质与精神财富在全体社会成员中进行公平分配。程序法应体现与保障法律面前人人平等，在民事、刑事、行政等诉讼活动中，原告与被告双方的诉讼地位和适用法律一律平等。适用法律平等包括对任何人(无论其受保护或受惩处)都适用同一法律规则，不因其性别、民族、财产状况、社会地位和宗教信仰等方面的差异而有区别。在分配平等方面，十七大报告对近年来实行的“民生工程”予以政策化、制度化。“民生工程”实际上是全体公民应共同享有平等分配的权利。报告指出，解决“三农”问题，“必须始终作为全党工作的重中之重”。三农问题关键在农民，农民问题实质是八亿农民如何平等享有发展成果的问题。目前中国执法与司法中的腐败现象仍然比较严重。人情案、关系案、金钱案的大量存在，是现在诉讼当事人难以享有平等权利保护的关键所在。对此问题，十七大报告十分重视，要求“加强政法队伍建设，做到严格、公正、文明执法”。

（六）法律至上

这是指法律应具有至高无上的权威。法律至上不是说法律不能修改。这是两个完全不同的问题。法律至上是指宪法和法律被制定出来后，在尚未修改之前，任何组织特别是任何个人都必须切实遵守。法律至上同人民意志和利益至上不仅不矛盾，而且是它的体现和保障。如果国家没有体现人民意志和利益的法律，这种法律没有至高无上的权威，人民意志和利益至上是无从体现和保障的。法律至上原则适用于所有组织和个人，但其核心思想与基本精神是反对少数领导者个人权威至上，反对权大于法。在任何社会里，影响法律权威的主要障碍是掌握国家权力的人往往不愿意和不习惯按法律办事，当前克服权大于法的现象需要运用政治、法律等多种手段方可解决。如何对各级国家机关、执政党各级组织的“一把手”加强权力制约和加大监督力度，已经引起各方面的重视。

（七）依法行政

有的西方学者认为，法治就是指政府依法行政。这种归纳未免有失偏颇，但也足见其重要。为了适应现代经济、科技、政治与社会生活的日益发展与复杂多变，国家的行政职能有扩大趋势。政府必须迅速决策与行动，必须实行首长负责制，故而同立法机关相比较，行政部门较易违法。司法机关具有中立性，它在诉讼双方之间做出公正的裁决，不涉及自身的利益。行政机关同行政行为相对人之间是一种管理者与被管理者的关系，这也使行政机关在遵守法律方面更为困难，而且国家法律的绝大多数都必须通过行政机关执行。在我国，大约有80%左右的法律法规，需要通过行政机关具体贯彻实施。每个公民经常要同行政机关打交道，其利益同行政措施息息相关。因此，依法行政是法治国家的一个重要标志。依法行政要求一切抽象与具体的行政行为都要遵循法律。古代也有广义上的行政法，如官制。但以权力约束与权利保障为特征的现代行政法，则是近代以来的产物。它的出现反映了依法行政对于现代法治的重要性与作用。2004年，国务院做出了《推进依法行政，建设法治政府》的决定，内容全面，并争取10年内实现这一目标。现在的关键是要下大力气实现《决定》所提出的具体目标。

（八）司法独立

司法独立是现代法治概念的基本要素之一，是一个具有普遍性的法治原则。它建立在近代分权理论的基础上，是权力分立与互相制衡的制度安排与设计，其成效已为100多年来的实践所充分证明。它本身并非目的，其作用在于保证司法机关审理案件做到客观、公正、廉洁、高效，同时防止国家权力过分集中于某一机构或某一部分人之手而滥用权力，并对立法权特别是行政权起制衡作用，后者如司法机关对行政机关的司法审查。实现这一体制，除须建立内部与外部的有效监督机制、提高审判人员素质、完善科学的司法组织与程序外，杜绝来自外界的任何组织与个人的非法干扰是决定性条件。在社会主义制度下，由于政党制度的特殊性质和状况，防止某些领导人非法干涉法院的独立审判成了特殊的难题。在由计划经济向市场经济的转变过程中，在各方面利益配置发生剧变的情况下，诸如权钱交易、地方保护主义等现象对司法独立的冲击，也是一个需要在很长时期里花大力气才能解决的问题。其中，笔者认为修改现行宪法第126条是很必要的。因为“干涉”是个贬义词。“行政机关”不能干涉，执政党的各级组织、各级人大也不能“干涉”。对此，十七大报告强调指出，要“深化司法体制改革，优化司法职权配置，规范司法行为，建设公正高效权威的社会主义司法制度，保证审判机关、检察机关依法独立公正地行使审判权、检察权”。为了克服地方保护主义，恢复以前曾经有过的“大区”法院的建制，可能是重要措施之一。

（九）程序正当

法律程序是法的生命存在形式。在一种法律制度下，只有实体法而无程序法是不可想象的。如果法的制定和法的实施（适用与执行等）没有一定过程、规矩、规则，这样的法律制度将是僵死的，这样的社会将充满立法者和执法者的恣意妄为。公正的法律程序体现法律的正义。它既体现立法、执法、司法、守法等国家权力的科学配置和程序约束，也体现公民权利在程序中应有的保障。同时，程序正当也是科学制定与实施法律的重要条件。就好比工厂需要有科学的生产规程才能生产出好的物质产品，司法机关也需要有科学的办案程序才能做出正确的判决与裁定。重视法律程序的正当性，是西方法治社会一大特点。在中国重实体法、轻程序法的特殊历史与现实条件下，将程序正当列为法治国家的基本标志之一是十分必要的。程序正当包括：民主、公开、公正、严明。明显违反立法程序和司法程序的法律、法规或判决、裁定，不应具有法律效力。中国现在的刑事、民事、行政三大诉讼法的修改已提上议事日程，通过法学家们的研讨，促进决策部门将它们修改好，程序正当原则有望得到进一步落实。十七大报告对程序问题予以特别关注，如强调民主政治要“程序化”，要“善于使党的主张通过法定程序成为国家意志”，等等。这些都表明执政党的程序意识在加强。

（十）政党守法

近代以来，世界各国通常实行政党政治。将政党制度规定在宪法中或者制定专门的法律来规范政党的活动，这种情况虽然相对较少，但是政党（特别是执政党）的活动要受法律的严格约束则已成为习惯，否则选民就不会投票予以支持。在中国，作为执政党的中国共产党正在领导人民制定和实施法律，在法治建设过程中执政党要总揽全局，协调各方。党组织必须在宪法和法律的范围内活动，不能以党代政、以党代法。认为党的优势是建立在权力之上，认为党掌握的权力越大、越集中，执政党的地位

就越巩固，这种看法是不正确的。执政党的政治优势应当建立在群众拥护基础之上。执政党是在国家机构之内掌握领导权，而不是在国家机构之上或之外或完全撇开国家机构实施领导。那种认为执政党的政策高于国家法律或能够代替国家法律的看法同样是不正确的。党的政策是党的主张，国家法律是党的主张与人民意志的统一。执政党的政策只有通过国家权力机关的严格的民主程序被采纳，才能上升为国家意志并变为法律。我们党已经提出了一系列进步的理论和方针，如“立党为公，执政为民”；“情为民所系，权为民所用，利为民所谋”；“民主执政、科学执政、依法执政”；“以人为本”；建设“和谐社会”等。这次十七大报告又特别强调，“各级党组织和全体党员要自觉在宪法和法律范围内活动，带头维护宪法和法律的权威”。如果能够依照这些原则与方针，制定与落实改革执政方式的各种具体措施，真正做到“党要守法”是完全有可能的。

归纳起来，社会主义法治国家的以上十条标志和要求中，前五条讲的是需要有完备（前一项）而良好（后四项）的法律；后五条讲的是法律要有极大的权威，任何组织和个人都要严格遵循。它们涉及一系列理论、观念的更新和体制、制度的变革。要使其全面而切实地得到实现，是很不容易的，尤其是法律的实施，更不容易。党的十七大报告在指出政治体制改革已取得重大成就的同时，又强调“民主法制建设与扩大人民民主和经济社会发展的要求还不完全适应，政治体制改革需要继续深化”；依法治国方略必须“全面落实”，法治国家建设必须“加快”。这说明，我们党对此已有十分清醒的认识。

法治国家需要建立在三个基础上：一是政治基础，即民主政治（包括人民代表大会制度、共产党领导下的多党合作制度、民族区域自治制度、基层自治制度、民主监督制度等）；二是经济基础，即市场经济（包括以多种形式的公有制为主体的混合经济、以按劳分配为主体的多种分配形式等）；三是思想基础，即理性文化（包括先进的政治、法律理论，健全的民主、法律观念，良好的政治、职业、社会道德，高度的科学、教育、文化水准等）。目前，这三个基础还不完全具备。而且法治国家的充分建设还需要有高度发达的经济文化水平。因此，在中国要完全实现建立法治国家的目标还要经历一个长期过程。

但是，在中国建设法治国家这一理想一定会实现。这是因为：首先，民主、法治、人权、自由、平等是广大人民群众的根本利益和愿望所在，而现在人民的政治觉悟已经大大提高；其次，市场经济建设已不可逆转，它必然带来社会关系和人的观念的变化，为现代法治建设提供社会和思想基础；再次，由国际经济一体化所决定，中国实行对外开放政策已不可改变，这是建设现代法治的国际环境；最后，现在我们党的政治思想路线完全正确，这是实现现代法治的国内政治条件。从主观上看，建设社会主义法治国家的快慢，在很大程度上将取决于法学家们的独立与理性的思考，取决于政治家们的远见卓识与胆略。

（作者：中国社会科学院荣誉学部委员）

（选自《中共中央党校学报》2008年第1期）

再谈依法治国的理由

张恒山

一、法治的理论依据和理由

简单地说，“法治”(Rule of Law)，或者说“依法治国”，是指依照法律处理国家政务的治国方式。与这种治国方式相对的是“人治”。“人治”是指执掌国家权力者主要依据自己个人的判断、好恶去处理国家政务。

“法治国家”是指在依照法律治理国家的基础上该国家所处于的状态。这是指国家权力的行使（立法、执法、司法机关等的活动）和社会成员们的活动普遍处于符合一种良好而完备的法律规则系统要求的状态。“法治国家”至少包括三个要点：第一，现存的法律得到普遍的遵守——国家机关各级官员的遵守和普通民众的遵守；第二，人们所遵守的法律是良好而完备的法律；第三，具备使法律得到普遍遵守的、体现着分工、制约的国家权力结构形式。如果说“法治”或“依法治国”强调的是依照法律处理政务这种国家治理的运作状态，那么，“法治国家”这一概念强调的是因依法治理而形成的国家的结果状态。

人类社会进入文明时代以来，在大部分地区、大部分国家的大部分时期，都实行君主政治制度。伴随着这种君主统治的政体制度的，必然是以“人治”为特征的治国方式。

在君主政体、注重人治的背景下，人们向往的理想的治国状态就是贤人治理国家。这种贤人治国的理想认为，人类社会群体中有极少数人是圣人贤哲，他们智慧超群、品德出众，应当赋予这些人以至上的权力，由他们完全根据其个人的判断来处理国家和社会事务。

法治是在与人治这种治国主张相对的前提下提出的、与人治主张完全相反的治国主张。古希腊思想家亚里士多德在分析最好的一人治理国家的方式与最好的法律治理国家的方式相比哪个更优越时认为，法治优于一人之治。

首先，亚里士多德认为，法律代表着群体的智慧，人治只表现个人智慧，群体的智慧必然优于个人智慧。这一认识给后来的法治主张提出了认识论依据。

其次，亚里士多德认为，法律代表着群体道德，人治只表现个人道德，群体的道德必然优于个人道德。这一认识给后来的法治主张提供了伦理性依据。

所以，为了能使国家事务得到公正地处理，避免国家权力被用来谋取私利，就要依靠社会成员群体参与治国。而社会成员群体治国的方式就是，将社会成员群体依据自身的公正观念对国家、社会事务所作出的判断制定为法律，使

国家机关和社会成员个体都依照法律行事。

依法治国的本义在于，处理国家政务、事务要依据、体现正义。无论什么性质的法治或法治国家，其实施法治的理由都是共同的。

二、依法治国是当代社会主义国家的必然选择

1．在理论和实践传统上不重视法治，曾对社会主义运动造成严重危害

社会主义运动作为共产主义运动的初级阶段是在批判和反思资本主义社会制度弊病的基础上、为追求和实现人类更为公正、美好的社会而兴起的一种社会革命和变革运动。

当代社会主义运动的前身是空想社会主义运动。当代社会主义理论也起源于空想社会主义理论。

空想社会主义思想家在理论传统上重视对社会经济制度变革方案的设计，而不太关注对社会政治治理方式的研究。19世纪，社会主义理论由空想变为科学，但因历史背景和历史条件的限制，科学社会主义理论的创始人对建立社会主义国家之后的国家治理方式问题也没有给出具体答案。俄国十月革命以后，列宁相当重视社会主义国家的政治民主问题，并提出社会主义国家应具有比资产阶级国家更高程度的民主。但是，列宁未能提出并解决如何将社会主义民主法制化并在国家管理方面实行法治的问题。斯大林时代的苏联，虽然有相当完整的法律体系，但由于不存在对最高权力的法律约束和机制约束，所以，非但没有严格意义上的法治，而且出现大肃反这样的严重破坏法制、侵犯人民民主权利的行为。缺乏法治，人民民主权利得不到行使和保障，使人民无法把国家看作自己的国家，无法把执政党视为代表自己利益的政党，以至在历史关头与执政党分道扬镳，这应当是苏联、东欧国家剧变的根本性原因。缺乏法治在中国的危害的最集中表现就是“文化大革命”的十年动乱。

2．依靠社会主义法治来解决人民当家作主与国家权力由专职性官员掌握所产生的矛盾

自从近代资产阶级革命以来，人民是国家的主人的观念已经深入人心。社会主义国家的建立，首次打破了阶级对立的国家特性，使国家建立在最广泛的人民群众的基础上。所以，社会主义社会中几乎全体的劳动群众都成为国家的成员，都成为国家的主人。

但是，尽管我们确认在中国这样的社会主义国家中，几乎所有的社会成员都属于人民的范畴，都是国家的主人，但要是设想由所有的社会成员直接行使国家管理权却是荒谬的。由于管理工作的效率要求，由于管理工作对特殊的知识、经验以及人的品行、素质的要求，使得现实中只能由人民中产生的少数代表或官员直接行使国家管理权力、直接从事国家事务的决策和处理。

尽管说，由从人民中产生的代表或官员来代表人民行使国家管理权力也是“人民民主”的一种表现形式，但是，这种情况使社会主义民主产生了一个特殊矛盾：作为社会主义国家之主人的人民群众与实际上专职性掌握着国家权力的官员们的矛盾。

这些从人民中产生的代表和官员依据社会分工的原则而专职性地从事国家事务的决策、管理工作，长此以往，他们很自然地形成一个职业性的、专职性的从事国家事务决策和管理的群体。由于对国家事务的决策和管理成为他们的职业或专业，于是，在人民群众看来，这个群体似乎具有了垄断性的政治权力。如果社会主义国家的民主制度不完善、不健全，这个职业性的决策、管理群体就会真正拥有垄断性的政治权力，就有可能利用政治权力为自己牟利。这种矛盾从性质上看根本不同于以往的统治阶级与被统治阶级的矛盾，而是属于人民内

部的矛盾：人民群众同从人民群众中产生的代表或官员们在掌握和行使国家事务的决策、管理权方面的矛盾。不过，这种矛盾如果不能很好地加以解决，就可能导致矛盾性质的转化。邓小平曾对这种情况加以总结："'文化大革命'中，林彪、'四人帮'大搞特权，给群众造成很大灾难。当前，也还有一些干部，不把自己看作是人民的公仆，而把自己看作是人民的主人，搞特权，特殊化，引起群众的强烈不满，损害党的威信，如不坚决改正，势必使我们的干部队伍发生腐化。我们今天所反对的特权，就是政治上经济上在法律和制度之外的权利。搞特权，这是封建主义残余影响尚未肃清的表现。"

实际上，自从国家组织出现之后，人类社会一直面对着这样一个矛盾：一方面，在人类分裂为不同地域上的社会群体的基础上，人们需要国家这种组织来防御外来入侵、维护内部秩序、促进文明发展；另一方面，由于国家权力是由少数人构成的一个专职性的群体所控制和行使，而人性的弱点和权力的腐蚀作用又使得这样一个专职性掌握国家权力的群体很容易利用国家权力牟利于己、加害于民。当代社会主义国家政治理论与实践就要探索解决这个矛盾：理论上的人民当家作主的权力与实际上专职性的决策、管理群体拥有国家权力的矛盾。

在不能改变专职性的群体掌握和行使国家权力这个事实的情况下，解决上述矛盾的关键就在于如何控制和防范专职性的官吏群体利用其掌握和行使的国家权力牟利于己、加害于民。人类社会的政治实践表明，法治的方法是唯一的、良好的，也是有效的方法。首先是由人民选举产生人民代表，人民代表集会制定法律；其次是将所有的国家机构的权力范围、权力行使方式和程序、各机构官员产生的方式、违法行使权力的责任等，都用法律加以规定，要求所有国家机构的官员遵守法律；再次是由专门的机构对违法、犯罪、失职的官员加以监督和查处，根据既定的法律程序追究其责任。

完善的法律制度可以对官员的权力加以规范、约束，对违法失职者加以追究，通过保障人民对官员的监督、约束的权力，来防止官员利用手中的权力牟利于己、加害于民。这种防范、控制的方法，就表现为人民民主的制度化、法律化。

3. 社会主义国家中不同阶层、不同利益群体之间矛盾的解决有赖于社会主义法治

尽管我们说社会主义国家不存在传统的剥削阶级和被剥削阶级的对立，但在市场经济体制下，人民这个群体中是存在着不同的利益阶层或利益集团的。尽管这些不同的阶层、集团的根本利益是一致的，但因资源享有的不同、机会享有的不同、经济获利的不同，以致他们在一些具体的问题上、一些特殊的领域中存在着利益的矛盾和冲突。

这些利益矛盾的解决，不能用阶级斗争的方式，而只能通过不同利益群体的代表们之间的协商解决。不同利益群体的代表通过协商机制来解决相互之间的利益矛盾，是社会主义民主的重要内容。在现实中，这种协商的过程和协商的结果都要制度化、法律化。或者说，解决不同利益群体的利益矛盾的协商过程需要在法律的框架下进行，而这种协商所形成的结果需要以法律的形式加以确认和保障，以便使其得到执行。这种解决矛盾的形式就是社会主义法治。所以，在解决不同利益群体之间的利益矛盾意义上的社会主义民主的实施，有赖于社会主义法治。

（作者：中共中央党校政治学法学教研部副主任、教授）

（选自《中共中央党校学报》2008年第1期）

以转变政府职能为核心深化行政管理体制改革

马　凯

当前，党和政府的一项重要工作，就是进一步深化行政管理体制改革。这项改革是深化经济体制改革的重要内容，也是深化政治体制改革的重要内容，是上层建筑适应经济基础客观规律的必然要求。党的十七大对加快行政管理体制改革做出了全面部署。十七届二中全会审议通过了《关于深化行政管理体制改革的意见》和《国务院机构改革方案》，确立了深化行政管理体制改革的指导思想、基本原则、总体目标和重点任务。按照中央的部署和要求，深化行政管理体制改革的各项工作正在有序推进。我想着重就行政管理体制改革有关问题讲几点意见。

一、巩固和发展国务院机构改革成果

国务院机构改革是深化行政管理体制改革的重要组成部分。今年3月，十一届全国人大一次会议审议通过了《国务院机构改革方案》。这一改革方案突出了三个重点：一是加强和改善宏观调控，促进科学发展；二是着眼于保障和改善民生，加强社会管理和公共服务部门；三是按照探索实行职能有机统一的大部门体制要求，对一些职能相近的部门进行整合，实行综合设置，理顺部门职责关系。按照党中央、国务院的统一部署，国务院机构改革顺利开展，涉及调整变动的机构近20个，包括议事协调机构单设的办事机构在内，增减相抵，国务院正部级机构减少了6个。第一批46个部门的“三定”规定已经印发并实施，其他部门的“三定”工作正在抓紧进行。应当说，这次国务院机构改革符合中央精神，符合各部门工作实际，取得了明显成效，主要表现在以下几个方面：

（一）政府职能转变取得明显进展

转变职能是这次改革的核心。无论是对新组建或调整变动的部门，还是机构未作调整的部门，都把落实职能转变的要求作为首要任务，把政府不该管的事项移交出去，把该由政府管理的事项界定清楚。按照政企分开、政资分开、政事分开、政府与市场中介组织分开的要求，已完成“三定”的46个部门共取消、下放、转移职能60余项。主要是取消了一些微观管理、行政审批和评比表彰等事项，将可以由地方承担的事务交给地方政府，将一些技术性和具体事务性工作交给事业单位或者社会中介组织等。比如，明确发展改革委大力减少微观管理和具体审核事项，缩小投资审核范围；明确财政部加快形成统一规范的财政转移支付制度，大力减少、整合专项转移支付项目，将适合地方管理的专项转移支付具体项目审批和资金分配工作交给地方政府。同时，按照把政府该管的事项切实管好的要求，46个部门共加强了90余项职能。主要是加强了宏观调控、能源管理、环境保护以及教育、人口计生、食品安全、住房、社会保障、文化、卫生、安全生产等涉及群众切身利益、关系国计民生的社会管理和公共服务职责。

（二）理顺部门关系取得明显突破

理顺部门职责关系是这次改革的一项重要内容。多年来，政府部门中存在一些职责交叉问题，影响了政府协调运转和行政效能。这次改革，按照一件事情原则上由一个部门负责的要求，明确部门职责分工，集中解决和理顺了在宏观调控、资源环境、工业等行业管理，涉外经贸、市场监管、文化卫生等社会管理方面，共70余项职责交叉和关系不顺的问题。比如，电影管理由过去广电总局负责规划和制作、文化部负责发行和放映，调整后统一归口广电总局管理。对确需多个部门管理的事项，明确牵头部门，分清主次责任。比如，在食品安全监管方面，明确卫生部负责食品安全的综合协调，工商总局、质检总局、食品药品监管局等部门各负其责等。此外，还对健全部门间协调配合机制提出了具体要求。比如，明确发展改革委、财政部、人民银行等部门建立健全宏观调控协调机制；明确人民银行会同银监会、证监会、保监会建立健全金融监管协调机制等。

（三）部门责任得到明显强化

明确和强化部门责任是这次改革要着力解决的重要问题。长期以来，在政府运行中存在着一些权责脱节、重权轻责、缺乏监督，有利的事情争着管、出了问题没人管的现象。这次改革，通过制定和完善各部门“三定”规定，在赋予部门职权的同时，规定了各部门应当承担的责任，做到有权必有责、权责对等。第一批46个部门共明确和强化了200多项责任。比如，明确人民银行承担综合协调并推进金融业改革和发展，研究并协调解决金融运行中的重大问题等责任；明确商务部、工商总局、质检总局、海关总署等部门加强市场监管的责任；明确住房和城乡建设部承担保障城镇低收入家庭住房、推进住房制度改革等责任。部门责任的明确和强化，为推行行政问责制、加强责任追究提供了必要的依据。

（四）机构编制得到有效控制

严格控制机构编制是这次改革的一项重要任务。改革中坚持精简统一效能的原则，调整优化部门内设机构，严格控制人员编制和领导职数。在内设机构方面，新组建或调整变动的部门，有关司局随职责相应划转，并按照改革要求重新整合，突出工作重点。机构未作调整的部门，对内设机构进行优化整合，加强重点业务司局，加强社会管理和公共服务。在人员编制方面，新组建或调整变动的部门，按照“人随事走”的原则，人员编制先随职责划转，计入新部门基数后重新核定，有减有增。其他部门的人员编制均没有增加，国务院行政编制总数没有突破。在领导职数方面，严格按规定核定部门和司局级领导职数。

总的看，这次国务院机构改革坚持积极稳妥的方针，从促进经济社会又好又快发展的需要出发，着力解决一些长期存在的突出矛盾和问题，既迈出了重要的改革步伐，又保持了国务院机构相对稳定和改革的连续性，并为今后的改革奠定了坚实基础，达到了预期目的。但也要看到，这次改革在不少方面还是初步的，还需要在实践中不断调整完善。下一步的主要任务：一是各部门要严格执行“三定”规定。“三定”是国务院机构改革十分重要的环节，具有法定性、严肃性和权威性。要严格按照规定的职能范围，明确各自的职责关系，规范运作，不

缺位、不越位、不错位。要严格按照规定的机构编制，尽快把内设机构和人员调整到位。二是部门间要加强合作。虽然“三定”中基本明确了部门的职责分工，但实际工作中还需要部门间加强配合。分工重要，合作同样重要。要树立大局意识和合作意识，及时、主动、有效地协调解决职责分工和工作衔接中存在的矛盾和问题，避免出现新的职责交叉事项。三是各部门要提高工作效能。要通过新“三定”的实施，促进部门切实转变职能、改进工作方式、提高工作效率，给部门的工作带来新气象和新成效，努力巩固和发展国务院机构改革的成果。

二、积极推进地方政府机构改革

在抓好国务院机构改革的同时，必须积极推进地方政府机构改革。最近，中央在深入调研、集思广益的基础上，制定印发了《关于地方政府机构改革的意见》(以下简称《意见》)，并专门召开电视电话会议做出部署。《意见》明确了地方政府机构改革的基本要求和主要任务，强调要深入贯彻落实科学发展观，坚持以人为本、执政为民，把维护人民群众的根本利益作为改革的出发点和落脚点，着力解决制约地方经济社会发展的突出矛盾和问题，着力解决人民群众最关心、最直接、最现实的利益问题，建设人民满意的政府；强调以政府职能转变为核心，按照精简统一效能的原则，理顺职责关系，明确和强化责任，优化政府组织结构，完善体制机制，推进依法行政，提高行政效能；强调在中央的统一领导下，围绕深化行政管理体制改革的总体目标，结合各地实际改革创新，坚持分类指导，因地制宜，突出重点，循序渐进。地方政府机构改革涉及面广，情况复杂，任务艰巨，这里主要强调以下几点：

(一)充分认识地方政府机构改革在整个行政管理体制改革中的作用

地方政府在我国行政管理体系中处于重要位置：地方政府是党和国家大政方针的贯彻执行者，党和国家的路线方针政策，需要地方政府加以落实；地方政府又是本地区经济社会发展和社会稳定的组织领导者，在推动地方经济社会发展和维护一方平安中负有重大责任；地方政府还是本地区公共产品、公共服务的组织提供者，与人民群众的联系最为直接，人民群众的权利和利益需要地方政府去实现、维护和发展。地方政府机构改革，又是深化政府机构改革的重要内容。我国中央政府和地方政府是一个有机的整体，在国务院机构改革加快推进的情况下，为做好上下衔接、确保政令统一，适时推进地方政府机构改革十分必要和迫切。深化地方政府机构改革，是新形势下加强政府自身建设、全面正确履行政府职能的必然要求，是加快完善社会主义市场经济体制、发展社会主义民主政治的必然要求，是推动科学发展、促进社会和谐、全心全意为人民服务的必然要求。只有地方政府机构改革真正取得成效，行政管理体制改革和政府机构改革的总体目标才能实现。这就要求我们必须提高思想认识，加强组织领导，进一步增强责任感和使命感，按照中央的统一部署，扎实推进地方政府机构改革。

(二)着力解决地方政府机构存在的突出矛盾和问题

党的十七届二中全会对我国行政管理体制的现状做出了基本判断，这就是：从总体上看，我国的行政管理体制基本适应经济社会发展的要求，有力保障了改革开放和社会主义现代化建设事业的发展，同时面对新形势新任务，现行行政管理体制仍然存在一些不相适应的方面。这个判断，同样符合地方政府机构的现状。党中央、国务院历来高度重视地方政府机构改革。党的十一届三中全会以来，对地方政府机构先后进行了四次改革，取得了很大成效。但也要看到，目前地方政府在组织结构和体制机制等方面仍然存在一些问题，主要有这么几个方面：一是政府职能转变还不到位。越位、错位和缺位现象并存，一方面仍然管了许多不该管，也管不了、管不好的事情，另一方面应该加强的如社会管理和公共服务职能仍相对薄弱。二是权责不一致的问题比较突出。部门职责交叉，关系不顺，相互扯皮，争权推责，权力责任配置不对等，影响了行政效率的提高。三是政府机构设置不尽合理。部门机构分设过细、职能交叉、行政成本过高等问题仍然存在，不同层级政府职能重点不突出，导致机构“上下一般粗、左右一样齐”。四是行政权力监督机制尚不健全。行政权力运行不规范，滥用职权、以权谋私、贪污腐败等现象仍然存在，有的领域还相当突出。这些问题，直接影响了政府全面正确履行职能，在一定程度上制约了经济社会的发展，也损害了党和政府的形象。对这些问题，要在地方政府机构改革中认真加以解决。

（三）调整规范地方政府组织结构和机构设置

转变政府职能，依然是这次地方政府机构改革的核心。这里先就如何适应转变政府职能的要求调整规范组织结构和机构设置，强调以下几点：

一是优化组织结构。中央要求，地方政府机构改革，要从实际出发，着力整合优化组织结构，特别是在实行职能有机统一的大部门体制方面进行更大胆的探索。国务院机构改革在这方面已经作了有益的探索，各地区可以结合实际，在优化组织结构方面迈出更大的步子。

二是强化部门责任。要把解决部门职责交叉、重权轻责、权责脱节和关系不顺等问题，作为地方政府机构改革的重要内容，通过制定“三定”规定，在赋予部门职权的同时，明确相应承担的责任；坚持一件事情原则上由一个部门管理，确需多个部门管理的事项要明确牵头部门；探索完善部门协作机制；推进政务公开、绩效评估、行政问责，强化责任追究，确保权责一致。

三是体现地方特色。省情、市情、县情不同，政府工作的着力点和功能也不同，机构设置理应有所区别。机构的具体设置形式、名称、排序等，均可在中央规定的限额内，从实际出发因地制宜确定，不统一要求上下对口。有条件的地方可加大整合力度，允许一个部门对口上级几个部门。城市政府机构设置要充分体现城市管理特点。部门内设机构要进一步综合设置，规格和名称要加以规范。要清理和规范议事协调机构及部门管理机构，议事协调机构不设实体性办事机构。

四是加强基层建设。特别是市县两级政府在设置有关机构时，要精简机关，充实一线，人员编制向基层倾斜，进一步强化关系群众切身利益的卫生防疫、社会保障、食品药品监管、安全生产监管等机构。

五是严格控制编制。主要有两个方面：一要严格控制机构数量。《意见》明确规定了地方各级政府机构限额。这个规定，考虑了我国东中西和大中小行政区划之间的差别，符合实际情况，各地要严格遵守，不得突破。二要加强人员编制管理。对人员编制实行总量控制，中央规定的各省、自治区、直辖市行政编制总额不得突破。要严格执行机构编制审批程序和备案制度，建立健全机构编制管理与财政预算、组织人事管理的配合制约机制，建立完善机构编制考核、责任追究制度，积极推行机构编制实名制管理，严禁上级业务部门干预下级机构设置和编制配备。

（四）进一步完善管理体制

这方面主要涉及到两项改革：一是继续推进省直接管理县的财政体制改革，有条件的地方可依法探索省直接管理县的体制，进一步扩大县级政府社会管理和经济管理权限。县一级政府在我国社会政治经济结构中，处于政权的基础层次，是承上启下、联接城乡、沟通条块的结合部位。在地方政府机构改革中，深化县级机构改革，合理配置县级政府与上级政府的事权、财权，发挥好县一级政府应有的作用，对于促进经济发展、解决“三农”问题、保持社会稳定都具有重要意义。近年来全国有24个省对818个县进行了省直接管理县财政体制的试点，有8个省共选择219个县进行了强县扩权等省直接管理县的试点。从试点情况看，这一探索不仅有利于发挥县级政府积极性和促进县域经济社会发展，而且有利于深化行政管理体制改革，减少行政层次，提高行政效率，促进城乡协调发展。对此，我们要继续解放思想，深入研究，从实际出发，不断进行探索和完善。

二是调整和完善垂直管理体制，进一步理顺和明确权责关系。从1998年开始，工商行政管理、质量技术监督等先后实行了省以下垂直管理体制。这对于打破地方保护、建立统一市场发挥了重要作用，但随着形势的发展也出现了一些新问题。考虑到现行的省以下垂直管理体制都是近些年形成的，时间不长，因而需要在实践中进一步研究探索。这次地方政府机构改革重点强调进一步理顺和明确垂直管理部门与地方政府权责关系，建立健全协调配合机制，严格执法监管。

三、着力推进政府职能转变和管理创新

无论是国务院机构改革，还是地方政府机构改革，都要以转变政府职能为核心。这是因为，政府职能即政府的职责和功能，所要回答的是政府该干什么、有何作用、该怎么干的问题，它反映着政府管理社会的理念和方式，规定着政府活动的基本方向、根本任务和主要作用。这些带有根本性的问题，决定了转变政府职能是深化行政管理体制改革的核心。无论是政府职能定位、层级分工，还是机构设置、责任界定，都要紧紧围绕并充分体现政府职能转变的要求。

从1978年党的十一届三中全会以来，我国的行政管理体制改革走过了30年的不平凡历程，不断适应建设中国特色社会主义和建立社会主义市场经济体制的要求，取得了重大进展。当前，我们正处于全面建设小康社会新的历史起点，改革发展进入关键时期。面对新形势新任务，我国政府职能还存在许多不相适应的方面。要贯彻落实科学发展观、发展社会主义市场经济、建设社会主义和谐社会，就必须加快政府职能转变步伐。政府职能转变是一个系统工程，涉及到诸多方面，需要全方位向前推进。

（一）管理理念的转变

这是政府职能转变的思想前提。树立正确的管理观念，对于政府职能转变至关重要。按照科学发展观的要求，政府必须促进经济社会和人的全面发展，必须满足人民群众的物质文化需要和公共服务需求。反映到管理观念上，就要始终坚持以人为本的管理理念，将人民群众的利益放在第一位，全面提高人民群众的物质生活、文化生活和公共服务水平；就要实现从“全能政府”向“有限政府”的转变，着力加强和改善宏观调控，弥补市场功能不足，克服市场调节偏差；就要实现从“管制型政府”向“服务型政府”理念的转变，实现管理与服务的有机结合，寓管理于服务之中，在服务中实施管理，在管理中体现服务，建设人民满意的政府。

（二）管理重点的转变

这是政府职能转变的基本要求。根据改革开放和经济社会发展的要求及时转变管理重点，是政府职能转变的一个重要方面。改革开放之前，在以阶级斗争为纲的大背景下，政府主要是执行政治职能，同时按照计划经济的管理模式，对微观经济、微观活动进行全面、直接的管理。党的十一届三中全会之后，党和国家工

作转到以经济建设为中心，我们对政府管理重点进行了积极探索。党的十六大以来，中央提出了科学发展观和构建社会主义和谐社会等一系列重大战略思想，政府的经济调节、市场监管，特别是社会管理和公共服务职能受到高度重视。在认真总结改革开放以来我国政府职能转变历程、经验和成功做法的基础上，党的十七届二中全会审议通过的《关于深化行政管理体制改革的意见》提出，要通过改革，实现政府职能向创造良好发展环境、提供优质公共服务、维护社会公平正义的根本转变。这就进一步明确了为到2020年建立起比较完善的中国特色社会主义行政管理体制，我国政府职能转变的大趋势和总方向。这次国务院和地方政府机构改革，都要朝着这一大趋势和总方向努力。

一是政府职能"越位"的应当"退位"。要把不该由政府管理的事项坚决移交出去，把属于企业的生产经营权和投资决策权真正交给企业，把社会可以自我管理的事务真正交给社会，从而更好地发挥市场在资源配置中的基础性作用，更好地发挥公民和社会组织在社会公共事务管理中的作用。

二是政府职能"缺位"的应当"到位"。属于社会公共领域的事务，公民、社会组织和市场不能解决的，政府必须努力解决，并且要坚决管住管好。这就要求政府全面正确履行职能，重点是加快完善四大职能体系。要加强和改善宏观调控，进一步健全国家财政政策和货币政策等相互配合的宏观调控体系；要深化市场监管体制改革，形成行政执法、行业自律、舆论监督、群众参与相结合的市场监管体系；要强化政府促进就业和调节收入分配职能，完善社会保障体系和社会管理体系；要更加重视公共服务，逐步建立起惠及全民、公平公正、水平适度、可持续发展的公共服务体系。

三是政府职能"错位"的应当"正位"。这里既有同一层级不同部门职能"正位"的问题，也有不同层级政府职能"正位"的问题。要按照一件事情原则上由一个部门管理和权责一致的原则，合理界定和调整政府部门的职能，理顺部门职责关系，明确相应的责任，做到权力与责任对等。同时，要按照公共产品、公共服务承担与受益一致和财权、事权一致的原则，理顺各层级政府之间的职责关系，从体制、机制上解决财权事权不对称、权责不统一等问题。

（三）管理方式的转变

这是政府职能转变的重要环节。在计划经济体制下，行政命令式管理或指令性计划是政府管理的主要方式。改革开放以来，我国政府管理方式不断得以改进，逐步实现了由直接管理、微观管理向间接管理、宏观管理的转变，由指令性计划管理向综合运用经济手段、法律手段和必要的行政手段的转变。但是，按照完善社会主义市场经济体制的要求，我国政府管理方式还需要进一步转变。为此，要着力深化以下改革：

一是继续深化行政审批制度改革。近年来，国务院和地方各级政府积极推进行政审批制度改革，取消了一大批行政审批项目，改革效果非常明显。但是，行政审批制度中长期存在的审批项目过多过滥、程序繁琐、权责脱钩、监管不力、效率不高等问题还没有得到根本解决。因而，要继续清理和减少行政审批的数量，保留下来的必要的行政审批，也要规范审批行为，完善审批方式，明确审批责任，提高审批效率。

二是加快转变政府市场监管方式、社会管理方式和公共服务方式。在转变政府经济管理方式的同时，要改进市场监管方式，依法对市场主体及其行为进行监督和管理，完善市场运行规则，维护公平竞争的市场秩序；要改进社会管理方式，规范引导社会组织有序发展，发挥社会组织提供服务、反映诉求、规范行为的作

用；要改进公共服务方式，鼓励和引导社会力量以多种方式参与和出资兴办各种公共服务项目。

三是大力推进政务公开。推进政务公开的目的是为了让行政权力运行更加透明，便于群众监督，使政府工作更加符合人民意愿。党的十六大以来，中央政府高度重视政务公开，开通了中央政府门户网站，建立了新闻发布和发言人制度，大力推进电子政务，制定实施了《政府信息公开条例》，在打造“阳光政府”方面迈出了坚实步伐。今年汶川特大地震发生后，党中央、国务院立即决定整个抗震救灾行动在第一时间公开、全过程公开、对国内外公开，极大地凝聚了民族精神，凝聚了全球华人的力量，效果非常好。要以实施《政府信息公开条例》为契机，认真总结抗震救灾和处理各种突发事件的成功经验，进一步加大推进政务公开的力度，努力取得更大成效。

四是规范和发展行业协会、商会等市场中介组织和社会组织。推进政府机构改革和政府职能转变，应当同时发挥政府、中介组织和社会组织三个方面的积极性。要加快培育市场中介组织和社会组织，使市场中介组织和社会组织能承担起政府转移出来的专业性、技术性职能，为政府职能转变提供良好的社会环境。

（四）管理权限的转变

这是政府职能转变的重要方面。各级政府都要全面履行经济调节、市场监管、社会管理和公共服务职能，但这四个方面在中央政府与地方政府之间、地方不同层级政府之间的具体职能是不尽相同的。长期以来，我国政府管理中存在着中央与地方各级政府“职责同构”的问题，中央政府与地方政府的事权划分规定不明确或规定得比较笼统，上下级行政机关之间的事权不清，导致中央与地方关系规范性、稳定性不够，权限不明，职能交叉，既影响了行政效率，也影响了政府职能的发挥。随着政府职能转变的逐渐深入，中央政府与地方政府之间管理权限的划分和转变显得更为迫切。总的要求是：在全面履行政府经济调节、市场监管、社会管理和公共服务职责的基础上，区别情况，各有侧重，突出不同层级政府履行职责的重点，形成全面衔接、分工合理、有序高效的职能体系。中央政府要加强经济社会事务的宏观管理，减少和下放具体管理事项，把更多的精力转到制定战略规划、政策法规和标准规范上，维护国家法制统一、政令统一和市场统一。地方政府要做到“四个更加注重”：一是更加注重有效贯彻实施中央方针政策和国家法律法规；二是更加注重加强对本地区经济社会事务的统筹协调；三是更加注重强化社会管理和公共服务职能，着力解决民生问题；四是更加注重强化执行和执法监管职责，增强处置突发公共事件和社会治安综合治理的能力。省级政府与基层政府之间的职责重点也有区别，要结合实际，突出履行职责的重点，着力解决自身面临的突出矛盾和问题。省级政府要做好对国务院有关部门下放职能的承接工作，同时要进一步下放管理权限，充分发挥基层政府的职能作用。需要指出的是，明确划分中央与地方各级政府的职能与职责权限，是一个不断深化和积累经验的过程，需要在实践中进一步探索与研究。

（五）管理效能的转变

这是政府职能转变的落脚点。政府管理效能是指政府履行职能所体现出的效率。政府职能转变能否成功，最终要看政府效能是否得到提升、是否用最小的行政成本实现了最大的行政产出，人民群众是否满意。

改革开放特别是党的十六大以来，我国政府管理效能得到了明显提升，一些地方引入了政府绩效管理和评估活动，开展了机关效能建设，各地都普遍开展了节约型社会和节约型机关建设。但是，目前妨碍我国政府管理效能提高的因素依然很多。例如，官僚主义、机构臃肿、办事拖拉、不讲效率的现象仍然存在；政府管理缺乏全面质量管理意识，考核与评估的科学化水平不高；公共支出缺乏绩效评价，一些地方政府和官员不考虑经济效益和社会效益，刻意制造政绩工程；有的地方部门铺张浪费、奢靡之风盛行，职务消费不规范、不透明，行政成本高；等等。这些问题影响了政府全面履行职能和提高效能，必须采取切实措施加以解决。要以建设人民满意的政府为目标，着力改进政府运行效率低、成本高的状况；全面推行政府绩效管理制度，建立科学的政府绩效评估体系和经济社会发展综合评价体系；建立和完善绩效审计制度，实施财政财务收支的真实合法审计与效益审计并重，逐步加大效益审计分量；大力开展机关效能建设，实施工作目标责任制，严格考核奖惩和监督，加强责任追究；进一步优化政府结构，减少行政层级，理顺职责分工，推进电子政务，运用现代管理方式，不断减少行政运行成本；建立行政成本考评机制，严格控制职务消费，严格控制会议、差旅、出国考察和公务用车等行政支出，大力建设节约型政府。

四、进一步加强公务员队伍建设

深化行政管理体制改革、建设人民满意的政府，必须建设一支高素质的公务员队伍。这是因为公务员队伍是政府管理的主体，反映着政府形象，体现着政府作风，对深化行政管理体制改革、建设人民满意的政府作用重大。首先，公务员队伍是行政管理体制改革的推进者和实施者。深化行政管理体制改革，工作繁重，任务艰巨，需要付出很大的努力。只有广大公务员真正认识到改革的必要性和紧迫性，从“要我改革”转变到“我要改革”，才能真正形成推动改革的强大力量。其次，公务员队伍是政府职能的具体履行者。政府的各项法规和政策要靠公务员队伍来制定和执行，公务员队伍素质的高低、能力的强弱，直接决定着政府的效能。只有广大公务员真正树立起全心全意为人民服务的宗旨，切实履行好职能，才能真正实现建设人民满意政府的目标。再次，公务员队伍是行政管理体制改革利益调整的涉及者，他们对自身利益的认识是否正确将直接影响改革的进程。深化行政管理体制改革，必然涉及到政府部门利益，涉及到公务员个人的“进”和“出”、“上”与“下”等问题。只有广大公务员真正提高认识，树立大局意识，正确对待和处理各种利益关系，才能推动行政管理体制改革顺利进行和不断深入。

建设高素质的公务员队伍必须进一步加强干部教育培训工作。一个国家、一个政党、一个政府，能不能培养出高素质的干部队伍，在很大程度上决定其兴衰存亡。我们党在各个历史时期，都高度重视干部教育培训工作，把干部教育培训放在先导性、基础性、战略性的地位来抓。党的十七大做出了继续大规模培训干部、大幅度提高干部素质的战略决策。前不久，中央召开了全国干部教育培训工作会议，对新一轮大规模培训干部工作进行了全面部署。我们要按照十七大和全国干部教育培训工作会议的要求，紧紧围绕党和政府工作大局加强干部教育培训，为改革开放和社会主义现代化建设提供强有力的思想政治保证、人才保证和智力支持。

（作者：国务委员兼国务院秘书长、国家行政学院院长）

（选自《国家行政学院学报》2008年第5期）

进一步深化行政管理体制和政府机构改革

王东明

党的十七大提出了加快行政管理体制改革、建设服务型政府的任务，十七届二中全会提出要坚定不移地把行政管理体制改革推向前进，到2020年建立起比较完善的中国特色社会主义行政管理体制。深刻领会和认真贯彻落实中央精神，准确把握这次改革的任务和要求，对于在新的历史起点上全面推进行政管理体制和政府机构改革，具有十分重要的意义。

一、深刻认识深化行政管理体制和政府机构改革的重大意义

这次行政管理体制和政府机构改革，是在我国改革发展进入关键时期进行的一次重要改革，是承上启下、继往开来的一次改革。改革开放以来，我国行政管理体制和政府机构改革不断推进，政府职能转变取得重要进展，机构设置和人员编制管理逐步规范，体制机制创新取得积极成效，行政效能显著提高，为改革开放和社会主义现代化建设提供了重要的制度保障。从总体上看，我国目前的行政管理体制基本适应经济社会发展的要求。但同时，面对经济社会发展的新形势新任务，现行行政管理体制仍然存在一些不相适应的方面，必须通过深化改革加以解决。

深化行政管理体制和政府机构改革是贯彻落实科学发展观的必然要求。深入贯彻落实科学发展观，是十七大提出的重要任务。政府作为经济活动管理者、公共权力行使者和改革创新组织者，在完善落实科学发展观的体制保障任务中发挥着重要作用，只有不断深化行政管理体制和政府机构改革，加快转变政府职能，形成充满活力、富有效率、更加开放、有利于科学发展的体制机制，才能推动经济发展方式的根本转变，促进经济社会全面协调可持续发展；才能更好地落实以人为本的执政理念，切实解决人民群众最关心、最直接、最现实的利益问题，促进社会和谐。

深化行政管理体制和政府机构改革是深化改革开放的必然要求。行政管理体制和政府机构改革是按照经济社会发展的客观需要，对政府及各部门的职责权限、组织机构和运行机制进行的调整和改革。它既是整个体制改革的重要组成部分，又对其他改革起着体制支撑和保障作用。无论是发展社会主义市场经济、发展社会主义民主政治、建设社会主义先进文化，还是构建社会主义和谐社会，政府的组织和运转都具有至关重要的作用和影响。近30年来，改革开放取得的每一项重要进展，也都与行政管理体制和政府机构改革密切相关。当前，我国

经济社会发展进入关键时期，改革攻坚面临深层次矛盾和问题，只有深入推进行政管理体制和政府机构改革，才能更好地应对新时期新阶段面临的各种挑战，为深化改革、扩大开放创造良好环境。

深化行政管理体制和政府机构改革是建设服务型政府的必然要求。建设服务型政府，就是在经济发展的基础上，不断扩大公共服务，逐步形成公平公正、惠及全民、水平适度、可持续发展的公共服务体系，切实提高政府为经济社会发展服务、为人民服务的能力和水平。建设服务型政府，也是加快行政管理体制改革、加强政府自身建设的重要任务。当前，我国政府的公共服务职能较为薄弱，与人民群众日益增长的对公共服务的需求还不相适应，必须加快转变政府职能，完善社会管理和公共服务；必须优化政府组织结构，加强公共服务部门建设；必须创新公共服务体制，改进公共服务方式，发挥公益类事业单位提供公共服务的重要作用，支持社会组织参与公共服务供给；必须切实保障和改善民生，让人民群众共享改革发展成果。

二、准确把握深化行政管理体制改革的基本要求和主要任务

深化行政管理体制改革，必须坚持中国特色社会主义道路和中国特色社会主义理论体系。要通过不断努力，最终建立起比较完善的中国特色社会主义行政管理体制。中国特色社会主义行政管理体制是中国特色社会主义的题中应有之义，建立中国特色社会主义行政管理体制，必须坚持党的领导、人民当家作主和依法治国的有机统一，坚持解放思想、实事求是、与时俱进，正确处理继承与创新、立足国情与借鉴国外经验的关系，按照以人为本、执政为民、建设人民满意政府的要求，着力转变职能、理顺关系、优化结构、提高效能，使政府定位更加准确，政府组织更加科学，政府行为更加规范，政府责任更加明晰，为全面建设小康社会提供体制保障。

深化行政管理体制改革，必须从总体上把握，在大局下行动。行政管理体制改革是政治体制改革的重要内容，政府的组织和运转牵涉到国家经济、政治、文化和社会生活的方方面面，必须从总体上进行谋划。一是要把行政管理体制改革放到改革开放和经济社会发展的全局中通盘考虑，整体设计，要与完善社会主义市场经济体制相适应，与建设社会主义民主政治和法治国家相协调。二是要把政府机构改革放在行政管理体制改革的大局中统筹考虑，政府机构改革要体现转变政府职能、全面推进依法行政和加强制度建设的要求。三是要立足当前、着眼长远、统筹兼顾、突出重点，在着力解决当前面临的突出矛盾和问题的同时，明确今后一个时期行政管理体制改革的方向和任务，做到长远目标与阶段性目标相结合、全面推进与重点突破相结合。

深化行政管理体制改革，必须以转变政府职能为核心。政府职能问题是政府管理的核心问题。行政管理体制改革能否顺利推进，关键在于政府职能转变是否取得实质性进展。通过多年来的不断改革，我们在转变政府职能方面取得了明显成效，但仍存在一些突出问题：政府仍然管了许多不该管、管不了也管不好的事，一些该由政府管的事却没有管或者没有管好，对微观经济活动干预仍然过多，社会管理和公共服务有待进一步加强，转变政府职能的任务还很艰巨。必须继续把转变政府职能作为深化行政管理体制改革的核心和关键，力争取得新的进展。

要坚持政企分开、政资分开、政事分开、政府与市场中介组织分开，凡是公民、法人和其他组织能够自主解决的事项，凡是市场机制能够自行调节的事项，凡是行业组织通过自律能

够解决的事项，除法律法规有规定的外，行政机关不应干预。要从制度上更好地发挥市场在资源配置中的基础性作用，更好地发挥公民和社会组织在社会公共事务管理中的作用，更加有效地提供公共产品。

要进一步明确中央政府与地方政府转变职能的重点。在此基础上，按照中央统一领导、充分发挥地方主动性积极性的原则，清晰界定、合理划分不同层级政府经济社会事务的管理责权。

要理顺部门之间的职责关系。进一步明确政府各部门的职责权限，划清各部门的职责边界，坚持一件事情原则上由一个部门负责，建立健全部门间的协调配合机制，切实解决职责交叉、政出多门问题。

要做到权责一致。权力就是责任，有权必须尽责，权力与责任必须对等。要在配置部门职能的同时明确相应的责任，健全政府职责体系，切实解决有权无责、有责无权和权责不匹配问题。

深化行政管理体制改革，必须全面推进依法行政，加强制度建设。要按照合法行政、合理行政、程序正当、高效便民、诚实守信、权责统一的要求，全面推进依法行政，加快建设法治政府。进一步规范政府立法行为，坚持科学立法、民主立法，提高立法质量。规范行政执法，严格按照法定权限和程序履行职责，建立健全权责明确、行为规范、监督有效、保障有力的执法体制，规范行政自由裁量权，全面落实行政执法责任制。进一步健全行政复议体制，加强行政应诉，完善行政补偿和行政赔偿机制。制度建设带有根本性、全局性、稳定性和长期性。要以强化责任为核心，建立健全政府运行和管理的各项制度，坚持用制度管权、管事、管人。进一步完善科学民主决策制度，不断提高政府决策水平。完善行政监督和政务公开制度，确保权力在阳光下运行。推行政府绩效管理和行政问责制度，做到有权必有责、用权受监督、违法要追究，切实增强政府执行力和公信力。

三、积极稳妥推进政府机构改革

政府机构改革是行政管理体制改革的重要组成部分。深化政府机构改革，要按照精简统一效能的原则和决策权、执行权、监督权既相互制约又相互协调的要求，紧紧围绕转变职能和理顺职责关系，探索实行职能有机统一的大部门体制，进一步规范机构设置，优化组织结构，完善行政运行机制。要坚持积极稳妥的方针，既充分利用各方面的有利条件，坚定不移地推进改革；又充分考虑应对经济社会发展面临诸多矛盾和潜在风险等因素，循序渐进，分步实施。

着眼于推动科学发展和促进社会和谐，解决当前面临的突出矛盾和问题。当前，我国经济社会发展面临着一些突出矛盾和问题，比如，结构性矛盾和粗放型增长方式尚未根本改变，保持经济平稳较快增长任务非常艰巨，统筹兼顾各方面利益关系、促进经济社会协调发展的难度加大，等等。推动科学发展、促进社会和谐是当前政府面临的十分重要的任务，政府的组织结构、运转机制、管理方式和效能等都要围绕这一任务来考虑，通过改革，消除影响发展的体制机制障碍。这次政府机构改革，从推动解决制约经济社会发展的突出矛盾和人民群众最关心、最直接、最现实的利益问题出发，合理配置宏观调控部门的职能，进一步加强和改善宏观调控；加强社会管理和公共服务部门建设，更好地保障和改善民生；完善能源资源和环境管理体制，促进可持续发展，力求在一些重要领域取得实质性进展。

探索实行职能有机统一的大部门体制。这是党的十七大提出的重要任务，是一项带有探索性、创造性的改革举措。实行大部门体制，是指把相同或者相近的政府职能加以整合，归入一个部门为主管理,其他部门协调配合；或者把职能相同或者相近的机构归并为一个较大的部门。大部门体制的关键是部门在职能上实行有机统一，以利于明确责权、协调配合和行政问责。实践表明，在有机整合基础上组建大部门，对于解决机构设置过多、职责分工过细、权责脱节以及决策、执行、监督职能配置不够科学、协调与制约机制不健全等影响政府运转效能的突出问题，有着非常重要的作用。实行大部门体制是一个长期的过程，不可能一蹴而就，必须经过坚持不懈的努力，不断探索，不断总结经验。这次国务院机构改革，综合分析各方面因素,在条件比较成熟的部门迈出了重要步伐，既保持了国务院机构的相对稳定，同时也为今后改革打下了坚实基础。

统筹推进其他各项改革。地方政府机构改革、事业单位分类改革以及议事协调机构的改革，都是政府机构改革的重要组成部分，必须与国务院机构改革相衔接，统筹推进。要推进地方政府机构改革，加快职能转变，合理调整和设置机构，深化乡镇机构改革，加强基层政权建设。精简和规范议事协调机构及其办事机构，该撤销的坚决撤销，任务交给职能部门承担；严格控制议事协调机构设置,进一步规范议事协调机构的工作任务和程序。要按照政事分开、事企分开和管办分离的原则，立足于建立公益目标明确、投入机制完善、治理结构规范、微观运行高效的管理体制和运行机制，加快推进事业单位分类改革。同时，配套推进事业单位养老保险制度和人事制度改革，进一步完善相关的财政政策。

处理好改革发展稳定的关系，确保改革顺利推进。政府机构改革涉及有关部门和机构的职责与权限调整,遇到的问题和矛盾会比较多。要加强领导、精心组织,做到思想认识到位,组织领导到位，工作措施到位。要正确处理改革发展稳定的关系，使改革有利于充分调动广大人民群众的积极性、主动性、创造性，有利于增强全社会的创造活力，有利于巩固和发展民主团结、生动活泼、安定和谐的政治局面。要及时研究解决改革过程中出现的新情况、新问题,加强思想政治工作,正确引导社会舆论,确保干部队伍思想稳定，确保政府各部门工作平稳有序运行，圆满完成各项改革任务。

（作者：中央机构编制委员会办公室主任）

（选自《求是》2008年第7期）

从现代国家构建的视角看行政管理体制改革

李　强

十七届二中全会通过的《关于深化政府管理体制改革的意见》，是从现在到2020年行政管理体制改革的总纲。它所描绘的行政管理体制改革的目标继承了改革开放以来政治体制改革的基本路径，准确地抓住了制约我国市场经济与市民社会发展的瓶颈问题，在改革深度与广度方面有进一步拓展，体现了强烈的改革意识。这个文件是自20世纪90年代初期以来在政治与行政管理体制改革方面最系统、最具前瞻性的文件。

二中全会文件提出的改革目标，不仅涉及行政管理体制的改革，也涉及广义的政治体制的改革，涉及国家与社会之间关系的重构和现代国家的构建。只有从政治体制改革的角度，尤其是从现代国家构建的角度分析这次改革的方案，才可能理解这次改革的意义，从而理解自20世纪80年代以来中国所进行的一系列以转变政府职能为核心的改革的意义。

一、理论框架

很长一段时间以来，人们都会听到这样的说法：中国的经济改革已经遇到政治改革的瓶颈，如果不进行政治改革，经济改革就难以深化。然而，中国需要哪些方面的政治改革？人们对此往往并无共识。对于大多数人而言，政治改革主要意味着民主化的改革。

将政治改革与民主化联系在一起，有其内在的合理性，但并不全面。如果从理论的角度来分析，中国自20世纪80年代以来致力追求的政治改革面临几方面的任务：第一是构建一个与市场经济和市民社会发展相适应的现代国家体制；第二是使现代国家的权威结构建立在民主原则之上；第三是构建一个宪政政府框架。第一个任务涉及国家与社会之间关系的重塑以及国家权威结构与功能的重构；第二个任务旨在解决现代社会政治权威的合法性问题；第三个任务解决政治权力行使的方式问题。

无论从理论的角度还是从历史的角度看，在这三个任务中，现代国家构建是基础，是实现其他两个任务的前提。从理论的角度看，民主化与宪政在本质上是使国家权力的行使以人民的同意为基础，以法治为原则。这显然需要以清晰界定国家权力为前提，需要首先明确国家权力机构的内涵与外延。从历史的角度看，以英法等欧洲主要发达国家为例，现代国家构建的过程大致发生在15世纪之后的几个世纪中。在现代国家构建的基础上，这些国家逐步发展出宪政体制。而民主化的完成则更晚一些。英国的民主化主要是在19世纪30年代到70年代的改革进程中实现的。直到第一次世界大战之后，妇女有了选举权，这一过程才最后完成。

为了理解现代国家构建的内涵，首先有必要廓清国家的概念。在中文的语境下，国家至少有两方面的含义：第一，与英文中的country相对应，指谓一种政治单位或曰政治实体，譬如中国与美国都是“国家”；第二，与英文中的state相对应，特指不同于社会或其他组织机构的一套独特的制度(institutional)形式，这种制度在社会中履行某些特定的职能。国家构建所关注的是后一种意义上的国家。

从世界历史的范围看，西方近代崛起最重要的政治条件莫过于现代国家制度的兴起。现代国家制度与古希腊、古罗马和中世纪的城邦、帝国或封建制度有重大区别。关于现代国家的特征，西方不少学者有过精彩分析。根据这些分析，现代国家的基本特征可以作如下概括。

第一，现代国家体现为在特定领土上存在的一套公共权力机构，这套机构垄断了合法使用暴力的权力。凭借这种垄断，一切法律的制定、惩罚的实施皆由国家掌握，而统一的政治与法律秩序也因此得以可能。

第二，现代国家对使用暴力权力的垄断是与它对税收权的垄断联系在一起的。国家不同于社会或市场中的其他行为者，它不依赖提供有偿服务而维持自身的运行，而依赖强制征收赋税所形成的公共财政维持公共权力的运作。

第三，国家垄断合法使用暴力的权力与税收的权力，目的不在于为国家机构自身或国家机构的成员谋求福利，而在于为一国的人民提供“公共产品”。这种公共产品至少包括对内提供秩序与服务，对外提供安全保障两方面。

国家作为公共权力机构、依靠公共财政、行使公共服务职能这几方面的特征，集中体现了国家的公共性。在一个社会的所有组织中，只有国家才可能具备这种完全的公共性。为了实现国家的公共性，需要国家具备独特的结构形态。关于现代国家的结构，查尔斯·梯利在《西欧民族国家的形成》中有过精彩分析。根据梯利，“一个控制了特定地域人口的组织如果具备下列特征的话，便是国家：(1) 它与在该领域的其他组织产生了分殊 (differentiated)；(2) 它是自主的 (autonomous)；(3) 它是集权的 (centralized)；(4) 它的各个分支机构以制度化的方式彼此协调”。

我们有必要仔细解剖梯利的定义，尤其是有必要重点关注国家结构的分殊性与自主性。现代国家建立在社会分殊 (differentiation) 的基础上，这就是说，在社会分殊过程中产生了专门垄断暴力的组织机构，“这个组织履行所有的政治职能，而且仅仅履行政治职能”。说得通俗一些，现代国家的特征就是一些特定的机构、一批特定的人来专门负责公共事务。国家的“自主性”意味着国家有超越社会的权力，国家代表公共利益、公共意志，超越各种个人与群体利益。从制度的角度言，国家结构的分殊是国家自主性的前提条件。只有当国家与社会分离，专门的人员掌握有限国家权力时，国家才可能具有“自主性”，才可能不受特殊利益的影响，代表公共利益与公共意志。

因此，在理论上存在一种可能性，国家权力如果过分膨胀，过多地侵入社会领域，乃至消除了与社会之间的界限，国家的自主性就会受到影响。德国著名政治学家、法学家卡尔·斯密特在20世纪二三十年代分析当时的苏联以及意大利法西斯国家的结构时注意到，在这些国家结构中，国家权力无限扩大，并最终完全控制了社会。“这将导致国家与社会合二为一。在这种状态下，所有事情至少在潜在意义上都是政治的。国家因此便无法声称其独特的政治特

征了”。斯密特认为，国家存在的基本条件是国家与市民社会维持明确的区分。一旦这一区分不复存在，一旦国家干预的范围超出“政治”领域，不再处理纯粹的政治问题，而是侵入社会生活领域，国家的自主性与独立性就会消失。斯密特坚信，权力外延无限的国家意味着不存在“独立”、“自主”的国家，即不存在一个专门垄断合法使用暴力权力、为社会提供公共产品的机构。在理想类型的意义上，这类国家与无政府主义者所追求的无政府状态有惊人的相似之处：无政府主义的理想国家是国家的消亡与社会的自我调节；权力无限的国家的实践是社会的消失与国家的无所不在，国家的无所不在取代了国家与社会的二分法，取代了自主的国家。

如果对世界近代的历史作一番粗略分析的话，我们就会发现，西方近代崛起的政治基础是现代国家的构建。一方面，现代国家制度是西方主要民族国家构建的前提与基础；另一方面，现代国家制度为现代经济，特别是市场经济提供了政治与法律保障。

现代民族国家的特征是以民族认同作为政治共同体的基础，以国家结构作为共同体意志的代表，从而形成统一的民族意志与强大的凝聚力。从历史的角度看，近代民族国家的构建有两种路径。第一，早期民族国家的构建路径是先出现了国家结构，然后国家利用自己的强制力使国家内部的不同族群形成一个共同的文化认同，从而形成完整意义上的民族国家。英国、法国等国家的民族构建过程是国家利用暴力的垄断强迫少数族裔同化的过程。第二，在稍后发展的国家，民族国家的构建走了一条不同的道路。一些具有同一民族特征的人民以民族主义为诉求，争取以民族为界域构建独立的民族国家。德国民族国家的构建就是这种模式。但即令如此，在民族国家构建之后，也往往会有一个利用国家所垄断的使用暴力权力构塑内部文化认同的过程。

现代国家制度对西方发展的另一个重要贡献是为经济发展，尤其是市场经济的发展提供政治的与法律的保障。可以毫不犹豫地说，现代市场经济是以现代国家为前提的。最近20多年来影响颇大的新制度主义经济学、政治学、社会学对现代市场经济的制度条件作出更深入的研究。根据这些研究，市场经济运行需要独特的外部条件，这些条件至少包括：第一，现代国家，它提供市场经济所需要的法律条件，保护产权，制定规范；第二，宗教、文化所提供的“信任”；第三，市民社会，尤其是规范各种群体行为的行会、中介机构。在这三方面中，最重要的是国家。市场经济正常运作固然需要道德与信任，良好的道德风俗能够减少交易成本。但只有国家的强制力量能够提供市场经济的最基本条件，如对产权的保护、对契约的保障等。

二、改革前中国国家制度考察

将国家构建视为西方近代崛起的重要原因，我们就可以对中国政治改革的目标和路径有一种新的理论理解。当然，为了理解我国政治改革的目标与路径，还必须对改革之前政治体制，尤其是国家结构的基本特征作一些理论分析。

我国自20世纪50年代以来形成的政治体制具有独特的结构。这种结构的形成与近代以来的民族危机有密切联系。从政治的角度来分析，中国近代的民族危机在本质上可以概括为传统国家制度的危机。中国至少从秦汉始便建立起“国家”制度，而且，无论从国家机构对合法使用暴力的权力的垄断程度、公共财政以及官僚制度的完善程度都远远超过同时期的欧洲。传统中国国家制度的这些特征在相当大程度上保证了中国几千年法律制度的基本统一性，维持了国家的统一，也为基本的经济活动与社会安全奠定了基础。

不过，当西方现代国家制度兴起后，传统

中国国家制度的比较优势便不复存在了。在传统中国，由于国土之广袤、国家制度结构之前现代特征，国家对社会的渗透能力颇为有限。中央权力的有效行使范围只能下达到县级。而且，传统中国从未建立起统一而有效的官僚制度与公共财政制度，中央权力管理社会、渗透社会、控制社会、动员社会的能力相当脆弱。

中国传统帝国制度在现代国家构建方面的不足可以在很大程度上解释中国近代在遭遇西方列强挑战时所显示的无力。如果仅仅从经济发展的角度看，直到大清帝国遭遇西方列强冲击时，中国的经济总量远远超出欧洲任何国家。清王朝的所谓积弱并不是体现为经济的不发达，而主要体现为国家动员社会能力的软弱以及科技的落后。尤其是国家能力的软弱是清王朝与欧洲列强相比的致命弱点。由于缺乏强有力的中央集权的国家以及有效的行政体制，缺乏高效的现代财政制度，清王朝无力将巨大的社会财富转化为实现国家意志的手段，故而在保护国家主权方面软弱无力。

惟其如此，中国近代以来的一系列政治变革都包含着为实现现代国家构建这一核心目标的努力。

中国共产党在1949年胜利后建立的政权从根本上改变了传统国家无法渗透社会的状况。从国家理论的角度言，新政治结构的性质是全能主义的(totalism)。它的特征是，国家通过意识形态、组织结构以及有效的干部队伍，实现了对社会生活所有方面的渗透与组织。这种渗透的过程也许是现代化中不可或缺的政治动员过程。建国之后政治动员程度之高，效果之彰，是近代历史上所有政治运动与政治制度所无法比拟的。经过这种政治动员过程，中华民族第一次以一种具有现代主权国家统一意志的姿态出现在世界舞台。国家有能力将分散的意志、分散的资源凝聚为统一的意志和资源，彻底改变了近代以来长期积弱的局面。

应该说，在改革开放前，人们感觉到的并不是国家的缺位，而是整个社会的政治化与国家化。由于政治动员一直是社会的中心任务，全能主义政治结构与这一中心任务之间并未展示出任何不适应之处。

改革开放之后，国家政策的目标从政治动员转向以经济建设为中心，后来又提出建立社会主义市场经济制度的目标。这样一种目标转化对传统政治结构的挑战是深刻的。为了建立健全的市场经济体制，至少需要两个行为者：一方面，市场经济需要一套具有专门职能的国家机构来提供必要的公共产品；另一方面，市场经济要求企业、事业单位作为经济活动的主体按照市场经济原则参与市场经济运转。

很显然，原有的组织结构无法满足这些需求。一方面，在原有的结构下，国家深入而全面地渗透社会，既组织生产，提供福利与保障，也提供典型意义上的公共产品。换句话说，不存在一个以分殊为基础的、专门提供公共产品的国家制度。另一方面，传统的企业与事业单位由于兼具提供市场化产品与公共产品双重责任，也无法在市场经济运转中表现出活力。

更为严重的是，在引入市场经济机制初期，随着多元化利益的出现，各级政府机构的行为方式会发生变化。这些机构可能不以提供公共产品作为自己的主要职能，而会愈来愈演变为追求各自利益的行为主体，从而导致公共权力丧失公共性。

为了说明这一点，我们可以举改革前任意一个管理经济的国务院部委为例。这些部委至少有三方面的职能：第一，它是公共权力的行使者，制定或执行国家有关领域的法规、行政命令，维护正常的经济秩序；第二，它管理、经营若干大型企业；第三，它本身还是一个单位，单位内干部职工的福利也属于领导关注的范围。

这样，从制度上讲，就必然出现“利益冲突”，导致公共权力的私有化或部门化。许多人深恶痛绝政府部门乱收费等现象，根源并不完全在于领导觉悟不高，而在于制度本身的利益冲突。

各级政府在职能上所展示的利益冲突又由于公共财政制度的缺失而加剧。由于我国在长期以来没有严格意义上的公共财政制度，公共权力单位行使公共权力所需要的公共财政与该单位自身福利所需要的资源之间不存在清晰的区分，公共权力单位利用公共权力来谋求特殊利益的现象便难以避免。

三、最近30年来中国政治体制改革的路径

中国自1978年以来进行的改革走了一条独特的道路，取得了很大的成绩。许多人都注意到中国的改革与前苏联、东欧的改革有不同的路径。但是，这种不同表现在哪些方面？学者们往往有不同的解释。有的学者将中国与前苏联和东欧改革的不同解释为经济改革为主或政治改革为主的差异，有的解释为渐进改革与激进改革的区别。这些解释都有一定的道理，但都失之笼统。很难将中国几十年的改革解释为只有经济改革，没有政治改革。无论从历史的角度还是从逻辑的角度，很难设想一个以计划经济为基础的全能主义政治结构会支持、容纳一个蓬勃发展的市场经济体制。

如果我们沿着上文的逻辑来分析，可以发现，中国改革的路径与前苏联、东欧改革路径的不同不在于是否进行了政治改革，而在于政治改革的路径不同。中国政治改革的路径是以现代国家制度构建为中心的路径，而前苏联与东欧的路径则是以民主化为导引的路径。

应该说，在1978年开始进行改革之初，中国的领导人就对这种改革路径有比较清醒的认识。中国的改革一开始就确立了以经济建设为中心的目标取向，政治体制的改革必须服从并服务于经济体制的改革。对于政治体制改革与经济体制改革的相关性，邓小平在1986年“关于政治体制改革问题的谈话”中谈到，“我们提出改革时，就包括政治体制改革。现在经济体制改革每前进一步，都深深感到政治体制改革的必要性。不改革政治体制，就不能保障经济体制改革的成果，不能使经济体制改革继续前进，就会阻碍生产力的发展，阻碍四个现代化的实现。”

鉴于这种改革目标的选择，中国政治改革从一开始就将注意力集中在党和国家权力太大的问题上。邓小平在1980年“关于党和国家领导制度的改革”一文中十分痛切地陈述了现行政治体制的弊端。他说，“我们的各级领导机关，都管了很多不该管、管不好、管不了的事”并指出这一弊端的根源“同我们长期认为社会主义制度和计划管理制度必须对经济、政治文化、社会都实行中央高度集权的管理体制有密切关系”。

针对政治体制的这一弊端，从20世纪80年代开始，中国进行了一系列在本质上是以现代国家构建为目标的改革。当然，由于中国改革以前政治制度的全能主义特征，中国现代国家的构建路径不同于西方。在近代西方，国家构建的过程是逐步建立国家制度、官僚制度、现代公共财政制度的过程，换句话说，是一个从无到有的立的过程。而中国现代国家构建的过程则是一个复杂的破与立交织的过程。在中国的环境下构建现代国家面临双重任务，即在缩小国家权力范围的同时增强国家提供公共产品的能力，或者，换句话说，在解构全能主义国家(de-totalization)的同时实现现代国家构建(state building)，重新构建专门履行国家职能的、以分殊与有限政府为原则的国家机构。这种集解构与构建双重任务为一体的情形似乎是在世界历史上仅见的。

从理论的角度言，这种集解构与构建为一

体的国家构建过程至少涉及以下方面。

第一，政府职能的转变。剥离政府的非国家职能，使政府成为单纯行使公共权威、提供公共产品的机构。政府行使公共权威的资金依赖公共财政的支持。政府机构本身从各自具有相对利益的“单位”转化为单纯的政府职能机构。通过这些举措，从体制的角度消除政府机构追求自身利益而非公共利益的动因。

第二，单位职能的转变。推行企业与事业单位的改革，剥离单位提供公共产品的职能，使单位转变为单纯的经济或社会实体，不再承担全能主义政治基层组织的职能。

这几方面改革的实质是通过形形色色的剥离，构建一个以提供公共产品为职责、依赖公共财政的公共权威机构。这一机构具有相对的独立性与自主性。这就是理想类型的现代国家。只有实现了现代国家的构建，才可能建立具有普遍意义的法律秩序，宪政、民主才可能有制度的前提。在公共权威机构创新构建的同时，使企业与事业单位摆脱政府的直接支配，变为相对独立的法人实体。

自1982年以来，我国的政府行政机构先后进行过5次大规模的改革，这几次改革的基本目标是转变政府职能。1982年改革，国务院所属部门从100个减为61个。1988年改革，国务院部委由原有的45个减为41个，直属机构从22个减为19个，非常设机构从75个减为44个。1993年改革，国务院组成部门、直属机构从原有的86个减少到59个。1998年改革，国务院组成部门从40个减少到29个。2003年改革将国务院组成机构减为28个。

这几次的机构改革不应仅仅被视为简单的精简机构与提高行政效率的改革，它们包含着深刻的政治改革内涵。通过5次国务院机构的改革以及相应的地方政府与财税制度的改革，取得了一些明显的成效。

第一，通过几次以转变政府职能为核心的改革，政府直接参与经济活动、经营企业的规模与程度大为减低，换句话说，政府从事非公共产品提供的职能大为缩减。除了少数部委外，绝大部分国务院部委都转变为主要提供公共产品的部门。在几次以政府职能转变为核心的改革的基础上，2003年国务院机构改革方案又专门设立了国有资产监督管理委员会，监管国有资产。经过这次改革，中央政府提供公共产品与管理国有资产两方面的职能在制度上区分开来，换句话说，将政府作为公共权力的行使者与资本的所有者或产品的生产者两方面的角色区别开来。

第二，在转变政府职能的同时，或者说在对原有政府部门做减法的同时，根据市场经济与市民社会发展的需求增设了一些以提供某些领域公共产品为职能的政府机构，以解决所谓政府缺位的问题。

第三，通过几次税收制度的改革，公共财政制度的建立取得明显成效，公共权力的行使愈来愈主要依靠公共财政支持，较少依赖各种形式的收费。

第四，企业的改革取得明显成效。通过一系列对国有企业的分类改革，国有企业原来的单位制特征大为削弱，国有企业提供公共产品的职能大幅减少，逐步转变为能够按照市场经济原则参与市场经济活动的单纯的生产者。

如果我们按照上文关于现代国家构建的逻辑来分析的话，可以得出这样的结论：自20世纪80年代以来，以构建现代国家制度为内容的改革经过30年的努力，已经取得了实质性效果。这几次改革为社会主义市场经济制度的建立、为经济发展提供了保障。这种改革路径的选择是中国的政治改革与苏联、东欧政治改革的根本区别。

四、深化行政管理体制改革的新努力

十七届二中全会通过的行政管理体制改革

方案在本质上是前5次改革的继续与深化。二中全会的决议对这次改革的动因作了解释。决议在阐述"深化行政管理体制改革的重要性与迫切性"时使用了"关键时期"、"势在必行"等词语，并具体指出现行行政管理体制存在的问题，这些表述如果放在中国社会政治的现实背景下来分析，体现的是一种深切的忧患意识。这种忧患意识的原因在于，一方面，最近一些年来市场经济与市民社会的快速发展进一步凸显了"现行行政管理体制仍然存在一些不相适应的方面"。尽管中国进行了多次行政管理体制的改革，但是，改革的任务尚未完成，"政府职能转变还不到位，对微观经济运行干预过多，社会管理和公共服务仍比较薄弱；部门职责交叉、权责脱节和效率不高的问题仍比较突出；政府机构设置不尽合理，行政运行和管理制度不够健全；对行政权力的监督制约机制还不完善，滥用职权、以权谋私、贪污腐败等现象仍然存在。这些问题直接影响政府全面正确履行职能，在一定程度上制约经济社会发展。深化行政管理体制改革势在必行"。另一方面，我们还应该注意到，从20世纪80年代开始的以政府职能转变为核心内容的改革自20世纪90年代中期以来有逐步放缓的趋势，在某些方面甚至有所逆转，政府扩权成为普遍现象。

鉴于这些认识，二中全会的意见不仅重启20世纪80年代以来的政治与行政改革事业，从观念上彻底扭转了改革放缓甚至倒退的趋势，而且在改革的广度与深度方面超出以前历次改革。

二中全会文件所提出的改革的总目标是，"到2020年建立起比较完善的中国特色社会主义行政管理体制。通过改革，实现政府职能向创造良好发展环境、提供优质公共服务、维护社会公平正义的根本转变，实现政府组织机构及人员编制向科学化、规范化、法制化的根本转变，实现行政运行机制和政府管理方式向规范有序、公开透明、便民高效的根本转变，建设人民满意的政府"。

为了实现这一总目标，核心任务仍然是转变政府职能。文件对此的表述是："深化行政管理体制改革要以政府职能转变为核心。加快推进政企分开、政资分开、政事分开、政府与市场中介组织分开，把不该由政府管理的事项转移出去，把该由政府管理的事项切实管好，从制度上更好地发挥市场在资源配置中的基础性作用，更好地发挥公民和社会组织在社会公共事务管理中的作用，更加有效地提供公共产品。"

如果仔细研读二中全会关于转变政府职能的论述，可以清晰地看出转变政府职能的思路大致包含三方面的内涵：第一，从横向功能分殊的角度，通过"四个分开"，即"政企分开、政资分开、政事分开、政府与市场中介组织分开"，进一步凸显政府提供公共产品的职能；第二，从纵向功能分殊的角度界定中央政府与地方政府在提供公共产品方面的不同职能；第三，从运行机制的角度规范政府在监管、执法、市场准入方面的行为方式。

二中全会文件将"四个分开"作为深化行政体制改革的核心，言语虽简短，但包含的内容却极为深刻，而且体现了强烈的改革精神。

政企分开是自20世纪80年代以来一直进行的改革。到90年代中期已取得重大成就。现在，国有企业的竞争力和改革开放初期相比不可同日而语，其进步在很大程度上归功于这方面的改革。但是，国有企业如何进一步摆脱政府的束缚，减少依赖政府资源形成的垄断优势，以市场经济参与者的身份运行，仍然是需要进一步探索的问题。

政府与资产的分开在2003年国务院机构改革中已迈出一大步，其标志是国资委的成立。国资委与国务院其他部委的职能有根本不同。国资委在严格意义上不是公共权力机构的一部分，它不承担为整个社会提供安全、秩序或其他公共产品的职能，它的职能是代表国家管理国有资产，履行出资者的职责，解决所谓所有者缺位的问题。国资委成立后，将原来分散在诸多部委的国有资产管理职能从政府中剥离，强化了政府提供公共产品的职能，也有利于国有资产的保值增值。

政事分开是这次二中全会文件的一个亮点。改革开放以来，企业改革方面取得很大成就，但事业单位的改革十分滞后。二中全会的文件不仅提出政事分开的目标，而且还具体地将目前的事业单位划分为三类，提出分类改革的设想。“主要承担行政职能的，逐步转为行政机构或将行政职能划归行政机构；主要从事生产经营活动的，逐步转为企业；主要从事公益服务的，强化公益属性，整合资源，完善法人治理结构，加强政府监管。推进事业单位养老保险制度和人事制度改革，完善相关财政政策”。

在谈到事业单位改革时，文件使用了“完善法人治理结构”的提法，这相当有新意。所谓“法人治理结构”是指政府将探索对教育、科技、文化、艺术等事业单位管理的新模式，逐步将事业单位转变为不同于政府机构的事业拨款模式，增强事业单位的自主性，减少其对政府的依赖。在这方面，国外其实有过不少成功的经验。日本最近一些年推行大学“法人化”改革。此前，日本的大学在运作方式上和政府部门有相似之处。这样的制度缺乏活力，导致日本的大学竞争力不足。推行大学的法人化改革，使大学成为具有自主权的机构，国家主要通过财政拨款的方式指导大学，对大学的具体运营、人事、工资、财务、机构设置等问题交由大学自主决定。从已经实施的效果看，改革大大提高了大学的活力与竞争力。

“政府与市场中介分开”，这一点也很重要。我国的许多所谓中介组织是由原来的政府部门转化而来的。虽然名义上是中介组织，但实际上扮演着准政府的角色。它们通过制定名目繁多的行业规矩、准入条例等干预市场在配置资源中的基础作用。我们在上文讨论国家的概念时曾提及，只有国家才具有垄断合法使用暴力的权力，即垄断制定强制性法律、条例、规章，并实施惩罚的权力。如果以中介组织为名义的机构事实上掌握了制定强制性规则并实施惩罚的权力，如果这种权力具有垄断性质，中介组织在实际上扮演了政府的角色。这将会削弱法律的统一性，影响市场经济的运作，阻碍市民社会的发展。二中全会文件提出的改革，将在规范行业协会的职能及运作模式，改变行业协会的准政府职能方面发挥作用。

在转变政府职能方面，除了这些从横向分殊角度的体制性改革举措外，文件还从纵向功能分殊的角度明确区分了中央政府和地方政府的职能，“中央政府要加强经济社会事务的宏观管理，进一步减少和下放具体管理事项，把更多的精力转到制定战略规划、政策法规和标准规范上，维护国家法制统一、政令统一和市场统一”。地方政府要“做好面向基层和群众的服务与管理”，“增强地方特别是基层政府提供公共服务的能力”。对中央政府与地方政府在提供公共产品方面的这种职能界定是相当重要的。我们常常笼统地讲，要发挥政府在经济活动中的宏观调控作用，以补救可能出现的市场失灵。但对于中国这样一个大国而言，是否所有层次的政府都应该承担调控经济、干预经济的职能？这是一个具有重要理论内涵与实践后果的大问题。二中全会文件从原则上对这个问题作出回答。中央政府承担宏观调节经济、干预经济的职能，地方政府与基层政府的主要职能不是调控经济，而是确保中央方针政策和国家法律法规的有效实施，加强对本地区经济社会事

务的统筹协调，做好面向基层和群众的服务与管理，维护市场秩序和社会安定，促进经济和社会事业发展。这样划分中央与地方政府的职能，有利于打破地方保护主义，建立统一的法律秩序，构建统一的市场。当然，厘清中央政府和地方政府在提供公共产品方面的职能是一项长期的任务，但二中全会在原则上作出这种划分，仍然具有相当重要的意义。

除了从功能分殊的角度提出政府职能转变的措施外，二中全会文件还对政府在监管、执法、市场准入方面的行为作出进一步规范。近几年来，社会各界，尤其是经济界对政府职能的扩张有许多批评。现行政府管理体制的不足是一方面政府越位，一方面政府缺位。在极端情况下，凡是有利可图的事项，政府部门都趋之若鹜，你争我抢，都要管起来，制造寻租和创租的机会；凡是关乎国家社会重大利益、长远利益但不会带来部门利益的事项，政府部门就不那么积极。政府部门通过资格认证、市场准入、监管等手段，将许多权力揽在自己手中，制约了市场经济的发展，干扰了市民社会的运作。这次文件明确提到这些方面的改革目标，强调“严格市场监管，推进公平准入，规范市场执法”。这些举措将有助于改变政府在提供公共产品时的行为方式。

二中全会提出这些以转变政府职能为核心的改革举措具有深远的意义。第一，这些改革将进一步转变政府职能，厘清政府与社会、政府与市场的关系，将政府职能限定在为社会提供公共产品和公共服务的范围内，解决政府越位和缺位的问题，最大限度地实现政府的公共性。第二，在政府公共性加强的同时，这些改革也意味着企业、事业单位性质的变化。当企业、事业单位不再由政府直接管理、直接运行时，企业、事业单位就可能按照市场经济原则或公益事业组织原则来运行，这将大大释放这些组织的活力，提高它们的效率。第三，这些改革将会大大刺激市民社会的发展。随着垄断性中介组织职能的转变，随着国家提供具有普遍意义的统一法律能力的加强，真正的社会中介组织将可能得到迅速发展。这些中介组织将可能在国家政治与社会生活中扮演重要角色，将会有利于规范行业的行为，提高市场经济运行的质量。

这些改革的成果结合在一起，无异于一场深刻的政治与社会改革。如果二中全会提出的目标能够如期实现，那么我国从20世纪80年代开始的以现代国家构建为主要内容的政治改革就会基本完成，中国的政治体制就能够基本适应市场经济与市民社会的发展，并为民主与宪政改革奠定坚实的制度基础。

（作者：北京大学政府管理学院教授）

（选自《中共中央党校学报》2008年第3期）

政府体制创新的难点与关键环节

范恒山

一、政府体制创新十分艰难

目前，我们国家正处在改革发展的关键时期，要实现既定目标，面临着很多复杂的难题。深化改革，加快建立完善的社会主义市场经济体制，是个特别艰难的课题。而深化政府管理体制改革又是难中之难。改革开放以来，我们花了很多的精力来推进这项改革，也取得了不少进展，但总的来看，进展并不太理想。政府体制改革之所以举步维艰，至少由如下一些原因所决定。

第一，由改革对象决定。政府体制改革对象是政府自身。曾经进行的很多改革都不直接涉及政府，或者说是政府主导改别人，相对来说比较容易。但是当改革涉及剥夺政府自己的权力和利益的时候，自然就难，这是可以想见的。

第二，由改革性质决定。政府体制改革所涉及的都是关键性、敏感性改革，除需要有正确的改革思路外，在操作上也需要十分稳妥。何况涉及的一些相关改革都是“硬骨头”和“铁钉子”。

第三，由发展阶段决定。我们国家正处于重大转折时期，从发展的角度讲，是从不发达阶段走向比较发达或者发达的阶段。在这个过程中，政府处于两难的境地。要实现快速发展不靠政府不行。在现阶段，在目前体制下，我国各级政府机构在推动发展中扮演着极为重要的角色。30年来我们的经济发展速度能保持年均增长速度近10%的水平，不靠政府的主导是达不到的。但是同时，政府主导也带来了一些严重问题，如单纯追求GDP，导致经济发展方式粗放；实施地区封锁、行政垄断，导致资源不能优化配置、要素不能合理流动；等等。改革要在这种两难中做一个合理的选择很难。

第四，由中国历史文化决定。中国历来有“青天”文化的传统。老百姓对政府的依赖性非常强，遇到事情往往第一个想到的就是找政府。起初大家看问题比较简单，认为市场经济发展到了一定阶段，老百姓就可以不找政府找市场，没想到，这一点在中国很难做到。老百姓出了麻烦，哪怕是一个个体户受了坑蒙拐骗，他第一个想到的还是找政府，这是由中国文化决定的。我们老说“包青天”、“父母官”，就是这种文化的典型反映。

所以，政府改革十分艰难，这已为过去的实践所证明。在未来的改革中，我们也要树立这样的意识，对改革的困难程度要有充分的估计。

二、政府体制创新大有可为

政府体制创新如此艰难，是否意味着这项

改革就无法深入了？ 恰恰相反，这种艰难不仅说明了推进这项改革的重要性、紧迫性，也表明了政府体制创新大有可为。要实现政府管理体制创新，我以为关键取决于两点：一是决心，是否真想改，或者说，是不是想下决心真正改到位。二是思路，即按照什么样的方向、什么样的路径改。如果抓不住关键环节，拘泥于表面现象做文章，再搞若干年恐怕也不会有什么作为与效果。我们的机构改革可以说就是一个典型的例子。改革开放以来，算上这一次一共是六次，前五次改时都说问题很大，改后又都说解决了问题，但问题最终还是没有解决。这一次能不能改好，有一个明显的好效果，还要由实践做出结论。不光是机构改革，其他改革如果思路不清、力度不大，同样不能真正深入。这些年，由于工作原因，我直接参与了一些改革方案的拟定和改革实践的推进，对此有些体会。

具体地讲，推进政府体制创新，特别重要的是要抓好如下三个方面。

第一，要确立正确的改革目标。政府体制创新的目标是什么？ 简单地说，就是我们平常讲的构造“三个政府”。一是责任政府。一个政府应该非常清楚自己需要履行什么责任。从政府的性质及我国的实际来说，我国各级政府应该履行的责任可以用四句话来概括，即经济调节、市场监管、社会管理和公共服务，这是已经明确了的。做到做好了这四点，就可以说是一个负责任的政府了。二是服务政府。政府以什么样的姿态来履行职责呢？ 是以管、卡、压的方式来做，还是以服务的方式来做？ 政府管理社会经济事务、调节市场活动的目的不是要扼杀被管理者或被调节对象，而是要为其健康发展创造良好的环境。政府的管理与调节从本质上说就是服务，应立足于服务实施调节，并依此改革和完善行政管理方式。三是法治政府。政府在什么样的原则指导下，按照什么样的规则来履行职能？ 关键是依法行事。政府只能做法律法规允许的事项，并依照法规程序办事。总之，要围绕使政府成为责任政府、服务政府和法治政府来推进相关改革。

第二，要抓住关键的改革环节。政府改革是一个系统工程，但关键的方面，我以为有以下三项。这其中有政府体制本身的改革，也有不属于政府改革但直接制约着政府改革的改革。没有这些改革，政府改革本身难以实质性向前推进。

一是国有企业改革。国有企业改革应该改到什么样的结果？ 简言之，应该改到保障政府不去做那些不该做的事。今天的浙江在政府管理方面则发生了真正的变化。因为它建立在国有企业改革、微观组织基础重建上。因为有了这样一个比较好的微观基础，就使得政府部门没有理由再去任命企业的董事长、总经理，没有可能去管它的GDP和企业的利税。这个微观基础是什么？ 是真正的股份制经济，是产权结构多元化的混合所有制经济。这样的微观组织基础，产权清晰、权责明确，政府部门不可能去直接干预它的生产经营活动，政府就自然而然地把它的工作重点，转到了社会管理和市场调节上，转到了做好服务上。所以我们的国有企业改革，其结果应该是保障政府部门不去干那些不该干的事。

二是财政体制改革。通过改革，真正建立起为国家公共目标服务、促进公共服务均等化的公共财政体系。这样改的目的是什么？ 是保障我们的政府部门有条件、有能力去干那些应该干的事。只要是服务公共目标的，就应当用公共财政来做支撑。这个问题解决了，地方政府就不用去搞地区封锁、市场分割或行政垄断，从而依此来追求地方利益、支撑自身的工作了。反之，如果服务公共目标你还要人家自己筹钱、花钱去搞，人家不搞地区封锁、市场分割行吗？建立公共财政我们谈了多少年了，总的来说进展不大，是到了下决心大力推进的时候了。

三是干部制度改革。通过改革，保障政府部门去干那些该干的事，不去干那些不该干的事。如果政府部门干了那些不该干的事，而不去干那些应该办的事，最后就会得不偿失。干部制度如果不能解决这一问题，而是凭GDP论英雄，给凭政绩工程、形象工程提官升职留下了很大空间，就不会有人去搞市场经济一体化、去搞服务、去搞那些着眼于长远发展的事。所以干部制度改革或者说行政领导干部选拔任用制度改革，对于深化政府体制改革极为重要。其实，它本身就是行政体制改革的核心内容之一。

第三，要形成科学的改革载体。政府行政是靠政府机构进行的，所以行政体制改革的主要载体是机构改革，机构设置不科学就必然导致行政行为不规范。但是机构改革怎样才能改好？ 恐怕需要完善改革的方式方法。社会在发展，市场经济在发展，我们不能奢望机构改革一劳永逸。但搞一次机构改革总要管些年头，不能这轮改革过程还没有完成，就又感到不顺了。推进机构改革应该有一套科学的理念。在方式方法上最起码不能搞闭门造车。我们很难设想，请若干个专家，封闭几个月，就能设计出一套符合市场经济要求和我国具体实际的机构改革方案。我们可不可以尝试另外的方法，比如，把机构改革问题在全国范围内讨论上一年半载，充分听取各方面意见，在此基础上组成一个专家班子，梳理这些意见，吸取那些有价值的建议，再形成基本方案，供全党讨论，最后形成决策？ 群众参与机构改革过程，会大大提高机构改革的科学化程度。用老办法，我们很难走出过几年就改一次、不断循环往复的误区。这个载体解决不好，职能转变解决不了，优化审批方式解决不了，政府管理体制上的其他突出问题也解决不了。

总之，行政体制改革虽然艰难，但是只要下定决心，只要抓住关键，就能改到位，改出实效。而行政体制改革对于建立完善的社会主义市场经济体制，对于加快推进国家现代化建设至关重要。

（作者：国家发展和改革委员会地区经济司司长）

（选自《中国党政干部论坛》2008年第7期）

建设一个高效能的服务型政府

桑玉成

作为社会的公共权力主体，作为直接履行社会公共管理职能的政府，扮演着重要的角色，担负着重要的责任。按照科学发展观的要求，积极推进政府改革和政府发展，努力建设一个定位准、职能明、责任强、效率高的服务型政府，直接关系到构建社会主义和谐社会的进程和社会主义各项事业的发展，也直接关系到我们党长期执政、稳定执政之社会基础的确立和巩固。

服务型政府的准确定位

服务型政府，既是政府改革和发展的价值取向，又是建立在政府根本性质基础上的政府角色的准确定位。在现代民主政治条件下，人民主权原则是一条根本的宪法原则，从而也是一切政治结构和政治行为的依据。基于这个原则，无论是在理论上还是在制度设计上，作为执掌社会公共权力主体的政府，其权力的源泉在于人民，政府及其官员行使人民委托之权力，并以保障人民之权利为其行使权力的宗旨。这一基本关系就决定了现代民主政府必然也必须以服务型政府为其鲜明的角色定位。就是说，现代民主政府尽管仍然执掌并行使着社会的公共权力，履行着管理公共管理的职责，但是其本质是一种向社会、向人民提供服务的主体，或者说是通过管理实现服务社会服务人民的主体。现代政府在服务中实施管理，在管理中体现服务。

传统的政府将其角色定位为管制型政府或称统治型政府。根据这样的角色定位，政府执掌甚至垄断着社会的公共权力，并根据这种权力，与人民形成一种管制与被管制、统治与被统治的两极关系。人民缺乏公共利益的概念，缺乏对于公共事务的责任。当社会成员普遍不关心公共事务以及淡化公共责任的情况下，政府与社会、官员与百姓之间就缺乏一种合作的基础和机制，因而执政治国、管理社会的难度就相对较大，治理的成本也就相对较高。政府与人民的“两极”分野显然不利于确立人民对于政府认同感的社会基础，同时也必然使得政府及其官员成为社会矛盾的焦点。因此，只有政府实现了其准确定位，才能形成一种政府与社会、官员与人民的合作治理结构。

服务型政府的职能

服务型政府同时还是一个确立了明晰职能的政府。在传统的管制型或称统治型政府模式下，政府往往扮演着全能政府的角色，社会的一切领域，人民的一切事务，当属政府所辖。换言之，只要政府高兴，只要政府愿意，政府可以对社会的任何社会资源进行权威性分配，可以就任何社会事务作出权威性决定。现代民主政府强调政府的服务型角色定位，从而也就决定了政府职能及其作为的有限性。

在过去一段时期的改革进程中，我们按照市场经济的要求，实现了政府职能的根本性转变，即由计划经济体制下的政府职能转变成了市场经济体制下的政府职能。应该说，正是政府职能的转变，才推进了市场经济体制的建立并促进了社会经济的发展。在社会经济管理领域，政府从直接管理到间接管理，从微观管理到宏观管理，从“运动员角色”到“裁判员”角色，等等，都有非常明显的转变。但是，不可否认的是，迄今为止，政府在其角色定位和职能定位方面，依然存在着由于长时期计划经济体制以及与此相适应的政治体制给其留下的深刻的烙印。

明晰服务型政府的职能问题，有必要指出两个基本的视角。

一是，突出政府公共服务、社会管理的职能。党的十六大以来，党和政府明确规范了政府职能的四大领域，即经济调节、市场监管、社会管理和公共服务。多年以来，应该说我们在经济调节、市场监管方面已经发挥了积极的作用，也已经取得了很多成功的经验，在此基础上，我们的政府依然需要切实履行好这方面的责任。但是另一方面，相对而言，政府在履行公共服务和社会管理的职能方面还有很大的空间。而且根据建设服务型政府的要求，政府更需要突出公共服务和社会管理方面的职能。正如胡锦涛同志所指出的：建设服务型政府，首先要创新行政管理体制，把公共服务和社会管理放在更加重要的位置，努力为人民群众提供方便、快捷、优质、高效的公共服务。

二是，既要明晰政府在整体上的职能领域特别是重点领域，实现政府与社会的横向分化，也要明晰不同层级间政府的具体职能领域特别是重点领域，实现政府职能的纵向分化。不同层级间政府的职能分化问题，过去我们关注不够，即使有所涉及，大多也只是一般地论及关于中央与地方的关系问题。在我们今天强调建设服务型政府的进程中，政府不同层级的职能分化问题应该引起足够的重视。

加强政府的公共服务和社会管理职能，除了一般意义上的政府职能转变之外，还需要从政府层级的角度，来厘清不同层级政府之间的事权和财权关系。在我国现在的政府管理体制下，政府层级间职能不清责任不明的问题、政府层层截留利益的问题，已经对政府职能的有效履行乃至于对社会的健康发展，都带来了直接间接的影响。笔者认为，政府职能纵向分化的基本原则：一是，层级越低的政府，就越应该贴近社会，其职能领域就越应该偏向于社会事业和社会管理；而层次越高的政府，就越应该为政府管理制定必要的标准，并提供必要的财政保障。根据这样的原则，在经济调节、市场监管、公共服务和社会管理的四大职能中，应该充分体现不同层级政府对于这四项职能的不同程度的责任。二是，对于涉及到公民宪法权利方面的政府职能，如基础教育、公共安全等，当有中央政府履行。中央政府可以通过制定标准、组织监管、财政补助等管理手段，来保障公民宪法权利的一致性和统一性。在政府职能纵向分化问题上，有必要探索建立严格意义上的公共财政体制，以奠定不同层级间政府切实履行好相关职能的公共财政基础。通过建立科学合理的公共财政体制，改变目前这种政府层级间“分灶吃饭”的现象和层层截留利益的问题，将事权与财权有机地结合起来，以职能的履行作为获得财政权的基础，当有助于推进服务型政府的建设。

服务型政府是一个能够负起责任的政府

服务型政府既是定位准确的政府，又是职

能明晰的政府，更是一个能够切实负起责任的政府。根据服务型政府的一般政治逻辑，所谓政府责任包含着两个层面的意义：一是积极的意义，即是说，政府应主动担负其职责范围内的所有职能及其责任，没有或者未能切实地履行其应有的职责都属于不负责任的表现。二是消极的意义，主要是说，政府应承担因为其没有或者未能切实地履行其应有的职责而导致的一切不利后果，包括国家或者人民通过法律规定的途经对其进行的质询乃至罢免。

在建设服务型政府的进程中，向社会和人民提供基本公共物品是政府作为以及政府责任的一个非常重要的领域。所谓公共物品，主要是指为社会成员所必需、但又不能通过市场领域获得消费权益的非排他性和非竞争性的物品。在不同的国家以及不同的历史条件下，基于不同的生产力发展水平以及不同的政治理念，公共物品从来就有不同的范围，但是，对于一个现代国家来说，对于一些物品的公共物品性质，也有普遍的共识，如国防、教育尤其是基础教育、公共安全、道德秩序等。因此，在这些领域，政府应当承担起切实的责任。胡锦涛同志指出，建设服务型政府，根本目的是进一步提高政府为经济社会发展服务、为人民服务的能力和水平，关键是推进政府职能转变，重点是保障和改善民生。要按照全体人民学有所教、劳有所得、病有所医、老有所养、住有所居的要求，围绕逐步实现基本公共服务均等化的目标，逐步形成惠及全民的基本公共服务体系。在这里，胡锦涛同志指明了我国政府当前所要提供的公共物品的基本领域及其原则目标。胡锦涛同志还指出，要推进以公共服务为主要内容的政府绩效评估和行政问责制度，加快法治政府建设，全面推进依法行政，依法规范政府职能和行政行为。这为政府的责任制度提供了政治基础和法律基础。

服务型政府是一个高效能的政府

在职能明晰且具有强有力的责任体系保障下，服务型政府应当是一个高效能的政府。政府管理是一种集价值、知识、智慧和技艺于一体的工作，既需要科学合理的制度、程序和设计，又需要特定的人力资源和物质资源的投入。因此，按照民主执政、科学执政、依法执政的要求，积极探索政府有效管理的途径，应该是建设服务型政府的必要路径选择。在宏观原则上，提高政府管理的效率也有两个方面的思考角度：一是，政府作为履行公共管理职能的直接主体，应通过其制度创新以及管理能力和管理水平的提高，以此来提高政府管理的能量和效率；二是，政府有必要扶持社会团体及社会成员，培育社会“自组织”的发育和成长，以提高社会自我管理的意识和能力。

如前所述，在传统的政府管理模式下，政府与社会、官员与人民形成的是一种“两极”态势和结构，政府是公共管理的唯一主体，人民在公共管理中始终处于消极被动的地位。在这样的结构下，提高政府管理的效能是非常困难的。要从根本上提高政府管理的效率，不仅需要政府的能量，而且更需要依靠社会及其人民的力量，需要整合所有社会管理资源，形成一种政社共治、官民协同的政府管理格局。在某种意义上说，提高政府的管理能力和管理水平，其关键之点不仅在于政府自身如何实现制度创新、如何积极作为，更为重要的还在于提高“动员和组织”人民的本领，在于发现和利用社会资源以协同执政治国的本领，在于确立一种“政社共治、官民协同”的政府管理新体系。

（作者：复旦大学教授、中国政治学会副会长、上海市政治学会会长）

（选自《文汇报》2008年3月17日》）

从服务型政府建设的历程看行政管理体制改革的深化

高小平

服务型政府的实质，是政府在职能和工作方式上的一次根本性转型，是对传统行政管理范式的革命性突破，是政府体制改革的基础性工程。适时提出建设服务型政府的命题和任务，符合行政管理体制改革的内在规律，明确了行政管理体制改革的方向。

我国服务型政府建设从酝酿、起步到发展、创新，大体经过了三个阶段

早在1979年，邓小平同志就高瞻远瞩地提出：政治学、法学等要恢复研究，“赶快补课”。一批专家学者大力提倡研究行政管理学，为政府管理科学化服务。随着经济体制改革的展开，我国很多地方政府为了更好地为外商投资服务、为企业和社会服务，在实践中提出了加强服务的要求，建立了“外商投资服务中心”、“政府办事大厅”等“一站式”服务机构，这是服务型政府的雏形。行政管理学界很快作出回应，有学者提出了“服务行政”概念，并对此进行了理论思考和研究。从改革开放之初到20世纪90年代中期，是我国建设服务型政府的第一个阶段，即酝酿、起步阶段，主要特点是通过改革，使行政管理体制适应“建立社会主义市场经济”的发展要求。政府服务意识不断增强，服务方式有所创新，服务领域得到扩大。

从20世纪90年代中期到党的十六大，是服务型政府建设的第二阶段。伴随行政管理体制改革的深入，提出了转变政府职能的要求，找到了行政审批制度改革这个突破口。伴随《行政许可法》的颁布实施，政府管理创新活动如火如荼地展开，“行政审批服务中心”、“综合行政服务中心”等政府服务机构的行政功能有了大幅增加，由单项服务向全面服务转变，服务型政府建设向纵深挺进，逐步形成了向全国推进、向高层政府机关推进和在理论上取得突破的重大进展。学术界开始探索服务型政府的理论和借鉴国外经验。这个阶段重点是管理方式创新，主要特点是通过改革，使行政管理体制机制适应“完善社会主义市场经济”的要求。政务公开、电子政务、行政流程再造、绩效评估、行政问责制、服务承诺制、政府集中采购、服务代理制、首问负责制、政府服务热线电话等阳光透明政府、高效便民政府实践活动在各地广泛开展起来。

第三个阶段，从党的十六大开始，服务型政府建设进入了新阶段，即大力推进、全面创新阶段。服务型政府建设从转变职能到完善体制，从管理方式创新到制度创新，从“线性”改革到“复合”改革正在不断深入。2004年2月和3月，温家宝总理先后在中央党校省部级主要领导干部“树立和落实科学发展观”专题研究班结业式上和《政府工作报告》中提出：“努力建设服务型政府”，并阐述了服务型政府的内涵。2006年10月党的十六届六中全会通过的《关于构建社会主义和谐社会若干重大问题的决定》指出：“建设服务型政府，强化社会管理和公共服务职能。”2007年10月胡锦涛总书记在党的十七大报告中明确提出，“加快行政管理体制改革，建设服务型政府”。2008年2月23日胡锦涛总书记在主持中共中央政治局集体学习时指出，“创新行政管理体制，建设服务型政府”。学术界积极行动配合政府改革，出现了一大批研究服务型政府的论文。这一阶段的主要特点是通过改革和创新，建立与社会主义市场经济、社会主义民主政治和社会主义和谐社会全面适应并起到引领助推作用的行政管理体制。

服务型政府的实质，是政府在职能和工作方式上的一次根本性转型，是对传统行政管理范式的革命性突破，是政府体制改革的基础性工程。适时提出建设服务型政府的命题和任务，符合行政管理体制改革的内在规律，明确了行政管理体制改革的方向。

全面规划，抓住重点，强力推进，逐步实施行政管理体制改革和创新

当前行政管理体制改革，建设服务型政府的任务，归纳起来是四个方面。一是转变职能。实现政府职能向创造良好发展环境、提供优质公共服务、维护社会公平正义的根本转变。二是机构改革。加强公共服务部门，探索职能整合的大部门体制，实现政府机构设置向精简统一效能的根本转变。三是制度建设。推行政府绩效管理和行政问责制度，健全对行政权力的监督制度，加强公务员队伍建设，实现行政运行机制和政府管理方式向规范有序、公开透明、便民高效的根本转变。四是依法行政。维护社会公平正义，实现政府组织机构、人员编制和工作方式向科学化、规范化、法制化的根本转变。

当前行政管理体制改革和创新，建设服务型政府的任务十分繁重，要全面规划，抓住重点，强力推进，逐步实施。

（一）扎实推进中长期改革规划的实施。党的十七大提出，要制定行政管理体制改革总体方案。十七届二中全会通过的《深化行政管理体制改革的意见》是一个行政管理体制改革的规划性总体设计，是当前五年和今后七年行政管理体制改革的“顶层设计”。由党中央全会作出行政管理体制改革总体方案，提出明确的近期和中长期目标这是首次。改革的方案经过了科学严谨的论证。党的十三届中央委员会及之前，是政治局会议研究政府机构改革方案后向全国人大提出建议。从十四届二中全会开始，政府机构改革方案提交到中央全会研究后向全国人大提出建议。这次改革，国务院经过充分调查研究，反复酝酿，广泛听取包括学术界在内的各界意见，提交党的十七届二中全会讨论研究后向全国人大提出建议，经十一届全国人大一次会议讨论通过。这样，就使行政管理体制改革的长远目标与阶段性目标相结合、全面推进与重点突破相结合、改革实践与理论相结合，处理好改革发展稳定的关系。

（二）紧紧抓住转变政府职能这个关键。改革开放以来，我国行政管理体制经过多次改革，取得了很大成绩，突出的标志就是政府职能转变取得了积极进展。政府对微观经济的干预减少，以间接管理手段为主的宏观调控体系框架已经形成，市场体系基本建立，政府充分发挥对市场的培育、规范和监管功能，越来越重视履行社会管理和公共服务职能。政府管理经济的方式有了较大改变，依靠行政审批进行管理的模式正在转变，行政审批事项大幅度裁减，涉外经济管理与国际惯例接轨。政府决策民主化科学化程度有了很大提高。政府按照科学发展观的要求，驾驭经济和社会全面协调可持续发展的能力得到明显提升。从总体上看，我国政府的行政管理职能与社会主义市场经济体制和社会主义民主政治的要求是相适应的。然而，由于体制惯性、思想惰性和利益刚性的原因，政府转变职能必然是一个十分艰难和较长的过程。

在经济体制改革不断深入的情况下，特别是我们面临着构建社会主义和谐社会的繁重任务，对政府职能改革提出了很多新的更高的要求。当前，深化行政管理体制改革的关键，仍然是转变政府职能。要通过改革，把不该由政府管理的事项转移出去，把该由政府管理的事项切实管好，从制度上更好地发挥市场在资源配置中的基础性作用。无论是机构调整整合，还是部门职责界定，都要有利于政府全面履行职能，切实解决缺位、错位、越位和权责脱节、职能交叉、推诿扯皮、效率低下等突出问题，推动科学发展，促进社会和谐，更好地实现好、维护好、发展好人民群众的根本利益。检验行政管理体制和机构改革成效的标志，主要就是看政府职能是否真正转变到经济调节、市场监管、社会管理、公共服务上来。

（三）确定大部制的探索思路和渐进式推进策略。把相关职能的部门进行有机整合，实行大部门体制，有助于解决职责交叉、政出多门和部门利益的问题，增强部门全局意识，扩大管理覆盖领域，提高政府整体效能。大部门体制作为政府组织形态变革的重要举措，涉及面广，难度较大，各国在推行过程中都十分慎重。我国这次通过的改革方案也采取了积极稳妥、循序渐进的策略，一方面充分发挥大部门体制对改进政府管理的作用，另一方面防止仓促行事带来负面影响。

（四）建立行政决策、执行、监督三种权力相互制约又相互协调的体制机制。按照权责一致、分工合理、有权就有责、失职要追究、权责边界清晰的要求，逐步使政府及组成部门主要负责决策，直属行政机构主要负责执行，监督机构相对独立行使权力，解决“教练员”、“运动员”、“裁判员”集于一身的问题，形成决策科学、执行顺畅、监督有力的行政管理体制。

（五）大力加强公共服务。建设服务型政府的基本任务是全面履行经济调节、市场监管、社会管理、公共服务职能，特别要提高政府公共服务的能力，建立适合我国国情、惠及全民、公平公正、水平适度、可持续发展的政府公共服务体系。为此，要改革和完善财政体制，明确中央和地方各级政府的公共服务职责，在完善政府组织结构和体制机制的过程中，建立适应服务型政府要求的公共财政体制，加大对公共服务的财政投入，逐步使公共服务支出占财政支出的主体。要创新公共管理和服务方式，形成适应服务型政府建设要求的公共服务多元供给主体。提高社会管理水平，健全政府行政管理与社会组织、企业、公民互动的社会管理体系和应急管理机制。要建立政府绩效评价体系，以促进经济增长、居民就业、物价水平、国际收支平衡四项重点指标衡量政府经济工作，以改善民生为主维度，科学合理评估政府公共服务绩效，探索建立绩效预算制度。要健全以行政首长为重点的行政问责制度，明确问责范围，规范问责程序，加大责任追究力度，提高政府执行力和公信力。要加大政务公开的力度，加强电子政务建设，促进廉政建设和行政业务建设。在政府行政流程再造中，设计制度化的依法行政机制、信息公开机制、行政审批机制、信息化管理机制。

（作者：中国行政管理学会副会长兼秘书长、研究员）

（选自《中国城市经济》2008年第8期）

职能整合与机构重组：关于大部门体制改革的若干思考

南开大学周恩来政府管理学院课题组

党的十七大政治报告指出，要“加大机构整合力度，探索实行职能有机统一的大部门体制，健全部门之间协调配合机制。精简和规范各类议事协调机构及其办事机构，减少行政层次，降低行政成本，着力解决机构重叠、职能交叉、政出多门问题。”在以往改革的基础上，探索实行大部门体制，将成为克服现存体制缺陷，进一步深化行政管理体制改革的一项重要制度创新。本文结合目前理论界的相关讨论，拟就探索实行大部门体制改革的意义，以及部分国家的相关经验做一些理论分析，并提出若干原则性建议。

一、完整、准确地理解大部门体制的含义

大部门体制改革的思路，主要是针对行政管理体制存在的一些突出问题提出的。改革开放以来，政府经济职能转变进展显著，编制管理逐步规范，体制机制创新初见成效，基本适应了经济社会发展的需要。但是，面对经济社会发展变化的新局面，在行政管理领域也存在着诸多不适应的方面，有些问题还比较突出。这集中表现为：(1)在履行政府职能过程中，存在“过多”与“过少”相交错的局面。一方面，职能转变尚未充分到位，直接干预微观经济活动的现象还比较多，行政许可事项仍然偏多；另一方面，有些该由政府负责的工作却没有到位，社会管理和公共服务职能还较单薄。(2) 在组织机构和权责配置方面，存在横向“政出多门”和纵向“职责同构”的双重问题。同级政府部门之间机构权限交叉、机构重叠、权责脱节问题比较突出，不同层级政府之间，上下对口，层层共管，权责不清。这些问题不仅制约行政效能的提升，而且影响政府的公共信誉。(3) 在职位设置与人员编制方面，存在领导职位相对过多与专业职员相对不足的矛盾情况。“官多兵少”现象突出，形成领导职数过多与专业职员数量过少的不合理结构，突出表现在各层级部门中，“分管型”副职设置过多，人为增加了行政层级。这在某种程度上助长了官僚主义和衙门作风，也造成办事效率低下。

上述问题的存在，从更深层次上可以归结为我国政府治理模式的结构性问题。产生和形成这种结构性问题的根本原因是长期存在的中国政府治理的两个内在逻辑：其一，“政治上的高度集中”和“管理上的过度分散”相互强化。一个国大人众的“超大社会”的管理，即使权力集中性的机制再完善，也无法充分应对在各

个方面和各个地区出现的各种具体问题，于是从上至下的条块“放权”管理便不可避免地出现，而这种非规范化的“放权”模式，在横向和纵向管理上就又不断造成“条块分割”的出现与积累，形成“过度分散”的格局。在此背景下，政治上的“过度集中”与管理上的“失范放权”还往往相互强化，从而造成了政府治理的传统弊端的延续。其二，在政府管理方面，长期以来，“人治”主导，“法治”缺位。改革开放以来，在健全法制和依法治国方面取得的进展是令世人瞩目的，但施政过程中的“权大于法”和“权责脱节”等现象依然存在。导致这种状况出现的背景，一方面是计划经济下形成的政府管理经验的不断累积，另一方面则源于古代政治的历史基因的影响。如此的政府治理模式的存续，就会逐步衍生并形成上述的种种施政缺陷。因此，适应社会发展条件的变化，革新政府治理模式，一直以来也是中国政治体制改革的重要组成部分，从精简机构到转变政府职能，各种改革探索和实践一直没有间断。今天，我们借鉴国际上政府改革的经验而提出的“大部门体制”改革新举措，显然也同样是基于革除流弊，创新治理模式的目的而提出的。

所谓大部门体制，是指把政府内部相同或相近的职责加以整合，归入一个部门为主管理，其他有关部门协调配合，或是把职责相同、相近的机构归并成一个较大的部门，以最大限度地避免职责交叉、多头管理，从而提高行政效率，降低行政成本。我们在认同上述分析的同时，且结合目前的相关讨论，就完整、准确地理解大部门体制，提出几个需要注意的问题。

第一，完整的大部门体制，是体现在各层次的政府结构中的。“大部门体制”的概念，确实要比我们早先提出的“大部制”的建议更为准确。目前，在讨论中，往往是将这两个词交替使用，甚至在同一含义上使用，并主要关注作为中央政府的机构改革。如果仅就国务院机构改革而言，两者交叉使用没有什么问题，但从行政管理体制改革整体布局考虑，党的十七大报告使用的“大部门体制”更为完整准确。因为，各个层级的政府都不同程度地存在着前述的施政问题，因此，我们探索实行大部门体制，不仅要在中央层级展开，地方政府乃至事业单位，也都应适时推动，从而彻底解决机构设置方面“上下对口”、“左右对齐”的问题。

第二，大部门体制的核心，是职能整合与部门整合的统一，并以职能整合为基础。成功地实行大部门体制的关键，不单体现为部门的合并削减，而且也是政府职能的有机整合与统一。在推行大部门体制改革时，对现行机构进行调整，适当减少重叠设置的机构，有利于减少部门之间不必要的竞争，也有助于更加集中地控制不正之风。事实上，政府机关给人们制造的多数“麻烦”，特别是那些“大的麻烦”，往往不是单个官员个人能力所及，而是“衙门”和“图章”的产物。同时，大部门体制改革，不是仅仅片面追求机构合并与削减，而是在整合政府职能的基础上，为确保相同和相近职能的有机统一，而相应设置较大部门来综合管理。当然，大部门的构建不是片面追求“大而全”，将不同性质乃至相互冲突的职能机械地合并，来组建形式上的“大”部门显然也是不可取的。

第三，高效的大部门体制要兼顾“部门外”和“部门内”两个方面。在探索改革过程中，不仅需要在根据有机统一原则整合相关职能的基础上，调整设置相应的统一部门，同时，也要同等重视新成立的部门内部的权责、机构、编制的科学、合理配置。从而使部门不是简单地从规模上表现为“大”，而应形成保证职能有机统一行使的有效的部门内部治理结构。

第四，现代大部门体制，要在职能有机统一的基础上坚持权责一致的原则。在对性质相

同或相近的政府职能予以调整的基础上，部门权限的调整和扩充是必然的。现代的大部门，不仅要尽可能实现职能、权限的完整和统一，更要求职权与责任的充分对应。部门的充分授权与严格问责是现代的大部门体制的应有之义。就此而言，成功的大部门体制改革不该也不会造成传统的“部门专权”现象。

第五，现代大部门体制对于防止决策与施政相脱离意义很大，同时也有政府纵向间关系方面的含义。与许多典型国家政府纵向间关系处理模式不同，我国的中央和省一级政府的多数部门主要是做决策和分配资源，一般不与老百姓直接打交道。以实行大部门体制为契机，可以考虑更加注意决策与施政的整合，可以考虑把部分关键、敏感职责，适当集中到中央政府和省、自治区政府的职能部门，也即自己决策、自己执行。

在新阶段行政管理体制改革的部署过程中，借鉴国外经验而出台的大部门体制改革，作为一项具有体制和机制性创新的改革举措，中央率先垂范，无疑是必须和合理的。但是，我们也要注意不能将任何一项改革措施“神圣化”和“绝对化”。

同时，我们也应充分认识到，作为决定改革最终能否成功和全面改革向前推进的标志，包括行政管理体制改革在内的政治体制改革，也不是可以一蹴而就的。大部门体制改革的推行，也同样需要逐步展开，适时推进。每一项改革都是有其限度的。大部门体制改革，主要是针对机构重叠、政出多门、权责脱节等突出问题而提出的，其成功推进必然首先对减少和克服上述问题发挥直接作用，并对推动行政系统内的政府横向和纵向间关系的重构与优化产生积极影响。不过，现存行政管理体制乃至政治体制的结构性问题，包括政府职能错位、政府间关系方面的条块分割、政治上的高度集中与管理上的过度分散等全局性、体制性课题，都有赖于政治体制和行政管理体制领域深层次、多方面的改革措施的配套协调展开。进一步讲，就是在以“转变职能、理顺关系、优化结构、提高效能”四个方面为着力点的行政管理体制改革的总体布局之中，大部门体制改革也主要体现为“优化结构”这一个方面，而不能完全涵盖行政改革的全部。大部门体制改革，如果能够为上述深层次的矛盾与问题的解决创造和积累一些有利的条件，就非常可贵了。

二、部分国家中央政府核心机构设置的基本情况与实行大部门体制的经验

在现代化进程中，多数国家在不同程度上采用了以市场为导向来推动经济发展，以政府为核心和通过第三部门的配合来强化社会管理的思路。所以，各国在政府职能与政府机构设置方面出现了一些带有相当普遍性，并且被实践证明有其一定合理性的做法。但是，受经济发展状况、政治文化传统、法治建设程度等因素的制约，各国政府机构设置依然存在很大差异。这种共性与个性的交互作用，为各国在政府机构设置方面既相互借鉴又保持自身特色提供了空间。“大部门体制”就是为了克服机构重叠、职能交叉和权责脱节等政府管理问题，由市场经济比较成熟的国家率先探索并逐步实行的一种行政管理模式。本文主要考察和分析了部分国家的大部门体制改革的实践，以期能对我国探索相关问题提供一个经验性的参考。

关于部分国家中央政府核心机构设置的基本情况。这里所说的“中央政府核心机构”，在国外一般是指参加内阁的部级首长领导的中央政府的主要组成部门，所以，有人也称其为“内阁机构”。不过，因为有些国家并没有明确的内阁设置，所以，我们在此通称为中央政府核心机构。从概念上它大体相当于我国的国务院组成部门。本文重点考察两类国家，一是经济发展水平相对较高的国家，以经济合作与发展组织(OECD)的部分成员国为代表。二是处于市场经济转型中的大国和发展中大国，主要包括俄罗斯等8个国家。

1．OECD国家的情况

在OECD国家中，从中央政府核心机构设置数量来看，机构设置最多的是新西兰，有30个（不过因一个内阁部长往往兼职几个部的首长，所以内阁部长人数只有19人），加拿大有26个，其他都在20个以下，机构设置最少的是瑞士，只有8个，平均约为16个（参见表1）。与我国国务院目前有27个部门相比较，显然上述国家的部门数量相对较少。

表1 OECD国家中央政府核心机构部门设置情况

国别	核心机构数量	国别	核心机构数量
澳大利亚	19	日本	12
奥地利	13	韩国	18
比利时	13	卢森堡	19
加拿大	26	墨西哥	16
丹麦	20	荷兰	16
英国	19	新西兰	30(19)
捷克	14	挪威	17
芬兰	12	葡萄牙	16
法国	15	波兰	17
德国	14	西班牙	16
希腊	16	瑞典	12
匈牙利	11	瑞士	8
冰岛	11	土耳其	15
爱尔兰	15	美国	15
意大利	18(26)	平均数	16

根据各国政府网站资料（截至2007年底）统计。

从具体部门设置情况来看，呈现出“共性”趋同与自身“特色”的结合。在这些国家的中央政府核心机构中，大约有三分之一的部门名称和职能是相同的，比如普遍设有国防部、财政部等；有大约三分之一的部门名称和职能基本相同或相近；其余则根据各国国情有所不同。比如美国设置了退伍军人事务部，韩国设有统一部，澳大利亚则设置了气候变化部。

同时，我们看到，在中央政府部门设置上，各国较充分地实行了大部门体制。比如，上述国家绝大多数都普遍设置了大农业部、大交通部和大环境部，分别综合负责农、林、牧、渔业，陆、海、空交通运输和环境保护政策等相关的政府事务。

2．主要经济转型国家与发展中大国的情况

在这些国家中，中央政府核心机构的设置数量情况不一，但总体而言相对较多。其中，核心机构设置最少的是阿根廷，只有11个，俄罗斯为15个；其他几个国家都在20个以上，印度最多，超过40个；平均约为27个（参见表2）。同时，由于机构数量多，具体机构设置的差异也比较大。

从经济转型国家的改革实践看，俄罗斯和越南在中央政府机构改革中，比较注意推动“大部门体制”的实施。这两个国家过去的体制和中国相近，职能重叠和交叉设置部门的问题也很突出。俄罗斯在2004年进行了力度较大的行政体制改革，重组了中央政府，部门数量由31个调整为17个，现为15个，代表性的大部门有卫生与社会发展部、交通部等，前者统筹负责卫生、社会保障、劳动就业以及消费者权益保护等多项职能，后者负责陆、海、空交通运输、测绘等。越南自20世纪90年代以来，经过几次调整，在划定职权、重组行政机构职能的同时，中央政府部委从近30个减少到目前的22个，并

且提出要创造更加合理并适应经济体制转型的新型行政机制。阿根廷中央政府的大部门设置也相对比较充分。其他国家则部门较多，大部门体制的实行还未展开。

表 2　主要经济转型与发展中国家中央政府核心机构设置情况

国别	核心机构数量
印度	41
印度尼西亚	36
俄罗斯	15
巴西	23
阿根廷	11
埃及	31
南非	37
越南	22
平均数	27

根据各国政府网站资料（截至 2007 年底）统计。

从表 1 看，OECD 国家，特别是主要发达国家的中央政府核心机构数量不多，相对精干，究其原因，很大程度上明显得益于实行大部门体制。

英国的改革始于20世纪60年代，表现为组建"超级部（giant department）"，也即将多种有联系的事务交由一个大部管理。1964 年原国防部、海军部、陆军部和空军部合并为国防部。1968 年外交部和联邦事务部合并为外交与联邦事务部，社会安全部和卫生部重组为卫生与社会安全部。1970年，住房和地方政府部、公共建筑与工程部、运输部合并为环境事务部，贸易部和技术部合并为贸易与工业部，海外发展部并入外交与联邦事务部。这样，经过不断调整，到布朗内阁时，核心机构共设置 19 个。代表性的"超级部"主要有文化、信息与体育部、商务、企业与规制改革部、环境、食品与农村事务部等。其中的商务、企业与规制改革部整合了过去的贸易与工业部的全部职能和内阁办公室的部分职能，全面负责企业与商务关系、地区发展、市场公平、能源政策以及经济规制管理与改革事务。

在法国，中央政府各部的设置没有具体的法律规定，一般由总统总理在组织政府时根据需要确定。19 世纪下半叶，法国中央政府只有 5、6 个部，而在第五共和国时期，最多时约有 30 个部，其后通过几轮大部门体制改革，到萨科齐政府时，中央政府已经调整为 15 个部，其中的经济、财政与就业部和环境、发展与海洋部等是典型的超级部，特别是后者还综合负责资源与国土政策、能源与气候政策、可持续发展政策、灾害防止政策、基础设施建设与交通政策等一系列政策的实施。

日本中央政府从2001年正式实施以大部门体制改革为重点的行政改革，其主要目标是克服"部门主义"，核心内容是重组原有的22个省厅。重组原则是：（1）依政策课题、施政目标与任务，重新按相同或相近职能组合部门，并重视部门的统合性与整体性；（2）利益相反与性质不同（如经济发展与环境保护）的业务要尽量放在不同部门；（3）部门之间在规模大小和权限方面要尽量保持均衡。据此，核心机构大幅调整削减为 12 个省厅。在重组中，将职能重复或互补性强的 11 个省厅统合为 4 个省，即原邮政省、自治省、总务厅合并为总务省；文部省、科学技术厅合并为文部科学省；厚生省、劳动省合并为厚生劳动省；运输省、建设省、北海道开发厅、国土厅等合并为国土交通省；环境厅升格为环境省。其他七个省厅则根据任务需要，重新调整职能和负责的业务。与上述省厅部门重组相配合，同时还加强和完善了中央省厅间的协调机制，建立了三个层次的中央省厅间协调机制：一是在总理的直接领导下，由内阁官房（相当于中国国务院办公厅）主导的部门协调，为最高协调机制；二是由总理就特定政策问题任命的“特命内阁大臣”主导召开相关阁僚联合会议协调省厅间的问题；三是省厅部门间的直接协调机制，一般由该政策的主要负责部门拥有协调权，其他部门参与、配合。在规划和实施上述大部门体制改革过程中，日本政府专门成立了首相直接领导的“行政改革会议”，吸收专家和社会相关人士参与，充分研讨，独立形成改革建议，政府对建议给予最大限度的尊重。同时，在部署改革过程中，坚持立法先行，到2001年改革正式实施，共提交立法机关审议通过了数十部相关法律，保证了改革的规范性和严肃性。在2001年中央政府改革的基础上，近年来，日本的地方政府也积极推行大部门体制改革，从东京、京都等大城市到冈谷市等中小城市，都力图在行政改革中推动大部门体制的实施。

总之，大部门体制的核心问题是职能整合，改革的目标是通过机构重组限制部门主义。我们在这个总的认识前提下，可以得出如下几点启示：

第一，从大部门体制实施比较充分的国家来看，中央政府核心机构的理想设置数量似乎应该控制在20个以下，但从主要发展中大国的情况看，目前内阁机构设置多在20个以上。就此而言，目前我国国务院组成部门有28个，同一些发展中大国相比似乎并不显多。不过，考虑到国务院下属还有1个直属特设机构，14个直属机构，5个办事机构，18个部委管理的国家局和多个事业单位的存在，以及施政过程中突出存在的“政出多门”等问题，进行大部门体制的改革和探索显然是必要的。从长远目标来说，在较充分实施大部门体制的基础上，将国务院组成部门的数量逐步调整到20个左右，应当是比较理想的。

第二，组建大部门也有一定的限度。首先，任务和利益取向相冲突的政府职能是不宜放在一起，由一个部门负责施行的。其次，在组建大部门时，也要考虑部门之间力量和规模的平衡，大部门也不宜规模太大，以致成为超越同一系列的其他部门之上的“部上之部”，那样，反而会造成变相增加行政层级等新的行政管理问题。

第三，从英、法、日等国的大部门体制改革的经验看，作为重大的行政管理改革措施的出台，需要从国情和现实出发，逐步展开，不可操之过急。同时，借鉴日本的经验，大部门体制改革，应坚持依法展开，通过立法机关的审议，以法律的形式对行政改革作出明确和具体的规范，这有助于保障改革实施过程的严肃性。

三、关于实行大部门体制改革的若干建议

在完整、准确地理解大部门体制改革的含义及其定位和综合比较国外经验基础上，就我国探索实行大部门体制的问题，我们提出以下初步的建议：

第一，在中央政府层次，在充分总结以商务部为代表的既有大部门单位的实际运营管理经验的基础上，进一步积极探索推进大部门体制改革，要把改革重点放在促进政府经济职能转变（从微观到宏观管理）和加强社会管理与公共服务的领域。例如，可以考虑在运输（整合现有的交通部、铁道部、民航总局等部门）、能源、环境保护、农林水利等领域组建几个大部。

第二，在推进中央层级的大部门体制改革的基础上，积极鼓励省级以下的大部门体制改革。大部门体制改革的探索和推行，确实需要中央统一部署和率先垂范，同时，也应鼓励各级地方政府积极探索和创新。特别需要注意的是，在今后地方大部门体制改革探索中，要立足于从纵向政府间关系的优化调整的战略角度，

切实采取措施逐步突破纵向政府间“职责同构”、“上下一般粗”的机构和权责配置格局，为构建更为合理的新型纵向政府间关系创造条件。

第三，在各级政府组成部门重组的基础上，努力构建部门内合理的职责体系与机构职位配置，优化内部行政层级，减少领导职务特别是副职的过多设置，适当增补专业职员。在各级政府部门和部门内机构的副职设置上，建议积极推动从“分管型副职”模式向“辅助型副职”模式过渡，可以考虑借鉴已实施的“一正两副”党委领导职位设置模式，努力减少内设机构副职数量。例如，就中央政府而言，在国务院的组成部门中有效建立大部门体制后，可以考虑适当减少副总理、国务委员的设置并切实减少各部门中分管型副职数。根据初步统计，截至2007年末，在国务院各部门中，副职设置依然很不规范，并有过多之嫌，在28个部委中有17个部委、11个直属机构中有7个机构的副职都在5人以上，最多的达9人。

第四，修改各级政府组织法，在法治原则下促进政府职责和组织机构的合理配置。通过完善政府组织立法，来确保政府部门机构和职位编制的设置，避免随意增减机构和职位；同时，也要通过法治来强化政府部门和官员的问责机制。例如，现行国务院组织法明确规定，国务院组成部委的副职设置为2—4人，国务院直属机构和办事机构副职设置不超过4人，而前述的国务院系统的实际副职设置，事实上很多已构成“法外设职”。这种现象在“依法行政”原则下必须予以纠正。

（选自《天津社会科学》2008年第3期）

干部人事制度改革三十年

梁妍慧

改革开放三十年来，干部人事制度改革取得了哪些进展和成就，今后发展的方向及攻坚部位是什么？这些都需要我们总结和研究。

一、单项突破阶段

从1978年党的十一届三中全会确立了正确的思想路线、政治路线和组织路线以来，到2000年6月《深化干部人事制度改革纲要》颁布前，这一段可以称作干部人事制度改革的单项突破阶段。所谓单项突破，主要是指在干部人事工作的某项制度、某个体制、某个领域方面取得了突破性的进展和较大的成就。主要有：

十二大前后，围绕提出和贯彻干部队伍建设"四化"方针，党中央于1982年首次建立了干部退休制度，废除了实际存在的领导职务终身制，吹响了新时期干部人事制度改革的号角。

十三大前后，重点改革干部管理体制。从纵向和横向两个方面展开干部分级分类管理。纵向方面，本着管少、管好、管活的原则，实行下管一级的干部管理体制。1984年，中央决定干部管理体制，由过去的下管两级改为下管一级。这一改革，扩大了下级党委的干部管理权限和企业、事业单位干部人事自主权，在一定程度上改变了统得过死、权力过分集中的状况，调动了多方面的积极性。横向方面，针对以往用党政干部的单一模式管理所有人员的状况，提出建立科学的干部分类管理体制。以建立公务员制度为重点，推进企业领导人、专业技术人员从"国家干部"中分离出来，将所有干部划分为机关、事业、企业三大类。干部分类管理格局初步形成。

十五大前后，提出了改革的重点对象和重点内容。党的十四届四中全会决定，要求加快党政领导干部选拔任用制度的改革，改革的方向是扩大民主，完善考核，推进交流，加强监督。从十三大前后的一般干部分类，到党政领导干部，特别是党政领导干部的选拔任用制度改革，重点对象和内容突出了。据此，党中央于1995年颁布了《党政领导干部选拔任用工作暂行条例》，这是第一部规范党政领导干部选任工作的党内法规。以后，中组部总结各地的创新做法，下发了领导干部竞争上岗、公开选拔、考核、交流等方面的意见、通知、暂行规定。这些规定尽管还未上升到党内法规，不叫条例，尽管不是以党中央名义下发的，但在指导和推进党政领导干部选任制度改革方面，起到了较大的促进作用。

二、整体推进阶段

以2000年6月中央办公厅印发的《深化干

部人事制度改革纲要》为标志，此时，改革由单项突破进入到整体推进阶段。所谓整体推进，主要是指在“三支队伍”的改革上，有了一个较为全面的规划和设想，并努力按照这个规划，从系统方面推进。主要有：

2000年6月，经中央批准，中办印发了《深化干部人事制度改革纲要》。《纲要》总结了22年单项突破的经验，从整体上提出了十年内（2001—2010）干部人事制度改革的基本目标、指导方针和主要措施，规划了党政干部、企业领导人、事业单位领导人“三支队伍”干部人事制度改革的重点及方向。这是第一部干部人事制度改革的十年规划。迄今为止，党建领域也只有干部人事制度改革的纲要和反腐倡廉体系实施纲要等两部规划。

十六大明确提出了今后改革的重点与目标。重点是建立健全选拔任用和管理监督机制；目标是科学化、民主化、制度化。这一思路，将改革的内容由“选拔任用”扩展为“选拔任用和管理监督”，把它们作为一个整体来推进。这就使得改革的重点不仅突出，而且有了扩展和延伸。将改革的方向明确概括为“以科学化、民主化、制度化为目标”，这就使得改革的重点内容更加系统，目标更加清晰。

在制度上，规范了党政领导干部选任工作，出台了一系列具体法规。2002年，中央总结了《党政领导干部选拔任用工作暂行条例》实行七年的经验，修订颁布了《党政领导干部选拔任用工作条例》。《条例》对党政领导干部选任的基本原则、程序、方法等作出了更加规范和严密的规定，形成了干部选任的基本规章。围绕这一《条例》，中办又下发了2004年“5+1”个法规文件，2005—2006年5个法规文件。这一系列具体制度的出台，抓住了党政领导干部选任与管理监督工作中的重点、难点问题，使其改革由局部改革、单项突破向综合配套、整体推进迈进。

在实践中，扩大民主的改革措施普遍推行。民主推荐成为干部选任的必经程序和基础环节，民主测评进一步规范和完善，任前公示和考察预告制度全面推行，公开选拔、竞争上岗广泛实施，全委会票决制开始推开。

国有企业、事业单位人事制度改革迈出一定步伐。中央管理的国有重要骨干企业采取公开招聘的方式，向海内外选拔高级经营管理人员，各地普遍推行以效益为中心的业绩考核评价制度。事业单位普遍实行了聘用制度。

综上所述，三十年来，干部人事制度改革经历了从单项突破到整体推进的艰难历程。其中，党政领导干部（主要是委任制的）选拔任用方式上有了一系列的突破和规范（不包括监督方面的），而党政主要领导干部（选任制的）的选拔任用方式进展不大。国企和事业单位人事制度改革与党政领导干部改革相比，还比较薄弱，重点难点突破不够。

三、整体推进到重点突破

改革开放以来，干部人事制度改革取得了突破性的进展和巨大的成就。正如前面所述，30年改革的成果主要体现在委任制领导干部的选拔上，而选举制方面未发生明显变化。

从现行党政主要领导干部（选举类）选拔任用存在的问题看，主要有：一是决定的“主体”还掌握在少数人甚至个别人手中，少数人说了算的机制还未发生明显变化。二是党政主要领导干部的选任方式基本上是变相的任命制。这两个问题可以说是党政主要领导干部选拔任用制度改革的深层次问题、“瓶颈”问题。这些问题的解决，便是改革的“核心与攻坚”部位。由此，要求干部人事制度改革的思路、步骤必须由整体推进进入到重点突破。

所谓重点突破，主要是指在党政主要领导干部的选任上，有一个较大的推动和进展。为此需要：

深化干部人事制度改革的思路。十六大确立了“以建立健全选拔任用和管理监督机制为重点”的改革内容，这一重点内容，在原有选拔任用基础上，增加了管理监督，具有了系统性。但这一重点，仅仅是突出了改革的重点内容，未突出改革的重点对象。因此，实践中本着先易后难的原则，对委任制党政领导干部的选任方式进行了较多的探索，出台了一系列法规。而对选任制党政主要领导干部选任方式的改革，基本上是处于基层小范围的试点之中。然而，选任制干部却是党政领导干部的中坚，是人民直接授权的主体，其选任方式理应成为干部人事制度改革的重点对象。但在实践中，它又是一个难点问题。对此，深化干部人事制度改革的思路，就是要由重点内容日趋明确、日趋完整，向重点对象日趋明朗转化。

深化干部人事制度改革的目标。十六大明确了改革是“以科学化、民主化、制度化为目标”。这一总目标在近期预计达到的具体要求是什么？也就是在这“三化”方面，近期重点做什么？如果没有阶段性目标，总目标的实现就是一句空话。科学化，总的来说是探索各类干部选任管理监督的特点与规律。目前应加大干部的分类工作。不仅要把干部分为“三支队伍”，而且还必须对党政领导干部进一步分类，区别选任制与委任制领导干部，探索各自选任的主体、标准及方式。民主化，总的说是扩大党员和群众对干部选用的知情权、参与权、选择权和监督权。当前应重点扩大党员和群众对干部的提名权、考察权和测评权等，使党员和群众在干部选用的关键部位和关键环节上发挥“主体”作用。制度化，应是加快上述重点对象、关键部位改革的条例的出台。

深化干部人事制度改革的步骤。针对改革的重点对象、具体目标，可从上下两方面开展。一是扩大决定的“主体”。将主要领导干部的决定“主体”，由以往的少数人——常委会扩大为全委会。现行常委会集决策权、执行权、监督权于一身，把重要干部的决定权由常委会交与全委会票决制，这意味着重大事务的决策权将逐步由常委会向全委会转移。二是改革党政主要领导干部的选举制度。从基层开始，全面推行“公推直选”、“两推一选”等做法。具体讲，改进候选人提名制度。由以往的党组织提名为主，改为由党员和群众公开推荐与上级党组织推荐相结合的办法。最后实行差额选举。

上述改革的重点对象、具体目标及实施步骤，就是干部人事制度改革的“核心与攻坚”部位。当然，这一“核心与攻坚”部位的改革，也不是孤立的。它与党内权力结构的设置、权限、运行等密切相连，与社会民主建设密切相连，需要党内外各项改革统筹进行。

（作者：中共中央党校党的建设教研部教授）

（选自《学习时报》2008年6月23日）

深化干部人事制度改革
健全中国特色公务员制度体系

尹蔚民

中国特色公务员制度作为中国特色社会主义制度的重要组成部分，是随着我国经济体制改革和政治体制改革不断深入逐步建立起来的，是改革开放进程中干部人事制度的重大改革。它顺应了时代发展的潮流，符合人民群众的愿望。自改革开放以来，公务员制度建设、队伍建设的各项工作在整体推进中重点突破，与时代发展同进步，与党和国家事业齐发展，同时也为我国全面改革的不断深入提供了制度保证和组织保证。

一、中国特色公务员制度在改革开放中建立发展完善

干部人事制度是国家政治制度的重要组成部分，是实现国家经济社会发展目标的重要条件。改革开放以来，随着我国经济体制改革的推进，迫切要求在干部选拔上增加透明度、开放度和群众的参与程度，要求在更大范围内创造一个有利于人才脱颖而出的局面，干部人事制度改革很快提上党和国家重要议事日程。1980年8月，邓小平同志指出：坚决解放思想，克服重重障碍，打破老框框，勇于改革不合时宜的组织制度、人事制度。关键是要健全干部的选举、招考、任免、考核、弹劾、轮换制度。并强调，随着建设事业的发展，还要制定各个行业提升干部和使用人才的新要求、新方法。将来很多职务、职称，只要考试合格，就应当录用或者授予。这一系列重要指示，为干部人事制度改革指明了方向，为建立和推行公务员制度奠定了重要的理论基础。1987年党的十三大正式提出，干部人事制度改革的重点是建立国家公务员制度。从党的十四大到十七大，从七届全国人大到十一届全国人大，都对推行、完善公务员制度、加强公务员队伍建设，提出了明确的任务和要求，这既表达了党和国家的意志，也反映了实际工作蓬勃发展的进程。

——中国特色的公务员制度基本建立。经过10多年的研究、论证和试点，1993年8月14日，国务院颁布《国家公务员暂行条例》，标志着公务员制度在我国正式建立。按照中央和国务院的部署，各级组织人事部门坚持“整体推进，突出重点，分步到位”的思路，又经过十多年的艰苦努力，公务员制度在全国各级党政机关全面入轨运行。2005年4月，第十届全国人大常委会第十五次会议审议通过了公务员法，这是我国50多年来干部人事管理第一部总章程性质的法律，在干部人事工作历史上具有里程碑意义。其后，公务员考核、考试录用、奖励、处分、调任、职务与级别、非领导职务设置、职务任免与升降、培训、申诉等配套法规相继出台。这些法律法规，进一步健全了我国公务员管理的制度体系，为科学、民主、依法管理公务员队伍提供了重要依据。各地区、各部门根据实际，也制定了一些实施办法和细则，公务员管理实现了有章可循，有法可依，公务员管理工作实现了由适应计划经济的管理体制到适应社会主义市场经济体制的历史性跨越。

——充满生机和活力的公务员管理机制有效运行。实践中，始终围绕促使优秀人才脱颖而出、克服选人用人的不正之风等重点问题，在完善管理机制方面进行了许多创新。公开平等竞争择优的用人机制普遍建立。在“进口”处，坚持“凡进必考”，到2007年底全国共考试录用公务员近110万人，为各级党政机关选拔了一大批年纪轻、学历高、素质好的优秀人才；在职务晋升上，破除“论资排辈”，实行竞争上岗，一大批优秀公务员脱颖而出。激励保障机制普遍推行。实行考核制度，对公务员的“德、能、勤、绩、廉”进行评价，改变了干多干少一个样，干好干坏一个样的现象；奖励制度的完善，激励公务员爱岗敬业、争创一流；申诉控告等制度的实行，有效维护了公务员的合法权益。新陈代谢机制基本形成。退休、辞职、辞退、交流等制度的建立，有效破解了“能进不能出”的难题，机关逐步告别了“铁饭碗”、“铁交椅”，实现了公务员的正常交替更新，增强了队伍的生机与活力。监督制约机制发挥有效作用。行为规范、纪律、处分、轮岗、回避等制度的实行，强化了对公务员的监督约束，规范了公务员的履职行为，促进了机关廉政建设。这些机制的建立和有效运行，为公务员队伍建设提供了广阔的空间和持久的动力。

——一支政治坚定、业务精湛、作风过硬、人民满意的公务员队伍正在形成。作为治国理政主体的公务员队伍，其素质和能力决定着党的执政能力和国家的管理水平。在公务员制度建立、推行中，始终把公务员队伍的思想政治建设、作风建设和能力建设作为重点。坚持理论武装，组织广大公务员认真学习马列主义、毛泽东思想、邓小平理论、“三个代表”重要思想，深入学习实践科学发展观，进一步坚定公务员的理想信念，强化公务员的宗旨意识、责任意识、廉洁意识，增强了贯彻党的路线、方针、政策的自觉性。坚持大规模培训和实践锻炼，优化了公务员队伍结构，提高了队伍素质。从学历上看，大专以上人员占总数的比例由1992年的30%，上升到2007年的86%；从知识结构上看，公务员的公共管理、公共政策、市场经济、现代科技、法律以及计算机等知识得到了补充；从能力结构上看，公务员的依法行政、公共服务、调查研究、沟通协调、应对突发事件、学习创新等能力有了很大提升。坚持培育弘扬公务员精神，深入开展做“人民满意的公务员”和行为规范教育实践活动，公务员作风建设得到加强，为人民办实事、办好事的热潮兴起，在促进经济发展、社会进步、文化繁荣、人民生活改善等方面发挥了重要作用，1996年以来共评选出全国“人民满意的公务员”130名，“人民满意的公务员集体”72个，人民群众看到了党政机关和公务员的新形象。

——充分发挥了干部人事制度改革的示范和导向作用。公务员制度的建立与推行，是改革与计划经济体制相适应的政企、政事不分的大一统人事管理体制的突破口，奠定了干部分类管理的新格局，推动了分类管理的进程。公务员制度确立的管理机制、管理规则，为整个干部人事制度改革提供了经验，起到了示范作用，促进了干部人事制度改革的深化。考试录用、竞争上岗、公开选拔等制度的大力推行，改

变了不适应市场经济的用人模式，公开、公平、公正的选人用人观念日益深入人心，在全社会起到了良好的导向示范作用，为民主政治建设注入了生机，给社会生活带来了广泛而深刻的影响。

二、公务员制度的探索实践，积累了四个方面的宝贵经验

公务员制度的探索实践，实际上是一个不断落实邓小平同志的干部人事制度改革思想的过程，是不断探索将科学的人事管理理论与中国实际相结合的过程，也是采取领导与群众相结合，集思广益、集中各方面智慧的过程。实践深刻表明，我国的公务员制度是适应社会主义市场经济需要、符合社会主义民主政治发展方向，既体现优良传统又具有时代特征的好制度。各地区、各部门在建立和推行制度工作中积累了丰富的经验，摸索出了一些带有规律性的东西，概括起来主要有以下几个方面：

第一，必须始终坚持以中国特色社会主义理论为指导，保持正确的政治方向。公务员队伍是党的干部队伍的一支重要力量。在建立和推行公务员制度过程中，我们始终高举中国特色社会主义伟大旗帜，坚持用中国特色社会主义理论指导公务员管理工作，全面贯彻落实党的路线方针政策。公务员录用、晋升，体现公开、平等、竞争、择优的原则，体现“革命化、年轻化、知识化、专业化”的方针；考核体现群众公认、注重实绩；奖励弘扬正气、引领时代风尚；处分体现严格要求、严格管理、严格监督，惩前毖后、治病救人；培训把思想政治素质教育放在首位。实践充分证明，只有坚持以中国特色社会主义理论为指导，认真贯彻落实党的干部路线方针和政策，自觉服从服务于国家经济社会发展大局，才能确保公务员管理的正确方向。

第二，必须始终坚持从中国国情出发，同时借鉴国外有益经验。公务员制度的建立和推行，始终立足于社会主义初级阶段这个实际，立足于巩固和加强党的领导，坚持四项基本原则，坚持党的干部路线、方针和政策。同时，根据建立社会主义市场经济的客观要求，吸收和借鉴国外有益经验，遵循公务员管理的一般规律，引进竞争机制，合理有效地配置人才，继承和发扬我国的优良传统。使党管干部的原则，德才兼备、任人唯贤、群众公认的任用原则与公开、平等、竞争、择优，依法办事有机结合，从而使公务员制度植根于中国的政治文化之中，具有蓬勃的生机与活力。

第三，必须始终坚持为人民服务宗旨，使制度建设取得实效。公务员制度的推行始终抓住全心全意为人民谋利益这一出发点和根本点。针对人民群众关心的热点和改革的难点问题，重点抓好考试录用、辞职辞退、竞争上岗、轮岗、开展做人民满意的公务员活动，强化公务员队伍的思想政治建设和职业道德建设，激发公务员队伍的活力、效率和积极性。这充分反映了人民的心愿和呼声，得到了人民的拥护，而广大群众的广泛关注和热情参与，又支持了推行工作的顺利进行。

第四，必须始终坚持解放思想、实事求是、与时俱进。一项制度是否有生命力，关键是看能否适应新形势、解决新问题。实践中，我们不断把思想认识从那些不符合时代要求的观念、做法和体制的束缚中解放出来，把解放思想与实事求是结合起来，不断研究新情况新问题，努力使公务员管理工作体现时代性、把握规律性、增强主动性、富于创造性。始终把建立起能上能下、能进能出、有效激励、严格监督、竞争择优、充满活力的用人机制作为重点，认真总结基层创造的新鲜经验，积极探索竞争上岗、任职试用期、任前公示、聘用制、人民群众评议公务员工作等制度。实践充分证明，公务员管

理领域取得的每项重大成就，都是坚持解放思想、实事求是、与时俱进的结果。在新的历史时期，只有不断解放思想，坚持实事求是，切实解决不适应不符合科学发展观要求的突出矛盾和问题，才能不断开创工作新局面。

三、深入贯彻落实科学发展观，勇于改革创新，实现公务员制度科学发展

学习实践科学发展观，要求我们自觉以科学发展观审视过去，总结经验得失；以科学发展观分析现实，查找突出问题；以科学发展观规划未来，完善体制机制。把科学发展观的要求转化为谋划发展的正确思路、促进发展的政策措施、领导发展的实际能力。在新的形势下，党中央、国务院对深化干部人事制度改革，加强公务员制度和公务员队伍建设提出了一系列新的任务和更高的要求。适应新形势，立足新实践，我们必须把完善公务员制度放在当今世界深刻变化和当代中国深刻变革的大环境中来审视，放在党的十七大确定的奋斗目标大背景下来思考，放在更好实施人才强国战略、深化干部人事制度改革、加强机关自身建设和公务员队伍建设的总要求中来把握、来推进。要以邓小平理论和“三个代表”重要思想为指导，深入贯彻落实科学发展观，在公务员法这个新的制度平台上继续探索、勇于改革创新，健全充满生机与活力的科学化、民主化、法制化的中国特色公务员制度。

第一，继续加大制度建设力度。制度问题更带有根本性、全局性、稳定性和长期性。加快公务员法配套法规建设进程，建立科学规范的公务员法配套法规体系。对工作急需、已有基础的法规，抓紧修改完善，争取早日出台；对问题比较复杂，尚未形成统一认识的，抓紧研究论证。加快推进专业技术类、行政执法类和聘任制公务员试点，认真总结试点经验，重点解决职位范围、职责，任职资格条件，职务系列，与工资等待遇挂钩办法等。启动专业技术类、行政执法类和聘任制公务员三个管理办法的草拟工作。对公务员管理实践中的成熟经验，及时规范，形成制度。争取再用3年左右时间建立较为完备的公务员管理法规体系。

第二，严格执行制度，发挥制度的应有作用。“天下之事，不难于立法，而难于法之必行。”要把公务员法的实施作为长期任务来抓，坚持依法办事，确保法之必行。在实施公务员法的过程中，必须不折不扣地执行各项规定，做到有令必行、有禁必止。要加强对公务员法贯彻落实情况的监督，定期组织对公务员法实施情况的专项检查。要把是否违规进人，是否严格按标准、条件、程序和职数选配人员，是否严格执行工资福利保险制度等情况，作为监督检查的重点内容。充分发挥制度的导向鲜明、规范有力、监督有效的重要作用。

第三，进一步完善公务员管理机制，树立良好的用人导向。按照党的十七大“坚持民主、公开、竞争、择优，形成干部选拔任用科学机制”的要求，进一步健全竞争择优用人机制，提高选人用人的科学化水平。坚持凡进必考，完善党政机关从基层考录公务员的制度，形成来自工农一线的党政干部培养链。大力推进竞争上岗、公开选拔等制度，破除论资排辈、求全责备等观念，讲台阶而不抠台阶，论资历而不唯资历，为公务员发挥聪明才智提供更广阔的舞台。统筹解决选人用人的公平性和科学性问题，在保证公平性、实现用人公平正义的同时，把人选准选好，确保优秀人才脱颖而出。完善流动机制，定期对公务员进行交流，把基层党政机关的优秀人才选拔到上一级机关，形成鼓励引导有志青年到基层建功立业的导向，培养公务员多方面的工作能力，激发创造力。建立健全公务员正常退出机制，完善辞职辞退、职务任期、交流回避制度。完善体现科学发展观和正确政绩观要求的公务员考核评价体系。健全监督约束机制，坚持从严治政，对公务员要严格要求、严格管理、严格监督，树立公务员队伍良好形象，严肃查处公务员违反政治纪律、工作纪律、廉政纪律等各种违法违纪行为。

第四，勇于创新，增强公务员制度的活力。解决公务员管理面临的一系列重点、难点、热点问题，必须进一步强化改革创新的意识和精神，大胆探索、勇于实践。创新制度要处理好继承与发展的关系，创新是继承基础上的发展，对公务员管理实践证明正确的要坚持、要完善，对不正确的要摒弃、要改革。创新要牢牢把握全局，坚持在大局下思考、在大局下行动。公务员管理领域的创新，要以党中央的战略部署为依据，以人事制度改革的实践经验为基础，使公务员制度更加充满活力和旺盛生命力，不断体现时代性，把握规律性，增强主动性，富于创造性。

要在公务员法和有关配套法规的基本精神下，根据发展变化的新形势，探索新做法，总结新经验，完善制度内容，对一些需要重点研究的问题积极进行实践和理论探索，认真借鉴各国公务员制度改革的先进成果。要及时归纳总结推广各地各部门新的成熟做法和经验，对带有方向性，还不具备普遍推广条件的，要循序渐进地扩大试点，在试点中不断充实和完善。凡是有利于解决公务员制度实施中遇到的突出问题，有利于公务员队伍建设的措施和办法，就大胆地试，创造性地开展工作。

站在改革开放30周年的重要历史节点上，公务员管理工作者肩负着重要历史责任与使命。我们将以高度的政治责任感和历史使命感，更加自觉、更加主动地以科学发展观为指导，以改革创新的精神状态、思想作风和工作方法，求真务实、锐意进取，努力开创公务员制度建设新局面。

（作者：人力资源和社会保障部部长）

（选自《人民日报》2008年12月25日）

关于完善干部选拔任用制度的建议

刘　日

建设高素质的干部队伍，重要的是干部选拔任用问题。一套科学、民主、公正、实效的干部选拔任用机制，是造就德才兼备、清正廉洁干部队伍的关键所在。

当前，我国的干部选拔任用制度，建议遵循以下原则：德才兼备、不拘一格、能上能下、民主票决。

一、德才兼备——具体化

（一）政绩突出为标准

衡量干部的德和才，集中到一点，就是要看其在履行岗位职责中取得的政绩。只有把政绩作为选拔任用干部最根本的德才标准，才能使广大干部树立“以事业为重”的思想。同时，干部的政绩观要符合科学发展观，以防止片面追求政绩的现象，避免领导干部政绩中的短期行为和弄虚作假。

（二）群众公认是关键

要把对干部的考察和识别放在改革和建设的实践中，看其在关键时刻和重大问题上是否代表了最广大人民的根本利益。看群众拥护不拥护、满意不满意、赞成不赞成。把群众公认原则贯彻到干部选拔任用工作的每一个环节中去。

（三）赏罚严明成制度

建立健全干部选拔任用责任制。无论是选了拔尖人才，还是选了典型庸才或腐败分子，对推荐者、考察者、决策者都应予以赏罚，并使之制度化、法制化。

二、不拘一格——政策化

（一）人才不论长幼，都应十分爱惜

从人的成长规律看，人在年轻的时候精力旺盛、思维敏捷，为成功奠定了一定的基础。随着年龄的增长，人的阅历、经验和智力同样为成功提供了条件。医学研究证明，人的心智在50岁时还正年轻，仍在成长，脑力活动直到60岁才达到巅峰，从而为解决复杂疑难问题提供了智力上的保障。

因此，凡人才，不管年龄大小，都应视为珍宝。对年轻的人才苗子，要早发现、早培养，让其到基层和艰苦的地方去锻炼，对取得突出成绩的，要大胆提拔使用；对“成熟期”的人才，不但要重用，而且要破格重用，使其最大限度地释放才能。年龄不应是选拔任用干部的主要标准。

（二）不拘学历

干部“知识化”，有利于提高干部队伍的整体素质和党的执政能力，但“知识化”不等于“文凭化”。文凭不等于水平，学历也不等于能力。如毛泽东、朱德、刘少奇、陈云、彭德怀、爱迪生、高尔基、鲁迅、华罗庚、比尔·盖茨等，他们并没有多高的学历，却成了某方面的杰出专家。古今中外此类人物不胜枚举。爱因斯坦说："智慧并不产生于学历，而是来自对于知识的终生不懈地追求。"因此，学历不应是选拔任用干部的主要标准。

我们应努力破除受计划经济体制影响所形成的那些或明或暗的标准和框框，牢固树立不拘一格选人才的观念，做到不拘年龄、不拘学历、不拘专业、不拘民族、不拘性别、不拘出身、不拘贫富，为德才兼备的人才脱颖而出营造良好环境。

三、能上能下——机制化

（一）完善考核体系，为干部"能上能下"提供依据

干部考核是干部管理工作的重要环节，是保证干部"能上能下"的重要手段。针对当前考核工作普遍存在着重视程度不够、标准把握不严、方法陈旧、流于形式等问题，必须建立健全科学的干部考核制度，使考核工作更加规范化、制度化。

1. 制定科学具体的考核标准。适应不同职务特点以及职责要求，制定以工作实绩为核心，包括德、能、勤、绩、廉各方面的科学具体的考核标准，做到考核标准明确规范、考核方法科学有效。既看经济建设情况又看社会发展情况，既看经济增长数量又看经济发展质量，既看客观条件又看主观努力，既看显绩又看隐绩。总之，干部的政绩必须符合科学发展观。

2. 坚持走群众路线。孟子关于识人、用人，有一段经典的话："左右皆曰贤，未可也；诸大夫皆曰贤，未可也；国人皆曰贤，然后察之；见贤焉，然后用之。"意思是要从多数人中考察了解一个人。考核干部要广泛、深入地听取各方面的意见，尤其要认真听取普通群众的意见、服务对象的意见。努力做到客观公正，防止考核结果失真。

（二）深化干部人事制度改革，建立科学的"能下"机制

1. 落实领导干部任职前公示制度。公示不合格者"下"。

2. 落实领导干部试用期制度。试用不合格者"下"。

3. 落实领导干部任期制。任期满者"下"（或"升"、"调"）。

4. 落实领导干部引咎辞职、责令辞职制度。

（三）营造"下"也是贡献的氛围，为干部"能下"创造宽松环境

教育干部克服"上荣下辱"的旧观念，认识职务的上与下是干部队伍新陈代谢、自我完善的需要，应保持正常的心态。主动让贤是高尚行为，是对国家和人民的一种贡献。

对于被调整下来的干部，党组织和其所在单位要从有利于干部健康成长、有利于推进干部"能上能下"工作的大局出发，做好对他们的跟踪管理和思想疏导工作，从而为干部"能下"创造一个宽松的环境，使"下者心服、上者民服"。

四、民主票决——程序化

（一）"上"，民主选举

对于选拔任用领导干部来说，民主选举是最重要的一件事情。共产党人代表最广大人民的根本利益，但不应代替最广大人民选择他们自己的领导人。少数领导干部在少数人中选人的弊端，给投机者跑官、买官提供了极大的方便。因为他们只需把几个甚至一个领导干部"搞定"，就能达到升官的目的。解决此类问题的办法，就是广泛发扬民主，实行民主选举。

民主选举必须在党的领导和监督下进行。只要党组织坚强有力，就应该尽量扩大民主。要建立健全真正的民主选举制度。首先在广大基层单位，比如县乡，对主要领导干部实行直接

的民主选举。只有让广大群众和领导干部共同说了算，而不是仅有少数领导干部说了算，才能有效地避免干部用人标准的异化，才能真正坚持德才兼备的用人标准。

（二）“下”，民主票决

广大的人民群众既能把德才兼备的干部“选上去”，也能把实践证明不胜任的、犯错误的和腐败了的干部“选下来”。

1．民主测评不称职者“下”。半年或一年对主要领导干部进行一次民主测评。凡在民主测评中不称职票超过参评人数30%或基本称职及以下档次票数超过50%的，都要进行诫勉谈话，限期改正。对限期内改正效果不明显的，并经上级组织部门考察认定为不称职的干部，报党委研究免职或降职。

2．重大失职、失误者“下”。在两次民主测评之间，对出现重大失职、失误，继续工作下去会造成更大损失的主要领导干部，根据干部群众的票决意见和有关法律政策的规定，上级组织部门应及时提出让其“下”的意见及处理意见，报党委研究决定。

3．民主弹劾。对于用不正当手段上去的，或因有恶行群众十分不满意的主要领导干部，可以启用弹劾程序，按照相关规定对其进行民主弹劾。

（三）关于拉选票、贿选的问题

民主选举是一项文明的政治制度。但在目前的选举中，确有拉选票、贿选问题的发生。我认为，第一，坚持民主选举制度不动摇；第二，出现什么问题解决什么问题，不能因噎废食。

总之，事业兴衰，关键在人；选人用人，事关重大。从完善、创新“德才兼备、不拘一格、能上能下、民主票决”的干部选拔任用制度上下工夫，着眼于制度实施的成效，我们就能科学、准确地把那些德才兼备、奋发有为、朝气蓬勃的优秀干部选拔出来，把完善干部选拔任用制度这篇大文章做好。

（作者：河北行政学院党委书记）

（选自《理论前沿》2008年第3期）

深化干部制度改革的几点思考

刘道兴

党的十七大提出了以改革创新精神搞好党的建设的总要求，针对党建工作和干部工作中存在的问题，鲜明地提出了深化干部人事制度改革的要求，明确了“民主、公开、竞争、择优”的改革方针。在十七大之后推进干部人事制度改革，就要按照这一要求，扩大干部工作中的民主，落实广大干部群众对干部工作的知情权、参与权、选择权、监督权，扩大公开竞争的范围，增强干部工作的透明度，让干部工作在阳光下进行。

一、关于公开选拔领导干部的问题

最近十几年，全国各地公开选拔干部工作普遍收到了较好效果，这证明公开选拔干部是深化干部制度改革行之有效的办法。但是，公选干部还没有形成稳定的制度和规范，存在什么时候搞公选，选多少人，什么岗位可以公开选拔，什么岗位不宜公开选拔，什么岗位在什么范围内公开选拔，怎样形成固定的制度和正确的导向，怎样形成准确的量化考评体系，怎样降低成本等问题。解决这些问题需要在公开选拔的制度化、规范化上下工夫。一些地方在公选时实行“三票制”，一些地方实行“两票制”；一些地方先笔试，一些地方先面试；一些地方先让群众选择，一些地方在系统内进行；一些地方在全省进行，一些地方面向全国甚至国外进行。总之，进行公选的随意性比较大。尤其是在时间上没有成熟和完善的具体规定，这次公选过后不知等多少年才会再来一次。现在到了认真总结并使公选制度化的时候了。比如，每个县、每个市、每个省都要明确规定，两年公选一批科级干部，三年公选一批处级干部，四年公选一批厅级干部，这样就会对干部形成正确的导向，也能促使公选制度不断完善。

二、关于推进干部能上能下和普遍实行干部任期制的问题

干部能上不能下，干部体制缺乏活力，仍然是目前干部工作的突出问题。一些地方为了让干部下，搞“一刀切”，结果科级干部五十二三岁就全下了，县处级干部五十四五岁就基本上不工作了。其实，对领导干部而言，这个年龄正是干事的最佳年龄。解决能上能下的根本出路是实行干部任期制，任职期限到了就离开领导岗位，不论哪一级干部，领导职务任命时都要明确任职时间，且准确到年月日。到期不能提拔、调动、改任他职的，退到什么样的位置，享受什么样的待遇等，都应有明确规定，形成干部任职到期即离开领导岗位的制度。从干部心理和社会心理上说，任职到期离开岗位，也

比较容易接受，这就可以为能者上、平者让、庸者下创造良好的环境。

三、关于完善公务员队伍中非领导职务序列管理制度的问题

在公务员队伍中设置非领导职务系列，本意是在政府管理部门形成管理公共事务的专家队伍，以利于政府和国家机关政策的稳定性、连续性。这个序列的干部不以提拔职务和担任领导职务为价值导向，而倾向于形成熟练掌握国家政策、善于处理政府事务的能力。然而，目前非领导职务已演变成为公务员晋升的一个台阶，成为向上一层次晋升的隐性阶梯。干部人人都走在不断追求提拔晋升的路子上，不利于国家政策的稳定性和连续性，不利于形成政府部门稳定的专家队伍。解决这个问题的出路应当是，领导干部在一定岗位上担任一届或两届领导职务后，除了少数干部被提拔担任上一级领导职务外，一般的干部应改任非领导职务，不再走提拔任职的道路。这个制度可以和干部任期制结合起来，成为实现干部能上能下的一条路子。

四、关于严格按《干部任用条例》规定的程序和条件选拔干部与破格提拔干部的关系问题

我国党政机构设置中行政层次较多，干部成长台阶太多。政治素质是特殊素质，领导才能是特殊才能，我们既要从普遍性角度强调严格按《干部任用条例》规定的程序和条件选拔干部，又必须为特别优秀的干部的破格提拔广开渠道，这样才能使那些在县乡和基层企事业单位工作过的优秀干部有可能进入高级别领导机关和领导岗位。从总体上看，最近几年我们对《干部任用条例》的程序和条件强调得多，而对于破格提拔干部，大胆地不拘一格地发现、培养、选用特别优秀的领导人才强调不够。作为一个大党、大国，对优秀领导人才必须打破常规破格选拔，这应形成一套制度。

五、关于限制主要领导干部个人说了算与完善领导干部举荐制度的问题

现在少数地方出现跑官要官、买官卖官现象，往往是主要领导干部独揽用人权，收受贿赂、封官许愿造成的。针对这种现象，近几年出台的一些文件主要强调选干部要集体决策，强调用干部要实行全委会票决制，强调限制主要领导干部个人说了算，这在一定程度上是正确的。但同时又要看到，作为一级党委或政府的主要负责人，有发现干部、推荐干部、提名干部的职责和任务，这是为党的事业负责的重要表现。在识人、用人问题上，不要过分相信投票的作用，不能简单地以票取人。在强调领导干部不要个人说了算的同时，还必须强调要用制度保证、支持领导干部准确识人、大胆荐人、破格用人。组织部门要完善干部提名制度，对领导干部举荐干部，尤其是举荐重要岗位上的干部要形成制度、形成机制。既要给主要领导举荐干部创造条件，提出任务、要求，又要为党委常委、人大领导、政府领导、政协领导举荐干部提出明确要求，并形成制度。要实行“阳光举荐”。要使发现、举荐、提名干部成为各级领导干部的责任和义务，使举荐干部制度成为干部工作中的一项重要制度，成为扩大干部工作中的民主，破格提拔、任用干部的重要途径，成为选拔干部办法的重要补充，成为《干部任用条例》今后充实完善的重要内容。

六、关于建立保护改革者、保护坚持原则干部、保护埋头苦干干部的机制问题

在目前的干部考核工作中，在类似“三讲”、“先进性教育”等活动中，看得票率、看优秀率，已成为评价干部的主要指标。这样做，虽然总体上能对干部在群众中的威信起到准确了解、客观评价的作用，但也存在很大弊端。在改革年代，在体制转型期，面对各种复杂的利益关

系，党和国家要求领导干部坚持原则不怕得罪人，要求领导干部勇于改革不回避矛盾，要求领导干部埋头苦干、不尚空谈、不拉关系，但坚持原则、埋头苦干的干部往往得票率不会很高，而没有明显缺点、也不干多少实事的迎合型干部，偏重搞好人际关系，反而会得高票。中组部部长李源潮同志提出了一个十分重要的问题，即改革者可能遍体鳞伤的问题。中国历史上就存在"吏制逆淘汰潜规则"，也就是官场淘汰清官的规律，越是清官越容易被淘汰出局或不受重用。我们共产党执政不应当再这样，党组织应建立保护机制，让改革者不受伤害，让坚持原则的干部不受冤枉，让老实肯干的干部不吃亏。事实上，得优秀票85%的干部未必就不如得优秀票95%的干部。因此，我们必须有一套分析、评价、发现好干部的办法和机制。只有这样，党的事业才有生机和活力，才能引导干部敢于开拓、敢于碰硬、敢于坚持原则、乐于埋头苦干。

七、关于引导干部准确定位，克服人人都可以无限提升的不切实际的欲望问题

干部都想上进是好事，这是一种动力，也是推进工作、提高素质的内在要求。但是干部个人的综合素质和能力是有差别的，有些人适宜在村里当党支部书记，有些人适宜在乡里当党委书记、乡长，有些人适宜在县处级位置上，有些人适宜担任非领导职务，有些人适宜当一把手带班子，有些人的性格脾气适宜当副手，有些人则适宜做业务工作。所以，党组织要引导干部认清自身的素质、潜力和定位，从而有取舍地制定自己的发展规划。史来贺在一个村里任党支部书记50多年，无论组织上安排他担任县委副书记、地委副书记、市人大副主任，还是全国人大常委等职务，他总是坚持在村里当党支部书记，始终不离开刘庄村。吴金印也是这样，无论组织上给多少荣誉、多高地位，他还是坚持在乡镇党委书记这个位子上干到退休。现在有些干部升迁欲望太强，却缺乏根据自身素质清醒定位的意识，而组织上引导干部爱岗敬业、忠于职守、精益求精，争做理政、管理行家的制度和机制还没有建立完善起来，结果是党组织信任、培养、使用了干部，却有不少干部在一个位置上干上三年五年以后就怨气冲天，感到组织对不起自己，埋怨组织不提拔自己，于是，有些人就开始跑官要官。因此，应建立合理的机制，加强引导，降低干部队伍中人人都希望尽快提拔、无限提拔的欲望。

八、关于扩大干部工作中的竞争，提高干部工作民主化程度的问题

竞争的过程，既是扩大民主、优胜劣汰、让优秀人才脱颖而出的过程，又是让干部得到群众了解、认可、接受的途径。竞争不仅仅是经济、科技、文化发展的动力之源，也是政治生活充满生机和活力的源泉。我们对党管干部原则的理解要深化，不一定只有组织部门或领导干部提名才是党管干部。党组织确定条件，制定规则，搭建平台，用竞争的办法选出党和国家事业需要的人才，尽管这些人才没有提前纳入组织部门的视野，只要竞争上岗以后有利于党和国家事业的发展，同样体现了党管干部的原则。在一些地方的党代会、人代会、政协会选举过程中，如果只让党组织推荐的候选人等额当选，选举过程往往没有生气。有些地方甚至要求党委内定的候选人必须百分之百当选，认为只有这样才叫成功，少几张票就认为控制力不强，党委意图实现得不理想。有些地方甚至在画票、投票方式上采取不妥当办法，让代表无法充分行使民主权利，这是缺乏现代民主意识的表现。按照十七大精神，今后必须改变这种观念，应当逐步扩大候选人数量，提高差额选举的比例，适度和恰当地组织候选人开展竞争演说，让代表们了解、认可。不要害怕出现竞争局面，要相信我们党、相信代表、相信参与竞选的干部，我们一定能够通过引导和规范，形成健康的公开、民主、竞争、择优的导向和局面，让党代会、人代会、政协会充满民主气息和勃勃生机，给党代会代表、人大代表、政协委员多一些选择的权利，用党内民主和选举民主引领社会民主。

九、关于建立完善各级党组织与所管理干部定期谈话制度的问题

一个干部在一个岗位上干几年，心里都会有许多话想给党组织说。一个班子形成或调整之后，到底运转情况如何，组织上也应当多侧面地了解、监控，不能选一个干部、配一个班子后就多年不管不问。党组织应建立起与干部定期谈话的制度和机制，让干部汇报汇报工作，谈谈体会、诉诉苦衷、说说想法，并征求干部对班子运转情况的看法。现在讲和谐思维，组织上一定要与干部面对面，通过与干部谈话了解第一手情况。这应形成规矩、形成制度，不能等有人告了、出问题了，或是班子运转不下去了，才进行诫勉谈话。定期与每个班子成员谈话，这对构建和谐社会、及时发现干部的思想问题和班子的问题作用很大。过去我们对干部，一般是不出事、不告状就不找来谈话，一谈话就是有事。今后应建立制度，形成长效机制，加强制度建设，下决心解决党组织不了解真实情况的问题，把问题解决在平时，力争保持长久和谐的局面。

十、关于干部工作为贯彻落实科学发展观提供保证的问题

要落实科学发展观，各级干部必须确立正确政绩观，而要引导各级干部树立正确政绩观，党组织必须首先用正确政绩观考核评价干部。考核评价干部政绩，这是改革开放以来改进干部工作的重要方面，是引导各级干部把主要精力投入到现代化建设上来的宝贵经验。但是，一些地方在选人时过分强调政绩，导致一些干部热衷于搞“政绩工程”，急功近利，做表面文章。要保证科学发展观贯彻落实，必须认真解决干部工作中的这些问题。20世纪90年代初，河南曾明确提出“看政绩用干部”，当时这样提对于彻底清除“文革”遗风，而主要依据干部个人能力、干成事业的政绩用干部，对于把干部精力凝聚到现代化建设上来作用很大。但现在看来，不能再简单地搞“看政绩用干部”。政绩是外在的，用干部必须看干部内在的德和才，必须德才兼备，应“通过政绩看德才，依据德才用干部”。笔者认为，正确的政绩观可概括为四句话：政绩属于党，政绩本无形，政绩民心上，政声人去后。现在对干部考核不准，导致干部“带病提拔”的原因，主要是考核时有许多人不对考核组讲实话、讲真话，这提醒我们考核干部的方法要改进，一定要拓宽考核的思路，到群众中去了解情况，听听民声。一个干部正在一个单位、一个地方任职，这时对其考核，受各种关系影响，其部属和同事谁敢说真话，谁敢说问题，谁敢说不足？等他走了，离开几年后到他工作过的地方去听听人们的评价，听听其留下的口碑，也许是考核干部的有效办法。

（作者：河南省社会科学院副院长、研究员）

（选自《领导科学》2008年第11期）

干部制度改革30年的成功实践及主要经验

张亚勇

一、干部制度改革30年的成功实践

我们党的干部制度形成于革命战争年代，丰富和发展于社会主义革命和建设时期，在建设中国特色社会主义的伟大实践中不断改革与创新。十一届三中全会以来，我们党对形成于计划经济时代的干部制度进行了大胆改革，与社会主义市场经济相适应的干部制度正在逐步形成，并不断完善。30年来的改革历程，从改革的内容、进程分析，大体可分为以下四个阶段：

(一) 改革启动阶段：以废除领导职务终身制和实现干部队伍"四化"为核心内容

这一阶段的时间大致从党的十一届三中全会到十二大前后。党的十一届三中全会果断地放弃了"以阶级斗争为纲"这个错误方针，明确地作出把党的工作重点转移到社会主义现代化建设上来的战略决策。党的工作重点的转移，迫切需要改变现有的干部队伍不能适应新形势发展需要的现状，迫切需要解决实际上存在的干部领导职务终身制问题。选拔大批懂专业、会管理的年轻干部、提高全体干部的政治和业务素质成为一项紧迫的战略任务。

为了适应形势发展的需要，以邓小平同志为核心的第二代中央领导集体，针对我国现行干部制度的弊端，开启了中国干部制度改革的序幕，以废除领导职务终身制和实现干部队伍"四化"为核心内容，建立了一系列与此相关的规章制度，如干部离退休制度、退居二线制度、干部交流制度、干部考核制度等。虽然党和国家从来没有明文规定过领导职务是终身制的，但领导职务终身制的现象实际上一直存在着。领导职务终身制现象，限制了干部队伍的活力，阻碍了优秀中青年干部的脱颖而出，影响到四个现代化建设事业的顺利进行。废除领导职务终身制，建立干部离退休制度和退居二线制度势在必行。

1982年2月，中共中央颁布的《关于建立老干部退休制度的决定》指出：为了保证新老干部交替的顺利进行，并使一些将要退下来的老干部都能得到妥善的安排，中央认为，建立老干部离退休和退居二线的制度是必要的。并对老干部离退休的年龄界限等问题作了具体规定。针对当时许多老同志仍是各级领导班子中的骨干，不能一下子退到底这一实际情况，邓小平在1982年7月召开的中央政治局扩大会议上提出，通过设顾问委员会的方法过渡一下，为建立退休制度和废除领导职务终身制创造条件。在中央顾问委员会完成它的过渡使命后，党的十四大不再设立顾问委员会。在1982年至1984年进行的领导班子调整中，约有90万名老干部退到二线、三线。到1986年底，全国共有137万名建国前参加工作的老干部离休或退休，为推动干部制度改革作出了重要贡献。

为了加速各级领导班子的“四化”进程，中央首先从最高领导机构开始实行新老交替。从党的十二大开始，各级领导班子按照“四化”方针进行了调整。特别是1982年的机构改革，是一次在全国范围内贯彻干部队伍“四化”方针的大规模行动，取得了突破性的进展。到1983年下半年，经过调整后的省级领导班子平均年龄降到55岁；具有大专文化程度的由原来的20%提高到43%。新提拔党政领导干部占新班子成员的44%，其中具有大专以上文化的占71%。继省、地两级领导班子调整之后，1983年12月全国县级机构改革全面展开。到1984年9月，全国除西藏自治区外，调整县级领导班子的工作基本结束。调整后，县级领导班子平均年龄在45岁左右，40岁以下干部约占33%。新进班子1.5万多名，占新班子总人数53%，年龄在40岁以下的近47%。具有大专文化程度的，由原来的10.8%提高到45%；有专业技术职称的占15.4%。

（二）逐步规范阶段：以建立和推行国家公务员制度为重点，建立科学的分类管理体制

党的十三大至十四大前后，与全面开创社会主义建设新局面相适应，中央进行了以纵向分权、横向分类为内容的改革。1984年党中央按照“管少、管好、管活”的原则，下放干部管理权限，调整干部管理范围，扩大企业、事业单位人事管理的自主权，实行下管一级的干部管理体制；同时，以推行国家公务员制度为重点，对“国家干部”进行合理分解，建立科学的分类管理体制。

建立和推行公务员制度，是这一时期干部人事制度改革的重要内容和突出成就。党的十三大明确提出了要积极推进政治体制改革，其目标是建设有中国特色的社会主义民主政治，下决心改革行政管理体制，做到转变职能、理顺关系、精兵简政、提高效率。加快人事制度改革，逐步建立健全符合机关、企业和事业单位特点的科学的分类管理体制，尽快推行国家公务员制度。1992年召开的党的十四大再次提出要尽快推行国家公务员制度。次年春召开的八届全国人大一次会议进一步明确提出在完成机构改革的地区和部门，实行国家公务员制度。4月24日，国务院第二次常务会议审议通过了《国家公务员暂行条例》，在国家行政机关开始实施公务员制度，并在党的机关、人大机关、政协机关、民主党派机关和群团机关参照实行。8月18日由国务院总理签署国务院令予以公布，自1993年10月1日起施行。至此，我国公务员制度正式建立，我国干部人事管理向着科学化、民主化和法制化迈出了关键的一步。到1997年底，我国公务员制度入轨工作基本完成，标志着中国特色公务员制度在全国范围内初步建立。

（三）全面推进阶段：以进行党政领导干部选拔任用制度改革为重点，加快综合配套改革

党的十四届四中全会到十五大前后，干部人事制度改革全面推进，以进行党政领导干部选拔任用制度改革为重点，在许多方面取得了重大进展。干部考核、交流、培训、公开选拔、竞争上岗等项工作也迈出了较大步伐。各地也积极进行探索，创造了任前公示制、考察预告制、待岗制等许多好的做法。

全国党政机关根据中央关于建设高素质干部队伍战略目标的要求，在实践中创造出机关干部竞争上岗的选人用人新机制、新方法，为在干部选拔任用中贯彻公开、平等、竞争、择优的原则，选拔德才兼备的干部探索到了一条新途径，成为机关选人用人的一种重要方式。这项改革在全国范围内迅速推开，推动了机关选人用人机制的转变和干部队伍建设。据统计，截止2000年4月底，全国29个省（区市）实行竞争上岗的机关单位有48700多个，其中省直机关900多个、地市机关7000多个、县区机关22400多个，乡镇（街道）机关18400多个；全国用于竞争上岗的职位近35万个，其中省直机关9600多个、地市机关67400多个，县区机关171000多个、乡镇（街道）机关101000多个；各地实行竞争上岗的县处级和科级领导职位179000多个。全国各地符合报名条件参加竞争上岗的各级机关干部有80多万人，其中省直机关干部有31000多人、地市机关有178000多人、县区机关378000多人、乡镇（街道）机关有209000多人。通过推行竞争上岗，拓宽了选人视野，优化了机关干部队伍，一大批德才兼备的优秀年轻干部脱颖而出，提高了机关干部队伍的整体素质。

在干部的选拔任用方面，新时期打破了单一的委任制模式，扩大了干部人事工作的民主化程度。为适应改革开放和社会主义现代化建设事业对干部和人才的需求，各地对干部选拔任用工作进行了积极探索。如宁波、深圳、西安、广州等地采用组织推荐与群众推荐相结合、考试与考察相结合的方式公开选拔处、科级干部，随后，这种公开选拔领导干部的方式逐渐推开。如吉林省自1988年到1992年先后四次公开选拔33名副地厅级领导干部。1992年，中组部转发了吉林省委组织部《关于采取“一推双考”的方式公开选拔副地厅级领导干部情况的报告》，要求各地勇于探索，大胆试验，不断改进选拔干部方法，为经济建设和改革开放提供坚强的组织保证。此后，公开选拔领导干部工作在全国进一步展开，力度加大。1999年3月，中组部下发了《关于进一步做好公开选拔领导干部工作的通知》，要求进一步加大公开选拔工作的力度，正确把握公开选拔领导干部的范围，逐步规范公开选拔的工作程序，着力提高选拔考试的科学化水平，切实提高公开选拔领导干部的工作成效。2002年7月中央颁布了《党政领导干部选拔任用工作条例》，2004年4月中央颁布了《公开选拔党政领导干部工作暂行规定》、《党政机关竞争上岗工作暂行规定》、《党的地方委员会全体会议对下一级党委、政府领导班子正职拟任人选和推荐人选表决办法》。这标志着公开选拔领导干部工作进入深化阶段。据统计，1995年至2002年，全国31个省区市都开展了公开选拔领导干部工作，公开选拔地厅级领导干部700多人，县处级领导干部7000多人，科级干部数万人。2003年到2006年底，全国公开选拔党政领导干部1.5万余人，其中厅局级干部390余人，县处级干部3800余人。

（四）深化攻关阶段：以扩大干部工作中的民主为改革方向，加快制度创新

新世纪新阶段，我国的现代化建设事业进入一个关键的发展时期，党的干部队伍进入一个整体性新老交替的重要阶段，这就给干部人事制度改革提出更高要求。我们党按照“三个代表”重要思想和科学发展观的新要求，在建设高素质的领导班子、加快干部人事制度改革步伐等方面取得了较大进展，干部制度改革进入一

个全面规范、整体推进、深化攻关的新阶段。

2000年6月，中组部制定并颁发了《深化干部人事制度改革纲要》，提出在今后十年，通过不断推进和深化干部人事制度改革，建立起一套与建设有中国特色社会主义经济、政治、文化相适应的干部人事制度。为了认真落实《纲要》提出的各项改革任务，2000年7月，中组部召开了全国干部人事制度改革经验交流会，提出要把解决干部能上能下问题作为深化干部人事制度改革的着力点和突破口，切实抓好观念创新、扩大民主、完善考核、干部交流、干部监督等几个关键环节。《深化干部人事制度改革纲要》下发和全国干部人事制度改革经验交流会，为我国干部制度改革确立了科学化、民主化、制度化的改革目标，极大地推动了干部制度改革的步伐。

党的十六大报告指出，要注重在改革和建设的实践中，考察和识别干部，把那些德才兼备、实绩突出和群众公认的人及时选拔到领导岗位上来。为适应这一总体要求和目标，党的十六大以来，我们党以贯彻《干部任用条例》为中心，以扩大民主，落实群众的知情权、参与权、选举权和监督权为重点，不断提高干部工作的公开度和透明度。民主推荐、民主测评成为干部选拔任用的必经程序和基础环节，考察预告、任前公示、差额选举、试用期和重要干部和重大事项票决制等重要干部制度全面推行。党的十七大强调，坚持民主、公开、竞争、择优，形成干部选拔任用的科学机制。规范干部任用提名制度，完善体现科学发展观和正确政绩观要求的干部考核评价体系，完善公开选拔、竞争上岗、差额选举办法。扩大干部工作民主，增强民主推荐、民主测评的科学性和真实性。

二、干部制度改革30年的主要经验

（一）干部制度改革必须坚持党管干部原则，不断改进党管干部的方法

党管干部原则是干部制度改革的根本和灵魂，是我们党的优良传统和组织优势，是中国共产党一贯坚持的原则。坚持党管干部原则，是坚持和加强党的组织领导的重要体现，是维护和巩固党的执政地位的重要保证，任何时候都不能动摇。只有坚持党管干部原则，才能保证干部制度改革的正确方向，才能保证党的政治领导、组织领导的顺利实现。党管干部是一个总的原则，而干部管理的体制、形式、方法、程序等，要随形势和任务的变化以及干部队伍建设的需要而不断改进。这就要求我们既要坚持党管干部原则，又要改进党管干部的方法。我们党在领导中国革命和建设的长期实践中，为了适应客观形势的需要，围绕党在各个时期的不同中心任务，在坚持党管干部的根本原则下，通过不断地调整、改革和完善党管干部的方法，使党的领导得到了进一步巩固和加强。比如在干部管理体制上，建国初期，我们党建立并采用了分部分级的干部管理体制，确定管理的范围是党政机关下两级机构担任主要领导职务的干部，这充分体现了党管干部原则。改革开放以后，针对现行干部管理制度的弊端，党中央本着“管少、管好、管活”的原则，勇于改革不合时宜的干部管理体制，采取分级管理、层层负责的办法，下放干部管理权限，调整干部管理范围，由下管两级改为下管一级，使干部制度建设更好地服务于社会主义现代化建设，同样是党管干部原则的体现。

（二）干部制度改革必须服从服务于党的政治路线，紧紧围绕党的中心任务来进行

党的政治路线，是党在一定历史阶段的政

治任务和行动纲领。正确的政治路线确定以后，干部就是决定的因素。在革命、建设和改革的各个历史时期，我们的干部制度改革从来都是同党在不同时期的政治路线和中心任务紧密联系并为之提供组织保证的。改革开放以后，我们党的工作中心由以阶级斗争为纲转向以经济建设为中心，党的中心任务转向促进社会生产力的解放和发展，建设社会主义现代化，以满足人民群众日益增长的物质文化需要。我国干部制度改革自觉地顺应了这种重大调整和转变，坚持服从和服务于党在社会主义初级阶段的基本路线，努力保持与经济体制改革和发展社会主义市场经济的要求相适应，服从改革、发展、稳定的大局，从而才坚持了正确的改革方向，取得了显著成效。在新的历史起点上，党的十七大提出了深入贯彻落实科学发展观、夺取全面建设小康社会新胜利的重大战略任务。新形势下的干部制度改革仍然坚持了服从和服务于科学发展，为实现党的重大战略任务提供坚强的组织保证，干部制度改革的新局面不断得以开创。今后要继续保持干部制度改革的健康推进，仍然要始终坚持服从服务于党的政治路线，紧紧围绕党的中心任务来进行。

（三）干部制度改革必须坚持制定制度与落实制度并重，更加注重制度落实

制度问题具有根本性、全局性、稳定性和长期性，干部队伍建设同样离不开制度的有力保障。干部制度建设是一个包括制定制度、落实制度在内的一个系统工程，必须坚持制定制度与落实制度并重。制度制定出来，工作只是进行了一半，还有更重要的一半就是要确保制度的贯彻落实。回顾改革开放以来党的干部制度改革实践，我们可以清楚地看到，干部制度改革有大的进展时期，往往是既重视制度的制定，更重视制度的实施以及在实践中不断地检验和完善。干部制度的制定要建立在科学、民主的基础上，这样的制度才具有稳定性和连续性，不因领导人的改变或领导人的看法和注意力的改变而改变。干部制度的落实更要严肃有力，有一定的保障措施。要坚持在制度面前人人平等，这样的制度才具有权威性和约束力。干部制度既来源于实践的需要，又要到实践中去检验，并不断地修正和完善，以提高其科学性、可行性，也要适应新的形势创造一些带有时代特点的新的制度。只有这样，才能依靠制度建设从严治“干”，进一步把干部制度改革好。

（四）干部制度改革必须坚持统筹兼顾，注重制度之间的整体配套、相互协调

干部制度既是党的制度的重要组成部分，又受到党的其他制度的影响和制约。干部制度与党的领导制度、组织制度、工作制度、管理制度、监督制度有着密切的联系。干部制度建设要与党的其他制度衔接配套，做到通盘考虑，相互协调。干部制度改革是一项复杂的系统工程，不同方面的制度起着不同的作用，它们相互补充、相互联系、相互促进，但不能相互代替，缺少任何一个方面都必然会对其他方面产生不利的影响。改革开放30年来正反两方面的经验表明，推进干部制度改革，单纯依靠“单项”制度是难以达到预期目的的。只有对干部制度改革做整体和通盘的考虑，使各项制度不断得到健全和完善，成为一个配套的科学网络体系，才能形成制度的整体合力，发挥出制度的整体功能。针对前些年干部人事制度改革中重单兵突进、轻整体配合的问题，党中央适时推出了扩大党内民主，加强党内监督的制度规

定。把干部制度改革与党内民主建设结合起来，形成了一个有机的制度体系，使干部制度改革有了较大进展。近年来，在实际工作中，我们党既坚持紧紧抓住群众反映比较强烈的突出问题和薄弱环节，研究改进措施，实现重点突破，又注意各项制度间的整体配套、相互协调，使干部制度改革不断取得新进展。

（五）干部制度改革必须尊重群众的首创精神，鼓励各地各部门大胆创新

尊重群众的首创精神，是马克思主义的实践观点和党的群众路线的集中体现，在干部制度改革中也必须坚持这一点。新时期以来，干部制度改革的许多成功做法，如领导干部公开选拔制度、竞争上岗制度、任前公示制度等，都是首先由基层在推进干部制度改革的实践中创造出来的。在全社会形成干部制度改革的良好氛围，推进干部能上能下，加强对干部的监督等，都有赖于广大人民群众的积极参与。吸取人民群众的智慧，尊重群众的首创精神，是推进干部制度改革，实现干部制度创新的重要途径。因此，鼓励和支持各地各部门在坚持和发扬党的干部工作优良传统的同时，积极探索，大胆实践，勇于改革一切不适应新形势新任务要求的制度和做法，这也是干部制度改革实现科学化、民主化、制度化和法治化的重要保证。

（六）干部制度改革必须以扩大民主为方向，不断提高干部工作的公开度和透明度

民主是干部工作中群众路线的发展，是干部制度法制化、科学化的一个重要特征，也是贯穿整个干部制度改革始终和干部工作各个环节的方向。党内民主和人民民主是干部工作民主化建设相辅相成、相互促进的两个重要方面。改革开放以来，特别是党的十六大以来，我们党以贯彻《干部任用条例》为中心，以扩大民主，落实群众的知情权、参与权、选举权和监督权为重点，不断提高干部工作的公开度和透明度。通过完善民主推荐、民主测评制度，规范干部选拔任用提名制度，健全集体决策制度，完善公开选拔、竞争上岗、差额选举、差额考察办法，完善干部日常管理和考核评价体系，扩大了干部工作中的民主，增强了干部工作的透明度。在党内民主建设方面，我们党制定并不断完善党务公开的具体制度和办法，不断拓宽党员了解干部工作的渠道；不断完善党的代表大会制度，制定和试行党代表大会常任制；改革并不断完善党内选举制度，逐步扩大基层党组织领导班子直接选举范围，保证把党员的民主权利落到实处。这些以扩大民主为主要方向的改革，极大地推动了干部制度改革步伐。

（七）干部制度改革必须着眼于建设一支高素质的干部队伍，围绕提高干部素质来进行

我们党历来把建设一支高素质的干部队伍作为干部制度改革的出发点和落脚点。党的十一届三中全会以来，邓小平同志从总结我国社会主义建设的经验教训中得出一个重要结论，即“制度是决定因素”，所以提出“要创造一种环境，使拔尖人才能够脱颖而出”，由此才做出改革我国干部人事制度的重大决策。改革开放以来，从干部队伍建设“四化”方针，到建设高素质干部队伍，把各级领导班子建设成为坚持贯彻“三个代表”重要思想的坚强领导集体，再到把各级领导班子建设成为坚定贯彻党的理论和路线方针政策、善于领导科学发展的坚强领导集体，党的干部路线的内涵在不断丰富，但我们党在不同的历史时期着力建设一支高素质干部队伍的基本目标却没有变。因此，建设一支高素质的干部队伍，过去是、现在是、将来也应该是我们深化干部制度改革的

基本目标。

（八）干部制度改革必须坚持解放思想、更新观念，在实践基础上不断开拓创新

干部制度改革同其他任何改革一样，都必须以思想变革为先导。改革开放30年来干部制度改革的实践表明，坚持解放思想，是推动干部制度改革的强大力量。正是一次次思想解放，我们不断突破旧的思维方式，不断推动干部人事制度的创新，使我国的干部制度改革取得了明显进展。正是因为思想解放、开拓创新，使我们逐步告别了与计划经济相适应的干部制度，并初步建立了与社会主义市场经济相适应的干部制度，正在建立与科学发展、和谐发展相适应的干部制度。

改革开放30年来，我们党正是运用了这些成功经验，不断完善培养、选拔、使用干部的制度和机制，才造就了一代又一代德才兼备的领导骨干和规模宏大的干部队伍。总结过去，开创未来，我们要把改革开放以来干部制度改革的基本经验这笔宝贵财富转化为推进干部制度改革的强大动力，努力建设一支高素质的干部队伍，为把我国建设成为富强、民主、文明、和谐的社会主义现代化强国提供坚强的组织保证和人才支持。

（作者单位：中共天津市委党校党建研究所）

（选自《理论月刊》2008年第12期）

第五部分

理论·文化建设

哲学社会科学创新与建设创新型国家

李元书　李宏宇

目前我国正在实施国务院制定的《国家中长期科学和技术发展规划纲要》。该纲要的基本精神是在科学技术的发展上坚持走自主创新的道路，经过15年的奋斗使自主创新的能力不断提高，到2020年使我国“进入创新型国家行列”。

一、建设创新型国家包含着科学技术创新和哲学社会科学的创新

科学技术是第一生产力，是先进生产力的集中体现和主要标志。“当今时代，人类社会步入了一个科技创新不断涌现的重要时期”，也步入了人们的认识不断进步、经济结构加快调整的重要时期。“发轫于20世纪中叶的新科学技术革命带来的科学技术的重大发现发明和广泛应用推动着世界范围的生产力、生产方式、生活方式和经济社会发展观发生了前所未有的深刻变革，也引起全球生产要素流动和产业转移加快，经济格局、利益格局和安全格局发生了前所未有的重大变化。”进入21世纪，科学技术正在孕育新的革命。据专家预测，未来30—50年内，世界科学技术将会出现重大创新和突破，引发新一轮的科技革命，再一次推动世界范围的生产力、生产方式以及生活方式的深刻变革。

改革开放以来，我国的科学技术虽然已有了很大发展，取得了有目共睹的成就，但与世界发达国家的先进水平相比，还有很大的差距。其主要表现是：自主创新能力不强，关键性技术自给率很低，只能靠出售原材料，出让国内市场去换外国的技术；我国的高技术产业只处在世界高技术的下游阶段，高技术产品的生产以组装为主；我国对科学技术投入不足，我们一个国家的研究开发经费只是两个跨国公司研究开发经费的总和；企业特别是大型企业的竞争力不强，等等。我国科学技术的现状和存在的问题影响了经济的进一步发展和经济实力的提高，影响了国防军事实力的提高，影响着我国在国际事务中作用的发挥。因此，自然科学和技术科学的创新及其在社会实践中的应用是建设创新型国家的主旨和第一要务。

但建设创新型国家不仅包含着自然科学和技术科学的创新，而且包含着哲学社会科学的创新。努力提高中国特色哲学社会科学的自主创新能力，也是建设创新型国家的主要任务之一。这是因为：

1．一个国家的实力不是单一的，而是综合性的。具体包括资源、经济、科技、国防等硬实力，外交、文化、教育等软实力，以及作为中介的制度实力。科学技术、经济、国防等实力的形成和增强，主要由科学技术的革命或创新性发展，并将其成果应用到物质生产、管理、服务和国防安全所导致；文化实力、教育实力的形成和增强，主要由哲学观念和价值观念的创新、文化传统的发扬和教育投资所导致；外交实力的形成和增强，主要由外交政策的正确和对国际事务的贡献所导致。制度实力包括组织的合理性、权威性，规则的系统性、约束性，管理的民主性和法制性，运行方式的规范性和程序性。制度实力的形成和增强由创新型的各门社会科学根据一国的国情所构建的经济制度、政治制度、文化教育制度的功能所导致。

2．哲学社会科学的创新和发展为建设创新型国家提供理论指导。我国是社会主义国家，建设创新型国家，毫无疑问也包括社会主义理论的创新和发展。建设创新型国家必须用发展着的马克思主义和具有中国特色的社会主义理论为指导，使创新型国家的建设不偏离社会主义的方向。把创新型国家的建设和社会主义建设紧密结合起来，创新型国家建设的过程也是社会主义的优越性不断显现的过程。

我国目前正处于从农业国家向工业化国家、从传统社会向现代社会的转型之中，建设创新型国家自然也包括工业化道路、现代化道路的创新。这就要求我们研究和总结发达国家实现工业化、现代化的经验和教训，并结合我国国情，创新和发展具有中国特点的、新的工业化理论和现代化理论，以指导社会主义的现代化建设。总之，建设创新型国家需要创新的、先进的哲学社会科学思想的指导，而一旦离开了后者的指导，就可能偏离了方向或出现重大错误，甚至使国家建设遭受重大损失。

3．知识是建设创新型国家的重要武器。当代社会正在向知识型社会发展，知识在社会发展和社会生活方式的变革中的作用日益突出。一个国家的发展、发达，主要依赖于科技革命的广度和深度，依赖于科技发明发现的数量和质量，依赖于对战略性技术和世界高新技术产业的拥有量，也依赖于哲学社会科学、管理科学创新的深度及广度，及其对相应的知识的普及度。这就是说，国家的发展、发达，包括人民物质和文化生活水平的提高越来越有赖于知识的积累和创新，而知识包括自然科学、技术科学的知识和哲学社会科学的知识。

二、哲学社会科学的创新对科学技术创新和发展的影响

自然科学、技术科学与哲学社会科学是相互作用、相互渗透，互为发展的条件。哲学社会科学的创新对科学技术创新和发展的影响主要表现在以下五个方面：

1．科学技术的研究、创新和发展必须以辩证法、唯物论、系统论等科学的认识论和世界观为指导。辩证法、唯物论、系统论是一种认识论，也是一种哲学世界观。这种认识论、世界观是对自然界和人类社会内在本质和联系的反映和概括。自然科学家、技术专家要认识世界，发现自然界的奥秘，就必须以唯物论、辩证论、系统论等科学世界观、认识论为指导。如果以神学世界观、形而上学的世界观为指导，是不可能揭示世界的未来面貌的。实践证明，凡是在自然科学的研究中取得巨大成就的科学家必定是一个唯物主义者。

2．改革和完善社会制度、管理体制，推动科学技术的创新和发展。在当代社会，科学技术的创新和开发不仅仅是自然科学家、技术专家的个人行为。一项重大的研究项目的实施、技术攻关和重要产品的开发需要很多人和很多组织的合作，甚至是整个国家的支持。而要整个国家跻身于世界科技发展的先进行列，建设创新型国家，就必须改革和完善相应的制度、管理机制，使制度成为推动力，而不是阻力。改革和完善政府制度及其相应的管理体制必须以创新的政治学理论、管理学理论为根据，没有后者的创新和发展也就没有前者的创新和发展。

3．改革教育方式，培养出富有创新精神的宏大人才队伍。科学技术的研究和创新是由科学家和技术专家具体实现的，他们是“新知识的创造者、新技术的发明者、新学科的创见者”。因此，建设创新型国家，首先要有一大批具有创新精神的人才队伍。没有一批优秀的、创新型的人才队伍，没有一批国际一流的科技拔尖人才、领军人物，是很难建成创新型国家的。要培养出上述优秀的、创新型的人才队伍，又必须有科学的、合理的教育体制、教育方式。

我国的自然科学、技术科学与发达的科技大国相比，落后的主要原因之一就是我国的教育体制、教育方式落后。我国自古以来实行的就是一种填鸭式的、升官性的、应试式的、接受式的、控制式的教育方式，而非启发式的、教学相长式的、素质式的、鼓励思想解放与创新式的、教育与游戏结合式的教育方式。在这种教育方式下建设创新型国家的首要任务是培养出具有创新精神、创新能力的优秀人才队伍。实现这一任务的前提是创新教育理论。要从至今我国还没有一位科学家获得诺贝尔奖反思我国的教育理论和教育方式；要从外国对中国教育的评价反思我国的教育理论和教育方式；以系统论的观点评价我国的教育体制和教育方式，评价各个环节的优点和弊端，并进行系统的改革，建立起优秀的、创新型人才涌出的体制。

4．发展创新型文化，培育创新的文化氛围和环境。胡锦涛曾指出：“一个国家的文化，同科技创新有着相互促进、相互激荡的密切关系。创新文化孕育创新事业，创新事业激励创新文化。”这就是说，科学技术的研究、发明发现和创新必须有一种文化氛围、文化环境。这种文化本身是一种创新型文化，其特点是：人们思想解放、自由，思维广阔，想象力和好奇心强；敢于提出问题，敢于向权威挑战，敢为人先，敢于冒险；人们支持试错，宽容失败；热爱祖国，具有民族自信心，勇于攀登世界科技高峰；谨慎、敬业，具有良好的学术道德。

这种创新型文化的形成，既要挖掘和发扬中华民族优秀的文化传统，增强全民族自强自尊的精神，又要认真研究工业社会，尤其是发达的工业国家的文化因子，批判地汲取它们中的合理因素，使其与我国文化中的优秀因素相整合，形成具有创新价值、创新评价、创新精神、创新氛围的文化。这种创新型文化的形成过程，就是创新型国家的建设过程。

三、科学技术的创新发展对哲学社会科学创新发展的影响

不仅哲学社会科学的创新和发展影响科学技术的创新和发展，同样，后者的创新和发展也影响着前者的创新和发展。

1．自然科学、技术科学的研究、创新和发展为哲学社会科学的研究、创新和发展提供科学的方法论。哲学社会科学的研究和发展，在历史上曾经受到过神学、宗教世界观的统治，曾受到唯心论、不可知论、形而上学等非科学的方法论的制约。直到现在，还有一些社会科学的学者接受着这些非科学的世界观和方法论的影响。要使哲学社会科学取得重大成果和进展，揭示社会的本质、内在联系，揭示社会运行和发展的规律，提出解决社会实践中所遇到的重大疑难问题的理论，发现新的问题和研究领域，建立新的学科，则必须以科学的方法论为武器和指导。而自然科学则为哲学、社会科学的研究、创新和发展提供了许多科学的方法论。自然科学为哲学社会科学提供的方法论主要有近代自然科学的机械论自然观；物质的可分性、相互转化和进化的辩证自然观；有现代自然科学和技术科学的系统论、信息论、控制论、突变论、协同论、耗散结构论、概率论、对策论、运筹学理论等。下面，简要介绍和分析前三种方法论对哲学社会科学创新和发展的影响。

机械论是16—19世纪的自然科学家、技术科学家认识自然界和进行科学研究的方法论。机械论的建立开始于伽利略，形成于牛顿的经典力学。牛顿建立的机械论自然观的基本点是：自然的不变性、原子的基本性、机械的直观性、世界的既成性。

牛顿建立的经典力学理论尤其是他提出的机械论，在十八九世纪产生了很大的影响，不但成为近代科学家的固定思维模式，而且也影响到当时哲学的发展。英国哲学家霍布斯和洛克把机械论运用于哲学研究，建立了经典的机械唯物论哲学。法国启蒙思想家把机械论运用到法国，进一步完善了机械唯物论的哲学体系。机械唯物论认为整个宇宙是由物质构成的，一切物质的运动遵循机械运动的定律，物质运动的动力（原因）在物质的外部。

系统论是在总结20世纪中期自然科学和技术实践成就的基础上建立起来的。一般系统论是奥地利生物学家贝塔朗菲提出来的。他于1945年发表了《关于一般系统论》的著作。一般系统论研究一般系统的结构、功能及其运行的一般规律。一般系统论认为，任何事物都是由若干要素构成的相互联系、相互作用的有机整体。系统具有整体性、相关性、综合性、目的性、层次性、动态性的特点。从自然科学和工程技术实践中概括出来的一般系统论被广泛用于哲学和各门社会科学的研究，使哲学社会科学获得了创新性变革。有些学者把一般系统论运用于哲学研究，写出了系统哲学、系统美学的重要著作。美国著名政治学家大卫·伊斯顿把一般系统论运用于政治学研究，创立了政治学研究新的方法论——政治系统论。有的学者把一般系统论运用于传播学研究，建立了话用理论、大型网络理论和趋同理论。

2．科学技术的发展为哲学社会科学的研究和创新提供了具体的方法和手段。社会科学研究的方法和手段的革新会使社会科学发生革命性的发展：或者开辟新的研究领域，建立新的学科；或者使传统的学科焕然一新，增强学科的科学性和应用性。

自然科学、技术科学的发展，不但为哲学社会科学的创新和发展提供了某些方法性的理论，而且为其提供了许多具体的方法和手段。20世纪以来，哲学社会科学在发展过程中逐渐地吸取了数学、统计学、运筹学、物理学、化学、生物学、生理学、医学、地理学、地质学等自然科学研究中使用的模型法、概率分析、观察法、实验法、归纳法、演绎法、比较法、假说法、模拟法、投射法、内容分析、方差分析、回归分析、矩阵法、排队法等具体方法，并采用了电子计算机等现代工具。到了20世纪五六十年代，科学主义战胜了传统主义，科学的方法和手段被广泛应用于社会科学研究。

3．自然科学、技术科学与哲学社会科学交叉整合出新的交叉学科及软科学。第二次世界大战以后，科学技术革命促进了世界范围内生产力、生产方式、生活方式的深刻变革，也促进了哲学社会科学的大发展；还出现了自然科学、技术科学与哲学社会科学的交叉、整合的趋势。例如，在哲学领域，由于自然科学、技术科学与哲学的整合，形成了科学哲学、技术哲学和科技伦理学；在经济学领域，由于自然科学、技术科学与经济学的整合，形成了技术经济学；现代社会学，就是系统科学、统计学与传统的社会学相整合而成的；在政治学领域，将来也会形成技术政治学。至于软科学，则是多门自然科学、技术科学理论与多门社会科学理论整合而成的。

（作者单位：黑龙江省社会科学院政治学所）

（选自《学习与探索》2008年第1期）

全面发挥文化的社会功能 推动社会主义文化大发展大繁荣

邬书林

党的十七大报告指出："当今时代，文化越来越成为民族凝聚力和创造力的重要源泉、越来越成为综合国力竞争的重要因素，丰富精神文化生活越来越成为我国人民的热切愿望"。这一重要论断为我们充分认识加快文化发展的重要性紧迫性，准确把握当今世界文化发展的历史趋势，全面发挥文化的社会功能指明了方向。推动社会主义文化的大发展大繁荣，是我们面临的一项关乎提高国家文化软实力、促进社会全面发展和民族振兴的大事。

一、把握世界文化发展的趋势，全面认识文化的社会功能

当今世界，文化与政治相互作用，日益提升着国家的文化软实力；文化与经济相互交融，文化产业在发达国家已成为支柱产业；文化与科技紧密结合，文化的传播速度和方式日益变化。文化与政治、经济、科技的相互作用，使其作为一个整体，在社会发展中发挥着日益重要的作用。

20世纪90年代以来，文化发展问题成为世界各国普遍关注的重点和热点，突出有以下三个趋势：第一，随着苏联解体、东欧剧变和冷战的结束，随着约瑟夫·奈、亨廷顿、萨义德、约翰·米尔斯海默等一批研究著作的问世和联合国教科文组织多个文化宣言的相继发表，文化在国际政治中的作用、文化在综合国力竞争和较量中的作用受到举世关注，凸现了文化的政治功能。第二，随着20世纪90年代开始并且愈演愈烈的文化传媒集团并购整合，文化产业在经济发展中的地位日益凸现，文化发展的产业化特征日趋重要。第三，随着当前数字技术和网络技术的发展，文化产品的内容极大丰富，文化生产、传播和消费间的界限大大淡化，文化传播时空界限大大突破，文化传播模式日益走向多点互动，文化自身的特点及其对社会发展的作用有了新的发展。

这些趋势和现象，是"二战"以来世界各国推动文化发展的结果。我们要更好地推进文化大发展大繁荣，就应当深入研究"二战"以来文化发展的历史进程和发展脉络，从中总结经验，认识规律，实现我国文化又好又快地发展。"二战"以来，世界各国在发展文化的进程中，有以下认识、经验和做法值得我们研究和关注。

第一，理论研究的突破和不断进展，是认识文化重要地位和推动文化发展的思想前提。"二战"前的相当一段时间，文化通常游离于经济之外，更多的是文化人从事创造性、个体性的活动，文化业规模较小，远未成为支柱产业。“二战”之后，随着和平带来的经济繁荣和文化发展，西方的一批理论家开始重新审视文化的功能和性质，做了一些有益的理论探索，其中一些重要成果值得关注。20世纪五六十年代：美国普林斯顿大学教授弗里茨·马克卢普(Fritz Machlup)在研究了美国经济发展的实例之后，提出知识是社会发展的不可缺少的重要资源，应当像经济发展的其他要素一样去生产和分配，知识生产不仅仅为经济发展提供智力支持，而且要像经济资源一样进行开发，是“朝阳产业”。在一系列研究论文的基础上，1962年他发表了著名的《美国的知识生产和传播》(又译《知识产业论》)。他的观点受到理论界和产业界的热烈讨论，并在20世纪五六十年代成为吸引美国金融资本、产业资本积极介入文化产业的理论基石。从20世纪60年代开始到70年代：美国学者波拉特(M.U.Porat)1977年出版了《信息经济论》(Information Economics)这套9卷集的巨著，指出信息业是与工业、农业、服务业并列的第四产业，建立了一整套可供操作的理论与方法，使信息产业的发展与国家产业政策的关系更趋紧密。特别是加拿大学者麦克卢汉(Marshall Mcluhan)在1964年《理解媒介：论人的延伸》(Understanding Media：the Extensions of Man)一书中敏锐地预见，文化的发展、通讯的进步、“地球村”的形成，将改变人们对信息的看法和技术进步对社会的影响。20世纪70年代末：美国学者托夫勒(Alvin Toffler)1980年发表了《第三次浪潮》(The Third Wave)，从通俗角度来讲知识、信息的重要，他按照贝尔的理论提出了农业社会、工业社会、后工业社会的分期。1982年，联合国教科文组织(UNESCO)在墨西哥召开世界文化政策会议，发表了《墨西哥城文化政策宣言》，开始从全世界的范围重视文化在推动经济社会发展中的作用。20世纪90年代至今：出版了一大批深入研究文化在世界发展格局中重要地位和作用的著作。美国学者哈拉尔(W.E.Halal)1998年在《新资本主义》(New Capitalism)一书中进一步提出新的观点，认为知识资源的一个重要特征在于，文化资源是一种无限资源，它的作用将随着它传播的范围和数量日益扩大影响，而其边际成本却越来越低。此外，还有大家比较熟悉的约瑟夫·奈(Joseph S.Nye)的《软力量》(Soft Power)、塞缪尔·亨廷顿(Samuel Huntington)的《文明冲突论》(Clash of Civilizations)、哈里森(Lawrence E. Harrison)的《文化的重要作用：价值观如何影响人类进步》(Culture Matters：How Values Shape Human Progress)、萨义德(Edward W.Said)的《文化与帝国主义》(Cultureand Imperialism)等。

第二，文化与产业资本、金融资本的结合，是推动文化发展的关键因素。随着有关文化理论研究成果的出现，欧美政府和产业界开展了广泛的讨论，推动了文化产业的大发展。20世纪60年代，美国钢铁、重化工行业受环保、劳工等因素的影响，出现了大量的闲置资本，金融资本开始寻找新的出路。社会各界对产业资本能否和文化结合逐渐达成了共识，认为文化和产业资本的结合，完全可以推动文化产业按照经济运作的方式得到发展。文化和产业资本的结合带来的重要影响是，文化的小规模生产转向了以讲究效益回报的经济型生产，资本运作、产业运作的方式逐渐进入文化领域。以内容生产为特征的文化产业借鉴了经济发展的经验，开始重管理，讲效益，重视回报，从而吸引了更多的资本、更多的企业加入到文化建设之中。文化作为一种产业，在现代经济结构中

越来越显示出其重要地位，成为一些发达国家国民经济的重要支柱产业之一。2000年，美国在线和时代华纳（AOL–Time Warner）合并时股市价值高达3000多亿美元，文化产业的作用可见一斑；2007年新闻集团（News Corporation）并购华尔街日报（The Wall Street Journal）（主要是购买以道·琼斯DowJones指数为核心的经济信息），加拿大汤姆森集团（Thomson Corporation）并购路透社（Reuter），使人们对跨国公司文化渗透力和经济影响力与日俱增的认识更加深刻。目前，文化产业及相关服务业在发达国家GDP中所占的比重日益加大。在世界最发达国家的GDP中，80%以上来源于服务业，其中以知识和信息为基础的文化产业及相关的服务业扮演了主要角色，成为推动经济社会发展的重要力量。以出版学术期刊和数据库为主要业务的里德·爱思唯尔集团（Reed Elsevier）2006年营业收入已达到100亿美元。文化生产力已成为生产力中最活跃、最关键的因素之一。文化产业的发达程度，直接反映着一个国家文化创新的现代化程度。

第三，政府和社会的规划和政策引导，是推动文化发展的不可或缺的重要条件。“二战”以来，英美等发达国家文化的发展绝不是自发的，它是在政府和社会的规划和引导下才得以实现。这里仅举两例来说明规划的重要作用。首先是美国的例子。1944年盟军刚刚在诺曼底登陆，罗斯福总统认为“二战”胜负已成定局，他立即召集科学顾问万尼瓦尔·布什（Vannevar Bush），要求他把战时情报机制及时转到为国家的经济、科技、教育发展服务上来，提前拿出科学发展规划。由万尼瓦尔·布什主持编制的报告《科学——无止境的前沿》（Science：the Endless Frontier）发展起来的科学政策框架，为美国战后的科学政策奠定了理论基础。规划过后的10年，美国人惊奇地发现，战后美国的科技地位、文化地位在世界上显著提高，这与这个规划有很大关系。1958年，曾有多个国际研讨会研究这个规划，我国也在1959年翻译出版了这个规划，最近商务印书馆又重新出版了此书。还有战败国德国的例子。德国著名哲学家赫塞（Hermann Hesse）在战后找到他的学生翁泽尔德（Siegfried Unseld），说德国被战败了，经济和军事一时难以与美国抗衡，德国的天空一片阴霾，德国人的心死了，你最好去做文化工作，做杂志或者做出版，来重新唤起德国人的精神，保持德国的大国地位。翁泽尔德1952年到了苏尔坎普出版社（Suhrkamp Press），他在出版社规划了两套开放性的丛书，其中最著名的一套是“彩虹系列”。他提出这套开放丛书要像在天空中画出一道彩虹一样，扫除战后德国弥漫的阴霾，使德意志精神、欧洲文化在受到美国人冲击的情况下继续领先于世界，用全世界的文化精品特别是欧洲的文化精品，来引导德国和欧洲人继续前进。这套丛书做了2000多种，另一套丛书也出了千余种。翁泽尔德先生对他的出版规划一做就是50多年，一直到2002年他去世。他去世时，德国总统和欧洲很多政要、学者一起去参加他的葬礼，为这位规模并不算大的出版社社长送行，欧洲的报纸也连篇累牍地报道他的功绩。到了20世纪90年代，随着信息技术的进步，随着文化产品的边际日益模糊，美国修改电信法和北美的统计指标体系，出台了新的“北美行业分类系统”，强调美国已进入“以信息和知识为基础的经济”阶段，将新闻出版、影视、通讯和信息四大门类融为一体，形成新的文化产业体系。

第四，综合运用文化的力量、政治的力量来发挥文化软实力的作用，是综合国力竞争的有效方法。“二战”以来，在苏美冷战过程中，美国一直在巧妙地运用文化软实力的手段打一

场没有硝烟的战争。英国记者桑德斯（Frances Stonor Saunders）2000年出版的《文化冷战：中央情报局与文学艺术》(The Cultural Cold War: The CIA and the World of Arts and Letters)，根据美国已披露的档案资料研究表明，美国在冷战中非常善于用文化的办法对苏联社会主义进行有计划的影响，如反共主题的政治寓言作品《动物庄园》、《1984》在西方社会曾经风行一时。美国大力发展文化产业，以大众文化的方式向世界各地输送美国价值观，战后若干年间美国文化产品发挥了既攻心又赚钱的作用。正如约翰·米尔斯海默（John J. Mearsheimer）所说的那样，“在世界舞台上，美国常常举止粗蛮，却口口声声称自己的行为是道德的、正确的，而其对手行为是邪恶的、错误的……美国的精英们常常用理想主义的术语谈论外交政策，却以现实主义方式行事。”同时，美国一直高度重视用政策扶持的办法发展文化产业。从20世纪60年代开始，在纽约集中了一批世界大型传媒集团公司，像不列颠百科全书公司(Encyclopedia Britannica)、皮尔森公司(Pearson)、里德·爱思唯尔集团。贝塔斯曼集团（Bertelsmann）把其音乐公司BMG也搬到了美国，新泽西州则成为世界著名的文化物流中心。

二、用好我国文化发展的历史机遇，努力实现全面建设小康社会对文化建设的新要求

改革开放以来，我国经济繁荣、社会发展、科技进步，为文化大发展大繁荣提供了空前的机遇、良好的环境和条件。

1. 改革开放30年的伟大实践为文化大发展大繁荣提供了坚实的物质基础。从1978年至2006年，我国国内生产总值以年均9.7%的速度迅速发展，2007年GDP达到24万亿元，成为世界第四大经济体，人均超过2000美元。与此相对应，国家对文化事业的投入不断增多，全国文化事业经费累计达到580亿元，年均增长22.5%。2006年全国文化产业实现增加值5123亿元，占国内生产总值的比重达到2.45%。总体上看，文化产业近年来的增长速度超过国内生产总值的增长速度，为下一步文化大发展大繁荣奠定了坚实的物质基础。

2. 人民群众日益增长的精神文化需求为文化大发展大繁荣提供了广阔的市场需求。我国有13亿人口，有一个巨大的文化消费市场。3.6亿青少年是国家和民族的未来和希望，也是文化大发展大繁荣最稳定的服务群体；我国科技人力资源总量约为3500万人，居世界第一位，这是文化建设的中坚力量；我国拥有世界最大的受教育人群，2006年我国义务教育人口覆盖率达98%，高中在校生有4342万人，高校人数有2500万人，这是文化建设的重要服务对象；9亿农民需要共享改革发展成果，更应当成为文化建设最大的潜在目标市场。目前，我国城镇恩格尔系数已经降到40%以下，农村恩格尔系数已经降到50%以下。随着我国全面建设小康社会进程的加快，国民消费结构发生变化，城乡恩格尔系数将呈现继续降低的趋势，居民精神文化消费将不断增长。拥有广阔的消费群体和强烈的市场需求，文化建设必然会有极大的发展。

3. 高新科技的迅猛发展为文化大发展大繁荣提供了有利的技术条件。科技与文化历来紧密相连，如影随形。谁占有先进科学技术，谁就占领了文化发展的制高点。网络是高新科技发展的集中体现。据统计，2006年我国网络出版产值已经超过200亿元，其中网络广告收入49.8亿元、网络期刊收入5亿元、电子图书收入1.5亿元、网络游戏收入65.4亿元、手机彩铃和手机动漫收入达80亿元。2007年6月，中办、国办下发了《关于加强网络文化建设和管理的意见》，提出了“积极利用、大力发展、科学管理”的明确要求。高新科技特别是信息数字技术的迅猛发展，给我国文化建设带来了革命性的变化。我国文化产业可以直接运用高科技手段，缩短与发达国家的差距，在某些领域实现跨越式发展。

4．党中央国务院做出的一系列决策和部署为文化大发展大繁荣提供了坚实的政策基础。进入新世纪以来，文化的发展和建设问题受到党和国家的高度重视。2000年10月，党的十五届五中全会第一次提出要“完善文化产业政策，加强文化市场建设和管理，推动文化产业发展”。2002年11月，党的十六大在规划全面建设小康社会宏伟蓝图时，突出强调了文化建设的极端重要性，明确提出积极发展文化事业和文化产业，推进文化体制改革。2003年7月，中办、国办转发了《中宣部、文化部、国家广电总局、新闻出版总署关于文化体制改革试点工作的意见》，开始进行文化体制改革的试点工作。2003年8月，中央政治局第七次集体学习，从世界文化产业发展历史和趋势的角度，研究了我国文化产业的发展战略。2005年12月，中共中央、国务院发出《关于深化文化体制改革的若干意见》，总结文化体制改革试点工作的经验，全面部署深化文化体制改革工作。2007年10月，党的十七大突出强调了文化建设、提高国家文化软实力的极端重要性，对兴起社会主义文化建设新高潮、推动社会主义文化大发展大繁荣作出全面部署。党和国家对文化建设的认识不断深化，这是推动文化大发展大繁荣的重要保证。

5．文化体制改革的扎实推进为文化大发展大繁荣提供了可靠的体制保障。我国文化建设之所以能取得新的进步、开创新的局面，得益于文化体制改革的扎实推进。按照中央的部署，深化文化体制改革在文化建设的各个领域广泛展开，取得了重要进展。以出版业为例，出版发行体制改革站在文化体制改革的前沿，不断取得积极进展。国内已有100多家出版社实行企业体制的管理，国有资产年均增值40%，经营收入年均增长30%以上。全国建成10万平方米以上图书物流中心6个，年盈利水平千万元以上的达10个。上海新华传媒借壳上市，四川新华文轩今年在香港H股上市，辽宁出版传媒近期也在上交所成功上市。传媒概念股成为近期股市中的活跃板块，这是出版发行体制改革的重要成果。转企改制后的出版单位和一批有影响的出版发行集团，正在成为新型市场主体，成为文化产业发展的生力军。

6．中华文化在世界影响力的进一步增强为文化大发展大繁荣提供了难得的国际空间。中华民族在几千年的历史长河中，创造了灿烂的中华文明，这是中华民族生生不息的纽带，也是我们推进文化大发展大繁荣的深厚基础。中华文化之所以绵延五千年不衰，就是自身有一种吐故纳新的能力，有一种求变图强的精神。汉语是世界上重要的语种之一，海外有5000多万侨胞和华人。目前，我国已在140个国家和地区建立了140所孔子学院，外国人学汉语的人数不断增多。随着中国经济实力的增强，中华文化在世界的影响力进一步增强，中国文化发展的国际空间将越来越大。

三、全面发挥文化的社会功能，大力推进社会主义文化大发展大繁荣

文化的社会功能，说到底是宣传真理，以赢得人心；传播知识，提升人们素质，推动社会进步；弘扬真善美，鞭挞假恶丑，营造和谐的社会环境和人类精神家园。我们要按照党的十七大的部署，在深刻认识文化建设的新机遇新挑战的基础上，全面发挥文化的社会功能，贯彻科学发展观，推动文化又好又快地发展，大幅度地提高文化软实力，使中国特色文化建设在中国特色社会主义建设中日益发挥重要作用。

1. 努力建设社会主义核心价值体系，增强我国文化的影响力、吸引力、凝聚力。文化软实力在很大程度上表现为民族凝聚力，而这种凝聚力主要来自于人们对社会核心价值的认同。社会主义核心价值体系是社会主义意识形态的本质体现，在整个文化建设中居于统摄和支配地位。推动文化大发展大繁荣，必须把社会主义核心价值体系建设作为第一位的任务，坚持社会主义先进文化前进方向，使社会文化生活更加丰富多彩，使人民精神风貌更加昂扬向上。一方面，要把社会主义核心价值体系体现在文化大发展大繁荣的各个方面，贯穿到文化建设的各个环节，善于用马克思主义的世界观和方法论研究解决文化大发展大繁荣面临的新情况新问题，使社会主义核心价值体系成为文化大发展大繁荣的行动指南。另一方面，文化建设要积极反映社会主义核心价值体系的基本内容。马克思主义指导思想，中国特色社会主义共同理想，以爱国主义为核心的民族精神和以改革创新为核心的时代精神，社会主义荣辱观，构成了社会主义核心价值体系的基本内容。这四个方面的基本内容是我国文化大发展大繁荣的灵魂。当前的关键，也是重点和难点，是把核心价值落到实处，使我们民众的大多数能认同、能实践，使核心价值能发挥作用。

2. 大力推进文化创新，激发文化工作者的创造性。创新是我们国家战略发展的核心，也是文化的本质特征，是文化大发展大繁荣的最强大动力和来源。首先，要着眼于增强文化的吸引力、感染力，大力推进文化的内容形式创新，及时反映当代中国在物质生产和精神生产领域所取得的优秀文化成果，并以人民群众喜闻乐见的形式，不断增强文化的感染力。其次，要着眼于解放和发展文化生产力，大力推进文化体制机制创新，坚持把发展公益性文化事业作为保障人民基本文化权益的主要途径，加大政府投入力度；坚持把发展文化产业作为实现人民群众多层次文化需求的主要渠道，推动各类经营性文化单位的转企改制工作，完善法人治理结构，加快培育市场主体和战略投资者，增强国际竞争力。最后，要着眼于提高文化传播能力，大力推进文化传播手段创新，运用现代化的技术手段改进文化生产流程，推进文化业态创新，提高文化传播效率。

3. 树立科学发展观，促进文化又好又快发展。其一，要加快文化发展，这是文化大发展大繁荣的根本任务。要着力把握发展规律、创新发展理念、转变发展方式、破解发展难题，提高发展质量和效益，不断解放和发展文化生产力。其二，文化发展要以人为本，这是推进文化建设的核心，也是文化大发展大繁荣的关键。要坚持人民在文化建设中的主体地位，尊重知识、尊重人才、尊重创造，充分调动广大文化工作者的积极性、主动性、创造性；要把实现好、维护好、发展好最广大人民的文化权益作为文化建设的出发点和落脚点，做到发展为了人民、发展依靠人民、发展的成果由人民共享。其三，文化发展要坚持全面协调可持续发展。要坚持文化建设与政治建设、经济建设、社会建设和人的全面发展的辩证统一，坚持文化建设的社会效益和经济效益相统一。其四，文化发展要坚持统筹兼顾。要正确处理好改革、发展、管理的关系；要统筹城乡发展、区域发展，统筹公益性文化事业和经营性文化产业的发展；要统筹国内国际两个大局，树立世界眼光，善于从国际形势发展变化中把握发展机遇；要处理好政府与市场的关系，既要积极发挥政府主导作用，又要尊重和遵循市场规律，更大程度地发挥市场在文化资源配置中的基础性作用，增强发展的活力和效率。

4. 加强与世界各国的交流，努力促进中华文化走出去。各国相互借鉴、求同存异，尊重世界多样性，共同促进人类文明繁荣进步，是党的十七大报告关于推动建设和谐世界主张在文化上的基本要求。我国历史文化资源博大，市场资源潜力巨大，但是文化产业发展水平与发达国家相比还有很大差距，还要积极参与国际文化交流，在交流中实现中国文化的大发展。一是要突出对外文化交流的主题，既要展示我国灿烂辉煌的中华传统文化，更要把当代中国的思想创新、科学发现、技术进步、管理经验和文化生活展现出来，把中国的良好国家形象展现出来。二是要不断扩大对外文化交流领域，广泛开展文学艺术、新闻出版、广播影视、科技教育等各个领域的对外交流合作，形成全方位、多层次的对外文化交流格局。三是要提高我国文化产品“走出去”的实力，抓好国际文化展览的参展工作，精心组织文化走出去的重大工程和项目，鼓励文化单位到境外兴办实体企业，努力推动中国文化企业进入国外主流市场。

5．改善宏观管理手段，为文化发展提供良好的社会环境和经济政策。一是要建立健全文化建设的基础性法律法规，用法律法规来规范文化行为和文化市场。二是要落实好为文化建设服务的各项经济政策，做好现有各项政策的衔接和落实工作，积极争取新的经济政策，使文化建设在较为优惠、较为宽松的经济环境中运行并不断繁荣发展。三是要抓好日常监管，加大保护创新、保护知识产权的力度，严厉打击侵权盗版等非法活动，通过法律的、行政的和经济的手段保障文化创新的正常秩序。

6．提高国家文化软实力，维护国家文化安全。约瑟夫·奈在谈到文化软实力的概念时说，其基本含义是指“通过吸引而非强迫或收买的手段来达己所愿的能力”，可见文化软实力的逻辑起点就是国际关系中与军事斗争、经济竞争等手段相并列的概念。在中外文化交流中，朋友要交，交流要搞，但是心中要有数，文化安全的意识不能丢。国家文化安全涉及国家根本利益。要始终高举社会主义先进文化的旗帜，在文化观念上绝不照抄照搬，在发展模式上绝不简单模仿，坚决防范抵御各种腐朽落后的文化观念侵袭干部群众的思想，确保国家的文化安全和社会稳定。在对外文化交流和综合国力竞争中，要切实维护国家意识形态安全、知识产权安全、文化资源安全和文化传播安全等。

（作者：新闻出版总署副署长）

（选自《中国党政干部论坛》2008年第2期）

坚持改革创新，推动文化大发展大繁荣

蔡　武

30年来，在解放思想、实事求是、与时俱进的思想路线指引下，文化建设沿着改革创新的道路前行，发生了深刻的变化，取得了举世瞩目的成就。

改革创新是30年文化发展的鲜明特征

30年前，邓小平同志以无产阶级革命家的智慧和胆识，支持真理标准讨论，打碎了“两个凡是”的枷锁，确立了解放思想、实事求是的思想路线，拨开了笼罩在文化工作者思想上的迷雾阴云，极大地调动了广大文艺工作者的积极性。亿万人民参与改革的一往无前的进取精神和波澜壮阔的创新实践，为文化艺术的繁荣提供了取之不尽的生活源泉。

经济建设的辉煌成就为中国特色社会主义文化发展提供了坚实的物质基础。改革开放以来，我国经济保持了年均近10%的增长速度，经济总量跃居世界第四位，综合国力大幅提升，人民生活总体达到小康水平。文化建设获得了更加充足的物质支持，这是新时期文化繁荣发展的重要保证。改革开放30年间，国家对文化事业投入明显加大，文化事业费从1978年的4.4亿元增加到2007年的198.7亿元，人均文化事业费从0.46元增加到15.04元。文化基建投资1985年为6.45亿元，2007年增加到40亿元，一批有影响的文化设施相继建成，文化建设的物质基础日益巩固，为新时期文化事业和文化产业的发展创造了现实需要和可能。

经济体制改革为文化领域的改革创新提供了示范和借鉴。马克思主义的基本原理告诉我们，随着经济基础的变更，全部庞大的上层建筑也或慢或快地发生变革。我国的经济体制在改革开放中实现了由高度集中的计划经济向社会主义市场经济的转变，这种转变对传统的文化体制提出了严峻的挑战，也为文化体制改革提供了很好的借鉴和示范。从1979年提出“调整事业，改革体制”，1983年推行“承包制”改革，1988年探索国办艺术院团与民办艺术院团“双轨制”，到1994年实施艺术院团布局结构调整和考评聘任制改革，再到新世纪新阶段全面探索文化体制创新，着力构建党委领导、政府管理、行业自律、文化企事业单位自主运营的文化管理体制和运行机制，在筚路蓝缕的文化体制改革历史进程中，都不难看到经济体制改革所带来的巨大影响。

十六大以来，在以胡锦涛同志为总书记的党中央领导下，文化体制改革取得了突破性进展。2003年开展的文化体制改革试点工作为改革向面上逐步推开提供了典型示范，奠定了工作基础。2006年进一步向面上扩大，向纵深拓展，文化体制改革进入一个新的阶段。文化系统紧紧围绕加强公共文化服务、培育文化市场主体、发展文化产业、完善市场体系、改善宏观管理、转变政府职能等重点环节，大力推进文化体制改革。一批艺术院团通过转企改制，焕发出生机和活力。事实充分说明，改革是30年来文化发展最有力的助推器。

改革创新带来了新时期文化发展的巨大成就

文化体制改革促进了文化艺术生产力的解放，有力地推动着新时期文化事业和文化产业的全面发展。

改革开放以来，广大文化工作者突破了思想禁锢，创作热情高涨，坚持贴近实际、贴近生活、贴近群众的创作原则，坚持民族化、大众化、精品化的创作取向，创作了一大批时代特色浓郁、人民群众喜闻乐见的优秀作品。为鼓励艺术创新，政府舞台艺术奖——文华奖设立的"文华新剧目奖"近三届评出获奖优秀新剧目115个；为提高艺术创作质量和水平，2002年以来实施的国家舞台艺术精品工程共遴选出50台精品剧目由国家给予重点资助。目前，我国年创作生产影视剧近千部，全国专业艺术表演团体年演出近50万场次，观众约4.6亿人次；剧场、影剧院年演出、放映近60万场次，观众逾两亿人次。

公共文化服务体系建设初见成效。我国的公共图书馆从1978年的1218个增加到2007年的2799个，公共图书馆的总藏量从1979年的18353万册（件），增加到2007年的52053万册（件）。文化馆、文化站等公共文化机构不断加强，服务能力和水平不断提高，"十五"末期基本实现了县县有图书馆、文化馆的目标。城乡六级公共文化服务网络基本建立，公共文化服务体系进一步健全。全国文化信息资源共享工程、送书下乡、流动舞台车等重大文化项目的实施，全面提升了公共文化服务能力。

文化市场和文化产业迅猛发展。文化市场和文化产业是改革开放特别是社会主义市场经济体制建立以来的新生事物，在满足人民群众多样化需求方面发挥了巨大作用。改革开放以来，文化市场从无到有，有序的社会主义文化市场体系已经初步形成。自从十五届五中全会"文化产业"首次进入中央文件之后，文化产业加速发展，众多省市文化产业发展速度连续几年保持两位数增长，北京、上海、广东等省市文化产业占GDP比重已经超过5%，逐渐成为国民经济的支柱产业。

对外文化交流广泛深入。文化外交已成为国家整体外交战略的一个重要组成部分。目前，我国在世界78个国家设有89个使领馆文化处（组），与145个国家签订了政府间文化合作协定和近800个年度文化交流执行计划。已在海外设立文化中心7个，文化交流重要阵地建设取得突破性进展。随着"中国文化美国行"、"中俄文化年"、"中法文化年"、"中华文化非洲行"、"中日文化体育交流年"、"中韩交流年"、"相约北京"、"中国上海国际艺术节"、"中国北京国际音乐节"、"中国吴桥国际杂技节"等活动的成功举办，我国对外文化交流活动为世界瞩目。海外举办"春节"、"国庆"活动逐渐成为国际知名文化品牌和传播中华文化的重要载体，中华文化在世界的影响进一步扩大。

30年来，文化遗产保护工作迈上了新台阶。国家设立了"文化遗产日"，社会各界保护文化遗产的意识逐渐增强。各级各类文物得到了有效保护。非物质文化遗产保护工作提上政府重要议事日程，国务院公布了首批《国家级非物质文化遗产名录》518项，受到全社会的广泛关注。对传统艺术、中华古籍的抢救、保护和扶持进一步加强，民族文化瑰宝在创新中

薪火相传。

当前，文化系统要抓住以下重点环节，细化工作方案，切实推进文化领域的改革创新。

一是积极创新公共文化服务运行机制。对文化事业单位改革进行科学分类，研究制定具体标准，明确公益性文化事业单位功能定位、服务目标、任务责任，提出相应改革目标，明确改革进度。继续加大对公益性文化事业单位的投入，完善政策，建立健全公共文化机构正常运转的经费保障机制，提高资金使用效益。深化单位内部人事、分配制度改革，引入竞争激励机制，完善奖惩机制，增强单位活力。建立健全政府对公共文化机构绩效评估考核体系，促使其更好地履行公共文化服务职能，最大限度地发挥公共文化设施的效能。

二是大力推进经营性文化单位转企改制。完善政策保障，探索多种模式，加快国有经营性事业单位转企改制步伐，培育一批具有核心竞争力的国有大型文化企业集团。积极推进演出展览中介机构、影剧院、电影公司等可以实现市场配置资源的国有经营性文化单位转制为企业。做好转企改制单位清产核资、产权界定等工作，防止国有文化资产流失。认真落实改革中涉及职工利益的有关政策，切实做好劳动人事、社会保障的政策衔接，按照老人老办法的原则，妥善解决好职工的社会保障和富余人员的分流安置等问题。

三是深化艺术院团改革，促进文艺创作演出繁荣发展。国办艺术院团的改革，是文化体制改革的重点，也是难点。要坚持统筹兼顾，科学区分国家重点扶持院团和一般院团。对于重点扶持的艺术表演团体，应实行目标责任制，建立监督考核与奖惩制度，深化内部机制改革，全面实行人事代理与合同聘用，打通艺术人才进出渠道。总结“一团一策”的经验，大胆探索，有序推进，加快一般艺术院团转企改制的步伐，成熟一个转一个。落实转企改制剧团的各项优惠政策，在政策保障、资金支持、市场拓展等方面给予支持，增强其市场竞争力。

四是健全完善文化市场体系。加快市场主体培育，充分发挥国有文化企业的骨干作用，引导扶持民营文化企业健康发展，培育一批具有核心竞争力的大型骨干文化企业和战略投资者。积极发展文化产品和要素市场。完善现代流通组织形式，发展连锁经营、物流配送、院线制和电子商务等现代流通方式。落实和完善国家文化产业政策，大力发展具有良好前景的网络、游戏、动漫等新兴文化产业，运用高新技术创新文化生产和传播方式，培育新的文化业态。推动演艺、音像、娱乐、艺术品等传统文化产业向规模化、集约化发展，加快区域性特色文化产业群建设步伐。加强对文化市场的监管，确保文化市场健康发展。

五是创新传播方式，扩大对外文化交流。坚持政府主导，社会广泛参与，整合各种文化资源和力量，充分发挥中华文化的优势，不断创新对外文化交流的传播方式，积极开展对外文化交流活动和文化产品贸易，扩大中华文化的影响。积极与国际知名文化机构、文化企业开展合作，努力扩大我国文化产品和服务在国际文化市场上的份额。

实践已经证明并将继续证明，只有坚持改革创新，才能推动社会主义文化大发展大繁荣。

（作者：文化部部长）

（选自《求是》2008年第14期）

试析文化软实力的概念和理论框架

贾海涛

文化软实力的概念和理论是与综合国力、文化力和软实力等概念和理论相联系的，而不是孤立形成的。对文化软实力的研究，我们应该把其与相关概念和理论进行比较，分析它们之间的关系。这样，我们才能对这一概念的基本内涵及其理论体系的基本特征有一个准确的把握。这几个概念相互之间的关系大致为：综合国力为最大的概念，文化力、软实力和文化软实力是隶属于综合国力的同等的概念；文化软实力是在文化力和软实力两个概念基础之上形成的，几乎相当于这两个概念内涵和理论的相加。在中国学术界或理论界，综合国力的概念和理论体系虽然出自西方的国家权力（national power）概念和理论体系，但已与之分道扬镳，成为典型的中国特色的概念和理论。文化软实力概念也是如此：它虽然出自约瑟夫·奈的软权力（soft power）概念，但已经与之渐行渐远，朝着彻底中国化的方向发展。与综合国力一样，文化软实力也基本上被中国学者定位为一种客观存在的力量、实力和实在，而不仅仅是权力或非物质的看不见、摸不着的所谓“虚的”东西。

一

在中国学术的话语体系里，文化软实力概念是文化力和软实力概念的延伸，或者说是在文化力概念和软实力概念的基础之上发展起来的；而文化力概念与软实力概念又是在综合国力概念的基础上形成的，其理论也属于综合国力理论的一个分支。从词源的角度或学术发展的线索来看，文化力概念基本上是中国学术界独创的术语，国际学术界很少有这一说法；软实力概念西方倒是有，但内涵与中国人的理解已有不同。中国人所说的文化力和文化软实力概念的形成与软实力概念和理论有着密不可分的关系。

“soft power”概念是由美国哈佛大学教授约瑟夫·奈在1990年出版的《注定领导世界：美国权力性质的变迁》一书中首次提出，是指国力的一种类别或形态。传到国内后，有学者将其翻译为“软实力”，有学者将其翻译为“软力量”，有学者将其翻译为“软权力”。在这三种翻译中，“软权力”的翻译可能是最好的，或者说是最准确的。这是因为，“soft power”一词实际上就是对权力概念的拓展，作为概念和相关的理论都属于西方政治学和国际关系理论中的权力理论和国家权力理论体系。约瑟夫·奈开始将他的前辈和同时代的学者们讨论的国家权力的一部分称作软权力，这是对此前成果的一个概括和发展，但也引起争议。实际上，仍

有大批西方学者和政治家对软权力概念不以为然或不感兴趣，认为它是毫无新意的生造，有哗众取宠之嫌。这一概念或许并没有增加权力和国力理论的深度和高度，但其通俗而形象的表述却易于为大众所接受。

目前，软权力概念在西方已经被广泛接受，成为一个重要的学术术语和大众词汇。这一概念随后流行全球，在中国和大多数国家很快也赢得了几乎与其在美国相等的重要地位和影响力。在中国，文化力与软实力（软权力）两个概念是同时流行的，或者说在相同的领域往往是联袂登场的。不过，不论中国学界所谓的“文化力”，还是国内外学者所谓的“软权力”，都指的是国力或综合国力的重要组成部分，对它们的研究都几乎属于同一个话题。实际上，中国学界的文化力概念及其理论是受到约瑟夫·奈的软权力概念的影响或启发后创立的。开始，中国学者倾向于将软实力解释为“文化力”，但也有学者不主张二者混同，于是就出现了二者同时并用或同时并存的局面。

从内涵和本质上来说，文化力与软实力既有密切的联系和相似之处，又在内涵和用法上有一定的差异。有些学者只习惯使用文化力概念，有些学者主要倾向于使用软实力（软权力）概念。由于二者无法完全互相替代，二者同时并存和并用刚好可以形成互补。在实际运用中，将两个概念合并成一个新的词组也随即出现，这就是文化软实力的概念。这种表达开始可能具有一定的随意性，但它的确又具有相当的创造性和学术合理性，就像从文化力衍生出来的文化生产力概念一样自然而富有创意。文化软实力概念的内涵和理论可以认为就是文化力与软实力的内涵与理论的有机结合。这种结合不仅将使中国综合国力的理论发展得更全面、完整，也会使文化力和软实力的理论本身得到更好的发展。不过，概念的合并是简单的，但理论体系的合并和整合却不容易。实际上，将文化力和软实力（软权力）两个理论体系结合在一起的工作或许只能说是刚刚开始，有机整合还没有完成。甚至，关于文化力和软实力（软权力）之间的联系和区别在很大程度上并没有得到充分的探讨和认识，其逻辑关系尚未理顺，整合所需的理论框架也尚未搭建完毕。这无疑限制或制约了相关的应用性研究。

二

前面说过，从理论体系上来说，软实力或软权力概念源于西方理论界的权力概念，或者说是西方权力理论的一个组成部分。西方的所谓国力理论也属于权力理论的一部分，即所谓国家权力。这一概念也往往被翻译为“国家实力”，简称“国力”。不过，西方学术界有系统的权力理论体系（国际关系理论涉及的国家权力或国际体系中的权力也包括在内），并没有一个实力的理论体系。中国的综合国力、文化软实力说基本上是实力论，而非权力说。对此，下一部分我们将系统讨论。这里先说说软实力概念与西方权力理论的关系。

当代美国学者凯思·唐丁说过，“权力是政治学与社会学的中心概念”，而它作为一个学术概念“在经济学中基本上不被使用”，“在微观经济学更是不被提及。”在国际学术界，这是一个具有普遍代表性的观念。这基本上准确地描述了权力概念的学科归属或占领的学术领域。当然，这并不意味着只有政治学家和社会学家才有资格讨论权力问题，其他学科的学者则漠不关心。事实也并非如此，当今西方权力理论的形成是整个学界集体贡献的结果。阿西力·泰利斯等认为，权力概念主要用于政治学的分析，但在社会科学中也是一个最富争议的概念之一。

国际关系理论对权力和国家权力概念最为

重视，探讨也最为系统，但其权力观也是对前人的继承。培根、马基雅弗利、霍布斯、休谟、尼采、马汉、韦伯、葛兰西、罗素、福柯等大批思想家和学者都曾做出过巨大的贡献。卡尔、摩根索、怀特、汤普森、基辛格、基欧汉、莫德尔斯基等都是国际关系学领域关于权力理论的大家。霍布斯对权力的解释或界定已经非常全面，几乎决定了现代政治学家(包括国际关系理论家）关于权力思维的所有纬度，甚至已经详细地涉及到了软权力的内容。霍布斯将权力人的本质和欲望联系在一起，将其视作难以割舍的东西。他还说，权力有财富、知识和荣誉等。可以认为，软权力概念在霍布斯于1651年发表的《利维坦》一书中就已具雏形。当代对权力有过系统论述的政治学家，如摩根索等人，也都涉及到了类似的内容，只是没有使用软权力（软实力）的概念。因此，西方对软实力（软实力）的探讨至少自霍布斯就已开始，到了20世纪50年代进入系统、深入探讨的时期，80年代之后又达到一个新的高峰，90年代之后，随着软实力概念的出现，则又创新高。不过，尽管软实力（软权力）一词在当今西方社会使用率相当高，但围绕着软实力概念进行的理论研究却不多。学界仍似乎只有约瑟夫·奈一人在围绕着软实力概念在做文章，试图完善自己的理论。

甚至，关于权力的现代诠释及理论体系的构建应该追溯到略早于霍布斯的弗兰西斯·培根。后现代理论的主创者之一福柯认为，从某种程度上来说，西方传统的关于权力的理论，甚至目前西方关于权力的整体理论皆源于培根，或者说源于培根对权力与知识关系的定位，即“知识是权力”说。培根说过：“至于知识，它本身也是一种权力。”他的这一名言被简化为“知识是权力”的公式，而中文的翻译被固定为“知识就是力量”。顺便说一下，这种翻译可以说也是关于西方权力说开始理论变异或中国化的开端之一。或许，培根的原文中的“power”理解或翻译为中文的“力量”也不算错，甚至更为恰当。然而，培根的这一观念对西方学术产生的影响却是整个的权力理论或政治权力的理论体系，而不是所谓生产力、文化生产力和综合国力理论。因此，这里在讨论西方关于权力的理论体系时，我们更需要将它翻译为“权力”，而不是“力量”或“实力”。

实际上，培根除了“知识是权力”(或“知识就是力量”）的名言之外，几乎没有其他能够影响后人的关于权力的论断或名言了。但这并不妨碍他被人奉为西方权力理论的第一人；西方的知识社会学也往往以他为最主要的理论先驱之一。他的“知识就是权力”说给权力的存在和自他之后的知识体系、价值体系或理论体系提供了合理性的依据，或者说提供了一种思维方式或理论框架。也就是说，靠知识而获得权力是合理的；而权力产生于知识是一种理性的途径。实际上，人们重视培根的所谓权力说或知识与权力的关系理论主要是从知识社会学和整个价值体系、理论体系的角度来判断培根的权力说及其价值的。从某种程度上来说，葛兰西的马克思主义理论、福柯的解构理论、法兰克福学派的社会批判理论、结构主义的马克思主义、存在主义的马克思主义等，以及各类所谓“异化”理论，涉及到权力问题时，或多或少都可以从知识社会学的角度来理解。他们所做的当然就是对权力的批判和对关于知识或价值体系与权力关系的颠覆。这种颠覆工作实际上从尼采的“一切价值的重估”的“权力意志”理论里面就已经表现出来，到了福柯等人那里更加系统化，而且在整个理论界其影响也达到登峰造极的地步。由于这方面内容与本论文主旨无关，这里不再展开。不过，这里需要特别指出的是，无论是约瑟夫·奈的软权力说，还是托夫勒的权力的转移理论，都有着培根这一名

言直接影响的痕迹。

20世纪80年代，日本人热衷于讨论所谓文化力，名和太郎的《经济与文化》堪称代表作；该书由高增杰等于1987年翻译为中文出版。汉字的文化力概念的发明权应归日本人。不过，他们所说的文化力与权力和软实力（软权力）概念及理论无关；但这一概念对中国学界影响很大。中国学者较早探讨文化力理论的是军事科学院的黄硕风研究员。王沪宁教授是较早介绍约瑟夫·奈的软实力（软权力）概念的中国学者。1993年，他在《复旦学报》上发表了《作为国家实力的文化：软权力》一文，从文化的角度解释软权力。也就是说，在中国，软实力概念和文化力概念的提出和流行，均与王沪宁教授的理论贡献有着直接的关系。而且，从一开始，在中国学界，文化力与软实力就被看作孪生兄弟。另外，阎学通、王辑思、贾春峰、门洪华等学者也对文化力和软实力概念的流行和理论的发展做出了贡献。随着理论探讨和媒体宣传、推广的深入，产生了文化生产力概念和文化软实力概念。人们正试图用文化软实力概念将文化力和软实力概念与理论体系纳入一个系统。这是一个积极的嬗变和理论升华，标志着对西方软实力理论束缚的摆脱，进而彻底完成中国化的过程。

在中国学术界，对文化力和软实力问题的研究可以大致分为三个集群：一是从事马克思主义哲学、科学社会主义理论、毛泽东思想、邓小平理论、“三个代表”重要思想研究的学者群体；二是从事国际问题和战略学（主要是国家战略或国家发展战略）研究的学者群体；三是从事文化研究的学者群体。不可否认，这三个群体或学术派别之间的学术对话或学术互动不够，学术成果的相互借鉴和相互吸纳也是个问题。这也导致了基础理论出现了体系的明显差异，应用研究缺乏正确的概念界定和理论框架。不仅如此，很多研究有闭门单干、自说自话的特点；甚至，低水平的重复和抄袭、剽窃现象也并非罕见。关于文化软实力发展战略的研究从方法、分析框架和整体构想上大都尚未形成理想的理论。由于缺乏基础理论的支撑和基本概念内涵的不明确，很多立论和构想难以成立，或者说学术性不够。无论是从决策参考还是从学术研究的角度，目前我们亟需一个合理而适用的关于提升中国文化软实力的思路。

三

西方学界的国力、软权力观念对中国的综合国力、文化力和文化软实力等概念和理论的形成与发展产生了直接的影响，但中西两个理论体系的差异是巨大的。中国的文化软实力理论与综合国力理论一样，是在马克思主义理论的基础上对西方相关理论的扬弃与发展，是一个质变的过程。

美国从事国力研究的学者阿希利·泰利斯等认为，在国力评估理论研究方面，摩根索的成果比其他所有现代理论家都系统，而且自他的著作《国家间的政治》在1948年问世后，其方法也为大批理论家所仿效。中国综合国力理论的开创者黄硕风也承认摩根索是西方国力论研究的集大成者。西方研究国力和国际关系学权力理论的学者都受摩根索的影响很大，包括曾建立国力测评公式的雷·克莱因。摩根索曾明确地将他所说的权力定位为政治权力。克莱因也曾指出：“权力最终是强制能力。”这与中国学者将国力一律理解或翻译为“国家实力”（或“国力”）的做法是不太一致的。或者说，中国学者的“实力说”的翻译不太准确。

摩根索认为，权力是政治学中最难把握也最富争议的概念。托夫勒也认为，在我们这个时代，权力仍是“最不被了解和最重要”的研究对象。美国学者格里高利·特里佛顿和希提·琼斯认为，“权力是一个难以琢磨的概念。”他们还指出：“21世纪来临的时候，权力概念更重要了，对于它的争议也更多的。”对于中文世界来说，权力、国力和软权力话题的复杂性又成倍增加。这是因为基本概念的翻译过于多样化。翻译的多样性造成了中文构建的国力与软权力（软实力）理论体系的一定程度的混乱，并且也是中西相关理论分道扬镳的主要原因之一。这也造成了相关理论国际学术对话的困难。

约瑟夫·奈第一次明确地将权力分为两个部分：硬权力与软权力（软实力）。他说：“一个国家的软实力（软权力）取决于其文化的魅力、国内政治和社会价值观的吸引力，以及其外交政策的风格与实质。”无疑，文化是约瑟夫·奈的软权力的一个主要源泉，但他的软权力不能与我们中国人目前所说的文化力等同。他将软权力视为一种不必强迫就能得到自己想要的东西的能力。他说：“简言之，从行为上描述它就是吸引力。”这些解释是比较能够体现他的软实力概念的本质的。从本质上来说，约瑟夫·奈讲的的确是一种权力，而非实力。

托夫勒也是一位对权力有着全面、系统认识的当代学者。他的《权力的转移》一书阐发了一种较新的权力观念，强调知识和文化对权力产生的重要性。他认为：“无论如何，最高质量的权力来自于知识的应用。”他说：“因此，知识本身不仅已经成为高质量权力的来源，而且还是力量和财富的最重要的成分。”可以看出，他的权力说的根基仍是培根的权力观。他的文化和权力观比较接近我们中国学界和决策部门关于文化力和文化软实力的认识。

黄硕风在20世纪90年代初期已经开始将文化解释为国力的一部分，但没有提出文化力的概念。他将文化与教育并提，称之为“文教力”，但也没有给予重要的地位。另外他还将科技单列为综合国力的另一重要组成部分，不过也没有将这一部分与文化力挂钩。高增杰等曾将日本人的文化力概念译介给中国学界，但也并没有受到重视。直到王沪宁教授用文化力解释软权力（软实力），文化力概念才正式成为一个学术概念并随后形成理论。王沪宁接受了约瑟夫·奈的软权力定义，指出软权力是一个国家对外交往的基本力量，在它的基础上建立了文化力概念。王沪宁将政治体系、民族士气、民族文化、经济体制、历史发展、科学技术和意识形态等因素看作文化力的构成，属于一种比较全面、权威的解释。而且，他将文化力与软实力看作一体，因此不仅堪称文化力概念和理论的创造者，也是文化软实力概念或理论的奠基者。目前，中国学界无论是对于文化力的定义还是对于文化软实力的认识，都还没有超过王沪宁和约瑟夫·奈的解释。自王沪宁之后，人们接受了这两个概念，但只是将它们当作现成、既定的东西，在概念和理论体系上并没有发展，甚至出现了误解或将其简单化的倾向。很多情况下，不同学科的学者所说的文化力或文化软实力内涵与本质不同，所讨论的文化力和文化软实力发展战略也较为片面，主要以各自学科所理解的文化概念为基础，缺乏跨学科的综合特点。

文化力概念虽然是受约瑟夫·奈的软实力概念启发产生的，但一开始也是作为综合国力概念的附属概念提出来的。它产生的原因在于说明综合国力有文化因素，或者说文化是综合国力的一部分。在中国学界，软实力一开始也被解释为综合国力的重要组成部分。但一段时间，文化或软实力作为国力的组成部分曾被认为是“虚的”而非“实的”。黄朔风明确指出，“文教力”是“精神力量”。从某种程度上来说，文化力概念和理论基本上属于中国人自创的概念和理论；而软实力（软权力）理论是西方的，属于西方权力理论或国家权力（国家实力）理论的一个组成部分。现在，人们已倾向于认为文化力是客观实在的力量，而主要不是权力。文化软实力理论则应该是以文化力理论为主，结合软实力理论而形成的更为完善的具有中国特色的新理论。在概念上，文化软实力也基本上是文化力与软实力（中国人所理解的）两个概念的内涵的相加。不过，从理论来源上，马克思主义的基本原理和党的执政理念与理论已经成为文化软实力的核心和主要内容。中国综合国力理论与文化软实力理论一直就是决策部门与学术界互动的智慧结晶。

事实上，自邓小平同志大力提倡提升中国的综合国力和注重中国的综合国力的发展以来，综合国力已经成了我国意识形态的一个非常重要的核心概念和发展中的马克思主义理论新的理论核心之一，而文化力概念也逐渐成为这一核心概念和理论核心中的核心或重中之重；文化力概念也从邓小平的“科学技术是第一生产力”的提法，逐渐丰富、发展为系统的文化力理论。最近，这一理论体系更是完成了由文化力概念和理论到文化生产力、文化软实力概念和理论的嬗变与升华。可以说，从马克思主义和科学社会主义理论不断发展的角度来说，从邓小平、江泽民到胡锦涛，对综合国力和文化力软实力的重视和提倡是一以贯之、持之以恒的，而相关理论也在不断地发展、完善。如今，这一理论体系已经成了党和政府执政方针和改革开放政策的重要组成部分，而且已经成为新时期马克思主义理论和科学社会主义理论的一部分。这一理论是我党对马克思主义理论和科学社会主义理论的重要贡献。它一方面是集体智慧的结晶，有学者的学术贡献，同时也体现了党和国家领导人的独特的聪明智慧和卓越的理论贡献。目前，这一理论与中国的改革开放、社会发展以及国家发展战略的联系是全方位的，而介入这一学术领域的学科和研究人员也越来越多。这方面，西方学者或国际学者是无法与中国学术界相比的。

不过，目前我国理论界对文化软实力的基础研究才刚刚起步，发展或开发文化软实力的战略意义在全社会也没有得到足够的重视。值得注意的是，虽然关于文化软实力问题的基础理论研究远远不够，很多基本问题并没有澄清，但应用研究却一直颇为兴盛。事实上，理论界和整个社会更热衷于所谓应用研究，而对基础理论研究热情不高；有限的基础理论研究也多是重复前人或别人，创新较少。然而，由于基本理论的不足，这类应用研究出现偏差是不可避免的。如果对基本概念的内涵、本质和理论体系的特征在认识上存在着不足和较大的分歧，不仅会造成理论体系的混乱，对于应用研究和相关决策、政策的制定也必然造成较大的消极影响。比如，如果对文化软实力理解不对，或者说压根就没有认准什么是文化软实力，那么谈文化软实力发展战略可能就是一句空话，在此基础上制定的政策或方案可能不会解决根本问题。只有在搞清楚什么是文化软实力及其资源，认清怎样建设、开发和发挥文化软实力等问题，才能搞清楚我国文化软实力的强弱（优势和劣势）以及我国文化软实力发展的关键，进而才能明白我们需要构建怎样的文化软实力的发展模式。在此基础上，我们才能制定出一个理想而切实可行的文化软实力发展战略。

（作者：暨南大学社科部教授）

（选自《岭南学刊》2008年第2期）

深入推进社会主义核心价值体系建设，巩固全党全国人民团结奋斗的共同思想基础

刘云山

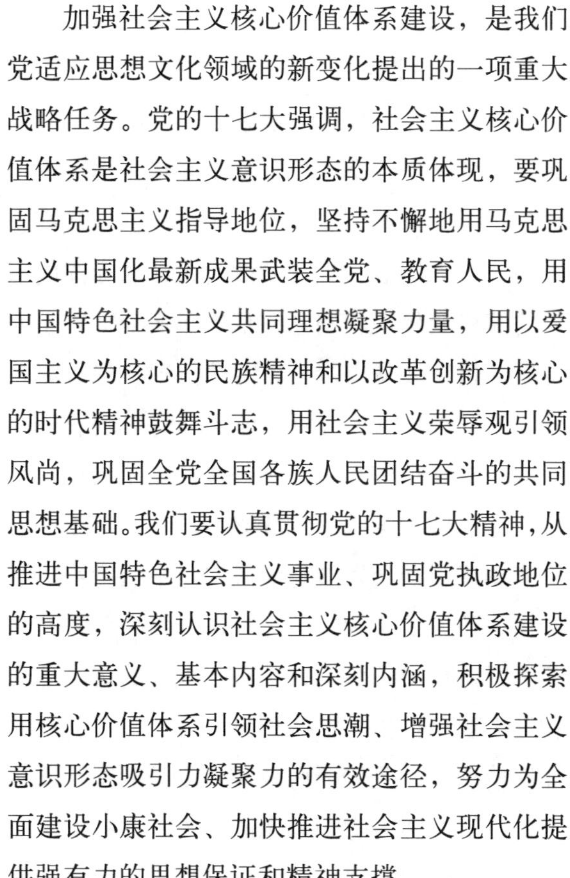

加强社会主义核心价值体系建设，是我们党适应思想文化领域的新变化提出的一项重大战略任务。党的十七大强调，社会主义核心价值体系是社会主义意识形态的本质体现，要巩固马克思主义指导地位，坚持不懈地用马克思主义中国化最新成果武装全党、教育人民，用中国特色社会主义共同理想凝聚力量，用以爱国主义为核心的民族精神和以改革创新为核心的时代精神鼓舞斗志，用社会主义荣辱观引领风尚，巩固全党全国各族人民团结奋斗的共同思想基础。我们要认真贯彻党的十七大精神，从推进中国特色社会主义事业、巩固党执政地位的高度，深刻认识社会主义核心价值体系建设的重大意义、基本内容和深刻内涵，积极探索用核心价值体系引领社会思潮、增强社会主义意识形态吸引力凝聚力的有效途径，努力为全面建设小康社会、加快推进社会主义现代化提供强有力的思想保证和精神支撑。

一、充分认识建设社会主义核心价值体系的重大意义

核心价值体系是一个社会意识形态的主体和灵魂，在所有价值目标中处于主导和支配地位，对社会意识和社会思潮具有强大的引领和整合功能。现在，我国进入新的发展阶段，经济体制深刻变革、社会结构深刻变动、利益格局深刻调整、思想观念深刻变化，我们党提出建设社会主义核心价值体系，抓住了意识形态建设的关键和根本，具有重大现实意义和深远历史意义。

1. 建设社会主义核心价值体系，符合社会发展运动规律，是古今中外治国理政、安民固邦的经验教训给我们的深刻启示。任何一个社会都存在多种多样的价值观念和价值取向，要把全社会的意志和力量凝聚起来，必须有一套与经济基础和政治制度相适应、并能形成广泛社会共识的核心价值体系。如果没有这个最核心的东西，就会失去社会前进的方向，失去共同的思想道德基础，导致人心涣散、社会混乱。通过构建核心价值体系，发展主流意识形态、整合社会意识，是社会系统得以正常运转的基本途径。在我国古代，很早就提出了“礼义廉耻，国之四维”，后经历代儒家的吸收融合，逐步形成了以“三纲五常”为主要内容的价值体系，成为封建社会两千多年超稳定结构的精神支撑。在西方，资产阶级在反对封建统治、夺取政权的斗争中，掀起文艺复兴和思想启蒙运动，提

出“自由、平等、博爱”等价值观念，形成了一套以个人主义为主要内容的价值体系，对建立和巩固资本主义制度发挥了重要作用。当今世界，许多国家对建设核心价值体系更加重视、更加自觉。历史和现实表明，核心价值体系是一个社会的方向盘，是一个国家的稳定器。能否构建起具有强大感召力的核心价值体系，关系人心向背，关系国家长治久安。

2. 建设社会主义核心价值体系，标志着我们党对社会主义制度在价值层面的探索达到一个新的高度，为全面推进中国特色社会主义事业提供了更有力的精神支撑。建设全面发展、全面进步的社会主义社会，必须在不断完善经济、政治和社会等各方面制度的同时，积极探索社会主义在精神和价值层面的本质规定性。可以说，能否构建起科学完备的社会主义核心价值体系，是社会主义是否完善、是否成熟的一个重要标志。长期以来，我们党围绕建设社会主义进行了艰苦曲折的探索，不断完善社会主义基本经济制度、政治制度和社会制度，也不断深化着对社会主义意识形态和价值取向的认识。我们党始终把马克思主义作为根本指导思想，无论形势怎样变化，都毫不动摇地坚持马克思主义在意识形态领域的指导地位。改革开放以来，我们党在探索“什么是社会主义、怎样建设社会主义”的实践中，深刻认识到在我们这样一个发展中大国推进社会主义事业，必须走自己的路，建设中国特色社会主义，强调要在全体人民中牢固树立这一共同理想。进入新世纪，我们党适应激烈的综合国力竞争和世界范围内思想文化的相互激荡，着眼于增强民族凝聚力、向心力，提出大力弘扬以爱国主义为核心的民族精神和以改革创新为核心的时代精神，强调要不断丰富人们的精神世界、增强人们的精神力量。胡锦涛总书记在2006年提出以“八荣八耻”为主要内容的社会主义荣辱观，强调要分清是非荣辱、明辨善恶美丑，在全社会培育文明道德风尚。党的十六届六中全会深刻总结新中国成立以来特别是改革开放以来意识形态建设的历史经验，集社会主义价值理念之大成，把我们党倡导的基本理论、思想观念和价值取向，系统、凝练地整合在一起，第一次鲜明地提出了建设社会主义核心价值体系的重大命题，明确了核心价值体系的基本内容。可以说，提出建设社会主义核心价值体系，进一步揭示了社会主义制度的内在精神之魂，反映了我们党对中国特色社会主义本质属性的新认识，必将更好地促进我国社会主义制度的自我完善和发展，进一步坚定人们走中国特色社会主义道路的信念。

3. 建设社会主义核心价值体系，适应了国际国内形势变化对意识形态工作提出的新要求，为我们党在经济全球化和社会多样化形势下团结带领人民开拓前进树立了精神旗帜。我们正处在一个大发展、大变革的时代，国际国内形势的深刻变化使我国意识形态领域面临着空前复杂的情况。从国际看，经济全球化趋势深入发展，各种思想文化相互激荡，不同文明交流、交融、交锋更加频繁，进一步凸显了文化软实力在综合国力竞争中的战略地位，凸显了核心价值体系在社会发展和国家安全中的“生命线”作用。西方发达国家凭借经济、科技优势，加紧进行意识形态渗透，企图把他们的政治理念和价值观念推销、扩张到世界各个角落。在这样的情况下，我们要有效应对激烈的国际文化竞争，抵御西方意识形态的渗透，维护国家文化安全，必须把建设社会主义核心价值体系作为提高国家文化软实力的战略举措，更好地凝魂聚气、强基固本。从国内看，我国已进入改革发展的关键时期，经济社会发展呈现出许多新的阶段性特征。特别是随着利益格局的不断调整，社会生活日趋多样化，社会意识更加多样、多元、多变，这既为社会发展进步注入了活力，也带来了社会思潮的纷繁变幻。在马克思主义指导地位不断巩固的同时，一些非马克思主义甚至反马克思主义的思潮也时有出现。在社会思想空前活跃、主流积极健康向上的同时，一些错误的、消极的、颓废的思想意识也有所滋长。各种价值观念相互交织、相互碰撞、相互影响，一些人思想困惑、信仰淡漠，一些领域诚信缺失、道德失范。在这样的情况下，如何扩大主流意识形态的影响，弘扬积极健康的道德风尚，是必须解决好的重大课题。提出建设社会主义核心价值体系，为进一步巩固和壮大社会主义意识形态提供了重要遵循，有利于掌握意识形态领域的主动权、主导权、话语权，有利于团结凝聚不同阶层、不同认识水平的人们共同前进。

二、进一步深化对社会主义核心价值体系的理解

社会主义核心价值体系内涵丰富、意蕴深远。推进社会主义核心价值体系建设，首先应解决好认识、认知、认同的问题。要引导人们进一步加深对社会主义核心价值体系的理解，准确把握其基本内容、现实目标、鲜明特征和实践要求，增强建设核心价值体系的自觉性、坚定性。

1．深刻认识社会主义核心价值体系的基本内容。党的十六届六中全会把社会主义核心价值体系概括为四个方面，即马克思主义指导思想、中国特色社会主义共同理想、民族精神和时代精神、社会主义荣辱观。这四个方面相互联系、相互贯通，各具功能、各有侧重。马克思主义在核心价值体系中处于统领地位，是社会主义意识形态的灵魂，是我们党和国家的根本指导思想，应当成为我们认识世界、改造世界的强大思想武器，成为全体共产党员的坚定信仰。建设中国特色社会主义是全社会的共同理想，反映了全体中国人民的根本利益和共同愿望，揭示了民族振兴、国家富强、人民幸福、社会和谐的必由之路，应当成为当代中国发展进步的伟大旗帜，成为全体人民团结奋进的崇高追求。以爱国主义为核心的民族精神和以改革创新为核心的时代精神是中华民族生生不息、薪火相传的精神支撑，是中国人民开拓进取、创造崭新业绩的力量源泉，应当成为每一个中华儿女必须具备的精神状态和必须展现的精神风貌。社会主义荣辱观为全体社会成员判断行为得失、作出道德选择提供了价值标准，体现了中华民族的传统美德、优秀革命道德与时代精神的完美融合，应当成为全体社会成员普遍遵守的基本行为规范。这四个方面把党的主张、国家意志和人民意愿统一起来，把政治与伦理、理想与现实结合起来，是一个结构完备、逻辑缜密的科学体系。

2．深刻认识社会主义核心价值体系的现实目标。核心价值体系既是精神理念，也蕴涵着现实的目标追求。社会主义核心价值体系的现实目标就是团结动员全党全国各族人民为建设富强、民主、文明、和谐的社会主义现代化国家而奋斗。“富强、民主、文明、和谐”这八个字，凝结了中国特色社会主义的要义，体现了社会主义核心价值体系的精髓。富强是中华民族梦寐以求的美好夙愿。近代以来，为改变国家积贫积弱的状况，无数仁人志士苦苦寻求富民强国之路，直到中国共产党把马克思主义与中国实际相结合，才赢得了民族独立、人民解放，建立了社会主义制度，开创了中国特色社会主义道路，为国家强盛、民族振兴提供了现实途径。民主是中国共产党人的崇高价值追求，也是社会主义的应有之义。我们党历来以实现和发展人民民主为己任，在革命时期就高高举起民主的旗帜，新中国成立后为实现人民当家做主、建设社会主义法治国家进行了不懈努力。

我们始终认为，民主不是资本主义的专利，社会主义应该也能够创造出比资本主义更高层次的民主。文明是社会进步的重要标志，也是中国特色社会主义的重要特征。中华民族曾经创造了辉煌灿烂的文明，为人类发展进步做出了巨大贡献。在当代中国人民的伟大奋斗中，必将迎来社会主义文化的大发展、大繁荣，中华民族将以更加文明进步的形象屹立于世界民族之林。和谐是中国传统文化的基本理念，也是中国特色社会主义的本质属性。面对前所未有的机遇和挑战，要把中国特色社会主义推向前进，必须把构建社会主义和谐社会摆在重要位置，促进社会公平正义，努力形成全体人民各尽其能、各得其所而又和谐相处的生动局面。总之，富强、民主、文明、和谐是我们整个国家、民族的奋斗目标，坚持马克思主义指导思想，树立中国特色社会主义共同理想，弘扬民族精神和时代精神，践行社会主义荣辱观，都是为了实现这个目标，必须在全社会唱响富强、民主、文明、和谐的时代主旋律。

3．深刻认识社会主义核心价值体系的鲜明特征。社会主义核心价值体系，是我们党汲取人类思想精华、适应时代发展要求创造性提出的，体现了马克思主义价值观与中国传统价值观的有机统一，具有鲜明的科学性、民族性、时代性、开放性，拥有广泛而深厚的历史基础和现实基础。这个核心价值体系是科学的，它以科学的世界观和方法论为指导，坚持马克思主义的基本原则，反映马克思主义中国化的最新成果，内在地蕴涵着以人为本、科学发展的要求，包含着和谐的精神、和谐的理念，真正能够引领当代中国发展进步。这个核心价值体系是民族的，它源于中华民族的优秀传统文化，积淀着中华民族最深层的精神追求和行为准则，符合民族心理、反映民族特性，具有广泛的民众基础。这个核心价值体系是时代的，它植根于当代中国特色社会主义的伟大实践，体现时代潮流、富有时代气息，反映着人类发展进步的要求。这个核心价值体系是开放的，它具有与时俱进的品格和开放包容的气度，充分吸收世界各国优秀思想文化成果，充满改革创新精神，随着实践发展而不断丰富和完善。我们讲马克思主义指导地位，强调的是坚持和发展的统一，用发展着的马克思主义指导新的实践；我们讲共同理想，强调的是把先进性要求和广泛性要求结合起来，引导全体人民为实现全面建设小康社会宏伟目标而奋斗；我们讲民族精神、时代精神和社会主义荣辱观，强调的是发扬传统与立足当代的统一，适应社会主义市场经济的深入发展，不断用反映时代进步要求的思想观念来丰富和充实。

4．深刻认识社会主义核心价值体系的实践要求。推进核心价值体系建设必须把握其实践要求，着眼于巩固党执政的思想基础，着眼于增强国家和民族的凝聚力，着眼于维护社会和谐稳定，着眼于促进人的全面发展，充分发挥引领和整合功能，更好地为实践服务、为现实服务。“掌握思想领导是掌握一切领导的第一位”，在革命、建设、改革的各个时期，我们党之所以能把亿万人民群众凝聚起来，就是因为有一套科学的思想理论和先进的价值理念。在党的历史方位和执政环境发生深刻变化的新形势下，推进核心价值体系建设，一定要致力于引导人们增强对党的理论和路线方针政策的理解和认同，增强对中国共产党领导、社会主义制度、改革开放事业的信念和信心，更好地动员全党全国各族人民坚持以邓小平理论和“三个代表”重要思想为指导，深入贯彻落实科学发展观，为完成党的执政使命而不懈奋斗。共同的理想信念和价值追求，是一个国家、一个民族凝聚力的源泉。在我们这样一个拥有13亿人口、56个民族的发展中大国，推进核心价值体系建设，一定要致力于增强民族的自尊心、自信心和自豪感，引导人们把个人的价值追求融入民族振兴、国家发展之中，努力把全体人民的思想意志统一起来，把全民族的智慧力量凝聚起来。社会和谐稳定既需要科学有效的社会管理，也需要浸润心灵的精神感召。在社会矛盾交织、各类问题多发多变的情况下，推进核心价值体系建设，一定要致力于形成共同的精神纽带和良好的人际关系，用和谐的理念、和谐的思维处理思想认识问题，最大限度地增加和谐因素，最大限度地减少不和谐因素，保持社会安定有序。促进人的全面发展是社会主义的本质要求，也是核心价值体系建设的重要任务。在发展社会主义市场经济的条件下，推进核心价值体系建设，一定要致力于提升全民族的整体素质和每个公民的精神境界，大力加强社会公德、职业道德、家庭美德、个人品德建设，在全社会形成良好的道德风尚，培养有理想、有道德、有文化、有纪律的社会主义建设者。

三、切实把社会主义核心价值体系贯穿到社会生活的各方面

党的十七大明确提出了推进社会主义核心价值体系建设的两大任务：一是切实把社会主义核心价值体系融入国民教育和精神文明建设全过程，转化为人民的自觉追求；二是积极探索用社会主义核心价值体系引领社会思潮的有效途径，既尊重差异、包容多样，又有力抵制各种错误和腐朽思想的影响。要紧紧围绕这两大任务，贴近实际、贴近生活、贴近群众，着力解决好普及性、操作性、机制性问题，通过卓有成效的教育引导、舆论宣传、文化熏陶、实践养成、制度保障等，使社会主义核心价值体系内化为人们的价值观念，外化为人们的自觉行动。

1. 加强教育引导，把社会主义核心价值体系转化为社会群体意识。教育引导是建设社会主义核心价值体系的基础性工作。要在全社会广泛开展社会主义核心价值体系的宣传教育活动，通过多种形式把社会主义核心价值体系的内容和要求通俗化、大众化，努力扩大社会认同、形成思想共识。加强宣传教育，要区分层次、突出重点。党员干部的言行对其他社会成员有着很强的示范作用，很大程度上影响着人民群众对核心价值体系的认同。广大党员干部特别是各级领导干部要带头学习和践行社会主义核心价值体系，用自己的模范行为和高尚人格感召群众、带动群众。青少年是国家的未来，学校是意识形态的重要阵地，建设核心价值体系必须从小抓起、从学校抓起。要把核心价值体系的基本内容和要求渗透到学校的教育教学之中，体现在学校的日常管理之中，做到进教材、进课堂、进头脑。知识分子特别是各界知名人士是建设先进文化的重要力量，对全社会特别是青少年影响很大。应当充分发挥自身优势，大力传播社会主义核心价值体系，积极为核心价值体系建设贡献智慧和力量。

2. 营造舆论氛围，把社会主义核心价值体系贯穿到各级各类媒体传播之中。媒体是思想文化传播的重要载体，是推广主流价值观念的主渠道。西方发达国家非常重视借助传媒网络推销其意识形态，而他们的媒体在这方面也有着高度自觉。要充分认识媒体在社会主义核心价值体系建设中的重要作用，引导各级各类媒体认清肩负的责任，努力把核心价值体系的要求贯穿到日常宣传报道中，形成有利于核心价值体系建设的舆论强势。新闻媒体坚持正确导向，衡量标准是什么？就是看是否符合社会主义核心价值体系的要求，在这个问题上，所有媒体都应当非常明确、非常自觉。不仅党报、党刊、电台、电视台要发挥主力军作用，而且都市类媒体、网络媒体也要发挥自身优势，共同唱响社会主义核心价值体系的大合唱；不仅新闻

报道、专题节目要积极弘扬核心价值体系，而且所有娱乐类、体育类节目以至各类广告也都要符合和反映核心价值体系的要求。

3. 坚持以文化人，把社会主义核心价值体系渗透到精神文化产品创作生产之中。精神文化产品潜移默化地影响着人们的思想观念、价值判断、道德情操，对于推进核心价值体系建设具有不可替代的独特作用。要着眼于满足人们精神文化需求，用多种多样的文化形式、用高质量高品位的文艺作品，生动形象地表现社会主义核心价值体系的深刻内涵和精神实质。要尊重精神文化产品的创作生产规律，在“融入”和“渗透”上投入更大的精力，使作品的内容与形式有机结合、相得益彰，防止简单地喊口号、贴标签。现在，人们的审美情趣、审美方式日趋多样，流行文化、通俗文化、娱乐文化、网络文化等对人们特别是青少年的影响越来越大。要把握群众文化生活的新特点，加强对新的文化品种、文化形式的研究和引导，使之既大众通俗、多姿多彩，又符合社会主义核心价值体系的要求。要加强对创作思想的引导，对体现核心价值体系的优秀精神文化产品给予鼓励，对亵渎经典、低俗媚俗、肆意恶搞的现象予以抵制，努力形成有利于推进社会主义核心价值体系建设的良好文化生态。

4. 注重实践养成，把社会主义核心价值体系融入到日常工作生活之中。一种价值体系要真正发挥作用，必须融入社会生活，让人们在实践中感知它、领悟它。离开了生活，离开了实践，再好的价值体系只能是空中楼阁。推进社会主义核心价值体系建设，必须同人们日常生活紧密地联系起来，在落细、落实上下功夫。要按照社会主义核心价值体系的基本要求，健全各行各业的规章制度，完善市民公约、乡规民约、学生守则等行为准则，使核心价值体系成为人们日常工作生活的基本遵循。要有计划、有目的地建立和规范一些礼仪制度，如升国旗仪式、成人仪式、入党入团入队仪式等，充分利用重大纪念日、民族传统节日等契机，组织开展形式多样的纪念、庆典活动，传播主流价值理念，增强人们的认同感。要把社会主义核心价值体系的要求融入到各种精神文明创建活动之中，充分发挥文明城市、文明村镇、文明行业、文明社区、文明单位的示范作用，吸引群众广泛参与，推动人们在为家庭谋幸福、为他人送温暖、为社会做贡献的过程中提升精神境界、培育文明风尚。总之，要利用各种时机和场合，搭建弘扬核心价值体系的平台，形成有利于核心价值体系建设的生活情景和社会氛围。

5. 强化机制保障，把社会主义核心价值体系体现到制度设计、政策法规制定和社会管理之中。建设核心价值体系，不仅要靠思想教育、实践养成，而且要用制度、机制来保障。任何社会要使其主流价值理念得到广泛认同并保持稳定性、持续性，都必须使国家的法律法规和方针政策的制定以及司法行政行为等很好地体现核心价值体系的要求。核心价值体系规定着政策、法规的性质和方向，具体政策、法规又直接影响着人们对核心价值体系的认同。要充分发挥政策的导向作用，使经济、政治、文化、社会等方方面面的政策都有利于社会主义核心价值体系建设，防止出现具体政策与核心价值体系相背离的现象。要积极促进社会主义核心价值体系的要求转化为法律规定，用法律的权威来推动核心价值体系建设。各种社会管理不仅具有维护生产生活秩序的作用，也应当承担起倡导主流价值观念的责任。各级各类管理部门要把倡导核心价值体系作为份内工作，建立健全有效的激励约束机制，注重在日常管理中体现价值导向，使符合核心价值体系的行为得到鼓励，违背核心价值体系的行为受到制约。

四、准确把握建设社会主义核心价值体系的原则

建设社会主义核心价值体系，是一项长期的战略任务和复杂的系统工程。要从社会主义初级阶段和干部群众思想实际出发，把握意识形态建设的规律，妥善解决思想理论领域的问题，正确处理先进性与广泛性、主导性与包容性、理论性与实践性的关系，立足当前、着眼长远，扎扎实实推进社会主义核心价值体系建设。

1．以人为本、重在建设，充分体现人文关怀。建设社会主义核心价值体系，既是促进社会全面进步的需要，也是实现人的全面发展的需要。必须尊重人的主体地位，关注人的精神诉求，善于发现人民群众中蕴藏的积极向上的思想精神，引导群众自我教育、自我提高。要把教育人、引导人、鼓舞人与尊重人、理解人、关心人结合起来，适应群众的接受习惯和心理特点，多用典型示范、交流疏导、说服教育、民主讨论的方法，有针对性地解决群众的思想疑虑和困惑。要关注民生、倾听民意，切实解决群众最关心、最直接、最现实的利益问题，把工作做到群众的心坎上，让人们在共享改革发展成果的过程中理解和认同党的主张、自觉接受社会主义核心价值体系。培育核心价值理念，是在精神领域里搞建设。要坚持正面教育为主，大力倡导一切有利于国家富强、人民幸福、民族团结、社会和谐的思想和精神，用正确的思想、进步的观念、先进的文化逐步消解错误思想、落后观念、腐朽文化的影响。

2．尊重差异、包容多样，积极引导社会思潮运动进程。差异是社会存在的客观现实，多样是社会发展的必然趋势。核心价值体系能否发挥主导作用，很大程度上要看它能不能包容和整合大多数社会群体的思想意识。尊重差异，就是要尊重广大群众在思想意识、价值观念上的差异性，既鼓励先进，又照顾多数，根据不同社会群体、社会阶层的思想实际提出不同要求。包容多样，就是要树立多样共生的意识，不断扩大核心价值体系的包容度和影响力。要站在时代潮流的前头，密切关注社会思想变化，因势利导、顺势而为，在尊重差异中扩大社会认同，在包容多样中形成思想共识，有力抵制各种错误思想和腐朽文化的影响，引导社会思潮朝着积极健康的方向发展。要按照中央确定的方针，妥善处理思想文化领域里的问题，无论处理什么问题，都要有利于改革发展稳定大局。

3．持之以恒、久久为功，在不断积累中壮大主流意识形态。建设核心价值体系绝非一日之功，社会主义核心价值体系要赢得亿万群众，需要一个长期艰苦的过程。要把核心价值体系建设作为伴随整个中国特色社会主义历史进程的战略任务，树立长期作战的思想，将长远目标与阶段性要求结合起来，脚踏实地加以推进。要把核心价值体系建设作为关系中华民族千秋万代的基业工程、灵魂工程，建立经常化、长效化的工作机制，保持连续性、稳定性，保证这项意识形态领域的基本建设能够一代一代地抓下去。要把核心价值体系研究作为党的思想理论建设的重大课题，充分发挥马克思主义理论研究和建设工程、邓小平理论和“三个代表”重要思想研究基地以及国家社科基金项目的带动作用，组织理论工作者和实际工作者从理论和实践的结合上进行探索，从不同角度、不同层面进行研究，不断取得新的成果，努力为建设社会主义核心价值体系提供有力的理论支撑。

（作者：中共中央政治局委员、中央书记处书记、中宣部部长）

（选自《党建》2008年第5期）

要重视社会主义核心价值体系的功能性解读

邱柏生

党的十六届六中全会通过的《中共中央关于构建社会主义和谐社会若干重大问题的决定》明确提出了“建设社会主义核心价值体系”的任务和目标，并且指出，马克思主义指导思想，中国特色社会主义共同理想，以爱国主义为核心的民族精神和以改革创新为核心的时代精神，社会主义荣辱观，构成社会主义核心价值体系的基本内容。胡锦涛总书记在党的十七大报告中进一步指出：“建设社会主义核心价值体系，增强社会主义意识形态的吸引力和凝聚力。社会主义核心价值体系是社会主义意识形态的本质体现。要巩固马克思主义指导地位，坚持不懈地用马克思主义中国化最新成果武装全党、教育人民，用中国特色社会主义共同理想凝聚力量，用以爱国主义为核心的民族精神和以改革创新为核心的时代精神鼓舞斗志，用社会主义荣辱观引领风尚，巩固全党全国各族人民团结奋斗的共同思想基础。”

解读社会主义核心价值体系，目前基本上有两种路径。一种是内涵解读，主要是说明社会主义核心价值体系的基本内容、逻辑结构、本质规定、具体要求等。这种内涵解读是目前学界的主流。另一种是功能性解读，它显得比较微弱。这里所说的功能性解读不是指解析社会主义核心价值体系基本内容的具体作用，而主要在于说明它的方法论意义或启迪，并且试图建立一定的评价指标体系以考量某种思想理论的实际影响力状况。笔者认为，对第二种路径也要引起足够的重视。

在价值观研究过程中，人们一般从价值取向与价值标准两个方向来研究问题。仅以政治价值观的作用来说，以往的研究表明，政治价值观首先表明着各种价值取向，它们通常由人与自然关系取向、人与社会（或群体）关系取向、时间取向、行为取向等方面构成，而每种取向中又包含着不同的甚至大相径庭的取向要求，如在人与社会（或群体）关系取向方面可以存在着整体主义、集体主义、共同体主义、个人主义、利己主义等，在时间取向方面存在着向前看、向后看以及立足于现状等，它们在各自的领域中都构成一定的“谱系”。而为了掌握人们在这些价值取向方面达到的程度，或者考查他们的实际行为属于这种谱系中的何种，就必须建立一定的价值标准，或者称为评价指标体系或评价参数。政治价值观方面的民主、自由、平等、公正、公平、人道等，就是这样的评价标准。这些标准都具有全人类性与阶级性相统一的特征。一方面，在这些政治价值中，存在着人类所共同具有的精神渴望、未来期待和基本需求；另一方面，各个社会阶段、不同阶级会对这些政治价值内涵进行不同的理解和把握，它们常常带有明显的阶级痕迹，但这并不妨碍人们对这种政治价值具有普世意义的理解。简而言之，价值取向与价值标准两个问题是不可分离的，正如一块木条与相应刻度结合起来才能构成一把木尺一样。

一

从功能性角度解读社会主义核心价值体系，就是试图将价值取向与建立价值标准（特别是评价价值的参数体系）两者结合起来。一方面，我们要看到，人们目前大量是从价值取向（或价值导向）方面开展研究工作，这种研究工作是必须的和重要的。另一方面，我们也要看到，仅仅在价值取向或价值导向方面着力是不够的。我们亟待建立与相对细化一定的标准，以衡量人们理解和掌握这些价值观的程度。

仅以社会主义核心价值体系中的“马克思主义指导思想”来说，我们就需要明确何谓“指导”，以及指导的具体表征是什么的问题。毛泽东同志曾经指出，领导我们事业的核心力量是中国共产党，指导我们思想的理论基础是马克思列宁主义。这就是说，我国的意识形态中占主导地位的是马克思主义、毛泽东思想，并且这种理论地位始终不变。进入新世纪来，党的领导人和党的重要会议决议更加重视这一问题，反复强调“马克思主义是我们认识和改造世界的强大思想武器，是指导中国革命、建设和改革的行动指南”，“必须坚持马克思列宁主义、毛泽东思想和邓小平理论在意识形态领域的指导地位”，“坚持马克思主义在意识形态领域的指导地位，不断提高建设社会主义先进文化的能力”等，显示出党在指导思想上的明晰性和坚定性。

很明显，“指导地位”就是指将马克思主义作为社会中占统治地位的思想体系，并且成为指点、引导、支配人们政治言行乃至日常言行的圭臬。但这里又涉及到人们经常所说的“占统治地位”及“起支配作用”等之间的关系问题，我们又该如何理解它们的内涵及其表征？

在长期的社会发展中，人们发现，社会的意识形态和社会主义意识形态是有区别的。一般说来，社会的意识形态是复杂多样的，在我们的社会中，存在着社会主义意识形态，也有资产阶级意识形态，还有封建主义意识形态的残余。在这些意识形态中，社会主义意识形态占据着统治地位（而在社会主义意识形态中，马克思主义又占指导地位），但其他的意识形态也顽固地试图支配人们的思想与行为。在这里，区分“占统治地位”与“占支配地位”这两个不同的概念是有意义的。一般而言，意识形态领域中所说的统治，通常是指某种思想理论或价值观能够全局性、全方位地对人们的行为动机和思想意识发生着统制、掌控、管辖、支配等状况，而支配常常指局部性、单方面地对人们的思想行为产生着指挥、支持、安排、调整、调度等状况。

而“占支配地位”的一般表现是指某种思想理论观点与观念能够切实可行地指导和规范着人们的日常生活言行与非日常生活言行。这些思想理论的性质可能是多样的，即未必都是正确的，其中也有相当不正确的思想理论观点在实际影响着人们的政治生活乃至日常生活中的言行。这种情况中的一种特别现象是：某种思想理论尽管受着占统治地位的统治阶级的反对，也不占据社会的大量传媒工具，没成为社会的主流价值体系，但它实际上却对人们的思想与

行为起着影响。而且这种社会意识形态能够整合部分社会意识形式，以致在社会意识领域发生着不可低估的影响作用。

在以上分析的基础上，我们不妨将“指导作用”看作是“占统治地位”与“起支配作用”两者有机统一的一种状况。它是指某种思想理论体系对社会政治生活、公共活动、公共精神、组织文化、群体意识乃至个体意识等的一种深度影响，是实际上指领和引导人们开展政治生活和公共活动乃至日常生活实践的规则和基本要求。当然，从更严格的要求看，我们还应该通过建立相应的评判标准，以鉴别“指导作用”的不同程度，而不至于通常是大而化之地对待这类现象。

在当今中国，占统治地位的是社会主义意识形态。这种意识形态主要包括以下四方面的内容：第一，以马克思主义为指导；第二，我国改革开放以来所凝炼起来的新理论和新经验；第三，中国传统文化中的优秀成果；第四，西方文明中的积极因素。我们无疑可以在价值取向（导向）方面思考它们的实际支配力，更要重视通过建立一定的价值评判标准而具体考虑它们的实际支配力。

二

影响社会意识形态（某种主导型思想理论或核心价值）、实际支配人们的思想行为的状况与程度的因素是复杂多样的，其中一个重要因素是这种意识形态自身的整合程度。这种整合主要表现在形态整合与内容整合两大方面。从形态整合看，如果某种社会意识形态在以政治意识形态为核心的基础上，能够充分整合法律、哲学、道德、科学、宗教、艺术等诸多社会意识形式的话，那么这种社会意识形态对人们实际生活的影响程度（包括深度与广度）就会大得多，相反，如果某种社会意识形态仅仅表现为政治意识形态，或者附带间杂着一些道德、艺术等因素，而缺乏更多的社会意识形式的支撑，那么这种社会意识形态的影响力就会受到较大限制。从内容整合看，又可以包括两大方面：一是指某种思想理论对社会成员的利益和社会期望的表征程度。它既要考量这种表征立场的坚定性、表征对象的丰富性和广泛性，并且还要考察对人们利益表达的幅度和深度。这里所谓的“幅度”主要指被代表社会成员的众寡程度，是仅仅代表社会中少部分人的利益，还是始终代表着最广大劳动群众的利益，即马克思、恩格斯所谈到的“普遍性”与列宁始终强调的“大多数”问题；所谓“深度”主要指代表利益的纵深程度，可以从时间与空间两个角度考察：从时间上看，是暂时代表、一度代表，还是始终代表？从空间上看，是代表眼前利益、阶段利益，还是能够综合统一地代表着人们的眼前利益、阶段利益和长远利益？二是指一定思想理论内容的不断充实与发展，使得这种思想理论的内容在继承优秀传统基础上不断与时俱进，使得内容具有复合性、兼收并蓄性与和谐性。历史经验表明，“有容乃大”，占统治地位的某种思想理论体系只有不断汲取相关合理的思想理论资源，才能使自己具有越来越大的统摄力和包容整合力。

人们的现实生活领域和内容是丰富的，社会意识形态能否对人们的全部现实生活发生影响，是深入考量社会意识形态“占统治地位”状况的又一重要方面。这里涉及到社会意识形态的特性与人们现实生活特性两者的关系问题。一般而言，社会意识形态的重要特性是阶级性和政治性，而人们的现实生活则是一个十分复杂的范畴，可以从不同视角去认识人们的现实生活，并且以不同的分类标准在主观上将这种生活区分出不同的形态。如从基本内容看，可分成物质生活、精神生活和政治生活；从具体生活领域看，可以分成家庭生活、职业生活、社会生活等；从社会形态看，可分成感性生活、知性生活和理性生活；从理解和创造生活的程度看，还可分成可见的生活、可知的生活和可把握的生活。它们各有不同的内涵，互相之间也可能交叉。

作为政治属性突出的社会意识形态能否与人们的全部现实生活实现勾连，应该是一个可分析的问题。人们的政治生活和部分社会生活乃至职业活动领域中的相当内容，会在很大程度上受到社会意识形态的制约和影响，而人们的日常物质生活与社会意识形态的关系就比较疏远。至于人们的精神生活，由于它是一个内涵十分丰富，性质比较多样的领域，因此需要具体分析它与社会意识形态的关系。从总体上看，人们的精神生活必然受到社会的意识形态的制约，但这里所说的"社会的"意识形态的内容是多样的，其中既包括社会主流意识形态的制约，也包括社会非主流意识形态的制约。仅以人们精神生活中的信仰世界看，它们受到各种思想理论和价值观影响的情况就是多样的。一方面，信仰是一种信念，即对于某些尚未被证实的客观状态或观念的确信，具有信念的基本特征。另一方面，并不是一切信念都会成为信仰，信仰是信念的一种特殊的、强化的、高级的形式。这主要表现在：只有极高或最高价值的信念才能成为信仰。信仰在两种意义上强化了信念，在内容上信仰把无数个信念融为一个系统，在作用上比信念对主体的影响更强烈。成为信仰的信念更能调动人的全身心，包括意志、情感、智慧和力量，去为之奋斗。信仰在人的价值观中起着调节中枢的作用。问题在于人们的信仰可能是复杂多样的，可以有政治信仰，也可以有社会信仰、道德信仰，它们实际上表明着人们对不同价值的理解和遵从，相互间可能存在着兼容和对冲的关系。换言之，人们的各种不同信仰世界，意味着其信奉的价值观念的不同作用领域，有些作用领域是共同的，有些作用领域则是独特的。如果存在着相互兼容的关系，那么人们就不应人为地去割裂这种联系。

三

在社会主义核心价值体系的功能性解读方面，对"核心"两字的含义可以做两种理解：一是在意识形态诸多要素中确认某种要素为核心内容，如我们一贯主张的"以马克思主义为指导"。它通常是单一性要素划分的结果。二是在诸多各要素中分别抽取出关键性的成分构建成多元因素融合的综合内容，并与其他因素相比而占据核心地位。我们今天所讨论的社会主义核心价值体系，显然是指后者。用"社会主义核心价值体系"的提法，更加突出了如下的意蕴：首先，充分表现了一种理论自信，这种理论自信在突出马克思主义的指导作用的同时，又注意多元因素的综合性和复合性，使得这种价值观可以有更大的包容性、适应性、涵盖面和解释力；第二，在方法论上是一种昭示，表明我们的意识形态是在继承前人丰富的精神成就和思想成果的基础上形成的，既突出了继承性，又勾勒出鲜明的创新性；第三，这些丰富内容的融合应该是一个和谐的整体。因此，和谐不仅仅是一种社会目标，更是一种思维方式。和谐的思维方式不再将原本丰富多彩的事物设想为单调、单一的事物，不再把处于复杂多样联系的事物设想为孤立静止和永恒不变的事物，不再把事物的内在矛盾仅仅理解为强烈的对抗、冲突和决裂，不再把社会意识形态看作是单一文化元素的线性发展，而是由核心价值观所主导的，兼容人类优秀精神成就的复合体。当然，在坚持将多种因素合成一种核心价值体系的过程

中，我们要特别注意以下两种“正确区分”，即注意正确区分用发展着的马克思主义作指导和防止受错误、教条理解的马克思主义的误导，注意正确区分继承与汲取中国传统文化的精髓和防止封建意识形态残余的蔓延。

至于社会主义核心价值体系的“核心”的具体表征是什么，其实还可以作进一步研究。根据以上对“核心”所做的最起码的两种理解，我们可以进一步推问，假设这种价值体系是由各类价值观中的核心价值的总和构成，如经济领域的效率原则、政治领域的公正公平原则、道德领域的善的原则等，那么人们就会比较关注不同活动领域的核心价值是什么的问题，以及这些核心价值如何综合配置的问题。这种综合性核心价值与综合而成的价值体系两者是有区别的。从价值与态度的关系来看，不同的组合方式对态度的稳固性有不同作用，即人们常说的如下三种状况，即态度可以建立在一个价值之上，可以建立在几个价值的组合之上，可以建立在价值体系之上，三种组合方式对态度的稳固性有不同效应。更进一步说，核心价值体系的“核心”究竟是主观认定的，还是社会发展现实客观体现出来的，或主客观统一的结果？如果仅仅由主观认定，那就不需要评价标准或考量指标。但如果是客观或主客观统一的状况，那就离不开相应的评价指标，以及把握事物实际的表征状况。人们可以将两者进行比照认识，以判断事物发展的实际状况。因此，“核心”的具体表征是什么？实在是一个不可回避的问题。

（作者：复旦大学国际关系与公共事务学院教授、博士生导师）

（选自《思想理论教育》2008 年第 1 期）

关于价值与核心价值

李德顺

近年来，在党中央文献中正式提出社会主义价值观问题，充分表明我们党对于倡导社会主义价值观的高度重视，它的重要意义是不言而喻的。在现实生活和社会关系日益多样化的形势下，全国各族人民应该有一个共同的社会理想和目标，有一个一致的思想导向和凝聚内核，才能团结起来，为实现祖国振兴和人民幸福共同奋斗。而在国际上，我们既然高举起中国特色社会主义的旗帜，那么这面旗帜所代表的思想理念，也不仅要科学、系统、先进，而且一定要高度凝炼、简洁鲜明、毫不含糊。只有这样，才能充分昭示"中国特色社会主义"的伟大历史形象和独特魅力。

自从中央文件和媒体上提出了关于"社会主义核心价值体系"的表述以来，不少人在学习和理解中感觉到，究竟如何理解价值和价值观，如何把握一种价值观念的体系性和它的核心内容，如何一以贯之地理解马克思主义的社会主义价值观与当代中国特色社会主义价值观的关系，等等，这里有许多重要的理论和现实问题需要我们深入地思考和把握。在这个问题上应该鼓励大家继续充分讨论，以便在理论上认识得更透彻，从而更有利于广大干部群众对社会主义价值观问题的学习、理解，使社会主义价值观在确立我们共同的理想、信念，从而更有力地推进中国特色社会主义建设中发挥应有的重要作用。

一、确切把握价值和价值观的科学含义

价值和价值观是有区别的两个概念。在理论上，价值是客观的东西，价值观则是主观的、观念的东西；主观的、观念的东西要反映客观的东西，这是马克思主义所主张的观点。反之，在西方的传统学术中，价值就是主观的，所以它们总是不区分价值和价值观。不了解这一点，就可能达不到马克思主义的高度，而是简单地照搬西方的话语和思维方式。

具体地讲，价值问题，用我们生活中的语言来讲就是好坏问题，所谓"真假、善恶、美丑、得失、利弊、祸福、荣辱、应当不应当、值得不值得"，等等，总之凡是能够用"好坏"来概括的这类现象，都属于价值现象。价值不是事物存在本身，而是事物对人的意义。事物的价值与事物的存在、属性不是一回事。事物的存在本身是不以人的意志为转移的。一个东西就是它本身，不会因人而异。但一个事物的价值却是因人而异的，就像同一双鞋，它的存在是客观的，但它是否"好穿"则必然因脚而异。这就是说，同一个事物对不同的人有不同的意

义。这种不同的意义也是客观实在的，不是主观随意的。就像鞋是否“好穿”是客观的效果一样。所以我们一定要区分价值的客观状态与主观反映。价值是指人的价值关系状态；价值观念才是对这一客观状态的主观认识或表达。

在生活中人们会形成一套观念，认为什么是好的、什么是不好的、应该怎么样、不应该怎么样。价值观念与意识形态之间有本质的一致性。一般说来，阶级、政党、国家的价值观念，就是它们的意识形态，二者本质上是一回事。因为，任何一个社会意识形态体系的核心，实质上就是一定主体的价值观念体系。所以党的十七大报告中说：“社会主义核心价值体系是社会主义意识形态的本质体现”。

主观上的价值观念如果能客观反映价值关系，那么它就是一套合理的、有效的、好的价值观念。如果脱离了现实客观存在的价值关系，那么这套主观的价值观念就可能误导人、束缚人。如果我们重在强调自己的价值观与客观价值的一致性，那么把二者合起来，用“价值体系”来表达，也未尝不可。但心中一定要明白：价值的客观形态与主观追求之间，是有所区别的。我们要讲的社会主义价值体系，从根本上是立足于人民当家做主的社会主义社会，具有怎样的客观利益和客观要求，而不仅仅是表达一套良好的愿望，更不仅仅是一种脱离群众、脱离实际的主观意志。

二、充分明确社会主义价值体系的主体定位

价值和价值观念都具有主体性。我国社会存在着多元化的主体，比如不同的阶级、阶层、民族、行业、个人等。主体是多元的，价值观也是多元的。价值现象的这种本性来自它的主体性，也就是因人而异。事物有什么价值？要想弄清楚，就首先要看它对谁而言，是对谁的价值。这一点不弄清楚，它有什么价值是无法确定的。比如一个球踢进门里面去了，是好还是坏？要看对谁而言。对进攻一方来说是胜利，对防守一方来讲就是失败。价值就是因为主体不同而不同。现实社会中的价值主体是多元的。多种社会利益关系，不同的社会存在，造成了主体的多元，主体的多元造成了价值的多元。所谓“仁者见仁，智者见智”，是一种认识上的多元现象。之所以见仁见智，是因为一个人自己是仁者，他总是用仁者的眼光去看事物，看到的都是仁的方面；智者总是用智的眼光去看事物，看到的都是智的方面。这就是价值和价值观念的多元。多元之间要共处，要形成共识。一个社会要想和谐健康地发展，就必须有一个相对能够成为大家共识的价值观，也叫主导价值观。

我们在谈论“核心价值”时，要区分一个社会中“核心主体”的价值观与一定价值观念体系的“核心内容”两个概念，不要把它们混淆了。因为，如果按照前一个意思就会想到：所谓社会主义的核心价值观，就是指作为执政党的中国共产党的价值观，因为党作为“领导我们事业的核心力量”，正是这里的“核心主体”。而按照后一个意思，即无论是谁的一套价值观体系，它本身都有自己的核心，那么社会主义价值体系的核心是什么？对它作出精确的、高度凝炼的概括表达，就是我们要说的价值体系的“核心内容”了。应该看得出来，这两者之间虽然有联系，但是不可以简单地等同和混淆。

首先要注意主体的定位。搞清社会主义价值观的主体与核心主体的关系。

说到底，我们国家社会的主体是谁?答案是明确的，是全体中国人民，是整个中华民族，是我们大家的共同利益整体。继而要明确的就是，作为这个主体的核心，党和政府用什么，用谁的价值观来作主导价值观？按照马克思的观点，一个社会的主导意识形态肯定是这个社会在经济、政治上占统治地位的人群的思想表现。社会主义是一个人民当家做主的社会，那么它的主导价值观就必须要以人民为主体，以人民的利益为标准。所以，我们的主导价值观不论以什么方式表述出来，它的实质和根基是不能改变的，这就是：它是以人民为主体，以人民的利益为标准的价值观念体系。如果离开了这一点，那么它要么不是社会主义的，要么它成不了主导价值观。

这里要注意防止出现的一种混淆或误解，就是把党的价值观直接等同于全国人民的共同价值观。这种混淆是同对主体相互关系的误解相联系的。要避免混淆，就要认清党与人民、党的价值观与全国人民的共同价值观是什么关系。党的核心价值观是党的宗旨所表达出来的“为人民服务”。党以人民的利益作为一切纲领、行动的标准。然而它的价值观显然不能无条件等同于全国各民族、各阶层的人民群众的共同价值观。党不能把自己的主张原封不动地加给全体人民，也不能把对自己的要求与对广大群众的要求混为一谈，而是要向人民学习，从人民那里，把他们的共同愿望用党的理论、党的方法加以总结概括，表达为全体人民的价值观。“要人民怎样”与“人民要怎样”是两种不同的表述，我们更需要体现后者。

解决了社会主义价值观体系的主体定位问题，才能进一步解决它的内容定位问题，就是以人民为主体的社会主义价值观究竟要追求什么样的核心价值?

三、什么是社会主义价值体系的“核心内容”

价值观念以信念、信仰、理想的形式表现着主体的价值取向和追求。那么，什么是中国特色社会主义条件下人民群众共同的现实理想、信念和目标呢？我们党有过非常好的表述，就是“富强、民主、文明”这六个字。在党的十七报告中增加了“和谐”。“富强、民主、文明、和谐”这八个字，全国各民族、各阶级、各阶层的人民群众都没有争议，共同认可，非常具有凝聚力、号召力，最有代表性。它反映了人民的愿望和要求，提供了共同理想和目标的蓝本。

我们当前就要把这个最现实的理想和目标作为理想和信念建设的重点，用它来团结和鼓舞大家。因此就需要结合实际去说明，我们追求的社会主义究竟有哪些方面的特点和优越性，为了实现它需要创造什么样的条件、付出什么样的努力和代价等，这其中包含了价值观的大量问题。这一切都要在全体人民中形成积极明确的共识，才能变成改变世界的巨大力量。

考虑到我们正在做的是一项人类历史上前所未有的创造性事业，那么就绝不应轻视这个具体层次的理想建设，绝不应该把它同共产主义远大理想对立起来。现实是通往未来理想的阶梯。既不能离开现实空谈大目标，也不能用庸俗、片面的观念代替崇高目标。

这里要注意我国社会主义价值体系的整体内容与它的核心内容之间的区别。“富强、民主、文明、和谐”是当前我国人民共同的现实理想和信念，那么它又遵循什么样的核心理念，把握什么样的核心标准，追求什么样的核心目标呢？这就是社会主义的核心价值理念问题。对于社会主义的核心价值理念，我们要从社会主义与资本主义相区别的角度来看。这个问题理论上很深刻，但表达出来也很简单。多年来学术界、理论界实际上都很清楚：简单地说，这个核心的内容就是“平等”或“公平正义”。

我们知道，自从文艺复兴以来，人类追求的美好价值目标曾经被概括为三个词：“自由、平等、博爱”。它虽然是由资产阶级最初倡导的，但是资本主义却不能真正完全地实现它。后来的实践表明，这三个词的意义和分量是不同的。首先被淘汰掉的是“博爱”，它在资本主义价值

观中越来越显得不那么重要了，现在也没有哪个国家的制度和意识形态以“博爱”为原则，只有红十字会这样的组织还强调这个观念。然后就剩下“自由”和“平等”。

再进一步发展，发现自由和平等虽然并不冲突，但有时也不可兼得，二者之间也总要有一个选择，究竟哪个更重要？我曾经与西欧九国的一个价值观研究机构共同做过调查。该机构在欧洲做调查，我在国内做调查。结果较为一致的发现：凡是认为自由比平等更重要的人，往往更支持资本主义，在资本主义国家他们是稳定的支撑因素；而凡是认为平等比自由更重要的，则较为反对资本主义，是资本主义国家中不满现实的人，并且多半倾向社会主义。这使我回想起来，多少年来，我们的社会主义理想，社会主义实践的发生和发展，所最为重视的价值原则，同时也是给人们提供的最大承诺，就是实现社会平等，平等更能说明社会主义的本质。

邓小平指出，社会主义的本质是解放和发展生产力，消灭剥削，消除两极分化，实现全体人民共同富裕。这里突出的价值就是公平，也就是胡锦涛同志所讲的公平正义。当然，自由我们也需要，但当自由和平等相权衡的时候，平等更能说明社会主义特有的价值取向。诚然，资本主义也会说自由和平等都需要，但当二者相权衡，它往往更重视个人的自由。所以资本主义才以个人为本位，搞个人主义。资本主义认为个人自由重于社会平等，它的彻底的自由主义导向，当然也就不能排除两极分化、贫富差距拉大、激化阶级分化和对立等。而社会主义从体制、思想、理念到实践，都高举“消灭阶级、消除两极分化”的旗帜，追求和坚持以平等为特征的公平正义。

总之，无论从理论还是实践上看，社会主义最核心的价值，就是在尊重和保障自由的基础上进一步实现以平等为特征的公平正义，这是社会主义后于资本主义、高于资本主义的价值追求。我们搞社会主义到底需要些什么，最有特色也最有说服力的还是公平或平等。这也与中国的传统相一致。在我们的传统中，国人历来贵“公”重“平”，讲究公平重于其他。“不平则鸣”是极有代表性的价值取向。公平不公平历来是影响我国社会稳定和发展的敏感因素。当然，这里涉及到人们对公平的理解如何，人们的心态到底如何，等等，这是社会主义价值体系建设中最需要建设的理论和政策问题。

当前的实践也充分说明了这个问题的重要性。所以我认为，以人民为主体的社会主义价值观的核心内容是平等、公平、正义。从社会主义价值体系的内涵来看，从制度、体制到机制全面实现真正的平等、公平、正义，这正是我们要建设的社会主义价值体系的核心。

四、科学地表述中国特色社会主义核心价值

一是主体宜显不宜隐。也就是说，所要表达的价值观主体是谁，层次要清楚，应该有区别。就像前面讲到的，坚持马克思主义的指导地位，为人民服务，这是我们共产党人的核心价值观。如果要表达全国各族人民共同的价值观、价值取向，还是“富强、民主、文明、和谐”这几个字为最好。这个话只要一说，就知道是指我们国家，指全体人民而言的，是全体人民都愿意，而且都能够为之做出贡献的。这样就体现出主体了，是站在全体人民的立场上来说的，所以主体是显的。要是既讲党的价值观，又要无条件地把它说成是共同的价值观，主体层次就不够清楚。

二是理论层次宜高不宜低。就是说理论的内容层次要高。要有总结、提炼、升华，不是只以当下的政治和政策性话语来表达，这就需要有理论的高度，否则就会显得比较浅。浅就会杂而乱。对自己的各种提法之间在理论上、逻辑上是什么样的层次和结构关系，什么样的深浅轻重关系，什么样的核心外围关系等，应该考虑，表达要清楚，内涵要深刻。抓住了深层的、本质的东西，才是深思熟虑的，才是科学的、成熟的，这就会具有普遍、共同、持久性。

三是思想内容宜实不宜虚。我们首先要避免马克思曾批评的只重视概念、话语的“辩证平衡”，而不关心历史经验、实际问题和群众切身体验的那种言之无物的不良学风。为此我们应该好好学习和弘扬邓小平“务实以求真”的风格。只有把思考和论述的重点放在实事求是、从实际出发解决切实问题上面，才能避免说空话、套话的作风。思想理论上怎样才是实不是虚，这个要注意研究，要改进学风和文风。

四是形式宜简不宜繁。应该说，形式的繁和简与思想理论是不是透彻很有关系，也与是否尊重实际、是否尊重群众很有关系。不要以为“体系”是许多要素的并列和相加，就可以没有层次和逻辑。事实上，简洁往往更深刻。到现在为止，人类所提出并共同认可的，是六大基本价值：真、善、美、自由、平等、正义。“富强、民主、文明、和谐”也非常简洁，不但大家公认，而且我们实际上也一直在这样做。至于对富强、民主、文明、和谐怎么理解，譬如对富裕怎么理解，为什么不仅是物质富裕，还要精神富裕；和谐不仅是社会和谐，还要有人与自然的和谐等，这些问题再作深入的论证解释，正是体现马克思主义理论深度和特色的地方。

五是用语宜熟不宜生。要用群众熟悉、容易理解的语汇来表达，避免使用生僻的或者只有少数人才懂的语汇。在这一点上，我们更应该学习毛泽东、邓小平的理论风格。邓小平对科学社会主义理论的重大贡献之一，就是把马克思主义的根本价值观全面具体地贯彻于对社会主义本质、特征、标准和各项具体政策理解和规定之中。他关于社会主义本质在于要通过解放和发展生产力最终达到全体人民共同富裕的精辟概括；关于一切要从社会主义初级阶段的实际出发，实事求是，解放思想，走一条有中国特色社会主义道路的论述；关于必须以“三个有利于”为标准来衡量我们事业的是非成败的价值信念；关于要面向群众、面向实践，以人民满意不满意、拥护不拥护为判断依据的评价准则；关于坚持改革开放的正确导向、两个文明一起抓、以实现社会全面发展的目标规定；以及作出“一国两制”决策和“科学技术是第一生产力”、“计划和市场都是手段”等判断时，所熟练运用的富于时代感和创造性的价值思维方式等，都非常鲜明地体现了马克思主义价值观的精神实质和风格。这些思想构成了一个有机的整体，内容深刻，逻辑完整，现实针对性强。我们可以看到，邓小平理论中这一系列观点的表达，都是在使用群众非常熟悉的语言同时，又表达出深刻的思想。我们理论和思想教育工作也要坚持这种实事求是、脚踏实地的作风，才能为人民群众奉献出最好的精神成果。

（作者：中国政法大学终身教授、博士生导师、人文学院院长、中国政法大学学报主编）

（选自《党政干部学刊》2008年第3期）

马克思主义意识形态理论与社会主义核心价值体系建构

陈秉公

一、马克思主义意识形态理论的启示

马克思通过对费尔巴哈的直观唯物主义学说的批判，对国民经济学和黑格尔哲学的批判，将黑格尔以神秘的方式表述的颠倒的意识形态理论再颠倒过来，置于历史唯物主义基础之上，创立了马克思主义意识形态理论。

意识形态是在一定历史条件下，占统治地位的阶级或集团为维护和发展其统治而建构的价值观念体系和行为规范体系。它是对各种社会意识形式的总体性提炼和概括，在该社会精神生活领域占统治地位。马克思指出，占统治地位的思想观念不过是占统治地位的物质关系在观念上的表现。统治阶级不仅是物质生产的控制者，也是思想观念生产的控制者。作为统治阶级思想观念的意识形态，实际上就是“制度化的思想体系”，是对一种社会制度合法性的基础论证，并以思想和价值观念形态发挥作用，目的在于使社会成员认同现存的社会制度和生活。

意识形态具有如下功能：(1)引领功能。社会现象与自然现象的一个根本差别是：自然现象都是自发的，而社会现象都是人的意识和目的作用的结果。意识形态的首要功能就是引领社会的价值观念，并进而引导每个社会成员的价值观念和行为。它能够通过引领社会的多元价值观念，引导社会成员建立对意识形态的信念，认同和维护现行制度和秩序，自觉遵守现行行为规范，为实现统治阶级或集团的目的服务。(2)凝聚功能。意识形态具有强大的凝聚功能。它总是通过系统性的论证，以深刻的学术性语言证明核心价值体系的科学性和有效性，凝聚整个意识形态及全社会的价值观念体系，进而证明制度和秩序的合理性、合法性，使社会成员认同并建立信念，抵御和排斥相异和对立的价值观念体系，从而凝聚和团结全社会。(3)稳定功能。意识形态与所有社会价值观念系统一样，一旦形成，就具有很大的稳定性。整个意识形态系统和系统内的价值观念不会轻易发生改变。(4)转化功能。转化功能指意识形态能够转化为巨大的物质力量，维护或推动政治上层建筑和经济基础发展。马克思说：“批判的武器当然不能代替武器的批判，物质力量只能用物质力量来摧毁；但是理论一经掌握群众，也会变成物质力量。”意识形态转化为物质力量，首先表现为维护或推动政治上层建筑发展。其次表现为直接或间接地维护或推动经济基础发展。(5)自建构功能。自建构功能是指意识形态在外界环境和各种价值观念的作用下，科学地吸收新因素，克服不合理因素，不断发展和超越自身的自我调节和完善的过程、能力和作用。自建构功能表现为两个过程：第一，同化外来信息过程。第二，自我超越过程。自建构功能是意识形态能动性的重要表现，也是保持意识形态稳定性、超越性、科学性和先进性的重要机制。

意识形态具有相对独立性和巨大的反作用。意识形态是经济基础和政治上层建筑的反映，受经济基础和政治上层建筑的决定和制约，但是，意识形态并不是机械的、被动的。它具有相对独立性、能动性和巨大的反作用。这表现在：（1）意识形态是经济基础和政治上层建筑的反映，但这种反映不是机械的、照镜子式的，而是能动的、辩证的。（2）意识形态具有相对独立性。意识形态一经创造出来，就形成相对独立的价值观念体系，依靠内在的逻辑力量吸纳或征服其他价值观念系统，影响人的思想和行为，干预社会生活，具有区别于经济基础和政治上层建筑的独特的生命力、功能和作用。（3）意识形态具有巨大的反作用。意识形态能反作用于社会实践，维护、干预、影响经济基础和政治上层建筑。这种反作用是巨大的，有时对事件和历史具有决定性的作用。当然，意识形态对经济基础和政治上层建筑的反作用是相对的、有规律的，不是无限的，更不是任意的。在充分肯定和发挥意识形态作用的同时，也应注意不能夸大意识形态的反作用，防止走向极端和片面性。

马克思主义经典作家认为，社会主义思想“只能从外面灌输进去”。必须反对任何关于工人运动自发性的主张，将社会主义理论和意识从外面灌输给工人。灌输的过程，就是用社会主义意识形态武装头脑的过程，也是人民群众自觉学习和自我教育的过程。毛泽东、邓小平、江泽民同志和胡锦涛同志等党的领导人，都对马克思主义意识形态理论和实践进行了不懈地探索，做出了重要贡献。胡锦涛同志在党的十七大报告中再次强调“建设社会主义核心价值体系，增强社会主义意识形态的吸引力和凝聚力”，进一步阐述了社会主义核心价值体系的基本内涵、建设原则和要求。中国化马克思主义对马克思主义意识形态理论和实践都做出了重大贡献。

二、社会主义核心价值体系的功能诉求

社会主义核心价值体系是社会主义国家建构的在社会精神生活领域占主导和引领地位的价值观念体系和行为规范体系，是社会主义意识形态的本质体现，是全党全国各族人民团结奋斗的共同思想基础。它的实质是社会主义国家的“制度化的思想体系”和“观念形态的国家机器”，是国家的重要“软权力”。它以意识对于存在，精神对于物质的反作用的方式发挥巨大作用，有时是决定性的影响和作用。具体有以下三个方面的社会功能。

1．引领和整合社会价值观念体系

（1）为变化的社会提供理想目标与发展规则。世界后发国家现代化经验告诉我们，转型社会中由于社会生活迅速变化，社会思潮起伏变幻，使意识形态和原有的辨识框架受到挑战，甚至出现某种程度的认同危机，具有规律性。社会主义核心价值体系最直接的功能是在社会转型、社会生活剧变的过程中，为政府、社会和个人提供正确判断和选择的社会理想目标和基本发展规则，以便在快速变动的社会中，引领社会和个人走向正确的方向。

（2）为多元的社会提供共同价值观念基础和行为准则。转型社会中利益格局多元化、生活方式多样化、文化和价值观念多元化是不可避免的，能否在多元的社会中建构起被社会绝大多数成员普遍认同的共同价值观念基础和基本行为准则，关系社会转型的成败。社会主义核心价值体系是中国特色社会主义的意识形态

系统，包含思想理论、理想信念、精神风尚、道德准则等基本价值因素，能够有效地制约和整合非核心、非主导的社会价值体系，成为凝聚当代中国社会的共同价值观念基础和行为准则。

（3）为赢得全球化挑战提供理论框架和分析工具。今天，对中国来说，经济全球化既带来了经济社会发展的机遇，也造成了严峻的挑战。冷战结束以后，西方敌对势力的冷战思维并没有改变，继续加紧西化和分化我国。某些西方发达国家通过经济、政治、文化等各种渠道对我国进行意识形态渗透，特别是利用先进的网络通信技术和话语霸权，对我国施行意识形态演变，其目的在于动摇马克思主义在中国人民心中的信念，破坏马克思主义在我国社会意识领域的指导地位。面对思潮激荡、理论诱惑层出不穷的世界，社会主义核心价值体系为我们提供了识别良莠真伪的分析工具。

2．维护和发展社会主义经济基础和政治上层建筑

（1）为社会主义经济基础和政治上层建筑提供合理性与合法性论证。从制度理论的角度看，社会是“制度化的关系性组织”。任何制度都是制度与价值的统一。制度总是内涵着价值体系，一个制度体系实质是某种价值体系的制度化。价值使制度具有灵魂。社会主义核心价值体系内含着丰富深刻的价值理论、价值理想和价值标准，对中国特色社会主义经济制度和政治上层建筑做了科学论证，是它获得认同、建立信念的深刻的内在原因。

（2）为维护社会主义经济政治秩序提供价值支撑。秩序是任何一个社会共同体追求的基本价值。变革中的社会秩序的复杂性在于，它既要有利于变革，又要有利于稳定，并且能将变革维持在一定的秩序之内。这需要一种特殊深刻而灵活的意识形态体系为其服务。变革社会中的意识形态是变革社会的价值支撑，具有特殊强大的导向力、解释力、凝聚力和应对突发事件的活力。社会主义核心价值体系是适合我国国情的正确的“变革社会中的意识形态”，只要我们坚定不移地坚持和建设它，社会就能够继续和谐而有秩序地快速发展。

（3）为社会主义经济基础和政治上层建筑的创新提供精神动力。创新是民族进步的灵魂和不竭的动力源泉，制度创新尤为关键。社会主义核心价值体系既为我国的制度创新提供了价值支撑，又为我国的制度创新提供了精神动力，是进行制度创新的根本保障。此外，还应看到，社会主义核心价值体系与科学技术之间、社会主义核心价值体系与人的创造力之间的辩证关系，社会主义核心价值体系能够通过反作用给科学技术创新和建设创新型国家提供价值支撑和精神动力，从而推动生产力和经济基础加速发展。

3．建构中国特色社会主义文化与塑造新人

（1）为建构社会主义和谐文化提供根本导向。胡锦涛同志在十七大报告中指出，当今时代，文化越来越成为民族凝聚力和创造力的重要源泉、越来越成为综合国力竞争的重要因素，要推进文化创新，建设和谐文化。意识形态与社会文化有着深层的一致性。社会主义核心价值体系是文化创新和建设社会主义和谐文化的内在本质规定和根本指针。只有坚持社会主义核心价值体系，文化创新和社会主义和谐文化建设才能健康发展。

(2)为弘扬民族文化精神提供理论原则。胡锦涛同志在十七大报告中提出，弘扬中华文化，建设中华民族共有精神家园。所谓民族文化精神是指，一个民族在长期共同生活和实践基础上形成和发展的，为本民族大多数成员所认同和接受的思想品格、价值取向、思维方式和道德规范的综合体现。民族文化精神与经济基础和意识形态之间存在复杂的辩证统一关系。民

族文化精神处于经济基础和意识形态之间，是十分重要的相对独立因素。民族文化精神既接受经济基础和主流意识形态的作用和影响，同时又对经济基础和意识形态发挥相当重要的作用和影响。相对而言，民族文化精神更富有稳定性和传统特点。从意识形态对民族文化精神的作用看，意识形态对民族文化精神的影响直接、迅捷，并且更具自觉性。意识形态由政府推向社会，对民族文化精神的发展和演变具有巨大的制约和影响力，促使其向意识形态提倡的价值方向靠拢和转化，并为其增加鲜活的内涵。

(3)为塑造社会主义新人提供目标和方向。国以才立，业以才兴。中国特色社会主义事业需要培养千百万“四有”新人。培养“四有”新人，教育为本，德育为先。社会主义核心价值体系所包含的马克思主义信念、共同理想、民族精神、时代精神和社会主义荣辱观，是社会主义新人的最根本的精神素质，也是社会教育教化的基本内容。社会主义核心价值体系为造就千百万“四有”新人提供了方向、目标和基本内容，是塑造社会主义新人的根本保障。

三、社会主义核心价值体系的本体建构

1. 社会主义核心价值“理论体系”建构

(1) 社会主义核心价值“理论体系”的内在结构。社会主义核心价值体系的“理论体系”立足于社会主义经济基础之上，具有严密完整的内在结构。其中，马克思主义指导思想是社会主义核心价值体系的灵魂。中国特色社会主义共同理想是全民族共同的奋斗目标和实践主题。以爱国主义为核心的民族精神是在几千年的共同生活中形成的、被民族绝大多数成员认同的思想品格、价值取向、思维方式和道德规范，是全民族团结凝聚和发展的精神动力、精神支撑和精神家园；以改革创新为核心的时代精神是中华民族创造性实践的凝结和反映，是指引当代中国人从事创造，建设创新型国家的精神动力源泉。社会主义荣辱观是中华民族传统美德、革命道德与时代精神的完美结合，是经济全球化和市场经济条件下进行道德选择和判断的基本准则，是形成良好社会风气的精神基础。上述四个部分互相联结、互相渗透、互相支撑，融为一体，共同构成了社会主义核心价值体系。

(2) 社会主义核心价值“理论体系”所体现的建构原则。社会主义核心价值体系既具有社会主义的共性，又有中国特色社会主义的个性。它的理论体系建构体现了以下原则：第一，“理论体系”与实践基础的同一性。第二，“理论体系”与理论基础的同一性。第三，“理论体系”自身的同一性。即理论自身的“三性统一” ——“逻辑的展开性、现实的广延性与历史的涵容性的统一”，使理论体系自身逻辑圆融、无矛盾。第四，“理论体系”的先进性与广泛性的同一性。第五，“理论体系”与人类文明的优秀理论成果的同一性。社会主义核心价值体系的“理论体系”所体现的建构原则，具有科学性和普遍性，必将为其他理论体系的建构提供原则和标准。

(3) 社会主义核心价值“理论体系”的具体化建构。社会意识是系统的网络性存在，要使社会主义核心价值体系发挥主流意识形态的功能和作用，还必须做具体化建构，使其基本价值延伸和渗透整个社会生活，实现具体的“意识形态的同一性”。大体包括：第一，不同社会领域“意识形态的同一性”。如政治领域、经济领域、文化领域、社会（广义）领域、科技领域、教育领域等的“意识形态的同一性”。第二，人文社会科学学科的“意识形态的同一性”。如哲学、经济学、政治学、法学、社会学、历史学、文学、新闻学等学科的“意识形态的同一性”。第三，社会职业和阶层的“意识形态的同一性”。社会主义核心价值“理论体系”还可以

做其他方面的具体化建构，以便更好地统领整个社会生活。

2. 社会主义核心价值“认同体系”建构

(1) 社会主义核心价值“认同体系”建构的必要性。主要是：第一，“认同体系”建构是意识形态建构的基础。意识形态是文本（文件、论著等）与认同的统一。文本是意识形态的标识系统，认同是意识形态的基础，是意识形态的题中应有之义。只有当意识形态不仅具有文本，同时还被社会成员所广泛认同和接受时，才能说这种意识形态已经建构成功。第二，“认同体系”建构是发挥意识形态功能的必要条件。意识形态只有被广泛认同才能发挥巨大社会功能。社会与自然界的一个本质区别是，自然界运动是自发的，而社会运动必须由有目的有意识的人进行。社会成员只有认同和接受意识形态，才能产生执行意识形态的自觉性，充分发挥意识形态的功能。第三，“认同体系”建构是抵制资产阶级意识形态的基本措施。人的存在不与这种意识形态统一，就会与另外的意识形态统一。今天，不认同社会主义核心价值体系，必然会认同别的价值体系。因此，必须下大工夫建立社会主义核心价值的“认同体系”。

(2) 社会主义核心价值“认同体系”建构的目标是“信念体系”。依据马克思主义意识形态理论，一种价值观念要成为核心价值观念，需要两个条件：第一，它是深层次的价值观念，对其他价值观念具有强大的逻辑制约力。第二，它成为人们的信念，对其他价值观念产生凝聚力和统摄力。信念是知与情的“合金”，具有强大的逻辑力量（能量），居价值观念的核心地位，能够吸引和凝聚其他价值观念。只有当社会成员对社会主义核心价值体系的认同达到“信念”的层次，社会主义核心价值体系的建构才趋于成功，并充分发挥全部功能。

(3) 掌握社会主义核心价值“认同体系”建构的规律、原则和方法。要将社会主义核心价值体系转变为社会成员的“信念体系”，必须掌握转变的理论、规律、原则和方法。要适应新的形势，贯彻“以人为本”的思想，建立教育和引导的“主体性”结构，掌握思想政治教育的规律和接受的规律，坚持科学的原则和方法，提高教育和引导的实效性。特别应当注重的是培养社会主义新人，即与社会主义核心价值体系相一致的全面发展的社会主义新人。

3. 社会主义核心价值体系的“理论自觉体系”建构

(1) 社会主义核心价值“理论自觉体系”建构的必要性主要是由意识形态的某些特点决定的。第一，意识形态具有滞后性。马克思说，理论是灰色的，而实践之树常青。意识形态相对于社会实践具有滞后性，它一经产生不可能每时每刻都随经济基础的变化而变化。只有建构社会主义核心价值的“理论自觉体系”，才能不断反省和超越自身，跟上社会实践的发展。第二，意识形态具有适度性。意识形态具有相对独立性，但是，它一经产生便容易出现两种倾向。一种倾向是，将意识形态的相对独立性夸大为绝对独立性，颠倒了经济基础与意识形态的关系。另一种倾向是，取消意识形态的相对独立性，忽视、排斥甚至取消意识形态，陷入意识形态消亡论。社会主义核心价值体系只有不断反省和调整自身，才能摆正在社会生活中的位置，发挥积极的功能。第三，意识形态具有体系的圆融性。一般而言，意识形态的知识体系首尾相连、逻辑一贯，具有理论体系的圆融性和无矛盾性。这个特点具有二重性：一重是，由于意识形态理论体系圆融严密，有利于深入人心，征服人心，坚不可摧。另一重是，由于意识形态理论体系圆融严密，接受和融合体系外知识易于产生逻辑障碍，每整合和吸纳一种体系外知识，往往都会引起激烈的矛盾、冲突、震动和重组。对此，社会主义核心价值体系必须有高度的理论自觉，主动反省自身，自觉整合体系外优秀理论知识，以便不断发展和超越。

(2) 社会主义核心价值“理论自觉体系”的建构方式很多。主要有两种：第一，对话方式。对话方式指社会主义核心价值体系通过交流、沟通和对话的方式，实现反省和超越自身的“理论自觉”方式。主要有与元典马克思主义对话；与中国特色社会主义实践经验对话；与国外马克思主义理论和社会主义经验对话；与中华民族文化传统对话；与人类文明经验对话；与中外学术前沿理论对话等。第二，系统化方式。系统化方式是指社会主义核心价值体系通过系统的理论建构，实现与社会实践基础、理论基础、自身逻辑和学术前沿理论的同一性的“理论自觉”方式。对话方式和系统化方式的实施水平是社会主义核心价值“理论自觉体系”建构成熟程度的重要标志。

四、社会主义核心价值体系的支撑体系建构

建构社会主义核心价值体系，要同时建构社会主义核心价值体系的支撑体系。主要包含以下五种支撑。

共识支撑。意识形态的建构和发挥作用以社会主体的认同为基础。社会主体包括政府、社会精英、社会大众以及各行各业、各个阶层的利益群体。只有社会主体在社会主义核心价值体系的认识上基本达成共识，社会主义核心价值体系才能够建构起来。

“物”的国家机器支撑。马克思认为，在阶级社会中，国家表现为两种形态：一种是观念形态的“国家”，另一种是“物”的形态，即国家机器。这两种形态的国家之间有着内在的必然联系，互相支撑，互为存在和发挥功能的条件。“物”的国家机器靠观念形态的“国家”为其辩护，统一思想；而观念形态的“国家”则靠“物”的国家机器的保护和支撑。没有“物”的国家机器的保护和支撑，任何观念形态的“国家”都不可能建构起来。同时，也应看到，“物”的国家机器自身表现得如何，对观念形态的“国家”建构也有重大影响。因此，建构社会主义核心价值体系，一要以“物”的国家机器支撑观念形态的“国家”，二要抓好“物”的国家机器建设，从这两方面给予强大支撑。

经济基础支撑。马克思主义意识与存在的同一性告诉我们，意识是存在的反映，某种意识形态的建构归根结底要靠它所反映的社会存在来支撑。经验表明，意识形态建构基础是公民认同，而公民认同的关键又是经济发展，使统治阶级、集团和社会大多数人获益。社会主义核心价值体系的建构，归根结底要靠继续中国的经济奇迹和建构“社会主义和谐社会”取得成效，使全体人民公平获益来支撑。

理论支撑。建构社会主义核心价值体系，理论研究和理论创新是前提。胡锦涛同志在十七大报告中指出，要“繁荣发展哲学社会科学，推进学科体系、学术观点、科学方法创新，鼓励哲学社会科学界为党和人民事业发挥思想库作用”。应以“马克思主义理论研究与建设工程”为龙头，深入进行理论研究和理论创新，为社会主义核心价值体系提供雄厚的理论支撑。

制度和政策支撑。制度和政策是建构社会主义核心价值体系的重要保障因素，具有重要的约束力和调控力。胡锦涛同志在十七大报告中指出：要主动做好意识形态工作，尊重差异、包容多样，又有力抵制各种错误和腐朽思想的影响。应制定具体的制度和政策，为社会主义核心价值体系建构提供强有力的保障和支撑。

（作者：吉林大学行政学院教授、博士生导师）

（选自《马克思主义研究》2008年第3期）

探索建设社会主义核心价值体系的新形式

刘上洋

社会主义核心价值体系是社会主义意识形态的本质体现，在整个社会主义文化建设中居于统摄和支配地位。在当前这样一个思想大活跃、观念大碰撞、文化大交融的时代，我们必须把社会主义核心价值体系建设作为第一位的任务，紧密联系实际，采取多种方式，高扬伟大时代的主旋律，唱响团结奋进的最强音，努力在全社会形成统一的指导思想、共同的理想信念、强大的精神支柱和基本的道德规范。

一、着眼于坚定理想、增强信念，充分发挥红色资源的教育作用。利用红色资源加强革命传统和爱国主义教育，是推进社会主义核心价值体系建设的重要手段。江西是中国革命的摇篮、共和国的摇篮和人民军队的摇篮，有着光荣的革命传统和丰富的红色资源。近年来，我省特别注重发掘和利用红色资源，增强社会主义核心价值体系的吸引力和凝聚力。比如，连续两年举办的中国红歌会，用红色经典传承红色文化，弘扬主旋律，引起广大观众的强烈共鸣。“红歌会”之所以“唱红”，从根本上说，就是它所具有的鲜明的思想性和强大的震撼力。正如许多观众所说：“一支红歌可以催生一股精神”，“红歌有一种催人奋进的力量”，“‘红歌会’是对红色精神的回归”。“红歌会”所表达的是对革命英雄的景仰，对红色历史的缅怀，对幸福生活的赞美。又比如，我们围绕井冈山这一红色文化资源，打造大型情景歌舞剧《井冈山》和重大革命历史题材电视连续剧《井冈山》，兴建了井冈山革命斗争全景画馆，特别是在中央的亲切关怀和国家有关部门支持下，“一号工程”——井冈山革命博物馆于去年10月竣工开馆，成为弘扬社会主义核心价值体系的重要阵地。实践证明，红色资源承载着我们党波澜壮阔的革命史、艰苦卓绝的斗争史、可歌可泣的英雄史，体现了中华民族的卓越精神和我们党的优良传统，是一笔极为宝贵的精神财富，是社会主义核心价值体系的重要组成部分。我们要充分开发和利用红色资源，寓教于乐、寓教于唱、寓教于看、寓教于游，不断用体现社会主义核心价值体系的优秀精神文化产品和文化服务，丰富人们的精神世界，提升人们的精神境界，增强人们的精神力量，构筑人们的精神家园。

二、着眼于鼓舞人心、凝聚力量，充分发挥主题教育活动的促进作用。建设社会主义核心价值体系，关键在于引导和发动广大人民群众，使人民群众真正了解和践行这一价值体系。自2002年起，我省围绕“塑造江西人新形象”、“建设和谐平安江西，共创富民兴赣大业”、“科学发展，和谐创业”等主题，每年开展一次大型、集中的主题教育活动。通过组织开展系列新闻宣传、系列宣讲论坛研讨、系列文艺演出、系列评选表彰、系列社会实践等活动，切实把社会主义核心价值体系的基本内容和要求融入宣传教育之中，引领广大干部群众树立正确的世界观、人生观、价值观，进一步坚定信念、鼓舞士气、激发斗志，逐步形成符合社会主义核心价值体系的思想观念和生活方式，为实现江西在中部地区崛起和全面建设小康社会而不懈奋斗。实践有力地证明，开展集中宣传教育活动是弘扬社会主义核心价值体系的有效途径和重要形式，群众在活动中受到了熏陶，在参与中受到了教育，在实践中得到了提高。我们要进一步采用集中宣传教育的方式，不断丰富教育内容，创新教育形式，大力传播先进思想和先进文化，正确引领社会思潮和社会风尚，使社会主义核心价值体系在整个社会占据主导地位。

三、着眼于解疑释惑、扩大共识，充分发挥大型宣讲活动的激励作用。社会主义核心价值体系只有被人民群众普遍接受和掌握，并转化为社会群体意识，才能为人们所自觉遵守和奉行。近年来，我们每年都按照中央和省委的部署，紧密联系干部群众的思想、工作和生活实际，集中资源和力量，开展形式多样的宣讲活动，变“背靠背”为“面对面”，变“单向式”为“互动式”，使社会主义核心价值体系为广大人民群众所感知、所认同、所接受。从2003年开始，围绕学习“三个代表”重要思想、树立科学发展观、构建社会主义和谐社会以及学习宣传贯彻党的十七大精神等主题，我省先后10次组织省委宣讲团，深入基层开展声势浩大的宣讲活动，累计作宣讲报告650余场，召开小型座谈会、报告会380余场，直接听众达117万人次。宣讲活动的持续深入开展，唱响了主旋律，打好了主动仗，进一步弘扬了爱国主义、集体主义、社会主义精神，充分发挥了“增信心、鼓干劲、树雄心”的重要作用，广大党员干部群众热情地称之为“加油鼓劲团”“解疑释惑团”。与此同时，我们还针对干部群众普遍关心的重大理论和现实问题，把大型报告会与小型座谈会、政策咨询、现场提问解答等形式结合起来，用群众容易理解、便于接受的语言，在虚与实的结合中讲清道理，在情与理的交融中达成共识，不断提高宣讲的说服力和感染力，真正使社会主义核心价值体系家喻户晓，深入人心。

四、着眼于弘扬正气、树立新风，充分发挥先进典型的引领作用。时代孕育典型，典型反映时代。先进典型是时代的先锋、社会的楷模，是践行社会主义核心价值体系的优秀代表。努力发现培养和宣传推广先进典型，是我们党思想政治工作的优良传统，也是不断推进中国特色社会主义事业的需要。近年来，我们以社会主义核心价值体系作为树立先进典型的重要标准，浓墨重彩地推出了袁政海班组、邱娥国、刘焕荣、凌美龙、施华山等一大批在全省全国有重大影响的先进典型。这些典型源自生活、来自群众，生动鲜活、真实可信，事迹感人、催人奋进。他们具有坚定的理想和信念，具有高尚的思想品质和道德情操，是社会主义核心价值体系的鲜活载体，具有巨大的示范力和感召力。在先进典型的宣传中，我们始终注意紧扣时代脉搏，充分发掘先进典型的时代意义与现实价值，更加注重典型的广泛性，确保典型来自于各行各业、各条战线特别是基层一线；更加注重典型的深刻性，确保典型在贴近性和创新性方面能够走在时代前列；更加注重典型的可学性，确保典型更具公信力和亲和力；更加注重典

型的鲜活性，确保典型来自于工作实践，扎根于现实生活；同时，着力提高典型宣传的艺术和方法，不断增强典型宣传的吸引力和感染力。

五、着眼于优化环境、提升素质，充分发挥文明创建和道德实践活动的推动作用。建设社会主义核心价值体系离不开广大人民群众。积极开展各种形式的文明创建和道德实践活动，有助于倡导爱国、敬业、诚信、友善等基本道德规范，培育社会公德、职业道德、家庭美德、个人品德，形成尊老爱幼、扶危济困、礼让宽容的人际关系，从而打牢社会主义核心价值体系的群众基础和实践基础。近年来，我省把社会主义核心价值体系贯彻于精神文明建设全过程，努力在提升人的文明素质、提高社会文明程度上下功夫，让人们在日常生活工作中潜移默化地受到熏陶、得到教育。比如，我们以道德公评公议为载体，以农村小额信贷为手段，在全省农村广泛开展了创评“文明信用农户”活动，将道德建设和农村小额贷款相结合，找到了一条既能提高农民思想道德素质又能增加农民收入的好路子，吸引2000多万农民参与其中，真正惠及到千家万户，有力地推动了社会主义新农村建设。这一做法被列为公民道德建设的先进典型，在全国进行了集中宣传。面对广大青少年，我们组织开展了社会主义荣辱观读书活动、“知荣辱，树新风”社会实践活动等，并通过主题演讲、文艺演出等形式，营造了知荣辱、促和谐的良好风尚。事实证明，推进精神文明创建，是提升公民素质的重要途径，是培育民族精神、弘扬时代精神的重要手段。

（作者：中共江西省委常委、宣传部长）

（选自《求是》2008年第7期）

精神文献弥足珍贵

李书磊

革命时代的文献对任何一个民族来说都是弥足珍贵的，其质朴、刚健、生机勃勃的思想、情感与文风是后来者永远受益的精神财富。我们今天读毛泽东的《在延安文艺座谈会上的讲话》即有此感。胡乔木说过《讲话》的背景是战争环境、农村环境，其中的一些观点有其环境局限，不能绝对化；但他同时也认为，《讲话》关于"文艺与生活"、"文艺与人民"的道理是颠扑不破的。我们今天仍然可以从《讲话》中汲取丰富的营养。

《讲话》是中国现代文化发展史的重要里程碑，是文化现代化的经典理论文献。"文艺为工农兵"也就是让最大多数的人能享受文化，让原来被剥夺了文化权利的人破天荒地获得文化权利，让原来由少数人占有的文学艺术为全民所共有。这是与现代社会相伴随的文化平等，是文化现代化的重要特征，文化史家称之为"文化民主化"。中国共产党在根据地所进行的一系列文化工作都是让大众共享文化的步骤，如扫盲、教育普及、推广新文字，成效卓著。毛泽东把这种文化平等的思想带到了文艺领域，《讲话》在这方面的论述深入而精当。这是一种体现在文化上的人道主义与民主思想，在中国特别是中国的基层社会实践这种现代价值最有力的还是中国共产党，党领导的文化运动就是这种实践的重要方面。尽管1917年的新文学运动就提出"推倒雕琢的阿谀的贵族文学、建设平易的抒情的平民文学"，但这种"平民文学"的美好理想正是在毛泽东领导下才开始全面落实。毛泽东的文艺思想、党领导的文艺运动是"五四"新文化的继承、发展和深化，这种"谱系"是清晰的，《讲话》中也明确地将党的"文化军队"远接"五四"。认识到这一点，我们才能充分认识《讲话》在中国文化现代化乃至整个现代化进程中的重要历史意义。

读《讲话》我们体会到毛泽东对作家们真正是爱之以德、期之以远。他鼓励文学家艺术家要"有出息"，"有出息"的表现就是要深入生活。毛泽东关于"源"与"流"的辨析、人民生活是文学艺术唯一源泉的论断，在文艺思想史上应占重要地位。《讲话》关于深入生活的理论有几点格外值得我们注意。第一，他号召作家深入群众，深入工农兵。工农兵是民族的主体人群，而一个民族最伟大的精神、最强大的生存力量、最丰富多彩的生活都蕴藏于主体人群之中。如果作家脱离了主体人群，封闭于狭小的生活圈子之中，他的创作不可能有深厚的内容。第二，他鼓励作家参与革命运动。晚清以来包括革命在内的中国社会变迁是一场伟大的活剧，是关系到亿万人命运的历史过程，离开了对这一过程的体悟、理解、把握，作品就很难有大格局、大境界，不可能成为大作家。只有体验、认识了这一过程，作家才能超越灰色的人生、渺小的自我，脱离“茶杯里的风波”与低级趣味，使作品多些血色与钙质。不是不让作家“表现自我”，而是让他的自我更强大、更饱满。第三，他要求作家学习群众的语言。被最广大的人群运用着的语言才是活的语言、生动的语言、充满变化的语言，舍此只能堕入单调的书面语、矫情的“文艺腔”或翻译句式。语言是文学最基本也是最重要的元素，离开了语言的丰富与个性化作品就无可观。直到今天毛泽东的这些教诲对作家来说仍然是金玉良言，甚至可以说更有针砭意义。

《讲话》关于普及与提高的论说今天读来也分外入心。今天我们仍然面临着普及与提高的双重任务，仍然面对这方面的尖锐问题。一方面，群众的教育程度普遍提高，互联网的出现更使巨大的人群习惯于日常阅读并保持经常性写作。另一方面，商业化、娱乐化的文化类型日益增多，那些并非追求艺术性而是追求即时视听效果的文化产品成为大众主要的文化消费对象，造成了对真正的艺术欣赏与精神生活的屏蔽。在这种局面下怎样才能对大众进行艺术性与审美的普及工作？怎样在现有的欣赏水平上提高？都迫切需要回答。

（作者：中共中央党校校委委员）

（选自《人民日报》2008年5月23日）

主流媒体话语权与改革开放

陈高桐

中国改革开放的大幕，是在思想解放的前奏曲中拉开的，在推进思想解放运动中，媒体作用不可低估，特别是主流媒体，承担了极其重要和光荣的角色。比如说，《实践是检验真理的唯一标准》一文，就是在中共中央党校主办的《理论动态》第60期上最先发表的，并由此带动了关于这个问题的大讨论。此后，便是全党、全民族的思想大解放。有了思想解放的旗帜，才有改革开放这场中国的第二次革命。所以，在我们总结改革开放30年实践和理论发展时，媒体和改革开放的关系，以及媒体在社会进步中的作用，是值得深入研究而不应忽视的。

主流媒体不同于一般媒体，它与国家的兴衰发展，与人民群众的要求愿望，与执政党的大政方针，有着密不可分的关联，始终给予着高度关注，而且要通过自身功能的发挥，对于整个民族的思维、社会的舆论和国家的进步起着主导性的影响作用。正因为如此，它对于党的路线、方针、政策的宣传并促进其贯彻落实，对于现实重大问题的关注度之高、反映度之宽、研究度之深，以及对于最广大人民群众的要求愿望和社会发展趋向的把握，是其他媒体很难做到的。

在历经了30年改革开放的今天，我们来总结主流媒体的作用和功能，以及它与改革开放和历史进步的关系，探讨它在推动改革开放和社会进步中的影响和作用，就不能不研究主流媒体的话语权问题。你有没有这个话语权，是能否发挥作用的根本。你的话语权有多大，也就基本决定了你能产生多大的影响，发挥多大的作用。所以，话语权决定了媒体的生存权，是衡量媒体有无存在价值的根本标准。怎样增强话语权，对于主流媒体而言，是一个提高影响力和竞争力的至关重要的事情。这大体可以概括为三个问题：其一，为谁说话；其二，说些什么；其三，怎样去说。对于主流媒体而言，这三个问题解决得好，就会有较大的影响力和较强的竞争力，就是真正的而不是徒有虚名的主流媒体，其功能就发挥得好，在推动社会进步的过程中，所发挥的作用就更加明显。

先看第一个问题，为谁说话。这说到底就是对谁负责的问题。对党和人民负责的一致性，是主流媒体必须一以贯之的一个原则。主流媒体的声音必须反映人民群众的愿望和要求，并把这种愿望和要求上传到执政党，使其基本路线、基本方针、基本政策与之相吻合。同时，还要把代表着人民群众根本利益的党的各项政策全面地宣传开来，推动各级的执行，深化群众的认识与理解。在建设中国特色社会主义实践中，这样做就是对国家负责的精神，就是对历史负责的精神，就是体现党和人民群众利益的一致性。主流媒体之所以得以存在并能够发挥主导作用，根本原因就在于此。

再看第二个问题，说些什么。主流媒体的内容无疑应是丰富多彩的，但也不是把实际中的什么事都照搬上来，而是要有选择，并使这些选择与我们要达到的目标相一致。总括起来，要有这么几个特征：一是要有时代性，要反映出时代特点、时代需求。比如说，当前我们正站在一个新的时代的起点上，亟须大力地深入研究和宣传马克思主义中国化最新成果，并以此指导我们的一切行动。还有，我们现在正在搞市场经济，搞科学发展，建设和谐社会，加强执政党建设，等等，主流媒体必须反映出这些内容。反映这些就是反映时代发展，推动社会进步。二是要有现实性，要关注和反映社会普遍存在的重大问题。比如说，老百姓较为关心的上学、医疗、就业、收入、社会保障、环境、安全、腐败现象，等等，缺了这些，就是漠视人民的利益，漠视人民的情绪，你的调子无论怎么高雅、你的版面无论怎么新颖都难以得到人民群众的认同，人们也不会把你当作主流媒体来看待。三是要有开放性。我们不能关起门来发议论，自我欣赏性地办媒体。主流媒体要通过自己的表现，让群众不仅知道身边的事，还知道省内、国内的事；不仅要知道本国的事，还要知道世界上发生了什么事，有什么变化。怎样做到这一点？就是要增强公开度、透明度，把知情权真正地交到老百姓手上。2008年，我们经历了南方暴雪和汶川地震两大自然灾害，就是因为主流媒体的及时公开报道，发布现场信息，才把党中央国务院对灾情的关注、对人民群众的关怀、对处理突发自然灾害的正确决策传达给广大群众，由此凝聚起党心和民心，取得抗灾的胜利。现在是信息社会，主流媒体若不能把正面的、真实的、负责任的信息传给大家，就会有那些模糊的、虚假的、不负责任的信息满天飞，而后者对党和人民的事业是极为有害的。

最后，来看怎样说的问题。话语权首先要有话语而后才看是否有分量。主流媒体必须说一些群众愿意听、乐于接受的话，否则，人家就拒绝你，不买你的账。失去了乐于听你说话的群众，你就没有了竞争力，所谓主流媒体也就徒有其名了。关于主流媒体的话语，核心的东西是文风问题。就是用什么样的有针对性、创新性的表现形式使人民群众喜闻乐见。就主流媒体而言，一是要质朴而避免花哨，把真实的东西告诉群众，不要刻意扮靓，不要过分渲染，不要哗众取宠。二是要简洁不要复杂。用简洁的语言阐述深刻的道理，这是真功夫。非要把原本简洁的事情弄得复杂化，就流于炫耀和卖弄了。主流媒体的文风，骨子里必须守住质朴和简洁，这是最有生命力的。

（作者：中共中央党校校刊社总编辑）

（选自《中国党政干部论坛》2008年第12期）

浅析社会主义新文化发展观

王海洋

社会主义新文化发展观的重大意义

社会主义新文化发展观主要指我们党对文化性质的基本划分、推动文化发展的基本原则、文化发展的基本思路、文化发展的动力途径以及文化发展的目标要求等方面内容。它区别于资本主义文化发展观和其他非社会主义文化发展观，对于引领文化发展方向、规范文化发展内容、推动文化发展势头、提升文化发展境界至关重要。社会主义新文化发展观的主要内容是：社会主义文化发展要以人为本，在“二为”方向和“双百”方针指导下，坚持先进文化发展方向，贴近人民、贴近生活、贴近实际，解放和发展文化生产力，提升国家文化软实力，维护我国文化信息安全，建设中国特色的社会主义文化体系，不断满足人民群众的精神文化需求，促进人的全面发展。社会主义新文化发展观是中国特色社会主义理论的重要组成部分，对创造和发展先进文化的方式和途径做出了卓有成效的拓展和创新，是我们党在长期的社会主义文化建设中形成的经验总结，是指导社会主义文化发展的理论支撑，是中国共产党对先进文化的理解和要求，是马克思主义文化发展观与中国具体国情相结合的产物，是中国化的马克思主义。

社会主义新文化发展观的形成过程

社会主义新文化发展观的形成大体上经历了如下三个阶段：

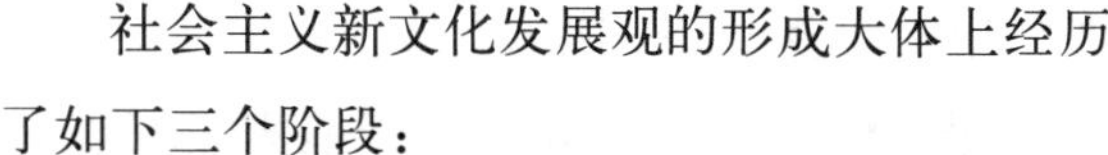

1. *初步探索阶段*（1949—1978年）。建国后，以毛泽东为核心的党中央，对中国的新型文化建设进行了成功的探索，奠定了社会主义新文化发展观的基础。首先，正确论述了文化建设与经济建设的关系，指出随着经济建设高潮的到来，不可避免地将要出现一个文化建设的高潮。其次，把“百花齐放、百家争鸣”作为促进艺术发展和科学进步、促进我国社会主义文化繁荣的方针，并提出一切民族、一切国家的长处都要学，对中国古代文化要“古为今用”、“取其精华，剔除其糟粕”，对待外国文化要“洋为中用”，以此作为处理社会主义应有文化同一切已有文化关系的核心准则。再次，提出了文艺应为最广大的人民群众服务的观点。以毛泽东为核心的党中央在这一段时间里为新的文化发展观奠定了政治基础和经济基础，在探索社会主义新文化发展观的过程中，取得了宝贵的经验。但是由于当时社会政治经济发展水平的限制，对社会主义新文化发展观的探索还仍然处于起步阶段，对于社会主义文化的核心价值理念、文化事业与文化产业的划分等方面的探索尚未展开。

2. 形成与发展阶段（1978—2002年）。十一届三中全会以后，以邓小平为核心的党的第二代领导集体，结合新的社会历史条件，提出了建设社会主义精神文明要求。一是对建设社会主义精神文明做了初步概括，指出我们要建设的社会主义国家不但要有高度的物质文明，而且要有高度的精神文明。二是通过《中共中央关于建国以来党的若干历史问题的决议》，把努力建设高度的社会主义精神文明确定为建设社会主义的一个战略方针。三是通过了《中共中央关于社会主义精神文明建设指导方针的决议》，明确了社会主义精神文明建设的根本任务。随着社会主义文化的发展，我们党对社会主义文化发展的认识不断深化，以江泽民为核心的党的第三代领导集体推动了社会主义新文化发展观的进一步发展。一是明确提出了“文化主权”思想，把维护社会主义意识形态安全与社会主义文化建设紧密结合起来。二是把文化建设与执政战略相结合，确立了“以德治国”的方针。三是提出了社会主义初级阶段的文化纲领，明确了有中国特色社会主义文化的基本内涵。四是进一步明确了我国文化体制改革的基本思路，对文化事业与文化产业的辩证关系做了全面的论述，提出了推动文化产业发展的要求，为我国文化体制改革确定了一个基本的体制框架。五是提出了“三个代表”的重要思想，提出了文化的先进性问题，指出中国共产党要始终代表中国先进文化的前进方向，将发展社会主义先进文化与党的执政能力建设紧密联系起来。

3. 丰富与深化阶段（2002年以来）。十六大以来我国社会进入了高速发展期，面对社会主义现代化建设中出现的新情况新问题，以胡锦涛为核心的党中央不断加大社会主义文化建设力度，对文化发展、文化作用的认识不断深化，把加强社会主义文化建设、不断满足人民群众日益增长的精神文化需求提升到党和国家发展战略的高度理解，创新和发展了社会主义新文化发展观。一是提出了社会主义荣辱观，为新时期的主流价值观和道德建设树立了标杆。二是提出了建设社会主义和谐社会的要求，指明了建设社会主义和谐文化在建设社会主义和谐社会中的重要作用，提出了社会主义核心价值理念的基本内容，为文化的健康发展指明了方向。三是颁布了《国家“十一五”时期文化发展规划纲要》，强调文化属于人民，提出了文化区域规划和文化发展布局，加大文化资源向农村倾斜作为文化产业发展的重点。四是提出大力发展网络文化，加强网络文化建设和管理，推动中国特色网络文化繁荣发展。五是对推动文化发展繁荣的力量进行分析，提出要更加自觉更加主动地推动社会主义文化建设。六是提出全面提升我国文化软实力，推动社会主义文化大发展大繁荣的要求。七是针对我国社会主流意识形态凝聚力下降的现状，提出了增加社会主义意识形态吸引力、凝聚力的要求。十六大以来社会主义新文化发展观内容结构日益明晰，标志着我国社会主义新文化发展观的不断丰富与深化。

社会主义新文化发展观的内容结构

对文化性质的基本划分：根据其服务对象及其建立的经济基础，文化可以分为先进文化、有益文化、无害文化及落后文化。我们党发展文化的基本方式是始终坚持大力发展先进文化，支持有益文化，改造落后文化，抵制腐朽文化，防止西方意识形态的渗透。中国特色社会主义文化、社会主义精神文明、先进文化，事实上是三位一体的。

文化发展的基本原则：社会主义文化发展应坚持科学发展，坚持为人民服务、为社会主义服务方向和百花齐放、百家争鸣的方针，弘扬

主旋律、提倡多样化。坚持“三贴近”、“共建共享”方针和“以人为本”、“科学发展观”是推动社会主义文化发展繁荣的基本原则。人人共建、共享，以科学的理论武装人、以正确的舆论引导人、以高尚的精神塑造人、以优秀的作品鼓舞人，实现好、维护好、发展好人民利益，服务人民。

文化发展的基本思路：区分公益性文化事业与经营性文化产业的特性和职能，做到两手抓，两手都要硬，按照《中共中央、国务院关于深化文化体制改革的若干意见》要求，大力发展文化事业和文化产业，贯彻发展先进文化的要求，始终坚持把社会效益放在首位，在这一前提下实现社会效益和经济效益的统一。

文化发展的动力途径：改革创新是社会主义文化发展的根本动力，文化体制改革是解放和发展文化生产力的根本途径。文化发展应以改革为动力，以创新为重点，建立适应社会主义市场经济体制要求的体制机制，遵循社会主义精神文明建设的特点和规律，解放和发展文化生产力。要大力推进文化创新，不断开创文化发展的新局面，破除制约发展的体制性障碍，全面推进文化体制改革，推动文化事业和文化产业的互相促进、共同发展，创新文化内容，释放全社会的文化创造活力，催生文化创造成果。

文化发展的目的要求：不断解放和发展文化生产力，促进文化与经济、政治、社会协调发展。新文化发展观把文化发展提升到战略的高度，提出要实施文化安全战略，提升我国文化竞争力，提高国家文化软实力，维护国家文化安全；创造更多更好的精神文化产品，培育人、教化人、发展人，满足人民群众日益增长的精神文化需求，保障人民群众基本文化权益，促进人的全面发展。

（作者单位：中国政研会）

（选自《思想政治工作研究》2008 年 9 月 18 日）

网络传播发展对社会主义先进文化建设的影响与对策

中共哈尔滨市委宣传部

网络发展现状及网络传播的特点

1．网络发展现状。当代网络的传播发展非常迅猛，网络信息传播遍布世界各地，全球上网人数超过十几亿人，其发展前景和深刻影响难以估量。网络的横空出世，打破了各个不同文明的地域限制和时空隔断。在经济全球化浪潮和当代科技成果的强力推动下，网络强制性地把各个不同文明拉到了同一起跑线上。今天，西方国家的网络发展同东方国家相比，基本上没有太大差别，甚至在某些方面，有的东方国家超过了许多西方发达国家。2007年12月中国互联网普及率增至16%，中国正处于网民快速增长的阶段。我国的网络发展十分迅速，在较短的时间内，实现了空前的普及和深入。截至到2007年年底，网民数已增至2.1亿人。较2007年6月增加4800万人，2007年一年增加了7300万人，年增长率达到53.3%，平均每天增加20万网民。至2008年3月，已有多家媒体称中国的网民数量已超过美国的2.15亿，成为世界第一。

我省目前有备案和注册网站近2.6万家，域名数11.2万个，网民476万人，互联网普及率12.5%。哈尔滨现有政府部门及区、县（市）网站77家，新闻单位网站4家，其他各类网站1万余家，网民100万余人，互联网普及率略高于全省水平。

2．网络传播特点。作为20世纪最伟大的科技发展成果之一，互联网除具备其他媒介载体的一般特征外，还具有以下特点：一是开放性。互联网上全球各种信息汇集，古今中外各种文化共存，是一个随时变换的开放信息系统，没有国界之分。网络使超地域的文化沟通变得轻而易举，是一种没有门槛、没有限制的文化交流与沟通，可以而且能够实现全民参与。二是自主性。互联网世界是个信息极其丰富的百科全书式的世界，真正做到了传播权利的普及和平等参与，任何网民都能成为信息的制作者和发布者，可以自主选择自己需要的信息，自由地发表自己的观点，互联网的自主性为人的个性化发展提供广阔的空间。三是虚拟性。网络的虚拟性表现在网民身份"隐形"、网络空间"虚拟"、网络实际运行"无序"。这种虚拟互动的文化，在为人们提供广阔的交流空间，使之具有自由选择、主动参与、自我实现的广阔舞台的同时，也促使一部分人人际情感疏远，甚至上网成瘾。四是交互性。互联网营造的虚拟现实是一种特殊的存在，其中多个思维主体通过计算机网络实现情感交流和信息交换。传者与受者之间不再泾渭分明，传播信息和接受信息变为互动式，不仅是媒体对受众的传播，也可以是受众对媒体的传播和受众之间的传播，人人可以通过互联网进行沟通和交流。五是即时性。网络传播将世界各地联结在一起，融声音、色彩、文字、图像为一体，实现了即时的全球传播，拥有强大的数据库功能，实现了传播的覆盖广、信息容量大、通讯瞬时化、生产自动化与制作便捷化，加快了信息的流速，在信息表达的方式方面超过了报纸、广播、电视、书籍等传统媒体，具有超强的迅捷即时性。

网络传播发展对社会主义先进文化建设的影响

互联网等信息网络的产生和发展，带来了人类社会生产方式、生活方式的深刻变革，对经济、政治、文化、社会发展产生着越来越深刻的影响。网络技术的广泛应用促进了人类精神文化活动向互联网的延伸，孕育了具有信息时代特征的网络文化，极大地改变了文化生产、传播和消费方式，给我国社会主义文化建设带来了前所未有的机遇和挑战。互联网已经成为重要的文化创作生产平台、文化产品传播平台和文化消费平台，网络文化已经成为人们精神文化生活的重要组成部分。同时也应看到，网络传播无国界，具有天然落地的特点，隐匿性和交互性很强，大大增加了管理的难度。可以说，人们对互联网的认识已知远不如未知，其技术发展和社会影响还将发生深刻变化。

1．网络发展对于文化建设的积极影响。互联网的产生和发展极大地丰富和改变了人们的精神世界，对其产生了积极而深远的影响。一是为提高思想道德素质和科学文化素质提供了新途径。现在，绝大多数网民把网络作为了解信息、浏览新闻、学习知识、休闲娱乐的主要渠道，网络大大拓宽了人们的思维和行为空间。网络上积极健康的东西在强大技术的支撑下，迅速传播并深入人心，正在深刻改变着人们的科学素质、思想素质和文明素质，促使人们逐步形成健康向上的思想文化价值取向。二是为生产先进文化产品和加强公共文化服务提供了新载体。网络较电视、电影、广播、报纸、书籍等载体的表达方式更具有丰富性和多样性，极易被人接受和认同。互联网为人们提供了更多更好的优秀的民族网络游戏、原创动漫游戏、民族网络影视产品、公共信息、传统文化产品的数字化等，满足了人们日益增长的精神文化需要，丰富了业余文化生活。三是为正确引导舆论和对外传播中华文化提供了新渠道。互联网极大地改变了社会舆论的生态环境，形成了崭新的网络舆论场。强有力的舆论引导，能够使人们在第一时间了解事实、明辨是非、形成正确认识。网络传播无国界，具有天然落地优势，可以实现信息的裂变高速传播，有利于对外宣传我国的政策主张，弘扬传统文化，展示国家形象。四是为推进民主政治建设提供了新平台。网络没有等级、性别、职业等差别，地位的平等带来了最大限度的交流自由，网络所具有的独特优势，为人们表达利益诉求，申诉个人主张，以及通达社情民意，疏通公众情绪提供了新的平台和极大便利，成为党和政府与人民群众沟通的桥梁和纽带。

2．网络发展对文化建设提出的挑战。互联网强大的群际传播和社会动员功能，正在成为各种社会思潮、各种利益诉求汇聚的平台，成为人们思想独立性、选择性、多变性和差异性反映最明显、最集中的领域。现实表明，互联网不仅是一个技术平台，而且已经成为各种思想文化较量的主战场，对社会生活的各个方面提出前所未有的挑战。一是对主流文化传播形成冲击。二是对意识形态安全和社会稳定构成

威胁。三是对舆论引导和控制力提出挑战。四是对社会伦理道德提出考验。

适应网络发展，促进社会主义文化发展繁荣的对策

1．建设和发展中国特色网络文化

(1) 加强网上思想文化阵地建设。重点新闻网站是网上思想文化主要阵地，在传播主流文化和引导舆论方面发挥着重要作用，是开展网上思想文化宣传工作的重要阵地。由于网络本身的全球性特点，在当今信息和经济全球化的背景下，重点新闻网站不可避免地要面对全球网络媒体的竞争压力。与一些大型商业网站相比，我们的重点新闻网站实力相对弱小，影响力相对较低，尤其地方新闻网站已经远远落在了后面。解决这些问题，要从以下几个方面入手，一是适当“输血”，财政部门要加大对重点新闻网站的资金支持，宣传部门的文化基金也要把对网站的支持列入计划。二是要加强网站自身的“造血”功能，把宣传业务和经营性业务分开。经营性部分转企改制，在确保主办单位控股的前提下，通过股份制、国内上市等多种渠道拓展资金来源；同时网站要通过积极开办移动多媒体、游戏动漫等经营性业务，扩大经营收入；通过做好手机电视、网络电视等新业务的研发和市场开拓，扩大占有市场份额。三是改进新闻报道，提高对受众的吸引力。坚持以人为本、服务网民，把握社会文化的新特点，关注人民群众对网络文化的需求，针对网民的多样化需求，提供更多个性化的服务，把重点新闻网站建设成为集新闻资讯、文化娱乐、信息服务为一体的综合性媒体和文化信息超市。

(2)提供更多更好的网络文化产品和服务。网络文化丰富多彩、方便快捷、价格低廉的特性，吸引了广大群众特别是青少年越来越多地选择网络来丰富自己的精神文化生活。首先，要构建群众对主流文化的认同感。把博大精深的中华文化作为网络文化的重要源泉和认同来源，促进优秀传统文化产品的数字化、网络化传播，并积极利用传统文化的精粹去诠释社会主义核心价值体系的主要内容，把社会主义核心价值观融入网络文化生产和传播过程中。其次，要转变传统的宣传主体本位主义思想，在网络文化生产和传播过程中重视传播学理论的应用。美国政府和军方在重视和应用传播理论方面的做法对我们是一个很好的参考。我们在这方面的工作：第一，要研究探索与国内传播学界的合作机制和形式。第二，要关注、借鉴国际传播学理论的最新成果，加强理论应用，指导开展实践。具体来说，就是不能为了内容生产而生产，要以结果为导向，把群众是否接受作为标准。网民的自主选择性极强，再好的东西如果没有吸引力，没有人点击浏览、下载使用，也不可能产生应有的社会影响。要深入研究网络传播的特点和规律，准确把握网民的接受习惯，善于利用各种流行的网络传播手段，善于运用“网言网语”，以引导群众的爱国热情和民族精神作为切入点，普及马克思主义中国化最新成果，用中国特色社会主义理想凝聚人心，用改革创新的时代精神鼓舞斗志，用社会主义荣辱观引领风尚。第三，提高宣传文化单位适应网络发展的能力、提高网络文化产品和服务的生产能力。互联网的去中心化特点已经严重削弱了我们传统媒体的“把关人”功能，Web2.0的用户参与特性激发了广大网民的参与热情，网民自主发布将成为网上信息的主要来源，网民将成为网络文化生产的主体，这对我们的宣传文化单位提出了挑战。要把提高宣传文化单位网络文化产品质量作为关键。第四，发挥社会力量的作用。长期以来我们的宣传文化部门、主流媒体的宣传方式较为生硬，多为灌输式，这种习惯也延续到我们现在的网络文化宣传领域。借助一些有影响力的非官方社会力量开展网络文化产品和服务的生产，会有很好的效果。

（3）大力发展网络文化产业。发展网络文化产业首先要加强产业发展规划，明确重点，通过政策扶持推动产业发展。在国家层面，要重点推动网络影视产业、网络出版产业、网络娱乐产业发展，加快传统文化产业和网络文化产业的融合，扩大市场规模、完善产业链条。通过推动网络文化创意产业园区、动漫网络游戏产业基地建设，提高网络文化产业的规模化、集约化、专业化水平。各地方则应结合本地实际，认真分析，准确把握自身的特点和优势，找准发展定位。要善于利用自己的优势，培育具有特色和核心竞争力的国有网络文化市场主体，通过加大投入、政策扶持，做大做强一批国有或国有控股的网络文化企业和企业集团。支持有实力的网络文化企业跨地区、跨行业经营和开拓国际市场。积极培育网络文化产业战略投资者，推动国有大型骨干企业投资市场前景好、综合实力强、社会效益高的网络文化企业。要大力发展信息装备制造业，提高制作设备、传输设备、终端设备、安全设备的自主研发生产能力，提高信息装备制造业的自主知识产权比例和核心技术能力，保障网络文化产业的良性发展。

（4）形成健康向上的网上主流舆论。正确引导网上舆论形成健康向上的舆论氛围，是建设和发展中国特色网络文化题中应有之义。首先，网络文化单位要承担促进社会主义核心价值体系建设的责任。推动马克思主义中国化最新成果的网上传播，可通过与党校、社科院等部门的合作，在网上开辟理论专题，回答干部群众关系的理论热点问题，增强理论宣传的吸引力、影响力。其次，媒体和政府网站要积极占领互联网文化新阵地。要通过多种渠道多种形式，宣传阐释党和国家的方针政策，有针对性地引导舆论，传播社会主义荣辱观，弘扬民族精神和时代精神。第三，围绕群众关注的热点问题，做好解疑释惑、化解矛盾的工作。要把重点新闻网站和政府网站的论坛等互动性栏目作为开展舆论疏导工作的主要阵地。第四，完善舆论引导机制、提高舆论引导能力。近两年，国家和部分省市都陆续建立起网络评论员队伍，但机制不健全和队伍素质不适应工作要求是比较普遍的问题。应建立起高效通畅的网上舆情研判、沟通协调、快速反应、舆论应对等机制，把舆论引导和实际工作有机结合起来，提高网络评论工作的实效。第五，要采取有力措施和必要技术手段，坚决反击和有效遏制敌对势力在互联网的恶意攻击。

2．加强和完善网络文化管理

（1）完善网络文化管理工作机制。一是健全日常联系协调机制。网络文化建设和管理联席会议制度，是协调网络文化建设和管理事宜的重要机制，为各相关管理部门加强日常联系，及时沟通情况提供了重要途径。当前主要问题是部门、地区之间的配合还不能实现有效联动。二是健全舆情分析研判机制。通过分析研判，准确把握和预判网上舆论态势，及时发现倾向性、苗头性问题和重大舆情，增强网上舆论引导工作主动性、针对性，切实提高引导效果。三是健全应急处置机制。对网上出现的重大舆情动向，必须在第一时间做出反应，及时加以处置，否则就会陷入被动。应完善突发事件和网上热点舆论分级处置机制，制订重大舆情应急预案，明确责任任务，完善相关流程，确保互联网管理高效迅捷，网上舆论引导及时有力。四是健全责任追究机制。应研究制定网络管理工作的检查评比办法，探索建立网络文化管理的问责机制。五是形成管理的长效机制。进一步探索建立法律规范、行政监管、行业自律、技术保障相结合的管理体制。横向上建立健全部门之间、地方之间的协调配合机制，纵向上建立健全中央和地方管理部门互动机制，特别要探索建立健全宣传文化部门和互联网行业管理部门联合监管的机制。

(2) 推进网络管理法制化。一是加快建立健全互联网管理法律体系。要按照体现道德准则、保障公民权益、维护社会稳定、确保意识形态安全的原则，在基础性法律法规、文化信息安全、规范网络信息传播和网络文化服务方面加快立法进度。二是充分利用现有的法律法规。对现有法律法规应加强适用于网络文化管理的司法解释，适应网络文化管理的特点进行修订。要善于利用现有相关法律法规，更好地将宣传文化管理向网上延伸。三是解决有法不依、执法不严的问题。这方面问题在网上新闻信息服务管理工作中比较突出，一些明显的违法违规行为没有得到及时有效的制止和查处。国内众多的个人网站、商业网站违反《互联网新闻信息服务管理规定》，在没有取得新闻资质的情况下，擅自发布转载新闻。

(3) 规范网络文化信息服务。一是完善基础管理。加快建设和完善网站、接入服务单位、信息服务单位、联网使用单位备案登记数据库，做好业务许可审批和年度审查，规范从事网络文化信息服务的网络运营、服务机构行为。二是规范网络文化信息服务市场准入制度，逐步建立网络文化信息分类分级管理制度。三是加强网络文化信息服务行业管理相关部门的协调机制。

3．营造文明健康的网络文化环境

(1) 开展网络精神文明建设。要深入开展文明办网、文明上网活动，引导网民和网络从业人员树立正确的网络观。发挥各种协会等社会组织作用促进网络文明建设。组织开展评比表彰活动，引导社会舆论对网上违法和违背社会公德的行为进行批评，在全社会树立良好的网络道德风尚，使互联网成为健康向上的精神文化家园。进一步规范网吧发展，积极开办公益性绿色上网服务，为青少年成长创造文明健康的网上空间。把网络法制和道德教育纳入公民思想道德教育之中，统筹规划，统一部署，打牢我国网络文化建设和管理的社会基础。

(2) 加强行业自律和社会监督。网络快速普及，网民急剧增长，网络信息来源多样、海量庞杂，这些使得网络管理工作难以点面俱全。加强行业自律和社会监督，是包括我国在内的许多国家的必然选择。当前，要把建立网络文化协会纳入日程，制定网络文化行业自律守则，加强自我教育，引导从事网络文化信息服务的网络运营和服务机构建立健全内部管理制度、自觉遵守法律法规、落实行业规范、讲究社会公德，对违反行业自律规范的要建立惩戒机制。同时要加强社会监督，借助广大网民的力量，充分发挥不良信息举报中心的作用，加强对基础运营商、接入服务商、内容提供商的舆论监督。

(3) 集中开展净化网络文化环境整治活动。要集中开展净化网络文化环境整治活动，重点解决三个主要问题。一是解决网上淫秽色情泛滥问题。应通过各相关部门的合力配合，继续开展打击网络淫秽色情专项行动，清理网上滥开滥办的“性知识服务”，依法严厉惩处传播淫秽色情信息的不法分子，坚决关闭淫秽色情网站。二是解决知识产权保护问题。积极开展网上知识产权保护工作，贯彻有关法律法规，通过打击网上非法出版专项整治活动，加强对网上著作权、传播权的保护。三是解决网吧违规经营问题。要开展网络文化服务市场集中清理整顿，对违规经营网络文化信息服务的网站，要依法严肃处理，对传播有害信息的网站依法惩处。

(选自《学理论》2008年第21期)

从战略高度重视和提高国家文化软实力

严昭柱

胡锦涛总书记在党的十七大报告中鲜明地提出："要坚持社会主义先进文化前进方向，兴起社会主义文化建设新高潮，激发全民族文化创造活力，提高国家文化软实力。"这不仅是社会主义文化建设的庄严使命，而且是我国实现和平发展、民族复兴的重大战略。

一

"软实力"理论，是哈佛大学肯尼迪政府学院院长、美国前助理国务卿约瑟夫·奈1990年提出来的，2004年他又作了进一步阐述和补充，在当今国际关系理论界颇有影响。约瑟夫·奈认为："'软实力'就是吸引力，而'硬实力'是一个国家强迫其他国家依照自己的意愿行事并得到所期望结果的能力。"他强调："与强制性的'硬实力'相比，'软实力'正变得比以往更加重要。"

一个国家的软实力是多方面因素形成的，如约瑟夫·奈所说，软实力"通常源于文化魅力、民主和人权等国家政治理想或涵盖他人利益的政策方针"。我们认为，在这众多因素中，文化魅力是国家软实力的深层根源和核心实力。文化的力量本身有其特殊性，它不是一种强制性的力量，它的发挥根本上是靠文化的吸引、靠精神的感召，具有以情感人、以文化人、潜移默化、润物无声的特点，具有极强的渗透力和超越性。说到底，国家软实力的"软"就"软"在文化魅力上，同时，软实力之有"力"的奥秘也在文化特殊"魅力"的强大上。因此，提高国家软实力，根本在提高文化的吸引力和感召力，并使之渗透在国家理想、国家意志、国家行为，包括内政外交政策、经济政治军事方略及其作为中。

在冷战时期，军事实力、经济实力、科技实力在国际竞争中起着决定性的作用。冷战结束以后，和平与发展成为当今世界的两大主题，同时综合国力竞争日趋激烈，以思想文化为核心的国家"软实力"在国际竞争中的地位和作用越来越突出。事实上，自20世纪90年代以来，许多国家在制定其发展战略中，提高国家文化软实力的理念日益彰显，并且取得了引人瞩目的实绩。

现在，我国正处在和平发展、民族复兴的关键时期。我国是发展中的社会主义大国，经过建国50多年特别是改革开放近30年的奋斗，国防实力、经济实力、综合国力不断增强，国际地位不断提高。但是，我国经济实力和科技

水平与发达国家仍然存在很大差距。而且，我国经济发展的对外依存度越来越大，进一步发展所需的资源、能源、市场等，都离不开同世界各国的经济合作。同时，我国的繁荣发展，在客观上必然会改变现有的世界经济政治结构，也必然会引起大国间既有关系的重要调整。

面对复杂的国际形势和激烈的国际竞争，我们必须迅速、不断地提高国家文化软实力，使各国人民更加普遍和深入地了解中国的和平发展有利于世界，把中国的发展作为自己的难得机遇，进一步加强与我国的友好合作。这关系着我国硬实力的持续快速健康发展，关系着我国和平发展、民族复兴伟业的顺利实现。这是摆在我们面前的一个重大战略任务。

二

提高国家文化软实力，必须正确认识和处理好几种重要关系。

一是要正确认识和处理好加强社会主义核心价值体系建设与增强文化多样性、丰富性的关系。提高国家文化软实力，关键在于增强文化的吸引力和感召力。为此，应当突出中国文化丰富、多样、博大、包容等特点，同时，必须大力加强社会主义核心价值体系的建设。世界观、价值观是文化的核心和灵魂，规定着文化的性质和发展方向。文化有没有吸引力、感召力，根本上取决于这种文化的世界观、价值观。我国自改革开放近30年来，实现了经济持续快速的发展，创造了震惊世界的奇迹，为各国人民所关注和羡慕，出现了全球性"中国热"以及诸如"中国共识""中国模式"等理论解说。事实表明，人们对中国发展奇迹奥秘的叩问，越来越集中到中国文化特别是其世界观、价值观上来。的确，中国特色社会主义文化为中国发展提供了强大的精神动力和智力支持，中国当代文化的世界观、价值观，或者说社会主义核心价值体系，正是中国能够创造出经济奇迹的真正奥秘。

二是要正确认识和处理好文化建设中的中外关系，即文化的世界性与民族性的关系、世界眼光与民族精神的关系。提高国家文化软实力，就是要使我们的文化能够更加有力地吸引和感召世界各国人民，使他们由衷地欢迎和喜爱中国文化，真挚地同情和支持中国人民的民族复兴事业。因此，一定要尊重世界各国人民及其文化，无论国家大小、强弱、贫富，都要平等相待、求同存异、取长补短、友好合作。这就要在文化建设中具有世界眼光，注重文化的时代性、世界性或全球性。我国和广大第三世界国家过去有相同的历史命运、今天有共同的战略利益；就是西方发达国家，我国也和它们共同面临着诸如人口、能源、环境等等许多全球性严峻挑战。在文化建设中对这种共同性加以注重，并真诚地学习、借鉴他们的经验和长处，这有利于不同文化的沟通和共鸣。但是，也不能只讲人类共同性、不讲民族特性，尤其不能迎合西方某些偏见而糟践自己的民族传统，丧失自己的民族尊严。我们所要增强的文化吸引力和感召力，是具有中国作风、中国气派、中国精神的中华文化的吸引力和感召力。

三是要正确认识和处理好文化建设中的古今关系，即继承优秀传统文化与弘扬时代精神、推进文化创新的关系。我国有悠久的历史文化传统，中华文化历经五千年而长盛不衰，积累了极为丰富的优秀传统文化。这是属于中国，也属于世界的宝贵的精神财富。清理和继承这一份丰厚的历史文化遗产，对于增强我们的民族凝聚力和民族自信心，对于增强我们文化的吸引力和感召力，都具有重要意义。在这方面，我们还要做大量的工作。同时，也必须明确，中华文化之所以能够在世界古代文明中硕果仅存、历久弥新，一个重要原因就是中华文化不但具有海纳百川的广阔胸襟，善于学习不同民族文化的优长，而且具有与时俱进的创新精神，不断吐故纳新，跟随时代前进。继承优秀文化传统，必须继承和发扬这种精神。努力弘扬时代精神，推进文化创新，才能发挥出中华文化的生命力和创造力，为人类文明进步做出新的贡献。

三

提高国家文化软实力，必须勤于实践，勇于探索，不懈奋斗。

当前，尤其要努力提高文化生产的原创性。创新是文化发展的本质，也是增强文化吸引力，提高文化产品国际竞争力的根本途径。文化创新根源于社会实践创新，根源于民族的生命力和创造力。我们党创造性地把马克思主义基本原理与中国实际和时代特征相结合，领导中国人民进行革命、建设、改革的伟大事业，不断取得举世瞩目的辉煌成就。深刻认识和努力表现我们的伟大人民、伟大事业和伟大时代，是我们推进文化创新的必由之路。

推动文化创新，必须尊重文化建设的规律。要立足于我国改革开放和现代化建设的实践，加强对外文化交流，善于借鉴国外经验，全面推动文化的内容形式、体制机制、传播手段创新。要继续深化文化体制改革，完善扶持公益性文化事业、发展文化产业、鼓励文化创新的政策，营造有利于出精品、出人才、出效益的环境，解放和发展文化生产力，进一步推动社会主义文化大发展大繁荣。要充分发挥人民在文化建设中的主体作用，调动广大文化工作者的积极性，调动社会各方面力量参与、支持文化建设，激发全社会文化创造活力，兴起社会主义文化建设新高潮，提高国家文化软实力。

（选自《文艺报》2008年1月22日）

提高国家文化软实力

童世骏

党的十七大报告提出要“提高国家文化软实力”，这不仅是我国文化建设的一个战略重点，也是我国建设和谐世界战略思想的重要组成部分，更是实现中华民族伟大复兴的重要前提。

当前，在一个仍然存在着霸权主义和强权政治的世界上捍卫国家主权，维护国内发展，我们必须高度重视加强经济和国防等硬实力建设。同时，我们也要发挥文化在民族凝聚力方面的作用，致力于文化软实力建设。为此，必须用社会主义核心价值体系增强中华民族凝聚力，坚持不懈地用马克思主义中国化的最新成果武装全党、教育人民，用中国特色社会主义共同理想凝聚力量，用以爱国主义为核心的民族精神和以改革创新为核心的时代精神鼓舞斗志，用社会主义荣辱观引领风尚，弘扬中华文化，建设中华民族共有精神家园，不断增强社会主义意识形态的吸引力和凝聚力，增强亿万人民对中国共产党领导、社会主义制度、改革开放事业、全面建设小康社会目标的信念和信心。

与政治价值观和外交政策相比，文化作为国家的软实力，具有不可替代的重要作用。文化是民族创造力的重要源泉。一个民族所创造的文化成果，不仅丰富了本民族的文化宝库，也为人类文化增添了色彩；不仅为本民族所享用，也为其他民族所分享。一个文化创造力较强的民族，更容易赢得其他民族在观念上的尊重、情感上的亲近、行动上的支持。这种使其他民族尊重、亲近和支持的能力，就是“文化软实力”，而文化创造力则是其中重要的组成部分。

具体来说，提高国家文化软实力的目标涉及三个方面，即国家形象的国际亲和力、中华文化的国际影响力，以及文化产业的国际竞争力。

统筹国内发展和对外开放，提升国家形象的国际亲和力

国家形象的国际亲和力，是一个国家的文化软实力的直接体现。我国在经济全球化条件下全方位参与国际经济合作和竞争，特别要重视国内政策和外交政策的统筹协调。以胡锦涛同志为总书记的党中央提出科学发展观，为提升我国国家形象的国际亲和力起到至关重要的作用。现在，对外文化交流工作和对外宣传工作的最重要任务，是要把科学发展观有关国内的“和谐发展”与国际的“和平发展”的丰富内容，准确有效地传递给外部世界。要让尽可能多的人们理解，中国已经取得和将要取得的发展成果，不仅意味着中国越来越“成为各方面制度更加完善、社会更加充满活力而又安定团结的国家”，而且意味着中国越来越“成为对外更加开放、更加具有亲和力、为人类文明做出更大贡献的国家”。

提升国家形象的国际亲和力的一个重要方面，是重视吸收世界各国优秀文明成果，包括吸收各国人民共同接受的一些基本价值，如保障人权、民主法治、自由平等、公平正义等政治价值，公共服务、终身教育、生活质量、生态文明等社会文化价值。

提升国家形象的国际亲和力的关键，是我们不仅在口头上而且要在行动上把“和谐”、“共享”的理念当作外交政策和国内政策的共同理念，积极履行国际义务，认真执行国际规则。近几年来，我国正式加入世界贸易组织等重要国际组织，签署了多个公民权利保护和文化遗产保护方面的国际公约，倡导并发起成立上海合作组织，同时为推动“南南合作”、落实联合国“千年发展目标”、抵御亚洲金融危机、推动朝核问题六方会谈、解决非洲国家债务问题、促进伊朗核危机和平解决、应对全球气候变暖等做出了不懈努力和重要贡献。

提升国家形象的国际亲和力不仅涉及国家行为，也涉及公民的个人行为。中国的科学家、艺术家、体育明星都是很有影响力的形象大使。中国游客、留学生、商人、官员等在其他国家的言行举止同样也会被看作是中国人文明水平的代表。努力提高全民族文明素质，不仅是社会主义先进文化建设的核心目标，而且是提升国家形象的国际亲和力、提高国家文化软实力的当务之急。

结合传统智慧和现代文明，扩大中华文化的国际影响力

党的十七大报告提出，要努力“增强中华文化国际影响力”，这是增强国际社会对我国的理解、信任和尊重的重要途径。

增强中华文化的国际影响力的一个基础性工作就是弘扬中华文化。中华传统文化源远流长、博大精深，不仅具有历史文献和文明遗产的价值，也是中华民族共有的精神家园，是中华民族生生不息、团结奋进的不竭动力，并以包容性的特征彰显其全球性价值。我们要全面认识祖国传统文化，取其精华，去其糟粕，保持民族性，体现时代性。要运用现代科技手段开发利用民族文化丰厚资源，挖掘和保护各民族文化遗产，在国内进行教育传授，去国外参与文明对话。

增强中华文化的国际影响力的一项迫切任务，是认真总结现代化建设的“中国经验”中所包含的文化因素。这需要我们研究改革开放以来我国的社会主义现代化建设的文化背景和文化资源，提炼中华民族在思考和处理人与自然关系、群己关系、公私关系、义利关系、理欲关系、仁智关系等问题上的传统智慧，总结传统文化与当代社会相适应、与现代文明相协调的途径和经验，探索以爱国主义为核心的民族精神与社会主义核心价值体系之间的内在联系。

增强中华文化的国际影响力的一个长远之计，是不断创造出体现民族文化活力和生机的新作品、新成果。党的十七大报告指出：“在时代的高起点上推动文化内容形式、体制机制、传播手段创新，解放和发展文化生产力，是繁荣文化的必由之路。”

增强中华文化的国际影响力，必须加快构建传输快捷、覆盖广泛的文化传播体系。在信息社会，文化的传播能力已经成为国家文化软实力的决定性因素。一个国家文化的影响力，不仅取决于独特魅力的文化内容，也取决于先进的传播手段和强大的传播能力。

增强中华文化的国际影响力，需要我们发挥多种力量的积极性，向中华文化的传播广度和深度进军。当前，中华文化的国际传播渠道丰富多样。我们不仅要发挥各级政府和国有企业、事业单位的作用，而且要发挥民间团体和公民个人的作用；不仅要发挥文化单位和外宣部门的作用，而且要发挥旅游、商贸、会展、教育、科研、体育、侨务等各个部门的作用。在对外文化宣传中，我们也应该根据文化传播的不同内容和不同对象选择最为适合的传播形式，使中华文化为世界上更多的人们了解、理解和认同。

推进文化创新和产业升级，提高文化产业的国际竞争力

大力发展文化产业，不断提高我国文化的总体实力和国际竞争力，不仅是经济全球化条件下增强国家经济实力的重要任务，也是文化多样化背景下提高国家文化软实力的工作重点。

在坚持社会主义方向的前提下发展文化产业，是社会主义市场经济发展和社会主义先进文化建设的双重要求。社会主义市场经济不仅是物质生产领域资源配置的有效手段，而且是精神生产领域资源配置的有效手段。作为市场经济的组成部分，文化产业的成长和发展有助于进一步提高国家的经济实力；作为一种以文化为内容的现代产业，文化产业的拓展和提升则有助于中华文化走向世界，加强国家形象的国际亲和力和民族文化的国际影响力。为了完成文化建设和经济建设的双重任务、实现提高硬实力和提高软实力的双重目标，文化产业的发展应该充分利用社会主义市场经济体制改革提供的新的政策空间和经济动力。

利用现代高新技术手段实现文化产品的内容创新和文化生产的方式创新，培育新的文化业态、提高和扩大文化信息的传播速度和覆盖范围，是提升我国文化竞争力的发展重点。不仅要在以数字化、网络化为主的新的文化业态中实现创新，在传统文化产业部门也要依靠现代科技改造和提升传统文化，推动传统文化市场转型升级，实现内容、形式、管理、营销等多方面的创新。

发展方式不仅影响国家的硬实力，而且影响国家的软实力，而文化产业的发展方式对于国家文化软实力的影响更值得重视。低级趣味、崇洋媚外的文化产品，即使在文化国际贸易中市场份额再大，经济效益再好，也是对社会环境的污染，对国家形象的损害。以粗制滥造、无聊戏说甚至肆意亵渎优秀传统文化作为代价来换取市场成功，更是对文化资源的浪费，对国家文化软实力的破坏。至于那些靠盗版、剽窃和低成本复制为主要生产方式的文化产品，则不仅影响我国的国际形象，更会妨碍我国相关产业未来的长远发展，以致危及国家的文化安全。

（作者单位：上海市邓小平理论和“三个代表”重要思想研究中心）

（选自《求是》2008年第6期）